2011
江 苏 出 版 年 鉴

江苏人民出版社

《江苏出版年鉴》编辑委员会

4月23日，省委书记罗志军、省长李学勇分别来到南京规划建设展览馆，参观正在这里举办的江苏省第七届读书节暨首届江苏书展，并与读者、作家交流。省委常委、宣传部长杨新力陪同参观。

7月30日，新闻出版总署与省政府在宁举行《关于共同推进江苏新闻出版强省建设战略合作框架协议》签字暨国家数字出版基地揭牌仪式。省委副书记、省长李学勇与柳斌杰分别代表合作双方签署协议，并为“江苏国家数字出版基地”揭牌。

10月14日，南京市政府与省新闻出版局“共同推进南京新闻出版业发展战略合作框架协议”签约暨江苏国家数字出版基地（南京园区）挂牌仪式在宁举行。省委常委、南京市委书记杨卫泽出席并讲话。副省长曹卫星与市长季建业为江苏国家数字出版基地（南京园区）挂牌。季建业与省新闻出版局局长徐毅英签署《共同推进南京新闻出版业发展战略合作框架协议》。

4月1日，全省新闻出版（版权）系统先进表彰大会在宁举行。省委常委、宣传部长杨新力出席表彰大会并作重要讲话，并为受表彰的先进集体和先进个人颁奖。省委副秘书长姚晓东，省委宣传部常务副部长徐一平，省新闻出版（版权）局局长徐毅英，省人力资源和社会保障厅副厅长、省公务员局局长周广侠等领导共同为受表彰的先进集体和先进个人颁奖。

12 月 30 日，省委常委、宣传部长王燕文上任后不久，到省新闻出版局调研指导工作。省委宣传部常务副部长徐一平、副部长梁勇陪同调研。局党组书记、局长徐毅英汇报了全省新闻出版（版权）工作情况。

4 月 22 日，第七届江苏读书节暨首届江苏书展盛大开幕。新闻出版总署副署长邬书林出席主会场开幕式并讲话，副省长、省全民阅读工作领导小组副组长曹卫星主持开幕式并宣布开幕。

10月28日至31日，江苏作为主宾省参加第七届海峡两岸图书交易会。省新闻出版局党组书记、局长徐毅英陪同新闻出版总署副署长邬书林、省委宣传部副部长周琪视察江苏展区和新书发布现场。

7月8日，省级机关软件正版化实施工作大会在宁召开。省使用正版软件工作领导小组副组长、省政府副秘书长肖泉同志出席会议并讲话。

1月29日，全省新闻出版工作会议在南京举行。副省长曹卫星出席会议并讲话，省新闻出版（版权）局党组书记、局长徐毅英代表党组作工作报告。

3月30日至4月1日，省新闻出版（版权）局在宁举办全省新闻出版（版权）系统领导干部培训班。新闻出版总署副署长、国家版权局副局长阎晓宏出席开班典礼并作首场报告，副省长曹卫星作开班动员讲话，省新闻出版（版权）局党组书记、局长徐毅英在结业典礼上讲话。

3月31日，全省农家书屋工作会议在宁召开。省新闻出版局党组书记、局长徐毅英出席会议并讲话。

7 月 20 日，江苏以主题省身份参加第 22 届香港书展。省新闻出版局党组书记、局长徐毅英陪同省委宣传部副部长、省委外宣办主任司锦泉参观文艺廊和江苏展区现场。

目　录

出版概况

2011年，江苏省新闻出版业认真贯彻落实中央和省委省政府的决策部署，紧扣科学发展主题和转变发展方式主线，围绕加快新闻出版强省建设，坚持改革创新，全力开拓进取，新闻出版业在“十二五”开局之年呈现出衔接好、起步稳、发展快的喜人局面，全省新闻出版业总产出1300亿元，同比增长20%。

抓导向、出精品。始终坚持围绕中心、服务大局，牢牢把握正确舆论导向和出版方向，切实做好中央和省委省政府重大部署、重大活动的宣传出版工作，推出了一批庆祝建党90周年、纪念辛亥革命100周年等重大主题出版物，其中有5种列入新闻出版总署庆祝建党90周年、纪念辛亥革命100周年百种重点出版物，出版了《事关江苏发展的重大课题调研》等深入宣传阐释省委“六个注重”、“八项工程”决策部署的出版物，为推进社会主义核心价值体系建设、加快江苏“两个率先”步伐提供了智力支持、营造了良好氛围。扎实开展“走、转、改”和“出版物质量管理年”活动，加大书报刊审读、重大选题备案等制度执行力度，出版物数量和质量同步提升。全省报刊出版单位采编人员在“走、转、改”活动中，挖掘、采写、报道了一大批反映基层民生、百姓需求的生动事例。加大优秀出版项目扶持力度，争取国家出版基金资助12个出版项目692万元，组织省出版专项资金资助33项250万元，引导、推动出版单位多出精品、塑造品牌。94 项选题纳入国家"十二五"重点出版规划,居全国第三;21.5 种出版物荣获第二届中国出版政府奖,居全国第二;14 种图书获"三个一百"原创图书奖,6 种图书入选 2011 年新闻出版总署向全国青少年推荐百种优秀图书书目,4 种图书被评为"中国最美的书"。

抓服务、惠民生。围绕"小书屋、大用途"目标,认真实施农家书屋出版物更新、数字化阅读、网络化管理和功能拓展等"四项工程",利用中央和省级财政专项资金 5500 万元,对 11417 个农家书屋出版物实施了首轮更新;推动数字农家书屋建设,无锡新区建成全国首个县域数字农家书屋中心;相继完成配供图书印制质量首次检查、星级示范农家书屋首次评比、农家书屋管理员首次轮训工作。积极推动开展农家书屋与村邮站、新华书店共建,会同省有关部门开展农家书屋法治文化建设,促进农家书屋拓展功能、持续发展。坚持部门联动、上下联动,第七届江苏读书节暨首届江苏书展取得圆满成功。江苏名优报刊推介等 12 项主题活动有声有色,全民阅读越来越深入人心。首届江苏书展期间,省委书记罗志军,省长李学勇,新闻出版总署副署长邬书林,省委常委、宣传部长杨新力,副省长曹卫星,亲临书展主会场视察参观,给予充分肯定。书展期间,全省主、分会场共接待读者 55 万人次,销售出版物近 40 万册,实现销售额 1232 万元。

抓调整、促转变。新闻出版总署批准江苏建设国家数字出版基地,基地首创"一基地多园区"模式,其中南京、无锡、苏州和扬州园区正式挂牌启动,一批企业签约入驻。对申报网络出版、发行资质的单位提供全程指导、高效服务,有 5 家单位获得新闻出版总署批准的网络出版资质,累计达到 21 家;7 家发行单位新增网络发行业务。新闻出版总署和省政府正式签署了加快推进江苏新闻出版强省建设的战略合作框架协议,从提升传统新闻出版产业、发展新兴新闻出版产业等 9 个方面进行战略合作,省新闻出版局与南京市政府正式签署《共同推进南京新闻出版业发展战略合作框架协议》,为推动新闻出版业发展方式转变、加快建设新闻出版强省创造了良好条件。精选在结构调整、产业升级中有带动、引领作用的好项目、大项目申报省文化产业引导资金,最终 54 个项目获得 6960 万元资助,同比分别增长 12.5%、6.3%。积极组织向新闻出版总署、财政部申报项目,有 18 个项目进入全国新闻出版改革发展项目库。全面启动绿色环保印刷体系建设工作,6 家印刷企业获得全国首批绿色印刷环保标志产品认证,居全国第 4 位。

抓改革、增活力。推进已转制的新闻出版企业完善法人治理结构,建立现代企业制度,支持有条件的进行公司制或股份制改造,凤凰出版传媒股份有限公司成功上市,成为目前 A 股传媒行业第一大市值上市公司。认真贯彻中央关于深化非时政类报刊出版单位体制改革的决策部署,在积极动员、全面摸底、分类座谈的基础上,拟定并及时向新闻出版总署上报了《江苏省非时政类报刊出版单位体制改革实施方案》,并获首批批准实施。鼓励社会资本投资进入印刷、发行等领域。新设立印刷企业 324 家,其中外商投资印刷企业 11 家,新增注册资本 1.5 亿美元,投资总额 2.5 亿美元;新设立出版物批发企业 16 家,新增注册资本 1.6 亿元。江苏中彩印务有限公司和朝鲜外文出版社合作总投资 2 亿元的东白印刷合营社基本建成,成为我省新闻出版领域首个赴朝鲜投资项目。

抓展销、拓市场。省新闻出版局统一组团参加 2011 北京图书订货会、第二十一届全国图书交易博览会,分别实现订货码洋 5900 万元、4600 万元,同比增长 17%、6%;组团参加第十八届北京国际图书博览会,签订版贸合同和意向 480 项,签约合同总量为 169 项,其中引进 89 项,输出 80 项。作为主题省参加第 22 届香港书展、主宾省参加第七届海峡两岸图书交易会,香港书展现场销售码洋 86.9 万港元,第七届海峡两岸图书交易会订货和销售码洋 204 万元。新闻出版总署副署长邬书林,省委常委、宣传部长杨新力,副省长曹卫星,对香港书展江苏主题省活动作出批示,给予充分肯定。

抓版权、促发展。扎实推进版权服务、管理与保护工作,全省办理一般作品登记 10300 件,同比增长 51.3%;计算机软件著作权登记 6933 件,同比增长 40.6%。对南京青少年奥运会中英文口号的评选确定,提供了及时优质的版权服务。完成省级机关软件正版化工作,进度和质量在全国处于领先地位;企业软件正版化工作有序推进,超额完成 300 家的年度目标任务。大力开展创建全国版权示范城市、示范单位和示范园区(基地)活动,苏州市、昆山市获批创建“全国版权示范城市”。在 2011 中国版权年会上,“南通家纺市场成为 WIPO 全球首个版权保护优秀案例示范点”事件当选为全国 20 个知识产权保护重大事件之一,江苏省版权局荣获优秀推荐奖。苏州浩辰软件股份有限公司荣获 2011 年中国版权产业最具影响力企业,中国电信江苏分公司荣获 2011 年中国版权产业新锐企业,江苏省版权协会荣获2011年版权年会优秀组织奖。

抓法治、严管理。深入推进新闻出版依法行政示范创建、法治文化整合创建、法治城市参与创建、区域执法联合创建,为新闻出版业改革发展提供了有力保障。省新闻出版局在省级机关依法行政考核中得分居第二名,被评为全国"五五"普法先进单位,省级机关"万人学法"竞赛先进单位。始终保持"扫黄打非"高压态势,先后开展打击非法报刊专项行动、盗版工具书专项行动、淫秽色情出版物和有害信息专项行动等7次专项行动,依法取缔关闭出版物市场(摊点)2800余个、印刷复制企业39家,收缴各类非法出版物209万件,关闭非法网站9605个,查办行政、刑事案件197起。2次举办非法出版物集中销毁活动,销毁数量近200万件。高标准完成国务院和省政府"打击侵犯知识产权和制售假冒伪劣商品专项行动"部署的各项任务,办案质量、完成数量和结案率处于全国前列,受到国家版权局的表彰奖励。通过集中整治,广大经营者守法意识明显加强,出版市场秩序和网络传播环节更加规范。依托网络出版实时监管系统,加大网络出版监管力度,查处违法违规出版网站60家(次),关闭严重违规网站5家,对10家网站负责人诫勉谈话,查处各类违法违规和低俗网络出版物215种。认真开展教材教辅专项治理检查工作,进一步规范了中小学教材教辅出版发行秩序。

抓党建、育人才。深入推进学习型党组织建设,制定实施省新闻出版局《2011—2013年创建学习型机关党组织工作规划》,完善党组中心组学习制度,中心组集体学习10次。建立学习型党支部、学习型党员考评指标体系,集中组织开展讲座4次,组织党支部书记和党员骨干培训班1期,积极开展党员读书活动,有力推动了机关党员干部的理论学习。认真落实党风廉政建设责任制,加强《廉政准则》学习教育,加强内控机制建设,扎实推进行政权力网上公开透明运行。围绕制定和完善江苏省新闻出版业"十二五"规划,组织开展了"调查研究月"活动,完成调研课题21项。深入开展创先争优活动、纪念建党90周年系列活动,对涌现出来的优秀党员和先进党组织进行了表彰,进一步提高了广大党员先进性意识、争先意识。省新闻出版局作为省政府部门绩效管理模拟运行4家单位之一,在探索部门绩效管理工作迈出了重要一步,受到省绩效办的肯定。举办全省新闻出版(版权)系统领导干部培训班,同时为新疆对口援建地区培训新闻出版管理干部19人,受到领导肯定和学员好评。会同省人力资源和社会保障厅评选表彰46个新闻出版(版权)系统先进集体、49名先进工作者和劳动模范,联合评选推荐了4个集体和4名个人为全国新闻出版系统先进集体先进工作者和劳动模范。加强新闻出版专业技术人员职业资格培训教育,制定实施《江苏省出版专业技术人员继续教育实施办法》,举办各类职业准入和岗位准入培训班8期,共培训各类新闻出版从业人员近2000人次;组织出版专业技术人员资格考试和评审,审核考试资格644人,61人通过编审、副编审评审。组织开展全省新闻出版行业第二批领军人才评选,选拔第二批领军人才28名。

领导重要讲话、批示

2010年我省新闻出版工作卓有成效，在“五强”建设上迈出坚实步伐。2011年要深入贯彻中央领导同志的重要批示精神，认真落实好“高举旗帜、围绕大局、服务人民、改革创新”的总要求，努力推动我省新闻出版业又好又快发展。

李学勇

2011年1月16日

2010年，全省新闻出版战线围绕中心、服务大局，在推进体制机制改革、加快公共服务体系建设、促进产业发展、加强版权保护和文化市场监管等方面，做了大量富有成效的工作。有的工作，得到中央领导同志和省委省政府主要领导同志的高度评价。

新的一年，希望全省新闻出版系统认真贯彻落实中央精神和省委省政府决策部署，继续解放思想、创新管理、强化服务，推动新闻出版业又好又快发展，为“十二五”开好头、起好步作出新的努力贡献。

春节将至，谨向全省新闻出版系统广大干部职工表示衷心感谢，并致以新春祝福！

杨新力

2011年1月25日

中央领导同志的重要批示具有很强的指导性和科学性。我们要认真学习领会，坚决贯彻落实，在已有良好工作的基础上，进一步深化改革、加快发展，推进新闻出版强省建设，确保继续走在全国前列。

请肖泉、国平同志阅研。

曹卫星

2011 年 1 月 17 日

会议、讲话、文件

开创新闻出版业发展崭新局面

——在新闻出版总署与江苏省政府战略合作框架协议签字暨国家数字出版基地揭牌仪式上的致辞

柳 斌 杰

（2011 年 7 月 30 日）

自党的十六大以来，党中央高度重视文化体制改革和文化产业发展，整个文化建设取得了巨大的成就，新闻出版业实现了空前的大改革大发展。在江苏省委、省政府的坚强领导下，江苏省新闻出版业解放思想、深化改革，取得了事业繁荣和产业发展的显著成效。2010 年江苏省新闻出版业总产出超过千亿元，总产出、增加值等主要经济指标均位居全国第三位；凤凰出版传媒集团有限公司在全国出版集团总体经济规模综合评价中位列第一；江苏凤凰新华书业股份有限公司在全国发行集团经济规模综合评价中位列第二；全省 7 家出版社入选“全国百佳图书出版单位”，总量居各省（区、市）第一；江苏的印刷复制业居全国第二位，显示了江苏新闻出版产业的实力。江苏省在东部省市中率先实现了农家书屋全覆盖,组织力量打造精品力作,在中国出版政府奖、中华优秀出版物奖等全国性评奖中,江苏省入选精品力作的数量均位居全国前列,在全国产生了重要影响。

“十二五”时期,是全面建设小康社会的关键时期,是新闻出版业深化改革,加快转变发展方式,实现又好又快发展的重要时期。胡锦涛总书记在庆祝中国共产党成立90周年大会上的重要讲话明确提出,要加快文化体制改革、加快构建公共文化服务体系、加快发展文化事业和文化产业,实现文化的大发展大繁荣。即将召开的党的十七届六中全会已将深化文化体制改革、推动社会主义文化大发展大繁荣作为会议主题,这是党中央对文化建设的新部署。在这样的大形势下,中央领导同志要求我们继续发挥新闻出版思想文化主阵地的作用,继续推进新闻出版体制改革走在文化体制改革前列,继续促进新闻出版产业成为文化产业主力军。这既是对我们工作的新要求,也是新闻出版行业极为难得的发展机遇,我们应当为此竭尽全力。

2011年4月20日,新闻出版总署正式发布了《新闻出版业“十二五”时期发展规划》,明确了新闻出版业发展的总体目标:到“十二五”期末,新闻出版业发展方式转变基本到位,新兴业态蓬勃发展,数字出版等战略性新兴产业领域的发展达到世界先进水平,新闻出版产品和服务更加丰富,公共服务能力和水平进一步提高,扭转新闻出版产品和服务的出口逆差状况,大幅度提升中华文化的国际传播力和影响力。基本形成以公有制为主体、多种所有制共同发展的产业格局,以民族文化为主导、吸收外来有益文化共同繁荣的开放格局。基本建立起统一开放、竞争有序、健康繁荣的现代出版物市场体系,以人为本、面向基层、惠及大众的新闻出版公共服务体系,技术先进、传输快捷、覆盖广泛的现代传播体系。《规划》用一个主题、一条主线、六个坚持、七大重点任务、八项措施,对今后五年新闻出版业科学发展进行了总体布局,体现了中央要求,反映了人民意愿,符合新闻出版工作实际和新闻出版业发展趋势,是今后五年新闻出版业改革发展的新蓝图。

江苏省新闻出版业是我国新闻出版业的重要支柱,也是我国新闻出版业发展最快的地区之一,潜力极大。希望江苏省新闻出版业能够抓住难得的历史机遇,继续坚持正确的舆论导向和出版方向,加强传播能力建设;继续解放思想、深化改革,解放和发展文化生产力;继续调整结构、转变方式、坚持科学发展。要将此次签订的署省战略合作框架协议的各项内容落到实处,从而实现江苏省新闻出版业“十二五”的更好更快发展。要以此次国家数字出版基地正式揭牌为契机,积极创新体制机制、发展模式和管理方式,通过建设一批重大工程,实施一批重大项目,突破一批重大技术,开发一批重点产品,培育一批龙头企业,打造一批知名品牌,在实现资源合理配置、加快产业结构升级,促进产业协调发展方面作出积极贡献。

新闻出版总署的工作长期以来得到江苏省委、省政府的大力支持,这次协议的签订将更加密切我们的合作。新闻出版总署将全力支持江苏省发挥优势、率先发展。相信在我们的共同努力下,江苏省新闻出版业的发展将会开创崭新的局面,取得更大的成就,为江苏率先实现现代化和建设新闻出版强国发挥更大作用。

在新闻出版总署与江苏省政府战略合作框架协议签字暨国家数字出版基地揭牌仪式上的讲话

李 学 勇

（2011 年 7 月 30 日）

尊敬的柳斌杰署长、孙寿山副署长，同志们：

今天，新闻出版总署和江苏省在这里隆重举行《关于共同推进江苏新闻出版强省建设战略合作框架协议》签字暨国家数字出版基地揭牌仪式，这是江苏文化建设的一件大事和喜事。我谨代表中共江苏省委、江苏省人民政府表示热烈的祝贺！对新闻出版总署长期以来给予江苏工作的关心支持表示衷心的感谢！

近年来，我省新闻出版系统认真贯彻中央和省委省政府的决策部署，在新闻出版总署的关心指导下，解放思想，开拓创新，大力推进新闻出版业发展，取得了显著成效。社会主义先进文化前进方向和正确的出版导向一以贯之，舆论引导能力不断提高；公共新闻出版服务体系基本建立，农家书屋在全国率先实现行政村全覆盖；精品生产成绩显著，获得中国出版政府奖、中华优秀出版物奖等奖项的数量位居全国前列；产业规模和效益不断提升，去年全省新闻出版业总产出达 1070 亿元，比“十五”末翻了一番，凤凰出版传媒集团在国内率先实现资产、销售双超百亿。与此同时，全面推进“扫黄打非”、版权保护、软件正版化等工作，为净化社会文化环境作出了积极贡献。

数字出版是出版业的战略性新兴产业和出版业发展的未来方向。省委省政府对此高度重视，将发展数字出版产业作为实施创新驱动战略、加快发展方式转变、推动文化产业发展的重要举措，采取一系列政策措施加快推进，手机报、数字化期刊、动漫游戏、互联网文学网站等发展迅猛，南京、苏锡常、扬州等地已形成数字出版及相关产业集聚的良好态势。去年以来，我们积极创建国家数字出版基地，专门成立了基地建设领导小组和工作小组，并将建设国家数字出版基地列入省“十二五”经济社会发展规划和省政府的重点工作，明确了基地建设的目标任务和保障措施。这次署省签署战略合作协议和江苏国家数字出版基地揭牌，充分体现了新闻出版总署对江苏的信任和厚爱，对于推动江苏数字出版工作再上新台阶、更好地发挥新闻出版业在建设文化强省中的重要作用，具有积极而深远的意义。

当前，江苏正处于全面实现小康并向基本实现现代化迈进的重要时期。根据胡锦涛总书记对江苏工作“六个注重”新要求，省委省政府将“文化更繁荣”纳入又好又快推进“两个率先”的新内涵新标准，将“文化建设工程”列入重点实施的“八项工程”，明确提出了到2015年基本建成文化强省的新目标。下一步，我们将认真贯彻胡锦涛总书记“七一”重要讲话精神，大力推进包括新闻出版在内的文化建设，更加有力地推动江苏文化大发展大繁荣，坚定不移发展社会主义先进文化，努力建设文化凝聚力和引领力强、文化事业和产业强、文化人才队伍强的文化强省。省新闻出版局要在新闻出版总署的指导和帮助下，切实加强工作衔接，确保战略合作框架协议各项任务落到实处。重点是加快建设三大体系：**一是**服务体系，从满足人民群众基本文化需求出发，不断完善新闻出版公共服务网络，继续推进农家书屋、城乡阅报栏、全民阅读等新闻出版民生工程，加快建设覆盖全社会的新闻出版公共服务体系。**二是**创新体系，大力推进新闻出版体制机制创新，重点抓好非时政类报刊出版单位体制改革，支持有条件的企业兼并重组、上市融资和“走出去”，同时积极推进新闻出版内容形式创新、科技自主创新，加快建设以企业为主体、市场为导向、产学研相结合的新闻出版创新体系。**三是**产业体系，大力实施重大项目带动战略，加快推动传统出版业技术升级和战略转型，积极发展以数字化内容、数字化生产、数字化传输为特征的新兴新闻出版业态，加快建设规模大、效益好、竞争力强的现代出版产业体系，努力把江苏的科教人才优势、出版资源优势和市场潜力优势转化为新闻出版业的发展优势和竞争优势。同时，要把加快数字出版基地建设作为推动新闻出版业快速发展的重要载体，落实基地建设规划，加大政策扶持力度，以富有特色、国内领先、国际一流为标准，把基地真正建设成为数字出版业发展高地。我们相信，在新闻出版总署的关心支持下，署省合作一定能够取得更加丰硕的成果，为推动社会主义文化大发展大繁荣作出积极贡献！

再次感谢新闻出版总署对江苏工作的关心支持。祝各位领导和来宾在江苏期间工作顺利、身体健康！

在全省新闻出版工作会议上的讲话

曹卫星

（2011年1月29日）

同志们：

这次全省新闻出版工作会议，是回顾总结“十一五”工作情况、科学谋划未来发展、全面部署今年任务的一次重要会议。省委省政府对新闻出版工作高度重视，会前李学勇代省长、杨新力部长分别作出重要批示，提出了明确要求。我们要按照省委省政府部署要求和李省长、杨部长的重要批示精神，进一步统一思想、振奋精神，锐意进取、主动作为，努力开创新闻出版业改革发展新局面。

“十一五”时期是江苏经济总量、综合实力、人民生活水平迈上新台阶的五年，也是新闻出版业发生深刻变化、取得显著成绩的五年。五年来，全省新闻出版系统坚决贯彻中央和省委省政府决策部署，牢牢把握正确导向，大力推进改革创新，新闻出版业实现又好又快发展，为巩固和扩大应对国际金融危机冲击成果、促进经济平稳较快发展和社会和谐稳定作出了重要贡献。主要表现为五个“能力显著增强”：**一是**舆论引导能力显著增强。紧紧围绕省委省政府中心工作，突出抓好保持经济平稳较快发展、庆祝新中国成立60周年、纪念改革开放30周年、支援抗震救灾、上海世博会等重大主题、重要活动宣传报道工作，形成了强有力的主流舆论态势和社会氛围。**二是**公共服务能力显著增强。启动实施农家书屋、全民阅读等重大公共服务工程，全省累计建成农家书屋17158个，在全国率先实现农家书屋行政村全覆盖，对发展新农业、培育新农民、建设新农村发挥了重要作用；积极创新全民阅读活动的组织方式，广泛开展江苏读书节和读书月、读书日等活动，全社会阅读氛围日益浓厚。**三是**内容创新能力显著增强。深入实施精品战略，通过书号资源倾斜、重点出版项目资助等方式引导扶持出版单位加强精品生产，组织出版了一大批传承中华文明、弘扬社会主义核心价值体系的优秀出版物，苏版品牌的影响力不断扩大。在全国“五个一工程”奖、中国出版政府奖、中华优秀出版物奖等评选中，我省入选数量均位居全国前列。**四是**产业竞争能力显著增强。以出版发行、印刷复制、动漫等被列入我省重点发展的九大产业为契机，大力推进新闻出版产业发展壮大。重点出版企业通过体制改革和资源整合,综合实力和竞争力大幅提高,凤凰出版传媒集团在国内率先实现资产、销售双超百亿,位列“中国文化企业三十强”出版发行类之首。图书、报纸、期刊等传统出版介质借助现代科技升级换代,网络出版、手机出版、动漫网游和数字印刷等新型出版产业迅猛发展,全省现有16家网络出版单位,《江苏手机报》用户突破200万户,《新华日报iPAD版》、《扬子晚报iphone版》面向全球发布。预计2010年全省新闻出版业实现总产出1000亿元,是“十五”末的近2倍,利润总额位居全国第二,增加值、资产总额均位居全国第三,实现了省委省政府提出的保持我省出版发行业在全国领先地位的目标。**五是**行政管理能力显著增强。切实加强新闻出版依法行政和法制建设,全面推进“扫黄打非”、打击侵权盗版和企业软件正版化等工作,“扫黄打非”、依法行政等工作均在全国会议上作经验介绍。积极培育版权保护示范典型,联合国世界知识产权组织和国家版权局向全球发布《南通家纺产业版权保护调研报告》,推动了南通家纺版权保护经验走向世界。“十一五”新闻出版业取得的显著进步,为“十二五”加快发展打下了良好基础、积累了宝贵经验。成绩来之不易,凝聚着全省新闻出版系统广大干部职工的心血和汗水。在此,我代表省人民政府,向全省新闻出版战线的同志们表示衷心的感谢!

今年是“十二五”发展的开局之年,也是推进“两个率先”的承启之年。国内外环境仍然极其复杂,新闻出版业发展面临的困难挑战与有利条件并存。一方面,国际金融危机给新闻出版业发展带来一定冲击,发展中还面临一些深层次矛盾和问题,新闻出版产品和服务的数量质量还不能满足人民群众日益增长的精神文化需求,新闻出版产业竞争力和企业国际竞争力有待进一步提高。另一方面,省委十一届九次全会提出未来五年江苏要率先全面建成小康社会,强调要加快实现文化大省向文化强省的跨越;全国新闻出版工作会议讨论修改了《新闻出版业“十二五”时期发展规划》,确定了全国新闻出版业“十二五”时期实现总产出29400亿元、增加值8440亿元的目标任务,新闻出版业作为经济社会发展的重要组成部分和文化建设的主力军,必将迎来加快发展的战略机遇期。全省新闻出版战线要正确把握国内外形势新变化新特点,认真贯彻“高举旗帜、围绕大局、服务人民、改革创新”的总要求,紧紧围绕推动科学发展、建设美好江苏这个主题和加快转变经济发展方式这条主线，以实施新闻出版业“十二五”发展规划为抓手，以体制改革和科技进步为动力，以建设社会主义核心价值体系为根本，以满足人民群众的精神文化需求为出发点和落脚点，努力在引领社会思潮本领强、公共服务能力强、产业实力强、发展活力强、人才队伍强“五强”建设上取得新的重大进展，为经济社会又好又快发展提供强大思想保证、精神动力和舆论支持。关于“十二五”时期和今年的新闻出版工作，徐毅英同志将作具体部署。这里，我先讲五点意见。

一、牢牢把握正确舆论导向和出版方向。新闻出版业具有意识形态与商品属性，在巩固舆论阵地、壮大主流舆论方面具有重要作用。要始终坚持把抓导向放在首位，牢牢把握先进文化前进方向，把弘扬社会主义核心价值体系贯穿到新闻出版工作的各个方面，进一步增强主流意识形态影响力。**一是**推动马克思主义中国化时代化大众化取得新成果。认真完成党和国家重大的政治性、理论性、指令性出版任务，切实抓好马克思主义经典作家、党的创新理论成果、解读中央政策和中国特色社会主义理论体系读物等出版发行工作，坚持不懈地用中国特色社会主义理论体系武装全党、教育人民。**二是**做好重大主题出版物出版工作。深入宣传阐释党的十七届五中全会精神，宣传阐释坚持科学发展、加快转变经济发展方式的战略部署，以多种形式做好中央和省委省政府重大部署、重大活动的宣传工作。特别要针对 2011 年重要时间节点多的形势特点，推出一大批庆祝建党 90 周年、纪念辛亥革命 100 周年等重大主题出版物。**三是**加强报刊传播能力和舆论引导能力建设。支持重点报刊多媒体、多业态发展，充分发挥舆论主阵地主力军作用，提高权威性和公信力，扩大覆盖面和影响力。对各种社会敏感问题、热点问题和重大问题，要时刻保持清醒头脑，坚持正确的政治立场，快速反应，科学引导，牢牢掌握话语权和主动权。

二、进一步提高新闻出版公共服务水平。这是实现和保障人民群众基本文化权益的必然要求。要以政府为主导、以公共财政为支撑、以公益性单位为骨干、以重大工程项目为载体，吸引社会力量积极参与，进一步推动新闻出版公共服务向广覆盖、高效能转变，更好地传播先进文化、提供精神食粮、普及文化知识、体现人文关怀。重点做好三项工作：**一是**实施新闻出版公共服务工程。坚持建管用三位一体，深入推进农家书屋工程，在推动出版物更新、网络化管理和数字化阅读上下更大功夫，使农家书屋不断提档升级、充分发挥作用。继续实施全民阅读工程，建立健全政府推动、全民主动、城乡互动、各方联动机制，把全民阅读活动与精神文明创建活动结合起来，扩大全民阅读活动的社会影响，更好地服务和推动干部群众多读书、读好书。**二是**加强公益性新闻出版生产供给。健全公益性新闻出版事业单位竞争、激励、约束机制，着力提高生产能力和服务水平。从群众需求和市场需要出发，积极推进新闻出版公共服务信息化、网络化，切实加强面向低收入群体和特殊群体的出版产品供给和服务。对重要新闻出版公共产品、重大新闻出版公共服务项目，要实行政府采购、项目补贴、定向资助，扩大服务范围，提高服务质量，增强服务效益。**三是**提高新闻出版公共产品和服务的吸引力。加强对新闻出版产品创作生产的引导，把数量不断增长和质量显著提高紧密结合起来，出版更多群众买得起、看得懂、用得上的出版产品，推出更多经得起历史、实践和人民检验的精品力作，打造更多具有自主知识产权和核心竞争力的知名品牌，使文化产品更好地发挥引导社会、教育人民、推动发展的作用。这里需要强调的是，我们既要重视市场反映出的发行量、点击率等信息，充分发挥市场在文化资源配置中的基础性作用，又不能将这些量化指标绝对化，各类出版物都要坚持把社会效益放在首位，坚决抵制庸俗、低俗、媚俗之风，努力实现社会效益和经济效益的有机统一。

三、大力推动新闻出版产业转型升级。全省新闻出版系统要将转变发展方式作为赢得长期竞争优势的必然选择，抢抓我省实施创新驱动核心战略的机遇，抓紧构建新闻出版内容生产、传播技术和产学研相结合的创新体系，通过实施一批具有战略性、引导性和带动性的重大新闻出版项目，大力推动新闻出版产业转型升级。突出抓好三项工作：**一是**加快发展新兴出版产业。新闻出版数字化、网络化是时代潮流。要大力推进科技与新闻出版业融合，在加快传统新闻出版业数字化转型的同时，从创新机制、规范标准、强化管理入手，突出数字化内容、数字化生产和数字化传输等关键技术的研发和应用，加快发展数字出版、网络出版、手机出版以及绿色印刷、环保印刷等新兴出版业，抢占新闻出版发展新的战略制高点。鼓励各地规划建设特色鲜明的新闻出版产业带、产业园区和产业基地，特别要充分利用我省出版内容资源丰富、数字出版技术先进等优势，积极争取新闻出版总署支持，抓紧创建国家级数字出版基地。**二是**培育壮大创新型出版传媒企业。坚持以品牌为核心、资产为纽带、市场为导向，推动出版传媒企业跨媒体跨行业跨地区跨所有制并购重组、上市融资，加快新闻出版资源向优势企业集聚，打造一批大型出版传媒、印刷复制、发行物流集团公司和战略投资者，培育一批具有竞争能力和抗风险能力的外向型企业。鼓励和支持新闻出版企业在数字出版、数字印刷、电子纸和新闻出版电子商务等方面加强自主研发，争取掌握一批自主知识产权和核心技术。**三是**全面加强版权工作。版权作为知识产权的重要部分，已经成为国家发展的战略资源和国际竞争的核心要素，成为增强自主创新能力的重要支撑。要继续借鉴和推广“南通经验”，着力放大对其他产业的典型示范作用，加快建设版权保护示范城市、示范单位、示范园区（基地），探索构建综合性的版权要素市场，全面提升版权创造、运用、保护和管理水平，切实增强版权相关产业的自主创新和市场竞争能力。

四、继续深化新闻出版体制改革。近年来，各地按照省委省政府确定的路线图和时间表，坚定信心，大胆探索，新闻出版体制改革取得了突破性进展。下一步，要进一步加大力度、加快进度、巩固提高、重点突破、全面推进，着力构建充满活力、富有效率、更加开放、有利于新闻出版业科学发展的体制机制。重点在三个“加快推动”上下功夫：**一是**加快推动报刊出版单位分类改革。根据中央统一部署，除党报党刊等时政类报刊出版单位按照事业单位的部署进行改革以外，其他具有独立法人资格的非时政类报刊出版单位一律在 2012 年上半年完成或基本完成转企改制任务。鉴于新闻出版总署明确“十二五”期间全国报刊出版单位数量要减半，在转企改制中，要按照做强做优一批、整合重组一批、退出停办一批的原则，加快报刊结构调整，推进特色化、差异化发展。要进一步推动党报党刊发行体制改革，整合发行资源，完善营销网络，提高投递实效，拓展覆盖范围，不断扩大党报党刊的市场占有率和社会影响力。**二是**加快推动已转制企业建立现代企业制度。当前，全省图书、音像、电子出版单位已经全部转企改制。已完成转制的新闻出版企业要及时完善法人治理结构，建立现代企业制度，有条件的要进行公司制或股份制改造，成为自主经营、自我发展的合格市场主体。**三是**加快推动非公有资本发挥作用。目前，非公有资本在发行、印刷领域占有很大比重，在数字出版领域表现尤为活跃。要高度重视非公有资本在资本运作、生产管理、技术运用、市场营销等方面的优势，积极研究民营文化工作室参与出版的通道问题，鼓励、引导和规范非公有资本包括境外资本有序进入新闻出版业，支持非公有文化工作室与国有出版企业进行多种形式的合作，充分发挥非公有资本促进新闻出版业繁荣发展的重要作用。在改革过程中，要坚持以发展为标准，科学评估改革成效，对改革先进地区和单位在出版资源、专项资金等方面给予倾斜支持。

五、不断提高新闻出版依法行政水平。在当前经济转轨、社会转型的关键时期，推进新闻出版依法行政和法制建设至关重要。各级新闻出版行政部门要坚持把推进依法行政作为一项基础性、全局性工作摆上重要位置，创新理念、改进方式，统筹推进文化市场综合执法和文化行政管理体制改革，加快建立调控有力、监管到位、依法行政、服务人民的管理体制。重点做到“三个加强”：**一是**加强行业管理。依法建立出版单位的评估体系和退出机制，加强书号、刊号管理，全面推行书号实名申领，完善出版物内容审读、网上审读、信息员审读监管机制，以法人准入、市场准入、职业准入、岗位准入为基础，构建出版行业管理新体系。**二是**加强市场监管。坚持不懈地开展“扫黄打非”斗争，进一步加大版权行政执法力度，严厉打击各类非法出版物和出版活动，坚决清除互联网、手机等新兴媒体的淫秽色情和低俗内容，净化社会文化环境。按照国家和省的部署要求，深入开展打击侵犯知识产权和制售假冒伪劣商品专项行动，抓紧推进软件正版化专项检查和整改工作，确保今年10月底前实现省、市、县级政府机关软件正版化目标。同时，大力推进企业使用正版软件工作，继续扩大使用正版软件的企业范围。**三是**加强人才培养。深入实施人才兴业战略，以新闻出版名家、行业拔尖领军人才、重点领域急需紧缺人才为重点，统筹各类人才队伍建设工作，推动引进人才与引进项目相结合、与重点产业发展相结合，努力造就一支门类齐全、结构合理、素质优良的新闻出版人才队伍，为新闻出版业繁荣发展提供强大智力支持。

同志们，做好今年的新闻出版工作，责任重大，任务艰巨。希望大家认真贯彻中央和省委省政府的部署要求，再接再厉、开拓进取、扎实工作，努力完成今年各项目标任务，确保“十二五”新闻出版工作开好局、起好步，以优异成绩迎接中国共产党成立90周年！

再过几天，新春佳节就要来临，借此机会，向同志们拜个早年，祝大家新年快乐、工作顺利、身体健康、阖家幸福！

凝聚力量　奋发有为
努力开创新闻出版强省建设新局面

——在全省新闻出版工作会议上的报告

徐　毅　英

（2011年1月29日）

同志们：

这次全省新闻出版工作会议的主要任务是：深入学习贯彻党的十七大和十七届五中全会精神，贯彻落实全国新闻出版工作会议、全省宣传部长会议精神，总结“十一五”特别是2010年全省新闻出版（版权）工作的主要成绩和经验，立足“十二五”，部署2011年任务，动员全省新闻出版系统解放思想，凝聚力量，奋发有为，确保“十二五”开局之年全省新闻出版业又好又快发展。

一、“十一五”时期特别是2010年全省新闻出版工作的主要成绩和经验

“十一五”时期，全省新闻出版系统深入贯彻落实科学发展观，统筹推进改革、发展、管理等各项工作，在新闻出版大省向新闻出版强省的跨越中迈出新的坚实步伐。

服务大局能力显著提高。坚持围绕中心、服务大局，牢牢把握新闻出版的正确导向，把建设社会主义核心价值体系贯穿到新闻出版工作各个方面。围绕学习贯彻党的十七大和庆祝新中国成立60周年、纪念改革开放30周年、庆祝建党85周年和90周年、庆祝建军80周年、纪念辛亥革命100周年以及支援抗震救灾等重大主题，组织出版发行了一大批精品力作，坚守意识形态阵地，引领时代思想潮流，为经济社会发展提供了重要的思想保证、精神动力和舆论支持。版权保护促进经济发展的作用日益凸显，南通版权保护典型经验影响广泛、走向世界。

产业规模和效益不断提升。预计2010年全省新闻出版业总产出1000亿元，比“十五”末翻一番。资产总额、行业增加值等主要经济指标均位居全国第三位，利润总额居全国第二位。新兴产业快速发展，网络出版企业从无到有，发展到16家。凤凰出版传媒集团2008年成为我国第一家资产、销售双超百亿的出版传媒集团。有14家印刷企业入选全国百强，总数居全国第三。民营新闻

出版业发展迅速，总产出占全省新闻出版业总产出的比重超过70%。

精品生产成绩显著。完成“十一五”规划重点出版项目省级119项，国家级68项。全省7家出版社入选“全国百佳图书出版单位”，总量与上海并列全国第一。在全国“五个一工程”奖、中国出版政府奖、中华优秀出版物奖、“中国最美的书”、“三个一百”原创图书和全球日报发行百强榜、中国报刊广告投放价值排行榜中，我省入选数量均位居全国前列。出版物印制质量管理连续8年荣获全国金奖，6件作品入选2008年“美国印制大奖”，实现国际大奖零的突破。

体制改革有序推进。全省27家图书、音像、电子出版单位全部转企改制，报刊出版单位经营与编辑分离、内部三项制度改革全面推进，有27家报刊转企改制。非公有新闻出版企业发展迅速，多种所有制形式的发展格局逐步形成。出版工作室以资本合作、项目合作、组稿策划及其他方式参与出版，出书品种、出版码洋和销售收入等占江苏出版总量的1/3左右；在印刷领域，民营、股份制、外资企业总量达9457家，占印刷企业的97%；在发行领域，民营发行网点总量达10488家，占总数的88.9%。

公共新闻出版服务体系基本建立。全省累计建成农家书屋17158个，率先在全国实现农家书屋在行政村的全覆盖，得到新闻出版总署和省委省政府的充分肯定。农家书屋管理、使用取得显著成效，依托农家书屋开展的各类读书活动有声有色，书屋业已成为基层党组织宣传党的路线方针政策的重要阵地，成为农民群众读书学习、陶冶情操的精神乐园和学习科技、法律等知识的重要场所，得到了各级党组织的认可和农民朋友的欢迎。2009年新闻出版总署在我省召开了东部地区农家书屋工程建设现场经验交流会。江苏读书节等全民阅读活动蓬勃开展。

“走出去”步伐明显加快。图书版权海外输出大幅提升。5年共输出版权584项，年均增长15.5%。《服饰导报》、《东方娃娃》等报刊成功走出国门。《新华日报iPAD版》、《扬子晚报iphone版》面向全球发布。印刷领域百余家企业从事对外加工贸易，年加工贸易额60多亿人民币。成功举办“江苏·台湾出版论坛暨书展”，作为主宾省参加上海书展，有效扩大了江苏出版的影响。

新闻出版(版权)管理服务水平日益提高。省局顺利实现了由“管脚下”向“管行业”的转变，2008年起实施行政审批“一站式”服务,成为省级机关10个依法行政示范点之一,服务型机关建设迈出坚实步伐。加大事业产业发展扶持力度,五年间,全省共有119个新闻出版项目获得省文化产业引导资金1.654亿元;各级财政资助农家书屋工程建设资金2.5亿元,其中省财政8700万元,中央财政奖励资金3700万元;省出版专项资金资助重大出版项目1123.5万元,争取国家出版基金资助1185万元。出版物审读、印刷质量检测、"扫黄打非"等管理工作,机关党的建设、行业精神文明建设、人才队伍建设、纪检监察等工作,多次受到上级有关部门的表彰。省新闻出版学校共培养输送学生2200多人,学生数量、教育质量不断提升。

2010年是"十一五"的收官之年,全省新闻出版系统围绕建设新闻出版强省目标,突出重点,求真务实,开拓奋进,各项工作取得新的成绩。

*围绕中心、服务人民,出版导向管理水平得到新提高。*认真学习贯彻党的十七届四中、五中全会和胡锦涛总书记在中央政治局第22次集体学习时的重要讲话以及全国宣传部长座谈会精神,牢牢把握社会主义先进文化前进方向。围绕服务学习型政党建设、建党90周年、辛亥革命100周年和改革发展稳定大局,加强出版选题策划,有5种选题列入国家重点。完善重大敏感选题管理,加强重大选题审读备案。规范书号管理,制定实施书号实名申领前三审单抽查制度,严格把好导向关口。先后召开全省出版审读工作通气会、报刊审读员会议、编辑策划研讨会和审读工作座谈会,加强和改进新形势下的审读工作。省局被总署评为全国优秀报刊审读单位。加强对报刊出版和经营活动的监管,对近20家报刊单位进行告诫谈话,对1家违规单位发了《警示通知书》。加大互联网出版监管力度,严格查处各类违法违规和低俗网络出版物。组织开展2010年"3·15"少年儿童读物类出版产品质量监督检测活动,鼓励印刷企业生产更多符合绿色环保标准、保障人们身心健康的产品。

*抓好项目、优化服务,转变发展方式实现新突破。***一是**支持重大项目建设。精心组织开展文化产业引导资金项目动员、申报、调研工作,全省有48个新闻出版项目获得文化产业引导资金6550万元,同比分别增长20%、11.8%。有9个项目进入新闻出版总署改革发展项目库,6个项目获得财政部2010年度文化产业发展专项资金1000万元。**二是**推动数字出版业发展。有10家单位获批互

联网出版许可,其中苏州游宝电脑软件有限公司成为我省首家获得互联网出版许可证的民营企业,方正国际软件有限公司首批获准从事电子书复制业务。《江苏手机报》获得第六届中国传媒创新年会颁发的"2010 年最具成长性媒体"奖,是全国 16 家获奖媒体中唯一获奖的手机媒体。凤凰出版传媒集团积极开发电子书包、网游动漫等项目。**三是**资助苏版品牌拓展市场。通过展位补贴等形式,组织支持出版、版权企业"走出去"参加各类展销活动。我省被新闻出版总署确定为第七、八届海峡两岸图书交易会"主宾省"。通过书号资源倾斜、重点出版项目资助,引导扶持出版单位加强精品生产。在第三届中华优秀出版物评选中,我省有 5 种图书获得图书奖、1 种电子出版物获得电子奖、7 种出版物获得提名奖,6 篇论文获全国优秀出版科研论文奖,获奖总量继续居全国前列。在"中国最美的书"评选中,有 4 种图书入选,居全国第一。有 2 种期刊入选全国优秀少儿报刊。**四是**扎实做好产业发展基础工作。编制《新闻出版相关产业政策文件摘编(2009 年 7 月—2010 年 6 月)》。圆满完成全省新闻出版产业调查任务,受到新闻出版总署表彰。精心编制全省新闻出版业"十二五"发展规划和分行业规划。

分类指导、稳步推进,深化体制机制改革取得新进展。**一是**巩固和扩大出版社改革成果。围绕"出版社转企以后怎么办",组织多个工作组深入出版企业,开展广泛调查研究,并召开"出版管理暨改革发展研讨会",推动各出版企业继续深化改革。全面改制后的出版单位发展活力明显增强,全省 18 家出版社全年上报并获批选题 14162 个,比上年增长 48.7%。**二是**积极稳妥推进报刊社分类改革。召开全省报刊管理工作会议,部署全省报刊业改革发展与管理工作。召开期刊改革工作座谈会,推动条件成熟的报刊社转企。**三是**集团兼并重组合资合作步伐加快。人民日报主管的江南时报划转新华日报报业集团主管主办。凤凰出版传媒集团与欧洲最大的大众及教育图书出版集团法国阿歇特共同投资成立的凤凰阿歇特文化发展有限公司在京正式揭牌。凤凰出版传媒集团在第二届"中国文化企业三十强"评选中位列出版发行类首位。

提高质量、注重效果,公共服务体系建设实现新拓展。**一是**推进农家书屋工程由以建为主向以用为主转变。争取省财政补助资金 2800 万元,继续采取"以奖代补"方式资助经济薄弱地区农家书屋建设。中央财政奖励我省农家书屋工程资金 3400 万元,已下拨各地用于出版物更新。开展农家书屋工程督查验收和绩效评价。启动星级示范农家书屋评选。组织开展“我的书屋，我的家”农家书屋阅读讲演活动，我省4名选手在全国大赛中获奖，获奖数量位居第一，省局获得优秀组织奖。**二是**全民阅读活动广泛开展。向全省青少年推荐69种（套）优秀出版物，其中4种入选总署向全国青少年推荐百种出版物。举办“世界读书日”主题书展、“青少年优秀图书展”和“上海世博会主题书展”。以“同享阅读快乐，共建美好江苏”为主题，精心组织开展第六届江苏读书节，全民阅读氛围日益浓厚。**三是**积极做好对口支援工作。向绵竹市捐赠近30万码洋出版物、10万元现金，向玉树灾区捐赠1000余万元现金和一批出版物。

*依法行政、加强监管，优化发展环境取得新成效。*全省新闻出版依法行政和法制建设进一步加强。《江苏省著作权保护与促进办法》列为省政府立法调研项目。省局会同省依法治省领导小组办公室开展“法治城市与新闻出版”论文征集活动，会同有关部门命名20个农家书屋法制文化建设示范点，组织“五五”普法考核验收，举办局领导班子集体学法活动和行政法制报告会。完善长三角区域新闻出版行政执法协同机制，健全新闻出版依法行政各项配套制度，完善新闻出版依法行政考核指标体系并认真组织实施。开展依法行政示范点创建和行政执法案卷评查活动。推进依法行政监督体系建设，在全省设立24个行政执法监督点、聘请55名依法行政监督员。在全省依法行政考核中得分居省级机关第6名，省局被表彰为省级机关第二届“万人学法”竞赛先进单位，荣获2010年度政府法制工作创新奖。全国新闻出版依法行政暨法制工作会议在南京举行，省局在会上作经验介绍。“扫黄打非”斗争深入推进。先后开展打击手机网站淫秽色情信息、迎世博“扫黄打非”等3次集中行动、9次专项治理，加强日常监管，严肃查办案件，全省出版物市场和网络环境持续净化。坚持将“扫黄打非”与未成年人思想道德建设和社会治安综合治理等工作有效结合，“扫黄打非”工作的社会覆盖面和影响力进一步扩大。总结推广苏州“扫黄打非”“三到位”工作经验，开展“扫黄打非”工作先进模范县（市、区）创建和基层工作经验交流活动，推动“扫黄打非”向基层延伸。完善责任追究、表彰奖励、三级联动、地区和部门协同等工作机制，加强对县（市、区）“扫黄打非”工作考核，不断夯实工作基础。全国“扫黄打非”工作小组在我省召开了全国“扫黄打非”工作小组办公

室主任会议，省“扫黄打非”工作领导小组连续两次在全国会议上作交流发言，省“扫黄打非”办先后荣获全国“扫黄打非”和版权保护办案有功单位。

保护版权、典型示范，服务经济转型升级实现新进步。**一是**南通家纺版权保护经验走向世界。联合国世界知识产权组织和国家版权局在北京联合举行新闻发布会，向全球发布《南通家纺产业版权保护调研报告》。这是迄今为止WIPO首次对一个国家特定地区和行业进行专项调研并发布报告。人民日报、新华社、光明日报和中央电视台新闻联播、焦点访谈等8家中央新闻媒体均在显著版面或黄金时段给予广泛宣传报道。**二是**开展版权保护专项行动。围绕为上海世博会创造良好版权保护环境，开展打击盗版音像制品专项行动。积极开展打击侵犯知识产权和制售假冒伪劣商品专项行动，起步快、措施实。开展打击网络侵权盗版专项治理“剑网行动”，查处网络侵权盗版案件70件，关闭网站69家，有4起案件移送司法机关追究刑事责任。**三是**稳步推进软件正版化工作。认真落实《江苏省2010年推进企业使用正版软件工作计划》，启动实施“江苏省企业软件正版化行动”，先后对南京、苏南等地100多家重点企业进行了软件正版化培训。**四是**加强版权保护宣传和服务。组织开展“保护知识产权宣传周”活动。会同省委宣传部对境外维权先进个人王广祥同志进行了表彰奖励。开展版权保护示范城市创建工作，苏州、昆山市被命名为“江苏省版权示范市”和创建“全国版权示范市”，其中昆山市还被国家版权局列为全国四个优秀案例示范调研点之一。省版权综合服务中心信息平台(一期)以及苏州市镇湖“刺绣作品版权交易平台”等地方专项平台正式开通。全省受理一般作品登记7591件，同比增长20%；计算机软件著作权登记6092件，同比增长26%；著作权合同登记852份，同比增长29.6%。

转变作风、提高效能，新闻出版行政部门自身建设得到新加强。**一是**机构、队伍建设进一步加强。省局按照新“三定”规定成功进行机构改革，实现了集中审批，强化了行业管理和产业服务。及时跟踪了解全省新闻出版行政管理体制改革工作，加强与省编办和有关市委、市政府领导的沟通，推动省委、省政府关于加强市、县(市、区)新闻出版(版权)行政部门建设有关要求的落实。与省委宣传部联合发文，对基层“扫黄打非”工作机构、队伍建设提出明确具体要求。做好领军人才选拔推荐和各类专业人才教育培训工作,有5人入选全国新闻出版行业第二批领军人才,58人通过副编审、编审职业资格评审,454人通过发行师职业技能鉴定。组织开展第二届印刷行业职业技能大赛,在全国印刷行业职业技能大赛中我省获奖人数居全国第一。经省政府同意,在全省新闻出版行业部署开展争创先进集体、争当劳动模范和先进工作者活动。省新闻出版学校顺利通过江苏省五年制高职专业建设水平评估。**二是**实现行政权力网上公开透明运行。对省局拥有的行政权力进行全面清理,经省有关部门确认权力170项,建成静态权力信息库、运行平台、电子监察平台、法制监督平台和管理平台,并同步实施法制监督和电子实时监察,在省有关部门组织的行政权力网上公开透明运行考核验收中被评为优秀等次。修订完善服务承诺、行政审批限时办结、首问负责等制度,进一步规范行政行为。**三是**深化机关党的建设和反腐倡廉建设。以"转变发展方式、建设新闻出版强省"为主题,扎实开展创先争优活动。召开机关党的工作会议,推进学习型机关党组织建设。召开机关、直属单位党员大会,圆满完成直属机关党委换届选举。组织开展"调查研究月"活动,赴省内外学习调研,形成了一批调研成果。深入开展社会主义核心价值体系学习教育,机关党员联系实际创作箴言191条。行业精神文明建设深入开展,评选出省级行业文明单位44家、文明单位标兵10家,5家单位入选全国新闻出版行业文明单位。召开全省新闻出版系统党风廉政建设工作会议,推进全行业反腐倡廉建设。以《党员领导干部廉洁从政若干准则》为主要内容,深入开展反腐倡廉宣传教育。加强权力运行内控机制建设,对省局行使的权力设置了风险点和预控措施,共排出风险627条,设置预控措施732项。

回顾过去的五年,江苏新闻出版业积累了在复杂困难局面中推进新闻出版业科学发展的新做法、新经验。概括起来就是"八个必须始终坚持":*一是必须始终坚持围绕中心、服务大局,用科学理念指导工作实践。*"十一五"期间,我们之所以能在新闻出版工作内外环境发生深刻变化的新形势下,实现新闻出版改革发展管理工作的新突破,关键是我们坚持围绕中心、服务大局,坚持用时代发展的新要求来判断形势、理清思路、推动工作,坚定不移地贯彻落实中央和省委、省政府的部署要求,努力在服务党和政府工作大局中实现自身的发展。*二是必须始终坚持高举旗帜,用科学导向引领社会思潮。*我们不断深化对新闻出版意识形态属性的认识,时刻把抓导向放在首位，在提倡什么、反对什么，鼓励什么、遏制什么方面做到旗帜鲜明，综合运用多种手段依法加强新闻出版活动、出版物市场监管，进一步增强主流意识形态和先进文化的影响力，坚持以社会主义核心价值体系引领社会思潮。三是必须始终坚持改革创新，用科学体制机制增强发展动力。我们以建立健全适应社会主义市场经济深入发展的体制机制为目标，解放思想、勇于变革，紧紧抓住培育合格市场主体、优质服务主体这一中心环节，深入推进出版单位改革创新，一些制约发展的体制机制障碍逐步消除，新闻出版生产力得到进一步解放和发展。各级新闻出版行政部门管理理念明显转变，职能明显转变，为推动新闻出版业又好又快发展提供了有力保障。五年的实践证明，哪里有改革创新，哪里就有发展的新局面。四是必须始终坚持以人为本，用科学服务体系满足群众需求。我们以加快形成以人为本、面向基层、惠及大众的新闻出版公共服务体系为目标，努力生产更多贴近实际、贴近生活、贴近群众的精品力作，坚持建管用三位一体推进农家书屋工程，多样、持续、有效推进全民阅读活动，不仅扩大了新闻出版的影响，更受到了群众的真心欢迎。五是必须始终坚持发展为要，用科学方式加快产业发展。我们面对金融危机的不利影响，以转变发展方式为主线，调宽发展视野、调优产品结构、调大产业规模、调新产业结构，着力推进出版产品精品化、传统产业品牌化、新兴产业规模化，传统产业稳步增长，新兴产业逐步成为新的增长点。六是必须始终坚持人才兴业，用科学载体培养造就人才。我们始终加强和改进党的领导，以实施重大人才工程为载体，推进人才兴业战略的实施，培养造就了一大批推动新闻出版业科学发展的创新型人才、复合型人才、外向型人才和科技型人才，使得人才资源成为新闻出版业繁荣发展的最根本支撑。七是必须始终坚持依法行政，用科学管理创优发展环境。我们坚持不懈推进行政法制建设，牢固树立管理就是服务的理念，不断规范和优化各项管理制度、工作流程、服务方式，创新信息化条件下的管理手段，加强新闻出版活动、出版物市场和版权的日常监管，通过坚持不懈开展“扫黄打非”斗争，收缴非法出版物数量持续下降，新闻出版业发展环境不断优化。八是必须始终坚持争先创优，用科学定位引领率先发展。我们坚持以争先创优为鲜明导向，确立走科学发展率先路、建设新闻出版强省的目标定位，解放思想，大胆创新，奋勇争先，新闻出版业综合实力稳居全国前三，多个方面的单项工作走在全国的最前列。

过去五年取得的成就,为在新的起点上实现新闻出版业又好又快发展奠定了雄厚的基础;形成的基本经验,为指导和推动新闻出版业新一轮科学发展提供了宝贵的精神财富。我们要充分利用“十一五”打下的良好基础,不断丰富和发展“十一五”科学发展取得的基本经验,坚定不移地走科学发展率先路,坚持不懈地朝着新闻出版强省的目标迈进,努力开辟“十二五”新闻出版业发展更加美好的前景。

二、“十二五”时期全省新闻出版业面临的形势和主要目标任务

科学判断“十二五”时期新闻出版业面临的形势,对于我们更好地把握机遇,迎接挑战,推动江苏新闻出版业走科学发展率先路,至关重要。

从国际上看,世界经济政治格局的变化,使得新闻出版业面临着前所未有的历史性机遇和挑战。**一是**国家间文化软实力的博弈使新闻出版业的地位作用更加凸显。新闻出版业是文化软实力的重要方面,在巩固舆论阵地、传播中华文明、增强综合国力等方面具有不可替代的重要作用。**二是**后金融危机时代世界经济格局的新变化,为新闻出版业参与全球竞争提供了机遇。超级跨国文化企业集团在全球范围的并购重组势头继续加强,这为我国新闻出版产业发挥比较优势,做大做强,参与全球文化产业竞争带来新的挑战和机遇。**三是**全球化产业竞争的新特征要求新闻出版业抢占科技创新和新兴产业的制高点。随着数字技术和信息网络技术全面普及,以数字出版为代表的新业态将成为新闻出版业发展的新的战略制高点,各国在新闻出版技术创新、新业态培育领域的竞争将更加激烈。

从国内看,文化产业已成为国家经济发展新的增长点和加快转变经济发展方式的重要着力点,对新闻出版业发展提出了新的更高要求。**一是**国家“四位一体”建设赋予新闻出版业新的历史使命。在全面建设小康社会的关键时期,新闻出版业肩负着推进马克思主义中国化、时代化、大众化,巩固舆论阵地的重要使命,在宣传创新理论、传承中华文明、普及科学知识、提高公民素质、推动社会全面进步方面承担着重要任务。**二是**国家加快转变经济发展方式的大局要求新闻出版业加快发展。新闻出版业是绿色产业、朝阳产业。一方面,新闻出版业应为国家经济发展方式转变做出贡献，另一方面，新闻出版业自身也要转变发展方式，加快发展。**三是**满足人民群众日益增长的精神文化需求对新闻出版业发展提出更高要求。随着经济社会不断发展和人民生活水平不断提高，人民群众的精神文化需求呈现出多样化、多层次、多方面的新特点。只有加快发展，创造出更多更好为群众喜闻乐见的优秀新闻出版产品，才能满足人民群众深层次、高要求的文化需求。

从行业自身看，“十二五”时期是新闻出版业深化改革、加快发展和产业格局调整与升级的关键时期。**一是**新闻出版体制改革进入决胜期。当前新闻出版体制机制改革虽然取得突破性进展，但改革还不彻底、还不全面、还不到位，一些转企的经营性出版单位与建立现代企业制度的要求还有差距，加快建立与社会主义市场经济体制相适应的新闻出版体制机制，任务仍然十分艰巨。我们必须要坚持深化改革的主攻方向，持续推动新闻出版体制机制改革，特别是在建立现代企业制度等关键环节上求突破，着力培育更多合格的市场主体和优质的服务主体，不断解放和发展新闻出版生产力。**二是**新闻出版业格局进入战略调整期。新闻出版单位在做大主体、做强主业的同时，经营呈现出多元化的趋势，并将产生人才、资本、资源聚集效应和规模效应。随着产业规模不断扩大、高新技术飞速发展和市场竞争日趋加剧，必将带来新闻出版产业格局的深入调整。全国新闻出版业“十二五”规划提出，“十二五”时期，全国报刊出版单位数量要减半。我省新闻出版业综合实力虽然位居全国前列，但是相当一部分新闻出版企业还普遍存在“小”、“散”、“弱”问题，必须加快转变发展方式，推进特色化、差异化发展，否则将被无情淘汰。**三是**新闻出版业的转型升级进入加速期。科技与新闻出版企业的结合日益紧密，必将推动新闻出版产业转型升级步伐的进一步加快。如果我们不能顺应时代潮流，在促进传统产业转型升级的同时，加快培育新的业态，抢占科技制高点，就会在新一轮竞争中处于被动。

总体上看，“十二五”时期是江苏新闻出版业发展面临的重要战略机遇期。**一是**各级党委、政府对文化建设高度重视，把文化产业作为转变发展方式的重点工作来抓，采取了一系列政策措施，为新闻出版业实施战略转型、结构调整和产业升级发展提供了重要契机。**二是**江苏正处于全面建成更高水平小康社会并向基本实现现代化迈进的重要时期，2010 年全省地区生产总值超过 4 万亿元，人均折合 7700 美元，城乡居民收入分别达到 22700 元和 8980 元；

“十二五”时期人均地区生产总值将超过10000美元,居民收入七年倍增,人民生活水平不断提高,文化消费快速增长,包括农家书屋工程在内的社会主义新农村文化建设持续深入,对新闻出版产品的需求进一步扩大,现实的优势和巨大的潜力拓展了新闻出版业的发展空间。**三是**新闻出版体制改革的全面推进,必将涌现出一大批合格的市场主体和文化战略投资者,吸引各种社会力量和资本参与新闻出版业建设,为新闻出版业发展提供内在动力。**四是**省委提出在“十二五”时期实施创新驱动战略、发展创新型经济,这为新闻出版业创新业态、实现产业战略转型提供了有利条件和广阔前景。**五是**资本市场的逐步完善和各种文化产业投资基金、引导资金规模的不断扩大,为新闻出版业融资提供了更多机会。**六是**江苏作为对外开放大省,为新闻出版业“走出去”创造了更好条件。

在新的起点上谋求新的发展,我们一定要认清新闻出版业改革发展管理面临的新形势,以强烈的使命感和责任感,抢抓“十二五”这一难得的战略机遇期,准确把握科学发展这个主题和转变发展方式这条主线,加快建设“引领社会思潮本领强、公共服务能力强、产业实力强、发展活力强、人才队伍强”、新闻出版业综合实力位居全国前列的新闻出版强省。

引领社会思潮本领强,要认真履行全面建设小康社会和“两个率先”赋予新闻出版工作的任务,出版更多弘扬社会主义核心价值体系的文化精品,显著增强围绕中心、服务大局能力;各类出版物在全国性评奖、评选中,入选数量和影响位居全国前列。

公共服务能力强,要形成城乡全覆盖、功能更完善、服务上水平的公共新闻出版服务体系,人民群众基本文化权益得到有效保障。全民综合阅读率、人均消费出版物总量居全国前列。

产业实力强,要形成传统产业和新兴产业协调快速发展的格局,新闻出版业增加值增速高于全省地区生产总值增速,高于“十一五”时期全省新闻出版业增加值增速,新闻出版产业的规模、效益和竞争力位居全国前列。力争到2015年,全省新闻出版产业总产出达3000亿元,增加值达900亿元。

发展活力强,要加快推动经营性新闻出版单位建立现代企业制度,公益性新闻出版单位服务能力显著提升,政府职能实现根本转变,形成充满活力、富有效率、更加开放、有利于新闻出版业科学发展的体制机制。

人才队伍强，要培养造就一批推动新闻出版业科学发展的创新型人才、复合型人才、外向型人才和科技型人才，形成一支门类齐全、结构合理、梯次分明、素质优良的新闻出版工作者队伍。省级行业领军人才100名左右，全国行业领军人才50名左右。

“十二五”时期，江苏加快建设新闻出版强省的重点任务是抓好“**五个一批**”：**一是**打造和推出一批深受群众和市场欢迎的精品力作，提高新闻出版传播能力；**二是**实施一批重大公共新闻出版服务工程，加快完善公共服务体系；**三是**培育一批综合实力强、竞争力强、带动力强的骨干新闻出版企业，形成一批走内涵式发展道路的“专、精、特、新”现代新闻出版企业，做大做强新闻出版产业；**四是**建设一批集聚度高、特色鲜明的新闻出版（版权）产业基地，提高新闻出版产业集约化发展水平；**五是**培养引进一批在全行业有影响的新闻出版拔尖人才和领军人才。

“十二五”时期将重点实施“**八大工程**”：即公共新闻出版服务体系建设工程、传统出版提升工程、印刷复制业升级扩张工程、现代发行业构筑工程、数字出版跨越发展工程、版权兴业工程、新闻出版“走出去”工程、非国有新闻出版企业扶强工程。以工程为载体，推动新闻出版业又好又快发展。

三、2011年全省新闻出版工作重点任务

2011年是“十二五”开局之年，是建党90周年、辛亥革命100周年。做好今年的各项工作，对于实现“十二五”开好头、起好步，以科学发展的优异成绩向建党90周年献礼，具有十分重要的意义。今年全省新闻出版工作的总体要求是：全面贯彻党的十七大和十七届五中全会精神，以邓小平理论和“三个代表”重要思想为指导，深入贯彻落实科学发展观，坚持高举旗帜、围绕大局、服务人民、改革创新，牢牢把握正确新闻出版导向，以科学发展为主题，以加快转变发展方式为主线，更加注重激发市场主体活力，更加注重调整产业产品结构，更加注重公共服务体系建设，更加注重加快新型业态发展，更加注重提高依法行政和科学化管理水平，努力在新闻出版强省建设的征程上实现新的突破。

着力做好以下六个方面工作：

（一）把握正确导向，提高舆论引导能力

坚持正确导向，是新闻出版战线与党中央保持高度一致的具体体现，是讲政治、顾大局、履行职责的题中应有之义。我们要始终坚持把抓导向作为各项工作的中心环节，把抓导向的要求贯穿到工作的全过程。

加强对新闻出版产品创作生产的引导。始终坚持社会主义先进文化的前进方向，把弘扬社会主义核心价值体系贯穿到新闻出版工作的各个方面。要紧紧围绕党和国家工作大局做好服务工作，把学习贯彻党的十七届五中全会精神和省委“十二五”规划《建议》作为重要政治任务，充分发挥新闻出版阵地作用，联系实际宣传各地学习贯彻五中全会精神、推动工作的经验。紧紧围绕科学发展这个主题和加快转变发展方式这条主线，着力推出一批高质量出版物，为全省科学发展、率先发展提供有力的舆论和智力支撑。要围绕庆祝建党90周年、纪念辛亥革命100周年和西藏和平解放60周年，精心策划、认真组织重大主题出版物的出版工作。充分发挥国家出版基金、省专项资金的引导作用，扶持优秀出版物生产。

加强出版物质量监管和报刊传播能力建设。在出版单位广泛开展以“三审制”为主要内容的“制度落实年”活动，认真落实年度计划论证、选题分析、重大选题备案、社长总编通气会等制度，不断完善以“审读关口前移，选题分类备案，重大敏感问题分层负责，出版物质量分级把关”的工作机制，进一步规范审读程序，明确各级审读责任，以严格的审读把好出版物质量关。支持重点报刊多媒体、多业态发展，积极参与国家重点学术期刊工程建设，争取有更多的期刊进入国家重点建设的百种社科期刊、百种科技期刊。

（二）完善体制机制，扩大改革创新成果

改革是加快新闻出版业发展的必由之路。要认真落实李长春同志提出的“加大力度、加快速度、巩固提高、重点突破、全面推进”的要求，深入推进新闻出版体制改革。

积极推进报刊出版单位分类改革工作。中央即将下发关于推进中央和中央各部门各单位报刊出版单位、地方报刊出版单位分类改革的有关文件。根据有关精神，除党报党刊等时政类报刊出版单位按照事业单位的部署进行改革外，其他具有独立法人资格的非时政类报刊出版单位，一律在2012年上半年前完成或基本完成转企改制任务。在转企改制中，按照做强做优一批、整合重组一批、退出停办一批的原则，加快报刊结构调整。进一步推动党报党刊发行体制改革，创新、拓展党报党刊发行模式和渠道。

加快推动完成转制后的出版单位深化改革。已完成转制的新闻出版企业要及时完善法人治理结构，建立现代企业制度，有条件的要进行公司制或股份制改造。支持凤凰出版传媒集团等有条件的出版传媒企业上市融资，进一步做强做大。鼓励出版传媒企业进行跨地区、跨部门、跨行业联合、兼并、重组，加快新闻出版资源向优势企业集聚。鼓励发行企业发展连锁经营，支持有条件的企业跨地区、跨国连锁经营。

充分发挥非公有资本促进新闻出版业繁荣发展的重要作用。进一步引导和规范以个体、私营资本投资组建的非公有制文化企业，以内容提供、项目合作、作为国有出版企业一个部门等方式，有序参与新闻出版活动。鼓励和支持非公有制文化企业投资建立外向型出版机构，从事印刷、发行等新闻出版产业相关的经营活动，从事出口、加工贸易。培育发展版权代理、出版经纪等市场中介机构，提高新闻出版产品和服务的市场化程度。

（三）转变发展方式，壮大产业发展实力

转变发展方式是当前全行业最为紧迫的任务。打好转变发展方式这场“硬仗”，必须大力实施新闻出版传统产业升级计划、新兴产业倍增计划，以具有先导性、带动性的重大新闻出版项目为抓手，着力推动新闻出版产业又好又快发展。

加快调整，全面优化产业结构。一要加快推进传统新闻出版业数字化转型。支持新闻出版企业采用数字、网络等高新技术和现代生产方式，改造传统的创作、生产和传播模式，加快从主要依赖传统纸介质出版物向多种介质出版产品共存的现代出版业转变。加快发展快速、按需、高效、个性化数字印刷。二要发展战略性新兴新闻出版产业。组织好省文化产业引导资金资助项目的申报、评审工作，积极扶持发展数字出版、网络出版、手机出版等以数字化内容、数字化生产和数字化传输为主要特征，以绿色、环保印刷等以低消耗、节约型为主要特征的战略性新兴新闻出版业。加快发展民族动漫出版业，鼓励网络和电子游戏等产品的出版，提高民族动漫、游戏的数量和质量。三要加快提升产业集中度。重点建设一批产业示范基地或产业中心，积极创建国家级数字出版基地。鼓励各地结合区域经济社会发展规划，有计划地建设新闻出版产业带、产业园区和产业基地，实现产业合理布局。

加快创新，依靠科技力量促发展。加快新闻出版业发展方式转变，根本出路在自主创新。要建立以政策为先导、投入为保障、企业为主体、创新平台为支撑、市场需求为导向、产学研相结合的新闻出版科技创新体系，鼓励和支持有实力的新闻出版企业在数字出版、数字印刷、电子纸和新闻出版电子商务等方面进行自主研发,争取掌握一批自主知识产权和核心技术。大力推动互联网出版创新,加快构建数字化出版物生产、传播的网络平台。推动新闻出版企业信息化建设,提升全行业的信息化水平。

加快开放,大力推进新闻出版业“走出去”。要在吸收外来有益文化的同时,加快“走出去”步伐。加快互联网、手机等新媒体建设,借助先进技术手段加强信息内容传播,抢占传播制高点,为展示江苏形象、维护国家利益多做贡献。重点扶持具有竞争能力和抗风险能力的外向型企业,鼓励和支持有条件的企业在海外参股、并购、投资或创办实体,实现本土化发展。鼓励新闻出版企业与国际著名出版、制作、经纪、营销机构合作,创新国外营销方式和手段,拓展传播渠道。积极参与新闻出版总署实施的新型网络书店海外销售培育计划,创新“走出去”的模式和空间。继续支持新闻出版企业参加法兰克福国际书展等重点国际大型展会活动。精心组织好香港书展主题省活动,认真筹备海峡两岸图书交易会主宾省活动。加强印刷、复制、动漫开发外包服务业务,开拓国际文化服务市场。

(四)围绕群众需求,提升公共服务水平

满足群众需求,是新闻出版业发展繁荣的根本目的。要按照体现基本性、公益性、均等性、便利性的要求,把改善文化民生作为第一追求,进一步加强新闻出版公共服务体系建设。

农家书屋工程。重点在农家书屋加强管理、提档升级、发挥作用、拓展功能上下工夫,通过实施出版物更新工程、网络化管理工程、数字化阅读工程,不断拓展书屋的学习增智功能、信息窗口功能、基层阵地功能、文化娱乐功能、法制宣传功能、健康教育功能、网点销售功能。开展评选表彰农家书屋优秀管理员、读书明星、星级示范书屋以及对农家书屋建管用作出较大贡献的出版发行单位活动,加大对农家书屋的宣传力度,不断提高社会效益。加强农家书屋管理员业务培训和管理制度建设。推动农家书屋与县级图书馆实行通借通还,鼓励有条件地区的农家书屋由行政村向自然村延伸,由传统书屋向数字化现代书屋转变。实施城乡阅报栏(屏)工程,方便群众看报。会同有关部门加强社区书屋、职工书屋等阅读阵地建设。

全民阅读工程。把培育人们良好的阅读习惯摆上更加重要的位置,建立健全政府推动、全民主动、城乡互动、各方联动的全民阅读活动机制。进一步创新全民阅读活动的组织方式，根据干部、职工、农民、青少年等不同群体的阅读需求，分类开展各种读书活动。采取推荐“百种苏版优秀出版物”、设立“江苏有好书、好书天天读”电视访谈、开办“强素质、做表率”读书讲坛等方式，引导干部群众多读书、读好书。开展网上全民阅读活动，引导好新媒体阅读。把全民阅读活动与精神文明创建活动结合起来，扩大全民阅读活动的影响力。采取政府购买、补贴或鼓励社会捐助等方式，向基层、低收入和特殊群体提供免费新闻出版服务。积极开展送书下乡、送书给农民工等公益性活动。举办首届江苏省书展暨第七届江苏读书节，继续组织开展“全民阅读报刊行”活动。积极创建国家级示范阅读基地。

品牌出版工程。推动内容创新主体建设，在巩固江苏传统出版优势的基础上，着力打造全国一流、国际知名的江苏品牌出版单位、品牌出版产品，进一步增强苏版出版物的核心竞争力。组织江苏优秀图书奖、优秀电子音像出版物奖、优秀报刊奖的评选工作。加大对重点出版项目和原创作品的资助力度，指导、推动出版单位多出传承优秀文化的精品出版物，多出深受群众欢迎的大众出版物。大力实施少儿出版精品工程，加强对面向未成年人的网络游戏的把关，推动绿色网络游戏的开发，坚决整治低俗、黑恶文化。各类出版物都要坚持社会效益第一，坚决抵制庸俗、低俗、媚俗之风。

（五）依法加强监管，优化行业发展环境

只有管理好，才能发展好，越是要推动新闻出版业大发展大繁荣，越是要加强管理、改善管理。要坚持一手抓繁荣一手抓管理，全面提高行业科学化管理水平。

依法加强出版活动监管。建立完善选题、书稿、样书全程监控网和出版社、主办单位、行政管理部门的三级责任制，继续完善书号网络实名申领、配置、把关工作。加强报刊出版管理，进一步加大打击假报刊、假记者站、假记者、假新闻的力度，集中治理虚假失实报道，规范新闻采编秩序、报刊经营秩序和记者职业行为。抓好报刊质量评估、评优工作，稳妥实施报刊退出机制。加强对新型媒体的管理，建立健全互联网出版管理长效机制，推动互联网出版健康有序发展。加强对电子书、电子辞典、电子地图及移动存储类电子出版物的管理。加强内部资料性出版物管理。组织开展好“3·15”出版物印刷专项质检活动，规范对不合格出版物召回法定程序。

依法加强出版物市场监管。认真落实《省委办公厅、省政府办公厅转发省委宣传部等部门江苏省2011年“扫黄打非”行动方案的通知》和全省“扫黄打非”工作电视电话会议精神，在大力加强日常监管的同时，大力开展打击政治性非法出版物、打击淫秽色情出版物、打击非法报刊等专项行动，严厉查处盗版盗印、印制假发票等非法印刷复制行为，坚决打击互联网和手机等新媒体传播淫秽色情及低俗信息等违法行为，扫除文化垃圾，净化社会文化环境。要加强舆论宣传，不断提高“扫黄打非”工作的社会影响力。各级“扫黄打非”工作领导小组办公室要充分发挥组织协调作用，建立健全“扫黄打非”联合工作机制，进一步加强基层“扫黄打非”工作机构、队伍建设，深入开展创建“扫黄打非”先进模范县(市、区)活动，继续推动“扫黄打非”工作向基层延伸，加强和改进对“扫黄打非”工作的量化考核，进一步形成各级各相关部门齐抓共管的合力。

依法加强版权监管。深入开展打击侵犯知识产权和假冒伪劣产品专项行动，加大对图书、软件、音像制品的市场监管，督办查处大案要案。继续开展“剑网行动”，严厉打击网络侵权盗版。继续做好南通经验的推广工作，着力放大“南通经验”在其他产业的示范作用。大力推动版权保护示范城市、单位和园区建设，探索构建综合性的版权要素市场。加强省版权综合服务中心信息平台建设，加大对各集体管理组织的监督和管理力度，进一步提高版权中介组织服务水平。加强著作权登记工作，促进作品版权保护和合法传播。加强对外版权交流与合作，组织企业参加北京国际图书博览会等重大会展，展示江苏版权良好形象。全面做好政府机关和企业使用正版软件工作，开展省市县政府机关软件正版化专项检查。

(六)强化自身建设，为科学发展提供有力保障

党的建设、法治政府建设和人才队伍建设是促进新闻出版业大发展大繁荣的有力保证，要高度重视，不断强化。

加强新闻出版系统党的建设。围绕“转变发展方式、建设新闻出版强省”，继续深入组织开展创先争优活动，充分发挥基层党组织的战斗堡垒作用、领导干部的表率带头作用、广大党员的先锋模范作用，努力推动全省新闻出版各项工作走在全国前列。深入贯彻中央关于党风廉政建设和反腐败工作的各项部署，认真落实党

风廉政建设责任制，大力推动惩治和预防腐败体系建设，完善权力运行内控机制，从源头上遏制腐败现象的发生。推进廉政文化建设，加大廉政文化出版产品的供给与传播，服务全省反腐倡廉建设大局。要加强作风建设，坚持求真务实、真抓实干，做到扭住发展不放松、扑下身子抓落实，切实提高执行力。要加强行风建设，以确保正确导向为重点，深化行业文明创建活动，着力在全行业营造“两个效益”、“两个文明”一起抓的浓厚氛围。要坚决贯彻党中央、国务院关于做好新形势下群众工作的指示精神，把加强和改进群众工作贯穿到新闻出版各项工作中，更好地服务群众文化需求，更加有力地解决好人民群众关心的现实利益问题。

加快法治政府建设。深入学习贯彻全国全省依法行政工作会议和全国新闻出版依法行政暨法制工作会议精神，全面贯彻落实国务院《全面推进依法行政实施纲要》、《关于加强法治政府建设的意见》和省政府有关工作部署，进一步健全新闻出版（版权）依法行政制度体系和监督体系，创新依法行政工作机制，拓展依法行政实践空间。召开全省新闻出版（版权）依法行政会议，总结表彰依法行政和“五五”普法先进单位。加快推进《江苏省著作权保护与促进办法》立法进程，力争年内完成审议程序并颁布施行。深入开展新闻出版（版权）依法行政示范点创建活动，评审命名第二批新闻出版（版权）依法行政示范点。深入推进法治文化建设，积极参与法治城市创建，会商相关部门共同评审命名一批农家书屋法治文化建设示范地区。切实规范行政权力运行，着力加强行政执法监督，不断简化行政审批流程，组织行政执法案卷评查和行政许可事项抽样检测。完善长三角区域新闻出版（版权）合作和行政执法协同机制。制定实施江苏省新闻出版（版权）《“六五”普法宣传教育规划》，完善领导干部学法用法制度、行政法制报告会制度、机关公务员法制教育制度和行政执法人员法制培训制度，积极探索法制教育培训合格行业准入制度。分别举行文化市场综合执法改革后新任文广新局负责人行政法制培训班、依法行政监督点监督员培训班和行政执法人员政策法规培训班。完善电子政务和政府门户网站建设，继续做好行政权力网上公开透明运行工作，提高行政管理效能。各级新闻出版行政部门要进一步转变职能，集中精力履行好宏观调控、依法行政、公共服务和市场监管职能，做到不越位、不缺位、不错位。要注重创新工作方式、方法，把工作重心转移到依法对本地区新闻出版活动、出版物市场和版权行为的有效监管上来,转移到为企事业单位的改革发展提供政策、资源、技术、工作支持上来,在高效优质的服务中实现依法行政工作目标,提升依法行政工作水平。今年一季度举办全省市、县(市、区)新闻出版(版权)行政部门主要负责人培训班。

加强人才队伍建设。认真落实"人才兴业"战略,进一步完善由政府引导、企业负责、社会参与的人才激励、选拔培养、合理流动机制,吸引和培养一批推动新闻出版业科学发展的创新型人才、复合型人才、外向型人才和科技型人才。积极宣传新闻出版领域领军人物、优秀专业技术人才、经营管理人才的事迹,营造尊重劳动、尊重知识、尊重人才、尊重创造的良好舆论环境。建立健全在职人员业务培训和继续教育制度,提高人才培训质量。全面强化新闻出版专业技术人员职业资格管理,完善职业资格考试、登记注册管理、职业技能鉴定、从业准入管理等制度体系,从源头上提高新闻出版从业人员的素质。积极推进省新闻出版学校易地建设新校区,筹建职业技术学院。

同志们,"十二五"开局之年的新闻出版工作,任务更重、要求更高、责任更大。全省新闻出版系统要以高度的政治责任感,以良好的精神状态,凝心聚力,奋力拼搏,开拓创新,狠抓落实,努力在建设新闻出版强省的道路上实现新的突破,为在新的起点上实现江苏经济社会又好又快发展作出新的更大的贡献。

在全省新闻出版(版权)工作座谈会上的讲话

徐 毅 英

(2011 年 8 月 5 日)

同志们:

这次全省新闻出版(版权)工作座谈会,主要任务是深入学习贯彻胡锦涛总书记"七一"重要讲话精神,贯彻落实全国文化体制改革工作会议、全国新闻出版局长座谈会、省委工作会议、省政府全体会议和全省宣传部长座谈会精神,简要总结今年以来工作情况,部署近期重点工作任务,确保全面完成全年目标任务。

一、关于今年以来全省新闻出版(版权)主要工作情况

今年以来,全省新闻出版(版权)系统认真贯彻落实中央和省委省政府的决策部署,紧扣科学发展主题和转变发展方式主线,坚持改革创新,全力开拓进取,新闻出版业在"十二五"开局之年呈现出衔接好、起步稳、发展快的喜人局面。预计上半年全省新闻出版业总产出 600 亿元,同比增长 15% 左右。今年以来主要做了以下几个方面的工作:

第一,围绕为庆祝建党 90 周年营造良好氛围,加强出版引导,依法加强管理

在舆论引导方面。精心策划、组织庆祝建党 90 周年、纪念辛亥革命 100 周年等重大主题出版物的出版工作,全省 10 家出版社策划选题 28 个,有 5 种列入全国百种重点选题。加大对重点出版项目和原创作品的资助力度,争取国家出版基金资助 12 个出版项目 692 万元,省出版专项资金资助 33 个项目 250 万元。在第二届中国出版政府奖评选中,我省有 21.5 种出版物获不同奖项,居全国第二。《新华日报》等党报党刊围绕中心、服务大局,新闻宣传有力度、有深度,为庆祝建党 90 周年营造了浓厚氛围。报刊记者站专项治理活动取得扎实成效,受到中央检查组充分肯定。启动"出版物质量管理年"活动,制定《江苏省图书、音像和电子出版物选题备案、书稿审读与书号实名申领工作规程(试行)》,加强对出版环节的管理。

在"扫黄打非"工作方面。坚持日常监管与集中行动相结合,

精心组织3次专项治理，出动检查4.1万人次，检查出版物市场、店档摊点和印刷复制企业4.2万家次，收缴各类非法出版物135.6万件，组织查处各类行政、刑事案件118起，全国“扫黄打非”办公室督办的5起重点案件全部审结，受到表彰奖励。加大红色旅游景点周边出版物市场整治力度，多次组织明查暗访，对非法出版物进行严厉打击。大力开展“扫黄打非”示范区（点）建设，着力夯实基层基础。先后在南京和无锡开展全省非法出版物集中销毁活动，共销毁各类非法出版物近200万件。

*在版权保护方面。*机关、企业软件正版化工作稳步推进，省财政专门拨款1700万元为省级机关招标采购正版软件，近期将全部完成。苏州市财政投入500万元，在全省率先全面实现了市级机关软件正版化。深入开展创建版权保护示范城市、示范单位和示范园区（基地）活动，苏州市、昆山市争创全国版权保护示范市工作卓有成效，淮安市、张家港市等地创建工作取得积极进展。认真做好版权登记服务，全省受理一般作品登记4600件，同比增长31.4%；计算机软件著作权登记3128件，同比增长26.2%；著作权合同登记603份，同比增长123.3%。成功承办了中欧知识产权保护二期项目全国培训班。

第二，围绕为“十二五”开好局、起好步，深化改革，加快发展，强化服务

全省新闻出版业“十二五”时期发展规划发布实施。各地围绕“十二五”规划提出的新闻出版强省建设目标任务，坚持深化改革增活力，加快发展增实力，强化服务增引力，努力推动新闻出版业又好又快发展。

*在体制改革方面。*认真做好非时政类报刊出版单位体制改革前的各项准备工作，对全省143家报纸、441家期刊出版单位的性质、类别进行了认真梳理核实，起草了《关于制定非时政类报刊出版单位体制改革实施方案的建议》，对非时政类报刊出版单位体制改革的范围、任务、时间表、路线图、政策保障、组织保障等提出建议和意见，并向省文化体制改革领导小组办公室进行了专题汇报。连续召开36家6种不同类型的非时政类报刊出版单位负责人座谈会，征求意见，完善方案。

*在产业发展方面。***一是**署省战略合作和国家数字出版基地创建取得实质性进展。7月30日，总署和省政府正式签署了共同推进江苏新闻出版强省建设的战略合作框架协议，并为江苏国家数

字出版基地揭牌，为4个园区授牌。根据协议，总署和省政府将从构建新闻出版公共服务体系、提高苏版出版物核心竞争力、提升传统新闻出版产业、发展新兴新闻出版产业、整合新闻出版资源、实施版权兴业战略、推动新闻出版业“走出去”、加强人才队伍建设、建立合作工作机制等9个方面进行战略合作。省委书记罗志军、省长李学勇和署长柳斌杰等领导对我省近年来新闻出版工作取得的成绩给予充分肯定，对抓好协议落实、建好数字出版基地提出了明确要求，为我们加快新闻出版强省建设注入了强大动力。江苏国家数字出版基地在全国首创“一体两翼”、“一个基地、多个园区”的发展布局，以南京为中心，依托凤凰出版传媒集团和新华日报报业集团、南京日报报业集团等南京地区的新闻出版内容资源，借助众多高校、科研院所的技术和人才资源，聚集民营文化创意企业和各类数字出版企业，同时发挥无锡、苏州、扬州等地的区域、产业优势，设立南京、无锡、苏州和扬州园区，形成全省性、跨区域的整体发展格局，形成差异化、特色化数字出版产业集群。柳斌杰署长高度评价江苏国家数字出版基地建设高起点、体制新、环境优。**二是**项目申报数量和质量明显提高。坚持“突出重点、择优扶持、公开公正、严格监督”的原则，认真组织省文化产业引导资金项目申报，2011年申报项目达182个、总投资额94.22亿元，同比分别增长32.8%、79.6%。从申报的项目看，数字化项目、超亿元大项目明显增多，数字出版基地和新闻出版园区也占一定比例。积极做好向总署、财政部申报项目工作，有18个项目进入全国新闻出版改革发展项目库。**三是**新兴业态发展取得新的成绩。新华日报报业集团的中国江苏网、江苏手机报等新媒体呈加快发展的良好态势。凤凰出版传媒集团数字管理、数字内容、数字投送、数字阅读等“四大平台”建设稳步推进，预计“十二五”末数字出版产业总产值达10亿元以上。继去年我省10家单位获批网络出版资质后，今年又有3家获总署批准，有7家发行单位获网络发行资质。**四是**会展贸易取得显著成效。首届江苏书展取得圆满成功，省委书记罗志军、省长李学勇和省委常委、宣传部长杨新力、副省长曹卫星、新闻出版总署副署长邬书林亲临书展主会场参观，给予充分肯定。书展期间，全省主、分会场共接待读者55万人次，销售出版物近40万册，实现销售额1232万元。省局统一组团参加第二十一届全国书展，实现订货码洋4600万元，刷新江苏展团参加历届书博会记录。作为主题省参加香港书展取得丰硕成果，参展的3700余种、5万多册苏版出版物受到香港读者欢迎,现场销售码洋86.9万港元。期间举行的香港书展江苏主题省新闻发布会,与香港贸发局合作举办的“中华文学漫步——江苏行”,江苏籍作家和国学精品专区,名家论江苏古今名作家,书法有法讲座及签售活动,扬州雕版印刷技艺、甲骨文书法精品展示,苏州评弹、锡剧和江苏民歌联唱等文艺表演,处处体现了吴韵汉风的鲜明特色和书香江苏的良好形象,受到了香港读者的极大关注,中央媒体、香港媒体和江苏媒体给予广泛报道。

*在公共服务方面。*认真实施农家书屋出版物更新、数字化阅读、网络化管理和功能拓展等“四大工程”,目前已落实省级财政专项资金2800万元,由省统一组织采购后配送至各地农家书屋。中央财政奖励资金已下达至各县(市、区)。开发并启用江苏省农家书屋工程网络化管理系统(一期),农家书屋数字化阅读平台正在加快建设。一些地方开展农家书屋与村邮站共建工作,成效逐步显现。第七届江苏读书节安排的庆祝建党90周年等12项重点主题读书活动有的已圆满结束,有的正有序进行,苏州阅读节、淮安周恩来读书节等读书活动丰富多彩,江苏大地的全民阅读氛围日益浓厚。我们还按照新闻出版总署的要求,认真做好对口援藏工作,研究确定了18个援建项目,其中上半年已援助资金30万元。

第三,围绕为新闻出版业又好又快发展打造良好外部环境,加强法治机关建设,不断提高服务效能

*在行政法制建设方面。*制定出台了江苏省新闻出版(版权)局《关于深入推进依法行政加快建设法治政府的指导意见》、《行政审批实施细则》等规范性文件,及时清理、废止一批行政规范性文件。认真开展法制教育、行政执法人员培训、依法行政示范点申报、农家书屋法制文化示范地区创建和申报工作。根据新的《出版管理条例》等法规规章,及时梳理、调整行政审批事项并进行公布。上半年累计受理审批事项18163件,办结17820件,所有事项均在规定时间内完成。承办长三角区域新闻出版(版权)第三次联席会议,江浙沪三省市围绕长三角区域数字出版产业发展、出版物市场管理协同执法机制、行政审批快速运行机制、全民阅读活动协作平台等9项事项达成共识并签订了协议。省局分别被评为全国新闻出版系统和全国“五五”普法先进单位,在省级机关2010年度依法行政考核中得分居第二名,继续保持省级机关依法行政示范点称号。

在人才队伍建设方面。举办全省新闻出版(版权)系统领导干部培训班,对全省市、县(市、区)文化广电新闻出版(版权)局局长、分管局长进行全面培训,受到总署、省政府领导充分肯定。会同省人力资源和社会保障厅对全省新闻出版(版权)系统46个先进集体、49名先进工作者和劳动模范进行了表彰。以职业准入和岗位准入为抓手,建立健全并严格落实职业资格考试、登记注册管理、职业技能鉴定、从业准入管理等制度,举办全省新闻出版采编人员资格、出版社青年编辑、网络编辑师等各类培训班7期,培训各类新闻出版从业人员1500人次。

在机关党建方面。以"创新机关党建、促进科学发展"为主题,组织开展庆祝建党90周年"九个一"系列活动。深入开展创先争优活动,严格领导点评,组织实施2011年党员公开承诺和履职承诺,评选表彰了创先争优活动中涌现出来的先进党支部和优秀共产党员。出台《2011—2013年创建学习型机关党组织工作规划》和考评指标体系,组织3次集中学习辅导,推进学习型党组织建设。结合"三走进、三服务"要求,建立了机关党支部联系基层农家书屋制度。坚持"走出去"、"走下去"相结合,认真开展"调查研究月"活动,取得了一批调研成果,有的已转化为工作的措施。老干部、群团工作得到进一步加强。严格落实《廉政准则》,深入开展反腐倡廉宣传教育,加强廉政文化建设,完善内控机制,促进权力规范运行。

总之,今年以来全省各级新闻出版(版权)部门和单位各项工作抓得紧、抓得实、抓得主动,形成了上下联动、共谋发展的强大合力,取得的成绩是显著的,为下半年工作打下了坚实基础。

二、关于下半年重点工作

做好下半年工作,对于实现"十二五"良好开局至关重要。全省新闻出版(版权)系统要全面贯彻胡锦涛总书记"七一"重要讲话精神,按照中央和省委省政府关于文化建设的最新部署,继续围绕科学发展主题和加快转变发展方式主线,以深化改革、加快发展、完善服务、加强管理为重点,进一步解放思想、开拓前进,奋力拼搏、乘势而上,全力推进新闻出版强省建设迈出新步伐。重点抓好5个方面的工作:

(一)围绕中心,服务大局,在进一步提高舆论引导能力上求新突破

新闻出版工作是党的宣传思想工作的重要组成部分,担负着

巩固思想阵地、引导社会舆论、强化社会管理、坚持社会主义先进文化前进方向的重要责任。我们必须保持高度的政治自觉，时刻把正确舆论导向放在首位，常抓不懈。

*深入学习贯彻胡锦涛总书记“七一”重要讲话精神。*胡锦涛总书记“七一”重要讲话，系统总结了我们党90年的光辉历程和宝贵经验，深刻回答了新的历史条件下加强和改进党的建设的新课题，全面阐述了坚持和发展中国特色社会主义的新要求，是一篇马克思主义的纲领性文献。讲话高屋建瓴、统揽全局，思想深刻、内涵丰富，对全面推进中国特色社会主义伟大事业和党的建设新的伟大工程，具有重大而深远的指导意义。全省新闻出版（版权）系统各级党组织要把学习贯彻胡锦涛总书记“七一”重要讲话，作为当前和今后一个时期的重要政治任务，周密部署、统筹安排，不断兴起学习贯彻热潮，真正把全系统干部群众的思想和行动统一到讲话精神上来。通过学习，深刻认识党在不同时期所起到的彪炳史册的核心作用，深刻认识党的新闻出版工作在革命、建设和改革中的作用，深入领会讲话关于推动社会主义文化大发展大繁荣的战略部署，紧密结合工作实际，坚定不移地抓好贯彻落实，努力开创新闻出版工作新局面。

*切实抓好主流舆论的宣传引导。*统筹图书、报刊、音像电子和网络出版等多种媒体，深入宣传胡锦涛总书记“七一”重要讲话和省委十一届十次全会精神，使科学发展主题、加快转变发展方式主线以及全面落实“六个注重”、全力实施“八项工程”、加快推进“两个率先”的战略部署更加深入人心，凝聚全省人民共建美好江苏的强烈共识。继续推动纪念建党90周年、辛亥革命100周年和西藏和平解放60周年等重大新闻出版活动掀起高潮、形成声势，做好党的十七届六中全会的主题出版和宣传贯彻工作。积极关注重大新闻事件和社会热点难点问题，坚持以正面宣传为主，做到重大问题不缺位、关键时刻不失语，严守导向正确的生命线，捍卫主流舆论的话语权和主阵地。关注以手机、便携电子设备等移动智能终端为载体，以短信、手机报、电子书、微博等为代表的新兴信息传播方式，积极推动发展数字报刊综合业务平台，实现由传统媒体为主向传统媒体与新兴媒体融合发展的转变。支持各级党报党刊大力发展新媒体、抢占新阵地，着力打造主流媒体在新闻出版多元传播格局中的主导地位。

*切实抓好优秀作品创作生产的引导。*立足于服务人民、多出

精品，大力推动内容创新，努力生产更多服务党和国家重要工作任务，服务社会主义核心价值体系建设，服务教育、就业和改善民生等方面的新闻出版产品。继续深入推进“出版物质量管理年”活动，抓好策划、编辑、装帧、印制和营销机制建设，创作生产出更多思想深刻、艺术精湛、群众喜闻乐见的苏版精品，确保在国家级各项评比中始终保持前列，努力满足人民群众日益增长的精神文化需求。

（二）深化改革，创新驱动，在进一步加快发展方式转变上求新突破

发展是硬道理，改革是硬动力。我国新闻出版业已经进入到只有进一步深化改革、进一步加强技术创新，才能健康快速持续发展的关键时期。我们要深入贯彻中央关于“加大力度、加快进度、巩固提高、重点突破、全面推进”的改革工作方针，进一步加大改革创新力度，加快发展方式转变，努力推动新闻出版产业发展迈上一个新台阶。

狠抓改革攻坚。非时政类报刊出版单位体制改革是今年新闻出版体制改革的核心工作，牵涉面广、情况复杂。要在前期工作的基础上，进一步把改革准备工作做细、做实、做到位，以切实可行的分类改革方案，组织指导报刊单位稳步推进改革，确保在2012年6月底前完成改革任务。要积极稳妥推进党报党刊编辑宣传和广告、发行、印刷等经营性业务分开，独立组建经营性报业经营公司。要进一步探索党报党刊发行新模式，鼓励和支持党报党刊与邮政部门、国有或国有控股大型出版发行企业开展战略合作，组建发行公司，鼓励以其为龙头对区域内报刊发行资源进行整合，建立完善有效的现代营销网络，提高发行效率，扩大党报党刊影响力。在推进报刊分类改革中，要把握集团化、规模化、产业化和信息化的发展方向，整合优势报刊出版资源，组建一批定位清晰、多元经营、综合发展的现代传媒集团。对已经完成转企改制的新闻出版企业，要加快构建规范的现代企业制度。非时政类报刊体制改革由党委宣传部和新闻出版行政部门共同组织实施，新闻出版行政部门要主动承担推进改革的重任，重点做好改革方案制定、动员培训、政策指导、督查落实工作，推动改革工作顺利进行。

加快数字出版基地建设。要以国家数字出版基地挂牌为契机，在进一步完善规划的基础上，以物业建设、平台搭建、政策扶持等为手段，整合内容、资本、技术、人才、信息等资源，搭建内容资

源、内容数字化生产和传播技术、版权保护等平台，加大招商引资力度，引进一批上规模、市场前景好、高成长型的数字出版企业入驻基地（园区），重点打造数字图书、数字报刊、互联网出版、手机出版、数据库出版、按需出版和数字印刷、网络游戏动漫、数字音乐、数字教育、跨媒体复合出版等门类。南京、苏州、无锡、扬州园区所在地的新闻出版部门，要加强对园区建设的指导，协调有关部门出台优惠政策，扶持园区做大做强。力争通过3—5年的努力，使基地（园区）具有数字出版技术业务综合服务功能、数字出版企业孵化功能、数字阅读公共服务功能、数字出版技术创新功能、数字版权和贸易功能等，力争到“十二五”末由基地带动的全省数字出版产业规模占全省新闻出版业总产出的30%，成为我省乃至我国新闻出版业新的重要经济增长点。

主攻项目建设。项目是产业发展的载体和基础。应该说，新闻出版系统依托项目抓发展的意识已初步形成。要按照“实施一批、推进一批、储备一批、规划一批”的思路，坚持不懈地抓项目，尤其是数字出版、网络出版、手机出版、数字印刷等以数字化内容、数字化生产和数字化传输为主要特征的战略性新兴新闻出版业态项目，绿色印刷、新兴物流、内容策划等方面的项目。要围绕“十二五”发展规划，抓紧建立完善江苏省新闻出版项目库。项目库要按照“有进有出、优胜劣汰、动态平衡”的原则严格管理，并和申报国家和省文化产业发展资金、出版基金等资源相关联，为好的项目争取资金、政策方面的支持。

加快产业结构调整。调整产业结构，既要重视图书报刊的上游牵引作用，也要重视印刷发行的传统产业主体功能，更要重视数字创意、现代物流、内容提供等新兴产业的蓬勃发展；调整产品结构，既要重视图书、报纸、期刊、音像、电子、网络出版等出版产品形态，全面发展大众出版、教育出版、专业出版，又要注重细分市场，突出比较优势，形成错位竞争；调整空间布局结构，既要围绕苏南、苏中、苏北总体布局发展，又要突出新闻出版业的独特性，立足各地传统优势，实现差异化发展；调整市场主体结构，既要推动打造跨媒体、跨行业、跨地域、跨所有制的大型集团，也要加速培育一批以走“专、精、特、新”内涵式发展道路为主的新闻出版单位，鼓励其创品牌、占市场、上档次；调整所有制结构，既要努力增强国有资本的控制力，也要注重民营资本、民营企业的蓬勃生命力，鼓励、支持、引导非公资本以多种形式有序进入新闻出版领域，对各种所有制的新闻出版主体依法实行平等待遇。

积极拓展市场。要认真落实中宣部、新闻出版总署和住房城乡建设部关于加强城乡出版物发行网点建设的通知精神，协调相关部门认真落实相关扶持政策，加快建立以大城市书城为中心、中小城市实体书店为基础、农村服务网点为依托、网上书店为补充、贯通城乡的新闻出版发行服务体系和便民网络。组织新闻出版企业积极参与“中国图书对外推广计划”、“中国原创网络游戏海外推广计划”、“经典中国国际出版工程”和“中国出版物国际营销渠道拓展工程”等重点工程，不断提高江苏新闻出版产品的国际影响力、传播力和竞争力。鼓励有条件的新闻出版企业采取独资、合资、合作等形式，到省外境外兴办报纸、期刊、出版社、印刷厂、书店等实体，拓展省外市场。认真做好海峡两岸图书交易会江苏主宾省工作。

（三）巩固提高，务求实效，在进一步提升公共服务水平上求新突破

完善新闻出版公共服务体系，不断满足群众需求，是新闻出版业发展繁荣的根本目的。我们要在构建公共新闻出版服务体系取得显著成效的基础上，进一步巩固提高农家书屋和全民阅读两大工程，加快推进城乡阅报栏工程，不断扩大工程影响力，让更多的群众共享新闻出版业发展成果。

在农家书屋可持续发展上下功夫。围绕“十二五”时期建设现代化农家书屋、确保继续走在全国前列的目标，制定科学可行的农家书屋目标管理体系和考核体系，确保各项工作持续有力推进。继续实施出版物更新、数字化阅读、网络化管理和功能拓展工程，确保今年更新5000家农家书屋出版物、试点建设1000家数字农家书屋，使农家书屋更具吸引力、生命力。加强管理员队伍培训，不断提高书屋管理能力和服务水平。建立监督奖励机制，对管理、使用好的农家书屋和尽职尽责的管理员给予表彰和奖励。经常听取农民群众对农家书屋管理和维护以及对出版物需求的意见，完善农家书屋开放、图书借阅和保管制度，真正做到以人为本。加大农家书屋宣传力度，及时总结宣传农家书屋工程建设中好的经验和做法，大力宣传社会各界和广大群众对农家书屋工程的关心和支持，让更多的人认识和了解农家书屋，吸引更多的人参与到农家书屋工程建设中来。积极推动农家书屋与村级活动场所、党员活动室、村邮站等资源有机整合，依托书屋，开展丰富多彩的活动，最大

限度地发挥农家书屋基层阵地作用。要特别关注农村未成年人的成长,在书屋配备有利于他们健康成长的课外读物,让农家书屋成为他们陶冶情操、增长知识的精神家园。

在扩大全民阅读影响力上下功夫。继续推进第七届江苏读书节各项主题活动,对开展情况好、深受群众欢迎的项目和单位予以表彰,开展书香之家、书香之乡(镇)、书香之县(市)推荐活动,发挥先进典型的示范作用。把全民阅读活动与农家书屋、职工书屋、社区书屋建设结合起来,与创建文明城市、文明村镇、文明单位、文明社区、文明家庭活动结合起来,积极引导机关、学校、企事业单位、社会团体等主动参与,努力扩大全民阅读活动的覆盖范围和影响力。运用多种形式和手段,广泛宣传推介优秀作品,宣传全民阅读活动的开展情况和社会效果,在全社会营造"多读书、读好书、善读书"的浓厚氛围。紧跟新媒体阅读群体快速增长趋势,大力倡导绿色、健康的手机阅读、网络阅读,形成载体丰富、形式多样、不拘一格的全社会阅读热潮。

在加快构建公共服务网络体系上下工夫。坚持面向全社会,重点照顾农民、城市低收入居民、残疾人、老年人、进城务工人员、农村留守儿童等特殊群体,加强和完善读书看报服务网点建设,以基本免费或少量收费方式服务群众。加快推动城乡阅报栏(屏)工程建设,有效扩大党报的覆盖面和影响力。

(四)创新管理,规范秩序,在进一步优化发展环境上求新突破

新闻出版是政治性、经济性、文化性都很强的特殊行业。在推进新闻出版业深化改革、加快发展的同时,更要丝毫不懈怠、一刻不放松地抓好各项行政管理和执法监管工作,牢牢把握先进文化的前进方向。

提高对新闻出版活动的监管水平。依法加强对新闻出版活动的监管,是各级新闻出版行政部门的重要职责。因监管不到位而出现导向问题,就是失职。我们要认真研究在新闻出版体制改革日益深化的新形势下,新媒体、新业态以及工业化、信息化、城镇化、市场化、全球化迅猛发展对管理工作提出的新任务、新要求,不断探索新形势下加强依法行政和转变政府职能的有效途径。要从法制建设、准入制度、质量管理、资源分配、市场监管、综合治理和绩效评价等方面入手,充分利用新技术、新手段,不断提高管理工作的实效性、科学性。要始终以内容管理为重点,认真落实各项管

理制度，始终把社会效益放在首位，坚决抵制庸俗、低俗、媚俗之风，努力实现社会效益和经济效益有机统一。要推进书报刊数字审读平台建设，加快完善舆情监测机制，在导向管理上防患于未然。进一步巩固“杜绝虚假报道，增强社会责任感，加强新闻职业道德”专项教育活动成果，有重点地加强都市生活类、金融财经类报刊的导向管理，开展对综合文化类期刊的专项审读工作，全面强化新闻报刊管理。密切关注网络出版、手机出版动态，建立和完善互联网出版在线监控机制。健全印刷品质量管理体系，加强印刷企业管理，规范印刷复制业秩序。行政管理部门和新闻出版单位要层层建立健全管理责任制，明确责任，狠抓落实，牢牢把握发展的主动权。

*加强对非公有制文化企业的管理。*一方面，要引导和支持非公有资本有序进入国家允许的新闻出版领域；另一方面，必须加强对非公有制文化企业参与新闻出版的规划和管理。要坚持一手积极引导发展、一手严格依法管理的方针，引导非公有制文化企业不断强化自身建设，增强管理和服务能力。要加强动态监管，对合法经营的非公有制文化企业依法予以保护，对扰乱市场秩序、从事非法经营的要依法查处。国有新闻出版单位与非公有制文化企业合作出版，一定要加强内容导向的把关，严格按规范的出版流程操作，确保健康发展。要大力推动非公有制文化企业党的基层组织和工会组织建设，充分发挥企业党组织和工会组织的作用。

*进一步加大版权保护力度。*把软件正版化工作摆上重要位置，狠抓协调、培训、督促、检查四个环节，确保按时完成省级机关和市县政府机关软件正版化工作，确保顺利通过国家和省政府的验收。加强省级版权公共服务平台建设，向全社会提供作品、版权许可和转让、版权认证、版权质押登记等相关信息服务。以《著作权法》实施20周年为契机，积极开展版权宣传教育活动，提高全民版权保护意识。加大对重点地区、重点领域和重点环节的执法检查力度，继续做好对重点媒体、视频网站的主动监管和侵权案件的查处工作。继续抓好“南通经验”的宣传推广，推进版权产业园区建设。切实做好北京国际图书博览会的组织、参展、宣传和苏版图书的推广工作，扩大江苏版权贸易。加强作品著作权登记工作，确保完成2011年一般作品登记量和软件作品登记量增长20%以上。

*深入开展“扫黄打非”斗争。*继续开展打击政治性非法出版物、扫除文化垃圾和打击非法报刊等专项行动，集中时间、集中力

量清查出版物市场、印刷复制企业和交通运输环节等重点部位和行业，严密封堵查缴各类非法出版物，严厉打击制售盗版工具书、教材、教辅读物等非法出版活动。按照抓源头、打基础、切断利益链的要求，加强对博客、微博、论坛、网络社区、第三方支付平台等信息平台的管理，加强对红色旅游景点、学校和人员密集区域出版物市场的巡查，不断增强工作的主动性。加强大案要案的查办、督办工作，协调组织有关部门依法加快办案节奏，依法快审、快判，进一步震慑犯罪、教育群众。严肃整治非法报刊和网络报刊，深入追查制售源头，坚决取缔假报刊、假记者站、假记者。进一步完善"扫黄打非"体制机制，扎实开展"扫黄打非"模范县(市、区)创建工作和"扫黄打非"示范区(点)建设工作。

(五) 夯实基础，强化保障，在进一步加强自身建设上求新突破

当前我们正处于新闻出版业深化改革、加快发展的关键时期。打好全省新闻出版业"十二五"开局之年改革发展管理的胜仗，必须不断加快新闻出版行政部门职能转变，加强行政法制建设、人才队伍建设和全行业党的建设。

加快新闻出版行政部门职能转变。要切实履行经济调节、市场监管、社会管理、公共服务的职能，不断提高服务发展、服务行业、服务群众的能力和水平。继续推进行政审批制度改革，不断完善行政权力网上公开透明运行工作，提高行政效能。大力推行政府信息公开，增强各项工作的透明度，切实提高公信力。继续推进文化综合执法改革，确保"扫黄打非"工作任务的落实。加强新闻出版行业统计等基础性工作，正确研判行业发展形势，提高宏观指导的科学化水平。加强行业协会建设，支持行业组织依照有关法规和章程履行职责，更好地发挥作用。要积极创新机关管理，省局作为省级机关 5 个绩效管理模拟示范点之一，将按照省政府部门绩效管理工作要求，通过目标规划、过程监管、绩效评估、持续改进和组织保障等措施，进一步提高机关管理和服务水平。

加强行政法制建设。积极探索构建全省新闻出版(版权)政策法规调研、指导、服务"三大工作平台"，着力形成新闻出版(版权)依法行政示范创建、法制文化整合创建、法治城市参与创建、区域执法联合创建等"四大创新亮点"，着力建立完善全省新闻出版(版权)依法行政组织、制度、执法、监督、教育"五大运行体系"，为推进新闻出版强省建设营造良好政策环境，提供有力的法制保障。认

真编制“六五”普法规划，深入开展“六五”普法活动。做好新闻出版依法行政示范县（市、区）、农家书屋法制文化示范点检查验收确认命名工作，组织行政许可案卷抽样检测、行政执法培训。继续做好规范性文件的清理工作，认真做好行政权力修改补充及暂停行使的相关工作。加强对新闻出版（版权）行政执法的监督和管理，落实行政执法责任制和执法过错责任追究制，确保新闻出版（版权）法律法规得到有效执行。

加强人才队伍建设。以提升行业职业素质和职业技能为核心，建立健全在职人员业务培训制度，制定实施《江苏省出版专业技术人员继续教育实施办法》，加强在职人员岗位培训。组织开展第二批全省新闻出版行业领军人才评选和2011年度出版专业技术人员高级专业技术资格评审。以建设国家数字出版基地为契机，积极争取筹建新闻出版总署教育培训中心江苏分中心，开展数字出版高级专业人才和管理人才的培训。以《公务员法》实施5周年为契机，进一步深化机关干部人事制度改革，完善机关干部人事工作制度，加强机关公务员思想政治建设、能力建设、作风建设和反腐倡廉建设。

加强党的建设。以胡锦涛总书记“七一”重要讲话精神为指导，深入推进党建创新工程和创先争优活动，积极推进学习型党组织建设。切实加强群众工作，主动开展“三解三促”、“三走进、三服务”和“为民服务”专项活动，密切与群众的联系。要大力改进会风、文风，严格控制庆典、研讨会、论坛等活动，减少不必要的迎来送往。要全面落实省委省政府关于廉政建设的部署，始终牢记“两个务必”，把反腐倡廉建设的各项要求落到实处。要加强党的政治纪律教育，严明新闻出版纪律。以落实《廉政准则》为重点，全面加强廉政制度的学习，切实提升预防腐败的能力和水平。要不断完善廉政风险防范机制，继续加大行政监察、效能监察和廉政监察力度，加强对农家书屋工程等重点项目的监督检查，健全长效监督检查机制。要切实解决群众反映强烈的突出问题，进一步加强新闻出版（版权）执法和监管，规范教材教辅出版发行秩序，规范新闻报刊采编秩序，加强对学术期刊的管理，深入开展行业诚信体系建设，落实对行业协会和社会中介组织的监管，等等，通过着力解决新闻出版领域群众反映强烈的突出问题，实现政风行风的不断好转，以实际行动巩固党执政的群众基础。要不断深化行业精神文明建设，丰富创建内涵，在继续创建行业文明单位的同时，积极推进全省新闻出版系统创建省文明行业。

同志们,做好下半年的工作,确保江苏新闻出版(版权)各项工作继续走在全国前列,任务艰巨,责任重大。我们要更加紧密地团结在以胡锦涛同志为总书记的党中央周围,在省委省政府的正确领导下,解放思想,开拓奋进,以更加务实、更加创新的精神,扎扎实实做好各项工作,努力谱写全省新闻出版业改革发展管理的新篇章。

凝心聚力谋发展　求真务实争一流
全面开创版权“十二五”工作新局面

——在全省新闻出版工作会议上的版权专题报告

傅　杰　三

（2011 年 1 月 29 日）

同志们：

根据会议安排，下面我报告“十一五”时期和 2010 年我省版权工作取得的成绩和经验，“十二五”时期版权工作的基本思路、目标任务和主要措施，以及 2011 年主要工作任务。

一、回顾历程，“十一五”时期我省版权工作成绩显著

“十一五”时期，我省版权工作坚持以邓小平理论和“三个代表”重要思想为指导，深入贯彻落实科学发展观，认真落实《江苏省知识产权战略纲要》，取得显著成绩。

版权管理体制不断健全。“十一五”时期，全省版权行政体制改革稳步推进。省辖市调整归并文化、广播电视、新闻管理部门，实行“三局合一”，设立文化广电新闻出版局，加挂“版权局”牌子。充分发挥版权执法的协调工作机制作用，版权部门与公安、工商、海关、广电、文化等部门通力合作，形成了“联合执法、管理共抓、联动反应、相互配合”的行政执法格局。版权社团组织建设取得突破性进展。2007 年江苏省版权协会、江苏省网络作品版权保护协会先后成立，为版权业的发展搭建了新的服务平台。

版权执法监管力度空前加大。“十一五”时期，各级版权行政管理部门坚持日常监管与专项治理相结合，连续多年开展打击网络、软件预装、图书馆等领域侵权盗版的专项治理行动，坚持不懈推进软件正版化工作，版权执法成效显著。五年间，全省版权行政执法部门共执法检查经营单位 26.9 万家（次），取缔违法经营单位 7435 家，查获地下窝点 227 个，办结行政处罚案件 1443 起，移送司法机关案件 75 件，收缴各类侵权盗版制品 2300 万件。其中，在连续五年开展的打击网络侵权盗版专项行动中，共查办网络侵权盗版案件 330 件，关闭侵权盗版的非法网站 419 个，行政罚款 130 万元，没收服务器、计算机硬件设备 46 台。

*版权相关产业蓬勃发展。*作为版权产业的核心，“十一五”期

间，新闻出版业、计算机软件产业和影视动漫产业取得了较好的成绩。新闻出版业的产业综合实力和公共服务能力不断增强，成为建设文化强省的中坚力量。2010 年新闻出版业营业收入超 1000 亿元，是“十五”末的近 2 倍。新兴软件产业发展迅猛，在国民经济中的地位凸显。软件销售收入从 2006 年的 512 亿元增长到 2010 年的 2300 亿元，年均增长 45.6%。软件企业的上市步伐不断加快，截至 2010 年底，全省软件上市公司已达 12 家。影视动漫产业全国领先。南京、无锡、苏州、常州四大国家动画产业基地集聚 387 家动漫游戏相关企业，成为华东地区具有重要影响的影视动漫产业集聚区之一，2010 年营业收入突破 100 亿元。南通家纺产业版权保护取得重大成效。2010 年 7 月，世界知识产权组织正式向世界发布《南通家纺市场版权保护调研报告》，“南通经验”在世界范围内加以推广。南通家纺市场销售收入由 2006 年的 300 亿元，增长到 2010 年的 550 亿元，年均增长 16.4%。

软件正版化工作成效显著。自 2006 年全面推进企业使用正版软件工作以来，全省各地共举办企业使用正版软件培训班 79 期，参加培训企业 4023 家、5365 人次。全省共推进 1381 家企业完成软件正版化，占全国完成总量的 10%。其中，25 家企业被评为国家级“软件正版化示范单位”，56 家企业被评为省级“软件正版化示范单位”。2008 年以来，推进企业使用正版软件工作被省政府列为全省 50 件重点工作。我省软件正版化工作始终走在全国前列，受到国家版权局的充分肯定，经验做法多次被《中国新闻出版报》、《中国知识产权报》等媒体刊载。

版权公共服务体系不断完善。“十一五”期间，我省作品自愿登记量增速明显，登记数量从 2006 年的 4999 件增长到 2010 年的 13683 件，年均增长 28.6%，登记总量在全国排名第二。其中，一般作品登记数量从 2006 年的 3683 件增长到 2010 年的 7591 件，年均增长 19.8%；计算机软件登记数量从 2006 年的 1316 件增长到 2010 年的 6092 件，年均增长 46.7%。著作权合同登记数量从 2006 年的 381 份增长到 2010 年的 852 份，年均增长 22.3%，始终名列全国前三，引进和输出了一批高质量的图书，国际交流合作领域不断拓宽。省版权协会投资 100 多万元建立了版权综合服务信息平台。

2010 年，全省版权工作紧紧围绕工作大局，突出工作重点，创新工作方式，大力提高版权管理和服务水平，着力推动版权产业发展和科技文化创新，为全省“两个率先”作出了积极贡献。

（一）抓好典型宣传，服务产业发展，“南通经验”成为版权兴业的全球样本

积极做好“南通经验”的总结和宣传工作。《中国新闻出版报》、《中国知识产权报》和《中国版权》杂志分别刊发文章介绍南通家纺市场版权保护调研报告。4月20日至21日，省委宣传部组织新闻采访团赴南通进行重大典型的采访报道。《新华日报》在头版刊发了报道，并配发评论员文章，江苏人民广播电台、江苏卫视、《扬子晚报》、《现代快报》、《江南时报》、《南京晨报》、江苏教育电视台和中国江苏网分别对南通家纺市场版权保护的经验进行了集中报道。2010年第6期《中国作家纪实》在头版发表了题为《明珠出海耀中天》的报告文学。

7月9日，世界知识产权组织和国家版权局在京联合发布《加强版权保护对中国南通家纺产业发展的影响调研报告》（以下简称调研报告），向全球推广南通在家纺市场版权保护方面成功做法，让全世界共享中国江苏的“南通经验”，这也是世界知识产权组织首次在一个国家特定地区和行业进行专项调研并发布报告。世界知识产权组织总干事加利和国家版权局局长柳斌杰分别为《调研报告》作序。受加利先生的委托，世界知识产权组织助理总干事克拉克先生专程来华参观考察南通家纺市场，并出席调研报告发布会。新华社、中央人民广播电台、中央电视台、《人民日报》等对南通经验和模式进行了专题报道，日本NHK电视台、南华早报等其他10多家中外媒体专题作了采访报道。7月13日，中央电视台在“焦点访谈”栏目推出《版权“织”出生命线》专题报道。

（二）加强版权监管，提高执法水平，打击侵权盗版和社会监管工作成效明显

认真部署打击侵犯知识产权和制售假冒伪劣商品专项行动。11月、12月，认真贯彻落实全国知识产权保护和执法工作电视电话会议和国务院办公厅《关于印发打击侵犯知识产权和制售假冒伪劣商品专项行动方案的通知》、《关于进一步做好政府机关使用正版软件工作的通知》、省委办公厅省政府办公厅《关于进一步做好使用正版软件工作的通知》精神，紧急下发了《关于开展打击侵犯知识产权和制售假冒伪劣商品专项行动及进一步做好使用正版软件工作的通知》和《关于进一步做好政府机关使用正版软件工作的实施意见》，确定了专项行动的重点内容、重点对象和重点地区，

明确了政府机关使用正版软件工作的方法步骤、完成时限和具体要求。根据省政府统一安排，省版权局带队对苏中苏北三市进行了执法督查。

认真抓好上海世博会的版权保护工作。3 月 8 日至 4 月 30 日，在全省范围内开展了为期 1 个多月的版权保护专项行动，对全省的音像出版单位、光盘复制企业、图书发行企业进行了专项检查。共查处《六人行》、《越狱》、《宫崎骏》、《成长的烦恼》、《海贼王》、《名侦探柯南》6 种 21 个版本的侵权音像制品 1717 套，价值 40 余万元。查缴其他侵权盗版光盘 16696 张，取缔无证经营店 49 家。

大力查处各类侵权盗版案件。督导淮安、宿迁等市查处了《魔域》等网络游戏私服外挂案，没收服务器 2 台、硬盘 11 块、手提电脑一台、非法经营收入 6300 元，并处罚款 22000 元。根据国家版权局、公安部、工业和信息化部关于打击网络侵权盗版专项治理“剑网行动”方案的通知精神，精心组织，主动监管，共查处网络侵权盗版案件 70 件，关闭网站 69 家，没收服务器等设备 6 台，其中 4 起案件移送公安机关追究刑事责任，抓获犯罪嫌疑人 12 名。徐州、淮安、镇江、扬州、南通、无锡、昆山等地在这次专项行动中工作有力，表现突出。

认真抓好版权执法培训和表彰工作。在淮安市召开了全省版权工作会议，传达全国版权重点工作专题会议精神，部署 2010 年江苏省版权重点工作，对版权执法人员进行了培训。在昆山召开了全省版权执法先进表彰暨“剑网”专项行动汇报会，听取了各市版权局关于“剑网”专项行动开展情况的汇报，还就版权执法中的难点、热点问题进行了交流和培训。我省受国家版权局表彰的 2009 年度查处侵权盗版案件有功单位 13 家、有功个人 9 名，奖金总额 29. 6 万元，居于全国前列。

2010 年全省共查办行政处罚案件 163 件，移送公安机关 14 件，检查经营单位 66399 个，取缔违法经营单位 2191 个，查获地下窝点 2 个，收缴各类侵权盗版制品 312 万册（张），罚款 76. 38 万元。

（三）科学规划部署，加强教育培训，推进使用正版软件工作稳步推进

按照国家部际联席会议和九部委联合下发的文件精神，省使用正版软件工作领导小组办公室下发了《江苏省 2010 年推进企业

使用正版软件工作计划》,确定了年内全省完成200家企业的目标,并召开领导小组办公室会议对工作进行了分解部署。举行“江苏省企业软件正版化行动”启动仪式,对南京60多家企业进行了使用正版软件培训。对权利人投诉的30余家企业进行上门宣传教育或执法检查,成功调解10起,调解金额达163万元,为企业节约成本110万元。召开全省软件正版化示范单位表彰暨培训工作会议,总结全省正版化工作取得的阶段性成果,讲评今年来各地正版化工作开展的情况,表彰第二批被国家九部委评为“软件正版化工作示范单位”的11家企业和被江苏省九厅局评为“软件正版化工作示范单位”的18家企业,对来自无锡、苏州、昆山、常熟和太仓等地的50多家企业代表进行了软件正版化培训。全省各地共举办企业使用正版软件培训班27期,参加培训企业1183家、1832人次;完成自查自纠企业447家,列入年度阶段性目标企业316家,完成检查验收228家,督查企业385家,查处企业5家。苏州市搭建软件正版化工作服务平台和正版软件租赁平台,全年推进102家企业完成软件正版化。淮安市制定了《推进企业软件正版化工作考评奖励办法》。

(四)加强调查研究,抓好基础工作,版权服务体系建设不断完善

认真抓好版权保护调研工作。对东海水晶市场版权保护状况进行调研,形成了调研报告。调研报告被《中国知识产权报》和《中国版权》杂志刊载。对泰州国家医药城的版权保护和使用正版软件工作进行了调研。与省文联共同举办了“第四届江苏省文学艺术界保护知识产权论坛暨编剧著作权保护研讨会”,探索新形势下维护编剧权益的方法、途径和措施。昆山市被国家版权局列为全国四个版权优秀案例示范调研点之一。

大力开展争先创优活动。认真落实《江苏省版权示范城市、示范单位和示范园区(基地)创建管理办法》,大力开展创建全国版权保护示范城市、示范单位和示范园区(基地)活动。组织专家对苏州市、昆山市的版权工作进行了书面评审和现场考查,两市符合版权示范城市的申报条件,省局批准苏州市、昆山市为“江苏省版权示范市”,并上报国家版权局争创“全国版权示范城市”,国家版权局近日已正式批准。南通家纺市场被省商务厅、省知识产权局、省版权局授予“知识产权交易中心”示范点。

不断健全版权服务体系。认真做好作品登记和合同登记备案

工作。全省受理一般作品登记7591件，同比增长20%；计算机软件著作权登记6092件，同比增长26%；著作权合同登记852份，同比增长29.6%。其中，著作权引进图书合同备案登记563份，涉外软件和电子出版物合同登记10份，复制境外出版物登记161种，一般著作权合同备案118份。在全国均居于前列。苏州市出台实施评选奖励优秀版权、版权登记全额资助、重大版权推广运用计划等激励政策和搭建刺绣版权许可交易平台。

（五）加大宣传教育力度，精心组织三大会展，全面展示版权产业发展成果

认真做好版权宣传工作。全年在《中国新闻出版报》、《中国知识产权报》、《新华日报》、《中国版权》杂志和新华网、中国新闻出版网、中国知识产权网、国家版权局内部交流网等媒体发表文章和信息60余篇。全年共编发《江苏版权》11期，140多万字。

大力开展"保护知识产权宣传周"活动。"4·26"期间，紧紧围绕"创新——将全世界联系在一起" 这一主题，举行"打击侵权盗版，保护知识产权"签名暨'绿书签' 发放活动。宣传周期间，全省共发放宣传资料35000余份。

精心组织三大会展。组织17家单位参加"北京国际图书博览会"。江苏展团共有展台27个，参展图书2119多种，签订版贸合同和意向530项，位居全国第二。签约合同总量为174项，位居全国第一。其中引进83项，居全国第一；输出91项，首次实现了贸易顺差，取得了历史性突破。中共中央政治局常委李长春，在国务委员、国务院秘书长马凯和新闻出版总署署长柳斌杰等陪同下，对江苏展台进行视察。组织南京、苏州、昆山、东海等地20多家企业参加了第三届"中国国际版权博览会"。我省参展团队人员最多、展台面积最大，展品丰富多彩，全方位展示了江苏版权管理、服务和版权产业发展的情况，成为博览会上最吸引人的展区，中央电视台新闻联播节目报道了昆山市"版权引领转型"的情况。苏州浩辰软件、苏州市公安局分别被世界知识产组织授予版权金奖（中国）——推广应用奖和保护奖，新闻出版总署副署长、国家版权局副局长阎晓宏视察了江苏展台，对我省版权工作给予高度评价。协助做好第五届"南京国际软件博览会"相关工作，重点做好展会期间的著作权法普及宣传、执法监督以及软件作品登记和相关咨询工作。

在肯定成绩的同时，还要看到存在的差距和不足。比如：在激

励创造方面，优秀的原创作品还不多，创新能力不强，还不能适应文化大发展大繁荣的需求。在促进运用方面，版权社会服务体系还不太健全，智力成果的运用及商品化、产业化和市场化程度不高。在执法监管方面，行政执法体制机制不够顺畅，刑事执法工作机制还不够健全，侵权盗版现象在一些地区仍较为严重。上述存在问题在今后的工作中必须加以认真整改。

二、准确把握，"十二五"时期版权工作任重道远

"十二五"时期是全面建设小康社会的关键时期，是深化改革开放、加快转变经济发展方式的攻坚时期。深刻认识并准确把握国内外形势新变化新特点，科学制定版权工作"十二五"规划，对于继续抓住和用好发展的重要战略机遇期，促进版权为经济社会长期平稳较快发展服务，意义重大。"十二五"时期版权工作面临的机遇前所未有，面临的挑战艰巨复杂，我们一定要抓住机遇，迎接挑战，战胜困难，准确把握"十二五"时期版权工作的总体思路，更加扎实有效地推进各项工作。

第一，准确把握"十二五"时期版权工作的指导思想。"十二五"时期，版权工作要高举中国特色社会主义伟大旗帜，以邓小平理论和"三个代表"重要思想为指导，深入贯彻落实科学发展观，认真贯彻落实国家和省《知识产权战略纲要》，按照"激励创造、有效运用、依法保护、科学管理"的方针，增强版权保护意识，着力完善版权法律制度，加强版权执法力度，强化公共服务功能，积极营造良好的版权法治环境、市场环境、文化环境，大幅度提升版权的创造、运用、保护和管理能力，促进版权相关产业又好又快发展，推动经济、文化和科技事业的发展与繁荣，为建设创新型省份和全面建设小康社会服务。

第二，准确把握"十二五"时期版权工作的目标任务。"十二五"期间，版权保护要同我省经济社会发展水平基本相适应，版权法律制度更加完备，版权监管机制与执法体制更为健全，版权法治环境进一步改善，版权公共服务体系和功能进一步加强，版权相关产业得到进一步发展。通过激励创新与加强保护，作品的创造、运用、保护和管理能力不断增强，支持具有鲜明民族特色、时代特点的优秀作品创作，培育一批有重大影响的版权相关产业和版权企业，版权相关产业产值占地区生产总值的比重明显提高，国民的版权认知度明显提高，侵权盗版行为明显减少，版权保护社会环境和版权相关产业发展市场环境得到明显改善，为我省实施创新驱动战略打下坚实基础。

第三，准确把握"十二五"时期版权工作的重要举措。要深入贯彻落实《国家知识产权战略纲要》和《江苏省知识产权战略纲要》，推进版权战略"六大体系"的各项任务，全面提升我省版权创造、运用、保护和管理能力。全面推进作品登记和著作权合同登记备案等工作，构建基础版权信息公共服务平台，发挥集体管理组织、版权行业协会、中介机构主体地位作用，依法推进争议调解机制建设，强化版权服务功能。构建综合性版权要素市场，推动版权示范城市、示范单位和示范园区（基地）建设，建立"最具价值版权产品"奖励制度和完备的版权相关产业统计制度，鼓励企业制定长远规划，促进版权相关产业健康发展。完善版权保护法律制度，理顺版权行政执法体制，规范权利认证机构的管理，坚持日常监管与专项行动相结合，注重运用技术手段并广泛动员各方力量，坚决打击各类侵权盗版行为。积极推进软件正版化工作，提高版权执法监管能力。建立政府主导、新闻媒体支持、社会公众广泛参与的版权宣传普及教育常态机制，广泛开展版权培训活动，提高公众版权保护意识。

三、科学谋划，努力开创版权工作新局面

2011 年全省版权工作的总体要求是：深入贯彻党的十七大和十七届五中全会精神，以邓小平理论和"三个代表"重要思想为指导，按照"高举旗帜、围绕大局、服务人民、改革创新"的总要求，紧紧围绕科学发展这个主题和加快转变经济发展方式这条主线，以着力实施版权工作"十二五"规划为抓手，全面推进六大体系建设，为建设创新型省份和率先全面建成小康社会、率先基本实现现代化作出新的更大的贡献。

（一）深入开展打击侵犯知识产权和制售假冒伪劣产品专项行动

会同新闻出版部门加大对印刷复制企业的源头监管。对印刷复制各类出版物、印刷品、光盘、计算机软件及包装装潢、商标标识标签的企业进行专项检查，严厉查处非法印刷复制和非法加印、出售标识标签等印刷品的行为。

会同文化市场管理部门加大对图书、软件、音像制品的市场监管。集中开展对图书、软件、音像制品市场的巡查工作，严查各类出版物批销场所，及时发现并依法处理一批违法违规的出版物批销企业；取缔游商地摊，重点检查繁华街区、旅游景点、交通枢纽、学校周边和电子商场,加大对节假日、夜晚等游商地摊活跃时段的巡查。

强化打击网络侵权盗版工作力度。版权部门要协同公安、工信部门,维护好互联网版权环境。进一步加大对视频网站和电子商务网站的治理力度,严厉打击通过网络传播侵犯著作权影视作品、通过网络销售侵犯著作权商品等行为。

加大刑事打击力度、督办一批大案要案。协同新闻出版、"扫黄打非"、公安、检察等部门,严格执行打击侵犯知识产权违法犯罪活动最新司法解释规定,做好及时立案、提前介入、证据转换等关键环节的衔接配合工作,挂牌督办、限时办结一批大案要案。

(二)继续抓好"南通经验"的宣传推广,放大典型示范效应

继续放大"南通经验"示范效应,加强对东海水晶、苏州刺绣、宜兴紫砂、浩辰软件、海安油画等版权相关产业与版权保护关系的调研,掌握版权核心产业内相关企业对版权保护与服务的需求情况,着力放大"南通经验"在其他产业的示范作用,进一步提高版权管理和服务水平。

(三)加强立法与制度建设,抓好版权保护典型的评比工作

继续完善《江苏省著作权保护与促进办法(送审稿)》,积极申请省政府法制办立法项目并争取通过实施。继续抓好《江苏省著作权合同备案办法》的组织实施,加强著作权许可与转让合同备案服务和管理。认真落实《江苏省版权示范城市、示范单位和示范园区(基地)创建和管理办法》,开展创建全国版权保护示范城市、示范单位和示范园区(基地)活动。

(四)继续抓好软件正版化推进工作,搞好培训、指导和检查

全面做好政府机关和企业使用正版软件工作。在巩固省市两级政府软件正版化成果的基础上,将范围扩大到各级党政机关,各人民团体,人大、政协、法院、检察院、民主党派等机关,确保于7月底前、10月底前分别完成省级部门和市县级政府机关软件正版化专项检查。

会同有关部门继续推进大中型企业使用正版软件工作。做好第三批示范单位的评选工作,落实第五批企业名单,有序开展培训、自查、软件采购和检查验收工作。

(五)着力打击侵权盗版,切实提高版权行政执法能力、加大执法力度、巩固执法成果

加大对重点地区、重点领域和重点环节的执法力度,坚持日常

监管和专项治理相结合,突出办理大案要案,维护良好的版权产业发展市场环境。强化版权执法过程中与“扫黄打非”和文化综合执法部门的分工合作以及与公安、通信管理等有关部门的协调配合机制,整合行政资源,提高执法效率。加强对基层版权执法人员的业务培训,加强对基层版权执法部门的业务指导,提高基层执法人员的法律知识、业务水平和执法能力。

加强对各集体管理组织的监督和管理,推动建立规范、透明、公正、高效的集体管理制度,进一步提高版权中介组织的社会管理水平,有效维护著作权人的合法权益,促进作品版权保护和合法传播。

同志们,2011 年版权工作面临的形势更加复杂,任务更加繁重,机遇更加难得,我们要坚持求真务实,开拓创新,不断加强和改进版权工作,为促进我省经济发展和文化繁荣做出新的更大的贡献。

加强管理　发挥作用
确保全省农家书屋工作继续
走在全国前列

——在全省农家书屋工作会议上的报告

蒋　国　星

(2011年3月31日)

同志们:

这次会议是在"十二五"开局之年,《江苏省国民经济和社会发展第十二个五年规划纲要》发布不久的背景下,就全省农家书屋工作专门召开的一次重要会议。今天参加会议的有全省各市、县(市、区)新闻出版行政部门主要负责同志、分管负责同志近200人,这是省局首次就一项工作召开这么大规模的专题会议,充分说明了省局党组对这项工作的高度重视。这次会议的主要任务是:贯彻落实2011年全国农家书屋工程建设工作会议精神,以科学发展观为指导,全面总结"十一五"时期我省农家书屋工程建设取得的重大成效,分析形势,交流经验,研究部署"十二五"时期农家书屋工作任务,提高全系统积极服务社会主义新农村建设的自觉性和主动性,进一步统一思想,提高认识,明确目标,理清思路,制定措施,巩固、完善、提高我省农家书屋工作水准,确保继续走在全国前列。等会,徐局长还将作重要讲话,希望大家认真贯彻落实。下面,我讲三个方面的想法和意见:

一、"十一五"时期农家书屋工程建设取得重大成效

农家书屋工程是党中央、国务院确定实施的一项公共文化惠民工程,到目前为止,全国已经建成农家书屋38万家。我省于2006年4月,在总结之前开展的送书下乡等各方面经验教训的基础上,开始在8个财政转移支付县试点建设首批43个农家书屋,作为新闻出版部门履行公共服务职能的重要载体,并作为全省新闻出版系统的一号工程加以推进。"十一五"时期,省新闻出版局积极发挥行业优势和主导作用,攻坚克难,开拓进取,累计建成农家书屋17158个,率先在全国实现了农家书屋在行政村全覆盖,为此中央财政下达奖励资金3700万元。无锡市农家书屋在行政村全覆盖的基础上,前年开始向自然村延伸,明年将实现全市自然村的

全覆盖。农家书屋作为我省农村公共文化服务体系的新型平台，业已成为农民读书学习、陶冶情操的精神乐园和科技致富、学法普法的重要阵地，受到了广大农民群众的真心欢迎。新闻出版总署署长柳斌杰指出："江苏农家书屋建设投入大、速度快、质量好，为全国农家书屋建设带了好头，积累了不少好的经验，为我国东部地区树立了典范。"副署长阎晓宏在看了无锡的"四通"农家书屋后，认为整合资源建设多功能的农家书屋，切实为农民提供了便利和实惠。之所以在5年时间，全省农家书屋工程能取得这些成效，我们主要有以下四个方面的体会：

（一）各级领导高度重视农家书屋工作。省委省政府高度重视农家书屋工程。2006年，时任省委书记李源潮先后两次作出批示："此事可行，可多建些"，"要加快推进"。2007年，时任省长梁保华在全省文化工作会议上明确要求"省财政设立专项资金，加快乡镇综合性文化站、村文化室、农家书屋建设步伐。"2008年，时任省长、现任省委书记罗志军明确指示省财政加大对农家书屋资助力度。省委常委、宣传部长杨新力明确提出江苏的农家书屋工程建设要走在全国的前列，力争"十一五"末率先实现全省行政村全覆盖。2009年，副省长曹卫星批示要求我省农家书屋工程建设再接再厉，巩固成绩，总结经验，不断完善和推进。2011年，省长李学勇以及杨新力、曹卫星同志对农家书屋率先在全国实现行政村全覆盖予以充分肯定。省政府将农家书屋工程列为农村新五件实事工程和农村新一轮实事工程，列入年度重点任务分解落实方案，纳入《江苏省"十一五"文化发展规划》和"十一五"期间重点推进的省"十大文化工程"，重点督查督办。各市、县党委政府认真领会中央和省里的精神，把加强农村文化建设作为实现"两个率先"的重要内容，把农家书屋工程列入了地方政府工作考核目标体系，列入了为民办实事的重大民生工程项目。扬州市还将农家书屋建设作为文明村和小康村评标的必备条件。宿迁市委市政府主要领导亲自部署农家书屋工程，并带头向农家书屋捐书。尤其是许多市、县党委政府的分管领导，对于农家书屋工程的情况，从不了解发展到很熟悉，由不关心发展到很重视，对农家书屋工作的研究与思考，已经达到了相当的高度。

（二）举全局之力推进一号工程。组织实施农家书屋工程是新闻出版系统围绕中心、服务大局，建立和完善新闻出版公共文化服务体系的重要契机，基于这一认识，省局自建设伊始就把农家书屋工程作为“一号工程”，牢牢把握“建设”这个首要任务，举全局之力加以推进。省局专门建立局领导和各处室参与的农家书屋工程建设责任制，每位局领导和有关处室负责挂钩2—3个省辖市的农家书屋建设，定期到挂钩联系点跟踪指导农家书屋工程建设。每年“调查研究月”期间，省局领导分别带队深入基层，与当地党委政府领导座谈交流，指导促进农家书屋建设。每次调研，都是一次很好的推动，每次推动，都取得了良好的效果：一是推动市、县领导充分认识农家书屋工程建设的重大意义，形成加大推动力度的共识；二是推动农家书屋工程建设计划的落实，增强提前实现计划的主动性；三是推动财政投入比例的加大，促进建设质量和管理水平的提高。2009年农家书屋在全省行政村的计划建成数，调研后比调研前增加了4个百分点。宿迁市是江苏经济相对落后的地区，2009年初5个县（区）只有1个县计划实现行政村全覆盖，徐毅英局长在调研过程中与该市党政领导进行沟通，强调全覆盖的重要性和可能性，该市主要领导当即表示全市当年实现全覆盖，分管领导积极落实。宿迁市在2009年底率先在全省实现了农家书屋行政村全覆盖，积累了经济欠发达地区建设农家书屋的宝贵经验。

（三）农家书屋工程各项工作落到了实处。农家书屋工程实施以来，省局按照体现公益性、基本性、均等性、便利性的要求，认真谋划、精心部署。一是规章制度落到实处。会同省委宣传部、省财政厅、省农林厅、省文化厅、省供销合作总社等20个相关省级部门，组成江苏省农家书香工程指导委员会，下发了《江苏农家书香工程实施意见》；制定了《江苏农家书屋“十一五”时期建设规划》；编制了3版《江苏省农家书屋工程重点出版物推荐目录》，规范书目配备；制定了《江苏省补助农家书屋建设实施方案》和《江苏省农家书屋工程验收督查实施方案》。二是资金落到实处。落实省级财政专项资金8700万元，带动省以下财政投入专项资金1.26亿元。南京、无锡、常州、南通、淮安等地市级财政还专门拨出奖励资金。在保证财政投入的同时，我省还广泛吸引社会资本和产业资本进入，努力实现农家书屋供给主体的多元化。据不完全统计，我省农家书屋共接受社会各界捐赠的款物折合人民币4564万元。三是各项读书活动落到实处。近年来，省局以是否能吸引农民参与为目标，精心策划并组织了一批全省性的农家书屋读书活动，比如江苏农民读书节、“我的书屋，我的家”讲演活动、农家书屋读书征文等，这些活动都得到了各地的积极响应，开展得轰轰烈烈，还有外省的农民来参与，所以参加人数之多，涉及范围之广，都出乎我们的预料。全省各地依托农家书屋开展了许多有地方特色的读书活动，比如淮安洪泽县的农渔民读书节已成为当地重要的文化活动；无锡惠山区农家书屋推出的周末影视大放送、学生夏令营活动更是吸引了众多参与者；镇江市的“卫生保健专家进农家书屋”活动，2000余名农民受益，在当地引起很大反响。一系列读书活动的开展，极大调动了农民的积极性，而有了农民的积极参与，农家书屋就有了活力，就能办得有声有色。当然，所有活动的开展都离不开农家书屋管理员，全省一万多农家书屋管理员不计报酬，不辞劳苦，认真负责地管理着农家书屋，带领村民开展读书活动，比如南通海安县雅周村农家书屋管理员顾昌明、连云港东海县李埝乡石寨村农家书屋管理员赵庆同、淮安盱眙县黄花塘镇新街村农家书屋管理员万丛庭、苏州张家港市永联村农家书屋管理班组等一大批管理员都是值得赞扬的。四是宣传报道落到实处。鼓励市、县各显神通，在地方媒体上加大对农家书屋工程建设情况的报道宣传，省局则充分利用省委办公厅和省政府办公厅信息渠道和省级媒体，及时报送和报道农家书屋建设进度、管理典型，让各级领导和广大群众及时了解农家书屋的工作情况，从而提高了全社会对农家书屋的认知度和参与度，为农家书屋工程建设营造了良好的社会舆论环境。

（四）对农家书屋工程建设实施了有效的监督检查。农家书屋工程是一项政府主导的公益项目，各级财政投入了大量资金。我们一直强调，农家书屋建到哪里，监督检查就要跟到那里，决不能有所松懈。省局对这项工作高度重视，从2006年开始，连年组织动员全局力量，对全省各县（市、区）进行大规模的验收督查，实地抽查验收了近2000家书屋，起到了很好的督促工作、纠正问题的效果。特别是2010年底联合省财政厅，委托会计师事务所对44个财政转移支付县的农家书屋工程开展绩效评价，取得了很好的效果，也开创了委托第三方对农家书屋进行评价的先河。为了进一步提高监管能力，利用农家书屋工程信息管理系统对农家书屋的在线动态管理，点对点地记录每个农家书屋的基本信息，系统数据库基本涵盖全省所有已建农家书屋。各地监督体系也得到了进一步完善，不仅新闻出版系统加强了检查，各级政府以及纪检、监察、审计、财政等部门也按照民生工程的要求，加强了对农家书屋资金使用、出版物配备、硬件设施、管理以及实际使用情况的检查，确保了这项惠民工程的质量。

我省农家书屋工程在“十一五”时期所取得的成效，一是靠省委、省政府和新闻出版总署的正确领导，以及有关部门的大力支持，二是靠省局党组精心谋划部署以及对农家书屋工作的全力推进，三是靠我们在座的全体同志特别是工作在第一线的各级农家书屋工程建设者的不懈努力。在此，我代表省新闻出版局对同志们为我省农家书屋工程建设付出的辛勤工作表示衷心的感谢！

二、“十二五”时期农家书屋工作的形势和任务

“十二五”时期，是我省全面建成小康社会并向率先基本实现现代化迈进的关键时期，是深化改革开放、加快转变经济发展方式的攻坚时期，也是我省新闻出版大发展、大繁荣，由出版大省向出版强省跨越的重要时期。《江苏省国民经济和社会发展第十二个五年规划纲要》提出了今后 5 年经济社会发展的主要目标。深刻认识并准确把握省委省政府“推动科学发展、建设美好江苏”的新要求，精心谋划“十二五”农家书屋工作，对于抓住机遇、科学发展，巩固、完善、提高农家书屋具有十分重要的意义。根据徐毅英局长在年初全省新闻出版工作会议上提出的明确要求，全省农家书屋工作要在加强管理、拓展功能、提升水平、发挥作用、持续发展上下工夫，使农家书屋成为全省公共文化服务体系建设的一个重要组成部分，成为广大农民学习新知识、运用新知识的加油站，成为社会主义新农村文化建设的主阵地，成为各级党委和政府文化惠民的重大工程，确保全省农家书屋工作继续走在全国的前列。

（一）要看到农家书屋目前存在的突出问题，增强加强管理、发挥作用的紧迫感和责任感。我省的农家书屋工程建设虽然取得了很大的成效，但是我们也要看到农家书屋目前存在的一些突出问题：比如，有的地方自建农家书屋标准低；有的书屋开放时间不够正常；有的地方把农家书屋作为一种摆设，很少开展读书活动，不积极主动引导农民读书用书，个别地方甚至索性不用，长期关门打烊；有的地方农家书屋专项资金使用不够规范，没有按照总署和省推荐目录配书。对这些问题，我们一定要高度重视，采取切实措施加以解决。农家书屋如果不去很好地管理并发挥它的作用，这是一种失职行为，这样做，失掉的是农民的称赞和拥护，损坏的是党和政府的形象。现在各级党委、政府对农家书屋工作的高度重视是前所未有的，《江苏省国民经济和社会发展第十二个五年规划纲要》也将农家书屋作为文化惠民工程提到了重要议程，在这种形势面前，我们绝不能故步自封，停滞不前，放松管理。作为农家书屋工作的主管部门，一定要切实担当起管理指导职责，下极大的工夫，做深入细致的工作，把农家书屋进一步管好、用好。

（二）实施“四大工程”，提升农家书屋建设水准。一是出版物更新工程。对已建农家书屋分批更新出版物，经济薄弱地区的农家书屋出版物每两年更新一次，其他地区更新比例按照书屋藏书量的20%执行；二是数字化阅读工程。鼓励有条件的地方，在农家书屋逐步配备计算机，建立数字阅读区。省局从今年开始，在经济薄弱地区选择1000家农家书屋试点，配备计算机。在“十二五”期末，实现全省农家书屋数字化阅读基本覆盖。今后省局还将联合省新华书店开通在线购书、云出版等功能。三是网络化管理工程。继续依托农家书屋工程信息管理系统对已建农家书屋进行在线管理。开发并使用江苏省农家书屋工程网络化管理系统，实现新闻出版行政部门、财政部门和供应商之间的实时信息传递，以加强对各地出版物更新和各个农家书屋借阅情况的管理，逐步实现对农家书屋的远程监控。四是功能拓展工程。与省邮政局共建农家书屋，将农家书屋发展成为乡村邮站的中转站。与省新华书店合作，努力发展一批有条件的农家书屋成为新华书店的代销点。继续与党建、法制、计生、供销等部门整合资源，在书屋增设计生角、党建、法制宣传书架等。鼓励有条件的地方农家书屋向自然村延伸。

（三）不断创新，完善农家书屋工作的各项措施。只有更新观念、拓宽思路，才能创造新措施新途径，才能推动农家书屋工作取得新进展新成效。一是建立激励机制。“十二五”时期，全省要创建5000家星级示范农家书屋，省局将予以表彰奖励，适时对农家书屋工作的先进集体和个人进行表彰，对依托农家书屋开展的优秀读书活动和项目进行表彰与推广。无锡市财政每年拨出30万元，用于农家书屋先进集体和先进个人的奖励，这个做法值得各市借鉴。二是建立培训机制。省局争取在5年时间内，按照“统筹安排、分级培训、覆盖全部、取得实效”的原则，对17158个农家书屋的管理员分期分批进行一次全面培训。三是完善财政投入机制。公共财政对农家书屋工程的支持，要随财政公共文化服务支出增幅的平均数而增长。目前省级财政已经设立了农家书屋出版物更新专项资金，各市、县（市、区）局要积极争取领导的重视和财政部门的支持，将农家书屋出版物更新资金列入财政预算。四是完善监督检查机制。农家书屋建好后，监督检查必须跟进，今后省局将继续委托第三方对各地农家书屋工作进行评价。各地新闻出版行政部门要争取将考评结果纳入各级领导干部的年度考评指标，纳入各级党委政府政绩评价体系，从而更好地推动农家书屋工作的持续发展。五是加大对农家书屋的宣传力度。今年省局拨出专项经费，制作江苏农家书屋宣传片，同时在中央媒体和省内主流媒体宣传全省农家书屋取得的成功做法和典型经验。各地也要重视农家书屋的宣传工作，让更多的人了解农家书屋、关心农家书屋，为农家书屋工作创造良好的舆论环境。

三、做好“十二五”开局之年农家书屋工作要注意的几个问题

做好“十二五”开局之年工作，对于完成“十二五”规划至关重要。我们一定要立足长远，狠抓当前，总体考虑，突出重点，做好各项工作。在今年工作中，要注意解决好这样四个问题：

（一）进一步做好出版物更新工作。今年，省财政开始设立农家书屋工程出版物更新资金，实际上去年提前实现全覆盖的地区已经开始了出版物的更新工作。各地在出版物更新中，要深入调研，多倾听基层和群众的意见，多研究新农村建设的实际情况，多了解农民群众读书学习的新要求、新期待。要把更新出版物的重点放在促进农民增收致富、提高农民文化素质、引领农民生活风尚、关注青少年健康成长上。前段时间，省局组织各方面的专家，经过评审，制定了《2011年江苏省农家书屋重点出版物推荐目录》，各地在选配出版物时要严格按照规定和推荐目录执行，品种、数量、选配比例都要符合要求。各市局要加强审查把关，坚决不允许用库存书、图书馆下架的旧书、“关系书”以及质次价高的伪劣图书抵顶农家书屋图书数量，捐赠书不能计算在财政资金购书的数量中。今年各地的采购目录将通过江苏省农家书屋工程网络化管理系统上报，这个系统直接与财政部门相连接，各地采购哪些书，这些书到哪个书屋，省局和省财政厅都会在第一时间知道，希望各地要实事求是上报有关情况，不要搞弄虚作假。

（二）进一步管好用好农家书屋。这是我们面临的长期任务，也是我们经常要抓的常规工作，必须坚持不懈，务求实效。按照总署的要求，要大力推动与村级党组织和共青团组织开展阵地共建，发挥村级党团组织优势，强化农家书屋管理。这是总署对农家书屋管理工作提出的新要求，各地要认真执行。要注重选好管理员，要重视从村干部、团干部、农村青年致富带头人、大学生村官、退休干部和教师中推选合适人选担任农家书屋管理员。有条件的地方要推动农家书屋管理员由兼职向专职过渡。要进一步完善农家书屋管理制度,加强财产登记保管,规范图书借阅,特别是要保证必要的开放时间,满足村民读书学习的需要。深入开展创建星级示范农家书屋活动,以创促管、以创促用。要找准着力点,以农家书屋为平台,积极组织开展读书文化活动,带动农家书屋发挥作用。要不断拓宽思路,创新形式,继续办好各种读书节,举办农民欢迎的读书活动,充分调动广大农民群众和基层部门的积极性、主动性和创造性,推动农家书屋管理使用再上新台阶。

（三）进一步加强专项资金管理。去年底,中央财政奖励资金已经下达到各地财政。最近,省新闻出版局和省财政厅联合发出《关于加强2010年度农家书屋工程中央财政奖励资金使用和管理的通知》,明确指出要把落实好、使用好专项资金作为做好当前农家书屋工作的关键,主动向党委、政府汇报,并结合本地区实际情况,加大市、县财政对农家书屋的投入力度。各地要严格按照规定加强资金管理,提高资金使用效益;要将资金全部用于更新出版物,避免出现结余资金;要认真研究制定采购方案,避免采购价格过高或过低,坚决杜绝侵占、截留、挪用、浪费等违规违法行为,确保中央财政奖励资金专款专用。一经发现违规违纪行为,将取消下年度农家书屋出版物更新资金。各地要严格按照省农家书屋工程建设领导小组办公室备案同意的采购方案使用中央财政奖励资金,各地财政部门见备案同意的批件后予以下拨奖励资金,以确保财政资金专款专用。对未经备案同意擅自采购的地区,将予以通报批评。

（四）进一步做好验收督查和绩效评价工作。我省的农家书屋虽然已经全部建成,但是验收督查的工作不能停,今年中央和省里6000多万元的资金用于出版物更新,这个资金规模不比建设时的少。验收督查要注意方式方法,注重细节,避免形式主义、大而化之。验收督查是手段,目的是要通过检查发现问题,通过整改解决问题,推动工作。去年,省局和省财政厅委托会计师事务所对44个县(市、区)的农家书屋专项资金进行了绩效评价,效果很明显,并且发现了一些问题,省局农家书屋办公室对少数几个县发出了督办单,省局今年将加大对这些地方的督查。8月份开始,省新闻出版局、省财政厅将组织专门力量对各专项资金的使用、书目的配备、农家书屋的管理及使用等重点环节进行专项检查验收,并做好迎接中央有关部门督查的准备。根据省财政厅的相关绩效目标考核任务，今年省新闻出版局、省财政厅将继续委托会计师事务所对各地农家书屋工程实施情况进行绩效评价。

同志们，“十二五”时期，特别是今年，我省提升农家书屋建设、管理和使用水准的任务仍然是十分繁重的。我相信，在全省各级党政组织的关心支持下，在全省各级新闻出版行政部门的努力下，我省农家书屋工作一定能建得更好、管得更好、用得更好，为建立健全全省公共文化服务体系，建设文化强省，为我省全面建成更高水平小康社会，为率先基本实现现代化作出新的更大的贡献！

在2011年全省出版管理工作会议上的讲话

黄　海　宁

（2011年3月10日）

今年是“十一五”向“十二五”转换的开局之年，我想着重从总结“十一五”、分析和规划“十二五”的角度，对江苏出版的改革、发展和管理工作谈几点意见。

一、“十一五”江苏出版的情况和位置分析

（一）服务大局和重点出版的情况

1. 取得的成绩

政府重点规划项目的入选数量、完成质量，是服务大局的首要任务。我省列入“十一五”国家规划的图书项目共68项，比“十五”的66项多2项，涉及17家出版社；列入省级项目119项，比“十五”的111项多8项。目前完成或部分完成率达95%以上。列入国家规划的电子产品22项，音像产品14项，基本完成。已完成的重点规划项目基本达到预期成果，取得较好的质量和效益，有些获得国家大奖，在国内外产生了较大的影响。

获奖情况。“十一五”期间，我省在中宣部“五个一工程”奖、中国出版政府奖、中华优秀出版物奖、“三个一百”原创、中国和世界最美的书等国家级以上大奖评选中，共有140多种图书、音像、电子产品获奖，在全国名列前茅。并有凤凰集团等多家出版单位和个人在全国获奖。获省级以上各类出版物奖千余种次。

专项出版情况。在庆祝和纪念建党、建军、建国、红军长征胜利、迎接十七大、改革开放30年、辛亥革命100周年，以及抗震救灾、防治甲流等重大活动中，策划200多种优秀出版物，分别列入国家和省重点规划数十种。

圆满完成《江泽民文选》和十七大重要文献的租型、印制和发行任务，发行总量均居全国各省市之首。

策划出版以《金阳光新农村丛书》为代表的服务三农出版物3000余种，有305种列入总署农家书屋推荐书目，1889种列入江苏省推荐书目。出版的未成年人思想道德建设图书达1000余种，连续5年向全省青少年推荐优秀苏版出版物469种。“走出去”出版

物和版权贸易也有很大突破，逆差有所扭转。还有各类优秀的教材、科研及大众畅销读物等。

出版物质量情况。省局共组织抽查图书编校质量17次，800余种，平均合格率超过96%，优良率超过60%。装帧设计和印刷制作质量也有很大提高。

社会服务情况。积极参加全民阅读活动，开展推荐好书、读书征文、送书到基层、捐献赠送、共建书屋、文化拜年等活动，据统计，全省出版单位共捐赠出版物价值777万元，捐款2155万元。

所有这些，充分体现了江苏出版人的大局意识、社会责任感和江苏出版物的社会效益。上述每一个方面，可以问心无愧地说，江苏是走在全国前列的，产生的影响是好的。

2. 存在不足

主要是江苏入选国家重点规划项目、重大纪念活动和服务中心工作的主题出版重点项目和入选国家及省出版基金和资助的项目，在数量、分量和影响力上，均有所下滑，与先进省的相对差距在拉大。另外，在出版物质量管理、制度执行和审读工作上，近年在内容、编校质量以及与民营合作方面出了点问题，有些受到上级批评。

（二）产业发展和出版能力的情况和位置

据总署《2009年新闻出版产业分析报告》，在总体经济规模和资产总额两项上，江苏列第4；在总产出、增加值、营业收入、纳税总额、单位和从业人数上，江苏列第3；净资产列第5，利润总额列第2。凤凰集团的总体经济规模列集团第1，超过第2的湖南集团总分一倍多。

“十一五”江苏传统出版主要是图书出版有以下总体特点：

1. 品种高速增长，平均印数最高，但总印数总印张增长乏力，重印率逐年下滑。

2. 出版能力指数总体排名靠前，但省内各出版社之间发展不平衡，且有升有降。根据媒体（商报）和有关竞争力监测系统的最新数据，2009年全国出版社及各地区图书出版能力分析，江苏有1家进入前10名，4家进入前50名，7家进入前100名，13家进入前200名。在2008年总署的等级评估中，江苏7家图书出版社进入百佳。

总结“十一五”江苏出版的状况和位置，我提出以下几点看法：

第一，赢在起点，后劲偏软。“八五”，“九五”，江苏赢在起跑线，许多社，许多方面，在全国同行中遥遥领先。但从“九五”后期开始出现发展的不平衡，有的上去了，有的就显现出后劲不足，成长性不够突出，相对甚至绝对落后了。

第二，大而不强，创新乏力。江苏规模大，速度快，有经济实力，但后劲不足，重要原因是发展仍未摆脱粗放类型，靠先天经济人口教育条件，靠书号品种数量增长，靠原有模式机制基础优势，但许多已发挥到极致，出现新的瓶颈。我们没有抓住机遇下大力气走出去，深下去，扩开来，在优化产品结构，增强内容创新能力，打造新的品牌拳头产品，寻找新的增长点，探索新的扩张面等方面乘胜追击，开创新局面。

第三，走在前列，并非领军。江苏位于前列，但更多显示的是位置，不完全说明具有超前意识和能力，创新力和引导力，标杆和引领潮流作用，可持续发展、可继续保持前列的潜力和能力。

二、“十二五”江苏出版发展的方向和思路

根据“十一五”的经验教训，和“十二五”面临的新形势，机遇和挑战，如何确定今后江苏传统出版发展的方向和思路？我认为，江苏出版人应该在理性思考的基础上，立一个雄心壮志，提出一个目标，经过五年甚至十年的团结奋斗，埋头苦干，在全国“确保前列，力争领军”。这与省委省政府提出的建设文化强省，实现两个率先是一致的，也是为了贯彻局党组提出的“十二五”规划建设出版强省的总体目标。

我认为，要力争领军，至少有这么几点：一是要能够引领现代社会思潮和出版方向（国内甚至国际）；二是要有一大批国内外一流，具有极大影响力、竞争力、引导力和市场覆盖率的重点企业和重点产品；三是要有很强的产业综合实力，既是经济支柱，也是文化支柱；四是有极大的发展活力、创新能力和可持续发展潜力；五是有一大批能够全方位领军出版界的人才和雄厚的作者、编辑、管理队伍和成熟的读者群体、阅读环境；六是有一个优化的、确保发展方向和推动力、又有普遍推广意义的体制机制、结构模式。具体定量如速度、增长率、各种指标还可以讨论。

下面围绕这些设想，从宏观管理的角度，就江苏未来的发展思路、目标任务和保障措施，谈一点看法。

（一）要有一个好的发展战略和科学规划

回顾全国和江苏出版的发展历程，成功的经验都离不开好的发展战略和科学规划。但是现在很多社，只关心眼前的战术、策略、技术问题,蝇头小利,任期业绩,没有对出版社整体宏观长远打算和自己独特的目标理想。战略就是全局,要站得高,看得远,抓得全,能领军,能率先。不能只讲眼前的码洋收入,每年的任务完成,任期的目标实现,不能只见钱不见书,只见书不见人,各方面指标都不可偏废。要有年度目标,更要有五年规划,十年规划。制订规划,一是要体现目标性,二是要体现系统性,三是要体现科学性。

局党组已经确定了"十二五"建设出版强省的"五强"目标,"五个一批"的重点任务,重点实施的"八大工程"(见徐局长讲话第17至19页)。这就是政府的战略规划,其中绝大多数涉及我们出版社。结合我们实际,主要要抓好九项工作(工程):提速强社创优工程,重点出版、精品出版和品牌出版工程,业态创新和数字出版工程,出版"走出去"工程,质量保障体系工程,深化体制机制改革工程,人才建设工程,全民阅读工程,政府政策扶持工程。战略和规划要大家共同来考虑,一起来做。各社一定要高度重视,回去以后要重新审视形势,审视自己,进一步修改制订本单位的战略目标和发展规划。战略和规划重在狠抓落实,要有策略技术措施支撑,要定期检查监督,不断补充完善,在改进中得到贯彻。

(二)要不断解放思想,坚持唯物辩证的出版发展观

这是"十一五"最重要的经验教训,也是贯穿"十二五"始终的指导思想和艰巨任务。解放思想,不能狭隘地理解为只是破旧立新,反传统,而是要一切从实际和规律出发,不断打破各种不实事求是的观念和潮流的束缚,从两个极端中寻找结合点。

比如,当前,抓住机遇做大做强加快发展,必须保持很高的速度和很大的规模,这方面要进一步解放思想。但同时,也要注意头脑不能过热,要处理好数量规模与质量效益的关系。当盲目扩张成风,粗放经营泛滥,又多又快,不好不坏,出书比报纸快,库存比销量多成为一股潮流时,如何冷静应对,不浮躁,不跟风,从自身实际出发,这也需要勇气和胆量;又多又快、做大做强是解放思想,坚持宁可少些、慢些,但要好些、精些,坚持走精专特的路子,坚持十年磨一剑,甘坐冷板凳,一心一意抓精品,抓常销书,也需要解放思想。所以,"十二五"我们在"提速强社工程"同时,又提出要实施"创优强社工程"。

又比如,在坚持"双效"统一问题上,任何企业都要追求双效,二者不可分,伤害了一方,必然同时伤害另一方。出版业如果不讲出版质量和社会效益,对社会文化本身,而且通过人的精神和行

为,对经济生活的潜在危害更大,更隐蔽,更持久,也更可怕。所以刘云山说,转企改制后,要避免片面追求利润最大化,今后国家在推荐优秀企业、文化企业30强和上市等工作中,要把社会效益作为重要指标。江苏要领军,没有钱是万万不行的,问题是如何取之有道,“双效”统一,要解放思想才能做到。

再比如,从计划模式转到市场化、从事业转为企业,是迫切需要解放思想,江苏还很不够;但当某些人在这个过程中利欲熏心而屡屡伤害真善美的时候,当出版的产业化变成了一切产品的精神内容都商业化的时候,坚守出版人的文化品格和道德底线,维护精神产品的纯洁性,难道不是更艰巨的解放思想吗?

另外,反对买卖书号、空壳化与鼓励合作出版、兼并重组,怎么统一,也要解放思想,关键是抓终审,抓责任,抓质量,不能走极端。既要开放、开拓、引进西方和新技术,也要坚守民族传统和厚重内容,追求品质和深刻,反对肤浅和轻薄,这也需要解放思想。

总之,要反对借解放思想搞极端化,片面性,陷入头脑发热跟风浮躁。“十二五”期间,我们要继续组织各种形式的学习教育,不断提高认识,解放思想,保证规划目标的完成。这是首要的战略任务,也是政府和大家的责任。

(三)要始终坚持正确导向和社会责任

讲导向和责任,绝不只是消极地把关,不出问题。从领军的高标准来说,江苏出版要力争在四个方面引领出版正确方向:政治导向,文化导向,社会导向,产业导向。讲责任,就是要对国家、江苏、出版社和本人的科学全面发展的命运负责任。

把握导向,首先要坚持发展生产与满足消费的统一。有人说,出版业目前是快速增长的出版生产力与相对滞后的文化购买力的矛盾。这有大环境的原因,消费需求结构的变化,精神文化追求动力不足,读书氛围不浓,网络新媒体的冲击,读者结构性消费能力下降,等等。但最根本的,还要从生产者、出版人自身找问题。不是真的出版过剩,发展太快,而是因为我们没有科学发展,是粗放型发展,内容形式不对路,是结构性、有效供给的不足,是出版物的质量效益赶不上规模速度。对出版这个特殊的精神创意行业来说,更不能只讲GDP,而要讲内容和质量。实际上,不能笼统说中国国民文化消费需求和购买力不足。“十一五”,江苏文化消费占人均GDP的16%。“十二五”,全国大多数省的发展民生的目标是收入增长10%以上。只有出版业的科学发展,才能真正满足人民日益增长的文化需求。

把握导向,还要坚持满足需求与引导消费的统一。有人认为要满足市场和读者需求,就要出版浅的俗的娱乐的教辅的东西,什么好卖我出什么,管它对读者、对阅读习惯和文化环境起什么作用。我们说出版不能满足消费,不只是指数量,更是指内容和形式。看你满足和引导的是读者的什么需求,单纯的生理刺激还是多方位的文化和精神提升。千万不要把读者把群众的文化水平文化需求看低了看扁了,质量低下的出版物真是对读者的亵渎和侮辱。实际上作者、编辑的产品与书店销售、读者消费之间真是一种互动影响、互为因果的关系,好作品引导培育好读者,好读者又促进好作品的更多出现。大家一起努力,总能形成良性循环,共同走向文明。

“十二五”期间,我们在所有规划中,着重要抓两个战略,两大工程,一是重点出版工程,精品战略,还有一个就是实施优质高效战略,质量管理工程。抓质量,是对读者对人民对国家民族负责,是解决过快过热浮躁低俗的最好办法,也是拉动消费、创造效益的最好办法。另外,我们还要抓全民阅读工程,搞文化惠民工程,要在作者、编者和读者之间架起桥梁,使我们的出版更有针对性,使我们的读者得到更多更好的精神食粮。培养好的阅读习惯,阅读环境,阅读氛围,阅读兴趣,政府和出版社都有责任。

(四)要始终抓住出版主体、主业和内容生产,努力打造有知识产权的标志性产品

改革开放,对出版人提供了很多机遇,充满了诱惑,有时难免眼花缭乱。但一定要有主心骨。赚钱是为了更好更多地出精品,要把更多的钱用在更新内容生产上;完成了原始积累要及时转型,努力在专业上做出特色和品牌;搞多元化是为了更好地反哺主业,强化主体;对外合作、扩张、延伸都是为了更好地壮大自身、提高自主创新的实力和创造力。

要抓主业。选题和图书,就是社长总编和出版社的脸,反映你的追求、专长、文化理想、学术情怀、出版眼光,以及你的潜力和后劲。一个社,一位社长、总编,在任一届,要有一个目标,一定要始终抓住主打产品、重点选题不放,每年至少抓一两个又叫好又叫座的产品,几年下来出几个精品,立志于培育一批有自己特色和版权的标志性产品,不能每天只陷入具体事务,经营算账。当然标志性产品不一定非是学术著作,大部头的,更不是卖不出去的,最重要

的是放得住，存下去，有影响。书比人长寿。

要抓主体。我们鼓励规模扩张、合作出版、领域拓展，只是反对盲目和被动的扩张，目的是强身健体，增强自身的造血功能和综合竞争力。扩张、合作有几个必备条件：一是有战略思考和雄心壮志，二是有一定的实力基础，三是有真正的特色和主打产品，包括原有特色优势资源已经得到充分挖掘、利用和成就展现，而新扩张的领域也与传统优势对接和互补，力争在一二个领域和方面领先，做出新的特色产品，四是利润与扩张同步增长，五是最重要的，质量、品牌、常销书和获奖书等与扩张同步提高，目标读者群能从你的扩张中得到实惠，领导和专家能认同。

（五）要不断改革创新，增强发展的动力和活力

有人说，“十一五”出版业的切入点是改革，“十二五”的切入点是创新。确切说，“十一五”的重点是体制改革，“十二五”的重点是机制创新，结构优化，发展方式转型。这才是建立现代出版企业的关键。

江苏的问题主要在于创新不足，包括内容和形式，观念和制度，这也直接导致了我们在全国出版界的影响力和传播力不能持续领先。“十二五”，一是要抓产业制度、产业结构和管理机制的创新。我们要组织学习国内外先进的现代企业经验，大胆进行管理、运营、用人、分配等机制改革，充分调动干部员工发展积极性；要支持凤凰集团加大改革整合发展力度，早日上市，创造更多改革经验；要探索和支持高校和城市出版社根据各自实际情况做强做大，做优做特，在可能情况下组建新的联合体甚至集团；要扶持中小出版社、音像电子出版社或者走兼并重组合作的路子，或者走精特专优、殷实发展的路子；要总结国有与民营合作的经验教训，探索江苏的新模式。二是要抓产品创新。总署领导反复强调，要立足创新，抓好原创，这是出版业持续发展的基石，是文化的本质和出版之源。出版单位的生命力就在于不断推出优秀的原创作品。要通过出版创新，既要出名作，也要出名师、大家。要增强活力，必须走出去，对外开拓，把握优势资源的版权，在质量创新上狠下功夫。三是要抓业态创新。要在出版规模稳定的同时，在优化产品结构，增强内容创新能力，寻找新的增长点等方面进一步提高；要在数字出版上努力占领未来出版的制高点。把传统内容整合进入新的媒体形式，要专题研究。

可以说，决定未来谁在出版界领军，不是由规模及增长速度决

定的,也不是看谁的经济实力强,而是由改革力度和原创力决定的。江苏要引领出版大势,必须在四个方面下功夫:转型,升级,跨越,开放。

(六)要努力打造良好的环境、完善的制度和优秀的队伍,确保发展的可持续性

这三足鼎立,缺一不可,是我们出版业可持续发展最可靠的保证,也是精品生产必需的良好保障机制。

出版是智力密集型企业,把文化与市场相连接,主要靠的是人才不是资本。人才不仅是找来的,更是培养出来的,要舍得花时间花精力花财力搞培训,首先领导者自己要加强学习,现在出的政治问题质量问题,很多都是常识性规范性的老问题,不读书不看报,想当然选题编书,没有不出问题的。政治素质,业务能力,职业精神,职业道德,都要加强。目前影响人才队伍建设的根本障碍不是资金,而是体制机制。国有与民营的合作,意义和成败的关键不在出几本畅销书,而在人和制度,人才和机制的互补、交流、整合、创新。人才发展战略,人才建设工程,是一个系统工程,不仅是人力资源部的事,首先是一把手的事,也是政府的事。我们"十二五"领军目标能否实现,人才是关键。包括各个行业和领域的领军人才,编辑校对人才,管理人才,策划人才,专业人才,科研人才。要把出版真正转到依靠科技进步和提高从业人员素质上,着重提高增长的质量和效益。

还有出版环境,靠政府,靠政策,管理部门,也要靠企业,大家共同努力。市场的公平竞争问题,打击盗版问题,公共服务问题,管理部门提高行政效率,简化办事程序问题,公益出版的资助问题,优秀出版物的评奖奖励,等等,我们一起来研究,改进,创新。这都是"十二五"江苏发展的重要保证。实现"十二五"发展目标,主要靠大家的努力,政府的职责是规划、协调、政策、管理、服务、保障。严格管理,也是为了整个江苏出版的健康发展,希望得到出版社的理解支持。说了这么多,最终还是两条:不出坏书,多出好书。江苏是有优势,有实力,有条件,有人才的,我相信,大家一起努力,一定在新的五年中上一个新台阶。前途光明,任重道远。谢谢大家!

围绕中心　服务大局
深入推进新闻出版系统反腐倡廉建设
——在全省新闻出版工作会议上的反腐倡廉建设专题报告

陆　湘　琳

（2011年1月29日）

同志们：

根据会议安排，下面我报告全省新闻出版系统2010年反腐倡廉建设工作情况，部署2011年任务。

一、服务大局、扎实工作，2010年反腐倡廉工作取得新成效

2010年是全面贯彻党的十七届四中、五中全会精神，新闻出版行业改革发展攻坚决胜之年，也是加强和改进新形势下党的建设的重要一年。全省新闻出版系统各级党组织和纪检监察机构，认真贯彻落实中央、省委、省纪委和新闻出版总署反腐倡廉工作部署，紧紧围绕新闻出版改革发展大局，按照党的十七大提出的“坚持方针、构建体系、拓宽领域”的新时期反腐倡廉工作总体思路，结合我省新闻出版工作实际，坚持改革创新，在探索中找办法，在融入上下功夫，在总结中抓推进，在不断完善中促深化，各项工作都取得了一定的成效，为促进新闻出版业的繁荣发展提供了坚强有力的保证。

（一）以落实党风廉政责任制为重点，着力构建反腐倡廉的工作机制

全省新闻出版系统各级党委（党组）坚持用党风廉政建设责任制总揽反腐倡廉工作全局，以强烈的政治责任感，充分发挥反腐倡廉建设责任主体的作用，把党风廉政建设和反腐败工作纳入全省新闻出版业改革、发展、稳定的总体目标统筹研究把握，切实加强对惩治和预防腐败体系建设的组织领导，不断完善反腐倡廉工作领导和协调机制，注意调动各方面的积极性、发挥各部门协调配合的作用。各级纪检监察机构，主动围绕中心，服务大局，积极协助配合党委（党组）抓好党风廉政建设的各项工作，通过有效工作机制的建立，全系统已初步形成了部门齐抓共管、业务管理工作与党风廉政建设工作互相融合、互相促进的良好局面。

为贯彻落实省委关于党风廉政建设的部署要求，省局党组把落实《江苏省新闻出版（版权）局2008—2012年惩防体系建设实施意见》作为重要任务摆上突出位置，纳入全局工作总体规划，作为一项系统工程来抓。制定了《江苏省新闻出版局惩治和预防腐败体系基本框架形成年工作方案》和《落实惩防体系实施意见任务分解表》，对各项任务作了明确分工，做到了目标明确、任务细化、责任落实。加强对各部门负责人履行责任制情况的检查考核，不断完善考核和责任追究办法，使部门负责同志增强责任意识，自觉把管理职责与惩防体系建设任务相结合，做到两手抓、两促进。各级纪检监察机构切实履行党章和行政监察法赋予的职责，加强组织协调，注意把各种力量和资源整合起来，形成合力。坚持以改革的思路、创新的举措和务实的方法，推进具有行业特色惩防体系的构建，努力将加强教育、完善制度、强化监督三者有机结合、整体推进，在党风廉政建设中发挥综合效能。

过去的一年，各市局基本完成了机构重组，领导班子有所调整。新组建的领导班子都能高度重视党风廉政建设，在强化责任、落实党风廉政建设责任制上有新举措，党风廉政建设责任制长效机制建设得到加强，全系统基本形成了一级抓一级、层层抓落实的良好工作局面。

（二）以搭建平台、运用载体为手段，着力构建拒腐防变的教育机制

全系统各级党组织始终将加强思想建设作为源头防腐，不断探索教育的方式和途径，努力搭建和创新各自特色的教育平台和载体，坚持经常性教育和专题教育相结合，在提高反腐倡廉教育的针对性和实效性、健全廉政教育预警和责任机制上下功夫。2010年中央颁发了《中国共产党党员领导干部廉洁从政若干准则》，这是中央出台的关于反腐倡廉建设的一部重要基础性法规。全省系统各级党组织和纪检监察部门，以高度的政治责任意识，认真抓好《廉政准则》的学习贯彻。省局党组制定了专题学习计划，对深入宣传学习和贯彻实施《廉政准则》作出部署，提出明确要求，并将《廉政准则》制成宣传板张贴在机关处以上干部办公室，方便经常性的学习对照。局党组带头学习，举办了《廉政准则》学习报告会，专程请驻总署监察局长给党员干部作学习辅导。局机关和直属单位各总支、支部都组织了专题学习，通过学习讨论，全面理解把握《廉政准则》的基本精神和主要内容。局党组召开了专题民主生活

会，党组成员对执行《廉政准则》和四项监督制度情况进行了自我检查对照，针对自查出的薄弱环节和主要问题制订整改措施。

在宣教工作中，注意整合教育资源、丰富教育形式，把理想信念、党风党性、廉洁从政、职业规范等内容贯穿其中，增强教育的说服力和感染力。省局组织开展了“弘扬社会主义核心价值体系”主题学习讨论和党员箴言征集活动，全局党员共创作箴言191条。驻局纪检组对新提任的处级干部进行了任前廉政谈话，组织全局干部观看警示教育录像片。在基层党组织和党员中开展了创先争优活动和“三走进、三服务”主题实践活动。各支部制定了创先争优活动计划，并在实践中贯彻落实。通过形式多样、内容丰富、贴近实际、分类分层的经常性教育，细水长流，警钟长鸣，达到潜移默化的教育效果，帮助党员干部增强拒腐防变的免疫力，夯实廉洁从政的思想道德基础。扬州市局制定了《关于开展操作层面“实权人物”岗位廉政教育工作计划》，组织局机关相关人员参加主题学习班，接受廉政教育；镇江市局在全市系统开展“德廉立身、文化惠民”主题教育活动，进一步提高党员干部“内练素养、外塑形象”的意识；徐州市局开展了“勤廉从政、幸福平安”专题教育活动；南通市局组织全系统开展“5·10”思廉日系列活动和“算好廉政账”专题教育月活动；南京市局开展廉政短信竞赛活动，将征集的廉政短信汇编成册发放全体党员。

反腐倡廉是关系到党和国家前途命运的大事，出版物在廉政文化建设中担负着极其重要的使命。新闻出版系统推进廉政文化建设方面创造了很多各有特色的做法，各出版社配合反腐倡廉工作，安排了加强思想道德建设和党风廉政建设选题560种，为深入开展反腐倡廉教育、弘扬廉政文化、树立廉洁观念提供了精神食粮。江苏凤凰出版传媒集团配合省纪委编写出版了《廉政准则学习读本》，帮助全省党员领导干部更好地学习贯彻《廉政准则》。苏州市局制定了《廉洁文化建设五年规划》，充分利用和挖掘苏州廉洁文化资源，加大对社会公众的宣传力度；淮安市局在今年江苏廉政文化节（淮安片区）启动仪式之际，组织全系统创作排演了一台勤廉文艺节目进行宣传演出；泰州市局继续开展廉政文艺“三送”活动，与市纪委联合举办千场廉政公益电影放映活动，在做好纪检工作的同时，积极撰写理论研讨文章；盐城市局组织开展了反腐倡廉历史文化资源普查工作，以更好地发挥利用历史廉教题材的教育作用。

（三）以推进权力公开透明运行为落脚点，着力构建权力运行的监控机制

加强对权力运行的有效制约和监督，是构建惩治和预防腐败体系的关键环节。根据《省政府办公厅关于开展行政权力网上公开透明运行的意见》、省纪委关于《推进部门内控机制建设的指导意见》和《关于加快推进全省电子监察系统建设的指导意见》，省局党组将推进行政权力网上运行及内控机制建设作为年度重点工作，举全局之力强力推进。落实组织机构，明确各部门职责。驻局纪检组监察室投入主要精力做好统筹推进等工作。省局党组要求围绕优化权力结构、固化运行流程，排查风险节点、制定预控措施，健全制约制度、完善内控机制等内容和程序展开工作，以“找”为基础、以“控”为核心、以“防”为关键，加强对每一环节的督查，使工作落到实处，取得实效。**一是**梳理权力事项，经省法制办审定，共清理和废止行政权力 30 项，完成了现有 170 项行政权力编码，编制了行政职权目录，在局门户网站进行公布。**二是**编制权力运行内外流程图，并对所有权力事项逐项进行风险点排查，制定针对性的风险预控措施，目前已对 119 项行政权力（128 个流程事项）设置风险环节 365 个（风险 627 条，措施 732 条）。**三是**制定行政处罚自由裁量基准，划分自由裁量等次，明确了相应的处罚标准。**四是**做到行政执法的依据全部公开、权力运行全过程的责任明确到具体部门、岗位和人员。经过全局各有关部门的紧密配合、通力合作，完成了一库四平台（静态权力库、权力运行平台、电子监察平台、法制监督平台、系统维护平台）系统建设，11 月 5 日行政权力事项在内网正式运行。电子监察平台的建立，实现了对权力运行全过程的实时监察、预警纠错、统计分析、投诉受理；法制监督平台权力事项建设率达 100%，数据保有率超过 90%，于 11 月中旬通过了省政务公开领导小组办公室组织的考核验收，获优秀等级。

省局党组认真贯彻落实《党内监督条例（试行）》，切实强化自觉接受监督的意识，支持驻局纪检组监察室不断加强和改进监督工作，注重突出监督重点，创新监督方法，在健全机制、增强监督活力、提高监督实效上下功夫。驻局纪检组监察室加强对党员领导干部、重点部门、岗位、环节的监督，在局机关机构改革落实新“三定”方案、处级岗位竞争上岗、干部轮岗、年度考核、接收军转干部考试、直属单位干部提拔聘用、事业单位人员招聘、全省先进集体、先进工作者（劳动模范）评选、省资助农家书屋建设资金使用情况

绩效考核评估等工作中均全程参与，发挥纪检监察工作的监督、保障作用。

各市局行政权力基本实行了网上运行。纪检监察机构认真履行监督职责，通过行政权力网上综合监察系统平台对本部门行政权力的运行进行二级监察，在加强对行政权力行使的制约和监督方面做了大量积极有效的工作。南京市在我省较早开展行政权力网上公开透明运行，并建立了网上监察监控工作制度，落实权限和职责，加强了行政权力网上运行的监督。常州市局通过设置风险点、设定预控措施，对制度执行流程跟踪监督，有效规范权力运行，努力减少行政权力执行风险。

（四）以建立健全制度体系为保障，着力构建源头治理的预防机制

建立健全科学的制度管理体系、构建源头治理的预防机制是反腐倡廉的根本举措。一年来，全省新闻出版系统以推进制度建设为抓手，力求构建一套科学完备管用的反腐倡廉制度体系，在源头防范制度建设方面取得了阶段性成果。

省局以部门内控机制建设为切入点，着力加强源头防范制度的建立和完善。**一是**完善党组（局长办公会）重大事项行政决策程序，出台《重大行政决策程序暂行规定》，配套制定专家咨询论证、吸取公众意见和法制机构合法性审查等相关制度，进一步保证了重大决策的科学性、民主性。**二是**推进行政法制建设，省局先后制定了《依法行政考核暂行办法》及《评分标准（试行）》、《行政权力网上公开透明运行管理暂行办法》、《静态信息更新调整办法》、《行政权力网上运行权限设置办法》、《行政处罚自由裁量权实施办法》、《行政审批过错责任追究制度》、《重大行政许可、行政处罚事项报备制度》、《行政权力网上公开透明运行电子监察内部管理办法（试行）》等一批权力运行配套制度，为规范行政权力运行提供制度保证。**三是**改进机关作风，提高行政效能，修订了《服务承诺制度》，制定了《行政审批限时办结制度》、《首问负责制度》。**四是**加强对重点部门和关键环节的管理，对局现有人、财、物等管理制度进行了全面梳理，编制了机关财务、物资管理内部流程图，固化工作程序，制定完善了《固定资产管理办法》、《政务信息工作考核办法》、《因私出国（境）登记备案管理办法》等有关制度。与此同时，着力提高制度的执行力，坚决维护制度的严肃性和权威性，加强对制度执行情况的督促检查，逐步形成靠制度管权、管事、管人，用制

度规范管理、提升绩效,进一步推进机关内部管理的科学化、民主化、规范化。

全省各市局在加强反腐倡廉制度建设、提高制度执行力方面均取得成效。无锡市不断健全和完善惩防体系,编制了规范文本,建立了17项制度,形成规范、统一的内控制度体系;镇江市局制定了“重大文化节活动廉政提醒制度”,通过填写提醒材料报备达到加强监督目的;扬州市局制定下发了《创建全国文明城市工作问责办法》,启动行政问责机制;徐州市局针对行政权力网上运行,建立和完善岗位责任制等一系列制度;连云港市局在政务运行中,加强对行政审批的监督,实行审批事项备案制度;苏州市局制定了《关于加强对基本建设(维修)工程管理监督的意见》和《工程招投标管理暂行办法》,督促逐级建立完善工程项目责任制,逐级建立台帐,以规范促廉政。

(五)以强化监管、深化文明创建为切入点,着力构建行风政风建设的长效机制

深入开展纠正行业不正之风,是维护群众利益的重要举措。本着提高纠风工作科学化、规范化、制度化水平的目的,根据我省新闻出版行业特点,在纠风工作中,注重纠建并举,着力构建纠风治理、行风政风建设的长效机制。

1. 依法监管、规范行业发展秩序。**一是**进一步完善专项监督检查制度。加强对报刊、出版单位和印刷、发行企业生产经营行为的监管。通过对全省报刊、印刷、出版物发行经营企业和报刊、记者证的年度核验发现问题,对有严重违规情况的出版单位和企业进行告诫谈话,下发限期整改通知书,督促其整改。**二是**进一步完善群众监督投诉渠道。通过设立举报电话、网络信箱、来信来访等多种方式,畅通群众诉求渠道;在行业管理部门和企业单位,聘请行风政风监督员,设立法制监督点,加强信息沟通,发挥基层队伍的监督作用。**三是**进一步健全纠风和快捷查处机制。对群众投诉的问题,经调查核实后及时给予回应,对群众反映的行业突出问题和明显违规、损害群众利益的行为及时查纠。制止、查处不当竞争行为,维护规范市场发展秩序。

2. 深化政风行风建设,加强行业文明创建。**一是**不断改进机关作风。省局认真贯彻省委关于加强省级机关作风建设的部署要求,学习借鉴兄弟单位经验,改进机关作风评议办法,深入开展“三走进、三服务”活动,积极开展“三下乡”活动,使党员干部在服务群

众的具体实践中增强党性、改进作风。**二是**深化文明创建。坚持以评促建,省局制定下发了加强和改进全省新闻出版行业精神文明建设工作组织领导的意见和台帐建设的意见,进一步提高创建工作的规范性。在评比全省新闻出版系统文明单位和文明标兵的基础上,向总署推荐全国新闻出版系统文明单位5家,已全部获得全国新闻出版行业文明单位荣誉称号。通过开展文明创建活动,凝聚了人心、弘扬了正气、促进了队伍素质的提高。

各市局在加强行风政风建设方面做了有益的探索。淮安市局成立了政务工作督查领导小组,重点督查对遵守党的政治纪律、加快转变经济发展方式以及推进"大文化"建设决策部署落实情况,确保各项政策措施落实到位。南通市局深入开展治理行业不正之风工作,探索加强新闻出版行业诚信体系建设的有效途径,打造廉洁奉公的版权管理队伍。在全国闻名的南通家纺城内,志浩市场版权办公室党支部把党风廉政建设责任制工作纳入年度工作目标考核,促进了版权管理工作,家纺版权保护成果进一步巩固。宿迁市局在抓行风建设中,注重干部整体素质教育,强化责任意识,加强效能监察,政风行风建设取得了新的成效。

二、狠抓落实、务求实效,深入推进2011年反腐倡廉工作

2011年是全省系统深入贯彻落实党的十七届五中全会精神,全面实施"十二五"规划的开局之年,也是新闻出版系统改革发展加速的关键一年。新闻出版系统反腐倡廉建设责任重大。今年工作总的要求是:全面贯彻党的十七届四中、五中全会、十七届中央纪委六次全会和省委十一届九次全会、省纪委十一届七次全会精神,深入贯彻落实科学发展观,按照中央、省委反腐倡廉工作的部署,紧紧围绕全省新闻出版改革发展大局,坚持标本兼治、综合治理、惩防并举、注重预防的方针,把以人为本、执政为民的理念贯彻落实到党风廉政建设和反腐败斗争之中。加强以保持党同人民群众血肉联系为重点的作风建设,加强以完善惩治和预防腐败体系为重点的反腐倡廉建设,扎实做好反腐倡廉各项长期性、基础性工作,建立健全体现以人为本、执政为民要求的决策机制,努力解决新闻出版系统反腐倡廉工作中存在的突出问题,求真务实、开拓创新、锐意进取、主动作为,进一步加强全省新闻出版系统反腐倡廉建设。

(一)严肃政治纪律,确保政令畅通

全省新闻出版系统各级党委(党组),要坚持把维护党的政治纪律摆在首位,坚决维护党的集中统一,坚决执行党的组织原则和工作纪律。要深入开展政治纪律教育,引导党员干部增强党的意识、宗旨意识、执政意识、大局意识、责任意识,坚定政治立场,增强政治敏锐性和政治鉴别力,自觉在思想上、政治上、行动上同以胡锦涛同志为总书记的党中央保持高度一致。严禁散布违背党的理论和路线方针政策的意见,严禁公开发表同中央决定相违背的言论,严禁编造、传播政治谣言,严禁以任何形式泄露党和国家秘密,严禁参与各种非法组织和非法活动。切实维护党的政治纪律和新闻出版纪律的严肃性。进一步健全完善政治纪律督查机制,开展对中央、省委省政府、新闻出版总署重大决策部署落实情况的定期检查和专项督查制度,严肃查处违纪违规行为,坚决纠正有令不行、有禁不止的现象,确保政令畅通。

(二)完善制度体系建设,扎实推进源头防腐

经过多年努力,各地各部门结合新闻出版业发展的实际,出台了一批反腐倡廉建设方面的制度。我们要围绕源头治理,坚持继承与创新相结合,进一步推进制度建设。要认真学习贯彻省委关于构建惩防体系基本框架的“5 +1”文件,建立有效落实机制,坚持开放构建、动态构建、系统构建,推进反腐倡廉教育、权力运行监控、预防腐败、纠风和惩治腐败“五大机制”建设,逐步完善配套制度,为全面构建惩防体系奠定良好基础。

今年制度建设的重点工作:**一是**认真贯彻落实中央新修订的《关于实行党风廉政建设责任制的规定》。要根据新出台的规定对已制定的责任制度进行修订、完善,进一步强化责任监督、考核工作,强化党员领导干部廉洁从政和自我约束的意识,切实发挥责任制在反腐倡廉建设中的保障作用。**二是**大力实施各项公开制度。在推进政务公开的基础上,深入推进党内民主建设,结合新闻出版工作实际,认真研究落实《关于党的基层组织实行党务公开的意见》。**三是**在新闻出版行业深入贯彻《国有企业领导人员廉洁从业若干规定》。为适应新闻出版改革发展要求,维护国家和出资人利益,促进改革健康发展,针对国有新闻出版企业特点和当前存在的突出问题,驻总署纪检组监察局将会同有关部门研究制定《关于国有新闻出版企业贯彻落实〈国有企业领导人员廉洁从业若干规定〉的办法》。**四是**进一步健全完善行政权力运行的廉政风险防控各项制度。各市局要在已做工作的基础上,抓住健全权力运行制约和监督制度建设这一核心,通过建立完善岗位责任制、约束行政处

罚裁量空间、适度分权、科学分工、规范程序等措施，加强整体规划、重点突破，通过努力逐步建成内容科学、程序严密、配套完备、有效管用的反腐倡廉制度体系。

（三）突出重点、强化监督，保证重大决策部署落到实处

全省系统各级纪检监察机构，要按照中央、省委、总署提出的反腐倡廉建设工作的总体要求，突出重点，加强监督，保证中央、省委重大决策部署的贯彻落实，推动全省新闻出版业发展方式的转变，促进行业的科学、健康发展。**一要**加强对落实我省新闻出版“十二五”规划、加快转变发展方式重大决策部署情况的监督检查，加强对贯彻中央关于文化体制改革重大决策部署情况的监督检查，为促进新闻出版业改革发展提供政治保证。**二要**加强对执行党的新闻出版工作方针、坚持正确出版导向情况的监督检查。要针对新闻出版工作的行业特殊性，把加强政治监督摆在重要位置，加强对以出版物内容管理为核心的政治纪律监督，加强对新闻出版各个工作环节的督查，严明党的政治纪律、宣传纪律和出版纪律，严禁出版违反党的理论和路线方针政策，同中央精神相违背的出版物。严格履行行业监管职责，加大对出版物市场的管理力度，加强对非法出版物的清理整治，堵住各类非法出版物的印制源头和流通渠道，加大对网上政治性有害信息的查处力度，净化出版物市场环境。**三要**加强对领导班子、领导干部的监督。要加强对领导班子贯彻执行党的方针政策和各项重大决策、决议及工作部署情况的监督；加强对领导班子执行民主集中制、落实“三重一大”制度情况的督查；加强对领导干部执行《廉政准则》、加强作风建设情况的监督，规范领导干部廉洁从政行为。**四要**重点加强对行业重大项目实施和资金安排情况的监督检查。要加强对农家书屋工程和省、市文化产业引导资金资助项目的监督，确保各项财政资金、文化产业引导资金的规范使用。

（四）以党风促政风带行风，着力抓好行业专项治理各项工作

党的十七届五中全会提出：“进一步加强和改进新形势下党的作风建设，以保持党同人民群众血肉联系为重点，扎实推进党的作风建设。”各地各部门要把进一步加强和改进作风建设作为重要任务，要以党风促政风带行风。**一要**大力弘扬密切联系群众的作风。进一步加强群众观点和群众立场教育，增强广大党员干部贯彻执行群众路线的自觉性和坚定性。要继续加强机关效能建设，建立健全服务群众、联系群众和保障群众利益制度。加强对党的群众

路线执行情况的监督检查，督促领导干部带头做好群众工作，进一步密切党群干群关系。**二要**大力弘扬求真务实和艰苦奋斗的作风。加强对领导干部作风建设情况的监督检查，及时发现和纠正党员干部在思想作风、学风、工作作风、生活作风等方面存在的突出问题，着力克服官僚主义、形式主义、弄虚作假、心浮气躁、铺张浪费等问题。**三要**大力弘扬勤政为民、廉洁奉公的作风。加大落实《廉政准则》的力度，着力解决党员领导干部在廉洁自律方面存在的突出问题。要深化“小金库”专项治理，加强对“小金库”治理工作整改落实情况的监督检查，巩固治理成果。要切实贯彻“管行业必须管行风”的要求，推进行风建设各项工作，努力营造风清气正的行业发展氛围和社会环境。要加大治理损害群众利益的行业不正之风的力度，切实维护群众的切身利益。中央颁发的惩防体系建设《工作规划》，把纠风工作作为六项重点工作之一，新修订的《行政监察法》把组织协调纠风工作确立为行政监察机关的法定职责，各级纪检监察机构要切实履行职责，抓好纠风治理工作。**一是**抓好《新闻出版总署关于进一步加强新闻出版系统行风建设的意见》的落实。要围绕贯彻落实《意见》，做好所在地区、部门行风建设情况排查工作，下大力气解决长期困扰行业发展的不正之风。**二是**抓好中央、省委关于纠风和治理商业贿赂专项工作任务落实。配合有关部门深入开展对教育乱收费和教材教辅出版发行问题的治理工作。继续做好出版发行领域治理商业贿赂专项工作。**三是**深入开展新闻出版系统纠风专项工作。继续加大对“假报刊、假记者站、假记者、假新闻”等问题的整治力度。以深入开展规范记者站、记者证管理专项工作为抓手，进一步遏制“新闻敲诈”、“有偿新闻”等滥用舆论监督权、利用新闻采编职务之便谋取不正当利益的行为发生，维护新闻采编活动的正常和健康秩序。**四是**进一步规范行业协会和社会中介组织管理。理顺对行业协会的监督管理关系，依法履行对行业协会和中介组织的管理监督。规范和监管行业协会和社会中介组织收费行为和社会服务活动。督促行业协会加强自身建设，强化行业自律，发挥行业协会在行风建设中的积极作用。**五是**进一步加强新闻出版行业诚信体系建设。健全完善出版、印刷、发行企业信誉档案，建立完善相关激励奖惩措施，进一步推进文明行业创建活动，维护行业公平诚信的市场环境和秩序。

（五）以提高履职能力为核心，加强纪检监察队伍的自身建设

建设一支高素质的纪检监察干部队伍，是落实反腐倡廉工作

的重要保证。全省系统各级纪检监察部门，要把加强队伍自身建设作为一项重要的长期任务来抓。要进一步锤炼作风、提升能力，以创新创优的精神深入推进党风廉政建设和反腐败各项工作。要巩固“做党的忠诚卫士，当群众贴心人”主题实践活动成果，深入开展创先争优活动，加强教育管理，加强学习培训，不断提高理论素养和业务水平。要把人民群众的呼声作为反腐倡廉的第一信号，把维护人民群众的根本利益作为反腐倡廉的第一考虑，把密切联系党同人民群众的血肉联系作为反腐倡廉的第一目标，不断总结工作规律，使反腐倡廉工作在继承中创新，在巩固中前进，在发展中深入。要把工作的着力点放到研究解决新闻出版改革发展中出现的新情况、新问题上，放到研究解决人民群众反映强烈的行业不正之风的突出问题上，放到研究拿出有效防治腐败的方法和举措上，进一步提升围绕中心、服务大局、适应发展、有效监督的能力，当好党的忠诚卫士。

同志们，一元复始，万象更新。新年要有新作为，新年要取得新成效。我们要认真学习胡锦涛总书记在十七届中央纪委六次全会上的重要讲话，深入贯彻落实以人为本、执政为民理念，扎实开展党风廉政建设和反腐败斗争，为推动新闻出版业的繁荣发展做出新的更大贡献！

关于行政法制工作需要强调的几个问题

韦顺和

(2011 年 8 月 5 日)

同志们:

根据会议安排,我就新闻出版(版权)行政法制工作,讲三点意见:

一、认真做好全省第二批新闻出版(版权)依法行政示范点的申报考核和命名确认工作

为深入贯彻国务院《全面推进依法行政实施纲要》、《关于加强法治政府建设的意见》和省政府有关工作部署,全省第二批新闻出版(版权)依法行政示范点创建申报和命名确认工作于 2011 年 5 月启动。开展此项工作江苏在全国新闻出版系统是唯一省份,省局在省级机关中是第一家。2009 年是第一批,今年是第二批。截至 2011 年 7 月 10 日,本次全省共有 20 家单位提出申报,其中省辖市局 6 家,县(市、区)局 14 家,目前已完成苏南苏中片申报单位的考核验收工作,本月上中旬将进行苏北片申报单位的考核验收。这里需要说明的:

一是依法行政示范点不是一成不变的,实行动态管理。2009 年获得命名表彰的示范点或创建活动先进单位,这次也须继续申报,经考核验收合格的继续确认。但从申报情况来看,有一些 2009 年被授予示范点或受到表彰的单位没有申报,对这些单位将视为自动放弃。

二是申报工作有严格的条件限制。凡申报材料未经同级政府签署意见并加盖公章的,或先期面向基层征求意见总体反映不是太好的,不列为考核验收对象。

三是严格执行“一票否决”硬性标准。凡 2009 年 7 月 1 日至 2011 年 6 月 30 日期间,领导班子成员或行政执法人员因违纪违规违法受到查处的,自动退出申报序列,或视情况作降格处理,即不能作为依法行政示范点,只能作为创建活动先进单位。

全省第二批新闻出版(版权)依法行政示范点创建申报和考核验收工作结束后,省局将适时召开全省新闻出版(版权)依法行政暨法制工作会议，在总结、交流、部署工作的同时，对依法行政示范点和创建活动先进单位授牌并进行“五五”普法表彰、优秀案卷颁奖等相关事项。

二、精心组织全省农家书屋法治文化建设示范区申报和评审命名工作

为进一步推动农家书屋法治文化建设，充分发挥农家书屋在整合普法教育资源、开展普法宣传教育中的积极作用，省局经会商省依法治省办、省政府法制办、省司法厅等单位，决定在全省评审命名一批农家书屋法治文化建设先进地区。此项工作仍在申报之中，大体到 8 月 10 日正式结束。目前已有 16 个县（市、区）和 1 个乡镇提出申报，预计 8 月 10 日前还有一批单位申报。需要说明的是，评审命名由上述省里 4 个部门共同组织进行，有些条件是硬“杠杠”，缺一不可。譬如：必须实现辖区行政村农家书屋全覆盖；必须成立农家书屋法治文化建设领导小组、制定年度计划并精心组织实施；辖区每个农家书屋必须普遍设立“法律图书角”；农家书屋法治文化活动每年不少于 2 次；县（市、区）农村刑事犯罪率连续 2 年呈下降趋势，乡镇连续 2 年无重大刑事犯罪，等等。

全国农家书屋工程协调指导办公室对我省开展农家书屋法治文化建设示范区评审工作给予高度评价。今年 6 月，《全国农家书屋工程简报》第 165 期摘要编发了我省组织开展此项活动的相关内容，并加“编者按”，指出：“农家书屋是基层重要的宣传思想文化阵地，是整合利用农村各类资源、拓展农村公共文化服务功能的重要平台。江苏省深入实践，不断创新，站在新的更高的起点上开展工作，依托农家书屋推动农村法治文化建设，着力在更高水平、更深内涵上把农家书屋建设成惠及广大农民的德政工程。”

我们高兴地看到，近年来各地普遍重视推进农家书屋法治文化建设，采取了一系列得力措施加以协调指导，全省涌现出一批农家书屋法治文化建设先进单位和示范点。但这次首批评审命名示范区仅有 6—8 个名额，表彰创建活动先进地区也仅有 3—5 个名额。平均每个省辖市最多只能 1 个。我们将本着好中选优的原则，经过严格的考核验收程序，在省里 4 个部门共同会商、取得一致意见的基础上综合评审。请各市局充分做好准备及相关工作。

三、继续大力推进新闻出版（版权）依法行政和法制建设

新闻出版（版权）依法行政和法制建设工作是加快建设法治政府的一项极其重要的基础性工作。今年 3 月，省局在淮安举行的行政法制建设座谈会上，各地反映对这项工作还是比较重视的，依法行政和法制建设在全局工作中有计划、有重点、有检查、有落实，多数省辖市局有法制机构、有法制干部、有法制经费，并注意充分发挥法制部门的参谋、助手和法律顾问作用。但这项工作还不平衡。全省有近一半的省辖市局在新一轮机构改革中尚未设置独立运行的法制机构，个别省辖市局甚至连兼职的法制机构、法制干部也不明确，省局统一布置的工作在有些地方未能得到及时落实和信息反馈。这与法治社会、法治政府的基本要求还是有一定差距的。

2011 年下半年，全省各级新闻出版（版权）行政机关在推进依法行政和法制建设方面，还要重点做好以下几项工作：

（一）抓紧研制新闻出版（版权）“六五”普法宣传教育规划。中共中央、国务院已提出《关于制定普法宣传教育第六个五年规划的意见》，新闻出版总署已正式印发《全国新闻出版系统法制宣传教育第六个五年规划》，刚刚结束的全省第十四次法制宣传教育工作会议对制定普法宣传教育“六五”规划提出了具体要求，并即将印发全省“六五”普法规划。省局已就全系统“六五”普法工作形成了初步设想，正在进一步征求意见、讨论修改过程中。各市、县（市、区）要根据中央、省和总署以及省局的具体工作部署，在认真总结本地区、本部门“五五”普法工作的基础上，紧密结合新闻出版工作实际，抓紧制定本地区、本部门“六五”普法规划。总体要求是：既要符合上级要求，又要体现地区或部门特色；既要对行业普法工作有总体安排，又要适当兼顾公共法与部门法相互比例；既要对领导干部、行政执法人员提出学法要求，又要统筹本地区新闻出版从业人员的法制教育。总之，要有特色、有亮点、有措施，反映出我省各地区、各部门新闻出版法制宣传教育的总体水平。我省新闻出版系统“五五”普法取得了很好的成绩，先后被总署评为全国新闻出版系统“五五”普法先进单位，被中宣部、司法部评为全国“五五”普法先进单位。“六五”普法我们要再接再厉。

配合推进实施“六五”普法规划，省局年内还将举办一期苏南苏中片行政执法人员培训班（上半年已在徐州举办了苏北 5 市的行政执法人员培训班）。下半年还将举行全省新闻出版（版权）依法行政知识竞赛，作为“六五”普法开局之年的重大普法宣传教育活动。初步设想以省局和全省 13 个省辖市局为参赛单位，举行统一的闭卷考试；考试范围向全省公开，考试题型分概念、判断、选择、问答、案例等相关形式，商请省有关部门代为出卷、改卷。希望各市局踊跃参与。相关情况适时作出通报。

（二）重视做好新闻出版（版权）行政许可案卷抽样检测。根据有关《通知》部署，三季度省局将对苏南5个省辖市局的行政许可案卷进行抽样检测。检测标准是年初省局印发的《行政许可案卷规范（试行）》。本次抽样检测的评审人员特邀了省政府法制办有关部门负责人，起点高、要求严，案卷各组成部分均有严格的扣分标准。根据《通知》要求，各省辖市必须于8月15日前，按市局2份、县（市、区）局至少1份的要求，认真准备好相关案卷，省局抽样检测评审委员会将分别组织重点抽检或集中检测。最后评定优秀组织奖1个、优秀案卷奖8个，予以通报表彰。

（三）着力完善依法行政制度体系。依法行政制度体系，是集中体现行政机关法治政府进程和依法行政水平的重要方面。从近期省局组织对部分单位调研、考核的情况看，此项工作目前还不平衡。有的市、县局尚未成立依法行政领导小组；有的在重大行政决策程序制度、重大处罚案件集体审理制度等方面存在不少缺项；有的甚至还不明确市、县两级也要制定政府信息公开制度。个别单位的行政监督制度形同虚设，行政权力运行失去有效监督，领导班子成员因涉嫌违纪违规违法被严肃查处，直至追究刑事责任。应该引以为戒。希望各地切实加强对这项工作的指导。制度有缺项的要尽快弥补，制度不完整的要尽快完善，制度执行不好的要切实加大执行力度。

最后，希望各地切实重视加强新闻出版（版权）法制机构和队伍建设，落实必要的机构，配备精干的人员，提供必要的经费，让法制职责有相关部门承担，法制事务有相关人员承办，真正做到新闻出版行政法制工作有可靠的组织支撑和队伍、经费等保障。

2011 年全省新闻出版工作要点

2011 年是“十二五”开局之年，是建党 90 周年、辛亥革命 100 周年，也是新闻出版业深化改革、转变发展方式的关键一年。全省新闻出版系统要全面落实党的十七大和十七届五中全会精神，以邓小平理论和“三个代表”重要思想为指导，深入贯彻科学发展观，坚持高举旗帜、围绕大局、服务人民、改革创新，牢牢把握正确新闻出版导向，以科学发展为主题，以加快转变发展方式为主线，更加注重激发市场主体活力，更加注重调整产业产品结构，更加注重公共服务体系建设，更加注重加快新型业态发展，更加注重提高依法行政和科学管理水平，努力在新闻出版强省建设的征程上实现新的突破。

一、不断提高舆论引导能力

1. 加强对新闻出版产品创作生产的引导。紧紧围绕党和国家工作大局做好服务工作，充分发挥新闻出版阵地作用，联系实际宣传学习贯彻十七届五中全会和省委十一届九次全会精神、推动工作的经验。紧紧围绕科学发展这个主题和加快转变发展方式这条主线，着力推出一批高质量出版物。精心策划出版一批庆祝建党 90 周年、纪念辛亥革命 100 周年和西藏和平解放 60 周年等重大主题出版物。充分发挥国家出版基金、省专项资金的引导作用，扶持优秀出版物生产。

2. 加强出版物质量监管。在出版单位广泛开展以“三审制”为主要内容的“制度落实年”活动，认真落实年度计划论证、选题分析、重大选题备案、社长总编通气会等制度，不断完善以“审读关口前移，选题分类备案，重大敏感问题分层负责，出版物质量分级把关”的工作机制，进一步规范审读程序，明确各级审读责任，以严格的审读把好出版物质量关。

3. 加强传播能力建设。支持重点报刊多媒体、多业态发展，进一步发挥主流媒体舆论传播主阵地的作用。加快互联网、手机等新媒体建设，借助先进技术手段加强信息内容传播，抢占传播制高点。积极参与国家重点学术期刊工程建设，争取有更多的期刊进入国家重点建设的百种社科期刊、百种科技期刊。

二、深化体制机制改革创新

4. *积极推进报刊出版单位分类改革工作*。认真落实中央关于深化报刊改革的部署要求，除党报党刊等时政类报刊出版单位按照事业单位的部署进行改革外，其他具有独立法人资格的非时政类报刊出版单位，一律在2012年上半年前完成或基本完成转企改制任务。在转企改制中，按照做强做优一批、整合重组一批、退出停办一批的原则，加快报刊结构调整。进一步推动党报党刊发行体制改革。

5. *加快推动完成转制后的出版单位深化改革*。已完成转制的新闻出版企业要及时完善法人治理结构，建立现代企业制度，有条件的要进行公司制或股份制改造。支持凤凰出版传媒集团等有条件的出版传媒企业上市融资，进一步做大做强。鼓励出版传媒企业进行跨地区、跨部门、跨行业联合、兼并、重组，加快新闻出版资源向优势企业集聚。鼓励发行企业发展连锁经营，支持有条件的企业跨地区、跨国连锁经营。

6. *充分发挥非公有资本促进新闻出版业繁荣发展的重要作用*。进一步引导和规范以个体、私营资本投资组建的非公有制文化企业，以内容提供、项目合作、作为国有出版企业一个部门等方式，有序参与新闻出版活动。鼓励和支持非公有制文化企业投资建立外向型出版机构，从事印刷、发行等新闻出版产业相关的经营活动。培育发展版权代理、出版经纪等市场中介机构，提高新闻出版产品和服务的市场化程度。

三、全面加快发展方式转变

7. *加快调整，全面优化产业结构*。实施传统出版提升工程，鼓励传统媒体和新兴媒体的结合发展，支持图书、报纸、期刊等纸介质传统出版产业积极采用数字、网络等高新技术和现代化生产方式，改造传统的创作、生产和传播方式。实施印刷复制业升级扩张工程，用数字和网络等技术、新材料新工艺促进印刷、复制产业升级换代，大力发展数字印刷、绿色印刷。实施现代发行业构筑工程，鼓励新闻出版流通和物流企业发展电子商务。实施数字出版跨越发展工程，争创国家数字出版基地，以南京日报报业集团旗下的时代传媒文化创意产业园所在的南京市雨花经济开发区为基础，以物业建设、平台搭建、政策扶持等为手段，整合内容、资本、技术、人才、信息等资源，搭建出版内容资源平台、内容数字化生产和传播技术平台、版权保护平台、数字阅读（听）电子商务平台等。加快发展民族动漫出版业，鼓励网络和电子游戏等产品的出版，提高民族动漫、游戏的数量和质量。鼓励各地结合区域经济社会发展规划，规划建设新闻出版产业带、产业园区和产业基地，实现产业合理布局。加强新闻出版统计分析工作。

8. 加快创新，依靠科技力量促发展。发挥文化产业引导资金引导作用，鼓励和支持有实力的新闻出版企业在数字出版、数字印刷、电子纸和新闻出版电子商务等方面进行自主研发，争取掌握一批自主知识产权和核心技术。推动新闻出版企业信息化建设，提升全行业的信息化水平。

9. 加快开放，大力推进新闻出版业“走出去”。重点扶持具有竞争能力和抗风险能力的外向型企业，鼓励和支持有条件的企业在海外参股、并购、投资或创办实体。鼓励新闻出版企业与国际著名出版、制作、经纪、营销机构合作，创新国外营销方式和手段，拓展传播渠道。积极参与新闻出版总署实施的新型网络书店海外销售培育计划，创新“走出去”的模式和空间。加强印刷、复制、动漫开发外包服务业务，开拓国际文化服务市场。继续支持新闻出版企业参加法兰克福国际书展等重点国际大型展会活动。组织好香港书展“主题省”和海峡两岸图书交易会“主宾省”活动，做好第二十一届全国图书交易博览会等展会参展工作。

四、着力提升公共服务水平

10. 深化农家书屋工程。实施出版物更新工程、网络化管理工程、数字化阅读工程，不断拓展书屋的学习增智功能、信息窗口功能、基层阵地功能、文化娱乐功能、法制宣传功能、健康教育功能、网点销售功能。开展评选表彰农家书屋优秀管理员、读书明星、星级示范书屋以及对农家书屋建管用作出较大贡献的出版发行单位活动，加大对农家书屋的宣传力度，不断提高社会效益。加强农家书屋管理员业务培训和管理制度建设。推动农家书屋与县级图书馆实行通借通还，鼓励有条件地区的农家书屋由行政村向自然村延伸。实施城乡阅报栏（屏）工程。会同有关部门加强社区书屋、职工书屋等阅读阵地建设。

11. 深化全民阅读工程。采取推荐“百种苏版优秀出版物”、设立“江苏有好书、好书天天读”电视访谈，开办“强素质、做表率”读书讲坛，引导干部群众多读书、读好书。开展网上全民阅读活动，引导好新媒体阅读。把全民阅读活动与精神文明创建活动结合起来，扩大全民阅读活动的影响力。采取政府购买、补贴或鼓励社会捐助等方式，向基层、低收入和特殊群体提供免费新闻出版服务。积极开展送书下乡、送书给农民工等公益性活动。举行首届江苏省书展暨第七届江苏读书节，继续组织开展“全民阅读报刊行”活动。积极创建国家级示范阅读基地。

12. 提升江苏品牌出版竞争力。推动内容创新主体建设，在巩固江苏传统出版优势的基础上，着力打造全国一流、国际知名的江苏品牌出版单位、品牌出版产品。组织江苏优秀图书奖、优秀电子音像出版物奖、优秀期刊奖的评选工作。加大对重点出版项目和原创作品的资助力度，指导、推动出版单位多出精品力作，坚决抵制庸俗、低俗、媚俗之风。大力实施少儿出版精品工程，加强青少年思想道德建设出版物出版工作。

五、进一步加强依法监管

13. 依法加强出版活动监管。建立完善选题、书稿、样书全程监控网和出版社、主办单位、行政管理部门的三级责任制，继续完善书号网络实名申领、配置、把关工作。加强报刊出版管理，集中治理虚假失实报道，规范新闻采编秩序、报刊经营秩序和记者职业行为。抓好报刊质量评估、评优工作，稳妥实施报刊退出机制。加强对新型媒体的管理，建立健全互联网出版管理长效机制，推动互联网出版健康有序发展。加强对电子书、电子辞典、电子地图及移动存储类电子出版物的管理。加强内部资料性出版物管理。组织开展好“3·15”出版物印刷专项质检活动，规范对不合格出版物召回法定程序。

14. 深入开展“扫黄打非”斗争。认真落实《江苏省2011年“扫黄打非”行动方案》和全省“扫黄打非”工作电视电话会议精神，在大力加强日常监管的同时，大力开展打击政治性非法出版物、打击淫秽色情出版物、打击非法报刊等专项行动，严厉查处盗版盗印、印制假发票等非法印刷复制行为，坚决打击互联网和手机等新媒体传播淫秽色情及低俗信息等违法行为。加强舆论宣传，不断提高“扫黄打非”工作的社会影响力。进一步加强基层“扫黄打非”工作机构、队伍建设，深入开展创建“扫黄打非”先进模范县（市、区）活动，继续推动“扫黄打非”工作向基层延伸。建立健全“扫黄打非”联合工作机制，加强和改进对“扫黄打非”工作的量化考核。

15. 切实加强版权工作。深入开展打击侵犯知识产权和假冒伪劣产品专项行动，督办查处大案要案。继续开展“剑网行动”，严厉打击网络侵权盗版。继续做好南通经验的推广工作,着力放大“南通经验”在其它产业的示范作用。大力推动版权保护示范城市、单位和园区建设,继续组织开展版权保护示范点创建工作。加强省版权综合服务中心信息平台建设,加大对各集体管理组织的监督和管理力度。加强著作权登记工作,促进作品版权保护和合法传播。加强对外版权交流与合作,组织企业参加北京国际图书博览会等重大会展。全面做好政府机关和企业使用正版软件工作,开展省市县政府机关软件正版化专项检查。

六、加强法治政府建设

16. 加快行政部门职能转变。认真履行好宏观调控、依法行政、公共服务和市场监管职能,做到不越位、不缺位、不错位。进一步修改完善《江苏省新闻出版业“十二五”时期发展规划》,认真组织实施。注重创新工作方式、方法,完善电子政务和政府门户网站建设,继续做好行政权力网上公开透明运行工作,优化行政审批流程,提高行政管理效能。举办市、县(市、区)新闻出版(版权)行政部门主要负责人培训班。

17. 规范行政权力运行。进一步健全新闻出版(版权)依法行政制度体系和监督体系,创新依法行政工作机制。加快推进《江苏省著作权保护与促进办法》立法进程,力争年内完成审议程序并颁布施行。评审命名第二批新闻出版(版权)依法行政示范点、一批农家书屋法治文化建设示范地区。加强行政执法监督,组织行政执法案卷评查和行政许可事项抽样检测。完善长三角区域新闻出版(版权)合作和行政执法协同机制。召开全省新闻出版(版权)依法行政会议。

18. 加强普法宣传教育。制定实施江苏省新闻出版(版权)《“六五”普法宣传教育规划》,完善有关学习、教育、培训制度,积极探索法制教育培训合格行业准入制度。分别举行新任文广新局负责人、依法行政监督点监督员和行政执法人员法制培训班。

七、加强人才队伍建设

19. 加强领军人才队伍建设。进一步完善人才激励、选拔培养、合理流动机制,吸引和培养一批推动新闻出版业科学发展的创新型人才、复合型人才、外向型人才和科技型人才。大力宣传新闻出版领域领军人物、优秀专业技术人才、经营管理人才先进事迹。

20. 全面提高新闻出版从业人员素质。建立健全在职人员业务培训和继续教育制度,提高人才培训质量。全面强化新闻出版专业技术人员职业资格管理，完善职业资格考试、登记注册管理、职业技能鉴定、从业准入管理等制度体系，从源头上提高新闻出版从业人员的素质。认真做好职称评审工作。加强江苏省新闻出版学校建设，认真做好易地新建和筹建职业技术学院工作。

八、加强全系统党的建设

21. 加强新闻出版系统党的建设。围绕“转变发展方式、建设新闻出版强省”，继续深入组织开展创先争优活动，充分发挥基层党组织的战斗堡垒作用、领导干部的表率带头作用、广大党员的先锋模范作用。加强作风建设，坚持求真务实、真抓实干，做到扭住发展不放松、扑下身子抓落实，切实提高执行力。精心组织开展庆祝建党 90 周年活动。

22. 加强反腐倡廉建设。认真落实党风廉政建设责任制，坚持反腐倡廉与业务工作一起部署、一起推进。大力推动惩治和预防腐败体系建设，完善权力运行内控机制。加强对新闻出版系统贯彻执行党的政治纪律情况、中央和省委省政府重大决策部署落实情况、政府资金重大项目执行情况，以及党员领导干部贯彻《廉政准则》情况的监督检查。推进廉政文化建设，加大廉政文化出版产品的供给与传播。

23. 深化行业文明创建活动。把坚持先进文化的前进方向、坚持正确的出版导向、提高科学文化素质、加强思想道德建设放在精神文明建设工作的首要位置，全面提高行业整体素质和文明程度。以诚信体系建设为重点，大力推动行风建设，培育行业精神。把加强和改进群众工作贯穿到新闻出版各项工作中，更好地服务群众文化需求，更加有力地解决好人民群众关心的现实利益问题。

2011 年江苏省版权工作要点

2011 年,全省版权工作要坚持以科学发展观为统领,认真落实党中央、国务院和省委、省政府关于版权工作的战略部署,加大版权保护力度,增强自主创新能力,加快发展版权产业,努力开创版权工作新局面,为“十二五”全省经济社会发展开好局、起好步营造良好的版权环境。

一、深入开展打击侵犯知识产权和制售假冒伪劣商品专项行动。按照国务院和省政府的统一部署,2011 年 3 月前顺利完成被国家列为重点案件的审理工作,协助司法机关完成作品的认定、鉴定和案件的督办、宣传工作。

二、全面贯彻国务院办公厅、省委办公厅、省政府办公厅关于进一步做好机关使用正版软件工作的一系列文件精神。省级机关使用正版软件工作要在 2011 年 7 月前完成,各市县政府机关的使用正版软件工作要在 9 月底完成。

三、着力推进企业使用正版软件工作。2011 年全省计划推进 300 家企业完成使用正版软件工作。落实第五批企业名单,有序开展培训、检查和验收工作。搞好第三批示范单位的评选工作。

四、服务中心工作,推动版权产业发展。全面摸底省版权产业的发展现状,做好统计的前期准备工作。筛选、推荐、宣传我省知名版权创意产业,认真抓好水晶、刺绣、紫砂和绘画等行业版权保护工作,培育新兴产业公司,并给予重点扶持和保护。加强作品著作权登记工作。

五、服务新闻出版行业,狠抓对外合作,促进版权国际交流。建立版权信息交流和服务平台,开筑江苏版权贸易的新窗口,提升江苏对外合作出版水平,促进版权贸易和新兴出版产业国内外交流取得突破。

六、加大网络侵权执法力度。研究、分析新形势下网络内容侵权和渠道销售侵权制品的新特点,创新执法机制和办法,有效打击网上侵权和通过网络销售侵权制品。

七、继续抓好《江苏省著作权合同备案办法》的组织实施。加强著作权许可与转让合同备案服务和管理,有效控制著作权纠纷。认真贯彻落实《江苏省版权示范城市、示范单位和示范园区(基地)

创建和管理办法》，深入开展创建活动。

八、加大版权保护的宣传。积极宣传全省各级政府、企业和个人保护版权、尊重版权、自身维权的先进事迹和先进典型，宣传我省版权管理部门、版权产业单位在知识产权保护、版权产业推进以及在全国各类活动和会展上取得的荣誉，不断提高全社会对版权保护的认知度。

江苏省新闻出版业"十二五"时期发展规划

"十二五"期间,是我省全面实现小康并向率先基本实现现代化迈进的重要时期,也是新闻出版业深化改革、转变发展方式,实现又好又快发展的关键时期。为加快发展新闻出版业,推动我省向新闻出版强省迈进,根据《江苏省国民经济和社会发展第十二个五年规划纲要》和新闻出版总署《新闻出版业"十二五"时期发展规划》,结合江苏新闻出版业发展实际,编制本规划。

一、"十一五"时期全省新闻出版业发展概况

"十一五"时期全省新闻出版系统深入贯彻科学发展观,服务、发展、改革、管理各项工作跃上新的台阶。

1. *服务大局能力显著提升*。坚持围绕中心、服务大局,牢牢把握新闻出版的正确导向,积极为深入贯彻科学发展观、推进改革开放和现代化建设提供思想保障、精神动力、智力支持、舆论氛围。各出版单位为宣传贯彻党的十七大精神、庆祝新中国成立60周年、纪念改革开放30周年、庆祝建党85周年和90周年、庆祝建军80周年和抗击各类自然灾害出版了一批精品力作。

2. *产业规模快速提升*。2010年全省新闻出版业总产出1070亿元,是"十五"末的近2倍。资产总额、行业增加值等主要经济指标均位居全国第三位,利润总额居全国第二位。新兴产业快速发展,网络出版企业从无到有,发展到16家。凤凰出版传媒集团2008年成为我国第一家资产、销售双超百亿的出版传媒集团。在2008—2009中国报刊广告投放价值排行榜评选中有8家报纸入选,列全国第二;《扬子晚报》入选晚报前五强,在世界报业协会公布的世界日报发行量排行榜中,列第21位,是中国发行量最大的晚报都市报。《江苏手机报》用户突破200万户,荣获2008—2009年度中国手机媒体经营管理十强。江苏新广联科技股份有限公司连续两年被评为国家文化出口重点企业。江苏永兴多媒体公司和昆山沪铼光电有限公司是我国最大的两家可录光盘生产企业,可录光盘产量占全国的40%以上。无锡江南磁带有限公司录音带产量居全国第一。南通家纺市场版权保护带动的相关产业达550多亿元,其经验走出国门、走向世界,荣获世界知识产权组织首次授

予我国的“版权创意金奖”，并被确定为世界知识产权保护优秀案例示范点。

3. 精品生产成效明显。完成“十一五”规划重点出版项目省级119项，国家级68项。全省7家出版社入选“全国百佳图书出版单位”，总量与上海并列全国第一。在全国“五个一工程”奖、中国出版政府奖、中华优秀出版物奖、“中国最美的书”、“三个一百”原创图书和全球日报发行百强榜报纸、中国报刊广告投放价值排行榜中，我省入选数量均位居全国前列。出版物印制质量管理连续8年荣获全国金奖，6件作品入选2008年“美国印制大奖”，实现国际大奖零的突破。

4. 体制改革有序推进。27家图书、音像、电子出版单位全部转企改制，出版企业发展的活力明显增强，面向市场的畅销书明显增多。出版工作室以资本合作、项目合作、组稿策划、宣传推广及其他方式参与出版，其出书品种、出版码洋和销售收入等占江苏出版总量的1/3左右；3家报纸、24家期刊出版单位转制为企业，社会资本广泛参与报刊的印刷、广告、发行等经营领域；个体、股份制、外资企业在印刷领域取代了国有企业的主体地位，外商投资印刷企业230多家，投资总额达28亿美元；民营发行网点占总数的88.9%，涌现出一批规模较大的民营发行企业。

5. 公共新闻出版服务体系基本建立。全省累计建成农家书屋17518个，实现了行政村的全面覆盖，相继推进社区书屋、职工书屋建设。农家书屋业已成为基层党组织宣传党的路线方针政策的重要阵地，成为农民群众读书学习、陶冶情操的精神乐园，成为科技致富、学法普法的重要场所。江苏读书节等全民阅读活动蓬勃开展。

6.“走出去”步伐明显加快。图书版权海外输出大幅提升。5年共输出版权584项，年均增长15.5%。《服饰导报》、《东方娃娃》等报刊成功走出国门。《新华日报ipad版》、《扬子晚报iphone版》面向全球发布。印刷领域百余家企业从事对外加工贸易，年加工贸易额60多亿人民币。组织出版单位参加台湾书展、香港书展，作为主宾省参加上海书展，有效扩大了江苏出版的影响。

7. 行政管理水平日益提高。省局顺利实现了由“管脚下”向“管行业”的转变，制定实施全省新闻出版（版权）《行政许可规程》、《行政执法规程》、《关于加强依法行政工作的若干意见》等制度。行政审批实行“一站式”服务，行政权力网上公开透明运行工作顺利实施。出版物审读、印刷质量检测、版权管理、“扫黄打非”等工作，多次受到上级有关部门的表彰。加大事业产业发展扶持力度，服务型机关建设迈出坚实步伐。五年间，全省共有119个新闻出版项目获得省文化产业引导资金1.654亿元；省财政资助农家书屋工程建设资金8700万元，中央财政奖励资金3700万元；省出版专项资金资助重大出版项目1123.5万元，争取国家出版基金资助1185万元。

8. 党的建设、人才队伍建设和行业精神文明建设进一步加强。精心组织开展先进性教育、深入学习实践科学发展观、创先争优、反腐倡廉制度体系框架构建年、治理商业贿赂等活动，全面加强党的思想、组织、作风、制度建设和反腐倡廉建设。深入推进人才素质工程、领军人才工程和高技能人才工程，培训工作进一步加强。省新闻出版学校共培养输送学生2200多人，学生数量、教育质量不断提升。会同省人事部门2次开展全省新闻出版系统先进集体、先进个人和劳动模范评选活动。组织开展江苏省新闻出版行业文明单位标兵和文明单位评选。

与广大人民群众日益增长的文化需求和先进地区相比，我省公共新闻出版服务需进一步完善，畅销的大众图书的市场份额有待扩大，期刊出版同质竞争较严重，数字出版等新兴业态发展相对缓慢，“小”、“散”、“弱”的企业面广量大，苏北、苏中、苏南地区发展不平衡，农村出版物市场比较薄弱，出版物贸易逆差较大，部分经营性出版单位还未建立现代企业制度，熟悉出版业务、掌握高新技术、懂经营、会管理的高素质的复合型人才缺乏，出版物市场秩序有待进一步规范。

“十二五”时期是江苏新闻出版业发展的重要战略机遇期。**一是**党中央、国务院和省委、省政府对文化建设高度重视，采取了一系列政策措施，为新闻出版业加快发展提供了重要契机；**二是**完善公共文化服务体系、建设学习型政党和科教强省，对新闻出版业提出了更高的要求；**三是**江苏正处于全面建成更高水平小康社会并率先向基本实现现代化迈进的重要时期，人民生活水平不断提高，文化消费快速增长，拓展了新闻出版业的发展空间；**四是**新闻出版体制改革的全面推进，将进一步解放新闻出版生产力，为新闻出版业发展提供了内在动力；**五是**高新技术特别是信息技术的迅猛发展，为新闻出版业创新业态、实现产业战略转型提供了有利条件；**六是**资本市场的不断完善和各种文化产业投资基金、引导资金规模的不断扩大，为新闻出版业融资提供了更多机会；**七是**“后金融危机”时期国际政治经济格局的进一步调整和我国国际地位的日益提升，为新闻出版业“走出去”创造了更好条件。

全省新闻出版业发展也将面临许多严峻挑战。**一是**随着文化体制改革的深入推进，成为市场主体之后的新闻出版企业之间的竞争将日趋激烈；**二是**随着中小学教材出版发行管理体制改革的深入，教材循环使用的逐步推开，以及中小学生人数的减少，教材教辅在出版总量和收入总量中的比重将进一步降低，产品结构调整日益紧迫；**三是**科技与出版的融合日益加速，如不加快培育数字出版等新的业态，将在新一轮竞争中处于被动；**四是**面对国际国内形势的变化和意识形态领域的复杂态势、转企改制以及高新技术的迅猛发展中不断出现的新情况新问题，新闻出版领域管理的任务越来越重，难度越来越大。

面对新时期的机遇和挑战，全省新闻出版系统要树立高度的历史责任感，抢抓机遇，攻坚克难，开拓奋进，推动江苏新闻出版业在科学发展率先路上迈出新的步伐。

二、“十二五”时期全省新闻出版业发展的指导思想、基本原则

（一）指导思想

坚持以邓小平理论和“三个代表”重要思想为指导，深入贯彻落实科学发展观，高举旗帜、围绕大局、服务人民、改革创新，以科学发展为主题，以转变发展方式为主线，以满足人民群众精神文化需求为导向，以深化体制机制改革创新为动力，以科技进步为支撑，以实施重大项目带动为抓手，以加强科学管理为保障，加快推进新闻出版强省建设。

（二）基本原则

——坚持高举旗帜。把坚持正确导向放在首位，牢牢把握社会主义先进文化前进方向，坚持“三贴近”，弘扬主旋律，提倡多样化，把弘扬社会主义核心价值体系贯穿到新闻出版工作的各个方面。

——坚持率先发展。始终把发展作为第一要务，解放思想，深化改革，创新体制机制，解放和发展新闻出版生产力，不断增强全省新闻出版业的综合实力和竞争力。

——坚持以人为本。把以人为本作为推动新闻出版业发展的核心，把服务人民群众作为新闻出版工作的根本宗旨，把保障人民

群众基本文化权益摆在首要位置，充分尊重人民群众的主体地位和首创精神，满足人民群众日益增长的精神文化需求。

——坚持改革创新。推进经营性出版企业创新体制、转换机制、面向市场、增强活力。提高自主创新能力，推动产业技术革新、新兴业态发展、传统出版业的现代化转型。

——坚持全面协调。正确处理新闻出版建设与经济社会发展、事业与产业、社会效益与经济效益、弘扬主旋律与提倡多样化、民族文化与外来文化、公有制为主体与多种所有制共同发展、"引进来"与"走出去"、政府调控与市场配置、促进繁荣与加强管理等重大关系。

三、"十二五"时期新闻出版业发展的主要目标

到"十二五"期末，把江苏建设成为"引领社会思潮本领强、公共服务能力强、产业实力强、发展活力强、人才队伍强"、新闻出版业综合实力位居全国前列的新闻出版强省。

引领社会思潮本领强。认真履行全面建设小康社会和江苏"两个率先"赋予新闻出版工作的任务，出版一大批弘扬社会主义核心价值体系文化精品，围绕中心、服务大局能力显著增强；各类出版物在全国性评奖中，入选数量和影响位居全国前列。

公共服务能力强。形成城乡全覆盖、功能更完善、服务上水平的公共新闻出版服务体系，新闻出版产品和服务更加丰富，全民阅读率、人均消费出版物总量居全国前列，城乡公共阅报栏(屏)基本普及，人民群众基本文化权益得到有效保障。

产业实力强。形成传统产业和新兴产业协调快速发展的格局，新闻出版业增加值增速高于全省地区生产总值增速，高于"十一五"全省新闻出版业增加值增速，新闻出版产业的规模、效益和竞争力位居全国前列。力争到2015年，实现新闻出版产业总产出达3000亿元，增加值达900亿元。

发展活力强。形成充满活力、富有效率、更加开放、有利于新闻出版业科学发展的体制机制，经营性新闻出版单位基本建立现代企业制度，公益性新闻出版单位服务能力显著提升，政府职能实现根本转变。

人才队伍强。培养造就一批推动新闻出版业科学发展的创新型人才、复合型人才、外向型人才和科技型人才，形成一支门类齐全、结构合理、梯次分明、素质优良的新闻出版工作者队伍。省级行业领军人才100名左右，全国行业领军人才30名左右。

"十二五"时期新闻出版业各领域发展目标：

——图书出版业。新增1—2家具有江苏特色、填补专业或地域空白的图书出版社。出版种数年均增长15%左右；图书出版单位的资产总额、销售码洋年均分别增长10%左右。图书内容质量、装帧设计质量、编校质量、印制质量居全国前列。

——报纸期刊出版业。报刊业以年均15%左右的速度增长，优化报刊出版机构，培育发行量超过百万份的报纸2种、发行量超过百万册的期刊1—2种，形成3—5家拥有超过20种以上报刊的传媒集团。

——电子音像出版业。所有图书出版社增设音像、电子出版社，电子音像出版单位的资产总额和销售码洋年均分别增长10%、10%。

——数字出版业。数字出版以年均30%左右的速度增长，以业态创新和服务创新为重点，加快新技术应用，大力发展数字出版等战略性新兴出版产业，到2015年，形成3—5家年销售超10亿元、20—30家年销售超亿元、100家年销售超千万元的数字出版企业，形成5—10家拥有自主知识产权、知名品牌以及有较强国际竞争力的骨干数字出版企业，力争实现总产出达到新闻出版业总产出的30%左右。

——印刷业。印刷业以年均20%左右的速度增长，培育5家年产值超20亿元、10家产值超10亿元、20家产值超5亿元、200家产值超亿元的骨干企业，有20家左右企业进入全国印刷企业百强；基本建立绿色环保印刷体系，基本普及数字印刷技术；出版物印制质量继续保持全国前列。

——光盘复制业。只读类、可录类光盘复制业以年均10%左右的速度增长，4家企业进入全国同行业前10强。

——出版物发行业。出版物发行业年均增长10%，基本形成以连锁经营、物流配送、电子商务为主要特征，以大城市为中心、中小城市相配套、贯通城乡的出版物发行流通网络，以跨地区连锁经营、信息化管理和现代物流为特征的现代新闻出版流通企业发展取得新进展。出版物批发企业、总发行单位分别达到500家和6家，培育2—3个在全国有影响力的网络发行机构（网上书城、书店）。

——出版业"走出去"。加快新闻出版产品、服务、企业、资本"走出去"步伐，江苏新闻出版产品的国际传播力和影响力显著提高，出版物出口总额、版权输出与合作出版输出数量年均分别增长20%左右，实现印刷服务出口收入比2010年翻一番。支持有能力的企业对外投资，通过多种方式在境外兴办新闻出版企业。

四、“十二五”时期全省新闻出版业发展的主要措施

（一）牢记责任，提升引领社会思潮能力

1. 始终高举中国特色社会主义伟大旗帜不动摇。组织图书、报刊、音像、网络等出版单位加强对党的基本理论和重大理论创新成果的宣传，积极推进当代中国马克思主义的大众化，更好地用党的理论创新成果武装全党、教育人民。把建设社会主义核心价值体系作为一项战略任务、作为重要选题方向，贯穿到各类出版物之中。

2. 更加自觉地围绕大局、服务人民。努力在选题策划、创作生产、市场开拓等各个方面体现大局、服务人民。紧紧围绕经济建设中心，服从服务于改革发展稳定大局，充分发挥新闻出版在信息传递、知识传播、文化传承方面的特殊作用，大力宣传党的路线方针政策和省委省政府的决策部署，更好地推动科学发展、促进社会和谐。坚持以人为本，加强新形势下人们对精神文化产品新要求新期待的研究，多提供群众买得起、看得懂、用得上的出版物。

3. 加强新闻出版内容管理。建立完善并认真落实新闻出版内容管理制度，切实把好选题、审读关，加大对涉及重大题材、敏感题材和社会热点的图书、期刊、音像制品和电子、网络出版物内容的审读监管力度，坚决抵制庸俗、低俗、媚俗之风。坚持把社会效益放在首位，通过资金补助、政府采购等方式，鼓励多生产符合“三贴近”要求、思想性艺术性可读性俱佳的出版产品，实现社会效益和经济效益的有机统一。

（二）强化服务，保障群众的基本文化权益

1. 完善公共新闻出版服务网络。继续实施农家书屋工程，由以建为主，向提升质量、以用为主转变。大力推动农家书屋与县级图书馆实行通借通还。推动有条件的地方建设数字农家书屋。支持有条件的地方将农家书屋由行政村向自然村延伸。实施城乡阅报栏（屏）工程，方便群众看报。会同有关部门继续加强社区书屋、职工书屋等阅读阵地建设。

2. 完善公共新闻出版服务方式。继续实施全民阅读工程，广泛开展公益性读书活动，培养人们的阅读习惯，促进人们多读书、读好书。精心组织开展好世界读书日、江苏读书节等全民阅读活动,不断扩大全民阅读的影响力和吸引力。采取政府购买、补贴或鼓励社会捐助等方式,向基层、低收入和特殊群体提供免费新闻出版服务。鼓励民办公益性新闻出版机构的发展,引导社会力量提供公共新闻出版服务。积极开展送书下乡、送书给农民工等公益性活动。

(三)创新内容,提高新闻出版业核心竞争力

1. 实施精品带动战略。通过实施重大出版工程、开展江苏出版政府奖评选、加大对重点出版项目资助力度、实施书刊号资源政策倾斜、优秀出版产品推荐等途径,扶持原创性作品,着力打造一批代表江苏形象、在国内有相当影响力、在国际有一定影响力的出版精品,形成包括畅销书群、常销书群和引进版在内的可持续发展的图书出版格局。打造品牌报刊权威性内容、专业报刊研究性内容、大众报刊娱乐性内容错位发展的报刊格局。

2. 推动内容创新主体建设。推动新闻出版企业成为内容创新主体,大力培育新闻出版创意群体和内容提供商,支持和鼓励各类新闻出版内容服务企业的发展。加强对内容创新项目的支持,鼓励支持新闻出版企业在数字出版、数字印刷、电子纸和新闻出版电子商务、物联网等方面进行自主研发,争取掌握一批数字出版、新媒体领域、现代印刷技术的自主知识产权和核心技术。

3. 建立完善创新体系。建立以政策为先导、投入为保障、企业为主体、创新平台为支撑、市场需求为导向、产学研相结合的新闻出版科技创新体系。积极营造有利于新闻出版创意群体创业发展的市场环境和政策环境。

(四)优化结构,转变新闻出版业发展方式

1. 优化产业结构。实施传统出版提升工程,全面提升图书、报纸、期刊等纸介质出版产业。鼓励传统媒体和新兴媒体的结合发展,支持图书、报纸、期刊等纸介质传统出版产业积极采用数字、网络等高新技术和现代化生产方式,改造传统的创作、生产和传播方式,实现内容资源和高新技术的优化组合,做到一次性生产、多媒体或全媒体发布,着力打造一批现代化出版企业。实施印刷复制业升级扩张工程,用数字和网络等技术、新材料新工艺促进印刷、复制产业升级换代,大力发展数字印刷、绿色印刷。实施现代发行业构筑工程,鼓励新闻出版流通和物流企业发展电子商务。实施数字出版跨越发展工程,大力发展数字出版、网络出版、手机出版等以数字化内容、数字化生产和数字化传输为主要特征的战略性

新兴新闻出版业态，鼓励创办、引进数字内容产业装备制造和研发企业，加快建设统一格式、统一发布、利益共享的电子书库等内容数字化平台，支持电子纸、电子阅读器等新闻出版新载体的技术开发、应用和生产。发展动漫、游戏出版产业并作深度开发利用，不断提升其出版产品附加值。

2. 优化产品结构。优化教育出版、加强大众出版、提高专业出版，遏制低水平重复出版。加强名社名报名刊名网建设，支持和推动出版资源优化整合，向优势品牌集中、向数字化延伸。

3. 优化企业结构。推动大中型新闻出版企业积极调整产权结构，完善法人治理结构，建立现代企业制度；鼓励企业跨媒体、跨行业、跨地区、跨所有制兼并、重组，实行规模化、集约化经营，做大做强；支持和促进"专、精、特、新"中小新闻出版企业发展。

4. 优化区域结构。促进区域新闻出版产业协调发展，支持苏北、苏中加快崛起、规模扩张，鼓励苏南提档升级、率先发展。鼓励有条件的市、县结合区域经济社会发展规划，有计划地建设新闻出版产业带、产业园区和产业基地，优化产业集聚环境，突出产业特色，提高产业集中度和专业化协作水平。重点建设南京出版发行、苏州印刷复制、无锡常州动漫创意等产业示范基地或产业中心。创建国家级数字出版基地。

（五）改革体制，增强新闻出版业发展动力

1. 加快市场主体建设。以打造合格的市场主体和优质的服务主体为核心，完善经营性出版社转企改制，坚持股份化探索方向，在企业化的基础上推进股权多元化，以实现体制再造；推进非时政类报刊出版单位的转制和党报党刊发行体制改革，以新的体制激发活力、做强主业、做大主体；深化公益性新闻出版单位改革，推动形成责任明确、行为规范、富有效率、服务优良的公共服务运行机制。实施非国有新闻出版企业扶强工程，认真落实国家有关规定，鼓励、支持和引导非公有资本以多种形式进入政策许可的新闻出版领域，鼓励非公有制文化企业与国有出版企业以多种方式进行深度合作，吸引国内外优秀的新闻出版资源汇聚江苏，实现投资主体和产权多元化，形成以公有制为主体、多种所有制共存的新闻出版产业新格局。

2. 加快市场要素建设。打破条块分割、地区封锁和城乡分离的市场格局，加快形成统一开放的新闻出版市场体系，发挥市场在资源配置中的基础性作用。培育发展无形资产评估、产权交易、版权代理、出版经纪等市场中介机构,为新闻出版资本、产权、人才、信息、技术等要素的有序、有效流动搭建交易平台,提高新闻出版产品和服务的市场化程度。

3. 加快流通领域改革。支持有实力的发行企业,通过整合出版物发行渠道,成为主业突出、辐射力强的全国性或区域性大型现代流通企业集团。鼓励发展城镇中小型特色书店、专业书店、社区书店和网络书店。积极发展农村各种形式的出版物发行网点、代销点和租赁点,鼓励各种资本投入农村出版物发行,拓展农村出版物市场。继续鼓励新闻出版企业发展连锁经营,推动有条件的企业跨地区、跨国连锁经营。支持立足区域、辐射全国的出版物物流中心建设。

(六)外向拓展,打开新闻出版业的发展空间

1. 加强"走出去"出版物生产。加强对境外读者阅读需求调研,提高选题策划水平,增强江苏出版物的国际影响力和竞争力。加强翻译人才队伍建设。

2. 积极开展对外新闻出版交流。鼓励新闻出版企业与国际著名文化制作、经纪、营销机构合作。支持新闻出版企业参加北京国际图书博览会、法兰克福书展等国内外有影响的展会。创新版权贸易管理机制,扶持苏版图书版权走出去。充分利用本省在民国史馆藏文献方面的丰富资源,加强与台湾出版界的联系沟通,组织好海峡两岸图书交易会江苏主宾省活动。

3. 培育外向型新闻出版企业。支持有条件的新闻出版企业通过新设、收购、合作等方式,到境外投资兴办实体。鼓励规模大、设备和技术先进、管理科学的印刷、复制企业开拓国际市场,发展印刷、光盘加工贸易,构建版权、产品、实体、资产等多种形式、多种载体"走出去"格局。

(七)建设队伍,强化新闻出版产业的人才支撑

1. 加强基层人才和高层次人才、专业人才培养。以职业准入和岗位准入为抓手,完善新闻出版专业技术人员职业资格制度,不断提高基层人才队伍素质。深入实施人才素质工程、领军人才工程和高技能人才工程,以定向培养、公开招聘、业外引进等方式,吸引和培养一批推动新闻出版业科学发展的创新型人才、复合型人才、外向型人才和科技型人才,形成一支门类齐全、结构合理、梯次分明、素质优良的新闻出版工作者队伍。积极宣传新闻出版领域领军人物、优秀专业技术人才、经营管理人才先进事迹,营造尊重

劳动、尊重知识、尊重人才、尊重创造的良好舆论环境。

2. 加强培训工作。建立健全在职人员业务培训和继续教育制度,完善培训机制,整合培训资源,创新培训内容,提高培训质量。加强与资质信誉优良的国内外著名大学、新闻出版企业、高级培训机构的合作,多种途径、多种形式培训人才。加强江苏省新闻出版学校建设,积极争取异地迁建,创办江苏新闻出版职业技术学院,扩大办学规模,提高办学水平。

3. 建立完善人才培养激励机制。进一步完善由政府引导、企业负责、社会参与的人才激励、选拔培养、合理流动机制,形成有利于各类人才脱颖而出的体制环境。会同省人事部门做好全省新闻出版系统先进集体、劳动模范、先进工作者评选工作,积极向上级有关部门推荐优秀人才。

(八)优化环境,促进新闻出版业的持续健康发展

1. 加强党对新闻出版工作的领导。始终坚持党对新闻出版工作的领导权,牢牢把握正确的新闻出版导向。深入开展"创先争优"活动,充分发挥新闻出版战线各级党组织的战斗堡垒作用、广大共产党员的先锋模范作用。加强反腐倡廉建设,建立健全教育、制度、监督并重的惩治和预防腐败体系。加强督促检查工作,确保中央和省委、省政府关于新闻出版工作的方针政策落到实处。加强新闻出版行业协会建设,指导行业协会积极履行相关服务功能。

2. 加强宏观调控。适应新形势的要求,加强对新闻出版业发展方向、总量、结构和质量的宏观调控,有效避免低水平重复建设。进一步建立健全新闻出版统计制度,完善统计指标体系,提高统计质量。

3. 加强法制建设。积极推动和参与新闻出版(版权)领域法律法规的修订制订。完善出版年检登记、书号管理和重大选题管理等制度,形成科学有效的管理制度体系。加强依法行政,更新管理理念,规范工作程序,创新手段方法,提高行政效能。加强对执法活动的监管,规范执法行为。深入开展法制宣传教育,继续做好普法工作。

4. 落实支持新闻出版业发展的经济政策。认真贯彻落实推动新闻出版业改革发展的一系列优惠政策,结合实际制定相关配套措施,充分发挥政策对新闻出版业发展的引导、激励和保障作用。积极争取省出版专项资金、农家书屋可持续发展资金、文化产业引导资金等省财政资金对新闻出版业发展更大的支持。加强新闻出

版项目库建设，强化对重大项目的扶持。

5. 加强出版物市场管理。创新监管方式，探索运用经济政策、技术标准、质量监管、行业自律等多种手段和电子政务等高新技术，加强对新闻出版各个环节的监管。深入开展“扫黄打非”斗争，坚决整治非法出版活动，坚决封堵收缴各类非法出版物。切实加强著作权保护，严厉打击各种侵权盗版行为。继续实施保护未成年人健康成长的文化环保工程，营造有利于未成年人成长的良好文化环境。

6. 加强行业精神文明建设。注重把行业精神文明建设与诚信体系建设、学习型组织建设、治理商业贿赂、机关作风和行业建设等有机结合起来，在精神文明一般要求的基础上，突出行业特色、体现行业要求、发挥行业优势，丰富创建载体，提升创建层次，使创建工作和新闻出版业改革发展紧密结合起来，不断提升行业精神文明创建水平。加强诚信体系建设，营造公平交易、诚实守信的和谐环境。

附件：“十二五”时期重点推进的八大新闻出版工程

附件

"十二五"时期重点推进的八大新闻出版工程

一、公共新闻出版服务体系建设工程

1. 农家书屋工程。重点在农家书屋提档升级、发挥效用、拓展功能上下功夫。积极适应数字化、网络化阅读新趋势,鼓励有条件的地区加大投入力度,在农家书屋增添计算机等网络、视听设备,促进农家书屋由传统书屋向现代书屋转变。大力推动农家书屋与县级图书馆实行通借通还,加快书屋出版物更新。鼓励有条件的地方把农家书屋向自然村延伸,更加方便群众阅读。完善农家书屋信息管理系统,建立健全书屋管理制度。以书屋为载体,开展各类群众喜闻乐见的活动,不断拓展书屋的学习增智功能、信息窗口功能、基层阵地功能、文化娱乐功能、法制宣传功能、健康教育功能、网点销售功能。

2. 城乡阅报栏(屏)工程。结合农家书屋工程建设,通过财政支持和社会捐赠、帮扶、市场运作等渠道,在全省所有行政村建有阅报栏(屏)的同时,改造、提升城镇、街道、社区、机关、学校、厂矿等群众密集区域阅报栏(屏)。

3. 全民阅读工程。把开展全民阅读活动纳入当地文化发展的总体规划和精神文明创建活动的重要内容,建立健全政府推动、全民主动、城乡互动、各方联动的全民阅读活动机制。精心组织开展阅读活动,打造江苏读书节等全民阅读品牌。开展全民阅读报刊行活动。分层次为广大公众提供阅读指导,做好向党员干部推荐优秀理论通俗读物、向青少年推荐优秀出版物工作。积极开展网上全民阅读活动。

二、传统出版提升工程

1. 江苏品牌出版工程。推动图书、报纸、期刊、电子音像等传统出版单位加强品牌建设,重点抓好列入国家、省规划的重大出版项目。

2. 教材结构优化工程。巩固和扩大苏版中小学教材在全国的市场优势和市场份额,加大职业教材的开发、推广和使用力度。重点抓好"凤凰版中小学教材"、"凤凰职教教材"和"高校名特优幼教、高教、职教教材”,逐步形成“凤凰职教教材”和“高校名特优幼教、高教、职教教材”的专业特色。

3. 报刊提优工程。突出重点,扶优扶强,到“十二五”末实现发行量超过百万份的报纸2种,发行量超过百万册的期刊1—2种。推动报刊资源整合,努力形成3—5家拥有超过20种以上报刊的传媒集团,形成2—3个具有较强辐射能力的报刊出版产业区域集聚中心,形成10家具有全国影响力的科技和社科学术类品牌期刊。

三、印刷复制业升级扩张工程

1. 国家印刷基地示范工程。重点建设南京地区由国有传媒集团为主导的出版物印刷基地,苏锡常地区以外资、民营资本为特色的包装装潢印刷基地。建立苏州印刷总厂有限公司等10个大型绿色环保节能低碳的印刷示范点。“十二五”期末,努力把我省建设成为具有先进印制水平、经济规模和效益突出、具有自主品牌产品、有能力参与国际竞争的重点国家印刷示范基地。

2. 复制业扩张工程。巩固和扩大我省光盘复制产业的领先优势,支持江苏新广联科技股份有限公司、苏州新海博数码科技有限公司等只读类光盘复制企业走出省外,走向境外、国外,进行收购兼并重组。支持江苏永兴、昆山沪铼可录光盘生产企业加快产品结构升级和生产方式转变。

四、现代发行业构筑工程

1. 现代书业第一网工程。支持江苏凤凰出版传媒股份有限公司收购、兼并、重组、联合省外发行企业,加快建设大型文化MALL项目,加快发展现代物流、电子商务、连锁经营、物联网等现代发行业务,打造中国现代书业第一网。

2. 报业发行业态转型工程。推进南京、无锡等地的无人报业零售系统在全省范围内的推广和应用,并逐步向省外拓展。

五、数字出版跨越发展工程

1. 争创国家数字出版基地。国家数字出版基地以南京为中心,苏锡常、扬州为两翼,以物业建设、平台搭建、政策扶持等为手段,整合内容、资本、技术、人才、信息等资源,搭建出版内容资源平台、内容数字化生产和传播技术平台、版权保护平台、数字阅读(听)电子商务平台等,重点打造数字图书、数字报刊、互联网出版、手机出版、数据库出版、按需出版和数字印刷、网络游戏动漫、数字音乐、数字教育、跨媒体复合出版等十大产业门类。力争通过3—5年的努力,使基地具有数字出版技术业务综合服务功能、数字出版企业孵化功能、数字阅读公共服务功能、数字出版技术创新功能和数字版权保护和贸易功能等，至“十二五”末，总产出超过1000亿元。

2. 骨干数字出版企业培育工程。选择有一定规模、市场前景好的高成长型数字出版企业，支持其做大做强。重点支持《江苏手机报》、中江网、凤凰教育网等数字出版企业的发展，打造一批拥有自主知识产权、知名品牌以及有较强国际竞争力的骨干数字出版企业。

3. 报业全媒体壮大工程。以新华日报报业集团为龙头，联合地方报业集团组成覆盖全省的报业全媒体网络，带动全省报业发展方式的转型。

4. 数字教材和阅读设备推进工程。以凤凰电子书包的建设为突破口，加快数字教材的研发进程，带动我省电子纸、阅读器等新闻出版新载体的技术开发、应用和产业化。

六、版权兴业工程

1. 版权保护示范基地工程。积极推广南通家纺版权保护的成功经验，加大苏州镇湖刺绣、东海水晶市场等具有江苏特色创意产品的版权保护力度，形成若干版权保护示范基地。

2. 版权综合服务工程。加快建设江苏省版权综合服务平台二期工程，构建一个提供版权登记、查询检索、版权鉴定、版权贸易和维权、稿酬收转等功能的版权服务体系。

七、新闻出版“走出去”工程

1. 加强“走出去”出版物生产。积极参与“中国图书对外推广计划”、“中外图书互译计划”、“中国音像制品走出去工程”、“中国图书对外翻译出版工程”，培养高水平翻译人才，促进版权输出，力争在扭转版权贸易逆差上取得较大突破。加强国际新闻出版交流，积极组织参加有影响的国际书展。

2. 发展外向型新闻出版企业。支持各种所有制的新闻出版企业到境外投资兴办实体。重点支持江苏凤凰出版传媒股份有限公司建设中文出版物台港澳及海外营销网络，通过贸易合作、项目合作、资本联合、人文交流、举办中文书展、海外馆藏配送服务等方式，传播中华文化。支持印刷复制企业参与国际竞争，通过新设、收购、合作等方式，逐步打开国际市场。扶持我省列入国家重点出口企业和项目加快发展。

八、非国有新闻出版企业扶强工程

1. 做大做强一批非公有新闻出版企业。在印刷、发行和数字出版领域，选择有一定规模、市场前景好的高成长性企业，予以重点培育，促其做大做强。支持江苏春雨教育集团有限公司等省内民营出版策划发行机构加快发展，形成2～3家综合实力进入全国前10位的企业；支持南京先恒音乐有限公司和扬州扬子江音像公司做强做大，扩大其在全国的领先优势；支持民营印刷、发行和数字出版产业园区（基地）的建设。

2. 扶持中小非公有新闻出版企业发展。认真落实国务院和省政府关于促进中小企业发展的政策措施，引导和规范个体、私营资本投资非公有印刷、发行、内容策划等新闻出版产业的有关经营活动。引导和支持中小企业加强管理、自主创新和转型升级，帮助中小企业开拓市场，健康发展。

农家书屋建设

一、构建农家书屋长效机制

2011年,江苏省的农家书屋建设着力在“加强管理、拓展功能、提升水平、发挥作用、持续发展”上下功夫,总体上完成了农家书屋出版物的首轮更新、配供图书印制质量首次检查、星级示范农家书屋首次评比、农家书屋管理员首次轮训、数字农家书屋首批试点。

（一）圆满完成农家书屋出版物首轮更新。在完成农家书屋在行政村全覆盖的基础上,利用中央和省级财政专项资金5500万元对11417个农家书屋进行首轮出版物更新。为保证更新出版物能适合各地农民的阅读需求,邀请了农业、出版、卫生、教育、妇儿、文学、出版、经济等方面的专家20余人分组对书目进行评审,在全国300余家出版单位报送的6000余种出版物中,遴选出4000余种入选《2011年江苏省农家书屋重点出版物推荐目录》。在首轮出版物更新中,60%的专项资金下达到各县(市、区),由各地按照目录分散采购出版物,其余资金由省新闻出版局委托省采购中心集中采购出版物。集中与分散结合的采购方式,既保证了出版物的质量,又满足了差异化配书的需求;既降低了采购成本,又规范了专项资金的使用。特别是通过集中采购中的多轮竞价,供应商最终报价低于采购人预期成交价10%,也就是采购人因此多购置了近500万元码洋的出版物。

（二）稳步推进数字农家书屋试点建设。通过争取，省级财政首次安排专项资金建设数字农家书屋。完成经济薄弱地区1000个数字农家书屋的试点建设，全部配置了数字阅读资源和硬件载体。书屋数字资源为实时更新，丰富了农民读者的阅读资源，提升了书屋的吸引力。开发并使用江苏省农家书屋工程网络化管理系统（一期），实现新闻出版行政部门、财政部门和供应商之间的实时信息传递，以加强对各地出版物更新的管理，着手开发系统二期，逐步实现对农家书屋的远程监控。鼓励支持各地数字农家书屋建设，无锡新区建成全国首个县域数字农家书屋中心。积极探索研究卫星书屋与数字农家书屋的对接，充分利用科技力量保持农家书屋可持续发展。协调省邮政局、江苏凤凰出版传媒集团等单位推动村邮站、新华书店与农家书屋共建，拓展书屋功能。

（三）创新开展配供图书印制质量检查。首次委托第三方检查农家书屋图书印制质量，确保配供图书完好。委托省出版物质量监督检测中心依据《CY/T12—95 书刊印刷品检验抽样规则》进行全品种抽样，按照《GB/T788—1999 图书和杂志开本及其幅面尺寸》，行业标准《CY/T5—1999 平版印刷品质量要求和检验方法》、《CY/T13—1995 胶印印书质量要求及检验方法》、《CY/T27—1999 装订质量要求及检验方法——精装》、《CY/T28—1999 装订质量要求及检验方法——平装》对省集中采购的150多万册图书印制质量进行了现场抽样检查。通过检查，批质量合格率为97.97%，并及时向社会公布了《江苏省新闻出版局关于2011年江苏省农家书屋更新出版物印制质量检查情况的通报》，同时责成供应商无条件更换不合格品。新闻出版总署印刷发行司分管领导还专程到现场检查指导，并给予充分肯定，表示适时要在全国推广江苏经验。

（四）重点推动书屋管理员培训。管理好书屋，选好配好书屋管理员是前提。从目前看，凡是办得好的书屋，就肯定有一个好的管理员，因此，我们把加强书屋管理员队伍建设摆上突出位置来抓，争取用2～3年时间，分期分批对所有农家书屋管理员进行培训，在培训中不仅要传授管理书屋的方法，更应该培养管理员的责任心。今年，省级财政下达至各省辖市的管理员培训专项资金200余万元，启动了首轮培训计划，省局将对培训考核合格的管理员核发合格证书。同时，要求各地推动农家书屋管理由兼职向专职化转变，在经济薄弱地区形成以老党员、老村干、老教师为主体的管理员队伍。省新闻出版局也设法多渠道解决管理员补贴。完成首批星级示范农家书屋评选。为加大对已建农家书屋的管理,发挥其作用,省局今年开始通过明查暗访、验收督查等手段,对农家书屋的运行、发挥作用情况进行重点督查。同时,联合省财政厅对下达到各县(市、区)的专项资金使用情况进行绩效评价,查处了某县严重违规使用专项资金的情况,该县目前已经整改到位。

(五)全方位的宣传见成效。完成江苏农家书屋专题片拍摄工作,专题片集中反映苏南、苏北、苏中地区的农家书屋建、管、用情况。完成了中央电视台新闻频道、江苏卫视对无锡、张家港、金湖、洪泽等地农家书屋深入报道的选点和素材提供,并都成功播出,取得很大反响。《人民日报》、《新华日报》、《中国新闻出版报》多次对江苏的农家书屋给予了报道。《全国农家书屋工程简报》也多次对江苏农家书屋给予充分肯定,其中一期对江苏以后续专项资金投入为保障,围绕构建农家书屋长效机制,创新工作手段和机制,提升管理水平,发挥书屋作用予以充分肯定,要求东部各省和未实现农家书屋全面竣工的省份借鉴江苏的经验。

“美好江苏　美在读书”

——江苏省2011年全民阅读活动综述

4月23日，省委书记罗志军参观首届江苏书展。

在与读者、作家、出版人交流时，罗书记对“美好江苏，美在读书”这条宣传语十分赞赏。

他说，胡锦涛总书记要求我们要充分发挥文化**教育人民、引导社会、推动发展**的作用，刚刚结束的省委十一届十次全会将“文化建设工程”列为“八项工程”之一，我们要推动全社会爱读书、爱学习，更好地推进“两个率先”。

在省委的高度重视和全民阅读领导小组的精心组织下，2011年江苏全民阅读工作实现了“**四个转变**”。

活动组织：从“读书节”推动向工程建设转变

2011年初，省委、省政府决定成立全民阅读领导小组。省委常委、宣传部长杨新力为组长，副省长曹卫星为副组长。成员单位包括省委宣传部、省文明办、省新闻出版局等13个职能部门。领导小组办公室设在省新闻出版局，局党组书记、局长徐毅英任办公室主任，副局长蒋国星、黄海宁任副主任。13个省辖市先后成立了相应的领导组织和工作机构，全省“上下联动、部门联动”的工作机制进一步完善，全民阅读活动驶入“快车道”。

3月19日，省政府第64次常务会议召开。全民阅读工程列入省政府54项重点工作，纳入全年目标任务分解到职能部门，重点跟踪督办。各省辖市把全民阅读作为文明城市创建、社会主义新农村建设的重要内容，分解到各职能部门。全省上下较好地形成了“各负其责、齐抓共管”的生动局面。

2011年4月22日至25日，首届江苏书展以主、分会场形式在全省范围内开展。主、分会场共接待读者55万人次，销售出版物近40万册，出版物及文化有关产品实现销售1232万元，其中主会场展销7万余种新书，接待读者12万人次，销售出版物18万册，销售额460万元。省委书记罗志军、省长李学勇，新闻出版总署副署长邬书林等视察书展，对书展工作给予充分肯定，强调要提倡读书精神，把江苏书展作成全民阅读的品牌，推进文化建设工程，希望新闻出版工作要不断强化引导力、传播力、创新力，紧紧围绕思想性、知识性和可读性，多出精品力作，为文化强省建设多作贡献。

8月19日，省委书记罗志军在全省学习型党组织建设工作经验交流会上，向各级党政干部推荐了《精神的力量》、《中国震撼》和《创业的国度》三本书，进一步把江苏全民阅读推向新高潮。

“机制”一变天地宽。

省委领导的高度重视，领导小组的精心谋划和按工程建设的标准组织实施，促进了全民阅读活动的深入开展，“多读书、读好书、善读书”在全省蔚成风气。

活动目标：从打造盆景向百花齐放转变

苏州阅读节江苏全民阅读的品牌。

这些年，随着全省各地全民阅读活动规模不断扩大，内容不断充实，方式不断创新，丰富多彩、各具特色的读书活动成为许多地区一道亮丽的风景线。如“南京读书节”、“第七届徐州读书节”、淮安“周恩来读书节”、南通“韬奋读书节”、省总工会的“江苏职工读书月”、省妇联的“江苏省女性大讲堂”、文化厅的“红领巾读书征文评奖活动”、镇江市的“文心讲堂”、扬州市的“扬图讲堂”等，不仅成为我省广大市民群众普遍喜爱、具有较高知名度的文化品牌项目，也成为一个城市的文化名片，在社会上产生了广泛而深远的影响。

个性化阅读是江苏全民阅读的又一个鲜明特点。

截至2010底，江苏先后投入资金达2亿元，建成17158个农家书屋，在全国率先实现行政村的全覆盖。江苏依托农家书屋这一阅读平台，连续组织开展农家书屋读书征文活动，举办农民读书节等活动，营造全民阅读的氛围，让读书求知逐渐成为农民群众的内在需求和自觉行动。农家书屋作为江苏省农村公共文化服务体系的新型平台,已成为农民读书学习、陶冶情操的精神乐园和科技致富、学法普法的重要阵地,受到了广大农民群众的真心欢迎。

9月16日,由江苏省新闻出版局等单位主办的“第四届江苏省名优报刊广场推介活动”在南京举行。本届推介活动的主题是“享受科学阅读 品味时尚生活”。《扬子晚报》、《南京晨报》、《现代快报》、《南京日报》、《东方卫报》等19种优秀报纸,《译林》、《莫愁》、《党的生活》、《精品健康》、《七彩语文》等41种优秀期刊参加推介活动,不仅在现场与读者开展面对面的交流,为读者办理征订手续,还为市民带来了精彩的文艺节目。

淮安市图书馆投入100万元建成“汽车流动图书馆”,藏书5000余册,通过网络、通信等先进技术与市中心图书馆互连实现通借通还,并可现场办证、查询、下载所需信息,方便市民就近借阅。

镇江市面向公众开通了“手机图书馆”,只要用手机登录市图书馆的手机图书馆网址,就能随时随地享受书目查询、证件信息查询、借阅信息查询等服务。

太仓市开展了“流动书箱”进工地读书活动,向公安局综合业务用房工地、江苏通力商住大楼工地、群星花园二期第一批三个工地项目负责人移交了“流动书箱”,为各大建设工地营造读书氛围。

活动理念:从读“有用之书”向读“无用之书”转变

8月17日,全国全民阅读高层论坛在上海举行。

我国著名学者易中天认为,把读实用类书籍叫“有用之书”,把提高素质修养的叫“无用之书”,认为未来核心竞争力是人文的竞争,没有人文知识的积累,全民素质的提高将无从谈起。倡导人们要多读“无用之书”。

1995年,江阴市委、市政府就提出“富口袋”更要“富脑袋”,必须建设与经济迅速发展相适应的“小康”文化,率先在全国开展了“一二三”家庭读书工程。而后又实现了从家庭读书工程到连续15届成功举办读书节的跨越。据统计,自读书节开展以来,全市已开展各类读书活动1500多次,参与人数50余万人次,建成读书兴趣小组580多个,参加人数达3万余人,形成一支兴趣广泛、数量宏大的读书队伍,并在全市范围内普及了“全民学习、终身学习”的读书理念。

多年来,省妇联结合提升女性素质工程和创建“学习型家庭”活动,运用网络学习平台、开通手机“读书屋”等多种形式和手段,在广大妇女和家庭中实施“每天学习一小时”行动计划。目前,全省妇女在线学习量达到3000万人次，通过手机读书屋服务短信参与大讲堂学习的女性将近3万，全面提升妇女群体的素质修养。

活动筹划：从“就阅读、抓阅读”向系统推进转变

局党组认为，全民阅读是一项系统工程。既要党委政府高度重视，社会各界的热情参与，还要有好的出版物作支撑。我们主要做好三个方面的服务。

一是为“出好书”服务。主要通过科学编制、落实“十二五”重点出版规划来开展。全省共有222种选题入选国家和省“十二五”重点出版规划。其中，图书196种，音像制品17种，电子出版物9种。入选国家重点出版规划选题共94项，其中图书82、音像制品7种，电子出版物5种。全国排序第三。有17种选题入选2011年国家400种精品出版项目，有5种出版物列入全国庆祝建党90周年、纪念辛亥革命100周年百种重点出版物，有6种图书入选2011年新闻出版总署向全国青少年推荐百种优秀图书书目。高标准、高质量按时完成重点出版项目，既是出版管理的重点工作，也是服务全民阅读的重要服务。

二是为“读好书”服务。2011年，江苏省19家图书出版单位出版图书20022种，同比增长39.05%。其中新版图书8469种，增长6.03%，重版、重印图书11553种，增长80.18%，总印数4.08亿册，同比基本持平。全省8家电子和音像出版社共出版568种音像制品和电子出版物，同比下降37.03%，总数量1770万盒（张），增长3.76%。面对浩瀚书海，怎么选择？不同的群体有不同的需求。为此，在第七届读书节期间，举办江苏首届书展展销图书，组织专家推荐了优秀图书，还开展向青少年、职工等推荐优秀读物，并逐步形成制度，让读者掌握更多的图书信息，选择适合自己阅读、喜欢读、有用处的书。

三是为“善读书”服务。近年来，全省各地广泛开展各类读书活动，有的已经成为当地的一张名片。如苏州阅读节、淮安“周恩来读书节”、南通韬奋读书节、省总工会“江苏职工读书月”、省妇联的“每天学习一小时”行动计划等，都很有特色。省全民阅读领导小组决定，在“第七届江苏读书节”暨“首届江苏书展”开幕式上，进行总结表彰。通过多种形式的宣传推广，努力在全社会营造“多读书、读好书、善读书”的优良风气。

新闻出版行政管理

图书出版管理

一、主要数据

（一）出版概况　2011 年，全省 19 家图书出版单位出版图书 20022 种，同比增长 39.05%。其中新版图书 8469 种，增长 6.03%，重版、重印图书 11553 种，增长 80.18%，总印数 4.08 亿册，基本持平。全省 8 家电子和音像出版社共出版 568 种音像制品和电子出版物，同比下降 37.03%，总数量万 1770 万盒（张），增长 3.76%。

（二）选题备案　全年审批选题 20703 个，同比增加 61.4%。其中年度选题 7642 个，增加 6.47%；补报选题 13061 个，增加 99.6%。

（三）核发书号　发放全年基础书号 5689 个，为 11 家出版社申请增补书号 4637 个，同比增加 41%。核发书号 9845 个，同比增加 18%。

（四）重点项目　全省共有 222 种选题入选国家和省“十二五”重点出版规划。其中，图书 196 种，音像制品 17 种，电子出版物 9 种。入选国家重点出版规划选题共 94 项，其中图书 82 种、音像制品7种,电子出版物5种。全国排序第三。有17种选题入选2011年国家400种精品出版项目,有5种出版物列入全国庆祝建党90周年、纪念辛亥革命100周年百种重点出版物,有6种图书入选2011年新闻出版总署向全国青少年推荐百种优秀图书书目。

（五）质量检查　组织图书质量专项检查3次,共检图书672种,内容质量全部合格。编校质量不合格的27种,不合格占4%。

（六）获奖情况　江苏人民出版社《中国近代通史》(共10卷)等4种图书获第二届中国出版政府奖,译林等12家出版社13种出版物获提名奖。获奖数量和连续性继续居全国前列。江苏文艺出版社等单位有14种图书获“三个一百”原创图书奖。在2011年度“中国最美的书”评选中,江苏文艺出版社的《这季节》、教育出版社的《阳澄笔记》、人民出版社的《新闻纷争处置方略》、译林出版社的《我们》脱颖而出,被评为“中国最美的书”,占总数20%。

（七）资助项目　全省共有12个出版物入选2011年国家出版基金资助项目,资金总额672万元,入选数量居全国第二。省2008—2009年度重点出版资助项目33种,资助总金额为250万元。11个出版项目入选2011年度古籍整理出版资助项目。江苏人民出版社《儒家孝道》获2011年“经典中国国际出版工程”资助。配合总署基金办对9个国家出版基金项目进行检查,江苏文艺社的《杨荫浏全集》、凤凰社的《宋代文学编年史》质量优秀,受到总署通报表扬。近期,还将对我省庆祝建党90周年、纪念辛亥革命100周年重点出版物资助20余万元。

（八）捐赠出版物　组织开展全省新闻出版行业文化助残公益行动,凤凰出版传媒集团以“凤凰出版 文化助残”为主题代表全省出版行业向省残联捐赠价值25万元出版物。还先后向无锡市国家安全局图书馆、扶贫点农家书屋等捐赠千余册,价值2万余元的图书。举行“江苏文化拜年进工地”活动,赠送价值4万余元出版物。

二、重点工作

2011年,在省新闻出版局党组的领导和总署出版管理司的指导下,通过精心组织“出版物质量管理年”活动,江苏省图书、音像和电子出版物出版管理不断规范,把握出版导向、推进精品生产、优化公共服务的能力得到明显提升。

（一）强化政治意识，前移管理关口，始终保持正确的出版导向

制定《江苏省图书、音像和电子出版物选题备案、书稿审读与书号实名申领工作规程（试行）》，着力排查纠正出版管理环节风险点，始终做到“三个严格”。

一是严格年度计划审核。根据总署的通知精神，制定下发了《江苏省新闻出版局关于制定和报送2011年出版计划的通知》，紧紧围绕总署强调的14个重点，采取参加出版社选题论证、召开专家分析论证会、局党组集体审议等形式，加大对各出版社年度计划把关的力度。全省27家出版社，共报送年度计划选题7642种，选题总量同比增长6.47%。同时注重引入“外脑”，请南京大学出版科学研究所和资深出版人对年度出版计划进行分析，提出指导性意见。

二是严格增补选题会商。制定《江苏省图书、音像和电子出版物选题备案、书稿审读与书号实名申领工作规程（试行）》，每周审批增补选题，坚持由出版管理处、审读中心共同会商，对拿不准的选题，还延请有关部门专家拿意见，在提高审批效率的同时，做到了不留死角、消灭隐患。全年审批增补选题233批，同比增加28%；增补选题13061个，同比增加99.6%。

三是严格重大选题备案。认真贯彻总署《图书、期刊、音像制品、电子出版物重大选题备案办法》，既坚持原则和程序，又根据江苏的出版特点有所创新。采取加大法律法规集训、排查流程管理风险点、坚持重大选题分开填报、对漏报重大选题打回重报、约谈出版社领导、在选题批复中予以提醒等方法，强化重大选题备案意识，落实重大选题备案制度。对涉及社会热点的敏感选题，坚持调阅“三审”单或审读书稿，做到了既严把出版导向，又服务企业发展。全年办理重大敏感选题备案248种，同比增加25%。其中上报总署102种，同比增加76%；省内审读把关146种，同比增加4%。查处漏报重大选题25种，撤销问题选题22种，约谈出版单位领导5次。

（二）注意内容创新，推动精品出生产，充分发挥重点项目的引领和示范作用

坚持把推动精品生产作为建设出版强省的重要任务，科学编制和有效组织实施“十二五”国家、省重点图书、音像制品、电子出版物出版规划，促进我省出版业又好又快的发展。主要坚持“三心”：

一是精心编制规划。《江苏省“十二五”重点图书、影像制品、电子出版物出版规划规划》(以下简称《规划》),经历前期调研、项目申报、专家论证、征求意见四个阶段,于2011年7月6日下发施行。在制定《规划》中,我们注意充分发挥出版单位的主观能动性,积极争取总署出版管理部门的跟进指导,注重吸取出版研究机构和资深出版专家的智慧。总的看,《规划》总量适中、结构合理,基本形成以社科人文为主、自然科学与综合类多元并重的发展态势。《规划》围绕大力弘扬社会主旋律、注重服务发展大局,关注百姓生产生活、注重支持学术创新、重视文化经典传承、关注青少年健康成长等六个方面,描绘了全省“十二五”出版业发展蓝图,受到业界好评和总署肯定。总署《出版工作通讯》2011年第8期择要转发。

二是用心组织实施。2011年4月,组织专家对“十二五”国家出版规划中苏、沪、湘三地选题进行比较研究,着重研究实施“十二五”出版规划需要注意的问题。2011年5月16日,赴湖南学习考察,重点学习组织实施规划的经验体会。2011年10月12日,召开落实国家精品出版项目工作推进会,根据总署《关于做好2011年“十二五”规划400种精品项目出版工作的通知》要求,交流本省2011年落实“十二五”国家、省重点出版规划情况,研究以国家精品项目出版为龙头,确保出版时间、质量、经费和宣传四个到位,全面推动《江苏省“十二五”重点图书、音像制品、电子出版物出版规划》贯彻落实。

三是真心大力扶持。根据国家出版基金与重点出版项目衔接的精神,严密组织了江苏省2008—2009年度重点出版资助项目评选。6月2日,召开重点出版项目评审会,33个重点出版项目获得资助。其中图书26项,音像电子产品7项,资助总额250万元。认真组织出版单位学习总署基金办申报要求,充分掌握上级精神和申报要领,在精选项目及提高项目的质量和份量上狠下功夫,对申报材料坚持高标准、严把关,2011年国家出版基金入选项目实现了较大突破。同时,注重加强基金管理,坚持“四注重”、做到“四结合”,总署《基金简报》2011年第8期介绍了江苏的经验。另外,根据国家出版基金规划管理办公室《关于印发〈2012年度国家出版基金项目申报指南〉的通知》精神,省新闻出版局组织有关出版社认真申报。经过预评,本省最终确定申报26个项目,其中跨媒体出版项目4个、图书18个、音像4个,资金4060万元。江苏凤凰科学技术出版社、中国矿业大学出版社高度重视,申报材料规范翔实,受到总署基金办的表扬。

（三）狠抓制度建设，规范流程管理，夯实“出版物质量管理年”活动根基

年初，召开社长、总编座谈会，在统一认识、集思广益的基础上，制定开展“出版物质量管理年”活动方案。3月10日，在全省出版管理工作会议上进行部署。重点抓了四件实事：

一是抓质量检测。制定印发《江苏省图书质量专项检查实施细则》，组织开展以文艺作品、少儿读物、教辅读物为重点的图书质量专项检查。2011年5月，各社集中组织自查图书523种，其中文艺作品80种，占15%；少儿读物63种，占12%；教辅读物331种，占63%；其他49种，占10%。经过检查合格的504种，占总数的96.4%；不合格的有19种，占3.6%。6月初，省新闻出版局根据各出版社的专业分工和优势，采取各社互查的方式，随机抽查图书64种，其中文艺类21种、少儿类13种、教辅类30种。经检查，认定这64种图书导向健康，文艺、少儿类图书能够给读者以知识启迪和人生启发，教辅类图书能起到一定的助学作用，内容质量全部合格。其中涉及敏感选题的4种，经审读内容导向健康，无偏差之处。编校质量方面，合格的为57种，占总数的89%。不合格的为7种，占11%，涉及文艺社等6家出版社。其中文艺类2种，占该类抽检总数的10%；教辅类5种，占该类抽检总数的17%；少儿类全部合格。平均差错率较低的社有人民社、科技社、美术社、南师大社。8月，结合出版专业高级技术职称评定，组织检查图书85种，合格图书为82种，占总数的96.5%；不合格图书为3种，占总数的3.5%，集中在少儿社、美术社和教育社。

二是抓制度落实。通过分析，图书质量下滑制度落实不到位是一个重要原因。为摸清出版单位执行制度的底数，纠正一些单位有章不循问题，省新闻出版局出版管理处会同驻局纪检组、监察室，集中一个月的时间，组织两个专家检查组，对10家出版社以“三审”制为重点的制度建设和执行情况进行检查，重点抽查100本图书的生产流程和30名责任编辑的资质以及对书稿、现行法规的熟知程度。检查了100份“三审单”，评出55份优秀“三审单”。译林出版社、南京师范大学出版社、中国矿业大学出版社流程管理规范、制度落实到位，受到专家的好评。江苏少儿出版社明晰一、二、三职责，细化应解决的问题。南京大学出版社“强化一审，加强二审，三审筑起防火墙”，对保证出版物质量发挥了积极作用。9月

22日，召开出版管理工作座谈会，总结讲评制度建设和执行情况，推广了先进单位经验。同时，在新闻出版局党组的直接组织下，对"2012年春季教辅目录"进行逐项清查，共检查疑似"一号多用"教辅868种3221册。针对存在的问题，约谈有关出版社及其主管主办单位负责人，提出警告，限期改正。相关出版社立即行动，从目录中撤回问题教辅，重新申报选题和进行书号实名申领，并举一反三，制订改进措施，承诺不再发生违规现象。同时，省局根据上级通知精神，结合我省出版发展实际，在加强资质、选题、书号、质量管理的同时，采取宏观调控书号、加快审批速度、提高服务效率等措施，满足出版社正常出版工作和中小学正常教学的需要，确保我省中小学教辅材料出版印刷发行的管理和发展工作规范有序进行。

三是抓流程规范。11月10日至12日，召开全省出版管理制度建设工作交流会。凤凰出版传媒集团股份有限公司分管领导和部门负责同志，全省出版社分管领导和总编办主任共60人参加了交流会。会议认真学习党的十七届六中全会和江苏省第十二次党代会精神，全面阐述《出版管理条例》第二十五条禁载条款和《图书、期刊、音像制品、电子出版物重大选题备案办法》第三条具体内涵和实践中需要把握的问题，着重分析了新形势下出版管理重点环节存在的选题论证制度质量不高、图书选题申报简单不规范、重大选题备案险象环生、书稿"三审制"流于形式、图书质量保障体系受到严重冲击、书号实名申领有章不循、合作出版管理存在空档、宣传推介用语失控失落等八个方面问题24个风险点，明确了总编辑、总编办主任在规范流程管理中职责。会议印发了选题论证、书号实名申领等6个重点环节管理制度，进一步规范出版重点环节流程管理。江苏凤凰出版传媒集团股份有限公司、江苏人民出版社、江苏科学技术出版社、江苏少年儿童出版社、江苏译林出版社、南京师范大学出版社就强化出版管理、规范编辑流程、增强制度执行力、提高出版物质量等问题在会议上进行了工作交流。

四是抓素质提升。根据第三届"韬奋杯"全国出版社青年编校大赛通知要求，江苏省出版工作者协会编校工作委员会精心组织了第三届全省出版社青年编校大赛。7月28日至29日，对423名青年编辑进行了集训，省新闻出版局副局长黄海宁，著名语言学家、上海《咬文嚼字》总编郝铭鉴，译林出版社原社长、总编辑章祖德等领导专家授课，全面提高青年编辑业务技能。经过考试，从中选拔出前30名选手进行强化训练，聘请省业内资深专家上课。经复赛最终选出9名优秀选手参加全国大赛。经过激烈角逐，我省共获5个奖项：江苏三队获团体三等奖，江苏教育出版社薛柏、译林出版社王蕾获优秀编辑奖，南京师范大学出版社向磊获优秀校对奖，省出版工作者协会获优秀组织奖。采取以会代训的方式，对总编辑、总编办主任进行了出版法律法规、出版流程管理集训，增强了抓管理的责任感和风险意识。同时，修订《选题备案管理材料汇编》，每个编辑人手一册。编发《江苏出版管理》5期，沟通信息，传递经验，在出版社引起良好反响。

（四）深化全民阅读，服务率先发展，提高江苏出版业公共服务水平

江苏省新闻出版局党组高度重视全民阅读工作，列入年度重点工作计划，重点谋划、重点实施、重点推进。

一是健全完善工作机制。2011年3月22日，成立江苏省全民阅读工作领导小组，建立成员单位联络员制度；组建领导小组办公室，下发《江苏省2011年江苏全民阅读的实施计划》。根据省全民阅读领导小组的要求，各省辖市相应组织机构同时设立，“部门联动、上下联动”的工作机制进一步完善。

二是精心组织“第七届江苏读书节”。制定印发《江苏省第七届读书节活动实施方案》，明确读书节的指导思想和活动主题，开展12项重点活动。“4·23”期间，举行第七届江苏读书节开幕式，新闻出版总署副署长邬书林，江苏省副省长、省全民阅读工作领导小组副组长曹卫星参加开幕仪式。开幕式上，向基层党支部赠送了一批“纪念建党90周年出版物”，表彰了“第六届江苏读书节”先进单位、先进个人、优秀活动项目。全省开展向青少年和广大读者推荐江苏优秀出版物、“全民阅读报刊行”、“书香传递·阅读互动图书漂流活动”、“周恩来读书节”、“韬奋读书节”等丰富多彩的活动，不断浓厚“美好江苏，美在读书”的良好氛围。

三是开展“文化惠民”、“文化助残”活动。积极响应中宣部、新闻出版总署关于在春节期间开展文化惠民活动的倡议，纷纷推出一批形式多样、丰富多彩的文化惠民活动，开展读书征文、知识讲座、学习辅导和诗文诵读等活动，把先进文化送到基层和家庭。春节前夕，省新闻出版局与省委宣传部联合组织相关单位深入高铁南京南站工地举行“江苏文化拜年进工地”活动，赠送价值4万余元的出版物。根据总署和中国残联的部署，省新闻出版局和省残

联共同倡议开展文化助残公益行动。组织各市、各出版单位向残疾人捐赠以大众阅读类型和残疾人特需类为主要内容的出版物。凤凰出版传媒集团以“凤凰出版 文化助残”为主题捐赠25万元出版物。此外，还向无锡市国家安全局图书馆捐赠500册，价值15000元的图书。向省局扶贫点农家书屋捐赠300余册，价值1万余元的图书。

（江苏新闻出版局出版管理处供稿）

新闻报刊管理

江苏省新闻出版管理工作由省新闻出版局新闻报刊管理处（以下简称“报刊处”）负责。2011年，江苏省共出版报刊584种，其中报纸143种，期刊441种。

报纸出版方面：143种报纸中，中央级报纸1种，省属报纸24种，地市级报纸55种，县级报纸12种，高校校报51种；全年总印数突破28亿份，比上年增长4%，总营业收入突破56亿元，比上年增长5%。除高校校报外，绝大多数报纸完成了数字化转型——拥有一级独立域名网站或是出版手机报。在2011年第八届中国500最具价值品牌排行榜评选中，《扬子晚报》列第153位。在2010—2011年度全国报刊广告投放价值评选中，《新华日报》入围“省级日报10强”，《现代快报》入围“都市报30强”，《扬子晚报》《金陵晚报》《姑苏晚报》《江南晚报》《江海晚报》入围“晚报20强”，《南京日报》《常州日报》《苏州日报》《无锡日报》入围“城市日报10强”，《东方卫报》《常州晚报》入围年度“最具成长价值媒体10强”。

期刊出版方面：441种期刊中，社会科学类期刊186种，自然科学类期刊255种。全年总印数突破1.1亿册，总营业收入突破5亿元，比上年增长均在5%以上。多数期刊加快了数字化转型步伐，超过一半的期刊拥有一级独立域名的网站，近70种期刊开展电子商务等业务，25种期刊出版了网络版多媒体数字期刊，2种期刊出版发行了手机杂志。《东方娃娃》杂志被国家新闻出版总署选定为向全国少年儿童推荐的优秀少儿报刊。15家报业集团和报刊出版单位共获得文化产业引导资金1850万元。

一、认真抓好报刊审读工作，严把政治导向关

2011年是“十二五”开局之年，也是中国共产党成立90周年、

辛亥革命100周年,党和国家大事较多。为确保本省报刊能够围绕中心、服务大局,牢牢把握正确舆论导向,报刊处切实采取多种手段,全力抓好报刊审读工作。一是召开全省报刊审读经验交流会,总结交流全省报刊审读先进单位和个人做好报刊审读工作的先进经验。二是加强舆论引导。通过召开会议,下发文件通知等方式,及时传达贯彻中宣部、新闻出版总署和省委省政府的部署要求,引导报刊出版单位紧紧围绕党和国家工作大局,做好各项宣传报道工作。对个别单位出现未按规定落实重大选题备案制度等违规问题,及时进行告诫谈话。三是抓好专项审读。在做好日常审读的同时,加大了专项审读工作的力度,结合综合文化类报刊审读,围绕庆祝建党90周年和纪念辛亥革命100周年,围绕转变经济发展方式、关注民生等重大活动和任务,全年开展了10次专项审读活动,组织撰写了大量的审读综述。其中反映《东方文化周刊》配合建党90周年推出“中共党员形象的媒介表征系列”和“江苏红色旅游系列”两个特色栏目的做法,得到新闻出版总署新闻报刊司的充分肯定。四是加大批评性审读工作力度。对审读中发现的突出问题,及时向有关报刊出版单位发出审读公函,提出整改要求,对问题突出且整改不及时、措施不得力的报刊出版单位进行告诫谈话。共有3家报刊出版单位由于刊登违禁药品广告,被责令整改。本年共编辑出版《江苏报刊审读与管理》12期。

二、全力推动非时政类报刊出版单位体制改革工作

加快推进非时政类报刊出版单位体制改革,是2011年新闻出版体制改革的一项重点工作,也是江苏省报刊管理工作的一项主要任务。全国文化体制改革工作会议对此作了专门部署,中办、国办专门下发了《关于深化非时政类报刊出版单位体制改革的意见》(以下简称《意见》),明确了指导思想、原则要求和目标任务。江苏按照中央要求,积极做好各项改革推进工作。

一是及时传达学习。全国文化体制改革工作会议结束后,报刊处及时在全省报刊管理工作会议上,第一时间向各市文化广电新闻出版局和省、市各主要报刊出版单位负责人传达体制改革精神,并进行了初步动员。同时,还利用期刊主编岗位培训、新闻采编人员资格培训等机会,传达学习《意见》和电视电话会议精神,进一步统一思想,明确任务。

二是全面摸清底数。此次非时政类报刊出版单位体制改革不是采取“一刀切”的做法,而是分期分批进行转制。因此,全面摸清

本省报刊出版单位的底数，至关重要。为此，新闻出版局下发了《江苏省非时政类报刊出版单位情况调查表》和《江苏省非时政类报刊出版单位在编人员名册》两张调查表，对全省143家报纸、441家期刊出版单位的报刊类别、转制意向、单位性质和人员情况进行全面摸底，基本摸清了各报刊出版单位的底数，为做好改革分类工作打下了坚实基础。

三是分类进行座谈。召集11家已先行转制的报刊出版单位进行座谈，全面了解报刊体制改革的工作步骤、程序、做法和难点，以及改革过程中面临的主要问题。为进一步落实《意见》中关于“非时政类报刊出版单位转制要与整合资源、优化结构结合起来”的要求，组织召开了“农业科技”、“少儿教辅”、“纺织服饰”、“医药卫生”、“文化生活”和“综合”等各专业报刊出版单位体制改革工作座谈会，听取了6大类42家报刊出版单位对于组建专业性报刊传媒集团公司的意见和建议。座谈会后，报刊处又有针对性地约谈了有意进行资源整合的报刊出版单位，初步达成先行组建“纺织服饰”专业性报刊传媒集团公司的共识。

四是按时上报方案。落实了江苏省首批转企改制的非时政类报刊出版单位名单，并按时上报了《江苏省非时政类报刊出版单位体制改革实施方案》。

三、认真做好各项报刊管理工作

一是抓好报刊记者站专项治理工作。为进一步加强报刊记者站管理，严格规范记者站工作秩序和新闻记者采编活动，维护基层和群众的根本利益，总署下发了《关于开展报刊记者站专项治理的通知》(新出字〔2011〕68号)，决定在全国开展规范报刊记者站专项治理工作。报刊处按照总署要求，及时成立了专项治理工作领导小组及办公室，并下发了《关于开展驻苏报刊记者站专项治理的通知》，传达精神，明确任务，提出要求。在要求全省206家记者站进行认真自查自纠的同时，报刊处联合省“扫黄打非”领导小组办公室，组成专项行动督察组，对驻苏报刊记者站专项治理工作进行了抽查，针对极少数记者站存在的违规行为及时进行处理和通报。新闻出版总署、中国记协、全国“三教”办组成的检查组对江苏省记者站专项治理工作予以高度评价。

二是抓好教辅类报刊治理整顿工作。为切实解决中小学教辅材料品种多、质量差，部分出版单位违规甚至违法出版教辅材料等问题，新闻出版总署下发了《关于进一步加强中小学教辅材料出版发行管理的通知》。报刊处根据中央要求，第一时间组织召开了由全省教辅类报刊出版单位和主办单位负责人参加的专门会议，及时传达了总署的通知精神，并提出贯彻落实要求。组织全省各相关报刊出版单位及其主管主办单位，对照通知精神进行认真自查。指导《时代英语学习报》和《时代学习报》取消所有面向高中学生的教辅品种，通过品种规模的减少，换取内容质量的提升。对于检查中发现的极少数报刊编校质量不高的问题及时予以指出，并要求尽快进行整改。从此次检查整顿情况来看，江苏省涉及中小学教辅材料的报刊出版单位，均符合出版资质，且能坚持正确导向，规范出版发行。

三是抓好年度核验工作。对全省 143 种报纸、441 种期刊 2010 年度出版情况进行认真核验，对有违规情况的 6 家报刊予以缓验，并要求在规定期限内提交整改报告；对不能正常出版和未按规定参加半年一次核验的 12 种连续性内部资料出版物予以注销登记。认真做好记者站和记者证年检工作，为 201 家记者站和 14260 名记者办理了年检手续，对 4 家记者站予以缓验。同时，根据年检数据，撰写了报刊产业发展报告，全面分析了我省报刊产业年度发展状况。

四是抓好违规查处工作。认真做好报刊违规活动查处工作，全年接处总署批转查办件 9 起、有关单位、个人举报件 25 起，对被举报的 12 家报纸、4 家期刊、6 家连续性内部资料出版物进行核查，对确有违规的 3 家报刊出版单位进行诫勉谈话。圆满完成了总署报刊司交办的对我省记者与法国里昂证券公司签订协议等相关问题的核查。

四、扎实开展“全民阅读报刊行”活动

为充分发挥报刊在服务学习型党组织和学习型社会建设等方面的独特作用，进一步推动全民阅读活动的深入开展，根据总署要求，于 2010 年起，在全省开展“全民阅读报刊行”活动，在完成领导机构建立、工作部署动员后，2011 年，报刊处着重抓好各项活动的组织。一是举办大型广场活动，推介名优报刊。联合省报业协会、省期刊协会、南京市文化广电新闻出版局、玄武区人民政府共同承办了第四届江苏名优报刊广场推介活动，向全省市民集中推介我省的 60 种名优报刊，为市民现场赠送报刊 15000 多份，并组织一批教育、食品、医药、环保、室内装潢的专家接受现场咨询，活动受到了广大市民和读者的一致好评。二是组织报刊开设读书专栏，服务全民阅读。积极指导全省各报刊出版单位，紧紧围绕阅读这一主题，普遍开设了书评、文摘等固定专版专栏，组织各类专家学者、热心读者、出版界人士，推荐各类优秀读物，拓宽记者的阅读视野，引领大众的阅读风尚，大力培育人文精神，弘扬社会主流价值。三是指导报刊创新传播手段，扩大受众范围。积极支持报刊出版单位以设讲座、开微博，组织有奖阅读、有奖征订，送报刊入校园、入社区等形式多样的活动，扩大“全民阅读报刊行”活动舆论宣传的半径。江苏省“全民阅读报刊行”活动由于组织得力，成效明显，在总署“全民阅读报刊行”活动工作座谈会上做了经验交流发言。四是积极组织报刊开展“走转改”活动。根据省委宣传部的统一部署和安排，江苏新闻出版局组织 72 名报刊出版单位采编人员赴苏州、南通、宿迁等三个地区开展异地采访锻炼活动，取得了较好效果。撰写的反映江苏报刊“走转改”报道成果的《一股新风吹拂报端》一文被《中国新闻出版报》刊载。　　（报刊管理处供稿）

印刷发行管理

一、推动印刷发行业“走出去”

（一）香港书展主题省活动成绩斐然。江苏省应香港贸发局等主办方的邀请，以主题省身份组团参加了香港书展，取得了圆满成功。3000 余种苏版出版物展销和书展文艺廊“中华文学漫步——江苏行”活动赢得了广大香港读者的青睐和书展主办方的赞誉。特别是通过这次参展，宣传了江苏经济、文化和社会发展取得的巨大成就，展示了江苏深厚的文化底蕴和鲜明的文化特色，扩大了江苏出版在香港乃至世界的影响。省委常委、宣传部长杨新力、副省长曹卫星、新闻出版总署副署长邬书林均作出批示，对香港书展江苏主题省活动给予充分肯定。省委外宣办主任司锦泉、省文化厅厅长章剑华专门到江苏展区指导参观。主题省活动彰显四个特点。一是出版物销售创新高。江苏展区 7 天销售额达 86.9 万港元，相当于每平方米的展区每天销售额近 7000 元，创造了江苏省参加境外书展销售额的新高，也成为本届香港书展中国内地代表团的销售冠军。二是文艺廊展示开先河。江苏是吴越文化和汉文化的发祥地，为向香港市民展示吴韵汉风的魅力，江苏省新闻出版局与香港贸发局合作，在书展文艺廊举办的“中华文学漫步——江苏行”，集中介绍江苏籍古今文学名家及其经典作品。这不仅是第一个参加文艺廊展示的内地省份，而且江苏也是“中华文学漫步”的第一站。三是文化活动彰显江苏特色。为配合主题省活动，举办了两场讲座和两项江苏特色文化展演。四是宣传工作成果累累。江苏代表团在省委外宣办的指导下，很好地宣传了江苏文化、江苏发展和江苏出版，有力推动了苏版图书“走出去”。省新闻出版局先后在南京和香港成功召开香港书展江苏主题省新闻发布会，特别是在香港的新闻发布会是省局首次在境外召开类似会议，受到了境内外主流媒体的广泛关注并予以了集中报道。书展期间，《中国新闻出版报》、《新华日报》、《香港商报》推出了香港书展江苏主题省专版或专栏，以各种方式全面介绍主题省参展情况。江苏代表团协调香港贸发局，在会刊及展场的突出位置显示江苏主题省形象。利用新浪微博及时发布主题省参展信息。特别是央视、凤凰卫视、香港卫视、香港亚视都予以了主题省专题报道，新华社、中通社分别发布了主题省通稿，被许多平面媒体和门户网站转载。《新华日报》、江苏新闻广播、江苏卫视、《扬子晚报》、《现代快报》、《金陵晚报》等江苏媒体全方位、有重点、有深度地对香港书展江苏主题省的报道，引起了较大的社会反响。

（二）*海峡两岸图书交易会主宾省活动圆满成功*。经新闻出版总署批准，江苏以主宾省身份参加第七届海峡两岸图书交易会。省委、省政府对第七届海峡两岸图书交易会主宾省江苏参展情况高度重视，省级财政专门拨出专款用于主宾省参展活动。为筹办好主宾省各项活动，江苏省新闻出版局专门成立工作班子，组织制定参展方案，并先后专门召开主宾省参展动员会、交办会，定期会办筹备过程中的问题。省新闻出版局还专门向省台办、省委外宣办等部门通报了主宾省活动。江苏主宾省以“人文江苏、幸福江苏、和谐江苏”为主题，组织全省 22 家出版单位、近 100 人的强大阵容，携近 7000 种图书参展，其中展示精品图书 740 余种，在展示区重点展示陈列；馆配样书 3000 余种，均为 2011 年以来出版的适合馆藏的图书品种；展销图书 2900 余种、22100 余册，涉及文艺、少儿、艺术、教育、科技、社科、军事等众多门类。江苏主宾馆展区面积达 1134 平方米，展位 84 个，创历届主宾馆展区之最。与前几届海峡两岸图书交易会不同的是，江苏主宾馆直接服务读者，实行既展又销，而且向现场读者进行优惠销售，以满足广大读者看书、购书的需要，这也是此次江苏作为主宾省参展的一大特色。为配合江苏出版物展示展销，在读者互动区先后举办 14 项形式多样、丰富多彩的活动。

（三）鼓励支持印刷企业"走出去"。江苏首个印刷企业成功赴朝鲜投资办实体。江苏中彩印务有限公司和朝鲜劳动党中央直属单位朝鲜外文出版社合资共建东白印刷合营社，是江苏省新闻出版业首个赴朝鲜投资项目，为此我们自始至终给予支持和关注。该项目总投资2亿元，中方以印刷设备、技术服务出资70%；朝方以土地、厂房出资30%。目前项目已基本建成，年底前可投产，预计年产值达9亿元。组织全省800多家企业，1000余人参加了第四届中国国际全印展。展会紧贴时代和产业的发展，开辟包括数字及印前、CTP、油墨、直邮、媒体、"绿色印刷"、"标签及票据"和教育等多个专区。有力帮助江苏省印刷企业了解国际印刷技术及设备发展的新趋势，特别是要展出关于"绿色印刷"的相关技术、设备和信息，也为企业搭建国际交流合作平台提供了契机。

（四）组团参加订货会和书博会。为推动江苏省出版发行企业走出江苏，走向全国，我局积极争取财政资金，通过展位补贴鼓励相关企业参展。2011北京图书订货会，江苏展团展位30个，组织江苏凤凰出版传媒集团等20家出版发行单位携1500余种新书参展，实现订货码洋5900万元，同比递增17%，大部分出版单位馆藏采购业绩更是实现翻番。组团参加第21届全国图书交易博览会，凤凰出版传媒集团、江苏城市和高校出版社以及有关期刊社等30多家单位组成的江苏展团，携近6000种精品出版物参展，参展展位67个，展会期间共实现订货码洋4600万元。江苏展团获得了第二十一届全国图书交易博览会组委会颁发的"风格奖"和"设计奖"。

二、引导印刷发行业科学发展

（一）启动绿色印刷实施工作。认真贯彻新闻出版总署、环境保护部《关于实施绿色印刷的公告》，抓好工作落实。召开了以绿色印刷为主题的"印刷业发展研讨会"，向全省印刷企业广泛宣传绿色印刷理念。对印刷行业从业人员开展多层次、多形式的教育培训工作，切实提高技术保障能力，增强绿色印刷意识。组织学习《环境保护标准/环境标志产品技术要求》（第一部分平版印刷）绿色印刷标准，全面启动江苏省绿色环保印刷体系建设工作。同时，开始"江苏绿色印刷开放式国家级重点实验室"项目，该项目对加强江苏省绿色印刷环保认证、绿色印刷标准宣贯、绿色印刷工艺研发技术研发将具有广泛意义。目前，全省大部分规模印刷企业及出版物印刷企业对此项工作高度重视，积极申报绿色认证，全国首批获得绿色印刷认证的60家印刷企业中江苏就有6家,位居全国第4位。

（二）产业引导资金力促企业发展方式转变。以产业引导资金为推手,重点支持市场前景好、成长性强、有重大示范效应和拉动作用的项目,积极促进全省印刷发行企业的转变发展方式。今年,共有81家印刷发行企业申请省文化产业引导资金,我们在对所有的申报材料进行审核的基础上,对其中的30个项目进行实地考察,了解项目的内容、进展情况、可行性和收益。最后,经过积极争取,共有17家印刷发行企业获得产业引导资金2120万元。

（三）推进区域印刷发行业发展。为增进华东地区印刷发行管理部门的交流与合作,推进区域印刷发行业发展,承办了华东地区印刷发行管理协作会。确立了两项合作意向:一是为倡导全民阅读,4·23组织主题联展,编制共同的推荐书目,华东地区出版发行单位共同参与;二是图书期刊印制委托备案出省互认,为经营者提供便利。实现了将长三角地区的合作事项延伸至华东六省一市,有效扩大区域合作,推进区域印刷发行业一体化进程。

三、扎实做好对口援建工作

（一）制定实施江苏省新闻出版系统对口援疆工作方案。分别在出版、印刷、人员培训援助项目上取得实质性进展。其中,江苏科技出版社与新疆科技出版社建立长期战略合作伙伴关系。安排新疆伊犁州19家印刷企业负责人来到南京参观学习。借举办全省新闻出版(版权)系统领导干部培训班时机,对伊犁州各(市)县新闻出版行政管理人员19人进行了培训。

（二）制定实施江苏省新闻出版系统“十二五”时期对口援藏工作方案。一是对自治区的援建项目2个,二是对拉萨市的援建项目6个,三是对县的援建项目3个。目前,省局和局管行业协会已完成对拉萨市新闻出版局援助项目,落实资金30万元;完成对曲水、达孜、林周、墨竹工卡等4个县援助项目,落实资金20万元。

四、依法强化市场监管工作

（一）完成“江苏省印刷企业信息管理综合平台”研发项目。在完善“出版物实时动态管理系统”的基础上,今年正式启动了“江苏省印刷企业信息管理综合平台”软件研发项目,主要应用于全省印刷企业的筹建、设立、变更、年度核验等综合行政管理事项,实现对全省各类印刷企业分级、分类、分地区进行网络化管理。对各类印刷企业的基本情况、人员构成、经济数据、质量情况、设备情况进行数据化、标准化管理，将印刷企业新办、年检、变更等动态信息在各部门之间无缝衔接，项目目前已完成研发阶段工作，将在明年年初正式上线，届时，全省10000余家印刷企业将可以在线进行年度核验申报工作，对江苏省印刷企业管理将具有十分重要的意义。

（二）完成印刷复制发行企业年度核验工作。根据新闻出版总署的要求，我们组织开展了2011年印刷、复制、发行企业年度核验工作，并完成了音像制品发行单位的审核换证工作，为进一步规范管理，奠定了基础。通过年度核验，进一步加深了对全省印刷、发行、复制行业的发展动态和现状的了解，同时对严重违规、不符合资格条件的生产经营单位坚决不予通过年度核验，实现了行业管理的针对性和有效性，强化了行业管理的规范化和制度化。为完善宏观调控机制，建立完善规模以上企业数据库，优化产业结构、进一步调整产业布局、规范出版物市场，促进江苏省印刷、发行、复制业平稳有序、健康发展打下了基础。

（三）加强印制质量监督管理。省新闻出版局获得"3·15质检活动先进单位"称号。为保护广大少年儿童的文化权益，确保少年儿童读物类出版产品质量，促进出版单位质量意识不断提高，根据新闻出版总署的统一部署，我局于今年3月至10月在全省范围内开展了2011年"3·15"少年儿童读物类出版产品质量监督检测活动，各出版印制单位高度重视，狠抓质量落实，提高质量管理水平，并取得较好成绩，我局被新闻出版总署评为2011年"3·15"少年儿童读物类出版产品质量监督检测活动先进单位。开展全省出版物印制质量抽检。2011年7月至11月对江苏省中小学使用的教材教辅、免费作业本，全省农家书屋集中采购的出版物，进行印制质量抽检。共抽检教材166个品种批次2964册，经检测批次合格率为100%，单册合格率为99.5%；抽检教辅59个品种批次1264册，经检测批次合格率和单册合格率均为100%。抽检了农家书屋采购更新出版物295个品种批次3434册。经检测认定，批质量合格品289种、不合格品6种，批质量合格率为97.97%。针对抽检结果，根据有关管理法规及规定，对不合格品，责令有关单位进行整改并在规定时间内上报整改措施及结果。

（四）参与全省教材教辅市场清理整顿工作。按照《新闻出版总署关于进一步加强中小学教辅材料出版发行管理的通知》要求，迅即配合相关部门组织对中小学教辅材料出版印刷发行情况进行全面清理检查，针对存在的问题迅速进行整改。同期，召开了部分的民营教辅发行企业座谈会，听取他们的情况汇报和对这次教辅市场清理检查工作的想法和建议。派员会同局产业处、省“扫黄办”到各地督查教辅市场。

（五）指导联系行业协会。加强对省印刷行业协会、省出版物发行业协会、省音像制品分销业协会工作的指导联系。充分发挥协会作为第三部门的桥梁纽带和决策参谋作用。支持协会依照法律法规和章程，履行市场协调、行业监督、服务会员、维权申诉等职责，促进行业自律，凝聚行业力量，塑造良好行业形象。

（印刷发行管理处供稿）

版权管理

2011年，江苏省版权工作深入贯彻党的十七大、十七届六中全会精神，紧紧围绕科学发展主题和加快转变经济发展方式主线，以着力实施版权工作“十二五”规划开局之年为抓手，突出工作重点，创新工作方式，全面推进六大体系建设，为新闻出版强省、文化强省和创新型省份建设作出了积极贡献。

一、创新工作方式，政府机关和企业软件正版化工作取得突破性进展

（一）省级机关软件正版化整改工作圆满完成。江苏省省级机关软件正版化工作，在省委、省政府的高度重视下，在省使用正版软件工作领导小组的直接领导下，依照“内外分开、统计分析、统一采购、奖励补贴、限时完成、长效管理”的原则，成员单位通力合作，各项工作扎实推进，整改工作分制订方案和落实经费、公开招标和采购安装三个阶段进行，成效显著。截至9月底，120家省级机关软件正版化整改工作已全部完成，共采购正版软件27707套，使用经费约2851万元。其中，国外办公软件13471套，支付金额2020万元，国产办公软件14236套，支付金额831万元。省级机关各部门和直属单位支付1584万元，省财政补贴1267万元。国务院督查组对江苏省机关软件正版化工作进行督查时给予高度肯定，认为江苏省省级机关软件正版化工作走在全国前列。

本轮省级机关软件正版化工作，突出部门协调和工作机制创新。省版权局始终与正版化领导小组成员单位保持密切联系，召开20多次专门会议，加强重要事项的磋商；形成一系列工作制度和长效机制的创新，如“四定制度”、“信息督办”、“质量测试与评估”、“精确统计”、“内外网分开”等，使得这项工作不但按时完成，同时保质保量，绝不走过场。

（二）市县机关软件正版化整改工作稳步推进。8月、10月，省使用正版软件领导小组办公室分别在南京和张家港两次召开市县机关软件正版化工作推进会，就市县机关正版化整改工作进行部署和研讨。各市县对机关软件正版化工作高度重视，大部分地区行动较为迅速，整改工作正在如期推进。截至2011年12月，全省有12个市53个县（市、区）落实了正版软件采购经费6944万元，其中4个市、37个县（市、区）已完成采购整改工作，投入资金3463万元，采购正版软件63503套。苏州市行动迅速，工作扎实，在全省率先完成了整改工作，其中，市级机关于5月完成，下辖12市（县）、区政府机关于10月全部完成软件正版化整改工作任务；共采购各类正版软件14578套，投入资金1252万元，受到国务院督查组的高度赞扬。无锡市投入资金1096万元，共采购各类正版软件8962套，已完成市县两级正版化整改工作。徐州市投入资金397万元，采购各类正版软件4766套，已完成市县级两级机关软件正版化整改工作。南京、南通已签订采购协议；扬州、连云港已完成招标工作；常州、淮安、宿迁、泰州、盐城等市已落实采购经费。

（三）企业软件正版化工作有序推进。按照国家部际联席会议和九部委联合下发的文件精神及要求，省使用正版软件工作领导小组办公室拟定下发了《江苏省2011年推进企业使用正版软件工作计划》，确定了年内全省完成300家企业的目标，并召开领导小组办公室会议对工作进行了分解部署。2011年，全省共举办企业使用正版软件培训班33期，参加培训企业1339家、2191人次；完成自查自纠企业534家，列入年度阶段性目标企业413家，完成检查验收283家，督查企业226家，查处企业7家。调解软件侵权纠纷21起，约谈侵权企业4家，帮助软件权利人挽回经济损失270万元。

二、强化版权监管，打击侵权盗版和社会监管工作成效显著

（一）深入开展专项行动。省新闻出版局、省版权局“双打”专项工作领导小组办公室设在版权处，具体负责全省“双打”行动的组织协调和推进。按照国务院和省委、省政府的统一部署，办公室不仅积极完成省专项办部署的各项工作，安排专人参加省专项办集中办公，而且直接组织全省“打击侵犯知识产权和制售假冒伪劣产品专项行动”中的打击侵犯著作权行为的各项活动。

专项行动中，江苏省各级版权、新闻出版行政执法部门与公安、检察、法院等司法部门密切配合，强化对侵犯著作权案件的督办，重点案件的查办取得很大的成功，受到国家版权局的表扬，获得办案经费50万元。省新闻出版（版权）行政执法部门与公安部门多次召开案件研讨会，并积极为33起案件、涉嫌侵权物品12094种、142660件侵权盗版物提供鉴定，为案件的定性、侦破及时提供了可靠依据。江苏省查处的南京"5·26"销售盗版光盘案、"昆山9cax网"、"淮安宽频网"、"万松中文网"、"加林软件网"等一批侵犯著作权重点案件和其他共17案件，共抓获犯罪嫌疑人57名，涉案金额高达1.5亿多元，办案质量、完成数量和结案率处于全国前列。

（二）加强日常版权监管。全省各级版权行政部门坚持日常监管与专项治理相结合，认真履行社会监管职责，始终保持打击侵权盗版的高压态势，严密组织，突出重点，依法查处，成效显著。组织文化执法、公安、工商等部门联合行动，加大对印刷复制企业检查力度，严厉查处非法印刷复制和非法加印、出售出版物行为。2011年，全省共查办行政处罚案件296件，移送公安机关48件，检查经营单位69834个，取缔违法经营单位2612个，查获地下窝点48个，收缴各类侵权盗版制品201.777万册（张），罚款216.44万元。

（三）重点打击网络侵权盗版。各地版权和新闻出版执法部门进一步加大对视频网站和电子商务网站的治理力度，严厉打击通过网络传播侵犯著作权作品、特别是通过网络、电话、电视销售侵犯著作权出版物的行为，集中查处了一批案件，有效维护了互联网版权环境。全省新闻出版和版权系统主动监管网站334个，立案查处案件44件，行政处罚案件17件，移送司法机关11件，正在查处8件，责令停止侵权81件，没收服务器103个，关闭侵权网站97个，罚款204.8万元。

（四）认真做好执法培训和表彰。通过各种方式和渠道对各级版权执法人员进行分批有针对的培训，组织本省10余名一线执法人员参加国家版权局组织的版权执法培训班，有效地提高了全省的版权执法水平。做好全国侵权盗版有功单位和有功个人的推荐申报工作，江苏省有16个单位和20名个人荣获2010年度全国打击侵权盗版有功单位和有功个人，奖金总额48.7万元。

三、服务工作大局,版权工作体系建设不断完善

(一)加强著作权法规的调研和修订。8至10月,省版权局会同省政府法制办,从规章名称、立法宗旨到框架结构、文本语言先后4次对《江苏省著作权保护与促进办法(草案)》进行修改,并赴苏州、南通等地进行调研,组织20多个单位对草案进行了分析、研究和修改,使这部规章能够融合最新法律成果。

为激励优秀作品的创作与生产,鼓励著作权登记和推广使用,促进全省版权产业的繁荣发展,拟订了《江苏省作品登记、使用资助和奖励试行办法(试行)》,首次设立了作品登记和使用专项扶持资金,对作品著作权登记、推广、使用进行资助或奖励。同时,积极参与江苏省文化建设实施工程意见的修订和撰写。

(二)精心组织两大会展。组织16家出版单位,140多名代表参加第十八届北京国际图书博览会。江苏展团共设展台40个,展台面积近400平方米,参展图书、期刊、电子产品6000多种,举办文化活动11场,版权贸易谈判近百场,展区面积、位置和设计,均在全国居于领先地位。签订版权贸易合同和意向480项,位居全国前列。签约合同总量为169项,其中引进89项,输出80项,位居全国前列。积极做好第七届南京国际软件博览会相关工作,多次审核修订江苏版权展台的设计方案、文稿内容和参展形式,重点做好展会期间的著作权法普及宣传、执法监督以及软件作品登记和相关咨询工作,受到国家版权局领导和社会各界的好评。

(三)积极服务青奥会。2014年青年奥林匹克运动会是江苏省和南京市实施的一项重大工程。省版权局服务省、市工作大局,为青奥会胜利召开做好服务工作。确定青奥会的标语和口号是一项非常重要、同时又需认真推敲的工作。为避免以前部分城市重要活动因未认真审查和论证引起版权问题,青奥会组委会邀请省版权局相关部门负责人参加研讨和确定工作。并参加了市政府组织的由中外法律专家和语言专家参加的小型讨论会,在最后确定一个中英文口号报国际奥委会前,组委会再与省版权局相关负责同志反复商量,争取做到万无一失。青奥会中英文口号的最后确定,省版权局提供了及时和优质的服务。

(四)总结推广南通版权保护促进产业发展经验。年初,受国家版权局和中欧知识产权项目组委托,在南通承办了中欧知识产权保护二期项目全国培训班。全国部分省市60多位代表出席了会议。中外专家聚首南通,就目前版权保护的热点问题进行了深

入的研究，会议的成功举办受到国家版权局的好评。

（五）深入开展创先争优活动。认真落实《江苏省版权示范城市、示范单位和示范园区（基地）创建管理办法》，大力开展创建全国版权示范城市、示范单位和示范园区（基地）活动。对苏州市、昆山市和南京徐庄软件园争创“全国版权示范城市和示范园区（基地）”工作进行有效指导。2月，苏州市、昆山市获批创建“全国版权示范城市”，分别成为全国第一个获批创建的地级市和县级市。8月，南京徐庄软件园获评“全国版权示范园区（基地）”。对淮安市和张家港市申请“全省版权示范市”创建工作进行了检查和指导。

（六）认真做好版权登记和合同备案工作。2011年，全省办理一般作品登记13629件，同比增长79.5%。计算机软件著作权登记8685件，同比增长42.7%。著作权合同登记1123份，同比增长32.1%。其中，著作权引进图书合同备案登记629份，涉外软件和电子出版物合同登记10份，复制境外出版物登记215种，一般著作权合同备案269份。

四、加大宣传力度，全面展示版权工作成果

（一）认真做好版权宣传工作。注重做好专项行动、软件正版化、版权执法等方面的宣传报道工作。全年在《中国新闻出版报》、《中国知识产权报》、《新华日报》和新华网、中国新闻出版网、中国知识产权网、新闻出版总署网站等新闻媒体发表有关版权执法、软件正版化及版权产业发展的文章和信息50余篇。全年共编发《江苏版权》6期，《“双打”专项行动简报》14期，《软件正版化简报》5期，计近200万字。

（二）开展“保护知识产权宣传周”活动。“4·26”期间，精心组织开展“保护知识产权宣传周”活动，举行“打击侵权盗版，保护知识产权”签名暨绿书签发放活动。宣传周期间，全省共发放宣传资料36000余份。

（三）获得多个荣誉和奖励。2011中国版权年会11月12日在京举行。国家知识产权局、国家工商行政管理总局、国家版权局联合评选了2010年度全国知识产权保护重大事件及有影响力人物并颁发奖状证书。“南通家纺市场成为WIPO全球首个版权保护优秀案例示范点”事件当选为全国20个知识产权保护重大事件；江苏省版权局荣获优秀推荐奖。被称为中国版权界“金鸡奖”的中国版权产业奖同时在会上颁发。苏州浩辰软件股份有限公司荣获2011年中国版权产业最具影响力企业；中国电信江苏分公司

荣获2011年中国版权产业新锐企业；江苏省版权协会荣获2011年版权年会优秀组织奖。（谭松枝供稿）

“扫黄打非”与出版物市场管理

2011年，江苏省“扫黄打非”工作按照《江苏省2011年“扫黄打非”行动方案》统一部署，以迎接建党90周年、纪念辛亥革命100周年和筹备党的十八大召开为主线，以查堵非法出版物及有害信息为第一任务，以开展专项行动为工作平台，不断强化日常监管，严厉打击各类非法出版活动，切实加强“扫黄打非”示范区（点）建设，“扫黄打非”工作取得新进展。

一、认真谋划，不断提升“扫黄打非”组织化水平

（一）对照全国全省《2011年“扫黄打非”行动方案》重点任务，认真规划全年“扫黄打非”工作。

省委办公厅、省政府办公厅及时转发了省委宣传部等部门拟定的《江苏省2011年“扫黄打非”行动方案》，对全省“扫黄打非”工作作出总体部署，要求各地各有关部门突出抓好打击非法出版物等四个方面的工作。省委、省政府分管领导多次听取重要工作情况汇报，亲自部署“扫黄打非”工作。1月，省委常委、宣传部长、省“扫黄打非”工作领导小组组长杨新力在一周内连续两次参加“扫黄打非”有关会议和活动。11月，杨新力部长出席全省“扫黄打非”办公室主任培训暨示范建设经验交流会并作重要讲话，强调守住“三条底线”、做好“五项工作”。省“扫黄打非”工作领导小组副组长、省新闻出版（版权）局局长徐毅英对重要活动、重大案件亲自过问，还亲临一线明查暗访。为切实抓好贯彻落实，省“扫黄打非”办公室以有效封堵查缴非法出版物为重点，着力推动思路创新，要求各地各有关部门坚持在“扫黄打非”与社会综合治理相结合、实体市场监管与网上“扫黄打非”相结合、依法打击与主动防范相结合等三个方面下功夫。重点制定实施了打击非法出版物等专项治理行动方案，延请全国“扫黄打非”办公室、公安部一局对本省相关案件实地协调督办，对各类非法出版物及非法出版活动严厉打击，确保出版物市场和网络传播环节得到有效净化。

（二）对照净化社会文化环境的工作要求，认真推进“扫黄打非”工作。

为深入开展好“扫黄打非”工作，营造良好的社会文化环境，省

“扫黄打非”办公室在大力扫除出版物市场淫秽色情出版物的基础上，切实把网上“扫黄打非”工作摆上重要位置，特别是针对不法网站服务器向境外转移、淫秽色情信息向“合法”网站藏匿、违法有害信息向“线下”传播的新情况，有效整合现有技术资源和力量，形成监管合力，确保监管到位。8 月份会同省通信管理局及时发现并停止境外 12 家淫秽网站在本省接入。全省仅上半年就关闭淫秽色情等非法网站 8280 个、屏蔽 URL 链接 3 万个，南通、吴中、新沂等地先后查处一批网上传播淫秽色情信息违法犯罪分子。与此同时，围绕扫除文化垃圾、打击侵权盗版等工作中出现的新情况新问题，修订完善“扫黄打非”工作目标考核细则，从组织部署、集中行动和专项治理、市场监管、案件查办、信息宣传等五个方面，细化出 34 项考核指标；加强与省文明办、综治办等有关部门的工作联系，将“扫黄打非”工作有效纳入有关综合考评范围，着力提高“扫黄打非”的社会覆盖面和影响力。6 月份还派员参与省精神文明建设委员会对全国文明城市的检查考评，对各地“扫黄打非”工作实现同步检查、同步考核。

（三）对照全国“扫黄打非”进基层示范区的建设目标，认真落实基层基础工作。

全国“扫黄打非”工作小组今年把江苏列为全国“扫黄打非”进基层示范区，江苏省确定苏州市和兴化市、丹阳市、江都市、锡山区、吴中区、溧水县为“扫黄打非”进基层示范区（点），同时确定南京市和徐州市分别为“扫黄打非”联防协作示范区和网上“扫黄打非”示范区。通过引导上述地区先行先试，充分发挥典型的示范带动作用。省“扫黄打非”办公室在对本省各地“扫黄打非”工作和机构队伍建设情况开展问卷调查、实地调研的基础上，制定下发《关于开展“扫黄打非”示范区（点）建设工作的实施方案》，对“扫黄打非”示范区（点）的目标要求、重点措施、工作筹划、考评机制等提出了明确意见。各示范区（点）明确建设目标、认真组织部署、细化工作责任，在基层推进、联防协作和网上“扫黄打非”等不同方面，着力建立具有典型意义和示范作用的“扫黄打非”工作模式，并分别形成了“三个一”（一套丰富的工作经验、有一本完备的工作台账、有一盘生动的影像资料）。为推动这项工作的深入开展，省“扫黄打非”办公室于 3 月和 6 月分别在江都市、兴化市召开全省“扫黄打非”示范区（点）建设工作座谈会和现场推进会，进一步明确示范区（点）建设工作的目标和举措。对成绩突出的 8 个地区，还于 11

月召开专题会议予以总结交流和表彰奖励。

二、突出重点，不断提升“扫黄打非”工作实效

年初，全国和省“扫黄打非”工作电视电话会议后，省“扫黄打非”办公室精心组织、周密安排，在全省依次开展了包括打击非法出版物在内的7次专项行动。各级“扫黄打非”工作领导小组相继召开“扫黄打非”工作会议，分析形势、研究工作举措。“扫黄打非”各成员单位密切配合、积极协作开展行动。2011年，全省共出动检查8.9万人次，检查出版物市场、店档摊点和印刷复制企业7.6万家次，取缔关闭出版物市场（摊点）3000余个、印刷复制企业39家，收缴各类非法出版物226万件，清除网上信息3.2万条。通过集中整治，使广大经营者守法意识明显加强，出版市场秩序和网络传播环节更加规范。

（一）“两节”、“两会”和国庆期间出版物市场平稳有序。**一是**早部署、快行动。在“两节”、“两会”、国庆和敏感时段，及时下发关于出版物市场监管和集中检查工作的通知，对封堵查缴非法出版物作出重点部署。**二是**省、市、县三级联动，制定实施应急预案。各地及时针对出版物市场和互联网舆情形势进行研判，有针对性地制定阶段性工作方案，强化值班和巡查制度，切实做到关口前移。**三是**领导靠前指挥、部门联动协作，始终保持对出版物市场的有力监管。省及盐城、无锡、淮安、南通等市“扫黄打非”工作领导小组负责同志亲自带队深入繁华地段、窗口地区和重点出版物市场，现场检查市场管理情况。各有关部门严格落实责任，充分发挥基层执法力量，有效防止了非法经营活动的反弹。

（二）打击盗版工具书专项行动迅速有力。自2月份起开展打击盗版工具书专项行动，有效净化了工具书出版、发行秩序。省“扫黄打非”办公室向“扫黄打非”工作领导小组负责同志进行专题汇报，要求各地各有关部门成立专门班子迅速开展行动，强化检查问责和案件督办等工作机制。各地“扫黄打非”办公室积极组织协调新闻出版、文化执法、公安、工商等部门，对网络销售出版物情况进行重点监控，对辖区内的图书批发、零售、出租单位进行了全面清查。宿迁市新闻出版和教育部门还成立联合检查组，对学校使用盗版教辅资料情况进行了专项检查。与此同时，以查办案件为抓手，加大对侵权盗版活动的打击力度。专项行动期间，江都“7·02”侵犯著作权案、昆山“12·14”侵犯著作权案先后宣判，被告人张某、韦某等分别被判处有期徒刑9个月、3年6个月。

（三）打击侵犯知识产权和制售假冒伪劣商品专项行动成果显著。省新闻出版局、省版权局、省“扫黄打非”办公室及时下发通知，要求加大市场巡查力度，严厉打击侵权盗版违法犯罪活动。各地“扫黄打非”、新闻出版、版权部门与相关职能部门开展了出版物市场专项整治行动。对重点领域、重点地区的侵权违法行为予以重拳出击，形成高压态势；对火车站、汽车站、文化书城、招商城、地下商场等出版物集中销售地区和校园周边以及城乡结合部进行拉网式集中整治，在重点时段有针对性地加大市场巡查力度。省“扫黄打非”办公室会同有关部门协调行政执法部门与司法机关加强衔接、密切配合，强化对侵犯著作权重大刑事案件的督办。南京“5·26”销售盗版和淫秽光盘案等6起全国督办的重点案件全部圆满审结，一批违法犯罪分子得到应有惩处。其中淮安“中国宽频网”案的两名被告分别被处3年有期徒刑，并共处罚金210万元。

（四）红色旅游景区及周边出版物市场整治到位。6月下旬至7月底在全省开展红色旅游景区及周边出版物市场专项整治行动。一方面及时下发通知进行部署，对清理整治行动提出6个方面的明确要求，另一方面迅速与省旅游局有关方面联系，掌握了我省22处全国红色旅游景点景区有关情况，适时开展实地明查暗访。针对全国“扫黄打非”办公室暗访通报的问题，专门致函南京市委宣传部，明确提出加强协调和整改的三点建议和意见。各地“扫黄打非”办公室及时组织公安、工商、新闻出版、文化市场执法等部门对各红色旅游景区及周边出版物市场进行逐一清查，在严格处理违法违规行为的同时，将相关情况向景区管理部门及时通报。专项整治期间，全省共检查红色旅游景区及周边出版物经营场所783家（次），收缴侵权盗版及非法出版物3472张（册），取缔游商地摊14个。

（五）打击淫秽色情出版物和有害信息专项行动重点突出。这项专项行动自9月上旬至11月底开展，为期两个月。根据全国要求结合我省实际，将各省辖市和2011年省“扫黄打非”示范区（点）列为重点区域进行重点整治，两次组织省新闻出版局有关部门组成联合检查组对省内各光盘复制企业、部分地区重点出版物市场以及印刷企业进行明查暗访。省新闻出版局积极利用网络出版监管系统平台并加强人工审读，查处11家相关网站，删除省内网站登载、传播的淫秽色情出版物56部。各级“扫黄打非”办公室不断强化对印刷复制源头和交通物流渠道的监管，加大案件查办力度。盐城市"扫黄打非"办公室根据暗访反馈线索,于9月20日对盐城书城进行了全面检查,立案查处3家违规经营单位。专项行动期间,全省共查办案件34起,其中淫秽色情刑事案件3起。

三、加强协调,凝聚和形成"扫黄打非"的工作合力

省"扫黄打非"办公室通过建章立制、明查暗访、联合办案、扩大宣传等有效手段,加强与各地各有关部门的信息共享和协作联动,推动各地各有关部门落实"属地管理"和"谁主管谁负责"责任。各级公安、文化、新闻出版(版权)、工商、海关、通信管理等部门分工负责、各司其职,协同作战,形成了集中力量办事办案的有利局面。

(一)建立实施有效的制度和措施。制定下发"扫黄打非"工作领导小组各成员单位和省新闻出版局有关部门2011年"扫黄打非"重点任务分工方案,促进联防协作机制有效运转,并在工作中进一步建立完善了相关制度和措施。**目标责任制度:**明确各省辖市"扫黄打非"工作领导小组组长、省"扫黄打非"工作领导小组成员单位主管负责同志为本地区、本部门的第一责任人,实行"扫黄打非""一票否决"制。继续开展"扫黄打非"先进模范县(市、区),"扫黄打非"先进集体、先进个人评选和省辖市"扫黄打非"目标考核,对"扫黄打非"体制健全、机构人员落实并有效履行职责的县(市、区)和有关部门进行表彰奖励。**工作联动制度:**定期召开由新闻出版、文化、公安、工商、通信管理等部门参加的联席会议,省公安厅、省通信管理局结合本行业特点专门对"扫黄打非"工作作出部署,适时联合教育厅等成员单位组织开展中小学教材教辅导联合检查。通过建立情报预警、联席会议、案件通报、执法协作、信息共享等工作措施,使各地各有关部门形成快速反应、整体防控的工作格局。**信息员制度:**注重吸引社会各界参与"扫黄打非"斗争,在全省构建了比较完善的"扫黄打非"信息员网络。其中,吴中区木渎镇吸纳全镇204名组(片、村)长及203名居委会小组长为"扫黄打非"网络信息员。**案件督导制度:**对上级批转、下级上报的案件及群众举报线索,及时督导责任地区认真落实查处,对难度较大、进展缓慢的重点案件,及时提请省政法委、公安厅、检察院等部门予以指导协调。各地各有关部门坚持严格执法,做到有案必接、接案必查、查案必结,2011年共查处非法出版行政案件162起、刑事案件35起。**调研培训制度:**利用调研交流、以案代培、授课讲座等形式,着力加强"扫黄打非"工作和执法队伍的能力建设;增编2期

《“扫黄打非”执法专刊》并向全省县(市、区)一线部门发放,指导基层解决执法难点疑点;适时赴河南和镇江等地开展专题调研,学习借鉴兄弟省份和有关地区的好经验好做法;专门举行全省“扫黄打非”办公室主任培训班,邀请南京大学、省公安厅、省通信管理局的有关领导和专家,从组织协调、依法行政和运用新技术等不同侧面进行讲授,全省各地100余名“扫黄打非”办公室主任、执法支(大)队负责同志到班学习。

(二)注重从暗访检查中找准打击点。**一是**认真兑现举报奖励,广辟线索来源。重点对各地受理、符合奖励规定的举报案件进行梳理,对奖金兑现情况逐一排查,由省“扫黄打非”办公室协调落实到位。共对10起举报行为进行了查证,对经核实的6起举报行为,协调各地依照规定兑现奖,充分调动了举报人的积极性。**二是**充分发挥监督员队伍的作用。根据“五老”监督员反映的情况和省“扫黄打非”办公室的工作要求,各地普遍加强对重点出版物市场的监管检查,连云港、常州等地集中力量取缔了群众反映强烈的非法出版物集散地;镇江为确保中考、高考有序进行,在“双考”前对全市校园周边社会文化环境进行了专项整治。**三是**加强出版物市场的明查暗访。每次集中行动展开前后,及时派出暗访组,深入各个市县进行暗访、督查,有针对性地推动专项治理行动落到实处。省“扫黄打非”办公室先后组织有关部门开展8次较大规模的明查暗访,在第一时间将有关问题和整改要求反馈当地,收到了较好的效果。

(三)突出抓好大案要案的联合查处。坚持抓大案、打团伙、端窝点、破网络,先后确定了一批重点案件,及时会同省有关部门实地督办,并多方协调筹措,积极为各地专案组深挖细查、抓紧审理提供组织和经费保障,争取并补助基层办案经费21万元;不断加强基层文化市场执法力量,省新闻出版局会同法制办对全省所有乡镇文化中心负责人核发“扫黄打非”行政执法证件,并适时举办法制培训;进一步完善举报受理、广辟线索来源,1—10月份共查办全国转办案件26起、回告率100%,直接受理群众举报20件、办结率100%;切实加强重点案件的协调督办,督促指导各地及时成立联合办案组开展好侦查、抓捕、鉴定、取证和审理工作,会同省公安厅对无锡“盈信”蓝光盘重点实地指导协调,组织南京、泰州等地分别查处“紫檀贸易有限公司侵犯著作权案”和印刷企业侵权盗版等案件,抓获嫌疑人8名、捣毁制造、贩卖侵权盗版蓝光电影光盘窝点两个；着力推动行政执法与刑事打击相衔接，坚决防止“以罚代刑”现象，徐州、南京、淮安、无锡及苏州昆山市“扫黄打非”部门与公安、版权、检察院、法院等部门互相支持，密切配合，快办快结；认真做好鉴定工作，共审读鉴定3100种淫秽和非法出版物，全部被有关部门采信，为依法办案提供了准确依据。徐州集中力量查办“万松中文网”等9宗网上侵权盗版和淫秽信息案件，抓获犯罪嫌疑人39名、涉案金额680万元。各地今年以来查处审结的无锡鞠某侵犯著作权案、淮安“中国宽频网”侵犯著作权案、南京“5·26”销售盗版和淫秽光盘案、昆山“9CAX”网站侵权盗版案等，在全国也产生了积极影响。我省案件查处工作得到了全国“扫黄打非”办公室的高度肯定。

（四）积极搞好宣传教育。充分利用各种新闻媒体，及时对“扫黄打非”集中行动、专项治理成果、出版物市场存在问题、重大案件查处情况等进行宣传报道，全年共向全国“扫黄打非”网、新闻出版报、新华日报、省电视台、电台和扬子晚报等媒体提供各类报道、信息120余篇（条）；深化“世界知识产权日”宣传教育活动，积极开展侵权盗版及非法出版物集中销毁活动和“绿书签行动”等，引导社会大众进一步树立抵制侵权盗版、远离文化垃圾的意识和责任；分别于1月和4月在南京和无锡组织全省非法出版物集中销毁活动，共销毁各类非法出版物近200万件；扬州等地选择公共文化场所，张贴“绿书签”海报，向公众派发“绿书签”，并开展了“绿书签”购书优惠活动。经有关媒体报道后，产生了较为强烈的社会反响。

（省“扫黄打非”办公室供稿）

政策法规与行政法制工作

2011年，江苏省新闻出版（版权）政策法规和行政法制工作，坚持以党的十七届五中、六中全会和省第十二次党代会精神为指导，全面贯彻落实科学发展观，着力以转变经济发展方式、建设新闻出版强省为中心，以深入推进依法行政、加快建设法治政府为目标，以加强行政法制建设、加大行政指导力度为主线，以规范行政执法行为、加强行政执法监督、提高行政执法水平为重点，以深入开展法制宣传教育、扎实推进法治文化建设为抓手，面向基层、贴近群众，服务监管，着力为推进新闻出版业又好又快发展营造良好环境。

年初：省新闻出版局在省级行政机关2010年依法行政考核中，获得“优秀”等次，总分列第2名；并分别被有关部门表彰为“依法行政示范点信息直报工作先进单位”和“政府法制信息工作先进单位”。

年中：省新闻出版局和局政策法规处分别被新闻出版总署表彰为全国新闻出版系统“五五”普法先进单位；省局被中宣部、司法部表彰为全国“五五”普法先进单位，一名法制干部被表彰为先进工作者。

年末：省新闻出版局获全省《行政强制法》法律知识竞赛电视大赛三等奖；政策法规处被表彰为“2011年全省‘扫黄打非’先进单位”；两篇法治论文，分获江苏省法学会年度优秀论文一、二等奖。

一、贯彻国务院、省政府两个《意见》和学习宣传胡锦涛总书记有关弘扬社会主义法治精神重要讲话情况

深入学习社会主义法治精神。2010年10月10日和2011年3月19日，国务院、江苏省政府相继下发关于加快法治政府建设的两个《意见》，江苏省新闻出版局及时组织传达学习，分别制订《关于深入推进依法行政、加快建设法治政府的指导意见》和《全省新闻出版（版权）2011—2015年法治建设规划》，分“规划期初”、“规划期中”、“规划期末”，分别提出具体任务目标。2011年3月28日，胡锦涛总书记在中央政治局第27次集体学习时，就推进依法行政、弘扬社会主义法治精神发表重要讲话，新闻出版局及时组织在党组中心组和机关全体干部中学习讨论。局党组书记、局长徐毅英同志在学习发言时强调，推进依法行政要抓全面、抓落实，建设法治政府要抓职能转变、抓行政规范。9月22日，全省新闻出版依法行政暨法制工作会议在宁举行，省新闻出版局局长徐毅英就深入推进依法行政、加快建设法治政府作重要讲话。

切实加强依法行政组织领导。年初，新闻出版局党组研究审定并印发《2011年全省新闻出版（版权）依法行政工作要点》；局行政首长分别与各处室（支部）负责人签订《责任书》。要求“在行政审批、行政执法和社会监管活动中，认真履行职责，严格依法行政”。本年，局党组（局长办公会议）四次集体研究全系统和省局机关依法行政工作，听取阶段性情况汇报，审议确定深入推进依法行政重点事项。年末，新闻出版局发文规定：2011年度绩效管理模拟运行评估、机关工作人员年度考核与依法行政考核一并进行，省局机关各部门负责人年终述职必须述及本部门依法行政情况；机关全体干部职工大会民主测评时，同时填写《2011 年度行政执法考核评议测评表》。推进全系统依法行政考核。省新闻出版局印发的《依法行政考核暂行办法》及《评分标准（试行）》，涉及 7 个大项、13 个子项、58 个小项，每个子项小项都有明确的分值标准。

二、《2011 年全省依法行政工作要点》重点工作完成情况

（一）政府信息公开和权力公开运行情况

政府信息公开情况。省新闻出版局及时调整充实政务公开领导小组，重申《政府信息公开暂行办法》、《政府信息主动公开制度》、《政府信息依申请公开制度》以及政府信息公开责任追究、年度报告、保密审查等相关制度。行政执法法律依据、产业运行相关政策以及行政许可办事流程，一律通过政府门户网站对外公开；行政相对人申请公开政府信息做到依法受理、及时回复、准确具体。

权力公开运行情况。贯彻执行《江苏省行政权力网上公开透明运行管理暂行办法》，成立局行政审批工作领导小组，制发该局《行政权力事项网上运行绩效考核试行办法》、《行政审批实施细则（试行）》，组织行政审批工作专项检查。加强行政权力网上公开透明运行"一库四平台"建设，适时对相关数据进行补充、修正。按时完成行政权力项目清理工作。切实加强基层行政审批工作指导。

（二）制度建设情况

推进行政立法进程。参与国务院《出版管理条例》、《音像制品管理条例》等相关行政法规的修订工作，按时完成新闻出版总署修订《出版物市场管理规定》、《电子出版物管理规定》等行政规章的意见反馈工作。着力推进《江苏省著作权保护与产业促进办法》立法进程，根据省政府法制办有关要求，及时完成草案修改、立法调研、征求意见等相关工作。认真做好修订《江苏省书报刊市场管理条例》、《音像市场管理条例》的各项准备工作；按时完成省人大、省政府各类地方性法规、行政规章征求意见的信息反馈工作。

加强规范性文件管理。认真落实《江苏省规范性文件制定和备案规定》，严格按法定权限和程序制发规范性文件，进行合法性审查。年初，编制年度规范性文件制发计划。延请有关部门的专家学者出席该局拟发《行政许可案卷规范（试行）》听证会，该《规范》后被省政府《公报》全文转载。及时清理并公示废止一批规范性文件；该局规范性文件报备率、及时率、规范率继续保持 100%。

（三）科学民主决策情况

健全重大行政决策配套制度。新闻出版局 2011 年初配套制订并印发《重大行政决策实施情况后评价制度》等9项制度。

坚持重大行政决策评估制度。年初，继续开展新闻出版“调查研究月”活动，党组成员和局领导率调研组分赴全省各地，对前期已作决策的重大事项进行跟踪评估，对即将作出决策的重大事项听取意见。年中，分别对重大敏感选题决策和农家书屋资金分配决策进行跟踪评估并制发情况通报。年内，2个市、县局因发生重大违纪违规事件，被取消全省第二批依法行政示范点参评资格。

（四）加强和改进行政执法情况

协调完善长三角区域新闻出版（版权）协同执法机制。会商上海市局、浙江省局在前期就构建长三角区域新闻出版（版权）行政执法协同机制、版权保护协作机制、新闻出版合作发展等事项达成框架协议的基础上，2011年4月，在宁承办长三角区域新闻出版（版权）第三次联席会议。两省一市共同签订的《会议纪要》中，分别就推进数字出版产业发展、建立图书期刊印制跨省报备机制、加强机关软件正版化交流合作、完善出版物市场区域协同执法机制以及推动全民阅读活动等事项达成普遍共识，明确了牵头单位和责任部门。年末，分别对《会议纪要》执行情况进行评估及督查督办。

深入开展新闻出版（版权）依法行政示范创建活动。参照省有关部门运作模式，2011年再次组织各级新闻出版（版权）行政机关深入开展新闻出版（版权）依法行政示范创建活动。全省共有21个市、县局提供申报材料。省新闻出版局重新修订了申报标准和考核验收实施方案，严格按标准组织实施。在各地申报和考核验收的基础上，经局党组研究，确认或命名9个市、县局为2011—2012年度全省新闻出版（版权）依法行政示范点，表彰2个创建活动先进单位。

不断完善行政执法机制、规范行政执法行为。一是继续推进基层文化市场综合执法改革，全省近90%的市、县局整合执法资源，成立文化广电新闻出版局领导下的综合执法机构。二是开展基层新闻出版、“扫黄打非”行政执法调研，会商省政府法制办，解决全省近1200名基层乡镇文化中心负责人行政执法资质问题。三是切实加强重大行政处罚案件报备工作和行政执法案卷评查工作，有序组织重大行政处罚案件跟踪回访，组织全省行政许可案卷评查。

重视加强行政执法规范化建设。结合行政权力事项清理工作，该局依据新颁法规重新调整了部分权力项目的自由裁量基准；配合《行政强制法》宣传学习，及时完成省人大、省政府有关行政强制规定和行政强制实施主体清理工作。全省新闻出版系统初步建成行政执法人员数据库，尚待延请软件研发机构研发并建成利于动态调整的系统软件。部分省辖市实现“扫黄打非”信息联网作业。

（五）防范和化解社会矛盾情况

充分发挥行政机关行政调解的主体作用。及时传达学习省政府办公厅和省政府法制办有关加强行政调解工作的文件、讲话，制定《关于切实加强行政指导行政调解的意见》，涉及政策引导、执法提示、行政警示、整改告诫、行政建设、案件回访和受理调解、主动调解、参与调解、委托调解等不同工作范畴，配套制发了8种涉及行政指导、行政调解的法律文书。要求各地、各部门建立和完善行政调解工作体制，促进行政调解与行政监管同步推进。

切实加强和改进行政复议工作。相继制定《行政复议听证》《行政复议案件报备》和《行政复议过错责任追究》等相关制度。鉴于省局机关在新一轮机构改革中部分行政复议人员相继离岗的实际情况，2011年政策法规处三名同志同时参加省政府法制办组织的行政复议资格考试且全部获得通过。年内，行政相对人沈君作因行政机关未对其举报的所谓新闻出版“违法案件”实施行政处罚，分别向新闻出版局和国家新闻出版总署申请行政复议，新闻出版局在新闻出版总署三次依法驳回其复议申请的情况下，仍然依法作出各种解答和回复，并主动邀请被申请人单位的法制机构共同研究具体问题。

（六）法制宣传教育情况

及时制订法制宣传教育“六五”规划，调整充实省新闻出版局法制宣传教育领导小组及工作机构。年内，举办两期新闻出版行政执法培训班，延请新闻出版总署、省政府法制办、南京市中级人民法院及有关方面的专家学者授课；举行3场行政法制报告会，邀请新闻出版总署原任法规司长、新任法规司长和江苏省委政法委副书记朱华仁作专题讲座。年末，组织全省新闻出版（版权）系统“《行政强制法》法律知识竞赛”，省局在大赛中获得三等奖。

切实加强基层法治文化建设。充分发挥新闻出版系统行业优势，不断创新法治文化建设载体。2011年6月，会同省依法治省办共同举行“法治江苏与新闻出版”理论研讨会。年内，在前三年分别选择在县(市)、乡镇和省辖市进行农家书屋法治文化建设试点的基础上,会同省有关部门共同指导开展了农家书屋法治文化建设示范区创建活动,命名8个农家书屋法治文化建设示范区,表彰5个创建活动先进单位,共同召开农家书屋法治文化建设经验交流会。江苏省新闻出版局推进农家书屋法治文化建设的做法,得到上级有关部门充分肯定。

三、行政法制事务工作情况

完善新闻出版法制机构。主动跟进各地文化行政体制改革,吁请各地高度关注新闻出版(版权)法制机构建设。目前,全省13个省辖市已有7个市的文化广电新闻出版局单独设置政策法规处,已挂牌成立的86个县局中,已有66个县局单独设立或附设法制工作科,全省专兼职新闻出版法制干部已达128人。

加强政策法规业务指导。该局每年召开1~2次法制工作座谈会,每年编发一份《新闻出版产业相关政策文件摘编》;每月编发一期内部通讯《政策法规信息参考》,每期均有政策法规处同志重点研究探讨的文章,受到兄弟省市和有关部门的好评,多篇文章被省政府法制办《行政与法制》杂志转载。

开展行政法制工作交流。2010年,江苏省新闻出版局主动“走出去”,分别到省水利厅、省农委学习借鉴依法行政和法制工作。2011年,新闻出版局主动“请进来”,分别邀请省经信委、省工商局、省人口计生委、省民防局、省水利厅、省质监局、省农委、省统计局等有关部门法制机构举行座谈,交流依法行政和法制工作。

完成国家部级立法课题。2010年,新闻出版总署委托该局承担立法调研课题——《新闻出版法制工作机制研究》。由于课题下达时间较晚,课题组在2010年基本完成课题大纲、完成初稿的基础上,年内向省内有关专家学者征求意见,并在进一步修改的基础上正式结题,被评为“优秀立法调研课题”。

做好法制信息报送工作。2011年,该局政策法规处及时向上级行政机关和法制部门报送法制工作信息40余条,分别被新闻出版总署和省有关部门采用。新闻出版局法制工作信息报送量、采用量在全国各省、区、市新闻出版行政机关中居于前列;一名同志被省政府法制办表彰为年度法制信息工作先进个人。

四、2010年度依法行政考核整改情况

根据省全面推进依法行政工作领导小组办公室《2010年省级行政机关依法行政考核整改意见书》和局主要负责同志批示,及时通报相关情况,要求眼光向内,自我排查,着重解决自身存在问题。5 月 9 日,局行政首长与各处室负责人签订年度工作目标《责任书》,要求各处室在行政监管活动中,认真履行职责,严格依法行政。2011 年 5 月 31 日,新闻出版局向省依法行政办正式报送整改情况报告。

整改情况一:针对《整改意见书》指出的新闻出版局“行政许可案卷不规范,存在没有案卷存档号、无行政许可决定送达回执、行政许可以文件形式批复等问题”。1. 研究制订《江苏省新闻出版(版权)行政许可案卷规范(试行)》。此件后被省政府《公报》全文转载;新闻出版总署称许为“全国新闻出版系统第一份较为严密、规范的行政许可案卷制度。”2. 加大行政执法行政许可案卷考评力度。年内组织开展全省第二批新闻出版(版权)依法行政示范点创建活动,其“实施方案”中将“建立健全行政执法案卷,各种检查记录、证据材料、执法文书立卷归档”等相关要求,规定为申报条件中的硬性指标。3. 组织区域性行政许可案卷抽样检测。2011 年先行组织开展苏南片行政许可案卷抽样检测。

整改情况二:针对《整改意见书》指出新闻出版局“行政执法人员(机关工作人员)法律知识、依法行政知识学习培训工作需进一步加强”等问题。1. 切实加强行政执法人员法律法规学习。包括制订《关于加强和改进全省新闻出版(版权)行政执法人员培训考核工作的指导意见》,落实行政法制报告会制度,组织全系统《行政强制法》法律知识竞赛等。2. 举办行政执法培训班。分别于 6 月中旬、11 月上旬举办两期新闻出版(版权)行政执法人员培训班,培训对象为全省市、县两级完成文化市场综合执法体制改革后新增行政执法人员。

(政策法规处供稿)

行政审批管理

江苏省新闻出版局综合业务处负责行业内的行政审批事务。2011 年是“十二五”开局之年,也是行政业务成立后第一个完整的工作年度。在局党组的领导下,综合业务处坚持围绕中心服务大局,坚持依法行政,坚持依法履行职责,指导全省各地新闻出版行政审批工作。

一、依法行政,规范办理行政审批事项

根据省新闻出版局《关于确认行政权力实施主体的通知》,综合业务处承担了53项行政审批事项的集中办理工作。在具体的办理过程中,综合业务处坚持依法行政,严要求、高标准,规范办理各项行政审批事项。2011年,累计受理各类行政审批事项4205项,办结4175项。其中:

1. 经审核上报新闻出版总署的设立及变更等事项共68项,办理新闻出版总署批复事项54项。

2. 经审批新设立报刊记者站4家;新设立印刷企业324家,其中外商投资印刷企业11家,新增注册资本1.5亿美元,投资总额2.5亿美元;新设立出版物批发企业16家,新增注册资本1.6亿元。

3. 核发连续性内部资料准印证12份,一次性内部资料准印证41份,宗教内容准印证724份。

4. 办理各类变更事项1141项,其中印刷企业变更938家。

5. 办理期刊出版增刊审批115项。

6. 批准境外印刷品印刷222项,光盘出口批复315批次,办理发行委托书备案962份。

7. 办理对外合作交流事项5项。

在行政审批事项办理过程中,综合业务处严格执行法律法规规定,严把审批关,不予同意审批事项共15项。

二、服务大局,推动新闻出版改革发展

行政审批工作是整个新闻出版工作的重要组成部分,综合业务处坚持服务大局,以优质的服务推动新闻出版改革发展。

1. 做好申请创办《大学生村官报》的相关工作,保障了该报顺利创办发行。《大学生村官报》是中央组织部提议创办并委托江苏主管、主办的全面反应大学生村官情况的重要媒体。

2. 积极配合报刊体制改革,重点做好由体制改革带来的各类报刊变更,全年累计办理报刊类变更99项。

3. 开辟绿色通道及时办理江苏凤凰出版传媒集团上市公司名称变更事项,指导其在规范的基础上所属分公司集中变更,同时办理由于公司内部资源重组而带来的各类变更事项,保障江苏凤凰出版传媒股份有限公司的顺利上市。

4. 配合全局年检工作,及时做好各类变更事项的办理和信息沟通,确保了企业年检正常进行。

三、创新服务,积极助推新兴业态发展

在新闻出版行业新兴业态发展迅速的新形势下,综合业务处及时关注新兴业态发展趋势及政策导向,通过行政审批服务工作助推新兴业态发展。

1. 做好网络出版资质审批。今年又有4家单位获得网络出版资质，截至2011年年底，全省共有20家网络出版单位。

2. 做好数字印刷企业审批。根据新闻出版总署《数字印刷管理办法》，专门下发文件指导数字印刷审批工作，已批准了第1家数字印刷企业。

3. 做好网络发行资质审批，7家发行单位加入网络发行行列。

四、建章立制，完善行政审批工作流程

2011年，综合业务处根据《新闻出版总署（国家版权局）行政审批工作规程》，结合江苏集中办理后的新情况，经广泛征求意见，反复讨论，制定并下发了《江苏省新闻出版（版权）局行政审批实施细则（试行）》。在实施细则中对行政审批的职责权限进行了划分，规范了流程，规定了权限，基本形成了行政审批“集中受理、统一送达”的运行管理模式和“集中办理，规范流程，一次告知，限时办结”的便民服务模式，实施后取得良好效果。

五、贯彻新规，及时调整行政审批事项

新的《出版管理条例》、《音像制品管理条例》及系列规章相继颁布实施后，综合业务处及时组织学习，结合工作多次研究讨论。在学习理解的基础上总结出审批工作的八大变化，并整理出新规实施后行政审批事项的归并和增减项目。在此基础上，下发《关于新闻出版相关法规、规章修改后进一步做好行政审批工作的通知》，公布省新闻出版局行政审批参考目录，要求各地开展对新法规的学习和培训，对本地区行政许可事项做出及时修订。对综合业务处集中办理的事项，及时根据新规要求，调整审批标准、权限和时限，及时更改服务表格，重新制作外部流程图。

六、专项检查，指导督查各地审批工作

为更好地指导各地新闻出版行政审批工作，提高全省行政审批工作效能，综合业务处组织开展了全省新闻出版行政审批工作专项检查。专项检查分自查、抽查及总结三个阶段进行。其间，检查组在各地召开由市局分管局长、受理部门及办理部门负责人、主要经办人员参加的座谈会，听取了当地行政审批工作汇报，查阅了新闻出版行政审批工作相关制度文件、行政审批案卷，核查了行政审批事项办理流程、办理时效及合法性、合理性、规范性，随机抽查了省局委托办理的一次性、连续性内部资料性出版物准印证核发等事项的办理情况，并就行政审批工作中的疑点、难点进行了现场解答。通过专项检查全面了解了全省各地新闻出版行政审批机构设置、职能划分、人员配备、工作流程等情况，为推进全省新闻出版行政审批工作打下坚实的基础。

七、加强调研，不断深化行政审批制度改革

调研月期间，综合业务处结合本职工作赴贵州进行了行政审批专项调研，虚心学习外省经验，取长补短，改进自身工作。同时，为全面掌握省内行政审批情况，在对相关地市实地调研的基础上，还通过调查问卷形式对全省行政审批工作进行书面调研了解，为召开全省行政审批座谈会打下基础。年底召开了全省新闻出版行政审批工作座谈会，贯彻落实全国、全省行政审批工作电视电话会议和总署行政审批工作会议精神，交流各地行政审批工作经验，研讨新规实施后出现的新情况新问题并研究工作新举措。

八、协调互动，与各处室和谐沟通交流。

行政审批工作是一个整体，集中办理后仍需要审批部门与各业务处室互相沟通、互相支持。综合业务处本着对外服务行业发展、对内服务业务处室的宗旨开展工作，加强交流和会商。对重要行政审批设立等事项实行“事前会商、事中会签、事后抄报”制度，充分尊重业务部门的意见；对各类变更事项通过工作月报、网络平台等与行业监管处室实现信息共享、资源利用；重大事项召开有业务处室参加的领导小组会议协商。

总的来说，综合业务处在一年来的工作中逐步建立健全了各项规章制度，完善规范了行政审批工作流程，在积极工作中摸索经验，及时调整行政审批事项，坚持依法行政，做好行政审批工作，服务大局，推动新闻出版改革发展。　　（综合业务处供稿）

出版产业发展（科技与数字出版）管理

2011年，江苏省出版产业发展（科技与数字出版）管理工作紧紧围绕科学发展这个主题和加快转变发展方式这条主线，以文化产业引导资金为抓手推进实施新闻出版传统产业升级计划、推动新兴业态健康有序发展；加强调查研究，积极稳妥推进非时政类报刊改革；完成国家级数字出版基地创建工作；积极探索，健全、完善网络监管、数字出版相关规章制度；开展中小学教材教辅治理整顿；较好地完成了全年各项职能工作目标和任务。综述如下：

一、以加快转变发展方式为主线，积极实施新闻出版传统产业升级计划、新兴产业倍增计划，推动新闻出版业又好又快发展

1. 推进传统出版提升工程。以省文化产业引导资金项目为主要抓手，资助、鼓励传统媒体和新兴媒体的结合发展，支持图书、报纸、期刊等纸介质传统出版产业积极采用数字、网络等高新技术和现代化生产方式，改造传统的创作、生产和传播方式；推进印刷复制业升级扩张工程，用数字和网络等新技术、新材料、新工艺促进印刷、复制产业升级换代，大力发展数字印刷、绿色印刷；推进现代发行业构筑工程，鼓励新闻出版流通和物流企业发展电子商务。积极创造条件，争取有关出版单位列入总署“推动传统出版单位向数字出版转型试点”。在各市文广新局和省新闻出版局相关处室的密切配合下，2011 年，江苏省 54 个新闻出版项目经过形式审查、专家评审、实地考察、确定资助项目与金额、公示等程序，获江苏省文化产业引导资金 6960 万元资助。资助项目同比增加 12.5%，资助金额同比增加 6.26%。其中，新华日报报业集团、凤凰出版传媒集团、南京时代传媒股份公司申报的部分重大项目分别得到超过 300 万元的重点资助。11 月初，省文化厅、广电局、新闻出版局组成 6 个工作组，对 13 个市 130 多个项目进行回头看，重点检查 2010 年获得省文化产业引导资金的项目在资金使用、项目进展方面的情况，省新闻出版局申报项目，均符合文化引导资金申报要求。

根据新闻出版总署办公厅《关于开展新闻出版改革发展项目库入库项目督查的通知》要求，安排专人对江苏省 2009 年、2010 年入库的 27 个项目进行督查。经督查，《中国节日志》因项目投资规模大、项目内容编纂方面尚未顺利签订出版合同，向我局提交了项目撤销的报告。其他入库项目都能较好地按照申报立项的可行性研究报告及有关申报的文件内容实施，国家文化产业发展专项资金资助的项目在资金使用与管理方面符合要求，没有发现违规行为。

2. 实施数字出版跨越发展工程，争创国家级数字出版基地列入江苏新闻出版重点工作目标任务。3 月 8 日，建设江苏国家数字出版基地被正式纳入《江苏省国民经济和社会发展第十二个五年规划纲要》。在新闻出版局党组的领导下，全处发挥协同作战的团队精神，按照省领导、局领导的要求，全力以赴、踏踏实实、精益求精做好基地申报的每一项工作。

一月初完成《江苏数字出版产业情况的调研报告》，提出江苏国家数字出版基地“一体两翼，多园区”建设方案的架构。经过半

年多坚持不懈的努力,6 月 3 日,国家新闻出版总署正式批复同意建立江苏国家数字出版基地,同意在南京、无锡、苏州和扬州设立基地园区。江苏成为全国第 9 家获批建设国家级数字出版基地的省份。7 月 30 日,《关于共同推进江苏新闻出版强省建设战略合作框架协议》签字暨国家数字出版基地揭牌仪式在南京举行。省委副书记、省长李学勇与新闻出版总署署长柳斌杰在仪式上分别代表合作双方签署协议,并为“江苏国家数字出版基地”揭牌。江苏国家数字出版基地的苏州园区、扬州园区、南京园区、无锡园区相继开园挂牌。2012 年 3 月 15 日,《江苏省人民政府办公厅转发省新闻出版局关于加快江苏数字出版产业发展意见的通知》正式下发各市、县(市、区)人民政府,省各委办厅局,省各直属单位,同时《江苏省数字出版业发展引导目录》的草稿已基本完成。2011 年,由基地带动的全省数字出版产业总产值已超过百亿。

二、调查摸底,制定规划,分类指导,重点突破,积极稳妥推进非时政类报刊改革;总结推广改革成果和经验,强化新闻出版业的发展动力

1. 结合本省实际,确定江苏非时政类报刊分批实施的具体方案。根据中办发〔2011〕19 号文件精神,7 月中旬省新闻出版局分别召开了 6 个类别的非时政类报刊主管主办、出版单位座谈会,听取意见建议,推动改革。经江苏省文化体制改革领导小组会议研究讨论,确定了首批转企改制的 87 家非时政类报刊出版单位的名单及时间表。目前,《江苏省非时政类报刊出版单位体制改革实施方案》已在推进落实之中。

2. 推动已转企的出版单位深化改革。鼓励已转企的新闻出版企业完善法人治理结构,建立现代企业制度,有条件的进行公司制或股份制改造。支持凤凰出版传媒集团等有条件的出版传媒企业上市融资,进一步做大做强。鼓励出版传媒企业进行跨地区、跨部门、跨行业联合、兼并、重组,加快新闻出版资源向优势企业集聚,按照有关政策,认真做好凤凰集团上市方案的审核报批工作,办理完成《关于江苏凤凰出版传媒股份有限公司首次公开发行 A 股股票并上市事项的请示》,并上报总署。凤凰集团 11 月份已成功上市。

三、积极探索,健全、完善加强网络和数字出版管理的规章、机制和技术手段,推动新兴业态健康有序发展;加强制度建设,坚持依法高效廉洁行政取得积极成果

1. 根据总署等有关部门制定的《互联网出版管理暂行规定》、

《互联网信息服务管理办法》等规章制度,结合本省实际完善了网络监管、游戏审读制度。先后制定《江苏省互联网出版物(含互联网游戏和引进版电子游戏)审读细则》、《互联网出版物、游戏审读费发放办法》等规范性文件。

2. 做好网络游戏的审查、报批和动漫精品申报工作。2011年,共完成江苏凤凰电子音像出版社有限公司等单位《墨攻》、《大决战》等65个网络游戏的审核上报。在认真规范审核每一款游戏产品的同时,为确保每一款游戏都达到国家公开出版运营的要求、缩短审批周期,将网络游戏审读中发现的问题及时与申报单位进行沟通,并督促及时整改。目前已有52款游戏获准出版运营。积极做好文化部、广电总局、新闻出版总署关于国家动漫精品工程的申报工作,推荐省直出版单位以及省内相关游戏出版单位《郑和·魔海劫》、《动漫双语乐园》等24个动漫创意和动漫产品申报国家动漫精品工程。2011年度中国游戏产业年会上,江苏省新闻出版局荣获中国游戏产业支持奖。全国共有6家政府管理部门及5家行业服务单位获此殊荣。

3. 加强与省通信管理局、省公安厅协作,严厉打击互联网和手机媒体传播淫秽色情及低俗信息行为。做好互联网出版实时监管系统的升级改进工作,加强对重大、敏感时期网络出版内容信息的监测工作。2011年,省新闻出版局通过总署通报、监管系统发现线索已累计查处违法违规出版网站60家(次),关闭严重违规网站5家,对10家网站负责人诫勉谈话,查处各类违法违规和低俗网络出版物215种。

4. 配合总署教育培训中心、凤凰传媒集团、局人事教育处共同举办网络编辑等培训班2期,做好数字出版人才培训工作。

5. 编制完成互联网出版实时监管系统的升级改造工程计划和预算,加强对重大、敏感时期网络出版内容信息的监测工作,率先在全国实行网络出版主动监管定期上报制度,强化行政监督,提高行政效能。在网络出版监管系统一期工程省局研讨会上,总署科数司相关领导高度肯定了江苏的网络监管工作。

四、切实履行出版监管职责,规范中小学教材教辅出版发行秩序,有效开展教材教辅专项治理检查工作

1. 按照局领导批示,相关职能处室和部门协调落实总署关于进一步加强中小学教辅材料出版发行工作通知精神。8月26日,省新闻出版局正式下发《江苏省新闻出版局关于进一步加强中小学教辅材料出版发行管理的意见》,9 月 26 日,江苏省中小学教辅材料违法违规出版发行监督举报电话在我局网站上公布。

2. 各市新闻出版管理部门及机关相关职能处室各自按照分工,强化职能,分工负责,全面推进工作开展。江苏凤凰出版传媒股份有限公司及相关出版、发行、印刷单位根据文件通知要求,分别制定了自查整改方案。及时核查办理总署转发关于“句容新华书店通过句容某中学老师向推荐学生‘必备工具书’的新闻报道”。

3. 省新闻出版局、省教育厅和省“扫黄打非”办公室组成联合督查组,于 10 月 24 日至 28 日,分 3 个工作组对全省 13 个市的中小学教材教辅出版、发行和使用情况进行了督查,检查组听取了各市文广新局和教育局的汇报,突击抽查了 4 个出版物市场和 4 个校园周边出版物经营点,随机检查了 23 所中小学的教辅征订和使用情况。总体上看,我省各地教辅材料出版、发行和使用情况比较规范。

五、认真办理人大、政协提案等事项,通过明确的责任分工、相互之间的工作配合和依法规范的办事程序等,做到工作逐项落实,任务保质保量完成

1. 及时完成省人大代表建议、省政协委员提案答复办理工作。办理省十一届人大四次会议第 1206 号建议:《关于建设南京“国家级数字出版基地”的建议》和省政协十届四次会议第 238 号提案《大力发展文化产业,加快建设创意江苏》。

2. 根据省发改委《关于报送和引导民间投资健康发展重点任务分工进展情况的通知》,上报《关于新闻出版业鼓励和引导民间投资健康发展重点任务分工进展情况的报告》。

3. 根据财政部办公厅《关于申报 2011 年度文化产业发展专项资金的通知》,通知江苏国家数字出版基地园区按要求报送申请资金项目。

4. 配合江苏省新闻出版行业人才工作领导小组通知相关网络出版单位参加全省新闻出版行业第二批领军人才选拔工作。

5. 根据总署办公厅通知要求,协调组织相关业务部门,对全省互联网出版单位、传统图书单位和部分报刊出版单位、印刷复制、发行单位、版权从业单位新闻出版行业的科技发展调查。

6. 做好政务信息公开,加强业务交流,提高行政效率。江苏省新闻出版局局政务网站处室栏目更新工作专人负责,做到信息及时更新，网络咨询及时得到答复。定期编辑出版《新闻出版产业发展和数字出版》内部资料，收集国际国内数字出版新技术、新动向、新政策，加强我省数字出版单位之间的信息交流，指导和服务行业发展。

（产业发展处供稿）

市级新闻出版(版权)管理

南京市新闻出版(版权)管理

2011 年,南京市新闻出版系统在市委、市政府的领导下,在省新闻出版局的直接指导下,认真贯彻落实党的十七大精神,扎实开展各项工作,取得丰硕成果。

一、开拓思路,进一步推进新闻出版产业发展

一是以建设江苏国家数字出版基地南京园区为抓手,积极推进全市数字出版产业的发展。2011 年 10 月 14 日,举行南京市人民政府与江苏省新闻出版局共同推进南京新闻出版业战略合作框架协议签订暨江苏国家数字出版基地(南京园区)挂牌仪式;成立江苏国家数字出版基地南京园区领导小组和园区管委会,管委会下设办公室,初步形成数字出版基地领导管理和运营机制;在调研其他省市数字出版基地经验和研究省里政策文件的基础上,起草南京发展数字出版产业相关政策和管理办法。二是积极组织新闻出版企业申报文化产业项目,利用好现行各级政府发展文化产业的政策和优惠措施。组织申报市文化产业发展专项资金项目 65 个,累计申报金额 10195. 25 万元,37 个项目获得资助,总资助金额 1307 万元;组织申报省文化产业引导资金项目 34 个,累计申报金额10777.1万元,4个项目获得资助,总资助金额630万元。此外还组织申报了新闻出版总署改革与发展项目库、国家发改委服务业重大项目、国家重点进出口企业和重点进出口项目等。三是发挥政府的公共服务职能,积极为新闻出版企业提供优质服务。联合动漫协会、创意协会、印刷协会、出版发行协会等4家协会,组织60家文化企业在文化艺术中心举办了一场全市文化企业人才专场招聘会,现场提供就业岗位500个,招聘人员300余人。编印《国家、省、市发展文化产业政策法规文件选编》,汇编了近年来各级政府发布的近百个现行发展文化产业的政策文件,发放给广大新闻出版企业和市区两级文化产业管理干部,为企业利用好各类政策提供可靠依据。

二、巩固农家书屋建设成果,全民阅读活动蓬勃开展

一是召开了农家书屋管理干部工作会议,对2011年的工作任务作了部署。二是为82家自然村书屋送书15万元码洋,完成153万元图书选购,充实农家书屋图书保有量。三是指导各区县做好中央财政核拨的152.48万元资金,选购农家书屋图书。四是组织农家书屋管理员培训,进一步提高农家书屋管理员的管理水平、服务质量、职业素质、业务能力,切实发挥农家书屋的作用。五是举办南京市第十六届读书节,组织开展读书节系列活动。在开幕式现场组织了文艺表演,并请南京市新华书店和江苏可一出版物发行集团进行现场销售图书。“五一”期间,在南京市长三角出版物市场举办大型惠民书市,集中开展特色图书优惠展销和特价书市,来满足各界群众的读书需求,三天销售5万多元码洋。组织出版物发行业继续开展爱心助学活动,江苏春雨教育集团向六合区竹镇希望小学和马鞍中学捐赠教辅图书。

三、履行政府职能,加大行业监管力度

一是搞好审读,加强出版管理。组织审读员对《南京日报》全国“两会”宣传报道、学术期刊《学海·南京大屠杀研究》2010年出版情况等进行审读,完成书面审读报告6篇。全年除了对市属27家报刊、95家连续性内部期刊和100多家一次性内部资料出版物进行日常审读外,还推出了《挖掘本土“红色资源”,进行爱国爱党教育——〈南京日报〉建党90周年报道精彩纷呈》、《为记者“走基层”再给力》等一批重点审读报告。2011年4月,南京日报社被评为“优秀报刊审读单位”。全年,核发连续性内部资料性出版物准印证4个,一次性内部资料性出版物准印证97个。与江苏省新闻出版局联合举办了第四届江苏省名优报刊推介活动,共组织《南京日报》、《金陵晚报》、《金陵瞭望》、《改革与开放》等12家市属报刊参加活动。根据新闻出版总署工作部署,组织开展了报刊发行秩序专项治理、报刊记者站专项治理"百日行动"、中小学教辅材料出版发行专项治理等一系列治理工作。依法取缔未经行政许可擅自成立的"《商品与质量》杂志社民生周刊编辑部南京新闻信息采集中心";依法取缔未经行政许可擅自成立的"《购物导报》江苏记者站"。二是加强印刷业监管。召开印刷业管理联席会议,沟通印刷管理工作情况,交流管理经验;建立新申办印刷企业回访制度;组织区县文化管理干部及部分重点印刷企业负责人外出考察调研学习;坚持印刷企业回访制度,强化对新领证企业的管理;举办南京市"双优诚信"印刷企业评选活动,开展第四届南京印刷产品质量评优交流活动;成功举办印刷企业培训班,引导行业协会开展为企业服务工作。三是加强出版物市场管理。年初对全市2442家出版物发行企业进行了年度核验,对不符合要求的6家企业予以注销;加强审批工作,全年共审批51家企业,审核11家企业;加强对长三角出版物市场的管理,与相关部门和单位紧密协调,坚持有效的日常工作制度,包括例会制度、巡查制度、售前送审制度和监督激励制度等;严格各项规章制度,加强市场审读,全年共审读图书48230种,不予发行345种;加强报刊亭管理,对全市邮政报刊亭经营者进行了培训;组织"双优诚信"单位的评选,评选出一批优秀出版发行单位,引导出版发行行业加强自身建设,更好地为群众服务。四是全力开展"扫黄打非"斗争。根据专项工作部署,大力开展2011年全国"两会"期间出版物市场的全面巡回检查,开展无证无照经营场所专项整治、"软件使用正版化"以及校园周边文化市场集中整治等专项行动。全年,市区(县)两级文化行政执法队伍日常巡查、突击检查和专项行动共出动检查人数9500余人次,车辆1500多辆次,查处文化经营单位和无证摊点9100多家(处);检查文保单位(点)89家,责令整改3家;下发歌舞娱乐场所消防安全整改通知书5份;取消卡拉OK违禁歌曲曲目640多首;取缔涉嫌色情表演活动2起;有效防止境外演出违规情况1起;取缔"黑网吧"28家,收缴非法电脑34台;取缔"黑游戏机室"6家,收缴涉赌游戏机362台,非法电脑主板23块,罚款人民币0.7万元;取缔图书报刊、音像制品、电子软件等出版物无证摊点120处;收缴图书报刊、音像制品、电子软件侵权盗版、有政治问题、色情淫秽等各类非法出版物1300多种7.2万多套18万多册(张),罚款27万元;查缴违规影像棒及有关违规产品60余件;打击非法音像制品地下批销窝点8个,移送公安机关涉嫌违法人员11名,现5名犯罪分子已被检察机关批捕。全年共查办各类案件22起,其中查办的“6·01”家族式的地下制作、网上销售侵权盗版蓝光光盘的特大跨省团伙作案,省委政法委副书记朱华仁在省“扫黄打非”专报上作出了重要批示,也引起了全国“扫黄打非”办的关注,以专报的形式进行转发,并在中央、省及市级电视台、电台、报刊、网络等新闻媒体进行上深度报道。

四、加强版权管理,拓展监管领域

一是全力开展软件正版化工作。召开领导小组工作会议,调整充实了市使用正版软件工作领导小组成员,筹备和召开领导小组会议;以市政府办公厅名义印发了《关于进一步做好全市政府机关使用正版软件工作的通知》(宁政办发〔2010〕151号)和《关于对使用正版软件工作情况进行检查的通知》;开展市级机关软件调查统计工作,确定市级机关正版化整改方式和市级机关正版软件购置方案;加强正版软件的使用管理,部署区县机关软件正版化工作;召开推动区县软件正版化工作暨加强软件资产管理工作会议,部署机关软件采购工作。至年底,迁入政务数据中心30家,完成正版化任务27家,已落实资金已报采购计划51家,未报采购计划22家。二是版权鉴定工作成绩突出。截至11月14日,完成市文化市场综合执法总队、区县公安分局、区县文化局共10家单位委托的出版物鉴定任务,出具14份鉴定书,鉴定侵权出版物5554种、24751册(张);非法出版物80种98册(张)。雨花台区、六合区公安分局和白下区文化局委托鉴定出版物5786种、20786册(张)正在鉴定中。三是积极开展“版权示范园区”创建工作。2011年2月23日,启动珠江路科技街创建“正版软件示范街”活动;9月9日,国家版权局在山东青岛召开推进全国版权示范城市、示范单位和示范园区(基地)创建工作座谈会,会上,国家版权局评选南京市徐庄软件产业基地等8家为全国版权示范单位和示范园区(基地)。四是开展4·26世界知识产权日系列宣传活动。4月24日,在浮桥市民广场,市版权局联合有关单位举办“2011年南京市暨玄武区知识产权宣传周活动启动仪式”,安排了文艺演出、知识产权咨询、侵权实物展示、赠送绿书签、有奖知识答题、公民知识产权认识度问卷调查等活动,展出展板40块,发放宣传资料15000份;与市科委、市知识产权局承办了市首届外观设计专利及创意设计大赛,大赛历时5个月,全市近千件外观设计专利及创意设计作品报名参赛,510件优秀外观创意设计作品入围大赛优秀作品展。五是开展第七届软件博览会有关工作。按照市政府《第七届中国(南京)国际软件产品和信息服务博览会南京市工作方案》,积极做好软博会相关筹备、参展和服务工作,接受参展商和观众的版权咨询,解答各类版权问题300余人次;加强对展会现场的巡查,做好现场版权保护工作。

五、法制建设更加完善

印发了《南京市文化广电新闻出版局关于在全系统开展法制宣传教育的第六个五年规划》,制定发布了局《行政执法责任制规定》等12项规定;根据今年新颁布的法律法规,对148项行政权力事项进行了动态调整;举办了全市第一期文化综合执法人员培训班;参加了省、市政府法制办和省新闻出版系统组织的《行政强制法》知识竞赛,南京市文广新局取得了全省新闻出版系统竞赛第一名;组织开展了2011年度全市文化行政综合执法案卷评比活动,获得2011年全省新闻出版行政许可案卷抽样检测组织奖和优秀案卷奖;在市法制办处罚案件评查中,南京市文广新局3份卷宗获得最高评分。　　(南京市文广新局办公室琚忠友供稿)

无锡市新闻出版(版权)管理

2011年是"十二五"开局之年,无锡市新闻出版(版权)工作以全面提升新闻出版实力为主题,以产业繁荣、事业发展为主线,转变职能、统揽全局、优化服务、加强监管,努力提升无锡新闻出版业的核心竞争力,新闻出版呈现了高位运行、科学发展、繁荣有序的发展势头。

农家书屋工程

2011年,无锡市农家书屋工程由"以建为主"向"以用为主"转变,300户以上自然村农家书屋建设逐步延伸,"四通书屋"全面铺开,自然村农家书屋、"四通"农家书屋建成193个。为积极筹建农家书屋建设示范区,在新区建设了数字农家书屋中心作为示范点,该中心现有110万本电子图书、11万种电子期刊、400多种实时电子报,5678种长达百万分钟的视频学习资料,3000多种外文图书,45门课程,4万套题库,中心挂牌不到两个月,数字资源检索量已超过17万人次。惠山区大力筹建四通、自然村农家书屋建设示范区;江阴市积极筹建自然村农家书屋建设示范区:为无锡市试点推进建设农家书屋示范区奠定了坚实基础。为充分利用好中央对农家书屋244万元的奖励资金,更新了464家农家书屋出版物,举办了农家书屋管理员培训班,对该市170个农家书屋管理员进行培训,培训补助资金17万元。为用力提供鲜活经验,中央电视台、江苏电视台专门到无锡拍摄数字农家书屋,在全省、全国推广无锡市数字农家书屋的经验,中央电视台新闻频道、中央电视台新闻联播、江苏卫视、《农民日报》等省级以上媒体都做了专题报道。

产业转型升级

坚持结构调整,产业转型发展明显提速。该市努力提档升级、率先发展,有计划地建设新闻出版产业园区和产业基地,优化产业集聚环境。国家新闻出版总署同意无锡市筹建国家数字出版基地园区,实现了无锡市数字出版和新闻产业园区发展的重大突破。一是印刷业升级扩张,态势良好。无锡市以数字和网络等新技术、新材料、新工艺、新装备促进印刷产业升级换代,大力发展数字印刷、绿色印刷,形成了以惠山区为龙头的3D等新技术新工艺印刷企业群、以锡山区为龙头的绿色印刷企业群和以新区为龙头的数码印刷企业群。做好了新闻出版总署、发改委产业发展引导资金的争取工作,天艺印刷有限公司的3D立体印刷作为江苏省唯一一家印刷企业通过了国家新闻出版总署的评审。二是出版物发行业规模扩张明显,网络销售明显增加。当当网在无锡建立基地,初步构建了以连锁经营、物流配送、电子商务为主要特征,贯通城乡的出版物发行流通网络,全年开票收入超过10亿元,极大提升了无锡出版发行业的规模与质量。三是重点企业发展良好。稳步推进江苏新广联科技股份有限公司、无锡雪豹十月数码动画制作有限公司等重点新闻出版关联企业上市进程,培育一批成长性好、竞争力强、市场效益好的标杆型新闻出版企业,努力迅速形成新闻出版市场的主导力量。

软件正版化工作

一手抓党政群机关软件正版化,一手抓企业软件正版化,取得明显成效。一是完成市级机关正版化工作。2011年,市委办、市政府办转发了党政群机关软件正版化的实施方案,为全面推动全市党政群机关软件正版化工作营造了良好的氛围。市政府办多次召集会议,加强组织,协调分工,落实资金,将群众团体纳入正版化范畴;积极协调市级机关事务管理局、市委机要局、财政局、各市

(县)、区政府办等部门,多次召开专题协调会,研究采购内容、数量与采购资金,对相关问题进行沟通。全市落实资金1095.77万元,其中市级机关投入资金461.55万元,市(县)、区机关投入634.22万元,10月初市级机关正版软件的招标工作正式启动,各市(县)、区软件正版化工作稳妥推进,结合市(县)、区换届,调整了分管副市(区)长为组长的各市(县)、区使用正版软件工作领导小组及其办公室,完善了机构建设。9个市(县)、区于10月份全部完成了自查摸底工作,12月份与市级机关同步进行采购,全市共采购操作系统1045套,微软办公软件3252套,永中办公软件4675套,以及永中政务协同办公系统与趋势科技杀毒软件。12月15日全市党政群机关完成了采购工作,软件正版化实现了“满堂红”。二是狠抓企业正版化工作。我们结合实际,坚持“以大型企业为重点,以国有、外商投资、民营大型企业在先”的原则,有计划、分步骤、积极稳妥地推进企业使用正版软件工作,积极争取财政企业正版化奖励专项资金,截至年底,25家企业完成了软件正版化工作。

加强行业监管

坚持创新管理,社会文化环境得到净化。一是加强对版权市场监管。打击侵犯知识产权和制售假冒伪劣商品作为当前新闻出版工作的重要内容,作为版权保护工作的重要方面,与规范市场秩序相结合,与净化社会文化环境相结合,与“扫黄打非”工作相结合,在开展专项治理、推进正版化工作、完善部门联动机制、开展发挥基层监管优势等方面取得了明显成效。二是加强对基层组织监管。采取有效措施,狠抓基层网络建设,并致力于构建“四个一”工作模式,即:由各镇、街道分管领导牵头成立一个由文化站、工商所、派出所、城管中队等组成的工作小组;由各镇、街道明确一名新闻出版市场专管员;聘请一支优秀的义务监督员队伍;组织属地职能部门每个月至少开展一次联合执法行动。全年从基层反映的有关侵权违法信息达200余条,使出版物市场中存在的许多问题和管理上的盲区得到了及时解决和有效消除。三是加强对大案要案的查处力度。加大对制售侵权盗版音像制品活动的刑事打击力度,协助公安部门鉴定非法音像制品6000余品种,25万余张次,协助刑事侦查案件4起。鞠文明、徐路路等人侵犯著作权刑事案移交司法处理,涉案金额120余万元,现已完成司法审判。

(无锡市文广新局顾必成、肖平供稿)

徐州市新闻出版(版权)管理

2011年,徐州市文化广电新闻出版局在省新闻出版局和市委、市政府的正确领导下,全面落实科学发展观。认真贯彻年初全省新闻出版工作会议、第24次全国全省"扫黄打非"工作电视电话会议精神和上级的一系列重要指示,按照省新闻出版局提出的工作要求,圆满完成各项工作任务。被评全国新闻出版系统先进集体、全省网上"扫黄打非"工作示范优胜单位、2011年全省"扫黄打非"工作目标管理优秀单位,获全省全民阅读活动优秀组织奖,徐州市行政许可案卷评比优秀案卷一等奖。为"推进跨越发展,建设美好徐州"作出了重要贡献。

一、农家书屋长效管理机制逐步形成

为管好用好农家书屋,充分发挥农家书屋的功能作用,该局确定了今年为"农家书屋管理年"。具体做了以下几项工作:一是中央财政奖励金完善农家书屋出版物工作已完成。5县(市)及铜山区、贾汪区充分运用中央农家书屋奖励金343.68万元,更新714家农家书出版物,更新农家书屋出版物工作已完成。二是省农家书屋出版物更新已完成。省财政为徐州市5县(市)及铜山区、贾汪区883家农家书屋更新出版物,更新农家书屋出版物已配送到位。三是进一步完善农家书屋工程信息管理系统。充分利用现代科技管理平台,将5县(市)及铜山区、贾汪区2232家农家书屋信息输入,建立了一体化管理,通捷便利,信息资源共享的机制。实现市局及县(市)、铜山区、贾汪区在数据采集上报、信息加工、信息检索、管理人员的选定上一体化管理,省新闻出版局对该市农家书屋工程信息管理系统建设给予高度评价。四是对部分农家书屋管理员进行培训。根据省局安排11月份利用6天时间对全市370名图书管理员进行培训,并对"图书借阅制度"、"图书管理员职责"、"图书损坏赔偿制度"、"图书需求登记制度"等内容进行考试,统一规范全市农家书屋图书借阅登记台账、图书需求登记簿,对规范农家书屋管理提高管理人员素质起到了良好的推动作用。

二、出版物市场秩序进一步规范

紧紧围绕规范出版物市场秩序,不断强化社会监管职能。(一)加强对印刷复制业的监管。加强对印刷复制业的监管,建立健全违规经营企业档案制度,积极探索和完善监管长效机制。加强对印刷企业的巡查和跟踪,发现问题及时进行查处。坚决取缔无证照从事印刷经营活动的地下窝点。对非法印刷经营活动严肃查处,为印刷企业营造公平的市场竞争环境。2—3月份,对印刷企业进行年检,全市共有印刷企业413家,其中出版物印刷企业18家,专项印刷企业10家,包装装潢印刷企业82家,其他印刷品印刷企业303家。参加年度核验的印刷企业374家,暂缓年度核验的印刷企业25家,不予年度核验的印刷企业14家。(二)积极维护发行市场的稳定。根据省新闻出版局下发的《关于开展2011年全省出版物发行单位年度核验登记工作的通知》要求,3月份,结合本市实际,认真准备、严格核验、力求材料详实、数据准确、资质符合。为进一步规范出版物市场秩序起到了良好的促进作用。全市共有出版物经营单位582家,全年实现销售总额96471.92万元,其中国有企业123家,销售额为63912.79万元,民营企业567家,销售额为32559.13万元。从企业所属类别划分:新华书店50家,邮政书店82家,社会发行558家。从发行形式分:零售单位680家,二级批发单位10家。从发行类别分:书报刊网点682家,电子出版物网点8家。全市出版物经营单位经营面积达110030平方米,从业人员达5256人。截至2011年底,全市已通过年检出版物零售单位680家,二级批发单位10家以审核上报省局通过年检,自动停业19家。(三)严格标准,着力加强对报刊市场的监管。为进一步巩固开展打击"四假"活动的成果,上半年,市文广新局根据省新闻出版局要求开展了"杜绝虚假报道、增强责任、加强新闻职业道德建设"专项教育活动。4—5月份,开展了记者站专项治理。加强对报刊市场的监管,规范报刊发行秩序,及时查处各类违禁报刊和各种非法小报。6月份,对连续性内部资料出版物进行半年核检,加大审读工作力度,对不按规定出版的连续性内部资料出版物,坚决予以查处。全市共有79家,其中新批4家。10月份,针对《彭城晚报》刊登违规规广告进行查处。

三、全民阅读活动蓬勃发展

根据省委宣传部、省文明办和省新闻出版局开展全阅读活动计划总体部署,结合徐州市实际,从3月份开始,围绕徐州市全民阅读活动计划先后组织开展了一系列活动。共征集论文172篇,其中向市征集论文70篇。举办"阅读红色经典、同享美好生活"演讲比赛56场次。评选各级读书明星100人,组织知识及法律讲座186场次,红色图书下乡为农家书屋捐赠图书23000多册,为农村贫困学生捐赠图书1100册。评比书香之家100家、书香之乡10个、书香之县(市)2个。

四、“扫黄打非”工作进一步加强

按照《徐州市2011年“扫黄打非”行动方案》的部署,认真组织开展各类专项行动。有效地维护了徐州市出版物市场的健康有序发展。(一)精心制定市、县、乡镇级“扫黄打非”工作方案,完善“扫黄打非”工作机构。徐州市局在完成组织机构调整的同时,各县(市)及贾汪区成立了文广新体局,文化市场统合执法机构正在调整中。5县(市)、铜山区、贾汪区在健全县市级“扫黄打非”工作机构的同时,对各乡镇“扫黄打非”工作机构进行了调整,指定专人负责,并签订“扫黄打非”工作责任书,作为年终考核的依据。根据《徐州市2011年“扫黄打非”行动方案》要求,5县(市)、铜山区、贾汪区在制定好本级“扫黄打非”行动方案的同时,分别指导乡镇制定好本级“扫黄打非”工作方案,目前,全市已制定乡镇制定好本级“扫黄打非”工作方案110份。(二)加强网上“扫黄打非”工作示范区建设。根据省“扫黄打非”办工作安排,徐州市今年着力加强网上“扫黄打非”工作示范区建设。4月13日,市“扫黄打非”办召开成员单位公安、工商和各县(市)、铜山区、贾汪区“扫黄打非”工作领导小组办公室负责人及科室工作人员会议,认真传达学习省“扫黄打非”工作会议精神,对做好网上“扫黄打非”工作示范区建设进行具体部署。对建立网上“扫黄打非”工作进行讨论,会后下发了《徐州市2011网上“扫黄打非”工作示范区建设实施方案》。开展专项行动以来,对辖区内《彭城视窗》、《中国淮海网》等29个比较大的网站进行了主动监管,安排专人每天对网站的内容进行浏览,及时发现问题,防止侵权盗版案件的发生。同时,加大对市区内出版物发行网点的检查力度,组织进行了4次全面清理检查,收缴各类侵权盗版出版物2165件,检查印刷复制企业186家次,取缔游商地摊3个。(三)开展打击侵犯知识产权和制售假冒伪劣商品专项行动。根据省、市的要求,在市“开展打击侵犯知识产权和制售假冒伪劣商品专项行动”领导小组的统一领导下,精心组织,主动监管,认真履行职责,扎实开展各项工作。先后与公安机关配合查办6宗侵犯知识产权的案件,抓获犯罪嫌疑人25名,涉案金额680万元,查获涉嫌侵犯著作权文字作品19852部,涉嫌盗版图书2万余册、涉嫌侵权盗版软件8000余套。到目前为止1宗已经结案,1宗已通过检察院审查移送到了中级法院,另外4宗正在继续侦查阶段。开展“双打”行动以来,对举报和投诉的25个网站全部进行了取证。重点查办了下列案件。1.“万松中文网”涉嫌侵犯“起点中文网”文字作品权利5483部一案,抓获犯罪嫌疑人5名,1月14日经云龙区检察院批准戴玉辉和喻斌斌逮捕,卓建辉取保候审。徐州市中级人民法院以侵犯著作权罪分别判处被告人戴玉辉和喻斌斌有期徒刑3年6个月、有期徒刑3年,并分别处罚金人民币15万元,没收其非法所得金额及电脑、硬盘、服务器等作案工具。2.查办“加林软件网”网络销售涉嫌盗版“广联达软件有限公司”软件的案件。经过前期调查取证,移送泉山公安分局侦办。分别于2011年2月21日、2011年3月14日,在成都和漳州抓获主要犯罪嫌疑人黄世伟和朱洁鹏,当场查扣伪造的广联达加密狗半成品近8000套,并扣押了赃款及赃车,作案用计算机15台、现金20余万元。目前,犯罪嫌疑人黄世伟、朱洁鹏已被依法刑拘,追捕魏金平、彭春叶两名犯罪嫌疑人的工作正在进行中。3.未经盛大文学公司授权大量复制、登载、传播“盛大文学”拥有独家信息网络传播权的作品,涉案金额500余万元。目前已通过检察院审查,移送到了徐州市中级人民法院,不久将开庭审理。4.配合睢宁网警大队查办了“忘尘中文网”、“点墨中文网”侵犯著作权案件。“忘尘中文网”、“点墨中文网”两个网站,非法下载、复制、传播“盛大文学起点中文网”拥有的信息网络传播权的大量文学作品。于2011年5月19日,在广东省汕头市区一出租屋内将犯罪嫌疑人黄淡鸣(男,26岁,广东省揭阳市人)抓获,扣押电脑两台。目前,犯罪嫌疑人黄淡鸣、朱巧、金绍刚、龚明湛已被刑事拘留。5.配合泉山区公安分局查办了“华联书城”利用淘宝网销售盗版图书案。2011年5月26日,徐州市文广新局与泉山公安分局在泉山区西苑小区内一举捣毁一家在淘宝网销售非法出版物无证网店——“华联书城”。现场抓获吴章跃、王颖夫妇等9名犯罪嫌疑人,查封存放各种非法出版物的仓库两个,缴获各类涉嫌盗版书籍2万余册,扣押汽车一辆,赃款12万余元。目前此案正在进一步调查中。(四)认真开展好各阶段专项行动。年内先后开展8次专项行动。一是2011年春节和全国“两会”前后“扫黄打非”专项行动。根据省“扫黄打非”办通知要求,市文广新局周密制定了《徐州市2011年春节和全国“两会”前后“扫黄打非”专项行动方案》。从2月上旬至4月底,在全市开展以打击手机淫秽色情信息和净化文化市场为重点专项行动,全市共出动检查人员1178人次,检查出版物市场1320多个次,收缴盗版及非法纸质出版物15600册、音像制品12020多件,取缔非法摊点8家。二是开展打击盗版工具书专项行动。从2月上旬至3月底,在全市开展了打击盗版工具书专项行动。出动检查人员438人次,检查发行单位366家,收缴盗版工具书69本。在全面清查的同时,市"扫黄打非"办采取明查与暗访相结合、日常检查与突击检查相结合的方法,对出版物经营单位进行全面检查。3月24日,市"扫黄打非"办组织协调公安、工商、文化广电新闻出版执法人员对市区新华书店徐州凤凰书城、海天书城、博库书城、华东图书城等10多家图书批发、零售、单位进行严格检查,从清查的情况看,市区发行企业销售的工具本都是从出版社订购,手续齐全,能严格执行出版物市场管理规定,没有经营盗版权工具书的情况。5县(市)和铜山区、贾汪区对所属发行企业进行了全面检查,全面检查工具书市场,严厉查处非法印刷、运输、储藏和销售盗版工具书尤其是名牌工具书的行为。加大对县(市)、乡(镇)出版物市场检查整治力度和对校园周边书店的清查力度。收缴盗版工具书69本。四是开展打击违禁出版物专项行动。根据《2011徐州市"扫黄打非"行动方案》和省"扫黄打非"办通知要求,从2011年4月起至12月,在全市开展打击违禁出版物专项行动,集中清查出版物市场上的违禁出版物和法轮功等邪教反动宣传品。三是清理整治出版物市场紧急行动。6月27日,市文广新局接到省"扫黄打非"办的关于清理整治出版物市场的紧急通知后,领导高度重视,立即将内容向市有关领导作了汇报。结合我市正在开展的"扫黄打非"第二阶段专项行动和省通知要求,制订方案,迅速将通知精神下发至各县(市)、铜山区、贾汪区,在全市范围内统一开展清查行动。各县(市)、区对此次检查也作了周密部署,丰县、铜山区还专门制定了行动方案。紧紧围绕中国共产党成立90周年这一主题,以维护社会政治稳定、促进出版物市场健康发展为重点,将淮海战役纪念馆、苏北战役纪念馆等红色旅游景区出版物市场作为重点,采取"拉网式"检查,逐一清查,不留死角;针对各书刊零售店(点)、进行了全面清查,决不允许境外违禁出版物在徐州有立足之地。五是开展打击淫秽色情出版物和有害信息专项行动。市"扫黄打非"办不断加强对打击淫秽色情出版物和有害信息专项行动的调度,结合正在开展的"扫黄打非"第三阶段行动,把打击淫秽色情出版物和有害信息专项行动作为工作重点,深入持久地开展下去,取得新成效。结合整治中小学教学辅导材料行动,大力清查学校周边出版物市场,引导青少年自觉抵制淫秽色情信息的侵害,营造有利于青少年成长的社会文化氛围。10 月 11 日至 15 日,市“扫黄打非”办协调市文广新局、电信局、公安局,对徐州市区域内的亿网科技、枫信科技、港湾科技、迅腾科技等网站进行了全面清查,结合创建省网上“扫黄打非”示范区工作,不断净化网络环境。各县(市)、区在开展清查行动中,坚决取缔兜售淫秽色情出版物及盗版出版物的游商地摊和无证经营者,收缴盗版光盘 280 张,非法图书 1200 多册。新沂市“扫黄打非”办协调新沂市公安局成功破获一起网络传播淫秽物品牟利案,抓获犯罪嫌疑人 2 名(经查,犯罪嫌疑人在互联网上利用管理账号管理维护“激情 58”的网站,该网站的“综合影视区”等多个板块,涉嫌淫秽图片 10000 多张、小说 10000 多部、视频 4000 多件,并以注册该网站的 VIP 会员方式牟利)。目前 2 名犯罪嫌疑人已被刑事拘留,案件正在进一步侦查审理中。六是清理整治红色景区出版物市场行动。从 6 月下旬至 7 月底,在全市开展了红色景区出版物市场专项行动。从清查的情况看,市区景点发行单位手续齐全,能严格执行出版物市场管理规定,没有经营非法出版物的情况。全市出动检查人员 638 人次,检查发行单位 221 家次,收缴盗版图书 69 本,清理游商摊点 2 个。七是开展中小学教辅材料整治行动。我市从 8 月下旬开始对全市印刷、复制、发行单位和出版物市场进行全面检查。全市出动检查人员 2112 人次,检查中小学校 86 家,检查印刷、复制单位 468 家次,检查发行单位 521 家次,收缴非法及盗版中小学教辅材料 29100 多册,清理游商摊点 4 个,立案查处案件 3 件。市“扫黄打非”办、市文化广电新闻出版局分三组采取“拉网式”检查,对全市印刷、复制、发行单位和出版物市场逐一清查,不留死角。9 月 17 日,市文化广电新闻出版局副局长艾新建带队,对市区海天书城、诚信书店、楚悦文化传播有限公司、可一书店等教辅出版物发行单位进行检查。市文化广电新闻出版局新闻出版检查所在对印刷企业检查中发现徐州三维包装印务有限公司非法装订中小学教辅材料 1500 册,徐州光海印务有限公司擅自印刷没有申请准印证的出版物。目前正对两家企业进行立案查处。新沂市在检查中对新沂教育局教研室在新沂教育印刷厂非法印刷《小学生课外读本》,进行立案查处。丰县、睢宁等地针对中小学教辅材料市场存在的问题,结合本地实际开展专项整治行动,严查出版物市场,特别是对校园周边出版物市场和出版物批发市场,从中发现、梳理案件线索,并追根溯源、一查到底。10月2日、6日,市“扫黄打非”办组织执法人员对市区火车站前广场、长途汽车站、华东图书城、淮海路、中山路、解放路、青年路沿线书店、印刷复制单位及报刊亭等地区进行全面检查,从检查的情况看,我市大的出版物发行企业较为正规,经营有序。个别报亭及民营书店还有少量的盗版图书和非法出版物,执法人员当场予以查缴并限期进行处理。5县(市)、铜山区、贾汪区在安排好节日值班的同时,国庆期间认真组织执法人员对本地出版物市场进行了检查。收缴非法及盗版出版物630多件。新沂、邳州、铜山、贾汪、睢宁等地“扫黄打非”办领导亲自带队检查,对确保节日出版物市场健康有序发展起到了良好的促进作用。9月21日至30日,结合市“扫黄打非”办协调市纪委、市教育局、市文化广电新闻出版局等单位结合分4个检查组对市区和各县(市)区印刷、发行单位及中小学使用教学辅导材情况进行联合检查,检查印刷单位28家、发行单位36家、中小学30家。对一些单位违规经营、私自承印、非法发行教学辅导材等问题进行严肃查处,对3家单位进行立案处理。(五)开展2011年侵权盗版及非法出版物集中销毁活动。为迎接“4·26”世界知识产权日,加大打击侵权盗版和保护知识产权的力度,根据省“扫黄打非”办统一部署。4月22日上午,市“扫黄打非”工作领导小组办公室组织协调市文化广电新闻出版局、公安局、工商局等成员单位,在徐州市图书馆门前举行侵权盗版及非法出版物集中销毁仪式。市政府副市长、市“扫黄打非”工作领导小组副组长段雄出席集中销毁仪式并作了重要讲话。参加此次活动有市“扫黄打非”工作领导小组成员单位负责人,市出版物发行协会、市印刷协会、市音像协会、市新华书店,及市部分民营发行单位业主,共300余人参加了集中销毁仪式。4月26日,市版权局联合市知识产权局在徐州市科技园举行了保护知识产权和聘请知识产权宣传员仪式,市政府副秘书长王志华到会为100名大学生村官颁发了保护知识产权聘书并作了重要讲话。仪式结束后中国矿业大学举办了保护知识产权知识竞赛。以“拒绝盗版、从我做起”为主题,开展了保护知识产权反对盗版制品和“绿书签行动2011”广场宣传活动,在公众中引起强烈的反响。同时,凤凰徐州书城、博库书城、海天书城及徐州三中、九里中学、铜山中学等单位也分别组织了“绿书签行动2011”系列宣传活动,张贴“绿书签行动2011”宣传海报300多张,向民众发绿书签500多张,散放宣传单5000多份,并进行“拒绝盗版、从我做起”签名活动。

五、新闻出版产业规模不断增加

徐州市积极推进文化体制改革,优化文化产业布局,引导文化产业集聚,通过实施组建文化产业集团、整合包装重点文化项目、扶持重点民营文化企业、扩展文化产业功能区等措施,文化产业得到较快发展,初步形成新闻出版业较为合理的文化产业结构体系,产业项目不断增加,产业收入明显增长,融资能力不断增强,就业人数显著增多,已成为拉动经济快速发展的新增长点。据调查统计,2011 年全市三印(复印、打印、影印)企业 385 家;印刷企业 384 家;新闻出版发行单位 582 家;音像制品经营单位 56 家,营业收入约 35 亿元,与上年相比增幅达 30%。全市建有新闻出版市级文化产业示范基地 2 个,推荐 5 家文化企业进入国家新闻出版总署项目库(今日彩印、矿大出版社、报社网络传媒、报社印务中心、徐州绪全印刷有限公司);出台了《徐州市政府关于加快推进重点现代服务业发展的若干政策意见》,文化动漫产业被列为全市重点发展行业之一,在市文广新局设立文化动漫产业推进办公室。完成了《徐州市促进特色文化产业发展条例》起草工作;相继编制了《徐州市特色文化产业发展规划纲要》、《徐州市"十二五"文化产业专项规划纲要》。鼓励和支持民间资本投资文化产业,徐州徐州华艺彩色印刷有限公司、徐州绪全印刷有限公司、江苏大风乐器有限公司、博库书城徐州有限公司等一批民间文化企业发展壮大。已组建成立徐州报业传媒集团、徐州文化产业集团和徐州演艺集团等 3 大文化企业集团,为加快实施集团化发展战略迈出了坚实的一步。2011 年徐州报业传媒集团经营收入超过 3.5 亿元;徐州法权印刷有限公司、徐州市今日彩色印刷有限公司、徐州海天书城有限公司,成为徐州市民营重点文化企业。全市产值过亿元的文化企业共有 10 家,其中新闻出版业 2 家(报业传媒集团 3.5 亿元、徐州新华书店 1.1173 亿元),印刷业 4 家(徐州红杉树纸业 3.67 亿元、徐州华艺彩印 2.38 亿元、江苏时代天勤包装 1.28 亿元、徐州以琳塑业 1.05 亿元)。

六、版权工作扎实开展

扎实开展保护著作权的广场宣传,努力营造全社会保护知识产权的良好氛围。一是认真组织开展"打击侵犯知识产权和制售假冒伪劣商品专项行动"。先后查办了"万松中文网"、"加林软件网"、"小说 520 网"、"忘尘中文网"、"点墨中文网"等侵犯著作权案件 9 宗,抓获犯罪嫌疑人 39 名,涉案金额 680 万元,查获涉嫌侵犯著作权文字作品19852部,涉嫌盗版图书2万余册、涉嫌侵权盗版软件8000余套。二是积极推进政府机关软件正版化工作。根据市政府办公室《关于进一步做好政府机关使用正版软件工作的通知》要求,市政府落实经费200万元,用于更换市级机关软件,全市10个县(市、区)级机关全部完成了软件正版化工作。三是积极推进企业软件正版化的工作。坚持"以大型企业为重点,以国有、外商投资、民营大型企业在先,中小企业在后"依次推进"的原则,在确保大型国有和民营企业完成软件正版化的基础上,选择规模以上的重点企业、企业领域开展工作,有计划、分步骤、积极稳妥地推进中型企业使用正版软件工作。年内完成软件正版化企业24家。

(解硕群供稿)

常州市新闻出版(版权)管理

一、常州市新闻出版业现状和发展数据

2011年末,全市公开出版报纸8种,其中高校校报4种;公开出版期刊17种,其中高校学报7种;以报纸、期刊形式出版内部资料性出版物134种。全市有图书发行单位(网点)894家,其中市区702家(含电子出版物4家)、武进区135家、溧阳市109家、金坛市83家,图书经营总面积7.9万平方米,年内完成图书销售总额7.76亿元。全市有音像制品发行单位(网点)353家,其中批发单位9家,零售单位306家,出租单位38家,音像制品经营总面积3.15万平方米,年内完成音像制品销售总额0.16亿元。年末,全市印刷企业共1070家,市区290家,武进550家,溧阳93家,金坛137家。工业总产值72亿元,销售收入71亿元,利润2.7亿元,从业人员达24863人。全市新闻出版行业完成总产值近80亿元。

二、新闻出版管理工作和业绩

1. *农家书屋工程*

农家书屋工程建设2009年完成行政村村村覆盖任务。2011年,乡镇合并后,农家书屋共有746家,其中,金坛市157家,溧阳市177家,武进区273家,新北区139家。2011年,连续第三年把读书惠民工程列为全局全年重点工作,申请市财政专题列项,给予50万元的达标奖励经费。注重政策激励。2011年全市创建星级农家书屋50家,对最终达标的农家书屋将每户给予1万元奖励。全年

组织了4次工作研讨和现场推进活动,2次集中督查,促进以点带面。

一是建立完善考评体系。将农家书屋工程建设列入市委、市政府目标考核体系,真正做到"三纳入"(一是继续纳入全市新农村建设考核体系,二是纳入政府为民办实事考核体系,三是纳入农村文化惠民工程考核体系),并加强考核督查,强力推进。

二是建立培训激励机制。制定农家书屋管理员培训计划,"十二五"期间对农家书屋管理员轮训一遍,逐步提高管理员的业务水平和基本技能,创造条件,逐步实现图书管理员由兼职向专职的过渡。建立农家书屋考核评估体系,积极创建星级农家书屋,并对书屋管理、运行中有成效、有影响的图书管理员给予表彰和奖励。首期一共培训了167名农家书屋管理员,并发放了农家书屋管理员培训合格证书。

三是建立图书流转机制。逐步建立市级、镇级图书馆与农家书屋,农家书屋与农家书屋之间,两个体系的图书、音像资料的流转机制,不定期轮换,充分扩大图书、音像资料的使用率。根据当地农民的需求提出推荐书目,有针对性地更新书籍,并确保图书每年的更新比例不低于20%。适当增加农家书屋期刊数量,配备必要的阅读视听设备,增加关于农业技术、法律常识等普及类的电子音像制品,适当增加配有图解的书籍来满足文字阅读有困难村民的需要,充分满足农民需求。

四是积极营造读书氛围。进一步加强社会宣传,营造读书的社会氛围。积极开展各种读书活动,每个农家书屋每年举办各类讲座或活动不少于10次。把农家书屋与道德讲堂、科学养生、全民健身、法制计生等宣教活动有机结合起来,激发村民的读书热情,逐步培育与提升农民群众学文化、学知识的兴趣,真正让农家书屋成为满足农民群众精神文化需求的新阵地。

五是用足用好中央财政补贴,更新农家书屋出版物。2011年共购置图书194900册,期刊14648册、音像制品791种,共计364.4万元,对全市510家农家书屋进行出版物更新。

2. 全民阅读活动

为推动全民阅读活动的深入开展,在全社会大兴读书学习之风,大力培育人文精神,促进学习型党组织和学习型社会建设,第七届江苏读书节常州分会场暨群众性读书活动,主办单位由市委宣传部、市文明办、市教育局、市文化广电新闻出版局、市总工会、团市委、市妇联、常州日报社等八家单位组成,由常州新华书店有限责任公司承办。

本届读书节旨在以邓小平理论和“三个代表”重要思想为指导,深入贯彻落实科学发展观,围绕建设社会主义核心价值体系,大力推广全民阅读活动,通过举办形式多样、内容丰富的主题读书活动,不断满足人民群众的精神文化需求,提高公民素质,建设和谐文化,培育文明风尚,为又好又快推进科学发展,建设美好常州提供强大的精神动力和智力支持。

读书节活动期间,围绕中心主题,精心策划,以炫目多彩的主题读书活动,给常州全民阅读注入更多活力,引领常州阅读潮流。活动为广大龙城市民带来 10 万多种图书和各具特色的大型主题图书展销,更有各大类数百个重点品种让利优惠活动。活动采取了书籍、网络、手机等相结合的宣传导读方式,相继推出读书征文活动,蔡骏、杨鹏等名家读书报告会,精品图书展销活动等,和全市市民共同演绎读书的精彩。购书中心、南大街店、武进书城、新北区书城统一开展“庆祝建党九十周年”、“走进道德讲堂”、“江苏版精品图书”、“女性读物”、“学生阅读”等各类专题阅读和展销活动,开展“阅读让生活更美好”大型促销活动,让读者在享受阅读的同时也切实得到实惠。为了让更多的市民在阅读中获得知识与能量,帮助他们改变命运、启迪人生,配合上级部门做好“关爱农民工”活动,向农民工赠送图书 10 万元,积极落实“关爱失足少年”行动,向看守所赠送图书 5 万元。并积极开展军民共建、科技拥军活动,向海航部队赠书 20000 元。

为了丰富青少年暑期文化生活,结合江苏读书节在全市开展“阅读成长,快乐暑假”暑期系列活动,在全市中小学生中开展“好书伴我成长”读书活动,各门店专架陈列,专人促销并深入学校展开流动供应。新华书店还积极汇集各出版社资源为市民阅读提供方便和实惠,在暑期联合北京出版集团开展“好礼知时节 夏日更精彩”活动,开展社科类品种和生活类品种图书的导读和宣传活动,联合机械工业出版社开展精品社文图书“阅动盛夏”联展活动,将机械工业出版社的精品阅读图书推荐给全市的家庭,推荐给全市的青少年朋友,鼓励和引导家庭共读、社会共读。国庆期间,策划举办“金秋悦读,书香龙城”活动,开展“集团十年庆”绝版限量纪念藏书票馈赠活动,书香恒久远——纪念书签大派送活动,为了方便青少年开展丰富的实践活动,常州新华书店还成立了“小记者活动基地”,发挥集团资源,联合科学普及出版社开展“科学家进校园”活动,满足了社会各界的需要。

活动期间,为响应未成年人思想道德建设,丰富青少年假期精神文化生活,引导和帮助全市中小学生树立勤奋学习、终身学习的观念,提高阅读和理解能力,我们与常州市教育局、常州晚报社、龙城网上家长学校共同举办暑期“新华书店杯·好书伴我成长”读书活动,全市青少年踊跃参与,活动共收到全市青少年征文8000多篇。为培育孩子阅读习惯的养成,努力引导阅读氛围,联合市教育局、龙城家长网校、常州晚报社共同开展“亲子共读”活动,活动内容有名家“校园人文行”、“亲子共读”网络大讨论、亲子共读征文比赛活动等。活动期间,邀请王金战为全市高中校长和骨干教师作高考备战讲座;与团市委合作举办“青年讲坛”;邀请吴甘霖为科教城举办“做最好的党员”、“三个月培养出一流员工”专题讲座。组织著名儿童文学作家秦文君、汤素兰、王一梅、晓玲叮当、马来西亚儿童文学作家许友彬走进常州学校,与学生互动30场次。联合市教育局开讲“市民公开课”,邀请专家和学者举办内容丰富的讲座,社会反响强烈,出现了一票难求的盛况。

从1989年起,连续在武进区组织大规模的青少年主题读书教育活动,读书活动成为了武进精神文明建设的重要内容,是武进享誉较高的品牌活动。2011年,为进一步加强青少年思想道德教育,扩大学生知识面,全面提高学生人文素养,引导青少年知党、爱党,在武进区青少年中广泛开展“共产党好”读书教育活动,吸引10多万青少年全程参与,获得全国青少年读书活动奖项97个。读书节期间,我们还积极在农村学校、集市开展大规模流动供应及送书下乡活动。

3. 版权管理

(1)作品登记。加强、改进版权管理和服务,促进版权产业的发展,努力推动作品自愿登记工作,2011年常州市完成作品登记80件,其中美术作品70件,文字作品5件,动漫作品4件,产品设计1件。

(2)软件正版化。2011年市文广新局继续推进使用正版软件工作,完成了常州市级机关使用正版软件工作。按照苏正软办〔2010〕3号文件精神,调整全市使用正版软件工作领导小组,全面推动全市政府机关软件正版化工作,做好全市政府机关所需正版软件的统计工作,根据相关政策进行政府采购中心招标采购,出资345万元,购买微软办公软件496套,国产软件实行金山WPS和永中场地授权,实现市级、区政府机关和乡镇(街道)办公软件正版化工作。召开专题会议,分解目标任务,建立联系人制度,邀请微软江苏业务经理举办企业使用正版软件培训会,以卫生系统为主体,完成企业使用正版软件的工作目标落实。

(3) 版权执法。以文明城市创建工作为抓手,常州市版权管理机关调配精干执法资源,加大工作强度,多措并举、堵疏并重,结合打击侵犯知识产权和制售假冒伪劣商品专项行动、"平安网吧、平安娱乐市场"创建活动、"阳光"系列集中行动等重点工作,进一步加大与公安、工商、城管等职能部门的协调力度,在职能领域和执法资源上合理调配,共开展各类集中整治行动 30 余次,出动执法人员 4126 人次,检查经营场所 3112 家次,受理并查处举报 53 件,立案处理 52 件,收缴各类非法出版物 23.8 万余张(册)。

① 音像制品市场专项整治。借全市总动员迎接全国文明指数测评之机,市文化行政综合执法支队主动出击、周密部署、广泛协调,联合公安、工商等职能部门,分阶段开展集中整治行动,严厉打击各类制售侵权盗版音像制品、软件、电子出版物等违法违规行为,共出动执法人员 735 人次,收缴各类非法出版物 3586 件(张),有效肃清市场环境,规范经营秩序。

② 开展校园周边出版物市场集中整治行动。为进一步规范常州市出版物市场经营秩序,为青少年健康成长营造良好的文化氛围,9 月 15 日,支队联合公安、工商、城管等职能部门,兵分三路,统一行动,集中力量对市区校园和社区周边的文化市场和出版物市场进行突击检查。检查共出动执法人员 33 人次,检查经营场所 67 家次,查获各类非法出版物 7501 件,其中非法音像制品 7312 张,非法书报刊 189 册。

③ 开展"阳光"系列集中整治行动。经周密部署,4 月,整治行动在全市范围内展开,围绕卫星电视、网络市场、音像制品市场、书报刊市场、娱乐市场五大专项整治重点,落实工作措施,加大巡查、检查力度,截至 10 月底已行动共出动执法人员 1781 人次,检查各类场所 929 家次,收缴非法书籍 1228 册,收缴非法音像制品 32206 张。

④ 开展知识产权保护活动。按照国务院统一部署,打击侵犯知识产权和制售假冒伪劣商品专项行动于 2010 年 10 月开始,至 2011 年 3 月结束,本着"坚决、依法、从严、从快"的原则,保持高压打击态势和密集检查力度,不断加大查处违法违规行为的力度,努

力构建和谐的市场环境，共出动执法人员973人次，检查场所589家次，收缴各类非法音像制品12130张。

（常州市文化广电新闻出版局供稿）

苏州市新闻出版管理

一、新闻出版产业现状

2011年苏州新闻出版业发展保持了稳中求变的良好势头。以推动行业转型升级为抓手，促进新闻出版业健康发展，2011年新闻出版行业总量达490亿元。出版发行市场保持繁荣，凤凰书城、诚品书店、阳澄湖国家数字出版基地等重点项目建设加快推进。大力推广绿色印刷、数字印刷技术，实施出版物印刷动态管理，逐步提升出版物印刷水平。全市共有各类印刷经营单位3151家(其中印刷企业2534家)，印刷业年销售额约440亿元。

二、新闻出版管理工作

着力抓好报刊审读，调整和充实审读员队伍，提升审读质量。组织和指导各有关报刊出版单位深入开展了“三项教育”和“走基层、转作风、改文风”活动。依法加强报刊、记者证和记者站年检，维护了正常的报刊出版和新闻采访活动秩序。强化内部资料管理，依法实施一次性内部资料出版物和连续性内部资料出版物审批和核验，全年共审批一次性内部资料出版物30种，连续性内部资料出版物40种。切实抓好行业法规培训和诚信建设。分5批对全市新建和获准筹建的包装装潢印刷企业法定代表人、生产和经营负责人共600余人进行了法规知识培训。推动全行业深入开展诚信经营、文明服务活动，苏州大学出版社被评为“全国新闻出版行业文明单位”。

（一）农家书屋工程　积极探索提升农家书屋运行质量的路子。认真开展调研，对全市所有农家书屋的设施条件、图书资源、服务软件和活动情况开展问卷调查，摸清情况，研究对策。在吴江市开展试点，推行县级市图书馆、镇图书馆和村农家书屋整体实施图书流转、资源共享、通借通还和“一卡通”服务的运作模式。在省局支持指导下，创立了县级市和有关区农家书屋图书流转中心，用好2010年度农家书屋工程中央财政奖励资金。完成了农家书屋管理员培训工作。

（二）全民阅读活动　继续办好2011第六届苏州阅读节。贯彻省委常委、市委书记蒋宏坤“希望把苏州阅读节越办越好”的批示精神,精心策划开展阅读节,共组织开展了832项活动,其中推出主题活动8项,重点活动40项,系列活动784项。民进中央副主席朱永新和台湾著名出版人高希均参加了阅读节启动仪式。市级机关“90年光辉历程”知识竞赛、全市中小学“党在我心中”红色经典诗文读写诵和“苏州·台北”中华经典诗文诵读等30余项活动为中国共产党90华诞送礼添彩。已经连续举办三届,深受广大市民欢迎的“苏州晒书会”,内容更为丰富,场面更加热烈。各20名的“苏州阅读之星(2010—2011)”、“苏州藏书之星(2010—2011)”评选,通过社会化、多元化的视角,寻找、发现和表彰热爱阅读、酷爱藏书的市民,展示他们读书、藏书的独特经历和感人故事,进一步挖掘、激发和引导了广大市民爱书、读书、藏书、写书、用书的热情,营造了书香社会和崇文重教的文明风尚。

(三)“扫黄打非”工作　全面落实“扫黄打非”年度行动方案,重点完成好了以下任务:一是落实打击侵犯知识产权和制售假冒伪劣商品专项行动。专项行动共检查图书、软件、音像批销场所2920家次,取缔无证经营摊点841个,查缴盗版制品30万余张(册),查处侵权盗版案件9起。其中,昆山9CAX网站非法提供软件案和虎丘制售非法音像制品案等两起重点案件顺利办结。“4·26世界知识产权日”期间加大保护知识产权的宣传力度,在影剧院等公共场所张贴宣传海报,发放绿色书签,并组织运送4万张(册)侵权盗版及非法出版物至无锡统一销毁。二是开展淫秽色情出版物和有害信息专项治理。2011年9月5日至2011年11月5日,在全市开展了打击淫秽色情出版物和有害信息专项行动,取缔流动摊贩133个,收缴淫秽图书3800本、盗版音像制品3万余盘、盗版图书8万余册、淫秽色情光盘1500余盘和非法电视地面接收设施60只,全市共5起“扫黄打非”案件进入司法程序,其中贩卖淫秽物品案2件,传播淫秽物品案1件,侵犯著作权案2件。10月26日,张家港市捣毁一个盗版光盘批发、销售窝点,现场查获盗版光盘10026套。三是着力推进“扫黄打非”示范区建设。通过完善区域网络建设,推进镇、街道“七个一”工作体制,进一步健全“扫黄打非”基层组织,实现镇(街道)“扫黄打非”组织机构建设全覆盖,提高了全市“扫黄打非”的工作效能和市场监控的力度。苏州市和吴中区“扫黄打非”示范区(点)建设分获全省一等奖和二等奖。

(苏州市文化广电新闻出版局供稿)

苏州市版权管理

2011 年是“十二五”的开局之年,在江苏省版权局的关心指导下,在苏州市委、市政府的正确领导下,苏州市版权局积极贯彻落实全省版权工作会议精神,紧紧围绕市委、市政府中心任务,以创建“全国版权示范城市”为总体目标,进一步加强版权工作体系建设,不断提高版权工作水平,大力促进版权产业发展,取得了新的突破。

一、版权工作体系健全、整体推进

(一)全面提升版权创造、运用、保护和管理水平　按照《苏州市创建全国版权示范城市实施方案》要求,重点实施版权“五大工程”,构建版权工作“六大体系”,提升版权工作“六大能力”,推进全市版权工作深入开展。实施版权创造工程,组织开展优秀版权评选,全年共计申报优秀版权作品 71 件,共计评选出 10 件优秀版权奖和 10 件优秀版权入围奖。加大作品登记宣传力度,提升版权免费登记服务水平,大幅提升版权登记量,逐步建立苏州作品版权库。实施版权运用工程,实施重大版权推广运用计划,组织申报 16 件重大版权项目,评选出 10 件重大版权推广应用计划项目,给予 100 万元资金扶持。加大对版权公共服务平台建设的指导,苏州市正版软件服务平台和刺绣作品版权许可交易平台运行良好。加强对市版权协会和其他版权中介服务机构的指导,提升版权服务质量。实施版权保护工程,大力推进企业软件正版化工作,确定 101 家市级重点推进企业重点推进验收。实施软件正版化计划项目,确定 19 家企业,共投入财政资金 76 万元。举办了 2011 年度全市企业软件正版化培训班。积极开展苏州市“正版正货”示范街区(单位)创建项目,确定 2 家市级“正版正货”示范创建街区(单位)。积极争创省级“正版正货”示范创建街区,相城区渭塘珍珠宝石城获省授牌,吴中区临湖镇羊毛衫特色街区获批创建。实施版权管理工程,加强对版权重点单位的扶持和引导,在 2011 中国版权年会上,苏州浩辰软件股份有限公司荣获“2011 年中国版权产业最具影响力企业”奖。制定出台了《苏州市版权工作示范单位推进计划项目管理办法(试行)》,确定了 11 家版权工作示范创建单位,给予 40 万元资金扶持创建工作。积极开展版权产业调研指导,分别到吴中区宝成实业有限公司、舟山核雕城、渡村羊毛衫一条街等进行指导并解决企业在发展过程中遇到的版权问题。实施版权文化工程,充分利用"4·26"等重要时段广泛宣传,营造版权文化氛围。4月26日,与工商局、知识产权中介服务机构和律师事务所的专业人员,组成知识产权宣传咨询服务团队,在观前玄妙广场开展宣传活动。大力开展青少年版权宣传教育。加强对版权产业人才的培养,与苏州市动漫游戏行业协会等相关单位联合就版权登记、优秀版权评选等工作组织了相关培训和宣传。

(二)加强组织协调,形成全市版权工作合力　年初,召开全市版权工作会议,下发了《2011年版权工作要点》和《2011年版权工作任务分解表》,将2011年版权工作任务落实到各市(县)、区。重点分别指导、支持昆山市、张家港市争创国家和省"版权示范城市"。张家港市制定出台《张家港创建江苏省版权示范城市工作实施方案》和《张家港市版权登记资助和优秀版权作品奖励(试行)》两个扶持版权产业发展的重要政策性文件,为张家港版权产业的发展提供助力。昆山市开展版权知识区镇巡讲和"版权知识进校园"专题培训,版权登记量列全市第一,每月联系一个区镇,并根据区镇的企业实际情况,量身定做培训计划。吴中区在"三下乡"文艺演出、苏州市舞台艺术"四进工程百村行"等品牌文化活动中大力宣传版权保护理念。苏州工业园区召开了"苏州工业园区版权工作推进会",就版权保护、版权登记和版权项目申报等方面进行了宣传和交流。沧浪区举办了2011年版权项目培训会,创业园及科技企业代表近70家参加了培训。

二、版权工作重点突出、亮点纷呈

(一)创建全国版权示范城市工作扎实推进　2011年1月,国家版权局正式批准苏州和昆山创建全国版权示范城市。市政府高度重视,成立了创建全国版权示范城市领导小组,领导小组办公室设在市版权局,负责统筹协调创建工作。创建全国版权示范城市工作被列为市政府年度工作目标,我局版权处被列为市级机关部门作风效能建设重点处室。在学习成都、青岛等兄弟省市经验的基础上,结合我市实际,市政府办公室转发了《苏州市创建全国版权示范城市实施方案》和《创建目标任务分解表》,明确了通过重点实施版权"五大工程",实现构建版权工作"六大体系",提升版权工作"六大能力"的目标,推进全市版权工作深入开展,努力将苏州建设成为"版权强市"。7月27日,隆重召开了创建全国版权示范城市工作推进会,国家版权局版权管理司副司长汤兆志、省版权局副局长傅杰三、苏州市副市长浦荣皋出席会议并讲话,对全市创建工作进行了进一步的部署和落实。会上,省版权局还授予苏州市"江苏省版权示范市"牌匾。9 月,苏州所辖昆山市也召开了全国版权示范市创建工作推进会,推动苏州和昆山市的整体创建工作。

(二) 机关软件正版化工作在全省率先完成　苏州市级和各市(县)、区级机关软件正版化工作分别于 5 月和 10 月在全省率先全面完成。我市高度重视机关软件正版化工作,市委副书记、市长阎立和副市长浦荣皋多次听取软件正版化工作汇报,作出明确指示,要求我市扎实开展软件正版化工作,在全省率先完成,树立苏州尊重知识产权的良好形象。及时调整了市使用正版软件工作领导小组,加强了对软件正版化工作的领导和协调。4 月中旬,市委、市政府办公室联合下发了《关于进一步做好机关使用正版软件工作的通知》,明确了我市机关软件正版化完成的时间表。根据国家和省的要求,制定了符合实际情况、周密科学的《苏州市级机关使用正版软件工作实施方案》,并经市政府常务会议讨论通过,设立了 500 万元市级机关软件正版化工作专项经费。全市在 2002 年购买金山 WPS 场地许可的基础上,统一签订了金山 WPS 软件升级协议,涵盖了苏州市级财政预算所有单位,各部门根据各自工作需求共采购了微软办公软件 1663 套,共支出 410 多万元。全面推进各市(县)、区机关软件正版化工作,多次召开工作推进座谈会,并组织各市(县)、区与软件供应商沟通交流。各市(县)、区共采购服务器、办公软件等合计 5853 套,投入 842 万元。在全省推进市县机关软件正版化工作暨加强软件资产管理工作会议上,苏州和下辖张家港市分别做了经验介绍,苏州市、县两级政府机关软件正版化工作获得了省版权局的充分肯定,也赢得了国务院打击侵犯知识产权和制售假冒伪劣商品专项行动督查组的高度赞赏。

(三) 打击侵犯知识产权和制售假冒伪劣商品专项行动成果显著　苏州市版权局负责全市专项行动牵头工作,组织全市相关部门和各市(县)、区全面开展专项行动。加强市场监管,对数码广场、文化市场、大卖场等重点地区实行重点监管,组织相关部门开展了多次联合执法行动。开展预装软件检查,联合商务局等相关部门对全市计算机生产企业进行了检查,所检查的企业生产的电脑都安装了正版软件。强化著作权保护协调机制,组织市公安局、市法院和市检察院等部门召开了处理侵犯著作权刑事案件工作座谈会,研究解决著作权刑事案件处理过程中遇到的证据保存、权利认定、侵权确定等相关问题。加强对市(县)、区执法工作的指导,先后对吴江市、昆山市进行了督查,联合当地版权执法部门对文化市场、软件市场和相关经营场所开展了联合检查。全市版权系统共查办案件61件,移送公安机关2件,检查经营单位近3000家,收缴各类侵权盗版制品19万余册(张),罚款45万余元。昆山市成功查处了韦盛宝侵犯著作权案,被国家版权局授予"2010年度查处侵权盗版案件有功单位"一等奖。我市专项行动工作得到了国务院、省专项行动督查组的高度评价。

(四)青少年版权教育活动形式新颖　"五·四"青年节期间,市版权局联合苏州大学艺术学院组织开展"版权教育校园行"活动,将丰富的版权知识带给广大在校青年。联合市委宣传部、市教育局等部门开展了"苏州的彩虹——发生在我身边的版权故事"有奖征文活动,收到应征作品160篇。10月21日,在苏州市平江中学隆重举行了苏州市青少年版权教育活动颁奖典礼,为参加全国青少年版权保护知识竞赛活动的获奖代表、征文活动获奖代表等颁奖,同时,联合市教育局表彰了3家苏州组织青少年版权教育先进单位。此次活动还专门以版权为主题创作演出了小品、评弹组唱等青少年喜闻乐见的节目,通过多种形式向青少年宣传版权保护的重要性,在与会广大师生中引起强烈反响。

(五)著作权登记量大幅提升　通过实施一般作品版权免费登记服务、计算机软件著作权登记补助、积极开展版权登记宣传、提升版权登记服务水平等措施,鼓励权利人将作品进行版权登记。2011年全市作品著作权登记9548件,同比增长210%,其中软件著作权登记达1980件,同比增长92.05%,一般作品著作权登记达7568件,同比增长269.35%,跃居全省首位。软件著作权登记资助347件,资助金额104100元。

(六)刺绣产业版权保护和管理取得实效　在成功搭建苏州刺绣作品版权许可交易平台的基础上,重点抓平台的管理和使用,在规范作品许可使用行为,保护绣娘原创作品。目前,已有多位权利人与镇湖刺绣行业协会签订了许可合同,录入过保护期作品500件,获得授权作品475件,60家绣庄已经签约212幅作品,可以合法使用。通过平台统一获得许可,已经节省了许可费43万元。9月,省新闻出版局局长徐毅英来苏调研苏州刺绣产业版权管理和保护工作时,对苏州版权工作促进地方经济发展予以充分肯定,鼓励苏州在实践中大胆探索,进一步发挥平台作用,促进刺绣产业发

展。《人民日报》12 月 3 日专刊进行了刊登,省局傅杰三副局长还专门作了批示。（苏州市版权局供稿）

南通市新闻出版(版权)管理

南通新闻出版业发展状况

1. 出版物发行业：全市共有书报刊网点 1177 个,其中新华书店 88 个、邮政系统 220 个、社会发行网点 869 个。现有出版物经营人员 3301 人,经营面积达 66439 平方米,全年销售总额 86829 万元。

2. 光存储企业：港闸区的江苏永兴多媒体有限公司现有 68 条可录光盘生产线,年产光盘亿片,年产值近亿元。

3. 印刷业：全市共有印刷企业 876 家。出版物印刷企业 24 家,单项 18 家,包装装潢印刷企业 444 家(其中中外合资 1 家),其他印刷品印刷企业 390 家。2011 年产值 38.96 亿元,利润 1.81 亿元。

4. 报刊业：全市现有报纸 7 家,其中市级党报 1 家、晚报 1 家、广播电视报 1 家、高校报纸 3 家;期刊 7 家,其中文学类期刊 1 家,高校学报 6 家;连续性内部资料出版物 50 家。

新闻出版管理工作和业绩

一、依法履行新闻出版(版权)行政职责,切实加强社会监管

1. 对报刊业的监管　4 月,市文化广电新闻出版局和市委宣传部联合召开了报刊审读工作会议,对 2010 年的工作进行总结,部署 2011 年报刊管理工作。会议还调整了审读员队伍和部分审读刊物。至 12 月底,共编发审读报告 28 篇。5 月,市委宣传部、文化广电新闻出版局报刊审读组对《江海春秋》上门审读。11 月,省市联合上门审读《江海晚报》。认真开展省批连续性内部资料和驻南通记者站年检工作,及时查处有关报刊信访案件。开展驻南通记者站专项治理“百日行动”。5 月,全省报刊审读工作经验交流会在宁召开,南通市文化广电新闻出版局党组成员、局长助理徐庆满参加并在大会作交流发言。南通市报刊审读组被江苏省新闻出版局表彰为 2010 年度江苏省“优秀报刊审读单位”,贾涛根被表彰为“优秀报刊审读员”,审读员沈玉成写的审读报告《解决民生问题的“绿色通道”》评为全省优秀审读报告。

2. 对印刷复制业的监管　认真开展印刷业年检工作,做到多

次通知、耐心宣传、做细做全、不丢一个。共完成856家印刷企业的年检换证工作。召开新闻出版行政审批工作会议,规范行政审批工作。受省新闻出版局委托审批包装装潢印刷企业15家,既坚持标准又讲求实效。先后在海门市、如皋市、通州区和市区举办了4期印刷企业法规培训班,对全市820名印刷企业负责人进行了法规培训。在印刷行业开展文明行业创建活动。南通蓝鸟彩印有限公司职工周峰荣获"全国技术能手"荣誉称号和"第二届全国印刷行业职业技能大赛一等奖",3月29日,市文广新局召开南通市荣获全国印刷行业职业技能大赛一等奖通报表彰会,对周峰等获奖先进个人和集体通报表彰。4月,成功举办了第六次苏北地区印刷协会联谊协作会议。7月,举办南通市新闻出版(版权)法规培训班。10月,组织部分印刷企业赴安徽省新闻出版职业技术学院招工。

3. 对出版物市场的监管 按照省市"扫黄打非"行动方案的要求和国务院《关于调整打击侵犯知识产权和制售假冒伪劣商品专项行动结束时间的通知》,我市组织开展了打击侵犯知识产权和假冒伪劣商品、打击盗版工具书、查缴政治性非法出版物等专项集中行动。收缴各类非法出版物23.8万件,查处行政处罚案件11起,查处刑事案件27起,审结刑事案件6起,刑事判罚26人。通过查处大案要案,震慑了违法犯罪行为,净化了出版物市场,为维护社会和谐稳定,创建全国文明城市营造了良好的文化环境。市"扫黄打非"办公室被推荐参评2011年度全国"扫黄打非"先进集体。

二、继续深化农家书屋建设

为进一步提升农家书屋工程建设质量,更好发挥农家书屋在社会主义新农村建设中的重要作用,南通市积极开展示范农家书屋建设活动。各县(市)区确定示范农家书屋单位,积极创造条件,打造示范农家书屋。2011年,南通市组织了市(县)区分管农家书屋的局长和业务科室负责人对北三县和南三县进行了检查。检查团由市局分管领导带队,每一个县(市)看4个农家书屋,发现问题现场点评。北三县和南三县检查结束后都召开了总结会。积极组织开展了争创农家书屋建设乡镇街道活动。年初下发《南通市文化广电新闻出版局关于开展争创农家书屋建设先进乡镇的通知》,召开专题会议部署,年中又召开推进会。全市开展争创农家书屋建设先进乡镇活动以来,各地根据要求,勇于探索,创新思路,加大投入,扎实推进,全面提升农家书屋建设质量,开展了大量富有成效的工作,取得了阶段性的成果,涌现出一批农家书屋建设先进乡镇。海安县海安镇等9个乡镇和街道被表彰为2011年度农家书屋建设先进乡镇、街道。被表彰的先进乡镇,每镇奖励400册书,5000元,对应地区的文广新局也奖励5000元。2011年,建成150个三星级农家书屋、30个四星级农家书屋。农家书屋整体水平得到提升。

三、深化版权管理,提升版权保护水平

1. 巩固家纺版权保护成果,放大版权保护示范点效应　1月中旬,国家版权局与中国—欧盟知识产权保护项目(二期)在南通市召开"版权保护推动产业发展及数字环境下的版权执法和集体管理"研讨会,来自商务部、公安部、地方版权局、司法机构、学术界和集体管理组织的近百名官员、专家、学者出席了此次研讨会。市版权局局长范平和通州区法院知识产权庭庭长陈宗林作了南通家纺产业版权保护方面的主题演讲。

2. 实施版权保护走出去战略,拓展异地版权协作空间　4月下旬,苏浙鲁粤四地纺织品市场版权保护协作联合体工作会议在南通市通州区川姜镇召开,会上,通过了《苏浙鲁粤四地纺织品市场版权保护协作联合体工作实施细则》,推举产生了联合体第一届秘书长、副秘书长。该联合体是我国第一个跨区域的纺织品市场版权保护联合体。

3. 加强家纺市场版权管理,规范家纺美术作品著作权登记　继续加大对家纺产品版权保护力度,鼓励家纺企业自主创新,做好家纺美术作品著作权登记服务和美术图案鉴定工作,至12月共登记各类版权作品5246件,出具家纺美术作品鉴定书2份。

4. 积极参与市场版权交易,促进版权产业的进一步发展　10月22日—23日,第四届中国家纺画稿交易会在南通家纺城举行。据统计,此次交易会共吸引200多家国内外家纺画稿设计机构、高等院校、家纺成品企业在交易会上展示知识产权产品和家纺成品。此次交易会累计成交画稿作品2600多件,成交总额达420万元,其中到南通家纺城版权办公室登记的成交作品有1701件,成交额288万元。单幅家纺画稿《欧若拉》拍出6.8万元的高价,创中国国内画稿设计拍卖大赛的历史新高。

5. 加强版权法律法规宣传　4月26日,南通市开展侵权盗版制品及非法出版物销毁和"绿书签行动2011"系列宣传活动,此次活动共销毁盗版光碟23万余张,并向参会单位、经营户及市民发放了“绿书签”和宣传册2500余份。

6. 推进政府机关使用正版软件　市委、市政府领导高度重视软件正版化工作,多次听取市使用正版软件工作领导小组办公室的汇报,及时召集相关成员单位召开协调会。按照省政府的统一部署,南通市完成了对市直70家机关部门进行调查摸底、数据采集、汇总分析和编制采购方案的基础上,11月市政府拨款300万元用于市级机关正版办公软件采购安装。南通市成为继苏州市后第二个在全省完成市级机关软件正版化的城市。

7. 强化版权执法　一是查办侵犯著作权重点案件。全年共查处侵权案件6起,其中行政处罚案件1起,移送司法机关追究刑事责任案件5起,刑事结案2起,刑事处罚2人。二是严肃查处家纺美术作品侵权案。全年共查处9起花型侵权纠纷案件,为权利人挽回经济损失数十万元。三是扎实开展中小学教辅材料专项行动。10月,查处徐某侵权销售苏州大学出版社《高中数学》(教学与测试)案。协调启东中学和苏州大学出版社达成著作权纠纷调解协议。

(南通市文化广电新闻出版局供稿)

连云港市新闻出版(版权)管理

新闻出版

加强报刊及连续性内部资料出版物管理,组织4次集中审读活动,编发审读报告6期,被省局评为“优秀报刊审读单位”;完成全市11家出版单位、317家发行单位、201家印刷单位的年检和经营许可证核发,组织4期新闻出版法律法规培训班,实现新闻出版从业人员全员培训;建立服务重点企业联系制度,与年产值5000万以上规模企业建立联系制度,进行业务指导;新增连云港释传实业有限公司、江苏东浦医药包装股份有限公司等企业8家,实现新增注册投资1亿多元,全年新闻出版业实现产值较去年增长16%。

版权保护

推进完成第五批全市10家企业实现软件正版化,促进四区政府机关签订软件正版化协议;组织开展4·26世界知识产权日宣传周主题活动;举办版权行政管理与执法培训班2期,举办企业版权法律知识培训1期;加大东海水晶版权保护工作力度,水晶版权自愿登记量达214件。1月23日,《新华日报》报道《东海水晶:走上版权保护之路》。2家水晶企业申报江苏省文化产业引导资金,均获得省文化产业项目引导资金补助。

农家书屋管理

积极探索农家书屋工程建设长效管理机制,会同市邮政部门调研,制定《连云港市农家书屋与村邮站(“苏邮惠民”服务站)共建实施方案》(试点),将全市农家书屋和村邮站分为以农家书屋为主村邮站为辅、农家书屋和村邮站自主兼容和以村邮站为主托管农家书屋等三类形式,选择150家试点农家书屋推进共建,开展农家书屋“星级”评选和优秀管理员评比、“农民读书、用书明星”等多种形式活动,促进农家书屋提档升级、功能拓展和持续发展。5月11—12日,省新闻出版局副局长蒋国星一行3人来连调研农家书屋工程建设情况,对连云港市积极探索农家书屋建设、管理、使用长效机制,给予充分肯定和表扬。

“扫黄打非”工作

按照《连云港市2011年“扫黄打非”行动方案》的总体部署和省“扫黄打非”办的统一安排,深入开展“扫黄打非”工作推进年活动,全市组织开展各类专项行动10余次,查处违法案件20多件,收缴销毁非法出版物和侵权盗版音像制品7万余张,彻底清除了新浦区河滨路非法出版物马路市场。灌南县查办网络游戏侵权案件成效显著,三名犯罪人员被判处有期徒刑一年并处罚金2万元。全年上报管理工作信息38条,编发“扫黄打非”工作简报12期,其中我市出重拳治理出版物市场秩序做法,被《中国新闻出版报》采用。灌南县被评为全省2011年度“扫黄打非”工作模范县。

(潘自力供稿)

淮安市新闻出版(版权)管理

一、农家书屋工程得到进一步提升

1. 制定出台了《2011年淮安市农家书屋提升工程实施方案》 以创建星级示范农家书屋为抓手,确保50%以上的农家书屋达到星级示范农家书屋标准,让农家书屋在农民群众精神文化生活、提高农民素质、促进农民致富等方面发挥更大的作用。

2. 完成了首期全市农家书屋管理员免费培训工作 对全市县(市、区)新闻出版科长、农家书屋管理员共260多人进行了培训。重点就农家书屋管理员的地位、作用和管理职责要求,农家书屋出版物分类、编目、登记造册及非法出版物鉴别等基础知识,农家书屋管理信息系统等农家书屋管理员必备知识进行了详细讲解,使得农家书屋管理工作有了理论指导。

3. 开展并协助各县区做好农家书屋出版物达标和更新新书配供工作　完成公开招投标采购出版物及配送工作,全市共为1200多个农家书屋的图书更新输送新鲜血液,丰富了农家书屋的藏量,受到群众热烈欢迎。

二、成功举办2011淮安周恩来读书节

"2011淮安周恩来读书节"得到市委市政府领导的高度重视,经过各级各部门的共同努力,于5月24日开幕,12月10日闭幕,历时半年。本届读书节,形式多样、内容丰富、精彩纷呈,始终围绕"快乐阅读,书香淮安"的主题,以丰富知识、开阔视野、启迪智慧、陶冶情操、共建文明、和谐发展作为全民阅读活动的根本目的,以不断提高市民文化素质,提升市民幸福指数,推进阅读城市创建,构建知识型学习型城市为宗旨。开展了市级机关党员干部"学党史、讲党性、作表率"读书知识竞赛;"学党史、唱赞歌、树美德"教育实践活动;"我读书、我提高、我快乐"家庭读书活动;青少年爱心图书传递活动;"好书进机关、进校园、进企业、进社区、进军营、进家庭"活动;红领巾读书征文演讲活动;淮安文化名家系列讲座;"淮安职工读书月"暨"读书·成长·发展"女职工读书活动和大学生诗歌朗诵会等15项重点活动。同时开展了"书香清河"市民读书节等9项县区联动项目。投入100万元建成的"汽车流动图书馆"到军队、到企业、到学校;黄蓓佳与淮安师生面对面——"校园人文行";市教育局和市妇联举办"优秀图书漂流到乡";淮安报业传媒集团开展的"全民阅读报刊行"活动等等,在社会上都得到了热烈反响和广泛关注。

三、加强印刷业管理,提高产业服务水平

抓好年检核验工作,对企业填报的年检资料逐一审核,发现问题及时整改,并认真汇总上报省局。于2011年2月24日专门举办了全市印刷业法规培训班,对印刷业法人进行培训,提高业主守法经营意识,2011年我市印刷企业发展势头强劲,至年底,全年印刷企业工业总产值超过为25.83亿元,比上年增长33%,利润总额达3.7亿元。我市印刷企业总产值超5000万元的企业达14家,超亿元的达到7家,这些企业成为我市印刷包装行业的主力军,为地方的经济发展作出了一定的贡献。2011年批准设立印刷企业22家,注册资本9918万元。

四、加强对发行业管理,提高出版发行质量

全市有发行网点479个出版物经营网点通过年检。销售收入达7亿元。其中国营2.8亿元,民营4.2亿元;全年出具非法出版物鉴定书7份。

五、加强报纸期刊管理,提高审读监管水平

继续加大对报刊的管理力度,不断提高报刊审读质量和报刊管理力度。全年编发审读报告72篇。

完成报刊、内部资料、记者站的年检核验工作。全市共有6报4刊7家记者站通过年检;43家内部资料通过年检。我市报刊产业发展迅猛,2011年全市营业收入达1.69亿元。

六、加强版权保护

一是开展正版正货生产销售评比活动　在全市的印刷行业、图书发行业中开展了"正版正货生产销售评比活动"。在为期一年的争创评比活动中,淮安市版权局最终对5家印刷业单位,3家图书发行业单位授牌表彰为淮安市首批"正版正货"单位。

二是突出重点上门服务搞好著作权登记　在著作权登记工作中,根据地方经济发展的形势和局领导的要求,突出重点上门服务,对带有淮安本地特点的项目与品牌图案、标识进行整理登记工作,取得了前所未有的巨大经济收益。在市行政审批窗口安排了专人,设立了著作权登记窗口。

三是开展"双打"行动　市文广新局会同市公安局、市信息产业局于2011年初开展了"双打"行动,围绕网络影视传播、文学网络、网络新闻转载等重点领域,开展"双打"专项治理行动,加大网络版权保护力度,严厉打击各种侵权盗版行为,查处一批侵权盗版案件,关闭一批侵权网站,处理一批违法人员,维护健康、规范的网络市场秩序。破获了国家版权局挂牌督办的"淮安网络宽频大案"。在网络侵权专项治理行动中,对全市152家网站进行了地毯式检查。共查处案件5件,涉案服务器12台,责令停止侵权行为54家,罚没款23万,关闭网站4家,移送司法机关2家。通过对网络侵权行为的严厉打击,不断净化了网络版权保护环境,规范了网络版权传播秩序,推动了互联网产业健康发展。

四是加大力度推进本地区软件正版化　根据国家推进企业正版软件工作联席会议精神和全省版权工作会议部署,有20家企业完成了使用正版软件。

五是举办"淮安版权知识高级论坛"报告会　6月16日邀请解

放军南京理工大学教授付强、江苏省凤凰版权事务有限公司总经理李吾川,为全市四套子领导、市直部委办局领导、各县(区)分管县长,宣传、文化部门主要负责人、大中型以上企业负责人,大中专院校科研单位以及文化、宣传、信息产业、经贸委部门的工作人员等300多人做了版权保护、著作权登记讲座。

七、获得荣誉

1. 淮安市版权局获得国家版权局表彰的2010年度查处侵权盗版案件有功单位三等奖

2. 淮安市文化行政综合执法支队荣获全国"扫黄打非"先进集体荣誉　(淮安市文广新局陈冬梅供稿)

盐城市新闻出版(版权)管理

2011年,全市深入贯彻党的十七届六中全会精神,围绕"十二五"开局之年各项目标任务,深化改革,促进创新,锐意进取,突出农家书屋提升工程和村邮站建设等工作重点,新闻出版各项工作取得了明显成效。

农家书屋和村邮站建设

市政府将农家书屋提升工程和村邮站建设工程列为2011年为农服务实事项目之一,作为新农村建设的重要内容来抓。全市农家书屋基本达标,建、管、用制度全面形成,村邮站建设有效推进,2011年建成1600个。市、县(市、区)将农家书屋提升工程和村邮站建设作为2011年度各级政府社会事业综合考核评比的重要指标,实行一票否决。市局多次会同市有关部门按照建设方案,加大资金筹集力度,强化推进措施。全市文化广电新闻出版行政管理部门认真组织实施,全程参与监督农家书屋出版物更新配送和村邮站建设资金的使用,严格建设标准,确保建设质量,建立健全农家书屋和村邮站长效管理机制,狠抓规范管理,充分发挥阵地功能,保证书屋和村邮站正常开放使用。全市各地以农家书屋为平台,以县(市、区)、乡镇图书馆为依托,围绕纪念建党90周年、纪念辛亥革命100周年、4·23世界读书日、江苏读书节、重大节庆等重要活动、重要时段,会同有关部门大力开展知识竞赛、论谈讲座、"书香家庭"评比等各种形式的全民阅读活动。5月13日,市文明办、总工会、文化广电新闻出版局、科协等单位,在盐举办第二届"盐城职工读书月"活动。11月24日,市文广新局会同亭湖区有关部门,组织开展盐城市“金秋书香”社区读书节活动。本市全民阅读活动获江苏省第六届读书节“优秀活动项目奖”。11月16日—25日,市文广新局分别在盐城、东台、滨海举办三期农家书屋管理员培训班,农家书屋管理员经培训合格持证上岗。市局定期举办邮政投递物品登记、收发和邮发报刊管理等业务培训,提高村邮站服务水平。

印刷发行管理

进一步梳理审批项目,简化流程,坚持服务第一、效率优先的原则,大力推行“服务最优,效能最好,收费最低”系列得力举措,为投资人和经营者提供优质高效、快速便捷的行政服务。市文广新局会同协会先后组织50多个印刷企业、20多个出版物发行单位负责人,走出盐城考察学习;多次举办新产品、新业务、新技术推介活动,大力拓展优惠营销市场。多次为盐城书城图书有限公司、文峰教育传媒有限公司等出版物批发企业,组织开展客户联谊、法规辅导等活动。市文广新局“三服务”领导小组协调相关处室,指导管理人员及印刷、发行协会与重点企业结对帮扶,做好项目资金申报、用工协调、法规咨询等相关服务,为企业发展创造条件。印刷协会专门开设盐城印刷包装网站,打造印刷企业全天候、多功能服务平台。全市1家绿色印刷项目通过国家级绿色环保标志认证,盐阜大众报报业集团1个项目入编新闻出版总署项目库。11个具有较强竞争力的新闻出版产业项目和规模企业列入市、县政府部门跟踪服务对象,销售5000万元以上的骨干企业集团达到12家,江苏凤凰盐城印刷有限公司等企业的出版物印制综合实力在全省排名继续前移。引进3项国内尖端技术和10多名高级技术人才,吸纳100多名大中专院校相关专业毕业生就业。新华书店系统和盐城书城图书有限公司等发行单位,大力开展网络销售、送书下乡、校园流动销售、名人签售等发行方式,进一步拓展市场销路。盐城创新印务有限公司投入200万元引进先进包装设备,提升了产品档次。射阳丰华印刷公司等多家印刷企业全年销售突破8000万元,创历史新高。全市现有印刷企业340家,全行业销售136560万元;发行网点664家,销售收入55559万元;报刊单位11家,实现营业收入15303万元。

社会监管

2011年新闻出版行政审批项目全部网上运行。为规范行政审批工作,市文广新局印发了《盐城市文化广电新闻出版局行政审批事项服务指南》、《盐城市文化广电新闻出版局行政审批操作流程》等使用手册,免费发给办事群众,接受群众监督,为有关处室规范行政审批提供了重要的政策保证。先后开展识“盗”防“盗”、执法成果展示、正版正货出版物展销、盗版制品公开销毁等各类社会宣传活动20多次。9、10月份,组织开展全市文广新系统《中华人民共和国行政强制法》法律知识竞赛活动。推荐5人参加省局的知识竞赛,市局获全省“团体优胜奖”,2人获三等奖。组织专业审读员对全市报刊、经备案的手机报、新闻网等进行定期审读,编印“三审”报告12期。结合报刊记者站专项治理工作,组织对8家驻盐城记者站及工作人员重新登记备案,查处擅自在盐城市设立并开展相关活动的记者站等非法机构5起,严厉查处从事“四假”等违规违法行为3起。

版权保护

全市组织“世界知识产权日”、“法制宣传日”、“文化市场法制宣传周”等法制宣传咨询活动6次,发放宣传资料2000多份、绿书签600多张。先后开展识“盗”防“盗”、执法成果展示、正版正货出版物展销、盗版制品公开销毁等各类社会宣传活动20多次。根据国务院继续开展打击侵犯知识产权和制售假冒伪劣商品专项行动的要求,会同有关部门,积极组织开展打击侵权盗版行为,组织公开销毁等活动,开展打击侵权盗版强势宣传。举行全市侵权盗版及非法出版物集中销毁活动暨“绿书签行动2011”启动仪式,集中销毁10多万份非法出版物和60台非法电子游戏机,同时启动2011“绿书签行动”和千人签名活动。4月14日,市使用正版软件工作领导小组办公室、市版权局、市经信委、市财政局、市科技局(知识产权局)等部门在市行政中心举办全市软件正版化工作培训班。各县(市、区)和市级机关单位计算机管理人员、各有关企业分管负责人和部门负责人等120多人参加培训。7月上旬,召开全市使用正版软件工作推进会,加快推进软件正版化工作。根据预定部署,通过调查摸底,科学测算,市、县级机关都进入落实采购资金阶段。市级机关落实200万元软件正版化采购经费,各县(市、区)经费预案也已上报当地政府审批。

“扫黄打非”工作

按照《盐城市2011年“扫黄打非”行动方案》和《盐城市“扫黄打非”工作目标考核办法》的要求,明确重点任务和时间要求,将年度工作任务层层分解,责任明确到基层组织和个人。射阳县等地将“扫黄打非”职能、机构、人员配置向乡村不断延伸,得到国家和省有关部门的充分肯定。2011 年全市共出动执法人员 3500 多人次,检查印刷发行企业、专业市场及各类零售门市、店档、摊贩网点 1800 多个,收缴各类非法出版物 40000 余件,主动监管网站 90 多家,删除各类网上有害信息 20000 多条,行政处罚 80 多家,罚款 40 余万元,有力打击了各类违法违规行为,净化了社会文化环境。10 月 20 日,市文化广电新闻出版局、市公安局等部门,配合省专案组开展联合行动,成功捣毁市区大庆东路 18 号居民小区内一网络私服窝点,现场依法暂扣涉案服务器 65 台、交换机 15 台、电脑主机 30 台、笔记本 2 台以及大量其他网络设备。2011 年,盐都区获全省“扫黄打非”工作模范县(市、区),滨海县文广新局获全省“扫黄打非”工作先进单位,盐城市文广新局卢云岭、大丰市文广新局陈德获省“扫黄打非”工作先进个人。 (卢云岭供稿)

扬州市新闻出版(版权)管理

2011 年,扬州市的新闻出版业以改革创新为主题,以构筑公共服务体系为目标,以加快产业发展和强化社会监管为重点,认真履行职能,抓好规范管理,精心组织活动。本年,全市已形成富有特色专业的出版社 1 家、报纸 5 种、期刊 16 种、内部资料性出版物 40 种、驻扬州记者站 11 家,只读类光盘生产复制企业 1 家、可录类光盘生产企业 1 家、出版物发行企业 925 家、印刷复印打印企业 758 家,初步形成了以古籍出版、印装和现代高科技光盘生产为鲜明特色的门类齐全、开放统一的新闻出版产业格局。

报刊管理

坚持正确的新闻出版舆论导向,通过报刊审读、记者站管理、整治“四假”等活动,加大了对全市报刊出版活动的监管力度。扬州市文化广电新闻出版局和扬州市文明办联合开展了规范内部资料性出版物管理活动,下发《规范全市内部资料性出版物管理的通知》,对内部资料性出版物的类型(一次性内部资料出版物和连续性内部资料出版物)、出版内容、申请单位和承印单位及年检制度等作了有关规定,对违规出版内部资料的单位进行了通报批评。在开展驻扬州报刊记者站专项治理“百日行动”中,印发了《关于开展驻扬州报刊记者站专项治理的通知》,规范了记者站的出版行为,并在“扬州文化网”、《扬州日报》、《扬州晚报》、《扬州时报》公布了扬州市报刊记者站专项治理办公室举报电话0514—87343178。

2011年,扬州市的报刊审读组被省新闻出版局评为2010年度优秀审读单位,审读组成员吴雨同志被评为2010年度优秀审读员,吴雨同志撰写的《以科学发展观为指导,打造地方一流媒体》被评为2010年度优秀审读报告。全年共编发《报刊审读情况》24期,撰写审读报告、新闻评析等文章46篇,计79899字。

书报刊、音像制品发行管理

出版物发行业坚持统筹兼顾的原则,以出版物流配送体系构建工程为带动,逐步形成网点设置合理、类型齐全、结构优化、遍布城乡的出版物发行网络。截至2011年底,完成全市925家出版物发行单位年度核验登记工作,其中二级批发单位8家,经营面积共44181平方米,从业人数2983人;全年销售收入达44201万元,其中批发单位26060万元、零售单位为18357万元。完成音像制品年检209家,资产总额达45598万元,利润总额1147万元,经营面积17775平方米,从业人员851人。有15家出版物发行单位获得扬州市第三届"双优诚信"书店称号。

印刷业管理

发展具有先进技术、印刷数字化、信息化、自动化的印刷企业是管理部门的方向;掌握好市场信息、调整好合理的布局是目标。2011年,完成全市758家印刷复印打印经营单位年检登记工作,全市有出版物印刷企业9家、专项印刷企业6家、包装装潢印刷企业281家、其他印刷企业213家、复打印企业249家;销售收入299837.37万元、利润总额13168.43万元、工业总产值319148.70万元、从业人员1.3万人。年总产值超过5000万元的企业有9家。有20家印刷单位获得扬州市第三届"双优诚信"印刷企业称号。

光盘复制业管理

2011年,扬子江音像有限公司的音像复制发行工作"以弘扬民族文化、传播戏曲艺术"为宗旨,先后策划、编创、摄录、制作生产、发行了以京剧、扬剧等十多种优秀经典剧目供应市场,全年销售约为820万元,年利润约为120万元,由该公司自行打造的锡剧王子周东亮专辑获得中国金唱片奖。可录类光盘生产企业——扬州晋皇科技有限公司2011年生产DVD光盘3921多万片,实现销售收入7060万元。只读类光盘复制生产企业——扬州广德信息有限公司2011年共生产CD3304125片,VCD5831435片,CD-ROM光盘13207556片,DVD光盘2399000片,母盘2388片,实现销售收入

2007 万元。

图书出版管理

2011 年,广陵书社积极落实已申报的“十二五”规划项目,组织策划增补“十二五”规划项目;加强出版流程的规范管理,狠抓出版物质量;打造品牌,提升形象,扩大销售。在 2011 年全国古籍优秀图书评奖中,《清宫扬州御档》荣获一等奖,《扬州弹词:审刁案》获得二等奖,《说吴》获得普及读物奖;在华东地区优秀古籍图书评奖中,《诗情画意写镇江》获一等奖,《扬州画舫录》、《常熟文学史》、《五百罗汉》获二等奖。《扬州学派人物评传》、《菖蒲飘香:漫话扬州传统节日》获得江苏省第十一届哲学社会科学优秀成果奖三等奖。《鳌峰集》、《铁网珊瑚校证》、《江苏地方文献书目》三个项目获得全国古籍办年度出版资助。全年共计上报选题 200 种,出书数量 176 种,(其中新书 139,重印书 37 种)。生产图书码洋 4900 余万元,实现销售总收入 1320 万元,同比增长 10%;上缴税金 69 万元,增长 10%,实现利润 110 万元,增长 4%。经营销售、资金回笼都比去年同期增长 10%。

农家书屋工程

2011 年 4 月,人民日报社、江苏教育电视台、江苏省新闻出版局在扬州市邗江区的花城村、悦来村,江都市的新和村召开了农民座谈会,拍摄了农家书屋专题片,充分展示了书屋给农民带来的实惠和效率。

在全省开展的“星级示范农家书屋”评选活动中,扬州市推荐的三星级示范农家书屋 8 个、四星级示范农家书屋 4 个,五星级示范农家书屋 1 个,通过了省局验收评定,起到了点面结合、以点带面的效果。扬州市江都区滨江新城管理委员会获省农家书屋法制文化建设先进单位,江都区仙女镇新和村、邗江方巷镇花城村获省农家书屋法制文化建设示范点的称号。

11 月 4 日,在江都市仙女镇新和村召开了扬州市农家书屋建设管理推进会暨市老干部书画研究会送字画活动,邀请了市领导以及市老干部代表,农家书屋管理员近百人参加了活动。12 月份,举办了全市第一期农家书屋管理员培训班,对邗江、广陵、开发区文化站长、农家书屋管理员 230 人进行了专业知识培训,提升了服务意识和管理水平。

版权保护

高度重视版权保护宣传教育工作,在“3·15”“4·26”等重大节日期间,会同市知识产权局、工商局、公安局等部门围绕主题,组织了一系列宣传活动,设立咨询台,印制宣传资料,广泛宣传《著作权法》及相关知识产权法律法规。散发资料2000多份,接受咨询300多人次,悬挂宣传条幅、标语5幅,戗牌20块,号召全社会尊重和保护知识产权,努力营造"尊重知识、崇尚创新、诚信守法"的良好知识产权文化氛围,全面推动知识产权战略的贯彻实施。

政府机关软件正版化

根据省使用正版软件工作领导小组的要求,1月29日调整了市使用正版软件工作领导小组成员,下发了《关于进一步做好政府机关使用正版软件工作的实施意见》。市文广新局、机关事务管理局、经信委、财政局、工商局、商务局等成员单位密切配合,明确责任,分工清晰。领导小组对市级机关软件需求情况进行了3次调查摸底,5月上报了软件正版化的采购建议方案,市财政划拨208万元专项资金,经招标,共采购微软办公软件500套,永中办公软件不限数量场地授权。各县(市、区)政府也正在抓紧调整使用正版软件工作领导小组成员,并相继出台了工作方案及实施意见,进一步明确了工作目标,稳步有序的推进政府软件正版化工作。

著作权管理

重点打击盗版软件、盗版音像制品、网络侵权行为。配合公安机关重点打击音像制品侵权行为,全年共查获2起销售盗版音像制品窝点案,抓获犯罪嫌疑人4人,收缴盗版音像制品3万余张,犯罪嫌疑人被刑事拘留。开展版权咨询、代理登记服务工作。全年接受著作权登记2件及版权知识的咨询26次,调解企业软件侵权纠纷20起,16家企业购买正版软件100余万元,维护了权利人的合法利益。　　(扬州市文化广电新闻出版局供稿)

镇江市新闻出版(版权)管理

概况

2011年,镇江市文化广电新闻出版局贯彻落实科学发展观,履行工作职责,强化行政管理,优化服务措施,推进全市新闻出版(版权)业繁荣发展。截至2011年12月,全市有1个出版社、7种报纸、14种期刊、44种连续性内部资料出版物、8个报刊社驻镇江记者站、484家印刷企业、330家书报刊发行网点、150家音像制品经营单位。

加强协会建设,积极开展各项活动。印刷行业协会和出版物发行业协会分别召开理事会,选举和调整协会组织机构。2011 年 4 月下旬,邀请专家作“数字出版和发行知识”讲座,引导传统出版、印刷和发行企业转型升级,促进数字出版和发行以及相关产业发展壮大。5 月组织人员参加省新闻出版局和省出版物发行协会组织的赴哈尔滨观摩第二十一届全国图书交易博览会;5 月组织镇江恒华彩印包装有限公司、镇江浮玉彩印包装有限公司参加“2011 上海国际印刷包装产品交易会”,并展示数十种精美的印刷包装产品。11 月组织全市 150 多名印刷企业负责人参加上海第四届国际全印展。

农家书屋管理

镇江市文化广电新闻出版局完成 2011 年度省级财政资金农家书屋出版物更新工作,全市 81 个黄茅地区农家书屋更新出版物 24000 册。开展争创全省农家书屋法制文化建设示范区工作,各辖市(区)在多个农家书屋建起法律图书角,积极引导和组织群众开展学法用法活动。2011 年 9—12 月,市文广新局、市疾控中心和市科协联合开展“送卫生科普知识进农家”活动,组织知名医疗专家、科技专家深入辖市(区)的 8 家农家书屋,为农民朋友举办 8 场卫生科普知识专题讲座。讲座内容为农民朋友喜闻乐见的卫生保健、种(养)植业等相关知识。

举办农家书屋管理员培训班。2011 年 11 月 29 日—12 月 2 日,市文广新局在凤凰岭饭店举办农家书屋管理员培训班。全市 103 名优秀农家书屋管理员代表参加了培训,全面提高其业务和综合素质,使全市农家书屋管理水平得到显著提升。培训内容包括全省农家书屋发展现状介绍及展望、农家书屋管理实务等。除集中授课外,还组织参观考察优秀农家书屋,并请优秀管理员作经验介绍,交流心得体会。

出版管理

镇江市文化广电新闻出版局加强对报纸、期刊出版社,连续性内部资料出版单位和驻镇江记者站的行业监管。扩大审读范围,将市委、市人大、市政协等部门和企事业单位的 12 份连续性内部资料出版物纳入审读。对审读员分工作了适当调整,对重点报刊进行交叉审读,注重做好审读之后的效果跟踪工作。对《江苏声屏——镇江广播电视》报社开展一次集中审读。在 5 月举行的全省报刊管理工作会议暨报刊审读工作经验交流会上,镇江市文广新局新闻出版和版权处被评为全省优秀报刊审读单位,并在会上作《依法审读,严格把关,努力促进报刊业健康有序发展》的经验交流。一名审读员和一篇审读报告分别被评为省优秀审读员和优秀报刊审读报告。全年共编印《镇江报刊审读与管理》22 期。在报刊社开展“杜绝虚假报道,增强社会责任”、“全民阅读报刊行”、“走基层 转作风 改文风”等各项主题活动。举办全市连续性内部资料出版物编辑人员培训班,提高连续性内部资料出版物编辑人员的业务素质,提升连续性内部资料出版物的影响力。加大对报刊社驻镇江记者站的监管,在常规年检的基础上,开展对驻镇江报刊记者站专项治理。

印刷业管理

2011 年全市印刷复制业实现工业总产值 59.14 亿元,工业增加值 17.17 亿元,同比分别增长 27.4%、18.3%。新增产值过亿印刷企业 3 家,规模企业达 18 家。

镇江市文化广电新闻出版局推进重大产业项目实施,着力扶持、推进江苏恒华传媒公司“新型绿色环保书刊商业印刷基地”、句容兴文包装公司“瓦楞纸箱印刷耐磨专利技术的研究”、江苏中彩印务公司“高档包装盒绿色印刷”等项目实施。“新型绿色环保书刊商业印刷基地”项目获得省文化产业引导资金共 80 万元。扬中市印刷有限公司获得国家绿色印刷认证。推进全市的新闻出版产业“走出去”。引导扶持江苏沪运制版有限公司在尼泊尔投资“凹印制版”印刷项目实施。扶持江苏中彩印务有限公司和江苏恒华传媒有限公司在四川泸州酒业集中区各征地 50 亩设立分厂。

建立印刷企业日常监管情况登记制度,在市文广新局网站上公布举报电话,对“市长信箱”、“镇江论坛”等网上举报,做到“有报必查,一查到底”,共查处答复 5 起,并及时向举报人反馈查处情况。对印刷市场进行清理整顿,全市累计出动检查人员 3420 人次,检查印刷经营单位 1126 家次,收缴各类非法印刷品 9438 件,立案查处违法案件 4 起。

发行管理

截至 2011 年底,全市共有出版物发行单位 480 家(其中出版物批发单位 15 家,零售单位 465 家)。全市出版物发行业实现销售额 3.22 亿元,同比增长 11.4%。

2011 年 1 月,在全市出版物发行行业开展镇江市首届“双优诚信”书店评选活动。3 月,镇江市博世图书公司和句容市新华书店被评为省第三届"双优诚信"书店。2011 年 12 月,市文明办和市文广新局联合发文,对镇江新华书店中山东路书城等 10 家出版物发行单位授予"镇江市首届'双优诚信'书店"称号。10 月 31 日,在全市出版物发行单位开展公益助残活动,组织镇江市出版物发行业协会在市残联综合服务中心筹建一个专门供残疾人免费使用的图书阅览室,首批捐赠图书、音像制品 2000 余册(张),书架 12 张,为全市残疾人读书学习提供方便,受到残疾人工作部门和残疾人的称赞。2011 年 11 月 9 日,举办为期 4 天的出版物发行员职业资格培训班,共有刚毕业的大学生(并有 2 名硕士生),下岗失业人员和失地农民等 45 人通过鉴定考试,取得了新闻出版总署和国家人力资源和社会保障部核发的出版物发行员职业资格证书。加强出版物发行市场巡查,全市累计出动检查人员 33012 人次,检查出版物经营单位 8356 家次,收缴各类非法出版物 85291 件,立案查处违法案件 2 起。

版权管理

完成打击侵犯知识产权和制售假冒伪劣商品专项行动,开展"4·26 世界知识产权日"系列版权保护宣传活动,制作宣传展牌和宣传标语在市区重点地段进行宣传,同时通过报纸、电视及户外电子屏幕等方式倡导"保护版权,抵制盗版"的社会风尚。鼓励企事业和个人做好版权登记,全年版权登记数量达到 9 个。全面推进政府部门软件正版化,完成辖市区政府部门软件正版化,启动第二轮市级政府部门软件正版化工作,稳步推进企业软件正版化。继续开展打击网络侵权盗版"剑网行动",2011 年 3 月,协助市公安部门完成对"小说书网"网站涉嫌侵犯盛大文学公司文学作品著作权案件的鉴定工作。

2011 年 1 月 11 日,联合市公安局治安支队对位于青云门和古楼岗的两处涉嫌非法音像制品的地下窝点进行了突击检查,收缴盗版音像制品(DVD)共计 29929 张,其中淫秽色情音像制品 18433 张,3 名当事人受到刑事处罚。

2011 年 5 月 27 日,联合市中级人民法院共同举办文化市场版权保护知识讲座,部分网吧和歌舞娱乐场负责人听取讲座,这是镇江市首次在文化市场领域进行的版权保护知识讲座。镇江市中级人民法院知识产权庭主讲法官讲解了著作权的基本知识,解读了《最高人民法院关于做好涉及网吧著作权纠纷案件审判工作的通知》,指导经营业主积极妥善解决侵权纠纷,进一步加强影视、音乐作品的使用和管理,采取积极的措施避免著作权纠纷的发生。

(镇江市文化广电新闻出版局供稿)

泰州市新闻出版(版权)管理

管理机构

泰州市文化广电新闻出版局2010年成立,挂版权局牌子,增设版权处,新闻出版处行使市"扫黄打非"工作领导小组办公室职能。

农家书屋工程

一是采取走村调研、明查暗访、随机抽查等方法,进一步推进农家书屋的全覆盖。12月上旬省新闻出版局对四市三区随机抽检了16农家书屋点,无一空白,规范到位,得到省新闻出版局检查组的充分肯定。二是认真抓好2011年中央财政奖励资金的使用和管理,2011年中央财政对泰州市农家书屋奖励资金281.76万元,按照省新闻出版局要求全部落实到各市区,实现统一公开采购,严禁违规操作。全市1060个行政村的农家书屋的出版物得到了更新,新购图书洋码价689万元,43万册,资金使用规范,新购图书全部配送到位,顺利通过了省新闻出版局的验收。三是切实推进农家书屋工程建设的长效管理,加强农家书屋管理员队伍建设。2011年在四市三区组织农家书屋管理员进行基本操作技能轮训的基础上,扬州市组织了全市260名达三星级标准的农家书屋管理员进行了为期两天的封闭式培训,邀请了相关领导和专家进行授课,并向培训学员发放了培训合格证书。四是成功申报省级四星农家书屋4个,三星级农家书屋8个。海陵城西街道森森村农家书屋评为全省农家书法制文化建设示范点。推进农家书屋数字化阅读示范点工程建设,计划在兴化市120个行政村农家书屋先行试点。

"扫黄打非"工作

年初,按照中央、省"扫黄打非"办的通知要求,组织收看了全国全省"扫黄打非"工作电视电话会议,召开了2011年全市"扫黄打非"工作电视电话会议。以两办名义转发了《2011年泰州市"扫黄打非"行动方案》。2011年全市在专项行动和日常监管工作中,累计出动检查人员5600人次,检查各类经营场所3585多家,查缴非法音像作品、非法报刊等10万余件,办理案件8件,打击了非法经营活动,净化了出版物市场。全年承办了省“扫黄打非”办密电37件。4·23世界知识产权日,组织查缴的非法盗版光碟、图书报刊计10万余件参加在无锡市开展的侵权盗版及非法出版物集中销毁活动。牵头组织公安、工商、城管、支队等部门对城区开展了出版物市场、出版物发行网点和印刷企业的督查监管,并通过电视台、《泰州日报》、《泰州晚报》对执法情况进行了宣传报道,加大了“扫黄打非”工作的宣传力度。“两会”期间,组织各市区对出版物市场进行了交叉检查,对发现的问题进行了通报。8月至10月,联合组织了对全市中小学教辅材料的出版、印刷、发行和市场的清查治理,并接受了省局督查组对我市的督查。配合兴化市承办了全省“扫黄打非”办公室主任会议,参观了兴化“扫黄打非”向基层延伸示范点现场。市文广新局和兴化市在会上作了“扫黄打非”工作经验交流。兴化市“扫黄打非”办荣获江苏省2011年度“扫黄打非”示范点建设先进单位。靖江市“扫黄打非”办主任季灿华被评定为2011全国“扫黄打非”先进个人,靖江市、泰州工商行政管理局公平交易处和局分管领导张莹同志分别被表彰为2011年省“扫黄打非”先进模范市、先进单位、先进个人。

全民阅读活动

4月23日,泰州市文广新局举办了“快乐阅读 书香泰州”暨第16个世界读书日系列活动启动仪式,向市民发放《全民阅读 书香泰州》宣传单3000份,组织开展了“科技让阅读更精彩”展览、优秀书籍展销、2010年度泰州市“少儿阅读之星”颁奖、“凤城讲坛”常康教授为你解读名著《红楼梦》等一系列丰富多彩的活动,泰州电视台、《泰州日报》对此进行了报道。

依法行政

一是根据市政府制定的全面推进依法行政指导意见,及时制定新闻出版依法行政的实施意见,明确依法行政年度工作要点。市文广新局领导班子每个月集体研究依法行政工作,每半年向同级政府和上级机关报告依法行政工作。二是严格遵循重大行政决策程序规定,推进实施重大行政决策事项社会听证、专家论证、法制机构合法性审查和集体研究决定制度,涉及新闻出版(版权)社会公共利益、相对人合法权益等重大行政决策事项,及时向社会公开征求意见。三是深入贯彻落实《行政许可法》等法律法规,全面梳理行政审批、执法依据,制定下发了《泰州市出版物市场(新闻出版)管理考评细则》、《泰州市出版物市场(新闻出版)执法考评细则》等文件,并通过泰州市行政权力公开透明运行网全面公开。四是建立健全了规范性文件监督管理制度,严格规范性文件制定的权限和程序。五是全面推行行政执法责任制,形成完善的市、区两级文化市场(新闻出版)管理执法运行机制,推进文化市场(新闻出版)行政执法属地管理。

行业监管

切实加强报纸期刊管理。一是启动了报刊审读工作,召开了报刊审读工作会议,聘请了7名领导专家组成报刊审读工作组,组稿编辑了《泰州报刊审读与管理》,做到每月出刊一期,启动以来登刊报刊审读报告36篇,编辑印发《泰州报刊审读与管理》5期,报刊审读引起了泰州报业集团领导的高度重视,对审读员提出的批评建议认真对待,积极整改,促进办报质量的提高。二是加强对报刊的日常监督,开展打击“假报刊、假记者站、假记者、假新闻”专项行动,查处非法报刊出版、印刷发行行为;开展对扬州市公开发行的3种报纸、3种期刊和新闻报刊记者证、驻泰记者站的年检工作。对全市28家单位主办的连续性内部资料每半年一次的年检发证,对年检中发现的不规范问题下发整改通知,予以整改。切实加强印刷企业监管。采取统一与分散相结合,条块相结合,部门执法与联合执法相结合,专项清查与日常检查相结合的方式,对全市印刷企业进行了地毯式清查,重点检查印刷企业“五项制度”执行落实情况,严查承印验证手续是否完备,成品仓库的进出库记录。联合工商、公安部门查处超范围经营行为及工作中有无违法犯罪行为。各地结合夏季安全生产大检查,排查消防安全隐患,对存在消防安全隐患的,当场出具《安全隐患整改通知书》,并落实企业法人指定专人负责跟踪,确保隐患整改到位。市出版物市场稽查支队还与印刷企业签订《泰州市出版物市场经营单位(场所)安全生产责任书》。

宣传教育

在“4·26世界知识产权日”开展了纪念第11个知识产权日广场传宣传咨询暨签名活动。在“5·15打击和防范经济犯罪日”,配合公安部门开展了大型广场宣传活动,发放各种宣传资料21000多份。

(泰州市文化广电新闻出版局供稿)

宿迁市新闻出版(版权)管理

2011年,宿迁市文化广电新闻出版(版权)局坚持以科学发展观为统领,紧紧围绕建设文化强市、实现经济跨越发展的目标,始终把发展作为第一要务,在发展中谋改革,通过改革促发展,不断优化产业布局,调整产业结构,推动新闻出版发展方式转变,新闻出版事业得到长足发展,产业化水平不断提高,出版物市场繁荣稳定。

一、努力建设高水平农家书屋

2011年,宿迁市积极创新工作思路,按照“因地制宜”的原则,优化书屋图书结构,不断增加书屋藏书量,全市更新升级农家书屋800余家,投入资金达500万元,确保了农家书屋图书“常换常新”,并更有针对性、更有实效性,在提升农民文化素质,繁荣农村文化方面发挥更大作用。在做好农家书屋图书配备的同时,加强对农家书屋开放和管理的督查,对全市10个乡镇的20个农家书屋进行了暗访,及时下发检查通报,并下发文件,要求各县区进一步加强农家书屋的开放和管理。

二、全力开展“扫黄打非”斗争

2011年,宿迁市依法加强文化市场监管,狠抓大要案,形成“扫黄打非”强大震慑力,组织开展了打击盗版工具书行动、迎“六一”出版物市场专项检查行动、驻宿迁记者站专项治理行动等“扫黄打非”专项检查行动60余次,共检查出版物经营点、印刷企业1410余家,取缔、关闭非法经营摊点40家,收缴各类非法出版物89886件(张),立案查处案件19起,其中查处销售盗版教辅案3起,查处销售假图书案1起,查处出版假报刊案4起。有效地规范了出版物市场秩序,净化了文化市场,维护了社会文化环境的安定。

三、合力推动新闻出版产业发展

坚持依法、快捷、服务发展的原则,切实做好出版物零售的审批工作。今年,全市各县区共审批新批打字复印单位51家(泗阳3家、泗洪5家、宿豫区2家、宿城区41家),出版物零售单位(含报刊亭)69家(沭阳11家、泗阳32家、泗洪10家、宿豫区1家、宿城区15家)。全市出版物零售业务发展势头良好,大型超市全部都有出版物零售业务,网上图书零售业务也呈现迅速发展的趋势。依法对9家印刷企业进行了相关变更。依托白酒产业链,做大做强包装装潢印刷业。通过现场勘验并报送省新闻出版局审批的印刷企业12家,其中包装装潢企业10家,其他印刷品印刷企业2家。注册资金在500万元以上、厂房面积10000平方米以上的有6家。新闻出版产业结构调整和技术设备更新改造步伐进一步加速。严格审批,依法规范内部资料出版物秩序。加强学习培训,进一步提高宿迁市新闻出版行业工作人员的业务水平。

四、倾力做好版权保护工作

大力开展"保护知识产权宣传周"活动,开展多种形式的宣传活动。为迎接"4·26世界知识产权日",宿迁市版权局联合市知识产权局、工商局开展广场咨询宣传活动,发放保护知识产权宣传单12000多份,接受现场咨询400多人次。组织开展"4·26"知识产权保护专项执法行动。重点对市区音像制品、计算机软件销售门市进行检查,现场收缴盗版DVD压缩碟片和计算机软件300余张。泗阳县、宿城区等县区也相应开展了专项执法行动。认真筹备侵权盗版及非法出版物集中销毁活动,共销毁盗版光盘等非法出版物达1万余件(张)。采取扎实措施,推动政府机关软件正版化工作有序开展。市政府办制定下发《关于做好政府机关使用正版软件工作的实施意见》,及时调整补充了市级机关使用正版软件领导小组成员单位,确立"调查摸底、招标采购、验收检查"的"三步走"战略。宿迁市文广新局于今年初下发了调查摸底统计表,对未及时上报统计表的单位送达催办函,全面完成市县两级政府机关正版软件调查摸底工作,并召开全市软件正版化工作会议,推动政府机关使用正版软件工作。

五、协力促进机关作风建设

全面促进机关作风转变,提高机关工作效能,结合单位的实际,紧紧围绕工作目标和重点解决的问题,提高机关干部的政治素质和履职能力,努力提高新闻出版队伍的整体素质。加大对行政执法人员的培训力度,切实提高各级新闻出版行政管理部门依法行政的能力和水平。

(张延卫、王　琿供稿)

出版单位概况

凤凰出版传媒集团

凤凰集团走过了十年高速发展的辉煌历程，已连续三届入选“全国文化企业30强”，在中国500家最具价值品牌企业中居第242位，所控股的两家上市公司总市值超过270亿元，是中国规模最大的集团化出版企业。

2011年是集团实施“十二五”发展规划的开局之年，年度总销售超过160亿元，比上年增长13%；总利润超12亿元，同比口径增长20%；主要经济指标在同业继续保持领先。

一、主业成功上市，在资本市场上领先

2011年11月30日，乘十七届六中全会东风，凤凰传媒成功登陆A股市场，成为资本市场关注焦点。此次IPO发行5.09亿股，融资44.79亿元，同时也创下了文化传媒类市值最大企业、江苏省非金融类企业A股IPO规模第一、网上冻结资金、网下配售冻结资金年度第一等记录。

二、强化内容生产，在综合出版能力上领先

2011年，8家出版社的11种图书入选第三届“三个一百”大奖，4种图书获“中国最美的书”称号，7种图书入选第十届输出版、引进版优秀图书。出版能力显著提升,教育社、人民社、科技社、少儿社进入全国总排名前 50 名,译林社、美术社分别列文艺类、美术类出版能力排行第 1 名。

重大出版工程带动作用明显,集团列入"十二五"国家重点出版规划项目 64 个,争取国家出版基金项目 7 个,省文化产业引导资金项目 5 个;《凤凰文库》、《中国长城志》、《金阳光》出版工程等取得新进展,《中国运河志》、《宝贝疙瘩丁呱呱》原创动漫、《全国少先队活动》复合出版工程等正式启动;以畅销书方式运作的党建通俗读物《创先争优系列读本》,市场反响强烈,受到各方高度评价。出版了《中国工艺美术大师》等一批重要图书。大众图书市场竞争力增强,保持在全国图书零售市场排名第三;集团单本年销售超 10 万册的图书 28 种;并购民营出版企业增加到十家,年销售增加 2 亿元。教育出版支撑主业,省外起始年级使用凤凰教材人数实现增长,高中数字化光盘在北京等省市全配套;与省教育厅共建职教教材和数字化研发基地,新编教材销售起点高;《全国优秀作文选》发行量保持全国同类刊物第一,《七彩语文》月发行突破 120 万册,成为江苏发行量最大的期刊。

三、推进数字战略,在平台建设上领先

集团数字化战略从教育数字化突破,由点到面开花结果,开始进入盈利状态。各出版单位建立数字出版专门机构,配备专业人员,研发拓展项目。

教育社教材基本实现数字化,基础教育精品题库、学前教育、幼儿图书音频库投入建设;科技社数字内容在苹果商城成功销售;《董事会》电子版销往世界 27 个国家和地区,《凤凰动漫》、《少年文艺》等上线新媒体。借力建设内容投送平台,与江苏电信 ITV、广电互动电视合作设立凤凰教育专区,扩大教育视频点播业务;凤凰教育网、凤凰学习网、中学学科网三大教育出版网站基本建设成型,用户数、点击量大幅上升。信息管理平台提升工作效率,公文流转、财务流程部分电子化,4 家出版社已经实现印前流程数字化管理。

四、优化经营渠道,在发行总量上领先

2011 年,发行板块营业收入 87.41 亿元,规模稳居全国同业第一。获得免费教科书和免费作业本发行权,增加上表品种,牢牢握有省内教材发行权。在江苏、安徽、浙江等地中标政府采购项目近亿元;春秋两季馆藏会现货销售超亿元;农家书屋配供、"送书下乡”活动促成销售近亿元。成功承办“江苏书展”。

文化广场建设加紧推进。南通、苏州项目进展顺利，镇江、江阴项目即将启动。海门、泰州、连云港、泰兴、扬州等项目有序推进。南京、泰州、常州、无锡四大书城现有网点提档升级开始启动。成都国际书街项目启动合作，文化广场建设开始走出江苏。

五、加快印务重组，在产业升级上领先

印务板块销售超29亿元，超年度指标40%；物资公司多元发展迅猛，销售达24亿元，利润增长快于销售增长速度，步入良性发展轨道。新华印务公司首次进入全国印刷业“百强”行列。凤凰盐城印刷公司首批获得国家“绿色印刷”环保资质论证。

成功实施亚洲第一条数码印刷连线，打造“凤凰印刷 POD”品牌，降低图书首印成本和库存风险。成立凤凰常青树数码公司，数码印刷企业已有京、沪、宁、泰州等地6家。文化创意产业园在下关组建，与中国版权保护中心合作，成为国家数字版权(DCI)制作基地。合资成立国际领先的数字印前中心，建立印刷数字资产管理系统，带动印刷企业转型升级。

六、做强多元板块，在战略投资上领先

文化地产逆势掘进。在房地产政策强力调控之下，凤凰置业交付销售建筑面积15.5万平方米，销售收入17.1亿元，利润3.1亿元。新增盐城储备项目，和熙、和美销售良好，苏州书城、南通书城、凤凰山庄、凤凰和睿等六大项目同步施工，总建筑面积103.5万平米。

融资渠道大力拓宽。再发中期票据10亿元，短期融资5亿元，满足集团投资需求。充分利用信用资源，共获银行授信100亿元。理财业务全年投资收益1.5亿元。

并购延伸产业链。收购国内著名单机版游戏网站游侠网，高起点进入网游领域。与苏州领军数字公司合作开发自有动漫品牌，启动4D小屋项目。与世界最大纸业跨国公司斯道拉恩索集团战略合作，优化原材料供应。并购民企总数已达21家，年收入增量约7亿元。

物业资产板块稳中有进，酒店、国际文化中心营收情况良好，资产公司盘活资产取得较好收益。新广联营业收入3.3亿元，LED项目顺利试生产，OTP-SD卡复制项目获国家级资助，在新型电子产品上开始广泛应用。凤凰传奇影业公司投拍《裸婚时代》等影视剧，收视率良好，目前有7部作品正在同时制作。

七、推动创先争优,在企业文化上领先

围绕“为翻番争贡献,为党旗添光彩”主题,组织开展劳动竞赛、科技创新活动,推动企业争先;倡议开展党员先锋岗、党员品牌活动,推动党员领先。廉政建设把好关,制订集团《“三重一大”实施办法》、《关键岗位轮岗交流制度》等,加强党风廉政建设监管;召开党风廉政建设工作会议,签订党风廉政建设责任书,落实“一岗双责”;重点对“小金库”等违规问题审查,督促整改。企业文化活动丰富,“说说咱们的党支部、我身边的共产党员”征文活动,树立先进典型;“凤凰要翻番青年须争先”、“我们80后”凤凰青年大讨论、扶贫结对等活动,亮出了青年骨干的风采和追求。人才建设重在体制突破和人才引进。全面完成集团事业单位体制改革任务,为主业上市确定了根本前提。新华印务公司基本完成公司化改造。与南京大学联合招收博士后,首批进站8人,初步形成产学研结合的办站特色。引进数字化专业人才20人,为数字化战略提供保障。

(凤凰出版传媒集团办公室供稿)

江苏凤凰出版传媒股份有限公司

【综合实力】

2011年,江苏凤凰出版传媒股份有限公司组建,同年11月30日,公司成功在A股上市,简称“凤凰传媒”,股票代码“601928”。2011年,凤凰传媒各项工作稳步推进,业绩良好。

公司组建　2011年3月28日,江苏凤凰出版传媒股份有限公司正式组建,主要业务包括出版、发行、物流、数字媒体、文化用品销售和教育培训等,总资产逾190亿元,净资产超110亿元。公司辖全资子公司85家、控股子公司26家、参股公司11家,拥有销售网点856个,网点规模和数量居全国同行第一;属下6家出版社进入中国百佳出版社行列,被评为国家一级出版社;拥有技术先进、规模巨大、全国一流的物流配送中心。

成功上市　2011年11月30日,江苏凤凰出版传媒股份有限公司(以下简称“凤凰传媒股份公司”)在上海证券交易所正式挂牌,证券简称“凤凰传媒”,证券代码“601928”,成为十七届六中全会后文化产业IPO第一单。凤凰传媒通过IPO发行5.09亿股,融资44.79亿元,超募17.17亿元,不仅成为传媒行业A股IPO第一大单,同时也创下了江苏省非金融类企业A股IPO规模第一等记录。截至2011年12月31日，凤凰传媒市值超过210亿元，成为我国资本市场上市值最大的文化传媒类上市公司。2012年凤凰传媒又成功入选沪深300指数和上证180指数样本股，也是全国唯一一家同时入选这两大指数样本股的出版传媒类公司。

主要指标　2011年，凤凰传媒股份公司实现汇总口径营业收入106.35亿元，同比增长8.87%。其中出版板块占20.62%，发行板块(含发行分公司，下同)占79.37%(其他板块占0.01%)。实现利润总额7.58亿元，同比增长19.8%。其中出版板块占36.32%，发行板块占64.78%(其他板块占-1.1%)。截至2011年12月31日，凤凰传媒市值超过210亿元；汇总口径资产总额为194.77亿元，比年初增长44.9%；净资产117.59亿元，比年初增长74.71%。出版品种总计17449种，其中新书品种7072种，再版品种10377种，同比增加品种4697种，重印率为59.47%。各出版单位的出版能力总排名同比均有较大提升：教育社、人民社、科技社、少儿社进入前50名，译林社、美术社列文艺类、美术类出版能力排行第1名。11种图书入选第三届"三个一百"原创图书出版工程，列各集团第三。获总署"版权输出先进单位"称号。发行板块总体规模和效益连续20年位居全国发行业第一。科技社、常州市店入选全国新闻出版系统先进集体，2人入选全国新闻出版系统劳动模范。凤凰学习网入选"2011年全国新闻出版业网站"百强。

【运营管理】　公司运营平稳过渡

内控制度　迅速完成机构重组，出台了财务、资金、证券、公文、档案、文印、会议、接待、审计、资产、出访等一系列内控管理制度。

网络管理　协同办公系统于2011年9月15日全面上线，在宁成员单位公文流转管理、财务管理实现网络化，译林社、文艺社、凤凰社等率先实现出版流程管理网络化。内网改版、外网上线成功。

人事变更　按程序完成了66家子(分)公司179人次的人事任免和海南凤凰公司新老班子交接。

【数字化建设】　数字化建设初见成效

数字投送平台　已建成凤凰教育网、凤凰学习网、中学学科网三大教育出版网站，凤凰听书网建设正式启动。

数字产品市场　成功开发凤凰版高中数字化教材，光盘销售超500万张。人民社、科技社、少儿社、文艺社等单位结合自身出版资源，开发了多个基于平板电脑、智能手机的应用程序，已在App

Store 等渠道正式上线。

对外合作　“凤凰教育视讯”在江苏广电互动电视和江苏电信ITV 平台正式运营。与江苏电信公司签署战略合作协议,控股全国知名游戏资讯网站游侠网。

专业机构　各单位纷纷建立数字出版专门机构,引进了一批数字出版人才。

【内容生产】　出版能力持续增强

重大项目　完成国家“十一五”53 项重点出版项目。入选国家“十二五”重点出版规划项目 64 种,列各集团第三。国家出版基金重点出版物项目入选 7 项,江苏省文化产业引导资金出版板块有 5 项,共获得资金支持 1142 万元。凤凰文库完成典藏本 50 种、平装本 40 种,完成第五批选题论证,新拓展教育理论、艺术理论研究两个系列。围绕建党 90 周年、辛亥革命 100 周年,出版了《开端》、《1912:南京》等 30 余种图书。“长城志”主体图书进展顺利,已完成 4 个分卷初稿。

精品力作　《神奇的一氧化氮》、“周末与爱丽丝聊天”系列入选总署“大众喜爱的 50 种图书”,“洛克王国”系列获中国少工委“2011 年度桂冠童书”多项大奖,《母语教材研究》获全国教育科研一等奖,4 品种入选“2011 年度中国最美的书”。

常畅销书　开卷排名保持第三。文艺社、译林社等在细分市场排名稳中有升。凤凰传媒份公司单品种年销售 10 万册以上图书 28 种。“赛尔号”、“洛克王国”系列品种长期占据开卷畅销书榜单前列,《一问一世界》全年销售超 66 万册。

教育出版　取得全省免费教材和作业本供应权。省外市场凤凰版教材起始年级使用学生人数比上年增加 12 万。与省教育厅共建江苏职教教材和职教数字化研发基地。创新培训方式,省内外培训教师达 3.5 万名。开发了教材教辅生产进度系统。教辅大盘保持基本稳定。《七彩语文》以中华儿童第一刊为目标,月发行突破 120 万册,成为江苏发行量最大期刊。《时代学习报》、《时代英语报》分获第四届中国优秀少儿报刊金奖、优秀奖。

【发行板块】　发行大盘高位增长

发行业绩　发行分公司完成营业收入与利润分别同比增长 1.6% 与 11.8%;省内子公司完成营业收入与利润分别同比增长 13% 与 8.2%;海南公司营业收入 4.62 亿元,同比增长 4.8%,完成利润 889 万元,实现扭亏,增加了 1119 万元。

营销渠道　承办首届江苏书展,增加了新的销售平台;中标全省农家书屋工程,全年销售近亿元;春秋两季馆藏会现货销售超亿元;总结经验,在全省推广校园书屋工程;与苏宁易购合作取得进展,日均销售22万元。

社店对接　筹建了独立的书目数据库中心,完成200多家出版社的上线工作,完成社店有效对接。

物流保障　连续第三十三年实现“课前到书,人手一册”。实施教辅退货新规,减少退货2700万,节约直接费用近百万。

【网点建设】　网点建设稳步推进

文化广场　已作为募集资金投向的苏州、南通、姜堰等项目进展顺利,海门项目即将进入招拍挂程序。江阴项目完成了概念方案设计。完成省内盐城、泰兴、连云港等十处文化广场选址考察。完成成都“中国书街”等项目的考察。

网点改造　完成各地书城、网点建设投资等27个项目2.73亿元的审核;完成南京、泰州、常州、无锡四大现有书城调结构方案;完成对常州、徐州、连云港、淮安以及靖江等五家子公司增资,网点建设资金增加投入5000万元。

【印务】　推进重组呈现生机

印务板块销售　销售总量超过28亿元,较2010年增长16.7%。纸张、印务等资源整合力度加大,各出版单位超额完成年度整合指标,纸张整合度已超90%。

印务实力　凤凰新华印务公司首次进入全国印刷业“百强”行列,并已成为国家印刷行业标委会起草单位。其控股凤凰盐城印刷公司首批获得国家“绿色印刷”环保资质论证。

印务管理　试行印刷工价招投标。选派从事印务工作的15名管理人员组成第四期赴美国佩斯大学研修班。研修学习取得了较大收获,全体学员论文及听课笔记出版了《佩斯印务笔记》一书,在行业内产生了一定影响。定期召开经营通气会形式,强化对印务企业的协调管理。

产业拓展　成功实施亚洲第一条数码印刷连线,打造“凤凰印POD”印刷品牌。组建文化创意产业园。合资建立印前数字中心,大大加快印刷数字化升级进程。继续拓展包装、票据等非书刊印刷领域。票据印刷增长显著,年销售收入由去年同期的6000万元增长到8000万元。

国际合作　加快印务“走出去”进程。凤凰新华印务在英国伦敦设立办事处，接单1000多万元，这是凤凰传媒份公司第一家境外公司。2011年凤凰新华印务公司的外向型业务列中国印刷百强企业第40位。

【投资并购】 产业项目助推发展

投资项目 审核论证各类项目达35个，重点项目如海南教材发行项目、长江职教产业集团项目、厦门创壹项目、杭州凤凰游侠网项目、北京凤凰文萃项目，以及美术社凤凰千高原项目、译林社凤凰国际英语项目、教育社凤凰师轩项目、文艺社中视金桥合作项目等一批项目，都在稳步推进。并购民营出版公司达10家，销售收入超2亿元。

【版贸拓展】 走出去拓版权贸易空间

版权输出与外向型出版基础平台 品牌项目“符号江苏”英文版宣传推广反响较好；科技社合作翻译中医图书外文版权试水成功；凤凰阿歇特公司作为版贸优势平台取得初步成果，成功引进《丝之屋》、输出《符号中国》法文版。

国际交流 参加法兰克福、伦敦、北京等三大国际书展；接待了英、美、法、西班牙、瑞典、芬兰、韩国等国出版及相关产业来宾二十余批次。组织申报三大国家级外向型资助项目。

（凤凰出版传媒有限公司供稿）

江苏人民出版社有限公司

2011年，江苏人民出版社有限公司（以下简称“苏人社”）紧紧围绕“十二五”发展规划要求，以“降本增效”为工作核心，以做精做强重点图书和一般市场选题、提高盈利水平为立足点，通过项目抓手带动企业管理，出版社综合实力显著增强。

本年，苏人社实现销售收入1.7亿元，与上年基本持平。考虑到凤凰联动剥离和2010年下半年教辅图书提前结清的因素，销售收入增长明显。根据《中国图书商报》“中国书业2011实力版图”提供的权威数据，苏人社在全国出版社出版能力总排名中已升至第24位，较上年提升15位，在集团进前50名的4家出版社中仅次于江苏教育出版社；在社科类出版能力排名中位列第6，较上年提升18位。

一、图书出版与杂志建设

2011年，苏人社共申报选题2827种。其中，重大、敏感选题

366 种。出书 2168 种。其中,新书 807 种,占总量的 38%;重印书 1361 种,占总量的 62%。

1. 各类图书获奖丰硕。2011 年,苏人社共有 16 种图书获得省级以上各类奖项。其中,《世界现代化历程》、《中国佛教通史》入选第三届“三个一百”原创图书出版工程,《破解幸福密码》、《山楂树之恋》入选 2010 年度“大众喜爱的 50 种图书”,《新闻纷争处置方略》入选 2011 年度 20 本“中国最美的书”,《极端的年代》获 2010 年度引进版社科类优秀图书奖。

2. 各类重点图书广受社会好评。《开端:中国共产党成立述实》被权威专家誉为“迄今为止最细致、翔实和具有鲜明风格的中共建党史著作”,入选全国庆祝建党 90 周年重点出版物。《南京大屠杀史料集》(78 卷)被称为“迄今最完备、最详尽的历史档案和原始文本”,为构建历史共识“提供了公开的史料基础”。新华社刊专发特稿,中央电视台先后 5 次报道,《人民日报》、《光明日报》、《中国青年报》,以及《纽约时报》、英国 BBC、韩国广播公司等国内外主流媒体进行了专题介绍。

3. “十二五”出版规划有序完成。苏人社列入国家“十二五”出版规划项目共 9 种,2011 年已完成 3 种,分别为:《21 世纪国外马克思主义研究译丛》、《地图上的中国历史》和《民国肇基:辛亥革命在江苏》。

4. 主题出版成效显著。2011 年,苏人社为建党 90 周年、辛亥革命 100 周年精心组织了一批精品力作。主要有《开端:中国共产党成立述实》、《天下为公:孙中山思想剪影》、《民国肇基:辛亥革命在江苏》、《改良与革命:辛亥革命在两湖》、《辛亥革命江苏地区史料》。

5. 畅销图书品种不断取得新突破。如杨澜的《一问一世界》自出版以来累计销售近 64 万册,被《中国图书商报》评为“社科类图书畅销书目”。《刘心武续红楼梦》累计销售 24 万册,被《中国图书商报》评为“文学类图书畅销书目”。浮石最新力作:《皂香》,累计销售 12 万册。《后知后觉》累计印数 6 万册。《青少年美德书》累计印数 4 万册。“大家丛书”中的《王选传》、《钱学森传》、《韩美林传》等累计印数均在 4 万册以上。

6. 自主营销实力进一步增强,农家书屋销售成绩明显。2011 年,苏人社共有 13 个品种入选全国农家书屋推荐目录,并有 93 个品种进入江苏省农家书屋重点出版物推荐目录。当年,全国农家书屋征订总数达到1500万元,为上年同期的5倍。

7.《董事会》杂志继续成功举办"金圆桌"论坛。2011年,第七届中国上市公司董事会"金圆桌"论坛暨"金圆桌奖"颁奖盛典在北京成功举行,国务院国资委副主任邵宁、中国国际经济交流中心副理事长郑新立、摩根大通中国区董事总经理龚方雄等均做了精彩演讲。

二、对外合作与数字化出版

1. 对外合作范围进一步扩大,成果丰硕。2011年,苏人社全年输出版权41种。其中,非华语地区图书30种。此外,还有8种图书被纳入国家重点资助项目"中国图书对外推广计划"和"经典中国国际出版工程"。同时,苏人社负责对外版权合作的同志连续第三年被评为"全国优秀版权经理人"。

2. 数字化出版之路不断拓宽,赢利模式初步展现。苏人社数字化出版之路刚刚起步,虽然总体盈利水平不高,但正在建立适应自身特点的数字化出版之路。当年,苏人社全面整理了图书版权及电子档案,选择部分图书制作成电子书进行销售。淘宝网店开业一年,实现纸质书销售3000多册、销售收入7万多元。正在努力实现传统出版向数字出版、传统营销向电子商务的转变。2011年9月,苏人社响应集团号召,率先成立数字出版部。

三、党的活动与公司治理

1. 深入开展"创先争优"活动,积极参加集团文化艺术节各项比赛。2011年上半年,在集团表彰"创先争优"活动先进集体和个人时,我社一个党支部被评为"先进党支部"、两名同志被评为"优秀共产党员"、一名同志被评为"优秀党务工作者"。同时,一位同志因事迹突出,被评为"省级机关优秀共产党员"。在下半年集团文化艺术节活动中,苏人社党委也通过工会、团组织等社内团体,积极组织全社党员群众参加各项活动,并取得优异成绩。其中,《颂歌献给党》获文艺汇演二等奖,一名同志被评为集团"凤凰之星"。

2. 顺应时代发展,及时进行组织裂变。2011年之初,为适应数字化出版需要,苏人社将原来分散在办公室、总编办、编辑室等各处的数字化出版业务集中至办公室,在取得初步成绩、明确发展思路后,及时成立单独的数字出版部。事实证明,这一举措集中了专业力量,有力地促使苏人社数字化出版走上了正轨。

3. 贯彻新的绩效考核方案,鼓励多劳多得。新的绩效考核方案实施一年多来，业务部门的经济意识空前高涨，行政部门的服务意识显著提高，有力地促进了苏人社图书选题的开发和各项经济指标的完成。（苏人社总编办供稿）

江苏凤凰科学技术出版社有限公司

2011年是“十二五”发展开局之年，也是江苏凤凰科学技术出版社有限公司（以下简称“苏科社”）在2010年全面完成转企改制任务后，以全新姿态奋力开拓前行的一年。立足于《新闻出版业“十二五”时期发展规划》提出的新任务、新要求，苏科社凝心聚力、稳定局面、克服多个困难，形成了全社上下队伍团结、思想稳定，人心思发展、谋发展的良好氛围，在坚持正确导向、坚持精品出版、不断创新发展的目标指引下，整体保持了较好的发展态势。

一、总体情况

2011年，新书发稿1300种，同比2010年增加470种；出版新书1150种，同比2010年增加560种；重印书1300种，重印率53%，同比增加400种，出版结构趋于合理。

2011年，在中国出版社出版能力排行榜的全部561家监测出版社中，名列第33位，较去年的47位上升了14位，并继续保持地方科技社第一的领先优势。

2011年，获得由国家人力资源和社会保障部、新闻出版总署联合表彰的“全国新闻出版系统先进集体”称号；获得“十一五”国家重点出版规划工作先进单位称号；2种图书入选第三届“三个一百”原创图书出版工程；5种图书获第24届华东地区优秀科技图书奖一等奖，20种图书获二等奖。

二、主要工作

1. *重点项目保持优势*。2011年新增2项国家出版基金项目，3项国家科学技术学术著作出版基金项目，组织申报2012年度国家出版基金4项；9个项目入选“十二五”国家重点出版规划，居全省15家出版社第二位；金陵基金首次面向全省公开征集重点科技选题，首批有4个院士项目。重点项目数和获资助金额在凤凰出版传媒集团（以下简称“凤凰集团“）各出版单位中保持领先位置，在全国地方科技社名列第一。

2. *教育出版创新增量*。以出版社能否可持续发展的高度使命感和责任感推进教育部教材修订送审工作，围绕修订送审先后召开了55次综合会议和300余次学科会议，多次拜访、请教学科专家，与教育部及教育部核心专家紧密沟通，确保万无一失；针对素质教育形势和科普需求，创新开发《学生科学素养读本》，春季实现销售近百万册；开发原创教辅丛书"凤凰壹高考"和读书活动丛书《学党史 唱赞歌 树美德》、《青少年青奥知识教育读本》，实现教育板块创新增量。

3. 数字出版积蓄力量。试水书籍应用程序市场，《针灸经络穴位》上线苹果软件商城，半年实现净收益3000美元，成功探索数字出版低成本高赢利模式，目前类似新产品已有3个上线，8个即将登陆。基于多媒体复合出版工程建设内容资源管理、加工及应用平台，全面铺开苏科社数字化产业转型的基础工程建设。进军手机阅读市场，为凤凰集团唯一一家同时获得中国移动、中国电信、中国联通三大运营商内容提供商(CP)资质的出版单位。

4. 三农出版提升影响。"金阳光"品牌影响继续提升，图书销售量在2010全年1400万元的基础上翻番，突破3000万元，印数600多万册。围绕图书出版建设"金阳光"多媒体复合出版工程，受到权威媒体广泛报道，被业界誉为"金阳光"模式。入选《2010—2011年农家书屋重点出版物推荐目录》数量科技类排名第一；中标全国农家书屋图书，发行范围覆盖30个省市自治区，

5. 专业出版聚集资源。邀请到原人民卫生出版社副总编辑夏泽民出任北京医学出版中心总编辑，带来大品种医学出版项目，未来两至三年，有望将苏科社医学本科教材出版规模扩大至5000万到1亿元以上的销售。在凤凰集团和股份公司支持下，组建江苏凤凰医学与养生保健图书出版专家委员会，聚集优势资源，打造高质量专业医学、实用医学与养生保健类出版强势项目。

6. 大众出版取得突破。以"有所为有所不为"的原则，选择养生保健、孕产育儿、饮食菜谱和旅游等擅长领域重点投入，一方面借助合资公司凤凰汉竹占领市场，另一方面与优秀图书制作团队合作降低成本。2011年1—10月的数据显示，苏科社生活类图书市场占有率从0.78%迅速大幅提升至1.46%，占凤凰集团生活类图书总码洋比例从15.08%增长至32.42%，而生活保健类细分图书市场占有率排名也从第28位跃升至全国第10位。

7. "走出去"出版成果显著。正式签约输出版权17项，其中非华语地区授权13项，超额完成凤凰集团下达的年输出版权11项的任务；3个项目获"中国图书对外推广计划"资助，占凤凰集团总共

6 项的一半;5 种图书入选“中国之窗”对外宣传出版物推荐,其中 2 种为重点推荐,占凤凰集团入选总数的三分之二;《针灸经络穴位》被凤凰集团推荐参评江苏对外宣传创新奖的三个项目之一。

8. 合资公司规模初现。合资公司管控科学,运行安全,规模初现。凤凰新联实现销售 1700 万元,已形成利润;凤凰汉竹销售 1800 万元,预计明年将达到 5000 万元,发展势头喜人;上海凤凰颐合于 2011 年底完成注册,并在选题规划、市场开发方面清晰布局。通过与民营企业合资合作,不但有效提升规模产能,还能弥补板块发展不均的弱势,快速提升出版社整体实力,增强竞争活力,拓展发展空间。

9. 协同作战意识增强。弘扬团结互助、顾全大局的良好风气,引导并推动大型项目的跨部门合作,优势互补,合作共赢。跨部门联手共同开发如《“金阳光”新农村文化建设多媒体复合出版工程》《学生科学素养读本》等大型出版项目。

10. 企业文化丰富多彩。营造和谐稳定、积极向上的良好氛围,发展丰富多样的企业文化,团结队伍、鼓舞士气。庆祝凤凰集团组建十周年“我与凤凰一起飞”文化艺术节中,多个项目斩获荣誉,受到集团表彰。其中大型舞蹈《青春凤凰》获集团文艺汇演一等奖,另外还有一等奖两个,二等奖一个,三等奖五个,优秀奖两个。

(江苏科学技术出版社供稿)

江苏凤凰教育出版社有限公司

2011 年,江苏凤凰教育出版社有限公司(以下简称“苏教社”)在凤凰出版传媒集团(以下简称“凤凰集团”)的领导下,经营管理层团结一致、高效运作,团队士气昂扬、齐心合力,全社保持了有机的协同性和战斗力,开拓意识明显加强,市场竞争力大幅提升,苏教社的各项工作按照年度目标有条不紊地实施,并取得了良好业绩。2011 年实现利润 1. 786 亿元,同比 2010 年增长 1752 万元,完成凤凰集团下达的利润基础指标的 110%,同时还完成奋斗指标,为提高上市公司的利润与每股收益做出重要贡献。2011 年末总资产 9. 30 亿元,比年初 8. 61 亿元,增长 8%。根据凤凰集团国有资本收益上缴规定,苏教社 2011 年 6 月及时足额上缴 2010 年度收益 1. 1 亿元,为凤凰集团资产的优化配置做出贡献。2011 年,苏教社共计生产图书 3687 种,比 2010 年增加 345 种,增长 10. 3%。其中新书888种,比2010年度增加38种;重印图书2799种,比2010年度增加307种,重版率为76%,比2010年上升1.4个百分点。

一、增强市场意识,全面提升综合实力

2010年度苏教社的社会影响力继续走强。一是体现苏教社综合实力的量化指标呈现向好走势。根据《中国图书商报》LM竞争力监测系统的出版能力排名,从全国第6名上升到第4名,指数为0.5165,仅次于高等教育出版社、人民教育出版社和科学出版社等中央级大社,属于具有超强出版能力(指数在0.4以上)的出版社。苏教社在全国图书零售市场的码洋排名从2010年的113名升到106名,出版效率从0.59提升到0.64。

二是各编辑部门市场意识明显增强,选题开发越来越习惯于市场化的论证方式,选题结构不断优化。2011年底上报的选题计划就凝聚着编辑部门的思考与探索,除了强化基础教育板块,在学前教育、大教育板块和书刊互动方面,都呈现出新的亮点。艺术出版中心的《中华古村落大系》、《中国篆刻史》选题,高等教育出版中心的《中国话剧艺术史》、《全宋词韵谱》、《西方审美教育经典论著选》选题入选国家"十二五"规划重点图书。高等教育出版中心的《中国近现代通俗文学史》入围第三届"三个一百"原创图书奖,《母语教材研究》喜获第四届全国教育科学研究优秀成果一等奖。艺术出版中心的《阳澄笔记》荣膺2011年度"中国最美的书"。小学教育分社《斯霞文集》的出版,得到教育界的关注和好评,南京军区副司令员王洪光中将撰写的《绝战》在厦门举行了首发式,不仅内容、装帧都相当出彩,而且销售业绩也非常出色。围绕教育理论和教师读物形成了教育类专业图书品牌"大教育书馆",《学前教育专业大学教材》获得江苏省高校精品教材一等奖,10多种教育类图书入选《中国教育报》向教师推荐的好书,这些成就都充分展示了苏教社的专业出版水准。

二、健全完善板块内容,构建全新出版平台

重点项目建设对苏教社的发展意义重大。苏教社通过重点项目的建设,集中优势资源,有效地扩大了企业在文化界的影响力和美誉度。通过重点项目的历练,培养出一大批领军人物,造就了几代优秀人才,促进了苏教社的研发能力和自主创新能力。2011年,苏教社重点项目的进展符合预期目标。

(1) 国家"十二五"重点出版项目《中国话剧艺术通史》、《全宋词韵谱》、《西方审美教育经典论著选》、《中国篆刻史》、《中国古

村落大系》等5种都处于作者编著阶段,预计“十二五”期末能全部出版。

(2) 凤凰集团重点出版项目《斯霞文集》已经出版。主题图书《辛亥革命读本》、《建党伟业》和《革命烈士书信白金纪念版》青少年版全部出版。

(3) 2012年拟申报国家出版基金项目《中国话剧艺术通史》、《中国史前陶器》和《中国古村落大系》都已如期进入程序。

(4) 省文化产业引导资金项目2项,一项已经实现赢利,一项正在展开。

“大教育书馆”已经形成了完备的教育理论学术图书出版体系。2010年11月,项目顺利通过省里中期审查。到2011年9月,共推出新书150多种,修订重印图书100多种,实现销售2500多万元。已经出版的《陈鹤琴传》获省第七届“五个一工程”奖,《学前教育专业大学教材》入选省高校精品教材。“大教育书馆”业已成为全国较有影响的教育类专业图书名牌。

大教育板块包括社会教育出版中心、高等教育出版中心、艺术教育出版中心和综合营销中心。2011年,社会教育出版中心完成销售码洋1400万元,销售收入528.9万元,远远超过了390万元的奋斗指标。艺术教育出版中心筹建不到九个月,销售总码洋已达239万元,实现销售利润45万元。

教育出版数字化是大势所趋,在凤凰集团数字化战略的统一规划和指导下,苏教社专门成立了数字出版部,坚持教育出版的专业优势,利用好现有资源,开发数字化产品,一方面服务传统出版,提升纸质图书的竞争力,另一方面建立全新的数字出版业态和商业模式,促进苏教社由传统教育出版商向现代教育信息服务商的转变。

三、加快管理职能改变,完善现代企业制度建设

苏教社“十二五”的工作任务是优化并充分利用现有出版资源,实现两个效益的最大化,并在此基础上,向新的社会资源拓展。在企业内部,首先谋求改革创新,将现有的人力资源充分合理地运用。经反复酝酿,2010年底以“业务重组为先导、价值创造为核心、科学发展为目标”的机构改革方案出台。经全员一致通过后于2011年1月正式启动,从机构改革、中层竞岗到员工双向选择,一系列工作历时两个月,实现了预期的目标。

改革方案按照凤凰集团化的模式,调整了机构设置,为中长期的发展奠定了新的格局。这次调整幅度大,涉及面广,将传统的事业部改造成分社和出版中心,将营销业绩纳入分社考核,将编辑业务与营销理念紧密结合,使编辑、营销信息畅通,减少了中间环节,解决了过去编印发供环节上的多头关系。将传统的事业单位行政部门划分为业务管理板块和职能板块。业务管理板块包括营销、财务、印制,为具体的业务部门提供服务和支撑。新增教育培训中心,以资本为纽带,积极寻找内容互补、产业联动的优秀民营企业。通过经营、重组、收购等资本运作的办法,加大合作力度,争取实现业态创新和拓展。

2011 年,报刊社落实《关于两报四刊分社制整合公司化运作的方案》,首先将"两报四刊"经营业务、营销人员全部并入时代公司统一经营,并大力拓展省外市场,实现快速增长。"两报四刊"销售均实现了不同程度的增长,销售码洋 1.32 亿元,销售收入 5369.97 万元,收入同比增加 747.33 万元,增幅 16%,其中广告收入翻番,达 148 万元。"两报四刊"主要经营指标自 2007 年以来首次实现全面大幅增长,顺利完成了年初制定的目标任务。

(江苏教育出版社供稿)

江苏凤凰少年儿童出版社有限公司

2011 年,江苏凤凰少年儿童出版社有限公司(以下简称"苏少社")围绕对六条主产品线及三大中心进行重点建设的目标,着力提升综合实力和出版能力,构建苏少产业发展新格局,为"翻番"目标的实现和"十二五"规划的完成奠定了良好的基础。

一、绩效指标良好,盈利能力提升

2011 年,出版图书 1904 种,其中新书 539 种,重印书 1365 种.新书、重印书数量均较上一年有较大幅度增长。2011 年完成利润达到奋斗目标的 217%,在上一年基础上增长了 156%。

二、赢得多项荣誉,入选多项重点

2011 年,《艾晚的水仙球》入选"三个一百"原创出版工程,《艾晚的水仙球》、《戴小桥全传》入选总署向全国青少年推荐百种优秀图书,《我们都是小绿人》、《米兰的秘密花园》获冰心儿童图书奖,《中国原创经典动漫系列》、《最美的名著》、《赛尔号精灵传说》入选年度"全行业优秀畅销品种",《儿童心灵成长自助宝典》等 14 种书刊获华东六省优秀少儿读物编辑奖,《少年文艺》获第四届少儿报刊奖金奖,《智力大王》获第四届少儿报刊奖优秀奖。4 名期刊编辑在第三届江苏期刊编辑岗位技能大赛上获奖,苏少社同时赢得大赛组织奖金奖。

入选国家"十二五"重点出版规划 4 项,入选省"十二五"重点出版规划 7 项。"凤凰动漫中心产业化发展"项目入选总署"2011 年度新闻出版改革发展项目库"。

荣获全省预防青少年违法犯罪工作先进集体荣誉称号;社委会班子荣获全省新闻出版(版权)系统先进集体荣誉称号。

三、六大产品线和子产品线项目不断充实

2011 年,围绕《"十二五"发展规划》和《"十二五"出版规划》,着力建设文学读物、低幼读物、知识读物、未成年人思想道德教育读物、引进与输出读物、教育读物等六条主产品线和动漫、学前、期刊三大中心,设计和策划各板块的主干项目,搭建子产品线,内容生产内核逐渐丰厚充实。年度内,梳理出了 100 个系列的各类选题,大众板块中原创产品线呈现新意,涌现出"阳光姐姐伍美珍"等一批新作系列。同时,拟定了《打造全国一流的儿童文学出版基地》方案,通过积极赢取高端资源和顶级作家原创资源,扩大一线作者队伍,不断提升产品品质,打造阅读新品。

助学类板块克服各种不利因素的影响,有关部门在加强现有教辅产品维护的同时,着力开发了 20 多个系列数百种较高水准的系列教辅读物,扩大了教辅的市场占有率和使用量。

注重教育板块长效产品建设,以《美术》、《音乐》二次送审工作为核心,不断丰富教材及配套核心教辅产品,通过加大暑期培训,增强编辑室和编写组的互动与交流,保证了两科教材二次送审各项准备工作的顺利推进。

省编教材,苏少社抓住契机,利用教育部出台的加强义务教育阶段书法教育的政策,迅速拟定新版编写计划,并全面展开编写修订工作。该项目有望在未来的一两年内实现质的跨越和量的增长。

幼教板块,在广泛调研的基础上,适时对《幼儿园综合活动课程》进行了修订,并增添了新品。与各大幼教机构密切联系,加大省市区三级培训力度,加强宣传推广,保证了幼教教材和《幼儿 100》期刊的持续增长。

四、市场销售能力提高,畅销常销书刊数量攀升

2011 年,图书产品的市场适应性增强,市场销售能力提升,发货、销售、回款均有较大幅度提高,退货率及库存数年来首次出现下降,政府采购和网络销售均有所突破。

2011年大众图书年度销售超过10万册的达4种,其中《草房子》年度销售首次突破30万;年销售超过5万册的达16种。

2011年,苏少社农家书屋覆盖17个省份,获码洋661万元,较2010年增长了15.6%;各项馆配及招标共计实现码洋262万元,较2010年增长了95.5%。网络销售发展迅速,当当网2011年发货1043万元,较2010年增长25.1%;销售453万元,较2010年增长123.2%。

2011年,苏少社期刊《七彩语文》月发达到118万。其他期刊,月发超过10万的达3种,月发超过6万的达4种。

五、版权输出再创新高

2011年实现输出46种,其中非华语地区31种。非华语地区输出数量较上年实现29%增长,超额完成集团输出指标。非华语地区输出内含电子版权输出22种,成为2011年版贸工作新的增长点。

六、确定了数字化建设的思路和目标,启动了数字化建设项目

年度内,对苏少社数字化建设进行全面思考和谋划,成立了数字化工作领导小组,落实了推进数字化发展的骨干力量及任务分工,初步确定了苏少社"十二五"期间数字化建设的思路和目标,迅速启动苏少社数字化出版基础建设工程,并落实了一批数字化建设试点项目,同时迅速启动动漫中心和江苏中卡教育科技公司、《凤凰动漫》和中文在线、文学及低幼读物和美国艾思传媒等项目合作。

七、资本层面多元合作取得突破

2011年,苏少社与南京七彩凤凰文化发展有限公司合资成立"江苏凤凰七彩语文杂志社有限公司"(苏少社控股),经营《七彩语文》杂志。《七彩语文》杂志自2006年1月创刊以来,已发展成7个版本10个品种,产品销售已延伸至安徽、山东、山西、河南、陕西、福建等省,成为江苏省唯一一种月销量突破百万册的少儿期刊。

2011年,凤凰动漫中心和全国一流新媒体运营商合作,谋求数字动漫产品生产;以《凤凰动漫》期刊为平台,谋求构建产学研一体的原创动漫出版研究机构;和动漫出版企业合作,谋求合作模式、出版业态和多元化发展的创新,构建动漫板块的畅销书和常销书集群。

2011 年的另一大合作亮点,是中国原创儿童绿色网游书刊项目。2010 年,苏少社赢得了赛尔号合作项目,2011 年,赛尔号精品书刊系列,以及后来的"小花仙"两大系列已全面展开,影响不断扩大。

八、创新模式,提高效能,刊群建设得到快速发展

苏少社目前拥有 9 种期刊,其中 5 种隶属期刊中心,1 种隶属学前教育板块,1 种隶属动漫中心,2 种为苏少社控股的公司化运营模式。

2011 年除与《七彩语文》的合作外,苏少社还完善了江苏《东方娃娃》期刊有限公司的治理结构,增加注册资本,还将《钓鱼》杂志社注册为全资子公司。

2011 年,苏少社期刊围绕翻番目标,调整产品结构,放大市场容量,通过运营模式、产品结构、经营方式、规模及效益、多元经营等方面的突破,通过对期刊内容和呈现方式的不断创新,实现产业结构升级和效益增长,取得较好的业绩。

在上级部门的支持下,苏少社创办了《凤凰动漫》杂志。该杂志于 2011 年 9 月正式推出,目前成长性很好,赢得业界好评。

九、积极组织、参加各类社会活动,社会美誉度不断提高

2011 年,苏少社相继举办了曹文轩、黄蓓佳、单瑛琪等作家的读者见面会,赛尔号新品、《我的第一本日记》、《周末与爱丽丝聊天》、《小拇指历险记》等新书发布会,《凤凰动漫》首发式及和中文在线合作签约等共计 16 场活动,活动频度创苏少社历史最高。与此同时,苏少社还组织了百场名家"人文校园行"及凤凰读书会活动。年初举办的"七彩语文杯"全国语文教师素养大赛,抵宁观摩者达 6000 余人,声势浩大。年底举办的"金波儿童文学作品研讨会"大型活动,中国作协副主席高洪波,江苏省文联主席王湛等领导,来自全国各地的教育专家、儿童文学评论家及一线教师代表 700 余人参加会议,影响深远。

2011 年,苏少社还承办了"第 26 届全国少年儿童出版社社长年会暨 2011 中国少儿出版高层论坛"。总署副署长邬书林,江苏省副省长曹卫星等领导,少读工委、全国近 40 家专业少儿出版社和相关出版单位、研究机构的代表,以及特邀嘉宾、媒体记者等共 60 多人参会。苏少社相关人员相互协作,热情接待,认真办会,受到与会代表好评,也集中展示了苏少人的新风貌。

(苏少社总编办供稿)

江苏凤凰美术出版社有限公司

2011 年,是江苏凤凰美术出版社大发展的一年。出版规模首次超过四个亿,蝉联全国美术类出版社出版能力排行第一名,是江苏省唯一一家蝉联冠军的出版社。

2011 年,是苏美社对外拓展极为成功的一年,继收编《今日中国美术》之后,凤凰千高原正式成立,凤凰德艺学堂酝酿组建,还有很多合作项目有序进行,从南京到北京,从出版到艺术品拍卖,苏美社,站在专业出版全国第一的基础上,朝多元化发展迈出谨慎的步伐。

2011 年,是专业美术、教育出版和大众出版齐头并进的一年。在此前的若干年里,苏美社始终秉承"一点引领,两翼齐飞"的发展思路和发展模式,围绕专业,做大做强相关板块的出版,使出版社在平衡稳定的格局中稳步迈进,2011 年,这一模式被发挥到了极致,在三大领域的发展都可圈可点。

全体员工转变思路、调整心态,积极谋求进步和发展。企业化的呼声越来越高,市场化的步伐越来越近,出版社的各项工作也越来越朝现代企业靠近,已经完全告别事业单位的属性,告别了事业单位的思维模式和工作作风,始终围绕着研发、生产和销售开展工作,利润成为企业运转的中心。

2011 年,是出版社企业文化建设突飞猛进的一年,同时也是各式各类企业文化活动密集的一年。

2011 年,苏美社顺利完成了股份公司下达的经营目标,全年营业收入实现 1.5 亿元。

2011 年,美术社的重大项目在获奖和资助等方面表现突出:全年版权输出 22 种,4 种图书囊括全国优秀美术图书"金牛奖"金银铜 3 个奖项,"艺术理论研究系列"首度入选凤凰文库,4 种图书入选国家"十二五"重点出版规划,4 种图书入选省"十二五"重点出版规划,《故宫博物院藏品大系》入选国家新闻出版改革发展项目库,《中华五色》、《中国木版画通鉴》获得省重点出版规划资助,《大美江河》、《中国石窟艺术》入选集团重点项目。

(江苏凤凰美术出版社供稿)

江苏凤凰文艺出版社有限公司

2011年是江苏凤凰文艺出版社有限公司(以下简称“苏文社”)转型的收官之年。在凤凰集团“十二五”规划的指导下,出版社各项工作有序进行,稳步发展,并紧跟时代步伐,进一步拓展新业态,全年工作取得了丰硕成果。年内累计实现营业收入7200万元,利润220万元,较上年分别增长30%和5%,分别完成年度奋斗指标的146%和110%。年末资产总额13747万元,较上年同期增长53%,净资产总额2386万元,同比增长52%。

一、大众出版呈现多点开花、稳步上扬势头

经过三年的努力,苏文社基本完成了向大众出版全面转型的任务。

1. 优秀原创作品和精品图书的出版呈现出喜人局面,文学、文化、生活三大传统板块都有热点涌现。名家长篇有田中禾的《十七岁》、陈世旭的《登徒子》、范小青的《香火》、谈歌的“白玉堂系列”、严歌苓的《金陵十三钗》、张欣的《不在梅边在柳边》、哈金的《南京安魂曲》等。长篇纪实《十四家》,传记《中国最后一个大儒:记我的父亲梁漱溟》、《陈光标传》、《赵丽蓉的最后20年》,以及池莉《她的城》、筷子兄弟的长篇小说《再见,老男孩》、随笔集《元气糖》等,都产生了广泛的社会影响和良好的经济效益。

2. 重点选题按时认真完成,国家及省“十二五”重点项目扎实推进。

国家以及省“十二五”重点出版项目“原创中国长篇小说丛书”年内完成范小青《香火》等4种;《中国文学通史》(12卷本)已经进入二校;《刘先平自然动物原创系列》也在编校之中。

省“十二五”重点出版项目《陈从周全集》、《苏州艺术通史》也在积极推进中,并有望获得国家出版基金资助。

3. 常销书经过五年左右的建设和经营,已经蔚为大观,在全国地方文艺社中遥遥领先。在继续维护好大家散文、百合文丛、北斗丛书等拳头品种的基础上,2011年又推出了现代文化名人自传丛书、鲁迅文学奖获奖者丛书、卡耐基典藏系列等多套大型常销丛书,品种更加全面,结构更趋合理。

4. 畅销书数量快速增加。2011年苏文社单本销售1万册以上、3万册以下的图书品种达到120种,3万~5万册的品种数量34

种,5 万~10 万册的品种为 27 种,单本 10 万册以上图书 13 种。销量万册以上图书数量为历年之最。

二、数字化战略初见成效,平台建设扎实推进

1. 筹建凤凰儿童网,并着力将其打造为融娱乐、教育、网购于一体的青少年数字互动平台。2011 年网站的板块设置已经基本完成,内容资源也已初步整合完毕,2012 年上半年上线内测。

2. 在内容资源的音频化方面做了一些尝试,已规划可开发内容数千个,并制作音频文件 200 多个,有些已在凤凰儿童网上试用。

3. 跟南京携图公司签约,携手进军手机阅读市场,已完成 200 种图书内容的合作,产生了初步效益。

4. 凤凰天舟和著名数码电子生产商爱国者签约,将我们生产的"洛克王国""开心宝贝""丁呱呱"等内容植入该公司开发生产的少儿电子阅读器、故事机中。

5. "洛克王国"电子图鉴在 APP store 正式发布,下载量超过 6 万次,在同类图书中处于领先地位。

三、文化影响力、市场竞争力均得到有力提升

1. 获奖情况。在总署"三个一百"原创工程评选中,苏文社出版的《漫随流水》入选;在 2011 "中国最美的书"评选中,《这季节》入选"最美图书"。在由《出版商务周报》和中国出版工作者协会少儿读物工作委员会联合主办的"2011 年度桂冠童书"评选中,苏文社《洛克王国魔法侦探》和《魔法小公主 3——美妙的魔法平安夜》系列获得"年度文学童书"奖(在获奖的五部作品中,《洛克王国魔法侦探》排名第一),《洛克王国宠物大图鉴》系列获得"年度多媒体童书"奖,《潘多拉星球历险 4——幽灵齿之谜》获"年度创意童书"奖(排名第一)。

2. 获得的重要出版资助。《中国文学通史》获得国家出版基金资助,资助金额 60 万元。

3. 对外版权输出创历史最好水平。实现向非华语地区输出版权 21 种,向华语地区输出版权 10 种,超额完成集团下达的任务指标。

4. 开卷排名。2011 年 11 月苏文社在开卷图书零售市场占有率排行榜的排名为第 29 位,比去年前移 5 个位次,是苏文社历年来的年度最高排名,超过了苏文社在"十二五"规划中为自己设定的目标。"洛克王国"故事书在 9、10、11 月开卷儿童图书排名连续三次位居全国第一,在苏文社历史上也属首次。

四、转变思路，更新手段，抓住机遇，发行工作再上新台阶

1. 团供营销取得较大突破。农家书屋销售达900万元实洋，是去年销量的20倍。

2. 网络销售创新高。2011年网络书店的销量比去年增长了将近一倍。

3. 宣传营销工作有了较大起色。专门引进了2名宣传营销人员，充分利用包括网络在内的各种媒介开展全方位、多形式的图书宣传营销工作，取得明显成效。

五、凤凰传奇开始发力，出版影视互动初见成效

凤凰传奇影业公司今年依托集团的资金支持和苏文社在原创资源方面的显著优势，在多个影视项目上发力，取得了令人瞩目的成果：

1. 凤凰传奇公司主投的长篇电视连续剧《新萍踪侠影》8月份在央视八套黄金时段顺利播出，取得良好收视业绩；参与投拍的电视连续剧《裸婚时代》在几大卫视播出后引起巨大反响，成为2011年最受瞩目的电视连续剧；公司参与投拍的连续剧《肉中刺》在江苏电视台城市频道等电视台播出，也取得了非常好的收视业绩。公司主投、根据苏文社出版的同名小说改编的电视剧《一个鬼子都不留》在河北等部分地面台播出，取得不俗收视率，2012年将上星播出。

2. 凤凰传奇公司参与了2011年中影集团年度大戏《富春山居图》的投资，该片于10月27日在杭州开拍；公司主投的电视连续剧《胜利者》在横店基地拍摄；此外，公司的另外几个项目如《遥远的枪声》、《浦口1911》、《琵琶行》也在筹备之中。

3. 苏文社和凤凰传奇公司积极互动、资源共享，打造出版影视上下游产业链的努力已初见成效。年内有5部文艺社出版的作品被凤凰传奇购买了影视版权。对于内容资源的快速掌控能力也成为凤凰传奇公司在激烈竞争中谋求脱颖而出的重要砝码之一。

六、狠抓图书质量，各项管理措施完善、落实到位

苏文社社委会高度重视图书质量，年内对图书质量相关管理办法进行了修订完善，先后组织了两批次40余本图书的抽查，奖优罚劣，大大提升了全社人员的质量意识。

七、企业文化建设和党建工作有声有色

今年是集团成立十周年，集团组织了系列文化活动。苏文社积极响应集团号召，全员参与。在各项活动中都取得了比较好的成绩，共获得书法比赛一等奖两个，演讲比赛二等奖两个，文艺汇演三等奖一个；在强手如林的龙舟比赛中，也获得了三等奖。

基层党组织建设扎实推进，年内新发展党员一员，两名预备党员转正，多名积极分子参加了入党培训。

（江苏凤凰文艺出版社供稿）

江苏凤凰出版社有限公司

2011 年，江苏凤凰出版社有限公司（以下简称“凤凰出版社”）共申报选题 776 个，其中年度选题 416 个，补报选题 360 个。完成发稿、出版选题 581 个，占全年选题计划的 74.9%；撤消 34 个，占全年选题计划的 4.4%；顺延 161 个，占全年选题计划的 20.7%。出版图书 623 种，其中新书 503 种，重印书 120 种，重印率 19.26%。

做好国家“十一五”规划项目的扫尾工作和“十二五”规划项目的开局工作。完成国家“十一五”规划项目《京剧历史文献全编·清代卷》的出版。该项目广泛收录清代中期以来有关京剧发展的各类历史资料，是目前收录最广、内容最全、规模最大的京剧史料著作，对研究京剧以及戏曲发展史都具有重要价值。《民国卷》已列入国家“十二五”规划项目，计划 2013 年完成。

凤凰出版社入选国家“十二五”重点出版规划项目 14 项，列全省之冠、同行前列。2011 年，《二十世纪三十年代国情调查报告》、《台湾史稿》、《陕西神德寺塔出土文献》3 种图书入选 2011 年“十二五”国家重点出版规划 400 种精品项目，3 个项目均已启动，且进展顺利，都将在 2012 年出版。

2011 年适逢中国共产党建党 90 周年和辛亥革命 100 周年，凤凰出版社配合重大主题活动，出版了由中央文献研究室编纂的“六大领袖人生纪实”丛书（平装本），并以销售一万套的业绩，取得了非常好的两个效益；同时，《南京临时政府遗存珍档》、《辛亥人物碑传集》、《民国人物碑传集》、《见证共和》、《绍兴与辛亥革命》、《辛亥革命中的常州人》、《铁血忠魂——辛亥先烈范鸿仙纪念文集》等一批纪念辛亥革命的图书出版，不仅很好地配合了重大活动的宣传，而且赢得了从中央到地方有关部门及领导的高度评价，提升了凤凰出版社的出版影响力。

《南京临时政府遗存珍档》入选国家新闻出版总署纪念辛亥革命 100 周年 20 种重点出版物，并获得国家出版基金资助。该书收录的内容包括:一是孙中山临时大总统令、批等档案原件;二是临时大总统府全套电报房收文档案;三是南京临时政府外交部文档等。这批珍贵档案的起止时间为1912年1月至1912年4月,是中国第二历史档案馆整理馆藏档案时最新发现,系首次披露,弥足珍贵,其中有关孙中山的档案已被列为国家"档案文化遗产"。为最大限度地将这批遗存珍档的原貌呈现给读者,采用彩色影印方式出版,总计八册,出版后已经引起海内外近代史、民国史研究界和读书界的重大关注,取得了较好的社会效益。2011年9月16日,中央有关部门在南京第二历史档案馆将此书作为礼品赠送到访的中国国民党荣誉主席连战先生。

2011年,凤凰出版社坚持市场导向下的专业出版,并以此调整图书结构,突出专业大众板块,一次性推出了由全国高校古委会组织策划,北大、复旦等18所著名大学的古籍整理研究所的专家学者参与译注的《古代文史名著选译丛书》(修订版),并积极开展了一系列营销推介活动。该丛书1990年初版,本次修订版共134册,包括了中国从先秦至清末两三千年间的著名典籍。这是近一个世纪以来,规模最大、收录种类相对齐全、译注质量较高的一套普及传统文化的今译丛书,出版后受到读者的普遍欢迎,取得了较好的社会反响和一定的经济效益。

由凤凰出版社与中共无锡市委宣传部合作编撰的大型地方文献集成——《无锡文库》,收录无锡籍作家的著述和与无锡相关的历代文献600余种,根据内容分为《官修旧志》、《地方史料专著》、《年谱家乘》、《无锡文存》和《近现代名家名著存目》五辑,计划出版100册左右,2010年开始启动,2011年推出70册,2012年出齐。

2011年,凤凰出版社的《台湾简史》入选总署第三届"三个一百"原创图书出版工程。《凌濛初全集》(全10册)获2010年度优秀古籍图书奖一等奖,又获第十四届(2010年度)华东地区优秀古籍图书奖特等奖;《陆士龙文集校注》(上下)、《宋代文学编年史》(全4册)获2010年度优秀古籍图书奖二等奖,又获第十四届(2010年度)华东地区优秀古籍图书奖一等奖;《越缦堂日记说诗全编》、《卞孝萱文集》(全7册)获2010年度优秀古籍图书奖二等奖,又获第十四届(2010年度)华东地区优秀古籍图书奖二等奖;《清代闺秀诗话丛刊》、《南京图书馆藏朱希祖文稿》、《虞集年谱》、《清代文学世家姻亲谱系》获第十四届(2010年度)华东地区优秀古籍图书奖二等奖;《名家批评本四大名著》获2010年度优秀古籍图书奖普及读物奖，又获第十四届(2010年度)华东地区优秀古籍图书奖优秀通俗读物奖。

凤凰出版社在坚持以弘扬中华传统优秀文化为内容主线、专业化为发展路径的基本定位基础上，通过学习党的十七届六中全会精神，结合出版业发展的新趋势以及集团上市后的新要求，更加明确了自身的出版定位与目标追求：即传承文明，传播文化，服务大众，贡献学术。做产业发展的时代先锋，做古籍专业这个“小众”出版领域中的“大家”，已成为凤凰出版社员工的共同追求。

在出版管理方面，凤凰出版社坚持“二为”出版方针，坚持正确的出版导向和可持续发展的专业出版方向，严把质量关，杜绝低俗，抵制庸俗，文化品位已逐渐成为读者对凤凰出版社图书的普遍评价。选题申报实行责任编辑、编辑室、社委会三级论证制度，所有书稿均严格执行“三审制”。认真执行重大、敏感选题备案报批或送审制度，严把政治关。认真做好无锡、徐州、泰州、常州和张家港五家地方文化公司的管理工作，将他们策划和组织的书稿纳入出版社正常管理，确保导向正确和图书质量。2011年，我社编辑流程管理、财务管理OA系统正式上线，出版、发行软件全部更新，办公自动化得以初步实现，科学高效的管理有了新平台。

2011年，凤凰出版社的生产规模和市场销售都创历史新高，无论是实体销售还是网络销售都有较大的增长，市场影响力和市场竞争力明显增强。全年造货码洋1.54亿元，比2010年的7746.8万元翻了一番；销售码洋8059.21万元，比2010年的6026万元增长33.7%；销售收入2633.85万元，比2010年的2039.7万元增长29.1%；实现利润214.49万元，比2010年的176.7万元增长21.4%。 (江苏凤凰出版社供稿)

译林出版社有限公司

一、生产概况

2011年，译林出版社有限公司(以下简称“译林社”)面对变化迅速、竞争激烈的图书市场，在凤凰集团党委的正确领导下，解放思想、齐心协力、艰苦奋斗，以饱满的热情和高效的工作迎接挑战，再创佳绩。全年出版新书711种，同比增长85.16%；重印书647种，同比增长24.66%。全年营业收入3.51亿元，利润3029万元，双双完成凤凰集团下达的奋斗目标。

在内容生产和品牌建设上,译林社取得了新的进步。《中华民族》获得2011年度国家出版基金资助,"博物馆与文化遗产全媒体信息平台"获得2011年度江苏省文化产业引导资金资助。《布鲁克林有棵树》入选2011年"向全国青少年推荐的百种优秀图书";"品特戏剧集"《当我们谈论爱情时我们在谈论什么》、《希拉克回忆录》等4种图书入选第十届输出版、引进版优秀图书;《苏联的心灵》被评为2011年上海书展最有影响力的新书;《布鲁克林有棵树》、《当我们谈论爱情时我们在谈论什么》等6种图书获评为2010年"全行业优秀畅销品种";《经营博物馆》获"2010年度全国文化遗产最佳译著"奖;《林肯传》等6种图书获得首届南京图书馆陶风图书奖。

二、主要工作

(一)内容生产出版更具规模和层次,品牌影响力不断加强。

大众出版方面,整合资源推出适应市场需求的系列产品。在名著市场占有率提升的同时不断丰富外国文学产品体系:以较高品位出版胡安·鲁尔福、卡尔维诺等重量级作家的作品集;"译·推理"等新系列初涉轻阅读市场,使译林社外国文学出版更有层次;新版"双语译林"推出近30种,市场影响力日渐稳定;"传记译林"继续积累优质资源,做大品牌;单本图书运作突出,《这些人,那些事》、《奇风岁月》、《魔戒》深受读者好评,销售喜人。

专业出版方面,以高起点高学术水准为一以贯之的标准,以国内外一流的专家学者为依托,持续推出广受好评的优质图书。"名家文学讲坛"销售良好,在读者中形成出色口碑;"西方政治思想译丛"、"法政科学丛书"推出新品种,受到学者充分肯定;"人文与社会译丛"全新修订版图书继续巩固市场,《西方正典》(新版)、《苏联的心灵》等品种取得品牌影响力和市场美誉度的双赢。

教育出版方面,译林社逐渐开始由传统出版向教育服务领域的转型升级,实施合作英语培训项目;启动英语市场图书拓展计划并进行了大量调研;修订升级版《高中英语读本》高位增长40%并首次进入湖南市场,实现了数十万册的省外销售;与牛津大学出版社续签英语教材合约,并正式分享合作中小学教材著作权(版权);《英语新世纪》转型为学术杂志,实现了一定的学术影响力,对提升译林社的教育品牌、完善教育服务职能、巩固教材市场将起到重要作用。

（二）进一步延伸产业链，进入相关文化领域，合资公司运行良好。

2011 年，译林社启动和实施凤凰国际英语培训项目，开发全系列英语教材，并与韩国尹氏英语教育集团签署了英语教育服务合作意向。

译林社与优质民营资源合作成立的北京凤凰壹力文化发展有限公司和北京凤凰雪漫文化有限公司运行平稳良好。《那些不能告诉大人的事》、《神奇的一氧化氮》等单本畅销图书获得广泛关注。"汉译经典"系列受到较多肯定，"乐读文库"多本图书积极打造国内日系推理小说优质出版平台。

（三）营销和销售新模式建设卓有成效，市场与品牌影响力不断扩大。

2011 年，译林社针对细分市场，不断创新思路，有效利用营销活动、电视媒体、微博、豆瓣小站等方式宣传图书，与读者有效沟通，较大程度地促进了销售成绩，有效提升了译林品牌的市场影响力。英国前首相布莱尔亲临北京参加译林社举办的回忆录中文版首发式暨新闻发布会，并作讲话。新闻出版总署署长柳斌杰参加发布会并专门作出重要指示。《全球化百科全书》等新书发布活动获得专家学者的一致赞誉。《这些人，那些事》在四个城市的吴念真读者见面会和《奇风岁月》读者沙龙，在读者中产生了深切的共鸣，对图书销售的促进作用较为明显。

市场方面，整体销售增长较快，名著市场垄断地位进一步巩固。畅销书运作能力加强，市场的调动能力和渠道的掌控能力有较大提升。积极开拓新渠道，大客户和团购业务初见成效。与网络书店合作方面取得可喜成绩。2011 年译林社网络渠道销售增加了 50% 以上。

（四）加强内部管理，出版运营效率进一步提高。

2011 年，译林社在日趋复杂的市场环境中，致力于保持平稳向上的盈利能力；同时进一步加大绩效考核力度，在凤凰集团公司的部署和指导下，译林社在员工绩效考核和薪酬分配方面进行了多项改革，进一步规范相关流程，进一步理顺各业务流程，对员工进行定期绩效考评，合理运用绩效考核结果，在社内真正形成以"勤"、"效"为主要目标的考核和激励机制，更大程度地激发全社的生产力。

（译林出版社总编办供稿）

江苏凤凰电子音像出版社有限公司

2011 年,江苏凤凰电子音像出版社有限公司(以下简称"凤凰电子音像社")进一步深化内部改革,拓宽发展思路,优化产品结构,扩大经营规模,积极探索数字出版,在国内电子音像业普遍不景气的情况下,出版社不断焕发活力,经济效益增长显著,业务转型取得突破。

一、不断丰富完善产品体系,促进经济效益快速增长

全年出版总品种数 978 种(含再版),比 2010 年增长 50%;全年累计实现营业收入 3100 多万元,与 2009 年相比,已接近翻番;全年完成利润情况较好,是基础指标的 186.33%,奋斗指标的 121.11%。

(一)在教育类多媒体产品出版方面,紧紧围绕市场和教学需求,抓好有基础、有规模的项目建设,实现教育产品效益快速增长。新推出《高中语文》、《高中数学》等四门学科的数字化教材光盘,使《凤凰数字化教材》高中部分覆盖凤凰版高中国标教材所有学科,光盘总发行数 400 多万张。新编的中小学《信息技术》教材配套光盘通过了省教材审定委员会审查,总发行数 400 多万张,达到历史新高。

(二)加大《凤凰数字课堂》、《古诗文诵读》等教辅产品的发行力度,在稳固既有市场的基础上加快新地区开拓,使该类产品运作模式日渐成熟,总发行数超过往年最高水平,《凤凰数字课堂》已成为数字化教辅品牌。同时,加强在产品建设和市场开拓上的对外合作,策划了"凤凰学具"和《书法教程》等新项目,延伸教育产品线,并取得较好效益。

(三)随着出版物品种的增多,多途径、多方式加强营销,拓展营销渠道,针对性选择目标市场和销售地区,挖掘市场最大潜力。农家书屋系列及其他政府采购性产品在省内外发行良好,较往年大幅增长。与省外发行渠道建立起稳定的合作关系,面向全国市场发行有声绘本《最好听的故事》和跨媒体教材《幼儿安全教育》。

二、重点选题量大质优,取得良好的社会效益

在大众出版和专业出版的产品开发上,凤凰电子音像社保持重点项目做优做精的传统,集中精力做好重点选题的编辑制作和出版,积极探求重点产品的市场化运作。同时,加强与政府和社会各界联系,结合政府资源、公共资源开发各类选题。

（一）出版社获得新闻出版总署授予的“‘十一五’国家重点出版规划出版工作先进单位”荣誉称号；《中国工艺美术大师》被列入新闻出版改革发展项目库；《魅力中医》、《金凤凰新农村建设》入选“十二五”国家重点出版规划精品项目；《秦淮花灯》、《卡通奥数快乐学》等产品入选《江苏省2011年向全省青少年推荐优秀苏版出版物目录》。

（二）《针灸与推拿》、《江南水乡》获得省新闻出版局重点出版项目资金资助；《搜救犬阿虎》、《古诗文诵读》获得第十届“江苏省科教电视节目、音像制品奖”奖项；《郑和魔海劫》入选国家动漫精品工程新媒体奖。

（三）按时完成新闻出版总署纪念中国共产党成立90周年重点项目《建党大业——光辉的历程》，产品入选省委组织部、省委宣传部等部门组织的“学党史、树新风”活动推荐出版物目录。完成新闻出版总署纪念辛亥革命100周年重点项目《辛亥风云》光盘的编辑和开发工作。

（四）编辑出版《网络编辑职业培训》跨媒体教材，联合中国新闻出版研究院动漫中心承办两期新媒体技术人才培训暨网络编辑师国家职业资格鉴定，培训暨鉴定被列入新闻出版总署中长期培训规划的职业培训项目。

三、大力拓展数字出版新领域，业务转型取得实质性突破

抓住数字化、网络化带来的出版转型机遇，按照出版社向多媒体出版、数字化网络出版、音视频运营、游戏运营、电子产品、教育培训六个方向拓展转型的发展思路，积极参与数字化新业务实践，取得显著业绩。

（一）音视频新业务转型迈出实质性步伐。“凤凰教育视讯”在江苏广电互动电视和江苏电信ITV平台上正式运营，一期上线节目涵盖了幼儿教育、中小学教育和快乐益智等专题教育，共1300多集节目，总时长超过600小时。

（二）在游戏出版方面作了有益尝试。全年出版游戏类产品80多种，取得较好收益。以资本合作方式重组“游侠网”，完成资产评估、签订出资协议及新公司章程，为进军游戏运营领域做好了准备。

（三）数字化新型产品不断涌现。与语音技术国内领先的研发单位进行关于智能语音网络系列产品的合作，完成了《凤凰智能英语》平台建设，并出版了《课程同步听说训练》、《中考听说考场》

等线下光盘产品。“凤凰欢乐岛”等数字化产品已在“凤凰学习网”上运营,并开展了针对性较强的市场营销活动。在教育电子产品方面组织力量进行研究,启动了以“凤凰点读笔”为基础的新型教育电子产品设计工作。

（四）积极推进省文化产业引导资金项目《凤凰虚拟数字图书馆》,完成方案设计,设立了内容数据库标准体系,通过省文化产业引导资金检查组检查,得到较好的评价。

四、形成顺畅高效的运营机制,企业文化建设取得成效

随着出版品种的增多和经营方式多元化,出版社进一步健全生产机制和运营机制,完善考核制度,强化激励效应,调动员工的积极性。同时,不断丰富员工的精神文化生活,构建和谐的企业文化,使出版社形成健康向上、团结奋进的良好氛围,整体面貌焕然一新。

（一）按照股份公司要求,依据企业化运营管理的规则,强化发展意识、市场经营意识和企业化管理意识,注重体制机制改革与经营管理模式创新,优化调整组织结构,加强和扩大对外合作,增强市场化活力。为适应新的生产经营要求,年内先后成立了项目拓展中心和音像内容运营中心。

（二）适应生产经营方式的变化,不断提升管理水平和工作效率。在明确各部门和员工具体职责的基础上,强化编辑、生产、发行各部门间的工作协同性,提高产品的创新能力和服务水平,提升统一规划和大项目运作能力,使出版社的整体运营效益显著增强。

（三）认真做好党建、企业文化建设、廉政建设等工作。党团员以身作则,在平时工作中努力发挥模范带头作用。年内,全社员工积极参加“我与凤凰一起飞”文化艺术节举办的各项活动,并取得了理想的成绩。

（四）通过引进专业人才,提高了出版社的选题策划能力、编创能力、审校能力,以及资源整合能力、市场开拓能力等。同时,注重人才队伍的培养,一些年轻员工开始崭露头角、独当一面。

（江苏凤凰电子音像出版社供稿）

江苏新华印刷厂

2011 年,江苏新华印刷厂以“十二五”倍增计划为中心,以“转型升级、结构调整、机制改革”为主线,深化体制改革,探索企业内部机制创新，转变经济发展方式，加快战略转型，促进经济平稳较快发展。一年中，企业在巩固规模化发展、完善产业链的基础上，以搬迁新厂区为契机，对老厂实施公司化改造，重新布局产业结构，规划未来发展方向，建立现代企业制度，增强企业影响力；以“数字化”、“走出去”工作为突破口，紧紧把握产业发展趋势，搭建数字技术管控和全球业务交互协作平台，广泛开展国际业务合作，提升企业竞争力；同时，启动文化数字创意产业园项目，推动企业由“重资产”向“轻资产”转变，引领企业由传统加工业态向创意经营业态转型跨越。全体干部职工进取拼搏、开拓创新，走出了一条适合大型国有印刷企业的集团化、国际化发展新路，实现了向“新新华时代”的转变。

2011 年新华厂及其控股子公司实现工业总产值 5. 88 亿元，与上年同期 2. 89 亿元相比，增长 103%；工业增加值 1. 53 亿元；利润实现 1488 万元。销售完成集团年度考核指标的 109%。该厂本部在连续多年印刷加工费 6000 万元的基础上再上 7500 万元平台，刷新本厂历史新高，实现营业收入 7582. 67 万元，比 2010 年同期增长 16%，其中主营收入 7054. 62 万元，增长 14. 47%，其它业务收入 528. 05 万元，增长 40. 39%。全面完成主管集团下达的本年度各项经济指标。

本年，新华厂作为江苏书刊印刷企业的唯一上榜企业，首次进入百强榜单，排名第 63 位，比上年提前了近 50 位。同年 3 月，获得第二届中国出版政府奖“印刷复制奖”；10 月，承印的《中国敦煌》荣获第五届金光印艺大奖“优胜奖”；12 月，选送的 345 品种 3923. 045 印张，被检测认定为 2011 年江苏省新闻出版局出版物印制“省优产品”。此外，还获得首批中国环境标志产品认证、出版总署颁发的“技能人才培养突出贡献奖”等认证及奖项，多项产业研发项目被江苏省政府肯定并获文化产业引导资助。

一、推动数字化发展，实现产业转型升级

2011 年，新华厂引进德国、芬兰和香港当今国际先进的数字管理技术，推进印刷数字化改造工程，与香港文高印务公司合资成立了凤凰新华数字印刷技术公司，积极推进数字化发展，构建“沟通无距离、过程无实物、质量无差异”的新型印刷管理和业务交互模型，使企业印刷数字化成功转型升级。该项目包含管理数字化、印刷数字化、工艺数字化三大部分。通过管理数字化，做到数据统一、信息共享、指令及时、分析差异、资源整体等全方面管理升级；

通过印刷数字化,规范印品标准,提升印品质量,实现数字资源管理;通过工艺数字化,建立全面工艺管理体系,满足国际标准认证体系要求。项目所构建的业务平台,成为江苏省书刊印刷企业中第一个真正意义上的全流程印刷数字化工艺及管理系统。

数字化转型升级,快速提升了新华厂的技术创新能力和综合竞争力,使不同地域和各子公司的地方文化资源得到充分利用,为调整新华厂产品结构,转变经济增长方式,实现"十二五"翻番目标奠定了基础。该项目获得了江苏省文化产业引导基金的支持,是凤凰出版传媒集团的重点发展项目,有望成为"十二五"期间中国印刷行业的标志性示范工程。

二、以搬迁为契机,调整重构,完成公司化改造

2011 年元旦刚过,新华厂启动了第二期设备大搬迁,工程技术部对即将搬迁的设备进行认真全面的梳理,和设备生产单位进行商谈设备安装、调试的时间、价格并签订合同,同时制定各生产车间的设备搬迁顺序计划,做到各种搬迁机型设备的生产配套,以保证生产秩序正常进行,部署各生产车间利用这次设备搬迁,对设备进行一次彻底的大保养,力求做到"设备旮旯无油污、设备外观见原色"。并于 2011 年 2 月 22 日全面启动,共计 70 多台/线机,近 700 吨重,全部时间 68 天,在时间紧任务重的前提下,确保了人身、设备安全,圆满完成厂区搬迁的全部工作。同时,进行了人员分流,第一批 60 名老职工分流安置到位。上半年组织召开员工座谈会广泛听取职工意见,参考相关法律政策,经过精细测算,反复推敲,并向集团进行多次汇报后为广大职工争取到了一次性的内部退养政策,对厂内现有人员进行了人才优化,同时也为该厂的公司化改造创造了良好的人员基础。

为适应市场发展,加快企业转型升级,使企业从生产管理粗放型全面向市场化、专业化、集约化的大型印务集团过渡。新华厂利用搬迁新厂区的重要机遇,实施了调整重构,通过重新整合资源、重新定位、全面梳理运作模式,构建更为符合实际情况和未来发展要求的组织架构。该厂建立了"战略管理、行政管理、人事管理、财务管理、物资管理、业务管理"六大模块,强化职能作用。将原有产品混合型的生产车间分离成为具有专业化方向,面对不同市场的教材、精品图书和簿本三个分厂,通过重新配置资源以形成新的专业化能力,充分发挥了人员、设备产能效率,强调市场导向与专业特色并举,进一步提升了企业运作的专业化、市场化程度;同时,全面推进薪酬制度改革,调整分配结构和激励力度,调动职工工作积极性。由集团人力资源部推荐,新华厂专门聘请了华中科技大学企业薪酬设计项目组对薪酬方案进行设计,力求通过阶段性的目标分解和实施,不断修正,最终建立了一套科学、务实、高效的薪酬体系,充分发挥了分配机制对企业发展的强大推动力。

2011 年 7 月 25 日,由集团出资 5300 万元注册的"江苏凤凰新华印务有限公司"正式成立并运行。公司 292 名在岗职工,除了 2 名员工关系留在新华厂外,其余 290 名员工全部与"江苏凤凰新华印务有限公司"签订了合同;公司组织架构由原 13 个职能部门合并为 9 个,并重新制定了岗位职责;积极推进中层干部轮岗,23 名中层管理干部中 18 名干部调整岗位;完成了新华厂第五届党委改选工作,王忠春同志担任党委书记。重组后的凤凰新华,员工精神饱满、干劲实足,改革意识和锐意创新的精神大大增强,业务拓展方面三管齐下、多元发展,形成了"集团业务、社会业务、国际业务"三足鼎立的格局,企业核心竞争力得到了稳固,并取得了突出的社会效益和经济效益,在全国印刷行业有了较高的知名度、影响力和示范性。

三、推进绿色环保认证工作,践行绿色印刷

2011 年 5 月,受中国印协邀请,江苏新华印刷厂作为全国"新华"印刷企业的唯一代表参加了第七届"中国(深圳)国际文化产业博览交易会"的绿色印刷展。在展会交流中,该厂提出了锻造一个"新新华时代"的口号,与印刷界同仁一道,探讨了在绿色经济环境下,"新华"企业未来的发展问题,得到了国家新闻出版总署及行业媒体的肯定和关注。《中国印刷》杂志、《中国新闻出版报》、《印刷经理人》等国家机关媒体分别以"江苏新华:新新华时代的升级之路"、"江苏新华信息化升级之路"、"江苏新华:涅槃的秘密"等进行了连续报道。同年 10 月 13—14 日中环联合(北京)认证中心对江苏新华印刷厂进行环境标志产品认证的现场审核,开出三个观察项,企业有条件通过了现场审核,获得首批中国环境标志产品认证。至年底前,旗下四家控股公司业已完成基础环评和测评工作,两个厂已通过现场审核环节。

四、建厂 57 年来首签外单,启动"走出去"工作

新华厂 5 月份开始承接哈萨克斯坦教材印制外单,在 19 天内高质量完成 83 万册彩色精装图书的印制加工。这次承接的外单印制任务,历经三个多月的邮件及电话沟通交流,进行了数百个印刷品种的测算、报价,最终成功承接了哈萨克斯坦教材印制业务。该项目是新华厂建厂57年来的第一张外单,周期紧、数量大、环节多,外单业务的首次成功完成,其意义重大,这不仅是一次生产,更是一次极好的练兵机会,为新华厂今后大批量承揽国际业务积累了宝贵的经验。《中国新闻出版报》、《中国图书商报》分别对此单业务作了宣传报道。由此,新华厂英国办事处先后承接了十余单业务,并准备在2012年伦敦书展前,成立境外公司。

五、加快技改研发,提升生产能力

2011年,为了机构调整和外单生产需要,新华厂先后引进各种大小印刷、印后设备22台/线机,共计1544.8万元人民币,主要设备有北人产B890-4八色轮转机、北人产BB机二台、北人产TSK胶订线ZXJD450型、卷筒纸柔性铁丝订联动线、中成堆积机25型、紫宏ZYHD490型折页机、东莞图成36制壳机、切纸机、预涂膜机920型、压痕机、烫金机、自动冲孔机(一套4台)、上海申威达裁切系统等。在设备引进过程中,新华厂事先计划场地、电源配置,合理安排人员跟踪配合安装调试,对操作人员现场操作培训,做到使新设备尽快投入生产,满足生产经营的需要。

同时,新华厂对所有老设备进行了一次大的检修和技术改造。例如:该厂老马天尼胶订线于1991年引进已有20年,为生产作出了巨大贡献,由于20年来没有进行大的投入保障性维修,近几年故障率高,停机时间长,产品质量和周期难以保证,厂房搬迁时企业曾将之考虑淘汰,后经研究决定投入一部分资金从老厂搬回新厂区进行修复。但资金有限,维修面大(原计划净修理费100万元,现在搬迁、修理、配件一共65万元),为了修理达到理想效果,企业和马天尼公司进行多次沟通协商,最终马天尼公司同意:一给配件打折、二给设备事先免费检查,确定关键部位的修理和配件的配置,三保证配件的到货期和维修工期。在这过程中对维修方案进行多次修改,把有限的资金花在关键部位上。维修后,老马天尼机生产效率大大提高,产品质量得到保障,又重新充满活力成为教材分厂装订车间的主力军,现在一些样书也在"老马"上生产。

此外,新华厂还与天津东洋油墨厂进行合作,在不影响产品质量和油墨采购成本的前提下,由油墨厂免费为企业安装集中供墨系统。在近一年的使用过程中,对出现的问题及时沟通联系、解决。目前集中供墨系统处于良好状态,采用减免酒精润版液既符合环保要求又减少异丙醇用量,降低了成本,减轻了工作强度,便于现场管理。2011 年 1 至 11 月异丙醇同期对比少用 5000 余公斤,平版四色机用润版液减少 200 升。

六、启动创意产业项目,向"轻资产"跨越

2011 年,由集团向凤凰新华增资 2550 万元,由江苏凤凰新华印务(新华厂)与北京阳光狮人广告有限公司、南京外滩投资发展控股集团有限公司共同发起设立了江苏凤凰新华创意产业园,公司注册资本 5000 万元,三家分别占 51%、29%、20%。公司旨在通过建设专业园区服务于数字产业和创意产业的发展,推动实现最有价值的创意资本与远见卓识的金融资本和极具实力的产业资本的对接,成为实现创意、金融、产业三方面共同发展的主要途径。

8 月 10 日江苏凤凰新华创意产业园被确定为国家数字版权产业数字内容制作基地,成为国家数字版权产业基地的重要组成部分;9 月 15 日,项目参加南京市金秋经贸洽谈会重大项目签约项目,并签署框架合作协议;10 月 27 日,在下关区政府大楼举行江苏凤凰新华创意产业园合作协议现场签字仪式;11 月 28 日,凤凰新华创意产业园举行启动及首批入园企业签约仪式;11 月 29 日,成功召开凤凰新华创意产业园股份有限公司创立大会暨股东大会,确定了公司的经营领导班子。2011 年 12 月 2 日,凤凰新华创意产业园三方股东首期投资额的验资报告完成,即将完成其后注册工作。

江苏凤凰创意产业园项目的启动,是新华厂推动企业由"重资产"向"轻资产"转变,引领企业由传统加工业态向创意经营业态转型跨越的关键一步,为该厂转变经济增长方式、加快战略转型提供了重要的保障。

七、加强培训,提升人员业务素质

2011 年,新华厂选派 3 位高管人员去美国佩斯大学进行学习。3 位高管回国后,先后在集团组织的研讨会上汇报,并在场内作专题宣讲。同年,还选派了 2 名中层干部参加国家新闻出版总署在上海举办的柔版印刷培训;选派了 6 名同志参加了"企业位数增长"的拓展训练;选派了 8 名车间骨干参加了江苏省印协举办的技能培训班;选派了 2 名同志去香港参加了书展。公司还聘请利丰雅高前总裁沈明申为运营总监,印后专家麦锡障为技术顾问,大大提升了公司外向型业务运营和加工能力。

(江苏新华印刷厂供稿)

江苏省出版印刷物资公司

2011 年,江苏省出版印刷物资公司(以下简称“物资公司”)始终坚持总体工作的指导思想:认真贯彻落实科学发展观,牢牢把握集团强劲发展的战略机遇,准确把握物资公司发展的阶段特征,围绕率先目标和“五个转变”,进一步落实“五项战略”,推动物资公司各项工作再上新台阶。截至 2011 年末,物资公司实现销售收入 24.86 亿元,比 2010 年的 20.7 亿元增长 20.13%;实现利润 1805 万元,比 2010 年 1334 万元增长 35.3%。两项数据分别超过年度预算指标 55.37% 和 122.8%。全年实现了平稳较快增长,总体保持高位运行。2011 年物资公司重点工作情况如下:

一、进一步坚定翻番信念,明确发展目标

年初集团工作会议后,物资公司迅速进行了传达贯彻,对董事长报告进行了认真研读,进一步明确了集团“十二五”发展的战略定位、主体战略、基本思路和总体目标以及 2011 年的工作任务。物资公司上下深入领会集团的工作思路,努力将集团的工作精神贯穿于物资公司的工作实践、体现现实的指导意义。通过对集团工作报告及“十二五”发展规划的学习,物资公司初步确定了“十二五”期间的工作指导思想、基本原则和发展目标,并对 2011 年的重点工作进行了部署。

二、进一步转变经营方式,持续提升经营规模

在巩固出版主阵地的同时,进一步加大社会市场开拓力度。物资公司更加注重对传统主营业务的拓展,结合集团改革发展的新格局、新形势、新举措,注意不断提升物资公司的服务理念和水平,进一步构建在出版印刷物资供应链中的突出优势,努力成为行业领先的供应链服务提供者,稳固物资公司在出版主战场上的主力军地位。全年出版用纸的供应总量约为 9 万吨,客诉工作妥善及时,特别是配合股份物资公司参加了省政府的免费作业本招标工作,完成了 1.2 万吨的纸张供应,发挥了物资公司应有的作用。在做好出版服务的同时,物资公司继续拓展多元贸易和经营,特别是纸张经营由文化纸为主向文化、包装、生活用纸并重转变,努力实现经营结构性变化;营销模式上由部门营销转为产品经营架构下的部门营销;管理方式上由粗放管理向精细化管理提升,通过三个转变,提升整体运作能力和效率。同时,统筹物资公司内部各业务板块,大力发展新型业态。目前,物资公司的进出口业务、汽车贸易、合作贸易等正在逐渐发展成为提升物资公司经营规模的重要支撑，全年木浆销售约为5亿元，新开发的钢材、双氧水等业务取得实质进展，销售超过2.5亿元，汽车销售接近3亿元。

三、推进经营结构调整，着力实现创新发展

经过几年努力，物资公司逐步形成了纸张贸易、纸浆贸易、印刷机械及耗材销售、物业等为主要板块，进出口业务、代理业务、汽车贸易为特色板块的经营格局。物资公司继续以市场为导向，顺应发展的要求，灵活应变，努力调整经营结构、创新经营模式，大力开拓社会市场。在具体措施上，物资公司还在资金结构、人员调整、政策优惠等方面向优势部门倾斜，通过内部资源整合、合并重组，切实提高经营质量，“消灭”亏损部门，2011年紫海物资公司和印刷分物资公司实行了合并，有效整合了印刷设备与耗材的销售，当年整体销售完成1.18亿元，同比增长27%；同时，物资公司坚持在巩固提高已有经营业务基础上的多元开拓，重点推进紫金、紫圣、紫峰物资公司的业务建设，紫江物资公司开始运作。社会市场的多元拓展，无疑为物资公司翻番计划的推进提供了强劲的动力。

四、以薪酬改革为核心，进一步深化企业内部改革与管理

一是在前三年实践基础上，启动了物资公司薪酬考核方案的修订，包括固定工资调整方案；二是进行了新一轮中层干部竞聘和员工双向选择；三是全面梳理并出台了物资公司内部若干管理制度和规定，包括内退、待岗、转岗制度等；四是研究物资公司物业、仓储部门由后勤服务型向经营价值型转变的具体方式。此外，按照集团领导对合资物资公司“管两头、问中间”的具体要求，物资公司正在进一步建立健全紫金、紫圣、紫峰物资公司的运行管理模式。总之，努力将物资公司内部变革视为一种常态，通过不断改革激发企业活力，通过持续改善管理提升内部效率。

五、加强党建和企业文化建设

2011年，物资公司党委积极配合集团落实各项活动安排，“说说咱们的党支部”和“我身边的共产党员”有奖征文及演讲比赛、“我与凤凰一起飞”文化艺术节系列活动等，都取得了很好的效果，特别值得一提的是龙舟比赛，物资公司选手齐心协力奋勇争先，以绝对优势取得第一名，物资公司党委因势利导，就此展开了“龙舟精神”的大讨论，在物资公司内部进一步弘扬了团队合作、奋发进取、克服困难、勇争第一的昂扬正气，鼓舞了广大员工积极投身于

“创优争先”、为翻番目标多做贡献。此外，作为集团篮球协会的理事单位，物资公司还成功组织了第三届出版、纸业系统职工篮球友谊赛的参赛活动，物资公司内部的职工业余文化体育活动也搞得有声有色。（江苏省出版印刷物资公司供稿）

江苏新广联科技股份有限公司

2011年，江苏新广联科技股份有限公司（以下简称“新广联”）始终以凤凰集团重大战略部署和决策为指导，全面落实科学发展观，认真贯彻执行集团2011年工作会议精神和具体要求。面对国内外需求不振，新技术影响日益深刻、原材料急速上涨、产品销售价格持续下跌、生产设备老化等诸多不利因素，新广联在凤凰集团的正确领导下，继续发扬艰苦奋斗精神，狠抓科技进步和产品质量，创新管理思路和手段，切实改进和加强管理水平，较好地完成了各项工作。

1. 经营奋斗指标圆满完成。2011年公司共销售各类光盘3亿片，实现营业收入3.3亿元，实现利润总额2681万元，较圆满地完成了董事会下达的各项经营指标。

2. 光盘市场份额显著提升。在光盘市场急剧萎缩、IT订单大幅减少的情况下，公司及时调整市场销售策略，组织精兵强将，强攻教育类市场，以国内需求取代出口，成为公司经济增长的新一轮推动力。公司全年共承接各类光盘订单3.1亿片，在整个光盘市场同比缩小的情况下，公司的市场份额得以显著提升，进一步巩固了新广联在光盘行业的龙头地位。公司也再次被评为“全省新闻出版（版权）系统先进集体”，并顺利通过国家高新技术企业的复审。

3. LED项目顺利投产。LED外延芯片项目于2011年2月26日正式开工建设，公司以高效的工作效率，在半年内顺利完成厂务建设、设备采购、人才引进、团队建设等生产准备工作。9月12日主要设备验收交付使用后，又以较高的技术水平，仅用17天时间即完成了设备工艺调试和工艺优化工作，并且绿光产品各项技术参数达到国内顶尖、国际先进水平。10月1日，项目首批两台MOCVD及配套芯片生产线完成工艺调试，外延、芯片生产线全线贯通，顺利进入试生产阶段。至此，公司仅用7个多月的时间即完成了整个项目的筹建和工艺调试工作，与国内同行一年半的筹建调试期相比,缩短了近一年。

在试生产阶段,公司将在光盘业务积累的精细化管理经验运用到LED业务上,在短短2个月内建立健全了产品品质保障体系、生产车间现场5S管理体系,导入了LED生产管理系统及ERP系统,制定并完善了生产系统各个作业流程和作业规范,建立了不间断培训机制,将精细化管理的触角延伸到生产车间的每个角落。

4. *OTP-SD卡应用项目实现产业化*。为加快实现OTP-SD卡应用项目的产业化发展,公司不断拓展OTP-SD卡的应用范围。第二款数码学习机研发成功,成本大幅下降,得到江苏省教育厅的充分肯定;拥有多项国家专利的紫砂陶艺音响系列和毛绒玩具音响系列产品成功上市,得到消费者的认可。OTP-SD卡复制项目成为国家新闻出版总署的入库项目,并在新闻出版总署印刷复制司举办的新项目评比中胜出。OTP-SD卡应用项目产业化的成功推进,为公司今后的发展增添了新的动力。

5. *加强内部管理,竞争力进一步提高*。年初,公司紧抓搬迁契机,有效进行内部资源整合,从而提高了资源利用率,降低了生产经营成本。通过进一步健全5S管理体系和完善绩效考核制度,提升了整体生产管理水平,规范了员工的行为习惯,提高了员工的工作效率,使产品质量继续得以提升,从而进一步提高了市场竞争力。

6. *东莞新厂房建设完成并顺利搬迁*。东莞新广联新厂区建设工程于2011年1月底完工,具备搬迁条件。为避免搬迁带来不必要的客户流失,东莞新广联利用春节假期进行搬迁,并在春节后迅速恢复了生产。这既保证了产能,又不降低为客户服务的质量,还降低了搬迁费用,减少了搬迁损失。新厂区投入使用后,不但为客户提供了更完善、更快捷的服务,更提升了东莞新广联的整体形象,促进了珠三角业务的进一步拓展。

(江苏新广联科技股份有限公司供稿)

北京凤凰天下文化发展有限公司

2011年,北京凤凰天下文化发展有限公司(以下简称“凤凰天下公司”)出版图书773种,其中新出图书498种,重印图书275种次,总造货650多万册,1.3亿码洋,超过了预期指标。

一、出版工作内容创新

2011 年,凤凰天下公司在重点发展和推进主要方向出版工作的基础上,推出了一系列品质与口碑兼具的图书。

1. 重要图书的出版

2011 年列入国家“十二五”规划和国家重点出版基金资助的项目《马克思主义中国化史》年内已按期出版。

2. 重点板块的出版

社科类图书

2011 年,社科类图书形成了从军事角度揭秘历史的“凤凰观天下”系列重点产品线。该系列产品在事实、史实的基础上,以生动的故事描写、细致的人物刻画,对特工间谍的谍战史实和暗杀事件、军事事件、军事人物或军事现象的细节加以揭秘,以丰富的历史坐标点构建尽可能真实、生动和客观的军事历史发展框架。首次大规模对特工间谍最深度的披露,对军事史实最详尽的解读。该系列图书作为入门级军事图书,自从出版以来,深受广大军事迷读者的喜欢,既让读者开阔了视野,又增长了军事知识。

经管励志类图书

在经管励志方向,凤凰天下公司重点策划推出了《微反应》、《微表情》系列,采用了全媒体式营销的操作模式。首先,“微反应”“微表情”这一心理学概念经新浪微访谈得以广泛传播,并经网友自发用微反应来分析视频而进一步扩大影响。微反应不仅在司法、公安等专业领域得到了很好的应用,在大众间的反响也慢慢渗透起来。江苏卫视并因此专门策划了此类微反应观察的节目《非常了得》,由郭德纲、孟非主持,本书作者任现场技术嘉宾。经过广播电视网络平媒等全方位的营销推广,“微反应”“微表情”作为一种新兴的心理学应激反应理论被普遍了解,而该系列图书的销售也获得了良好的市场表现。

青少年阅读类图书

2011 年“格言”系列仍然是凤凰天下公司青少年阅读类图书的拳头产品,自开发以来,产生了良好的社会效益和经济效益。本年格言产品线主要开发了“时代文库”系列、“太阳小说”系列及“亲爱的”情感系列,收录了有关校园、幻想、青春、励志等各种不同类别的青少年小说作品,弘扬真善美,风格清新、阳光、积极,对激励青少年奋发向上的精神,产生了积极的影响。

此外,“读行天下”系列图书,以具有穿透力、影响力的智慧、时文佳作为主要内容，以传达时代最强音、擦亮思想火花为目标，也赢得了广泛的好评。

少儿类图书

经典阅读类图书作为少儿图书中举足轻重的一大种类，一直是凤凰天下公司致力发展的方向。此类图书以传统文化作为基点来培养少年儿童的优秀品质，其精髓在于帮孩子培养德行，培养孩子向善向美之心。2011 年开发了“送给孩子最值得珍藏的成长智慧书”系列，以精美的插图和幽默的语言，讲述传达中国传统文化中核心价值理念的故事，以优秀民族精神、传统文化美德给孩子以滋养和陶冶。

此外，与上海淘米凤凰天下公司共同开发的以大型网络游戏“摩尔勇士”为基础的系列出版物，也是本年少儿类图书的重点发展品种。

生活类图书

“天下茶馆”系列图书在 2010 年开拓的产品基础上进一步丰富和拓展，2011 年主要面向品茶泡茶的新手，推出了《新手轻松品饮红茶》、《新手轻松品饮绿茶》、《新手轻松学泡茶》、《新手轻松挑选茶具》等。

有关妊娠分娩育儿的图书一直是生活类图书的热点之一，2011 年凤凰天下公司策划制作了一系列孕产类图书，包括《怀孕分娩育儿宝典》、《完美胎教 40 周》、《孕产期营养与饮食指南》等，此系列书通俗易懂，图文并茂，为孕育宝宝的妈妈们提供科学的指导，也是父母养育宝宝的细心顾问。

作文类图书

作文类图书是凤凰天下公司发展最快，排名提升也最快的一个类别。开卷图书榜显示，凤凰天下公司作文类已连续两年在全国排在前十位，在集团位列第一。2011 年凤凰星作文主要延续了整改产品线的一贯风格，并在基础项目方面进行了创新。其中，基础项目创新包括两方面：一是进入细分市场，通过细化主题、明确读者对象等方法大量扩充了品种；二是在传统基础项目上，通过加大编辑创新、提升呈现方式来满足不同层次和不同读者要求的市场需要。

二、文化影响力进一步扩大

1. 国家重点出版基金资助项目

2011 年，《马克思主义中国化史》被列为国家重点出版基金资助项目,并将按期出版。本书力求历史地、逻辑地阐述马克思主义基本原理与中国实际相结合的历史进程,重点突出对马克思主义中国化重大理论成果的研究,从中深刻揭示马克思主义中国化的内在规律,进一步深化对毛泽东思想、邓小平理论、"三个代表"重要思想以及科学发展观等创新意义的认识。

2. 对外版权输出

今年,《行走在宫廷的御医们》与《慈禧太后和她身边的男人们》,因其优良的图书品质和市场口碑,由台湾两家文化凤凰天下公司购买版权,在台湾地区推出了繁体字版。

三、市场竞争力显著提高

1. 开卷排名

凤凰天下公司绝大部分图书是以凤凰出版社名义出版,因此只从凤凰出版社的开卷数据来分析。凤凰出版社的综合排名已由2010年度的163名,上升到2011年11月份的52名,提升了111位。新书市场表现突出,目前凤凰出版社新书在集团内排名第3位,从全国市场来看,排名第32位。在几个细分市场,凤凰出版社已有明显优势,其中汉语言综合类最好排名为全国第3名,作文列全国第7名,小说列第11名,历史列第13名,大众健康列16名,少儿类图书从1月份的163名提升至11月份的39名,凤凰天下做出了自己的贡献。

2. 年销售10万册以上的图书

《很老很老的老偏方,小病一扫光》一经推出,畅销全国,名列开卷、当当、京东、卓越图书销量前十。出版至今一直盘踞全国保健类书前十,数十家重磅媒体推荐,20多家报纸竞相连载,累计销售25万册。

《侯卫东官场笔记》系列图书今年陆续推出6、7、8,整套书累计销售86万册。《山海经密码》系列图书一经出版,市场反响也很好,目前累计销售21万册。

四、数字出版状况

2011年,凤凰天下公司的数字化出版合作有了很大的发展。《西域之眼3》、《墓诀》、《边缘角色》、《大师大学》、《记得当时不爱你》5本书被数字版权代理机构作为重点项目进行合作。同时,凤凰天下公司与两家优质的数字版权代理机构进行了框架式合作,共授权作品200余本,渠道包含中国移动等无线运营商及手持阅读终端。

五、大型项目合作情况

2011 年,凤凰天下公司开发建立了少儿动漫图书这一产品线,主要是与上海淘米凤凰天下公司共同开发了以大型网络游戏“摩尔勇士”为基础的系列出版物。在大型儿童网络游戏的基础上,利用网游的用户资源,进行游戏配套图书的开发制作,并开发相应的儿童文学产品。网络游戏与动漫及文学结合,是顺应时代的趋势,并深受孩子们喜欢的新的图书形式。此系列图书旨在让孩子体味关于爱、友谊、忠诚、勇敢、正直等永恒的人类精神,从而开启自己的内心世界,促进孩子独立、自然地成长。

(北京凤凰天下文化发展有限公司供稿)

大学出版社

南京大学出版社有限公司

2011 年,南京大学出版社有限公司(以下简称“南京大学出版社”)秉承“学术立社、品牌兴社”的办社理念,不断优化图书结构,努力提高图书质量,锐意开拓图书市场,稳步扩大产品规模,在图书品牌建设、生产经营、队伍建设、出版资源拓展等方面都取得较好的成绩,社会效益和经济效益稳步提高,综合实力进一步增强,出版社的事业发展取得了长足的发展。

一、积极开发选题,顺应市场优化图书结构,探索出版多元化发展之路

出版社于 2011 年 11 月正式成立少儿图书中心,新增少儿图书板块,从而形成学术(一般)图书、高校教材、基础教育图书和少儿图书四大图书板块。在图书板块规划上,坚持“一体两翼”的模式,即以教育出版为主体,以学术出版和大众出版为两翼;在发展战略上,强化专业出版,努力实践“引进来”和“走出去”双向互动;同时响应国家文化发展战略,紧跟数字化出版的潮流,加强与具有一定规模的民营出版企业和地方政府的合作等,走出版多元化发展的道路。全年出版了大批具有较高学术水准的学术图书、为广大读者喜闻乐见的大众图书、服务教学科研的高质量教材和教学参考书,以及一批为市场认可的品牌基础教育图书和少儿读物,同时在版权贸易方面也取得了可喜的成绩。全年出版新书 793 种,其中学术专著 25 种,占 3.2%;大中专教材 227 种,占 28.6%;一般大众图书 241 种,占 30.4%;基础教育图书 300 种,占 37.8%;引进版图书 23 种。全年重印图书 958 种,其中一般图书 212 种,占 22.1%;大中专教材 242 种,占 25.3%;教辅图书 504 种,占 52.6%。尤其取得了一下发展的亮点:

1. 全年在争取重大项目立项方面保持了良好的态势。《大学素质教育数字化互动平台》项目入选江苏省 2011 年文化产业引导资金项目,获得 180 万元立项资助;《全清词 · 嘉道卷》入选 2011 年国家出版资金项目,获得 40 万元立项资助;“民营工作室文化产业创意园”项目获得南京市文化产业发展专项资金 10 万元立项资助;“中国传统文化数字交互出版传播平台”入选新闻出版改革发展项目库；有 7 个项目（图书 6 种，电子类 1 种）入选国家"十二五"重点出版规划项目，入选数量在江苏出版社名列前茅。

2. 加强营销宣传力度，社会效益和业界影响力有较大幅度的提升。我社全年新书活动举办了 11 场，重要的有 4 月 24 日江苏书展，举行叶兆言《南京人》读者见面会；5 月 20 日举行孙穗芳《我的祖父孙中山》出版座谈会；6 月 1 日举行孟非《非说不可》发布会；等等。新书宣传报道 176 篇，比 2010 年 130 篇增长 35%。此类营销活动与宣传，在社会上引起了强烈的反响，不仅带动的相关图书的销售，更是提高了我社在出版界以及学术、文化界的影响力和美誉度，取得了良好的社会效益。

3. 各类获奖情况成绩喜人。2011 年共获得各类奖项 20 项，其中图书奖 14 项。国家级奖项 1 项，《地球历史》（网络版、DVD-ROM）获得第二届中国出版政府奖提名奖。12 种图书获江苏省第十一届哲学社会科学优秀成果奖：范金民《明清商事纠纷与商业诉讼》获得一等奖；李滨《国际政治经济学——全球视野下的市场与国家（第二版）》、郭广银《新时期高校校园文化建设的理论和实践》、陈晓律《英国发展的历史轨迹》、沈坤荣《中国经济的转型与增长——1978—2008 年的经验研究》、吴福象《跨国公司制造业垂直分离》等 5 本书获得二等奖；龚洪烈《基辛格的外交思想与战略》、江宁康《美国当代文学与美利坚民族认同》、张宏生《全清词 · 顺康卷补编》、俞为民《昆曲格律研究》、梁东黎《中国宏观经济分析——对历史和现状的理论考察》、程德俊《动态环境下人力资源柔性战略》等 6 本书获得三等奖。《中华传统美德丛书》获炎黄文化优秀成果奖；《图解天文学》获陶风图书奖；《一只狮子在巴黎》、《刺猬的优雅》被评为江苏省 2011 年向全省青少年推荐的优秀苏版出版物；左健论文《接受理论与编辑的读者意识》获第二届江苏出版科研优秀论文一等奖；施敏同志获得南京大学永新管理奖；南京大学出版社网站被评为 2011 年度中国新闻出版业网站最具创新网站。此外，司增斌同志被推荐为江苏省文化科技卫生"三下乡"先进个人人选。

4. "走出去"工程继续发展，2011 年有 8 种图书输出到国外及台湾地区。《中国思想家评传》简明读本中的《秦始皇》、《苏轼》、《庄子》、《杜甫》、《老子》等 5 本版权被日本北陆大学出版会所购买；《朱熹文学研究》版权为韩国尤拉克（Youkrack）出版社购买，《符号学——原理与推演》为台湾秀威出版社购买；《柏林童年》译稿为台湾城邦文化事业股份有限公司购买。上述版权输出收入折合人民币16.6万元。此外,金鑫荣总编辑出访德国,与德国德古意特出版社商谈《评传》简明读本版权输出德国之事,为向海外推广中华优秀文化做出贡献。

二、进一步拓展资源,加强营销,经济效益持续稳步增长

近年来,图书市场整体呈现低迷不振的趋势,一般图书销售增长不到3%。南京大学出版社面对市场挑战,不断加强市场意识和市场能力,上游编辑部门积极拓展资源,精心策划图书产品,下游销售部门加强营销,2011年综合销售2.5亿元,自主销售码洋有较大幅度的上升,达1.53亿元,比2010年的1.27亿元增长20%;实洋8876万元,比2010年的7411万元增长20%。据开卷数据,2011年我社在全国近600家出版社中零售市场排名77位,比2010年的101位上升30%(2009年排名121位,2008年排名139位,2007年排名164位)。经过近几年的努力,出版社的赢利能力进一步增强。

四大图书板块都有一定的亮点:高校教材板块与2010年相比略有增长,2011年启动了高校教材推广计划,在8个省率先尝试,取得初步成绩;基础教育板块实洋2900万元,比2010年的2450万元增长18%;一般市场图书实洋1800万元,比2010年的1340万元增长34%,农家书屋在2011年的销售中占有较大的比例;少儿图书出版方面实现了零的突破,启动了少儿动漫图书《金码战士》等,2011年销售近1000万元,实洋565万元。

三、加强领导班子和企业文化建设和队伍建设,促进和谐可持续发展

1. 严格执行《社委会议事规则》和《社领导班子执行“三重一大”制度的实施办法》,坚持重大事项按照民主集中制原则进行决策,在社委会上进行讨论,发挥集体的智慧,充分尊重和关注不同意见,从制度上、机制上努力保证出版社决策的民主化、科学化。在转企改制的大背景下,正确处理学术文化精神与商业利益的关系,自主经营与合作经营的关系,投资性生产经营和非投资性生产经营的关系,规模与效益的关系,质量与速度的关系,企业发展与员工福利的关系,品牌图书与一般图书的关系,图书策划部门与管理部门、销售部门的关系,图书主业与多元化经营的关系,等等,在实践过程中不断地探索,不断地调整。

2. 重视党建和政治思想教育工作,加强思想政治学习,不断提高职工的政治敏感度和社会责任感,职工职业道德和综合素质有进一步提高。全社有三分之一的员工是党员,通过在全社深入开展学习实践科学发展观活动和创先争优活动,发挥党员的先锋模范作用。加强团队建设,充分发挥职工主人翁精神和互助协作精神,通过组织参加红歌会、迎新年文艺晚会,组织开展书画摄影比赛等活动,丰富了职工的文化生活,增强了企业的凝聚力,展示了南大出版人的风采。

3. 注重出版社的可持续发展,加强人才队伍建设。通过公开招聘,补充编辑、营销、管理等岗位人员 10 人,为出版社持续发展提供人力资源保障;注重员工知识更新和业务学习,鼓励员工进行学术研究和交流,通过组织培训和参加图书订货会、国际书展等途径,促使员工业务素质不断提高。在成功培养了首批骨干人才后,启动第二批"南京大学出版社青年骨干人才培养计划",8 名骨干培养人员入选,人才成才的环境进一步优化,青年职工成才的动力加强。在人才引进方面,2011 年有新的突破,引进成熟的少儿图书策划人石磊同志,担任少儿图书编辑部主任,主持我社少儿图书板块的发展,填补了这一板块的空白。

(南京大学出版社供稿)

南京大学电子音像出版社

2011 年,南京大学电子音像出版社继续坚持按照党和国家有关出版政策和法规的要求,本着大学出版社的办社宗旨和目的,为社会主义的精神文明建设服务,为高等学校的教学和科研服务,出版了一批高层次、高质量的电子出版物。

2011 年,该社在总结前期出版工作的基础上,进一步强化了为本版图书出版服务,为高校教学科研服务的出版方向。通过多年的摸索,该社利用南京大学出版社的图书出版经验、资源以及发行队伍和渠道,开展音像出版物的出版工作,既推动了图书的出版,也为音像出版物自身找到了市场。在选题的制订上,首先挖掘本社的图书出版资源,将音像出版物的选题申报、论证,与图书选题的论证结合起来,使得选题的论证工作更严格,也更为科学。在编辑工作方面,出版社的图书编辑介入内容方面的编校工作,而音像社的编辑更多地在软件的制作和编辑工作方面进行把关。这样进一步提高了出版物的内容编校质量和制作技术质量。在此基础上，通过严格的三审制度，使得该社的产品无论在内容和技术方面都能达到合格与精良。

2011年，该社加强了对规划选题和重点选题的组织开发。出版社总结了以往的出版工作，提出在服务本版图书出版的基础上，要重视对重点选题的开发。通过认真学习新闻出版署“十二五”重点规划和其他重点出版工作的相关文件，着重分析本社出版资源的特点和优势，决定以南京大学出版社的传统优势板块为重点，挖掘南京大学的重点学科和重大项目，以服务高等学校的学术研究和教学为方向，开发符合总署精神的选题项目。比如，《高等学校“云课程”系列之素质教育类精品开放课程》是利用南京大学“三三制”通识教育改革在全国的领先地位，配合高校本科素质教育改革，结合先进的网络教学管理平台而开发的视频公开课程；《南京大屠杀访谈录》则是利用南京大学中华民国史研究中心的科研力量，和南京电视台在该领域内长期的资源积累而策划的。经过精心的策划和严谨的论证，该社有三个选题列入国家“十二五”重点出版规划项目。既在选题的内容与质量上下功夫，也认真地论证项目的可行性，以提高项目的实现率。

（贾舒供稿）

南京东南大学出版社有限公司

2011年，南京东南大学出版社有限公司（以下简称“东大社”）在认真学习和贯彻落实十七届六中全会精神的基础上，经过全社员工的共同努力，取得了较好的工作实绩。

一、依托学校学科优势，始终围绕教育做出版

2011年，东大社继续依托东南大学雄厚的工科实力、学科优势和人才优势，广泛吸纳社会优质出版资源，坚持大学出版社为教学、科研和学科建设服务的办社宗旨，严格按照国家新闻出版总署核定的出版范围出书，以出版多层次、高水平的高等学校教材、学术著作和科技图书为主，以各类教学辅导书为辅助。全年出版图书1360种，其中新书品种510；再版、重印书有850个品种，重印率62.5%。其中教育类图书420种，学术著作75种，一般图书65种，版权贸易方面版权引进图书22种。

二、推进板块建设，落实重点项目实施

突出图书板块建设是东大社坚持走内涵式发展之路的重要体

现。2011年出版社依然铆住板块建设不放松,加强城市规划和建筑、土木和交通、医学和卫生、电子和机械、经济和管理、能源与环保、人文社科和外语等特色板块的发展,同时积极扶持系列化丛书、市场类图书和学科交叉类图书的出版。

2011年组织实施的大型丛书包括:《当代中国城市——区域:权力·空间·制度研究丛书》、《城市与区域空间研究前沿丛书》、《世界地下空间研究丛书》、《西藏藏式传统建筑研究系列丛书》、《整体宜居环境建筑学系列丛书》、《山地人居环境研究丛书》、《现代设计丛书》、《21世纪心理学专业前沿丛书》,此外还有《江苏农民培训工程系列教材》、《西津—英美文学与文化系列教材》等多套教材,并继续引进O'Reilly系列精品图书品种,充分体现了东大社在坚持特色出版、巩固优势板块的基础上,品种日益丰富,从而更全面有效地为教学科研服务。

2011年,在新闻出版总署公布的《"十二五"时期(2011—2015年)国家重点图书、音像、电子出版物出版规划》中,东大社共有8个图书项目79种图书、1个音像项目入选,对此,东大社出台了一系列的扶持政策和考核办法,对策划、编校、印制、宣传、营销各环节进行全过程控制,为"十二五"国家重点图书按时保质保量完成提供了制度规范和政策保障。

在推出一批重点项目的同时也有一批高质量图书获奖,如《中国城市设计文化思想》入选第三届"三个一百"原创出版工程,《科技文献检索与利用(第4版)》、《粮油作物病虫害防治技术》、《优质花生高产高效种植技术》等获"年度全行业优秀畅销品种"奖项,充分展现了东大社在追求规模发展中时刻坚持着精品意识。

三、加强经营管理,强化质量监管

2011年,出版社继续强化市场意识,创新了经营管理模式和理念,进一步提高了领导班子的经营管理能力和水平。实施了责任到人、制约有效、奖优罚劣的管理办法,进一步完善了以质量效益为中心的岗位目标管理责任制,重点规范成本管理、资金管理和质量管理;完善了以岗定薪、按劳取酬、优劳优酬的以岗位工资为主要内容的社内分配方法;健全并完善了内部财务和会计管理办法、核算体系,实施全成本核算,提高了财务监控水平;进一步改进了计算机网络管理,提高工作效率和管理水平,使定性定量考核指标落到实处。

面对图书市场日益激烈的竞争环境,在加强宏观经营管理的同时,对图书质量一直保持着清醒的认识。东大社要求全社职工加强质量意识,从思想上认识到图书质量是出版工作的生命线,没有质量,图书也就失去了存在的价值,市场更无从谈起。图书质量更是树立出版社形象声望的重要保障。因此,东大社视图书质量为生命,时刻绷紧质量这根弦,一直把图书质量保障体系当作长效机制来抓。一是对涉及重大敏感的选题,本着"研究无禁区,出版有纪律"的原则,坚持慎之又慎,坚持集体论证把关,坚持报审制度,坚持责任到人。二是重视提高书稿编校质量,坚决落实书稿三审责任制度和"三校一读"制度;定期组织编校质量检查,坚持奖优罚劣。三是抓好图书印制质量,严格执行印刷质量标准和《委托书》制度,保证印制质量优良。由于各项措施落实比较到位,确保了图书质量。

2011 年是国家新闻出版总署部署的"出版物质量管理年",在各项图书质量专项检查中,东大社图书均合格。

四、坚持以人为本,注重队伍建设

2011 年继续重视加强员工培训,除了参加总署和省局组织的各类业务培训之外,社内也常常举办业务交流培训座谈会,针对实时出现的问题进行汇总分析,员工之间相互学习探讨,共同促进。通过培训学习,提高了编辑选题策划的自主性和灵活性,调动了员工的工作积极性,从而使东大社员工无论是对出版工作的宏观认识还是在具体的业务能力方面都在逐步提高。

在提高员工业务水平的同时,增强职工的凝聚力、向心力亦被提到重要议事日程。东大社在 2011 年时刻注重创造以人为本的组织氛围和用人环境,做好"事业留人、待遇留人、感情留人"的工作,给予员工足够的工作空间和发展空间。调动职工工作的积极性、主动性和创造性,积极倡导互助协作的团队精神,营造全社和谐的氛围,一批具有较强策划能力的年轻编辑正不断成长。

五、加大宣传力度,探索多种营销模式

2011 年,东大社加大了对内部营销力量的整合,挖掘资源优势,大力拓展发行渠道,提高绩效考核标准,充分调动营销人员的积极性;利用各种机会和方式进行图书推介,抓住农家书屋、教材集中采购以及馆配的契机,加大发行力度,重视加强网络营销工作,进一步密切与网络运营商的合作,均取得了比较明显的成效。同时还加强了储运工作的科学管理,最大限度地压缩了储运成本。

在当前信息迅猛发展的时代,图书宣传在图书发行工作中的迫切性和重要性也日益凸显。为此,除了不断完善出版社网站建设和开通出版社官方微博与读者互动之外,东大社在2011年还实地举办了多种宣传活动,包括:举行日本当代在建筑设计、建筑教育与学术领域具有重要影响的大师坂本一成之作《建筑的诗学》一书首发式暨演讲会;举办由中国画史论界泰斗俞剑华的高足、南京艺术学院著名学者周积寅教授领衔,多位各具成就的学者、教授、美术史论家、书画家凝心聚力,五易寒暑,共同编撰而成的国内第一部权威的画论辞典《中国画论大辞典》的首发式暨研讨会;隆重举行与省教育厅联合出版的《大学生安全教育读本》首发式暨赠书仪式等等。这些宣传活动在加强了营销力度的同时也进一步展示出东大社的出版实力,提高了东大社知名度。

六、积极稳健迈开"走出去"步伐

当前,随着经济全球化的日益深入,积极推进"走出去"战略,不断向境外延伸拓展图书市场,迅速提升中国图书品牌知名度,成为众多出版社"强身健体"的内在需求。在"十二五"的开局之年,东大社积极寻求更高层次的"走出去"形式,由以往的单向引进输出转为双向合作,与国外出版机构深入开展针对特定市场,共同策划选题,共同进行市场营销的全面战略性出版合作。2011年,东大社与英国亚欧设计中心/英国梦想出版社为共同利用国际资源,开发国际市场,发展双方事业,经过有效而广泛的接洽与商议,正式签订了战略合作框架协议。 (东南大学出版社供稿)

东南大学电子音像出版社

2011年,东南大学电子音像出版社(以下简称"东大音像社")依托东南大学出版社的资源优势,坚持科学发展观,主要做了以下几项工作:

一、积极配合本版图书,服务教育

2011年,东大音像社的电子音像出版积极配合本版图书出版相关制品,依托出版社的资源优势和板块特色,得到了较好发展。

在建筑板块的特色出版中,配合出版了《给水处理教学课件》、《土木工程制图》等电子出版物,《南京大学建筑学院年鉴》、《2011中国城市规划年会论文集》、《2011中国显示会议论文集》、《第六届全国工科研究生教育工作研讨会》等则是为了配合相关活动和会议而出版的电子出版物,对增强影响力起到了重要推动作用。

为了促进英语实用性学习，我们配套相应图书出版了《英语金牌教练》系列品种，《我爱背单词》、《巧记单词》、《小学英语听力强化训练》、《优化作业》等则是配合中小学英语学习而出版的品种。实践证明，电子音像出版物的配套出版，大大增强了图书使用实效，从而也有力地促进了图书的销售。

东大音像社电子音像出版物的品种突出了东大音像社始终坚持为教学、科研和学科建设服务的办社宗旨，坚持把社会效益放在首位的理念，“面向教育，为教育服务”的方向。

二、完善管理制度，保证出版质量

电子音像制品的自身特点，决定了其编审校不同于图书。针对其特点，东大音像社专门制定了相应的审核、加工、复制、发行的系列制度，尤其强调了内容审查的重要性，以确保出版物的内容质量。严格审查制作单位、复制单位的资质，确保加工质量。

三、加强论证编校，多出精品

与图书出版一样，电子音像制品也严格实行选题论证制度，从编辑个人到分社再到全社逐级论证选题，着重审视选题的价值和意义，层层论证的严密性保证了最后出版品种的高品质，杜绝了只重出版数量不重经济效益和社会效益的做法。

在电子音像制品的编校中，除了认真审核监听内容以外，对著作权问题、封面包装（包括文字、材质、设计）等也加强审查，确保不出粗制滥造品。

东大音像社在推进重点板块建设的同时，将进一步提高电子音像出版物的策划和研发水平，挖掘潜力，结合自身品牌优势和资源，配合好图书的出版，更好地优化出版社的产品结构；在继续加强服务传统出版业务方面的同时将加强对网络数字化出版方面的探索，抓住发展机遇，力争实现“两个效益”最大化。

（东南大学电子音像出版社供稿）

南京河海大学出版社有限公司

2011年，南京河海大学出版社有限公司（以下简称“河海大学出版社”）以中央一号文件精神为指导，以国家加快水利改革发展为契机，认真谋划水利职工培训教材的编写工作，大力推进水利科技重点学术专著的出版工作，积极争取政府项目资助，进一步深化内部管理体制改革，切实加强出版人才的培养工作。全年新出图书202种，图书生产码洋4300万元，图书销售码洋3133万元，全年营业收入2036万元。

一、优化图书结构

本年度，河海大学出版社始终坚持“以水利为特色，立足高校，面向市场，走可持续发展之路”的发展思路，不断增大高校教材和学术著作的出版比重，逐步压缩中小学教辅图书的选题品种，尽力减少内容平庸、简单重复、缺乏创新的选题出版。全年完成的出版选题中，学术专著、高校教材、培训教材的比例达61%。面向“三农”图书市场，自主策划、出版了《新农村与水丛书》(9本)；面向高职高专院校设计艺术专业，自主策划、出版了《高职高专设计艺术系列教材》(6本)。

在提高自主策划能力的基础上，进一步开展与行业协会、民营文化公司的合作出版，合作出版的图书品种和规模有较大改善。出版了《江苏省二级注册建筑师继续教育培训教材》(4本)、《江苏省建设专业管理人员岗位培训教材》(8本)以及几十种中小学教学辅助读物。

二、加强品牌建设

中央一号文件明确提出：鼓励广大科技人员服务于水利改革发展第一线，加大基层水利职工在职教育和继续培训力度。出版社以国家加快水利改革发展为契机，以基层水利职工观念更新、知识更新和技能提高为目标，主动联系水利部相关部门、部分水利厅局，深入挖掘出版资源，认真谋划水利职工继续教育培训教材的出版工作，获得了江苏省、安徽省、湖南省基层水利职工培训教材(22本)的专有出版权。

2011年，出版社已全面完成国家“十一五”重点出版规划项目、国家出版基金资助项目《太湖流域水资源保护规划及新技术丛书》(5本)以及国家“十二五”重点出版规划项目《碾压混凝土坝安全诊断与预警理论和方法》的编辑工作。

三、争取政府资助

河海大学出版社有“水利教育培训数字化资源库与远程教育平台”获得2011年度江苏省文化产业引导资金80万元项目资助；“水利教育培训数字化出版工程”获得2011年度财政部文化产业发展资金200万元项目资助；“水利教育数字出版工程”通过教育部审核并向财政部申报2012年度中央国有资本经营预算项目；“服务‘三农’多媒介出版工程”入选新闻出版总署新闻出版改革发

展项目库。项目的主要内容都是围绕河海出版社的发展方向、出版定位和工作重点而设计,包括深化专业出版,强化水利特色,建设四大系列数字化出版资源库,打造水利出版品牌;发展战略性新兴出版产业,构建数字化出版技术平台,推进出版社向数字出版转型。

四、加强规范管理

牢固树立大局意识、阵地意识和责任意识,严格执行重大选题、敏感选题备案制度和送审制度。切实加强出版环节管理,严格执行出版物选题论证制度、三审制度,努力提高出版物内容质量、编校质量、印制质量和装帧质量。

为进一步调动和促进全体员工的积极性和创造性,开展了新一轮岗位聘用工作。制定了岗位聘用实施意见、岗位设置及任职条件,修订了绩效工资计算办法、聘期考核与奖惩办法,与应聘人员签订了聘用合同。 (河海大学出版社供稿)

中国矿业大学出版社有限责任公司

2011 年是中国矿业大学出版社发展的关键之年,全社职工在学校领导、董事会、社委会的带领下,抓住转企改制的机遇,坚持"特色立社、精品强社、植根教育、繁荣学术"的方针,不断强化、拓展办社思路,深化内部管理体制,积极推进数字出版,整合资源,申请并成功获得国家及省的重大项目支持,努力经营,强化优势,将本社工作推向新的台阶。

一、坚持专业出版,增强综合实力

2011 年出版图书共 797 种,其中新书 375 种,重印书和再版书 422 种,总量同比增长 38%。出版结构方面,选题仍然保持了以往的选题结构,煤炭安全技术与职工培训方面的选题比例有所提高。高等教材(含煤炭相关专业和普通专业)约占 32%,煤炭安全技术与职工培训占 37%,科学技术专著占 15%,一般图书占 16%。总体上体现了该社立足高校、服务煤炭的办社宗旨。

二、获奖取得新突破

《煤矿瓦斯防治理论与工程应用》入选新闻出版总署第三届"三个一百"原创出版工程,《中国洁净煤》荣获第二届中国出版政府奖(图书奖)提名奖,《全民应急科普丛书》(《辐射危害防护与应急处置》等六个分册)入选新闻出版总署2011年(第八次)向全国青少年推荐的百种优秀图书,《瓦斯地质学》荣获2011年普通高等教育精品教材奖,《环境科学导论(第二版)》等四本图书荣获中国大学出版社图书奖第二届优秀教材一等奖,《矿山压力与岩层控制》等三本图书获得中国大学出版社图书奖第二届优秀教材二等奖,《煤矿重大瓦斯事故风险预控管理理论与方法》等四本图书荣获中国大学出版社图书奖第二届优秀学术著作一等奖,《煤矿班组长安全培训教材(综合本)》等四本图书荣获中国大学出版社图书奖第十届优秀畅销书二等奖。

三、扎实做好国家出版基金和国家规划项目

2011年,承担了两项国家出版基金项目:《干旱半干旱矿区保水采煤方法与实践》和《中国煤矿史》,项目总投资金额分别为93.23万元和110.38万元,其中国家出版基金资助金额分别为35万元和40万元,均为该社独立承担完成的项目。其中《干旱半干旱矿区保水采煤方法与实践》项目领导小组严格按照既定的项目实施计划,配齐、配强责任编辑队伍,于2011年6月前高标准地完成了图书的出版,并于10月通过了国家出版基金规划管理办公室的验收,该项目汇集了我国干旱半干旱矿区保水采煤研究领域的最新理论成果,代表了我国在该领域目前的研究水平和技术水准,社会效益非常显著。《中国煤矿史》正在进行中,计划2013年9月出版。此书的编撰旨在填补我国在这方面的空白,因而具有重大的学术意义和现实意义。

在依托中国矿业大学学科优势、人才优势高要求、高品质完成国家“十一五”重点出版规划项目的基础上,我社《中国能源盆地构造》、《低碳能源开发与利用》、《干旱半干旱矿区保水采煤方法与实践》、《煤矿瓦斯灾害动力学及其应用》、《20世纪中国煤矿城市发展史研究》等图书入选国家“十二五”重点出版规划项目,其中《干旱半干旱矿区保水采煤方法与实践》已于2011年高标准地完成,其余重点项目也在积极筹备当中,保证按期高水准出版。

四、探寻数字化出版之路

2011年是我社开展互联网出版和电子出版工作的第一年,摸索出了适合本社实际情况的电子出版物出版管理的流程,在通过大量调研和分析的基础上,加大与相关数字出版技术公司的合作,引进技术人才,制定适合本社的数字化发展策略。在继续推动“煤炭专业数字平台与利用”(江苏省重点资助项目)顺利开展的基础上，积极推动数字出版产业园区和数字出版基地建设，同时以国家和部省市的层面实施重大项目。利用政府引导机制，组织力量积极参与有关重大项目的建设。2011 年度江苏省文化产业引导资金：《基于虚拟仿真技术的煤炭安全出版项目》9 月 27 日签约，得到 100 万元资助。该项目的实施和建设将对矿大社整合出版资源、进军数字出版起到极大的推动作用。进一步为本社开展灵活多样的专业出版活动、提供“定制化”专业出版服务提供了有力的支撑。

五、完善管理制度

严格的管理制度是出版社发展中不可或缺的一部分。2011 年经社委会开会研究决定，修订并出版了出版社的管理制度汇编，明确了各部门各岗位的职责与操作规范。进一步明确了新形势下的选题论证备案制度、重大选题备案制度、出版合同管理制度、书稿“三审”责任制及印前审读制度等。严格执行图书质量管理办法、书稿出版流程规定。强化内部管理体制，增强责任意识，责任到人，形成了一切按制度办事的良好氛围。

六、狠抓图书质量

我社历来高度重视图书质量工作，2011 年沿袭本社严把质量关、视质量为出版社的生命线，严格执行国家有关的法律法规的优良传统，并结合实际情况相应完善自身的规章制度，强化质量保障机制。本年，接受上级抽查和组织自查图书 83 种，合格率为 100%。

（中国矿业大学出版社供稿）

苏州大学出版社有限公司

2011 年度，苏州大学出版社有限公司（以下简称“苏大出版社”）立足做好传统出版、有效推进数字出版、积极探索多元经营、服务教育奉献社会。经过全体员工的共同努力，取得了较好工作实绩，为实现出版社“十二五”发展规划奠定了良好的开局。

随着出版社转企改制任务的基本完成，为适应出版市场和数字化发展趋势的新要求，对内设机构进行了部分调整，成立了人力资源部、数字出版部及质量检查与审读中心。通过部分机构的调整，进一步加强了人力资源管理、有效推进了数字出版工作、进一步提升了图书质量水平。

2011 年，苏大出版社共出版各类图书、教材计 645 种，其中新书235种;重印书410种,重印率64%,其中服务教学科研的图书占出书总量的70%左右。全年发行码洋约1.16亿元。2011年出版社经营方面的一大亮点是以"项目制"的形式,积极抢抓了全国加大农家书屋工程建设的机遇,成为出版社保增长、促发展的一个重要方面。

2011年,出版社牢牢把握正确的出版导向,围绕中心服务大局,相继推出了一大批弘扬主旋律、纪念建党90周年和辛亥革命100周年及服务地方经济文化建设等重点图书,收到了良好的社会效益和经济效益。《苏州学习型党组织建设研究》及《方强传奇》系为纪念建党90周年而推出的主题出版物。高质量地完成了"十一五"国家重点图书出版规划项目《解读苏南》的出版工作,并在北京举行了《解读苏南》首发式暨学术研讨会,与会专家对该书的学术水平和社会价值给予了高度评价,该书的出版获得了业界广泛好评。

顺利完成了江苏省"十二五"重点出版规划项目、国家出版基金资助项目"中华锦绣丛书"(第二辑)(8册)的出版工作,为丝绸领域研究宝库又增添了一份积淀厚重的文化精品。

为纪念辛亥革命100周年,苏大出版社推出了"苏省辛亥年丛书"(4册),该丛书是江苏省"十二五"重点出版规划项目。《实用英汉疾控医学辞典》系反映疾控医学这一新兴学科领域最新发展的一部专业工具书。

在选题质量方面,经重组各个编辑部以后,出版社图书选题的板块化、特色化、专业化程度逐步显现。同时强调加强生产流程管理,围绕"质量保障"主题采取了多种有效措施,狠抓制度落实,严格规范管理,不断完善质量管理和监督体系及质量检查制度。

为适应数字出版的发展趋势,苏大出版社以有效推进数字出版为战略,将数字化出版工作稳步推进。经组织申报,国家新闻出版总署于今年3月批复,苏大出版社获得图书网络出版经营许可权,为推进数字出版工作的开展准备了资质条件。

加强内外合作,寻求新的经济增长点。为适应出版业集团化、多元化竞争的格局,拓展市场份额,苏大出版社积极探索内外合作及多元化经营的模式与路径,通过转变发展方式寻求新的经济增长点,努力走出一条既服务社会又壮大自身的多样化发展道路。

苏大出版社坚持不间断的文明单位建设,始终将政治理论学习与业务学习有机融合,将加强员工队伍建设、企业文化建设及精

神文明建设落在各项工作的实处。　　（唐明珠供稿）

南京师范大学出版社有限责任公司

2011 年，南京师范大学出版（以下简称“南师大出版社”）认真学习和切实贯彻党的出版方针，坚持正确的出版导向，明确发展思路，优化选题结构，强化图书特色，努力提高图书品质，增强文化发展活力，全年出版新书 200 多种，再版、重印图书 600 多种，实现年销售收入 2.12 亿元，年利润总额 2079 万元。

强化图书特色，优化选题结构

面对新的出版发展形势，南师大出版社加大对重点项目的研发力度，进一步强化图书特色，优化选题结构，继续实施“基教图书向高教图书拓展、学生图书向教师图书拓展、文教图书向大众图书拓展”的选题操作策略，进一步落实“强调特色、注重积累、打造名品、立体发展”的选题指导思想，形成幼儿教育、基础教育、高等教育、人文社科四大图书产品结构，板块清晰，特色鲜明。

2011 年，进一步加大重点选题研发力度，在重点项目方面取得突破和进展，1 个项目入选国家出版基金项目，3 个项目入选新闻出版总署国家“十二五”重点出版规划项目，2 个项目入选江苏省“十二五”重点出版规划项目，另有 1 个国家社科基金重点项目列入出版计划。《特殊儿童教育与康复文库》（20 册）纳入国家出版基金项目，也是新闻出版总署国家“十二五”重点出版规划项目；《马克思主义法律思想通史》（四卷本）与《中国古代民间俗曲曲牌及词谱考释》纳入新闻出版总署国家“十二五”重点出版规划项目；《民国教育社会学经典丛编》（4 册）和《二十一世纪中国文学大系（2001—2010）》（13 卷 15 册）纳入江苏省“十二五”重点出版规划项目；《中国新闻法制通史》（全八卷）为国家社科基金重点项目。

幼儿教育类图书，力争打造“中国幼教图书第一品牌”，形成引进版幼儿教育理论、原创幼儿教育理论、各种教学和培训用书、幼儿园教学课程指导用书和幼儿用书五大出版层次，继续倾力打造《幼儿园渗透式领域课程》丛书、《幼儿园早期阅读课程》丛书、《给幼儿园教师的 101 条建议》丛书、《幼儿园课程研究》丛书、《幼儿教师专业发展译丛》，新出《幼儿园美术教育活动资源库》丛书、《小天鹅幼儿园艺术教育》丛书、《幼儿教师专业发展译丛》、《乐在棋中》丛书、《游戏大王》丛书等，取得双效，为促进儿童身心全面健康发展,提高幼儿教师素养和科研水平做出积极贡献。

基础教育类图书,紧跟市场动态,加快从“教辅”向“辅教”的转变,缩减同步教辅的品种和数量,增加教师教育用书、精品教辅等选题的开发力度,出版了《科学少年》丛书、《科学读本》丛书、《飞跃作文系列》丛书、《新课标疑难题解》丛书、《高效课堂·模块教与练》丛书、《大学自主招生真题汇编与训练》丛书等,广受市场好评。其中,《科学少年》丛书荣获“2011年新闻出版总署向全国青少年推荐百种优秀图书”,丛书具有较高水平的原创性,将丰富的科学知识融于生动有趣的故事中,形式新颖,互动性强,一经推出,广受好评。

高等教育类图书,强调“注重积累,形成特色”,“有所为,有所不为”,加大高校教材的开发力度,在教师教育、艺术等领域形成特色,继续倾力打造《课程与教学变革研究》丛书、《美术史与观念史》丛书、《中国符号学》丛书、《全国高等师范院校音乐专业系列教材》、《全国普通高等院校艺术设计专业教材》、《新闻学国家特色专业系列教材》、《新世纪高师基础课教材》、《全国高职高专旅游类“十二五”示范教材》等,为高校教学科研服务,为学术积累与创新做出了积极贡献。其中,《全国普通高等院校艺术设计专业教材》被评选为“江苏省精品教材”,该教材依据当前全国艺术设计本科教育的课程现状及发展趋势打造而成,体现了新颖的教学理念和较强的操作性、研究性,受到广大设计专业师生和爱好者一致好评。

人文社科类图书,注重文化的传承与积累,打造精品和名品,追求双效,继续倾力打造《当代教育名家札记》丛书、《文化人生》丛书、《知性妈妈》丛书、《非物质文化遗产》系列丛书等,均为知名作家和学者所著,可读性强,装帧精美,好评如潮,其中《知性妈妈》丛书中的《有一种毒药叫“成功”》荣获第五届冰心散文集奖。新推出《扬州盐商遗迹》、《古籍丛书发展史》、《随园诗脉传承集》、《智慧南京:城市发展新模式》、《使者》等一批传承优秀传统文化,弘扬当代先进文化的图书。

继上述传统四大板块的选题发展后,南师大出版社将关注智障、听障、残障等特殊人群的教育图书的出版纳入研究与出版视野,将特殊教育图书出版作为一项长远发展战略和新的选题发展方向。2011年11月,与南京特殊教育职业技术学院共同组建了“南京师范大学出版社、南京特殊教育职业技术学院特殊教育出版分社”，这项战略标志着该社以社会责任为己任，通过特殊教育图书的出版为残疾人提供专业服务，让他们共享社会经济发展成果，更重要的是为残疾人提供所需的教育康复知识与技术，使他们在教育阶段补偿身心障碍，提高适应能力，成为对社会有用的人，此举对推进社会文明进程、构建社会主义和谐社会具有重要意义。

服务高校教学科研，履行企业社会责任

2011 年，南师大出版社继续秉承大学出版社的使命与功能，坚持为学校教学科研服务，依托南京师范大学，深入挖掘学术资源，注重培养学术新人，传播学术成果，继续推进“南京师范大学学术著作和优秀教材出版资助金”资助工作，重点资助学校学术价值高、具有创新性与先进性的学术著作和优秀教材的出版，具体包括《随园文库》、《青年学者文丛》和《优秀教材和学术著作》三个系列。至 2011 年年底，该社全额资助出版《随园文库》图书 26 种，《青年学者文丛》图书 40 种，《优秀教材》图书 29 种，累计投入的直接成本达 300 多万元。这项工作的开展对于促进南京师范大学学位点、重点学科和重点实验室建设，扶持新兴、边缘、交叉学科的发展，提高学校的学术水平发挥了积极作用，为促进学校的教科研事业发展做出了积极贡献。

继续发扬反哺社会，履行社会职责的优良传统，通过开展各类活动发挥文化企业的社会作用，如多次组织国内知名幼儿教育专家为全国各地幼儿教育研究室和幼儿园一线教师举办各类讲座，积极安排讲师到近百家幼儿园进行入园访问、业务指导，多次组织国内数位专家学者开办了“江苏省中小学内涵提升、特色发展、管理创新高级研修班”，聘请各层次中小学课程专家和学者四十余次地走进中小学校，面向广大学生举办各类讲座，受到了广大教师、学生和家长的普遍好评。上述一系列服务社会、服务大局、回馈社会的活动树立了良好的社会形象，体现了出版社的企业社会道德意识和责任感。

强化质量保障机制，提高出版管理水平

南师大出版社历来高度重视图书的质量，视质量为出版社的生命线，在出版实践中严格执行国家有关法律法规，质量意识在选题申报、三审三校、印前审读到印刷装帧等出版流程各环节上凸显。结合实际情况在图书质量管理上完善了多个规章制度，进一步强化了图书质量保障机制。质检部组织落实图书的印前审读,并定期组织社内外具有较高水平的专家学者对新出版的图书质量进行审读、评议;充分利用质量检查的材料,定期制作简报,对问题进行综合分析,总结和分享经验,加大了对图书质量的保障力度。通过加强检查与管理,在面对国家新闻出版总署和江苏省新闻出版局的多次抽检的情况下,审读结果是全部达到合格标准以上。

明晰图书营销思路,大力拓展营销渠道

注重图书的市场营销和整体策划,明确了"从市场中来,到市场上去"的基本方针,形成"强化渠道建设,拓展系统发行,开展多网络销售"的营销思路,在全国建立了与出版社图书结构相对应的、成熟的销售渠道和网络。针对幼儿教育、基础教育、高等教育、人文社科四大图书产品结构以及各块面的重点图书情况,积极拓展与其相适应的营销渠道和发行网络,有效应对图书市场的变化,建立了与市场相适应的销售策略和机构,在网点布置、销售折扣、营销手段上进行规范管理,继续协调好整体营销和专项营销的关系,特别是大力拓展、细化、深化与图书结构变化相适应的营销渠道和发行网络,强化终端、渠道、系统、会展以及网络等五个推广方向,在出版实践中重视对营销数据的深度分析,对图书渠道管理提供及时有效的信息反馈和数据支持,对营销人员开展定期和不定期的业务培训和指导,加强营销管理,不断丰富营销手段,提升图书销售业绩。营销人员齐心协力,共创佳绩,既满足了读者和市场需求,也实现了销售规模和效益的增长,圆满完成了年度销售任务,为实现出版社的长远发展目标和利益做出积极贡献。

应对出版业态转化,探寻数字出版之路

应对以数字化、网络化为特征的出版业态转化的要求,申请了"互联网出版权",积极推进探寻数字化出版发展模式,逐步实现内容出版和数字技术的融合,充分挖掘传统纸质出版的丰富内容资源的使用价值,对图书产品进行深度开发,拓宽出版产业增值渠道。同时,致力于江苏省文化产业引导资金项目——幼儿教育网站建设,历经需求调研、需求界定、网站设计等几个阶段,现已基本完成网站建设,顺利通过引导资金专家组验收。同年,我社完成与南京移动合作的"第二课堂"项目一期,为配合产品推广,与南京移动联合组织了两场线下讲座和英语、语文征文大赛,目前产品用户超 12 万。经过一期的合作,我社与南京移动形成了紧密、长久的战略性合作关系,并开始进行二期合作。此外,立足"第二课堂"项目,“基于移动终端设备的基础教育数字出版项目”获得 2011 年度江苏省文化产业引导资金资助。

(南师大出版社总编办供稿)

江苏大学出版社有限公司

2011 年,江苏大学出版社有限公司(以下简称“江苏大学出版社”)立足为高校服务、为社会服务,紧紧围绕工作目标,强化选题工作和制度建设,积极探索市场,逐步拓展图书业务,开发市场资源,为出版社的可持续发展做了大量扎实而有成效的工作。

一、稳步推进业务发展、不断扩大出版规模

社充分利用高校和地方两种文化出版资源,坚持以精品图书促进企业可持续发展的策略,优化和完善了各项规章制度,进一步强化管理,使得出版业务有了进一步的扩展和延伸。2011 年共上报选题 161 种,较上年增加 45%。全年共出版图书 141 种,其中新书 109 种,重印 32 种,新书码洋 1500 万元,重印书码洋 187.8 万元。

二、努力做好主题出版、精心策划品牌图书

在纪念辛亥革命 100 周年前夕,江苏大学出版社顺利出版了《辛亥革命与镇江》。该书全方位、多角度地再现了镇江在辛亥革命中的历史画面,回放了百年前镇江光复时的真实镜头,印证了革命先烈的崇高气节和爱国赤子之心,具有较高的文献和学术价值,为纪念和研究辛亥革命提供了不可多得的第一手资料。该书的出版受到了社会各界的广泛关注和高度评价。

3 月,江苏大学出版社顺利完成江苏省“十一五”重点出版物规划项目《梦溪笔谈注》的出版工作,并在北京书展、哈尔滨全国书展和香港书展上作为出版社重点图书推出,引起了各界好评。该书为国内第一部《梦溪笔谈》全注本。

2011 年,江苏大学出版社申报的《当代台湾文化研究新视野丛书》和《先进激光制造技术》分别列入国家和江苏省“十二五”重点出版物规划项目。《当代台湾文化研究新视野丛书》规划出版 20 卷,将于 2012 年 1 月出版第一本《近 20 年来的台湾文学创作及文艺思潮研究》,2015 年完成全部图书的出版工作。

“海峡文丛”和“江大学人”是江苏大学出版社着力打造的两套学术图书。“海峡文丛”作者由福建省社科院长期从事海峡两岸文

化研究的专家学者组成，整套书围绕海峡两岸文化在相互间的交流、碰撞与发展中产生的多种课题，进行深入的探讨与研究。首批出版4种，分别为《华文文学与文化政治》、《“民族”与八十年代的精神征候》、《视域与转换：文学的媒介视域与文化符号的转换》和《文明·发展·交流：社会科学研究的多维视角》。“江大学人”是从2010年开始组织的开放式文丛，收录了江苏大学各学科近年来的优秀学术研究成果，2011年出版了《知识产权中介服务体系的构建与发展》、《中国能源消费及其区域差异对经济增长影响研究》、《佛禅与金朝文学》、《科学哲学新论：关于科学的理性思考》和《中国运动员人力资本投资及其产权制度研究》等。

江苏大学出版社坚持为高校服务、为社会服务的办社宗旨，努力出版高质量、高层次的专业教材和反映地方文化建设的品牌图书。2011年组织出版了《电工学》和《高职高专高等数学》系列教材，另外有4种教材再版。还陆续推出了《吴风楚韵：镇江非物质文化遗产图文集》、《江海流韵：南通非物质文化遗产的开发与利用》、《镇江市第三次全国文物普查重要新发现》和《文宗书韵：文宗阁与〈四库全书〉》等一批地方文化新作。

2011年，出版社有多种图书获奖。《灾难医学》荣获第三届“三个一百”原创出版工程奖（科技类）。《与成功相约》入选“全国百种优秀青春读物”。《古诗文诵读选本》、《小鬼游天下》和《文化人桥——赛珍珠》入选“江苏省百种青少年推荐读物”。在江苏省第十一届哲学社会科学优秀成果奖评选中，《学校道德生活的教育叙事》获二等奖，《流光溢彩：中国古代灯具研究》、《高职教育教学理念与模式创新》和《齐梁萧氏故里研究》获三等奖。在江苏省第十次高等教育科学研究成果奖评选中，《大学英语课程教学研究》获一等奖，《大学课程基本问题研究》和《高职院校管理新论：基于营销学范式的研究》获二等奖，《国际经贸岗位群模块英语》和《化学教学研究》获三等奖。2011年，出版社有6种图书入选江苏省农家书屋书目。

三、建立健全各项制度，增强企业内部活力

2011年为“出版质量年”，为进一步加强自身管理，健全出版流程制度，提高图书质量，我社由总编辑牵头对编校工作流程进行了完善，加强了对编校流程的管理。除严格执行“三审”、“三校”和“一读”制度外，在印前审读抽检环节后又增加了“终检”力量。出版社还重新修订、设计了各类编校记录表格，进一步明确每一个编校流程的工作要求。今年还尝试推进编校分离工作，专门聘请具有多年从事图书、期刊、报纸编辑和校对工作经验的人员担任社外校对，组成了一支较为稳定的社外校对队伍。此项工作的开展一方面可以进一步确保和提高图书质量，另一方面使逐渐成熟的年轻编辑投入更多精力转向选题策划，促进策划编辑的快速成长，实现出版社的可持续健康发展。

2011 年初，出版社出台了绩效工资考核办法，加强考核激励机制，对内部机构设置进行调整，充分调动每位员工的工作积极性。通过招聘又补充吸收了 3 名新编辑和 1 名营销人员；通过参加网络远程教育培训和组织编辑参加业务研讨班，不断提高员工职业素养。

江苏大学出版社在加强自身建设发展的同时，积极支持政府文化建设。2011 年向中国残疾人联合会、江苏省残疾人联合会、镇江市残疾人联合会和四川阿坝州理县教育局捐赠图书 680 册，总码洋 18136 元。　（江苏大学出版社供稿）

其他出版社

江苏音像出版社有限公司

江苏音像出版社转企改制后，经过一段时间的磨合，现在已恢复正常经营，并超额完成了主管单位江苏省广电总台下达的创收指标。目前，职工情绪稳定，出版业务呈上升趋势。

江苏音像出版社依托省广电总台的优势，发掘系统内资源，与城市频道、南京电影制片厂、科技馆、媒资中心、先恒公司等单位合作，出版了一批弘扬主旋律、反映江苏文化特色和深受市场欢迎的健康养生类音像制品。在江苏省新闻出版局的具体指导下，在江苏省广电总台的关怀下，基本完成了出版计划，由于市场变化不断，有一部分出版物是计划外增补品种。因为我们抓住了市场需求信息，及时调整出版计划，所以取得了一定的实绩。

2011 年共出版了音像制品 58 个品种，出版了包括工艺美术题材的《国技大典——中国紫砂陶》，历史题材的纪录片《回望勾吴》、《西楚霸王》，儿童题材的动画片《山猫与吉米之嘉年华》、健康养生题材的《万家灯火——大礼包》等多种大众喜爱的产品。其中《国技大典——中国紫砂陶》，被列入省"十二五"重点出版物。

《万家灯火》健康养生系列产品，是将省广电系统内部资源整合，把省广电总台城市频道收视率较高的《万家灯火》栏目，编辑制作成 DVD 套装光盘，面向全国发行，深受中老年人的喜爱。《科学小超人》系列产品，是与民营公司合作，面向全国发行的科学教育类产品，受到了广大家长和孩子们的欢迎。这两大系列产品，已成为音像市场的畅销产品。

"飞莺传播制作中心"是江苏音像出版社的优质资源，拥有一个 300 多平方米的专业录音棚，配置目前世界最先进的 protools HD 数字录音系统，为音乐制作提供了足够强大的技术支持。制作中心有一个音乐策划、音乐制作的优秀团队，该团队包括资深音乐制作人、录音师及新锐音乐制作人员。制作中心面向全国长期以来致力于高品质的音响艺术追求。策划、录制了大量的不同音乐风格的作品。制作出很多电影音乐、电视剧音乐、舞台剧、广播剧、大型文艺晚会音乐和江苏优秀青年演员专辑，很多作品在全国获奖。

改制后的江苏音像出版社，按照企业模式经营，规章制度齐全,管理规范。总编室对于每个出版品种,都做到认真编辑、审稿,办理版号管理手续,以及样带保留和建档工作。发行部开展全国发行销售,与各地销售商签订销售合同,还开发了网络销售、电话销售等新渠道,完成年销售总额收入 414 万元,出版发行光盘 143.6 万张。

2011 年出版社积极参加省新闻出版局组织的各项活动,《万家灯火》——大礼包、昆曲《梁祝》被评为江苏大众最喜爱的 30 种图书、电子和音像出版物。精心挑选出一批有特色、有影响的、有品位的音像制品推荐到"百种苏版优秀出版物",积极参与为残疾人捐送音像制品活动。　（江苏音像出版社供稿）

江苏文化音像出版社有限公司

2011 年是江苏省演艺集团成立十周年及改企转制七周年,江苏文化音像出版社在集团的带领下,继续深化文化体制改革,以省文化产业引导资金项目《江苏舞台艺术精品 · 名家系列》为出版重点,积极策划新项目,全年出版音像制品 80 余种,较 2010 年增长 25%,是近年来出版数量和发行数量最多的一年;经营收入共 88 万元,较 2010 年增长 100%;员工人均年收入 4.4 万元,较 2010 年增长 25.7%。

一、主要成绩

年初,江苏文化音像出版社策划的《江苏戏剧名家、名段系列专辑》和《江苏著名音乐家系列专辑》,因其立意广,对江苏演艺文化的传承与发展有着重要的作用,成功入选《江苏省"十二五"重点图书、音像、电子出版物出版规划》。出版发行的京剧《飘逸的红纱巾》,为"建党九十周年"献上了一份厚礼;锡剧《桃花村》对建设社会主义新农村具有十分重要的现实意义,上述两项优秀作品,2011 年度被江苏省新闻出版局授予"年度重点出版规划项目"。

党和国家高度重视"三农"问题,江苏文化音像出版社积极参与农家书屋的建设工作,申报了一批以"三农"题材为主线的戏曲和民乐类出版物,对农家书屋的建设起到了一定的作用。提供了《江苏民歌》、《江苏民乐》、《桃花村》等优秀出版物共 6000 余套,供政府统一采购,真正做到让利于民,文化惠民。

二、出版重点

《江苏舞台艺术精品、名家系列》的成功立项,坚定了江苏文化音像出版社“积累文化底蕴，走特色之路”的决心，2011 年度的工作始终紧紧围绕艺术生产，积极为名剧、名家及新人制作出版专辑，努力使其艺术作品扩大影响力。

到目前为止，已完成了《江苏舞台艺术精品、名家系列》中部分专辑的出版。其中由著名昆剧表演艺术家石小梅及数名青年昆剧表演艺术家共同演绎的《牡丹亭》得到诸多媒体的高度关注。《徐秀芳个人演唱专辑》、扬剧经典剧目《白蛇传》、《王键笛子演奏音乐会》、《小提琴演奏家马健专辑》、《胡琴演奏家陶凯莉专辑》等，也获得了较高的市场认知度。另外，《马友德从师从教专辑》、《青年歌唱家方鹂鹂演唱会》、《乐响云港——女子新民乐音乐会》、《著名作曲家崔新个人专辑》及梅花奖获奖演员《扬剧表演艺术家李政成个人演唱专辑》、《梆子戏表演艺术家燕凌个人演唱专辑》、《京剧表演艺术家李雪梅个人演唱专辑》等节目已处于制作加工阶段，不久将逐步面市。

三、制定规划

江苏文化音像出版社广泛探索艺术资源的有效整合，本年度与江苏省文化艺术研究院共同创意和策划了《昆剧 <牡丹亭> 赏析》，将张继青的《游园 · 惊梦》、石小梅和孔爱萍等为主演的精华版《牡丹亭》及白先勇先生的青春版《牡丹亭》等各种版本为主要内容。该创意可更好的帮助当代观众加深对昆曲认识价值、教育价值、审美价值及历史价值的解读，同时对于传承昆曲这一世界级非物质文化遗产，也具有深远而重要的意义。此项目已通过江苏省专家评审团评审，上报国家出版基金。

四、员工激励

多次组织安排员工参加各项政策法规的学习和业务技能的培训，使其始终保持出版行业必备的高度政治敏感，真正发挥文化出版行业“主阵地、主战线、主力军”的作用。与此同时，在力所能及的情况下，重点解决了部分职工多年来尚未参加医疗保险的遗留问题。 （张琳供稿）

南京出版社有限公司

2011 年，是南京出版社转企改制后的第一年，经过全社上下奋力拼搏，实现了社会效益和经济效益的较大提升。全年共出版图书 431 种，比上年增长 24.9%。其中新书 170 种，占出书总数的 39.4%，比上年增长34.9%;重印书261种,占出书总数的60.6%,比上年增长19.2%。目前在编在印新书约110种。全年共出版图书412.3万册,比上年增长5.7%;实现造货码洋8039万元,比上年增长10%。完成销售码洋6200万元,比上年增长20%;完成销售收入3086万元,比上年增长18.8%。主要经济指标均达到了历史最高水平。

一、以"八加一"工作思路为发展主线,充分调动起全社上下奋发努力的工作激情

2010年9月,出版社新的领导班子刚上任不久,就在认真调研论证的基础上提出了当前和今后一段时期出版社发展的总体思路,即:一个中心,两个基本点,三只抓手,四句工作方针,培养五个方面的骨干和人才,达到六个转变,抓好七个建立,力争八个提升,遵守十条工作守则,简称"八加一"的工作指导思想。工作指导思想确定以后,干部就是决定因素。首先,社领导班子成员牢记责任和使命,围绕图书出版的中心任务,统筹安排,以身作则,一心扑在工作上,集中精力谋发展。想干事、会干事、敢干事、而且干成了一些事,确保了两个效益的同步提升。其次,加强对中层干部的教育和培养。由于工作的需要,2011年初,通过竞争上岗,重新选拔了一批年轻同志充实到了中层干部队伍,新上岗的中层干部占中层干部总数的60%左右。工作中强调一级带一级、一级抓一级,形成层层抓落实的局面。第三是采取多种手段,激发普通员工的工作热情。同年,对出版社的《绩效工资考核办法》进行了重大修订,把单位经济效益的高低与每个员工的收入结合起来,把部门利益和个人贡献结合起来,把日常工作表现与年度综合考评结合起来,做到了责、权、利的统一。

二、坚持一手抓教辅和一手抓常版双轮驱动发展的思路,产品结构有效地得到了改善

针对教辅图书连续四年下滑带来的出版社经济效益连年下降的严峻形势,社领导确定了稳定教辅、突出常版的双轮驱动发展思路。为稳定和拓展市场份额,保持教辅图书经济总量稳中有升,从教辅图书集中归口管理入手,在年初出台了《关于教辅类图书出版发行管理的实施办法》,对教辅图书品种进行优化整合。同时,通过集中归口管理,让编辑人员集中精力搞选题开发和教辅编辑,让发行人员集中精力开拓市场和扩大发行,做到了分工明确,责任到人。全年共开发60种教辅类新品种。

在稳定教辅的同时,南京出版社将加快发展的重点放在一般图书的开发上,以此进一步调整图书结构,为今后的可持续发展打下稳固的基础。首先,对《金陵全书》的出版计划进行了重大调整,原计划用15年出版完成的计划现调整为8~10年完成,2011年共完成41本的编辑工作,该系列图书迄今已有58本面世。其次,《南京通史·民国卷》、《金陵梵刹志》、《金陵玄观志》、《后湖志》、《侵华日军南京大屠杀遇难同胞纪念馆年鉴·2010年》、《中共南京历史画卷》、《中国雨花石图典》等一大批反映南京历史文化的图书已陆续出版。第三,加大了一般图书选题策划的力度。全年策划的一般图书选题有“明朝文化工程”(8种)、“南京百年城市史系列丛书”(12种)、“中华风云人物之谜丛书”(4种)、南京景点系列明信片(10种)、“都市地理小丛书”(5种)、“南京非物质文化遗产丛书”(10种)、“中国纪念馆故事——爱国主义教育基地丛书”(2012年计划先出10种,计划出版100种以上)、《南京稀见文献丛刊》(4种)、《中国南京云锦图典》、《老明信片·南京旧影》等。这些南京地方文化精品力作既展示了南京文化的独特魅力,又彰显了南京在中国历史上的地位和作用。第四,充分利用国家、省、市支持文化产业发展的优惠政策,有针对性地开发双效图书品种。第五,出版的《金陵全书》首批5种9册、《七个犹太式提问,七个中国式回答》等14种18册图书分获中国版协城市出版社优秀图书奖、华东地区哲学社会科学优秀图书奖等各级各类图书奖项。

三、立足主业、面向市场,以双赢的理念寻求出版方式和营销模式的创新

随着图书发行市场竞争的日趋激烈,图书的销售发行面临着前所未有的困难,对此,南京出版社认真分析了出版社图书品种结构,按照各类图书的内容特色和读者群的分布情况,采取灵活多样的手段,构建图书销售网络。一是改变了出版发行方式,采取新华书店销售和直销相结合的营销方式,仅《重读南京》、《南京市民安全读本》两本图书的直接经济利润就达30万元以上。二是把直销队伍建设作为当前发行渠道建设的重要补充,提出直销方略,明确直销政策,营造了直销氛围,初建了直销网络。全年直销图书共计184个品种,22896册。三是把布局景点图书销售网点作为发行渠道建设的重要内容。全年共开发景点图书销售网点16个,发出图书16292册。四是积极参与图书馆配。全年参加馆藏会和书展共发出图书9782册,发货码洋64.26万元。五是把政府集中采购作为发行渠道建设新的形式予以重视。南京出版社紧紧抓住政府建设农家书屋的历史机遇,积极参加全省农家书屋图书竞标,目前已有10.5万册图书纳入政府采购。此外,在立足自主策划、自主发行的同时,进一步解放思想,拓展思路,借助外力,加快发展,充分利用合作方选题策划和发行渠道等优势资源,积极探索与民营等出版企业合作共赢的有效途径。

四、以重点图书宣传为突破口,加强出版社整体宣传,在创品牌、树形象上有新的突破

2011年,特别加强了对出版社品牌图书的宣传力度。首先,对列入江苏省"十二五"重点图书出版规划的《金陵全书》进行了重点宣传推介,通过《中国新闻出版报》、《南京日报》、《扬子晚报》、《金陵晚报》、《金陵画报》等报刊多次进行整版专刊介绍,全年共刊登《金陵全书》宣传文章14篇。其次,充分利用集团内部资源,与《南京日报》、《金陵晚报》、《金陵画报》等报刊联手,拓展了宣传阵地,强化了促销手段,定期开辟宣传专栏、不定期刊登重点宣传文章。全年在各类报刊上共发表宣传推介文章80余篇次,总计10余万字。第三,通过邀请专家现场讲座、举办新书签售会、首发式等方式进行重点图书宣传。第四,创办了出版社内部双月刊《搜闻》,作为内部信息交流、对外宣传形象的平台,起到了积极的作用。第五,切实加强了网络宣传,营造了良好的舆论氛围第六,重新设计了"南京出版社"标牌、办公用信封、信纸等,打造出版社良好形象。第七,在办公区域的走廊精心布置新书广告墙,宣传了图书信息,营造了图书氛围,展示了出版社形象。

(南京出版社总编办供稿)

南京音像出版社

2011年,南京音像出版社在坚持长期以来"立足本省,多出版贴近生活、体现时代精神、具有爱国主义教育意义及有地方特色的出版物,充分发挥出版工作在精神文明建设上的特殊作用,努力实现社会效益和经济效益双丰收"的宗旨,积极开拓新渠道,挖掘新产品,全年共出版音像制品54种。包括文艺类、教育类、科技类及综合类等录音制品29种,录像制品35种。

一、多出精品,庆祝建党九十周年

2011年是中国共产党建党九十周年,作为出版人,有责任多出精品,为庆祝党的生日献礼。该社充分利用集团和社会资源,积极组织、筹备,出版了六集大型文献纪录片《风范——老辈革命家的故事》DVD、《重读南京》DVD,配乐故事《开国元帅轶事》CD,儿童文艺晚会《童心向党——庆祝建党九十周年》DVD,少儿歌曲精品集《童声里的中国——唱支歌儿给党听》CD 等一批歌颂中国共产党,具有较高社会效益的优秀出版物。

二、继续坚持百花齐放,出版多种类型的适应市场需求的音像制品

随着网络的普及,流行音乐市场受到了极大的冲击,近年来出版发行数量极度萎缩,但仍然有部分市场需求。在市场严重低迷的情况下,该社 2011 年出版了《爱上民族风》、《旅途狂欢》、《一路欢歌 8》等 24 种流行音乐专辑 CD,取得了一些经济效益。除此之外,还出版了一些民族音乐、戏曲 CD。

百花齐放,仅有社科类和艺术类是不够的,教育类的音像制品也不可或缺。因此,幼儿教育、小学生课程示范以及中华传统文化教育等也成为该社 2011 年出版产品目录的重要组成部分。

三、荣誉

该社出版的大型文献纪录片《风范——老一辈革命家的故事》荣获新闻出版总署 2011 年国家出版基金,并入选建党九十周年主题出版项目。

(刘珈瑗供稿)

苏州古吴轩出版社有限公司

2011 年是“十二五”规划的开局之年,也是苏州古吴轩出版社有限公司(以下简称“古吴轩”)转企改制的第二个年头。全体员工同心同德、努力奋斗,各方面工作取得一定的成绩。

一、2011 年经济指标完成情况

出版图书 175 种,其中:新书 165 种,重印书 10 种。实现销售收入 1300 万元,销售码洋 2500 万元。

二、强化管理,把握正确出版导向

守土有责,始终把出版导向和图书质量管理作为古吴轩的首要任务。严格执行已有的各项管理制度,针对新情况、新问题,对以往的一些管理制度进行完善,如:修订完善了《古吴轩出版社书号实名申领管理制度》。

三、资源整合,促进图书精品生产

2011年,古吴轩对出版资源进行了整合,以实现效能最大化。为了实现多形式的外延扩张,古吴轩积极主动选择优秀的、具有出版资源的部门、机构合作,策划出版了一系列图书。如:与《吴江日报》、《宜兴日报》合作策划出版了《当代吴江美术作品集Ⅱ》、《报纸纠错攻略:"排雷"421例》、《足迹·记忆——〈吴江日报〉纪念建党90周年大型新闻行动纪实》、《阳羡风行——六人书法作品集》等。

地方特色一直是古吴轩关注的出版重点。2011年,古吴轩策划出版了反映农民新生活的图书《农民·股民——股份合作改革吴中创新》。还有具有吴文化特色的图书《三生花草梦苏州》、《无锡园林文化·第3辑》、《〈姑苏晚报〉文化丛书》(5册)等。

美术类图书是古吴轩出版的特色,2011年策划出版了《第二届中国粉画展作品集》、《当代中国粉画家》(10册)、《当代吴江美术作品集Ⅱ》(10册)、《张六弢作品集》、《从起步到美院捷径教程》(8册)等。

为纪念中国共产党成立90周年、辛亥革命100周年,2011年组织出版了《太湖烽火——新四军太湖抗日游击支队史》和《辛亥革命在无锡》。

2011年,古吴轩出版的《中国民舞》入选首届向全国推荐百种优秀民族图书。有5种图书列入向全省青少年推荐优秀苏版出版物目录《中小学校、幼儿园防(反)暴力袭击指导手册》、《学生健康宝典:卫生知识200问》、《趣味体育小游戏100例》、《趣味科学小实验100例》、《快乐的阿鸡(第一辑)》。有8种图书列入农家书屋重点图书推荐目录《倾城记》、《中国传奇》、《中国说唱》、《中国女红》、《中国医道》、《中国风俗》、《中国百工》、《中国功夫》。在首届华文出版物艺术设计大赛中,古吴轩出版的《倾城记》获得铜奖,《三生花草梦苏州》、《"情调苏州"全国创意设计与摄影大赛》获得优秀奖。

四、依托地域文化优势,探索新的发展模式

2011年,古吴轩依托吴文化优势,开发新项目、新产品,打造精品特色。如:具有浓郁的地方文化特色的明信片《桃花坞木刻年画》系列(10辑),受到了读者的欢迎与认可。高仿真系列《山塘胜景图》、《姑苏繁华图》、《苏州水城全景图》、《苏州太湖全景图》,采用高科技的印刷,结合精美的装帧,来满足不同层次消费者的需求,取得了良好的效果。 (古吴轩出版社供稿)

江南电子音像出版社

2011年,江南电子音像出版社通过广泛的市场调研,着力于探索地方性电子音像出版社的发展定位及其发展思路,并根据自身条件,加强选题策划,积极开拓音像出版业务。

一、逐步确立了地方性电子音像出版社的发展定位及其发展思路,明确了未来的发展方向

1. 立足本土,充分挖掘,广泛整合和着力培养地方出版资源,积极主动地融入地方经济、文化和社会事业的发展之中,并注重在整合与融入中寻找和拓展出版市场。

2. 着力在特色出版中营造优势,塑造品牌,以出版的多样性谋求效益的最大化,明确以地方文化作为特色出版的重点加以开发。

3. 逐步向外拓展,以联手出版等方式打造精品和经典,进而实现出版业的规模化发展。

二、在现有条件下,不断开拓音像出版业务,丰富出版结构

1. 立足苏州,开发地方电子音像产品

2011年,江南电子音像出版社继续按照“立足苏州,辐射江南”的出版宗旨,着力整合地方文化出版资源,在“小而精、特而雅”上致力于地方文化音像电子产品的开发。出版了《绝世清音——吴钊古琴演奏曲精选》(书配盘)、《中国经典碑帖释文本》系列,以及《七里山塘　古今双辉》、《苏州老城地图》等电子音像产品,对弘扬和传承优秀文化发挥了积极作用。

2. 加强策划,开发原创作品

产品的策划能力和原创能力,是衡量一家出版社的出版能力和出版水准的一个重要标志。2011年,我们加强策划,出版了《拙政园——信有山林在市城》(书配盘)系列音像产品。尝试自行策划和制作拍摄,为未来进入音像出版市场开辟了一个新的领域,同时有助于锻炼出版队伍,提高出版从业人员的业务素质。

3. 配合重大主题活动,开发出版业务,拓展市场空间

为庆祝建党90周年,苏州新闻网制作了《江南遍谱红篇章——建党90周年苏州地方党史影像录》,我们抓住这个契机,通过与制作方广泛联系,出版了《江南遍谱红篇章——建党90周年苏州地方党史影像录》电子书,获得好评。

(江南电子音像出版社供稿)

广陵书社出版社有限公司

2011年,广陵书社根据本社的工作特点及上级工作部署,确定的工作重心主要是:积极落实已申报的"十二五"规划项目,组织策划增补"十二五"规划项目;加强人才引进和培养工作;加强出版流程的规范管理,狠抓出版物质量;打造品牌,提升形象,扩大销售,努力做强。

一、出版经营年年攀高,出版亮点层出不穷

2011年共申报选题200种,年度选题81种,全年补报选题共20批次119种。选题的实现率达到90%以上。实际出书数量176种,其中重印书37种,相比2010年图书重印率有所提高;全年实现销售收入1400万元,利税180万元。

从选题结构上看,2011年选题重点是古籍整理和影印、学术普及、地方文化以及线装雕版及线装礼品图书几方面:全年影印图书31种,占选题总量的18%;学术普及读物44种,占总量的25%;江苏地方文化读物40种,占总量的28%;线装图书67种,占总量的38%。

二、努力打造"十二五"项目,积极策划优秀选题

2011年是"十二五"开局之年,又适逢一系列重大节庆活动。广陵书社抓住时机,全力以赴,推出了一批重要出版项目。首先完成了江苏省"十二五"重点出版项目《江苏地方人物传记丛刊》,该书规模大,内容丰富,是对江苏历代名人资源的首次汇编整理。完成了2010年度全国古籍出版专项经费资助项目《扬州水道记》、《扬州名园记》。正在抓紧整理出版2011年度古籍资助项目《鳌峰集》、《铁网珊瑚校证》、《江苏地方文献书目》。其次,坚持出版特色,强化雕版线装品牌。历时两年,完成新雕刻刷印《唐诗三百首》,深受读者喜爱。李岚清同志倾情创作的《诗情画印写镇江》一书,寄托了他对家乡的挚爱,宣纸彩印线装,古朴雅致,极有艺术欣赏价值。同时,完成影印线装本《百衲本史记》和排印线装本《资治通鉴》等,亦受到读者欢迎。再次,为庆祝建党九十周年,出版《红星颂——庆祝建党九十周年全国诗书画大赛获奖作品集》;为纪念辛亥革命一百周年,出版了线装本《孙中山先生手迹选》和《辛亥革命文献丛刊》、《孙中山先生纪念集》等。继续开发地方文化精品图书,如《扬州地方文献丛刊》第二辑四种,均于年内顺利出版。为配

合扬州文明城市创建工作，与市文明办合作编辑出版《文明讲堂》丛书。出版《文选楼丛书》、《扬州名胜楹联》等。完成《（民国）绍兴县志资料》大型丛书的招投标和编辑出版工作。另外，出版大型典籍《古今图书集成》，全书共计160巨册。整理出版《孝经文献集成》，为这部流传最广的儒家经典的研究和传统思想道德的弘扬，提供了完整的文献资料。

三、力出精品，得奖不断

2011年，广陵书社的《清宫扬州御档》、《扬州弹词：审刁案》分别获得全国优秀古籍图书一等奖、二等奖，《说吴》获得全国优秀古籍图书普及读物奖。《诗情画意写镇江》获第十四届华东地区古籍优秀图书一等奖，《扬州画舫录》、《常熟文学史》、《五百罗汉》获二等奖。

四、完善管理制度，从制度上做好内部保障

结合省局图书管理处图书管理工作，加强学习，完善管理制度，坚持以管理促效益、以管理促发展。

规范重大敏感选题管理。2011年申报的选题中，有7种为重大选题，出版社均按照的要求严格执行。

完善管理制度。通过学习，逐步完善了广陵书社图书管理制度，着重建立、完善选题论证制度和书稿三审制度。强化图书质量，组织编辑学习，强化责任意识，增加校对人员，加强审稿力量。按计划抽查本社编辑上年度所编图书，每人2种以上。加强合同管理，规范合作出版。

五、树立品牌文化，引进专业人才

努力提升品牌形象。2011年，广陵书社积极开拓业务，参加浙江《（民国）绍兴县志资料》图书招投标工作，经过激烈竞争，成功中标。根据企业发展要求，加强与苏州、无锡等地合作，出版了一批地方特色浓厚的图书。同时继续加强与扬州地方政府相关部门的合作，出版了一批扬州地方特色图书。多次组织雕版、印刷相关人员赴香港、沈阳、厦门等地现场演示雕版工艺，产生了一定的影响，受到省局的表扬。

重视书社网站建设。安排专人负责全社的网络建设以及维护工作，并通过网站对外宣传，内容多为本社原创，及时更新，全面提供书社最新出版资讯。

提高整稿进度。2011年，总编办每月编制《编辑简讯》，主要通报当月全社发稿情况及各个编辑当月工作完成情况、下月工作计划，备注出版提醒。

积极引进专业人才。根据业务发展需求，我社通过网上招聘，择优引进新编辑2人。注重新编辑培养，实施老人带新人办法，促使新编辑快速成长，并积极选送新编辑参加全国古籍办和省局组织的编辑业务培训。2011年9月，广陵书社青年编辑参加省版协组织的编校培训，编辑考核获团体第二名。

六、与时俱进，尝试数字化出版

根据业务发展之需，积极寻求合作，共同开发项目。积极引进技术人员，从事数字出版工作。在图书出版合同中增加数字出版授权内容，以解决数字出版版权问题。在业务上尽可能利用网络平台加强对外联系。发行部门自主开辟了网上销售业务，除了自办的网络销售外，与当当、卓越、京东等知名图书销售网站的合作业务逐年提高，完全实现图书的全品种网络销售。

七、力求改革创新，努力做大做强

2011年是出版社转企改制后平稳发展的一年，出版社积极推进改革创新，不断完善现代企业制度。转变经营理念，强化部门职能，调整发展模式，逐步实现从数量向效益转化；改变传统以编辑为中心的运营机制，实现以编辑为基础、发行为龙头、营销为目标的经营主导思想；进一步完善社内人事、分配等制度的改革，全面实行全员聘用、转岗轮岗、干部竞聘上岗、以岗定薪，逐步建立以绩效利润指标为考核取向的分配制度；实现以财务管理为核心的现代企业管理模式；注重企业文化建设，创建学习型企业；努力调整发展战略，提高员工对发展战略的适应力；加强工会工作，增强凝聚力，营造轻松和谐、团结向上的良好氛围，形成务实、高效、有序、创新的企业精神。

（广陵书社供稿）

江苏太湖数字出版有限公司

江苏太湖数字出版有限公司（以下简称“太湖数字出版”）成立于2010年10月，主办单位为无锡报业发展有限公司，主管单位为无锡日报报业集团。成立初期由无锡报业发展有限公司全额出资，注册资本为人民币500万元；2011年7月，无锡报业与无锡国联集团共同增资，使注册资本规模进一步扩大，达到人民币2000万元。目前公司董事长、法人由无锡报业集团党委书记、社长施展同志担任,财务总监由国联集团委派。公司于2011年2月获得原国家新闻出版总署颁发的电子出版物出版许可资质和互联网出版资质,同年6月,江苏省新闻出版局正式向太湖数字出版发来电子书号分配额度。太湖数字出版是全国首家、江苏省内唯一拥有双项资质的出版企业。

一、利用既有资源,充实出版内容

太湖数字出版成立初期是由无锡报业发展有限公司全额出资的,因此与无锡报业集团存在着良好的合作关系。公司通过与无锡报业旗下的《无锡日报》、《江南晚报》、《无锡商报》、《华东旅游报》、《江南保健报》等媒体展开合作,推出了《无锡旅情》、《无锡报业画刊》等电子读物。更为重要的是,太湖数字出版从2010年底起,便携手无锡市档案局,将《无锡日报》、《江南晚报》、《无锡商报》(包含原华东信息报)出刊60年来的文字资料整理成册,并进行数字化编译。该项工程作业量大,涉及文字规模上亿,预计2013年底完工,届时该套电子丛书将成为无锡地方史志的重要补充资料,极具收藏与使用价值。

二、与地方政府合作,推广电子读物

除了充分利用无锡报业的媒体资源外,太湖数字出版还积极与地方政府合作,先后为省、市领导人梁保华、杨卫泽、周解清、贡培兴、王立人等出版个人数字剪报,受到了广泛好评。借此东风,公司进一步深挖渠道,与无锡市下辖的二市七区展开广泛接触,为县(市)区各级政府及当地企业提供数字内容与出版服务。目前,公司已开始着力构建政企出版服务平台,力争在两年内成为无锡地区规模最大的数字出版服务商,并逐步辐射苏南地区。

三、扩充资本,扩大规模

在努力开拓出版业务的同时,太湖数字出版自身也在不断进行扩充。2011年7月,公司正式吸纳无锡市国联发展(集团)有限公司作为战略合作者。国联集团是经由无锡市人民政府出资设立,并授予国有资产投资主体资格的国有独资企业集团,总资产402.4亿元,净资产114.79亿元,拥有全资控股企业72家,员工7000多人。无锡报业发展有限公司与国联集团两家市属国企,在太湖数字出版原有基础上共同注资人民币1500万元,从而使得公司在完成此轮增资后,在不改变其国有属性的基础上,注册资本金达到人民币2000万元,其中无锡报业发展有限公司持股比例为51%,国联集团持股比例为49%。

四、联合其他企业，共同开拓市场

太湖数字出版在不断开展主营业务的同时，与业内的同行企业也结下了良好的关系，特别是与江苏凤凰出版传媒集团江苏新广联科技股份有限公司等保持了长期合作。

太湖数字出版与江苏新广联已初步达成合作意向，充分利用该公司研发的全球唯一只读半导体存储芯片加密复制设备，共同向市场推广新型电子出版物。此类出版物将不再拘泥于光盘介质，而是以加密SD卡、闪存等小巧便携的磁介质作为储存载体，出版内容也不仅限于文字，转而向交互式读物、移动多媒体等方面发展。

五、积极探索创新，尝试多元化发展

随着信息科技的不断发展，物联网、移动互联等技术近年来突飞猛进，太湖数字出版意识到企业发展必须跟上时代的步伐，才能在未来继续保持强大的竞争力，因此在不断巩固传统数字出版业务的同时也，公司也有意识地向新型出版领域伸出触角。作为江苏省内唯一拥有电子和互联网出版双资质的企业，太湖数字出版不断探索创新，联合无锡日报社图片中心，打造了本地首家综合性视觉媒体——“快门全媒”，不仅每周为报纸提供八个版面的图文，更通过苹果App Store平台出版了iPad画册，同时也发行电子光盘版，方便电脑用户阅读。目前“快门全媒”签约摄影师已超过百名，入库图片突破10万张。

（江苏太湖数字出版有限公司供稿）

出版科研、教育单位

江苏省新闻出版学校
江苏印刷技工学校

2011年，江苏省新闻出版学校、江苏印刷技工学校坚持以促进内涵发展为目标，以提高育人质量为中心，以加强规范管理为驱动，以优化师资队伍为保障，各项工作有序推进，稳步发展。

一、推进教学管理规范化。制定《教学管理规范实施细则》、《教学质量标准》、《教学档案收集管理制度》、《复习考试环节管理制度》、《专任教师量化考核办法》，完善教学管理规章制度并汇编成册。建立学生成绩管理数据库，统一实习学分和奖励学分标准。积极探索教学质量控制与信息反馈机制，做好教学信息的收集反馈工作。制定颁发《教学督导工作条例》，聘请部分中层干部兼任教学督导员，聘请部分学生干部兼任教学督导信息员，积极组织全体教学督导员深入课堂进行听课和评课。试行《教学管理日志》、《教学督导日志》填写制度，制定颁发《教学责任事故认定与处理暂行办法》，加强教学现场检查管理，优化教学秩序。开展学生评教、教师评学、教案、作业检查，试行“督导信息一对一反馈机制”，向有关部门和教师提供教学督导意见。先后接受江苏省技校教学管理规范评估、南京市技校教学规范管理考核，均获得好评。

二、加强教学科研和师资队伍建设。组织教师开展校本教科研课题研究，2010—2011年度5个课题通过结题鉴定。组织教师申报南京市教育科学“十二五”规划课题，2个课题获得立项。开设论文写作辅导讲座，组织教师撰写年度教学论文和教学心得，开展交流评比。召开教材使用座谈会，组织教师与印刷工业出版社编辑共同探讨专业教材建设。举行2011年“青蓝工程”拜师仪式，6对新老教师结对帮扶。2次开展新教师教学汇报课活动，对10名新教师进行集中听课评课。组织10多名教师参加中高级和技师职业资格鉴定，2名教师分别在职攻读硕士、博士学位。开展青年教师校本培训，近5年新进的20多名青年教师接受培训，年内共举行7次辅导讲座，并集体考察《新华日报·手机报》、中国江苏网站等数字媒体。组织教师参加第四届中国家纺画稿交易会，展出师生创作的60幅家纺图案作品，获“院校优秀作品组织奖”。选派专业教师参加省印刷行业协会举办的印刷业发展报告会，组织教研室主任到扬州高等职业技术学校学习取经，组织有关教师参加南京市校际教研活动。制定《关于进一步完善和落实教师到企业实践制度的意见》，实施"双师型教师培养工程"，15 位教师暑期到出版、印刷、制版、发行、包装、设计等企业生产服务第一线参加实践锻炼，选送 12 位教师参加省级培训，6 名教师分别参加发行行业标准、绿色印刷、数字加工、网页设计等专项培训。经申报、评审，3 名教师年内分别被评为省、市级专业带头人。

三、加强校内教学设施建设和实训实习教学。在前两年建设实训中心、计算机中心的基础上，充分利用省文化产业引导资金，建成先进的数字印刷实训室；建成印刷实训四室、礼仪实训室、发行后台业务管理实训室，添置 60 多台新电脑和部分印前教学设备。学校宽带扩容，网站改版，建成校务信息系统，改进各班级多媒体设备管理。向教师征求实训室建设意见，开放各专业实训室，积极推动理实一体化教学，试行工学交替法、任务驱动法，进一步提高实训设备利用率和实训教学效果。组织教师与上海新闻出版职业技术学校教师一起，研讨任务引领型课程建设。结合实训室建设，邀请企业技师来校，组织 20 多名教师参加丝网印刷、数字印刷技术校内培训。召开印业技能大赛获奖选手表彰大会，组织学生开展上、下学期印刷技术操作技能比赛，第九届文字录入技能比赛，图书分类技能比赛，设计作品比赛和展览，组织教师和学生参加南京市职业学校平面设计技能比赛，组织学生参加计算机应用能力考试、英语 B 级考试和职业技能鉴定。做好年初学生顶岗实习安排，加强实习安全教育，实习管理指导人员多次巡视指导学生实习，部分实习生被实习基地企业提前录用。举办毕业生供需见面洽谈会，近百家用人单位与会招聘，毕业生供需比例近 1∶3。

四、密切和深化校企合作。学校密切与行业企业的联系，开展"走出去"、"请进来"活动，引导教师了解行业发展新趋势和人才培养新需求，拓宽师生的专业视野。邀请行业领导、专家、技师来校作关于印刷企业人才需求、色彩管理、图像处理和动画技术的讲座，组织专业教师考察数字出版、出版物流、特种印刷、动漫、发行、纸业企业，观摩 2011 上海国际印刷周主论坛和第四届中国国际全印展，参加第四届中国家纺画稿交易会。组织学生参观印刷、制版、包装企业。继续与南京爱德印刷有限公司合作设立"爱德助学金"、"爱德班"，举行 2011 年度校企合作工作会议暨第二届专业建设指导委员会会议，增设江苏凤凰美术出版社有限公司、江苏新华柏印务有限公司、方正国际软件(苏州)有限公司、徐州绪权印刷有限公司、江苏恒华传媒有限公司为学生校外实习基地，成立第二届专业建设指导委员会，总结、部署、研讨校企合作、专业建设和学生实习工作。

五、加强学生教育管理。对期中考试成绩不理想的学生予以学业警示，召开学风建设学习教育大会，教育学生端正学习态度。开展中层干部挂班蹲点活动，深入课堂听课，协助和指导班主任管理和教育学生。开展丰富多彩的“第二课堂”和德育活动，如“万朵鲜花送雷锋”、爱心捐款、法制副校长和法制辅导员聘任仪式、法制宣传教育会、参观公共安全教育馆、新生军训、广播体操比赛、球类比赛、象棋比赛、社团活动、首届江苏书展社会实践，举办第十六届田径运动会，促进学生身心健康发展。组织学生参加全省集中销毁侵权盗版出版物现场会和“打击侵权盗版，保护知识产权”签名活动，向全省学生发出“从我做起，拒绝盗版，争当知识产权小卫士”的倡议。举行第十三届共青团员代表大会，选举产生新一届团委会。学校被评为2008—2010年度全省预防青少年违法犯罪工作先进集体。

六、拓展联合办学、成人教育和职业培训。与南京新华电脑专修学院、赣榆县职教中心开展中职联合办学，首次与南京政治学院联办本科自学考试辅导班，继续与北京印刷学院继续教育学院联办专科成人教育。面向全省印刷、发行行业开展职业培训和鉴定，举办平版印刷工培训班2期、出版物发行员培训班9期。

七、加强党建和教职工思想政治工作。根据省新闻出版局直属机关党委关于批准成立学校党委的批复，举行党员大会，选举产生新一届党委会。举行全体党员党课教育暨学生党校开学典礼，组织全校党员和学生入党积极分子学习十七届六中全会和省十二次党代会精神。组织全体党员赴南京六合区参观竹镇市抗日人民政府旧址、大泉村李元龙同志纪念馆，接受革命传统教育和党的先进性教育，迎接建党90周年。开展“教风学风作风”学习教育活动，组织教职工学习《江苏省职业学校教学、学生、后勤管理规范》，对照检查整改。举行工会会员大会，选举产生新一届工会委员会。

(周吉友供稿)

江苏省印刷科学技术研究所（江苏省出版物质量监督检测中心、江苏省新闻出版局信息中心）

2011年，江苏省印刷科学技术研究所坚持围绕中心，服务大局，团结协作，开拓进取，取得了新的成绩和荣誉，被省人力资源和社会保障厅、省新闻出版局联合评为新闻出版系统先进集体，被新闻出版总署评为2011年“3·15”质检活动先进单位。在协助行政监管、提供技术服务、建设基层组织、完善管理体系等方面取得了阶段性成果。

一、以开展争创群众满意的窗口服务单位活动为抓手，提升政务大厅服务效能

根据省委创先争优活动领导小组《关于在全省组织开展争创“群众满意的窗口服务单位”主题实践活动的通知》要求，组织开展争创群众满意的窗口服务单位活动，全面推进了政务大厅服务标准化和规范化。开通了便民服务通道，增加了午休时间受理业务内容，方便申请人特别是外地来宁人员办事。年内共受理行政权力事项28303件，其中办结28121件，涉及45类行政权力事项；完成各类出证近12000余个；寄发证件及相关批复近2000件，涉及印刷经营许可证、出版物发行许可证、一次性和连续性内部资料准印证、境外和宗教出版物准印证、报纸期刊证、记者站证等20类许可和审批的事项；接收邮件登记和邮件寄送证件批复超过500件次，为申请单位或个人节约办事成本超过50万元。

二、协助做好行政权力网上公开透明运行系统和局门户网站建设

根据局政务公开领导小组办公室的要求，结合省工作组对行政权力网上公开透明运行系统考核时提出的改进意见，进一步完善了系统的一期建设。同时，启动了系统二期建设。协助制定了《江苏省新闻出版局门户网站管理暂行办法》，建立和完善了政府信息公开目录。网上发布信息近1300条，通过政府信息公开平台和政务公告栏目发布信息近150条。在门户网站上新增了江苏省新闻出版局报刊管理系统、短信平台、农家书屋管理系统、新闻出版统计在线直报系统、书号实名申领系统、信息报送系统等。协助在中国江苏网直播间现场制作了一期关于全省新闻出版业“十二五”规划解读在线访谈。网站改版已上线运行。

三、信息技术服务水平有新提升

积极配合省新闻出版局有关处室，加强了出版实时监管系统等6个系统的维护和管理工作；协助完成了全省软件正版化培训任务，协助开展了版权服务平台二期需求调研工作；对局信息系统安全情况进行了自查，做好抽查考核有关的准备工作，完善了网络与信息安全管理制度；启动应急预案一次，排除较大故障5次，提出了机房安全整改建议，在机房内添置了高温短信报警和远程监控设备；加强了重要系统的安全防护工作，加强了节假日的网络安全管理工作，开展网安外包调研工作；开展了CA认证调研工作，为建立信息系统统一规范的安全认证体系做好准备；先后12次向省信用办报送有关企业信用数据共6000余条，向中国江苏网、省信息化研究中心等报送文字信息稿件50篇；协助做好期刊条码管理和新闻出版统计工作。

四、绿色印刷实验室建设取得进展

成功申请80万元的省文化产业引导资金用于构建“江苏绿色印刷开放式国家级重点实验室”。投入50余万元财政资金购置了绿色印刷检测设备。赴南京大学化学分析中心、江苏新华印刷厂、苏州印刷总厂、中国科学院苏州纳米技术与纳米仿生研究所等单位调研，研究江苏绿色印刷开放式国家级重点实验室的建设问题。与南京大学现代化学分析中心、江苏新华印刷厂达成了初步的合作意向。完成了出版物印刷产品检测实验室的改造。

五、“3·15”质检工作取得显著成效

认真实施了为期6个月的“3·15”少年儿童读物类出版产品质量监督检测活动。先后赴多家出版单位和印制企业随机抽样，并到市场采购补充抽选样品。共抽选少儿类图书出版产品35种814册、期刊出版产品6种216期、报纸出版产品4种20份、包装装潢产品10种80张，经检测，未发现批质量不合格产品，批质量合格率为100%。抽取了少儿光盘类复制产品12种44片（盒）、环保质量检测样品8种24册（张）寄送总署质检中心检测。

六、配合开展农家书屋更新出版物印制质量检查工作

为了切实保证集中采购的2011年农家书屋更新出版物的印制质量，受江苏省农家书屋工程建设领导小组办公室委托，9月19日至10月8日，组织开展了农家书屋更新出版物印制质量检查工作，从省内7家大型出版社抽调专家，对向5000个农家书屋更新配发的295种(套)出版物印制质量进行了现场抽样检查。共抽检295个品种批次共3434册，其中批质量合格289种(套)，不合格6种(套)，批质量合格率为97.97%，并形成检查工作报告，上报了总署印刷发行管理司和省农家书屋工程建设领导小组办公室。

七、完成了省局下达的监督检验任务

对春、秋两季使用的教材、簿本和春季使用的教辅进行批质量监督抽查，先后19次分赴省内9家新华书店进行抽样。共抽检教材、教辅、簿本441个品种批次，抽检总册数为8112册。抽检样品的批次合格率为100%，单册合格率为99.47%。同时，根据省质量技术监督局的要求，对全省47家印刷企业承印的47个品种批次的图书、教科书、期刊和平版装潢产品进行了抽样检查，批质量均合格。

八、完成了省质监局下达的监督检验任务

完成了江苏省质量技术监督局下达的2011年度印刷产品印制质量定期监督检验工作。对全省47家印刷企业承印的47个品种批次的图书、教科书、期刊和平版装潢产品进行了抽样检查，并对检验结果进行汇总、总结后上报省质技监局质量监督处。经检测，47个品种批次的产品均被判定为批质量合格。

九、认真做好企业委托检测工作

一是开展了省优产品认定工作。完成了省内18家出版社和60家印刷企业委托送检的5676种(套)书刊，共计1047453.2印张的检测工作。经检验，5003种(套)被认定为省优产品，省优产品推荐入选率为98.43%，较去年提高了0.56%。二是认真做好了报纸、期刊印刷质量委托检验工作。对省内139家报社、410家期刊编辑部送省局核验的139种371期报纸、439种4043册期刊，进行了印刷质量检测。三是认真做好了凤凰出版传媒集团教材印制质量等级认定工作。对2010年春秋两季送、抽样共计726个品种的单册教材进行印制质量检测认定。四是配合印刷企业年检检测工作，完成43家印刷厂紧急送检的198种图书的检测任务。五是配合出版单位申报“中华优秀出版物奖”，完成了精品图书印制质量的检测工作。六是配合省内印制企业申请环境标志产品认证，对10家印刷企业送检的胶订图书、骑马订图书和平版装潢产品等18种产品进行了印制质量检测，为省内印制企业申请环境标志产品认证提供了技术服务。

(涂结红供稿)

江苏省出版物审读中心

2011年，审读中心根据年度计划安排，认真贯彻年初省新闻出版局出版工作会议精神，科学履行职能，积极开展工作，取得了较好的成绩。

一、确保导向，认真做好敏感选题书稿的审读

本年，共审读敏感类选题170种，近2400万字。其中宗教类选题42种，党史类选题27种，港台选题84种，纪念辛亥革命活动类选题12种。

二、服务出版，有针对性地开展成书审读

采取选题察看、样书逐本筛选、编辑抽检和专题审读等办法，对苏版成书定期进行审读，并结合国内外图书出版的大趋势和上级部门的最新指示精神，充分发挥审读专家的“智库”作用，分析规律，查找问题，在加强对出版社相关工作指导的同时，做好服务他们发展的“助手”和“参谋”。成书的审读报告及时反馈出版单位，受到了出版社的欢迎，有效地推动了出版社多出精品力作的能力。如“今天丛书”，我们先组织省局相关人员审读，再请专家审读，最后向出版社提出了十分中肯的意见，起到了良好效果。如对农家书屋图书的审读，对于今后对农家书屋图书配送和种类选择，都起到了很好的引导作用。

三、严把质量，有效开展编校质量检查工作

2011年，共组织三次编校质量检查工作。一是按总署要求开展了少儿文艺类和教辅图书的审读，共审读图书64种，5种图书不合格，不合格率为8%。比较好的单位是科技、美术、译林、南大、南师。二是组织了2008—2009年度重点出版规划资助项目审读工作。共检查图书63种。检查不合格图书1种，不合格率为2%。主要检查申报图书的编校质量、内容质量和印制质量。配合省局组织开展了专家认定和评审活动。三是组织了职称编校质量检查活动。共审读图书86种，其中参加评审76种，经认定有72种图书合格，4种图书不合格。通过检查，出版社的质量意识明显增强，出现了东南大学、译林社和南师大社等先进典型。这些单位有的成立质检部，抽调得力人员参加。

四、加强培训交流，精心做好日常工作

一是组织总编办主任的培训交流活动，省局副局长黄海宁亲自授课,就重大敏感选题的申报程序、注意事项和把关技巧进行了讲解。省局管理部门还通过交流,贯彻了总署和局党组意图,集中了大家的智慧,提出了需要着力解决的12个问题。二是请出版社的专家和全国知名专家对新老编辑进行培训,提高了出版社对专业出版自主把关的能力和水平。三是开展了审读信息交流反馈工作。出版《江苏图书审读》2期,发表稿件12篇。四是组织了出版物审读工作会议,邀请宣传部、宗教局、党史办、台办等单位的审读联络员参加,与审读员面对面交流,宣传形势政策,提高政策理论水平,增进审读队伍相互了解。五是开展对外学习调研活动。六是积极参加局重要活动,服务中心工作,如上海书展、农家书屋工程建设、全民阅读活动等。

（江苏省出版物审读中心供稿）

出版行业协会

江苏省出版工作者协会

2011年,江苏省出版工作者协会(以下简称"省版协")主要围绕四个方面开展工作:一关注和推动精品生产,二关注出版产业转型升级,三关注和推动出版企业深化改革,四关注协会自身建设和发展。

一、关注和推动精品生产,狠抓出版物质量不放松

一是成功举办全省出版社青年编校人员培训班。共有20余家出版单位35周岁以下编辑校对470人报名,因场地限制,近400人参加了集训。参加培训人员普遍反映:这次培训课程设置切合实际,听得懂,学得进,用得上,受益匪浅。中国版协李宝中副理事长在长沙会议上也对江苏省的这次培训班给予了充分肯定。

二是学习交流。积极组织参加9月中国版协在山东济南召开的中国编辑学会。在本届年会上,本省出版社和杂志社积极参与,编辑校对人员踊跃投稿,15篇论文入选会议参加评选,占全部入选论文的15%,科技出版社陈静和教育出版社的丁金芳在大会上作交流发言。

二、关注和推动出版企业深化改革,重点就独立市场主体的出版单位如何正确认识和处理坚持专业出版强化特色优势与多元发展平等竞争的关系开展研讨

省版协6月在徐州举办江苏编辑策划研讨会。会议听取了中国矿业大学出版社靠专业出版强社兴社的经验介绍,并围绕作为计划经济条件下出版管理重要内容的专业分工在市场化条件下遇到了哪些新问题,应该如何坚持和发展,改企后作为独立市场主体的出版单位如何正确认识和处理坚持专业出版强化特色优势与多元发展平等竞争的关系等问题展开热烈讨论。全省各图书和音像电子出版社的社长、总编和编辑以及有关部门领导,围绕这一专题,从专业出版的观念、实践、条件、方法、机制、管理等各个层面,畅所欲言各抒己见交流经验,出谋划策探寻新路。

三、关注出版企业转型升级,积极推进传统出版单位的数字化转型

2011年12月,省版协召开了"江苏省数字出版研讨会"。会议传达了全国数字出版工作会议精神,参观了江苏省国家级数字出版基地之一——苏州阳澄湖数字文化创意产业园,听取了本省数字出版现状以及海外数字出版的相关情况介绍。会议期间,部分出版单位还与创意产业园区内的相关单位交流相关合作意向,促进了出版单位与其他数字企业的互动。

四、关注版协自身建设

省版协第二届理事会第五次会议通过选举与增补工作。版协重点在以下三个方面加强自身建设。第一,在指导思想上,明确版协的工作必须坚持围绕中心、服务大局的理念不动摇。第二,在工作指导方针上,坚持为会员单位服务这个宗旨不动摇。把做好服务工作,作为版协的出发点与归宿。第三,在实际工作中,坚持紧紧依靠各会员单位的支持开展工作的原则。

五、参评"莱比锡'世界最美的书'",推动本省书籍装帧设计工作

省版协共选送了4本代表江苏书籍装帧设计水平的书参评。

六、积极组织、参加各级各类竞赛和评奖活动,江苏省成绩优异

在2011年全国和地区各类出版评奖活动中,省版协或独立组织,或积极配合,经努力,取得良好成绩。其中,在中国版协"第三届韬奋杯全国出版社青年编校大赛"中,本省共得了5项奖:省版协获优秀组织奖，另获一个团体三等奖，两个编辑优秀奖，一个校对优秀奖。

七、圆满完成各级出版年鉴的编辑出版发行工作

由省新闻出版局主办，在各会员单位的辛勤劳动和大力支持下，去年我们协助组织完成了2010年卷的资料收集、编辑等工作，并将于2012年初出版。另外，省版协在会员单位积极参与下，完成了《中国出版年鉴》江苏部分的组稿、编辑和发行工作，受到中国版协和《中国出版年鉴》社的好评。

八、积极参加公益活动

根据国家版协开发图书封二、封三和封底公益性广告的要求，省版协专门召开会议，与各出版社磋商开发图书公益性广告的相关事宜，目前与图书出版广告商签意向性活动的出版单位有5家。今年，省版协还对口援藏4万元。

（江苏省出版工作者协会供稿）

江苏省期刊协会

2011年，江苏省期刊协会以提高服务质量和水平为宗旨，在全省各期刊出版单位和全体理事的积极参与和共同努力下，积极有序、切实有效开展各项工作，促进了江苏期刊业的发展。

一、开展推介展示活动，提升期刊形象

1．组织期刊参展全国书市。2011年5月27日至30日，第21届全国图书交易博览会在黑龙江省哈尔滨市举办。省期刊协会组织40家共计1800册期刊参展。精心设计的数十种江苏优秀期刊封面展板，充分展示我省期刊的亮丽风采，受到局领导和广大参展观众的好评。

2．举办第四届江苏省名优报刊广场推介活动。为推进全民阅读活动在本省的深入开展、贯彻落实全省新闻战线走基层、转作风、改文风，进一步密切报刊出版单位与人民群众的联系，第四届江苏省名优报刊广场推介活动于9月17日在南京市规划建设展览馆广场隆重举行。

本届广场推介活动呈现三大亮点。一是组织本省报刊出版单位参与演出，展示了江苏报刊人的风采；二是组织小记者小读者参加现场采访和阅读；三是专家现场服务接受读者咨询，拉近了报刊与读者的距离。据不完全统计，活动现场发放宣传品折合金额

57910 元，赠送报刊 15691 份，金额 43114 元，销售报刊 1690 份，销售金额 12744 元，订阅报刊 232 份，订阅金额 23008 元，总金额达到 7.95 万元。活动取得了圆满成功。

二、组织考察交流活动，创新办刊理念

1. 组团参观台北“2011 两岸精彩杂志展”。5 月 17 日、6 月 9 日两批共 45 人赴台湾参观考察。5 月 18 日上午，2011 两岸数位出版创新研讨会暨两岸精彩杂志展在台湾地区的最高学府——台湾大学集思会馆举办。两岸数百种期刊同台争艳。

2. 组团参观全国书市。在第 21 届全国图书交易博览会举办期间，协会于 5 月 27 日至 6 月 2 日，组织了莫愁杂志社、电力系统自动化杂志社、水产养殖杂志社等 15 人组成参观团参观书市。许多大刊名刊的编辑质量、营销策略、品牌建设等，给大家在创新办刊理念上有所启示。

3. 接待湖北省期刊协会考察交流。11 月 4 日，湖北省期刊协会会长黄国钧、副会长晏飞一行来我省考察协会工作，省期刊协会副会长兼秘书长钟效雯接待并与两位会长交流了各自协会的建设与工作情况，协会还向湖北同行赠送了有关图书和资料。

三、加强研讨培训工作，提高队伍素质

1. 开展研讨培训活动

（1）举办期刊数字化策略研讨会。江苏省期刊协会与龙源期刊网联合，于 5 月 22 在南京华江饭店举办了期刊数字化策略研讨会，莫愁杂志社、科学大众杂志社、江苏教育报刊总社、艺术百家杂志社、东方娃娃杂志社、江苏大学期刊社等 37 家期刊出版单位参加了研讨会。

（2）举办编辑业务培训班。7 月 11 日—16 日，在南京举办了第七期编辑业务培训班。150 名编辑接受了培训。培训期间，学员分别听取了协会会长、副会长等领导主讲的有关期刊的改革发展、期刊出版政策法规、期刊的编辑技能等课程。

2. 开展编辑岗位技能竞赛活动

10 月 23 日，第三届江苏期刊编辑岗位技能大赛在东南大学四牌楼校区举行，有 251 名编辑人员参赛。陈霞等 13 人获得金奖、陈玲等 25 人获得银奖、梅香等 52 人获得铜奖；江苏教育报刊总社、中国药科大学期刊编辑部、江苏少年儿童出版社期刊中心、七彩语文杂志社等 4 个单位获得金奖，江苏教育学院学报、江苏农业科技杂志社等 6 个单位获得银奖，莫愁杂志社、中国血吸虫防治杂志社等

9个单位获得铜奖。

3. 编辑出版和评选优秀业务论文

(1) 编辑出版《期刊质量与品牌——江苏期刊研究2010年度论文集》。为筹备2010年期刊发展论坛,协会组织期刊出版单位撰写业务论文,大家热情很高,踊跃撰写论文,有52篇入选成集,8月由江苏人民出版社出版。

(2) 开展"江苏期刊明珠奖优秀业务论文"评选。为了在全省期刊界形成良好的业务研究氛围,提升编辑业务研究水平,全面加强期刊编辑队伍的素质建设,协会开展"江苏期刊明珠奖优秀业务论文"评选。通过个人申报,单位推荐,协会共收到论文121篇。在社科、科技、高校三个小组进行初评推荐的基础上,11月10日,15位评委根据评比条件,进行复评,并以无记名投票方式产生结果。经过公示,最终评选出一等奖12篇,二等奖25篇,三等奖38篇,共75篇论文获奖,获奖面为62%。这些获奖论文主要反映期刊的改革思路、网络化环境下的发展策略、期刊质量的提升及期刊产业化规模化建设等4个方面的主题,都是目前江苏期刊界的热点问题,既开拓了期刊的视野,又有一定的实践指导价值。

四、积极担当社会责任,热心公益服务

1. 对口支援西藏。按照江苏省新闻出版局制定的对口援藏方案,江苏省期刊协会和其他协会为拉萨市新闻出版局配置执法车一辆,需要捐赠20万元左右。这项工作在镇江召开的常务理事会上动员部署以后,得到了期刊社的积极响应,七彩语文杂志社、江苏教育报刊总社、江苏农村经济杂志社、电力系统自动化杂志社、译林杂志社、莫愁杂志社、清风苑杂志社、中国建筑防水杂志社、艺术百家杂志社、祝您健康杂志社、南通大学杂志社、淮海工学院期刊社、《地质学刊》编辑部、《现代测绘》编辑部等14家期刊出版单位共捐款10.2万元,不仅完成了上级赋予的援藏任务,而且积累了一定资金,为协会今后开展对口支援、灾害救援、农家书屋等公益活动奠定了物质基础。

2. 帮助期刊退税。当了解到国家财政部有关退税政策以后,秘书处的同志主动开展服务工作。首先在常务理事会上传达了国家财政部有关精神,接着在协会通讯上刊载退税文件的主要内容,帮助大家掌握基本要求。11月15日下午,召集期刊纳税单位会议,邀请南京市财政局杨庆同志就纳税的办理要求作详细讲解,积极协助期刊社办理退税事务,使纳税期刊及时地完成了2009年、

2010年两年的退税，受到期刊纳税单位的好评。

五、举办主题书画展览，活跃文化生活

为庆祝中国共产党建党90周年，协会举办了全省期刊书画评选展览活动，收到书法和绘画作品99幅。评委会经过三轮无记名投票，从中评选金奖5幅，银奖10幅，铜奖15幅，优秀奖30幅。为了鼓励和表彰各单位对活动的支持和参与，评委会参考各单位报送作品的数量和获奖情况等因素，还评选出12个组织奖。

9月23日协会与省报业协会在南京图书馆联合举办“江苏报刊界摄影书画作品展”开幕式，100幅摄影作品、60幅书画获奖作品与广大观众见面。省委宣传部常务副部长徐一平，省文明办副主任韩松林，新华日报社党委书记、社长许洪祥，省报业协会主席刘文平，省文化厅副厅长秦基春，省新闻出版局副局长黄海宁等领导出席了开幕式，并为展览剪彩。开幕式由江苏省报业协会副主席、江苏省期刊协会副会长钟效雯主持。省报业协会主席刘文平、省期刊协会常务副会长沈季姚分别致辞。开幕式上，为摄影、书画作品获得金、银、铜奖的作者以及获得组织奖的单位颁发了获奖证书和奖杯。

六、切实抓好自身建设，提高服务水平

1. 加强学习和调研。协会领导班子和工作人员坚持学习理论，尤其认真学习十七届六中全会《决定》，以高度的文化自信与自觉，做好服务江苏期刊业发展的各项工作。

2. 办好会长及常务理事会议。协会认真贯彻民主集中制的原则，重要事项坚持集体研究决定。分别于2月、7月、12月三次召开会长办公会，研究讨论工作，决定重要事项。7月28日、29日在镇江召开了常务理事会，交流通报了相关工作信息，讨论确定了下半年的各项工作。

3. 增补常务理事成员。2011年经在镇江召开的协会常务理事会表决通过，推荐艺术百家杂志社、培训杂志社、河海大学期刊部为协会常务理事单位。协会常务理事单位由2010年的79家增加到82家。

4. 指导专业委员会开展活动。组织期刊协会三个专业委员会积极开展各项活动。如进行“江苏期刊明珠奖优秀业务论文”的初评；为省新闻出版局制订期刊评估方案出主意、议标准，促进江苏期刊评估工作的有序推进等。

5. 编辑出版协会通讯。共编辑出版《江苏省期刊协会通讯》

10 期,通报协会开展的各项活动,介绍协会工作的进展和成果,交流会员单位的各种信息,推介省内外优秀期刊的办刊经验和先进典型。并将"江苏期刊明珠奖"优秀编辑、优秀营销业绩汇编成专辑。

6. 严格财务管理。协会认真落实各项财务制度,严格财务手续,做好财务收支工作。

7. 做好日常工作。完成了会费收取、协会年检、财务审计和《中国期刊年鉴》、《江苏出版年鉴》撰稿等任务,以及起草印制文件,发送信函等大量日常工作。

(江苏省期刊协会供稿)

江苏省印刷行业协会

2011 年,江苏省印刷行业协会(以下简称"省印协")认真贯彻落实科学发展观,充分发挥桥梁和纽带作用,紧紧围绕科学发展主题,认真服务于加快转变发展方式这条主线,积极开展相关活动,促进江苏省印刷业转型升级,推动了印刷业的持续健康发展,协会工作有了新的较大的进展。

2011 年,江苏省印刷行业协会主要做了以下六个方面的工作:

一、做好绿色印刷宣传推广工作,促进印刷企业绿色转型

省印协积极组织绿色印刷相关标准宣贯和培训工作,促进印刷企业转变观念,积极申请绿色印刷标志认证,促进印刷企业绿色转型。

1. 邀请专家宣讲平版印刷环境标志标准

2011 年是"十二五"开局之年,也是绿色印刷认证起始之年。省印协高度重视绿色印刷转型工作,为了让广大出版物印刷企业了解平版印刷环境标志标准的实质以及实施绿色印刷的要求,在 2011 年年会上,专门邀请环保部环境发展中心标准协调部副部长做了《平版印刷环境标志标准解析》的专题报告,为推动我省绿色印刷认证进行了思想和理论铺垫。

2. 认真组织绿色印刷(华东区)宣贯会

2 月 26 日,省印协和省印研所协助中国印刷技术协会和环保部环境发展中心在宁成功举办了绿色印刷(华东区)宣传贯彻会议。新闻出版总署印刷发行管理司副司长曹宏遂出席会议并讲话。省新闻出版局副巡视员王庆国到会致辞。来自华东地区印刷

企业代表150余人参加了会议。江苏省有28家出版物印刷企业代表参加了会议。通过学习,与会代表进一步理解了绿色印刷标准的实质,了解了绿色印刷认证程序,树立了走绿色印刷之路的信心。

3. 积极推荐出版物印刷企业参加首批绿色印刷认证

根据新闻出版总署关于争取用三年时间实现中小学教材全部进入绿色印刷,2011年将对全国首批100家优秀印刷企业进行认证的部署,省印协积极组织我省出版物印刷企业进行申报。本省首批申报的共25家企业。全国已经通过绿色印刷标志认证的企业共60家,我省6家,分别是苏州印刷总厂有限公司、中闻集团南京印务有限公司、江苏凤凰盐城印刷有限公司、南通印刷总厂有限公司、南通韬奋印刷有限公司和江苏徐州新华印刷厂。

4. 及时传达总署召开的"绿色印刷和数字印刷管理会议"的精神

9月8日,省印协召开了第二届七次理事会,在会上传达了新闻出版总署召开的"绿色印刷和数字印刷管理会议"的精神。同时,会议邀请新闻出版总署出版产品质量监督检测中心专家介绍常用印刷、绿色印刷等技术标准;邀请中国印刷技术协会专家介绍绿色印刷认证程序及认证过程中存在的问题。通过这次理事会,本省许多印刷企业对绿色印刷标准、绿色印刷认证等相关问题有了更深刻的理解。

5. 省印协出版物印刷专业委员会在南通召开绿色印刷认证现场研讨会

为了认真贯彻落实省印协第二届七次理事会会议精神,推动本省印刷业向数字印刷、印刷数字化和绿色印刷方向的转型升级,促使印刷企业积极投入绿色印刷行列,省印协出版物印刷专业委员会于9月30日在首批通过全国绿色印刷环境标志认证的18家印刷企业之一的南通印刷总厂有限公司,召开了绿色印刷认证现场研讨会。全省有17家骨干书刊印刷企业的34位代表参加了本次会议。省印协领导对这次会议十分重视,几次对出版物印刷专业委员会召开这次会议提出要求,并出席会议讲话。通过这次现场研讨会,与会的各书刊印刷企业进一步提高了对做好绿色印刷标志认证的认识,明确了开展这项工作的程序和要求,增强了做好这项工作的信心。

6. 举办江苏省第二期绿色印刷培训班

为了广泛宣传绿色印刷理念，加快推进我省绿色印刷实施的步伐，根据省新闻出版局部署和企业的要求，省印协于12月12日—13日在南京举办了“江苏省第二期绿色印刷培训班”。该培训班邀请环保专家进一步介绍了绿色印刷认证的相关程序、要点并进行现场答疑；培训班还邀请本省首批通过绿色印刷认证的印刷企业介绍经验，并组织学员到现场参观学习。通过这次培训，江苏省印刷企业进一步提高了进行绿色印刷转型升级的积极性，到2011年底，全省已有近100家企业自愿申请参加绿色印刷认证，名单已于2011年12月份报到中国印协。

7. 通过《江苏印协简报》不断传递绿色印刷相关信息

随着绿色印刷理念不断深入人心，越来越多的印刷企业积极要求加入到绿色印刷产业发展的潮流中来，希望早日通过绿色印刷认证。但还有不少企业不知绿色印刷认证的程序和收费标准等。省印协针对这些问题，在《江苏印协简报》上分别刊登相关文件和材料，供有意向参加绿色印刷认证的企业学习研究，为他们早日进入认证程序提供必要的帮助。

8. 各市印协也开展各种活动，推动本地区实施绿色印刷的进程

各市印协在推广绿色印刷上也都做了大量的工作。例如，苏州市印协召开“苏州绿色印刷工作专题研讨会”，组织从事出版物印刷和商务印刷品印制的骨干印刷企业总经理、工程技术人员，认真研究国家的绿色印刷标准，对企业如何加快绿色印刷的发展，进行充分的讨论。同时，该协会还组织了“珍爱地球、绿色印刷、与您共赢”2011环保纸高端推介会，以倡导造纸、用纸的绿色和低碳化发展。

二、协助主管部门工作，发挥桥梁和纽带作用

行业协会一方面要为政府服务，另一方面更要为会员、企业和行业服务。这种“双向服务”的目的就是要促进印刷业持续健康发展。2011年，省印协协助江苏省新闻出版局主管部门，做了不少有益的工作，较好地发挥了桥梁和纽带作用，促进了我省印刷业的发展。

1. 协助企业申报省文化产业引导资金

申报省文化产业引导资金是印刷企业转型升级的重要机遇。2011年，省印协协助省局有关部门认真研究相关政策，引导优秀印

刷企业投资高新技术项目,在《江苏印协简报》刊登相关信息,积极组织会员单位申报项目,力争省文化产业引导资金向印刷业倾斜。2011年,本省印刷业又有11家企业获得省文化产业引导资金的扶持,共计1470万元,其中有9家企业是省印协会员单位。获得省文化产业引导资金的企业、项目和资金如下:

南京时代传媒股份有限公司的南京时代传媒创意产业园数字出版基地项目350万元(贴息);江苏新华日报报业集团有限公司的利用数字技术改造印刷工艺和管理流程项目200万元(补贴);江苏新华印刷厂的数字技术引领传统印刷业转型升级项目150万元(补贴);江苏凤凰数码印务有限公司的数字出版按需印刷连锁经营服务项目100万元(补贴);苏州工业园区美柯乐制版印务有限责任公司的深度研发高清晰度、高保真数字技术、还原天然色彩的低碳复制项目100万元(贴息);徐州绪权印刷有限公司的节能环保、绿色印刷技术改造项目100万元(补贴);江苏凤凰盐城印刷有限公司的绿色印刷、外贸(出口)图书印刷技改升级项目100万元(贴息);江苏金之彩集团有限公司的引进印刷生产线设备升级改造项目100万元(补贴);常州市正文印刷有限公司的特大幅面特色新型包装材料绿色环保印刷产业基地项目90万元(补贴);江苏省印刷科学技术研究所的江苏绿色印刷开放式国家级重点实验室项目80万元(补贴);江苏恒华传媒有限公司的新型绿色环保商业印刷基地项目80万元(补贴)。

2. 协助省局做好农家书屋相关工作

江苏省农家书屋2010年底已全面建成,2011年是农家书屋图书更新之年。省印协积极主动地协助省局相关部门做好农家书屋名单上报的初审工作,并认真、及时地做好2011年我省农家书屋图书采购的统计汇总工作,为省局顺利完成农家书屋图书采购做了较好的基础性工作。

3. 协助省局认真宣传、落实"十二五"发展规划

《江苏省新闻出版业"十二五"时期发展规划》对印刷业提出了很高的要求,明确了数字印刷、印刷数字化和绿色印刷是未来印刷业的发展方向。对此,省印协高度重视,协助省局主管部门认真做好相关工作。例如,凤凰出版传媒集团去年在美国佩斯大学举办了为期一个月的印务研修班,其研修内容重点围绕数字印刷工作流程、特种印刷、按需印刷、绿色印刷以及市场开拓等方面。集团内有15位同志赴美参加了研修。省局印刷发行管理处和省印协

十分重视这次赴美佩斯大学印务研修班，专门召开了座谈会，了解在美国的学习情况，交流学习心得。省局和省印协领导在座谈会上提出了要关注印刷业相关的前沿科技，并成立由部分学员组成的印刷前沿课题小组，研究我省印刷业转型升级中的新理念、新技术和新工艺，剖析和解决我省印刷业在转型升级中出现的问题。同时，省印协通过简报陆续刊登学员赴美学习感悟。这些学习感悟对印刷企业转变观念、转型升级起到了一定的启发作用。

4. 协助省局做好印刷企业年度核验工作

对印刷企业进行年度核验，是省局一项十分重要的工作。与往年一样，省印协去年以认真积极的态度，对全省印刷企业年检资料进行收集、整理、复核及录入，协助省局做好2011年对印刷企业进行年度核验的基础性工作。

三、认真做好对口援藏、援疆工作

根据新闻出版总署援藏、援疆工作会议精神，省新闻出版局要求江苏新闻出版系统把对口援藏、援疆工作作为一项光荣的政治任务去完成。省印协根据省局的要求，尽力做好这方面的工作。

1. 省印协捐款4万元支持拉萨市新闻出版业发展

2011年6月28日，省新闻出版局下发了《江苏省新闻出版系统“十二五”时期对口援藏方案》。省印协接到这份文件后，高度重视，认真落实，经研究，决定向西藏自治区拉萨市新闻出版局捐款4万元，支援拉萨市新闻出版业的发展，为西藏的繁荣稳定作出一定的贡献。

2. 省印协与新疆伊犁州印刷考察团进行认真的交流

2011年6月25日—30日，新疆伊犁州印刷考察团一行18人来我省参观考察。对此，省印协高度重视，几次开会研究接待方案，除在饮食安排上强调要尊重少数民族的风俗习惯外，还与他们进行认真的座谈交流，并陪同他们实地参观了江苏新华印刷厂、新华日报报业集团印务中心、江苏昌昇集团股份有限公司等单位。经过6天的座谈交流和参观考察，伊犁州印刷考察团成员一致认为江苏印刷业的发展对他们很有启发，参观考察的收获较大，对加快伊犁州印刷业的发展很有帮助。

四、认真展示企业形象，积极助推市场开拓

为了树立我省优秀印刷企业的形象，让国内外业内人士了解我省印刷业发展的情况，提高我省印刷行业在国内外的知名度，开拓国内外市场，省印协积极组织各类活动，有效地扩大了江苏印刷业的影响。

1. 推荐企业参加“百强”排行榜评选活动

由《印刷经理人》杂志举办的“中国印刷企业100强”排行榜已经连续举办了八届。2011年,本省推荐21家企业参加“中国印刷企业100强”评选,其中有10家企业进入“中国印刷企业100强”排行榜,11家企业进入“100强后”排行榜。我省进入“100强”的企业数排在广东与香港地区(21家)、上海(19家)、浙江(14家)之后,名列全国第四位。

2. 组织印刷企业参展“2011年上海国际印刷包装产品交易会”

“2011年上海国际印刷包装产品交易会”于2011年7月6日至9日,在上海浦东新国际博览中心E7馆举办。这对印刷企业是一个很好的商机。我省共设江苏印刷展台10个,面积近100平方米,7家省印协会员单位集体亮相本次交易会。在江苏印刷展区内,各展台均有“江苏印刷”字样的统一标识,凸显江苏展团的整体品牌形象。省印协为鼓励印刷企业积极走出去开拓市场,给会员单位每个展位补贴1000元,共补贴1万元。短短4天的交易会,我省参展企业共接待数千名国内外客商,洽谈意向涉及印刷包装行业多个方面,意向性协议涉及金额数千万元。

3. 组团参观哈尔滨第二十一届全国图书交易博览会

2011年5月28日,由17人组成的省印协代表团,参观了在冰城哈尔滨举行的第二十一届全国图书交易博览会。代表团参观后一致认为:出版物印刷企业必须坚持科学发展,加快企业转型升级步伐,加快新技术、新工艺以及先进环保设备和材料的使用,这样才能不断满足出版物印刷市场的需要,使企业在竞争中立于不败之地。

4. 组团参观香港书展

香港书展是集华文图书、英文图书、电子图书为一体的销售型书展,已成为亚太地区规模最大,颇具影响力的书刊销售展览会之一。省印协参观团于2011年7月21日参观了第22届香港书展的所有展区。大量展品充分展现了出版印刷业的发展方向。展场图书广泛使用了环保材料和工艺,充分体现了“绿色印刷、健康阅读”的要求。参观团认为,在如今“绿色时代”,出版物印刷企业要想持续发展下去,必须进行企业的“绿色转型”,调整产品结构,跟上出版印刷业的发展形势。

5. 组织千余人参观第四届中国国际全印展

为了使我省印刷企业和出版单位进一步开阔眼界，接受新的发展理念，跟上世界印刷业的发展节拍，省印协与各市印协合作，组织本省印刷企业千余人参观了第四届中国国际全印展。这次展会以"信息时代的印刷活力"为主题，突出在信息传播全面提速的大环境下，印刷技术的发展成果和发展趋势，特别是大量展出了关于"绿色印刷"的相关技术、设备和信息。通过这次参观，江苏印刷企业和出版单位进一步了解了国际印刷技术及设备发展的新趋势，明确了绿色印刷的发展方向和要求，从而进一步推动了我省印刷企业进行绿色印刷转型升级的进程。

6. 各市印协积极组织会员单位参观各类展会和外出学习考察

各市印协为了促进该地区印刷业的较快发展，也积极组织本市会员单位参观国内外的各种印刷展览会和外出学习考察。据不完全统计，全省各市印协组织的这类活动有30多次。

五、抓好培训工作，努力提升印刷行业技能水平

2011年是印刷企业转型升级的启始之年，广大印刷企业开始向绿色印刷、数字印刷和印刷数字化转型。而在产业升级、技术创新的过程中，迫切需要大量掌握新技术、新技能的管理人员和技能人才。在这一年里，省印协和各地印协充分发挥服务功能，普遍加大了培训力度。

1. 省印协在南京举办了两期中、高级印刷工职业技能培训班

为了提高印刷企业职工的职业技能，提升本省印制质量，并为2012年举行的第三届全国和省印刷行业职业技能大赛储备选手，江苏省印刷行业协会和江苏省新闻出版学校在南京共同举办了两期省印协中、高级印刷工职业技能培训班。这两期培训班共有52家印刷企业选送了88位生产一线的技术骨干参加培训。通过10天的专业理论学习和技能训练，学员们在理论和实际操作上都有较大的提高，所有学员都通过了理论考试，拿到了培训班的结业证书。同时，通过职业技能鉴定考核，两期培训班共有2人取得初级工资格，50人取得中级工资格，24人取得高级工资格。

2. 突出重点，加大对绿色印刷的培训力度

逐步实施绿色印刷，是印刷企业转型升级的一项重要工作。2011年，省印协在培训工作中紧紧抓住这一重点内容不放。省印协除了先后举办两期绿色印刷培训班外，还利用多次开会的机会，采取以会代训的办法，对与会人员进行绿色印刷的宣传培训，收到

了较好的效果。

3. 各市印协也积极开展各类培训活动

据不完全统计，各市参加培训的印刷企业领导和职工达到1338人。

六、搞好自身建设，加强对外联系与交往

搞好自身建设，加强与兄弟省、市、自治区印协和省内各市印协的联系，是省印协一项基础性的日常工作，也是做好其他服务工作的重要保证之一。省印协在这方面做了不少工作，取得了一定的成绩。

1. 认真组织召开江苏省印刷行业协会年会暨印刷业发展报告会

为了总结经验，明确"十二五"规划期间印刷业发展方向，认清印刷企业转型升级的目标和主要任务，部署下一年工作，省印协于2011年2月24日—26日在南京隆重召开了江苏省印刷行业协会年会暨印刷业发展报告会。新闻出版总署印刷发行管理司司长王岩镔、江苏省新闻出版局副局长蒋国星、江苏省民政厅社会组织管理局副局长孙斌、中国印刷技术协会副秘书长陈迎新等出席会议并作了重要讲话。江苏省印刷行业协会会员单位代表以及特邀代表共310人参加了会议，这次会议是江苏印刷界的一次盛会。

会上，省印协的工作报告以《坚持服务宗旨，积极开展活动，大力推进我省印刷业科学和谐发展》为题从七个方面向与会代表汇报了省印协2010年的各项工作和取得的成绩，同时从八个方面部署了2011年的工作任务。省印协常务副会长兼秘书长钱薇作了省印协2010年度财务报告和人事调整报告。印刷业发展报告会邀请的印刷行业的专家、学者以及印刷机械制造商和印刷材料供应商的代表围绕着数字印刷和印刷数字化、绿色印刷等专题进行了深刻的阐述。

2. 组织召开江苏省印刷行业协会第二届七次理事会

江苏省印刷行业协会于2011年9月8日—9日，在镇江召开了第二届七次理事会。省印协常务理事、理事单位代表共计150多人参加了会议。江苏省新闻出版局副局长蒋国星出席会议并作了重要讲话。他对省印协去年上半年的工作给予了充分的肯定，同时，对本省印刷业的发展状况以及"十二五"发展规划进行了详细的论述。他希望省印协在全面总结协会工作的基础上，进一步明确协会在新时期的方向和主要任务，为推动江苏印刷业又好又快发展出谋划策，为促进美好江苏建设作出新的更大的贡献。省印协常务副会长兼秘书长钱薇传达了总署相关的会议精神。

3. 参加2011年华东地区印协工作交流会

2011华东地区印协工作交流会，于2011年4月23日在安徽合肥召开。江苏省印协派出3位同志参加会议。从各省市在会上交流的情况来看，华东地区印刷业存在的问题主要是：低水平的重复建设仍然存在，低工价恶性竞争没有得到有效遏制；海外订单在印刷生产中所占比例较低；自主创新能力不强。江苏省印协在会上除了简要地介绍了本省印刷业发展的基本情况外，重点汇报了江苏两届印刷行业职业技能大赛的主要做法。

4. 认真接待河南省印协代表团

为了了解江苏省印协的工作情况，河南省印协以秘书长为首的代表团一行6人，于2011年3月初到南京参观考察。通过几天的参观考察，河南省印协代表团基本达到了考察的目的，促进了两省印协的互相了解和交往。

5. 认真接待宁夏印刷考察团

宁夏回族自治区新闻出版局副局长、印刷技术协会理事长海军同志率领印刷企业负责人一行16人于2011年11月中旬来江苏参观考察。省局、省印协领导高度重视。省新闻出版局副局长蒋国星、省局印刷发行管理处处长、省印协常务副会长兼秘书长钱薇等同志与宁夏印刷考察团全体同志进行了交流座谈。

6. 加强会员管理，不断吸收省内相关企业加入省印协

为了进一步做好印协工作，省印协按照《章程》，对会员单位进行动态管理，随时选择吸收符合《章程》规定的省内大中型优秀企业加入省印协。2011年，共吸收14家企业加入省印协，其中出版物印刷企业4家，包装装潢印刷企业6家，其他印刷品印刷企业和出版公司4家。

7. 提供信息交流平台，加强信息资源共享

《江苏印协简报》反映印刷行业各方面的情况，是会员间信息交流与资源共享的良好平台。各市印协及广大会员单位为《简报》提供了大量的稿件，反映各市印刷业的情况。同时，各市印协也都编印了信息交流刊物，为当地印刷企业做了很好的服务工作。

（江苏省印刷行业协会供稿）

江苏省出版物发行业协会

2011年江苏省出版物发行业协会(以下简称“江苏发协”)重点做了以下工作:

一、坚持制度,履行职责

(一)召开二届理事会三次会议

2011年3月11日,江苏发协第二届理事会第三次会议在南京钟山宾馆隆重召开,协会全体理事、获奖单位代表共162人参加了会议。会议的主要议程:一是总结2010年协会主要工作,部署2011年协会主要任务;二是通过了2010年协会会费收支情况和有关人事变动情况报告;三是表彰江苏省第三届“双优诚信”书店获奖单位和“中国书业科学发展的理论与实践”优秀论文获奖者,并举行了颁奖仪式。

(二)召开二届二次常务理事会暨颁奖大会

2011年10月18日上午,在南京凤凰台饭店召开江苏发协二届二次常务理事会暨颁奖大会,协会常务理事及2009—2010年度出版物发行业“文明店堂”评选获奖单位、“数字出版背景下的出版物发行工作”征文评选获奖者共70余位代表参加了会议。会议主要内容:一是传达全国书刊发行业协会工作会议精神;二是“文明店堂”代表介绍主要经验和事迹;三是“数字出版背景下的出版物发行工作”的交流和研讨。

(三)建立通信员队伍,召开通信员会议

为适应出版发行业深化改革的新形势,更好地为会员单位提供优质便捷的信息服务,进一步提高《江苏发行》发布信息的质量和水平,建立了通信员队伍,并于4月21日在南京溧水召开协会通信员工作会议。各市级协会、新华书店、民营书店、出版社、邮政、报业集团等单位共20人参加了会议。会议:(1)简要介绍了2011年协会主要工作安排;(2)《江苏发行》简报栏目的设置;(3)对通信员撰稿提出了基本要求。(4)向通信员颁发聘书。

二、围绕中心,注重实效,做好各类书展的后勤保障工作

(一)承办北京图书订货会的会务工作

2011北京图书订货会,江苏展团展位30个,组织江苏凤凰出版传媒集团、城市高校等20家出版发行单位携1500余种新书参展,实现订货码洋5900万元,同比增长17%,大部分出版单位馆藏

采购业绩更是实现翻番。协会周密的会务安排,保障了北京图书订货会江苏展团任务的圆满完成。

(二)会同发行集团举办春、秋两季馆藏图书展销会

江苏发协作为2011中国南京春、秋两季馆藏图书展销会的主办单位之一,密切关注展会动态,及时了解展会信息,与承办单位江苏凤凰出版传媒股份有限公司有关部门保持紧密联系。

春、秋两季馆藏图书订货会共接待宾客万余人次,实现现场销售和数据订货近亿元。

(三)承办第二十一届全国图书交易博览会江苏展团会务工作

5月27日至30日,第二十一届全国图书交易博览会在黑龙江省哈尔滨市举办。为充分展示江苏出版形象,扩大苏版品牌影响,由江苏省新闻出版局牵头,凤凰出版传媒集团、江苏城市和高校出版社以及有关期刊社等30多家单位组成的江苏展团,携近6000种精品出版物参展,参展展位达67个,展会期间共实现订货码洋4600万元,刷新江苏展团参加历届书博会记录。

江苏发协组织了国有、民营、图书馆等有关人员共20人,观摩该届图书交易博览会,并与有关出版发行单位进行了对口交流。

(四)观摩了首届"江苏书展"

首届"江苏书展"协会没有具体参与,作为江苏省出版发行界的一件大事,协会高度关注,观摩了首届"江苏书展"的主展馆。

本届书展主展馆——南京规划建设展览馆共邀请全国近500家出版社参展,推出各类出版物20余万种,2010年以后出版的新品达7万余种。书展共接待读者逾10万人,江苏爱书人好好赶了一场快乐的文化"大集"。

三、服务会员,开展活动

活动是增强协会活力和凝聚力的源泉,2011年江苏发协在服务会员,开展活动方面主要做了以下工作:

(一)及时传达、贯彻全国发行协会秘书长会议和全国书刊发行业协会的工作会议精神

2011年中发协召开了两次重要会议:

一是2011年3月28日至4月1日,在江苏苏州召开全国发行协会秘书长暨中发协秘书长会议;

二是2011年9月15—19日,中国书刊发行业协会在新疆乌鲁木齐召开全国书刊发行业工作会议。

对中发协的会议信息,江苏发协一是利用《江苏发行》简报、江苏发行网等平台及时进行传达、发布;二是利用会议进行传达;三是按照会议要求抓落实。

(二)搭建平台,为会员单位提供信息服务

主要做了以下工作:一是办好、办活《江苏发行》简报(1—2个月1期),努力使其真正成为会员单位展示企业形象、获取业界信息、反映会员心声、实现资源共享的窗口和平台。

二是利用《江苏发行网》这个平台,及时发布与出版发行密切相关的:协会动态、文化新闻、农家书屋等重要信息,为会员单位提供服信息务。

三是建立QQ群,及时沟通交流信息。为了适应时代飞速发展的要求,更便利快捷的交流信息,继"相逢恨晚"群后,2011年江苏发协又相继建立了"有来有往"、"冰城之行"两个QQ群,不仅为加强联系、互通信息搭建了平台,而且密切了与会员单位之间的关系。

(三)开展了"读书风景"摄影展的征集评选活动

为了迎接"世界读书日",营造书香社会,由中国书刊发行业协会主办,生活·读书·新知三联书店、鲁迅博物馆协办的"读书风景"摄影展于4月20日在鲁迅博物馆开幕。展览为期5天,于4月25日落下帷幕。此次活动在全国共征集照片500余幅,经评选委员会严格甄选出160幅予以展览。在观众投票基础上,评委们本着"读书主题突出,内容健康向上,人物自然生动,构图精美合理,以抓拍为主,光影效果良好,力求优中选优"的原则,最终评选出金奖5名,银奖10名,铜奖20名。本次"读书风景"摄影展活动中,我省共征集摄影作品110幅,向中发协推荐43幅,其中:南京新华书店有限责任公司韩嘉惠《老有所乐》获金奖;南京市雨花台区西善桥办事处朱向东《渴求》获银奖;南京市雨花台区西善桥办事处朱向东《猜读》、常州新华书店有限责任公司王磊《廊读》、江苏可一出版物发行集团有限公司高峰《身残志坚读书乐》等6幅作品获铜奖。

中国书刊发行业协会为本次影展特设优秀组织奖3名:确定江苏省出版物发行业协会、广西书刊发行业协会、河北省出版物发行业协会为优秀组织单位。

(四)认真组织了2009—2010年度出版物发行行业"文明店堂"评选工作

根据中国书刊发行业协会《关于开展2009—2010年度出版物

发行行业“文明店堂”评选活动的通知》(中发协字〔2010〕第19号)文件精神,江苏发协在全省范围内积极开展了“文明店堂”的评选推荐工作。经中发协组织评审委员会按有关规定和程序严格审核,并在网上进行10个工作日的公示,我省推荐的南京新华书店有限责任公司新街口店、兴化新华书店有限责任公司长安中心门店等12家书店获“文明店堂”荣誉称号。

(五)完成了“数字出版背景下的出版物发行工作”征文评选

为了深入贯彻落实科学发展观,进一步解放和发展文化生产力,促进出版发行行业生产方式的转变和传统产业的转型升级,努力做好数字出版迅猛发展形势下的出版物发行工作,实现出版物发行行业的可持续发展。根据中发协的征文要求,江苏发协在全省出版发行行业开展了以“数字出版背景下的出版物发行工作”为主题的征文活动。

截至6月30日,江苏省共收到征文19篇,江苏发协组织审读、评选,有15篇论文推荐上报中发协秘书处。

经由有关方面的领导及业内知名人士组成的中发协征文评审委员会最终评审:全国共收集征文132篇,评出优秀征文56篇,良好征文42篇。江苏省向中发协推荐的15篇征文中,获优秀征文6篇,良好征文5篇,征文的数量和质量均在全国前列。

(六)完成了第四届“双优诚信”书店的评比工作

根据《江苏省“双优诚信”书店评选办法(暂行)》有关规定,江苏省“双优诚信”书店评选每两年进行一次,受省新闻出版局委托自第三届起,全省“双优诚信”书店评选工作由省出版物发行业协会组织。

为进一步推进全行业的诚信建设,促进市场繁荣和产业发展,落实2011年协会工作安排,第四届“双优诚信”书店的评选活动自2011年8月22日起展开,为保证“双优诚信”书店的评选质量,打响“双优诚信”这个品牌,协会主要做了以下工作:

一是及时下发“双优诚信”书店的评选通知,明确了评选标准、参评范围、名额分配及具体要求。

二是为保证评选工作的顺利进行,与各市协会及有关业务主管部门保持紧密联系。截至10月30日,共收到各市申报推荐材料61份(其中:国有37家,民营24家)。

三是为保证推荐质量,评选办公室对各市的推荐材料进行认真审核,对申报单位进行实地抽查验收,江苏发协从11月中旬起对13个市24个门店进行了抽查(其中:国有12家,民营12家)。

四是评选办公室根据各市的申报材料及实地检查验收情况,本着多中选好,好中选优的原则进行终合平衡提出50家书店入围名单,提交评委会审查通过。

五是召开评委会。评委们本着"坚持标准,宁缺毋滥"的原则,进行认真审议并采取无记名投票方式,最终评出本届"双优诚信"书店49家。

六是进行公示。本着公开、公平、公正的原则,将49家"双优诚信"书店入围名单在江苏发行网上进行公示,广泛听取各方意见。在此基础上,确定本届"双优诚信"书店,颁发证书及奖牌。

(七)协助中发协开展第三届"诚信经营 优质服务"出版发行单位互评工作

经新闻出版总署同意,由中国书刊发行业协会、中国出版协会组织,在全国开展第三届"诚信经营、优质服务"(2010~2011)出版发行单位互评活动。根据中发协会要求,协会及时转发通知,并组织我省南京新华书店有限责任公司、南京凤凰新华书店有限责任公司、无锡新华书店有限责任公司、徐州新华书店有限责任公司等14家国营新华书店,和大众书局图书文化有限公司、盐城书城图书有限公司等6家民营书店共20家发行单位参与了对出版单位的评选。

(八)积极参与评选"2011年度全行业优秀畅销品种"

根据中国书刊发行业协会做好"2011年度全行业优秀畅销品种"评选工作的要求,江苏发协组织了20家国有、民营书店,对全国212家出版社报送的1224种(套)图书汇编成的"2011年度全行业优秀畅销品种参评书目",进行认真评选,保证了"2010年度全行业优秀畅销品种"的评选工作顺利进行。

(江苏省出版物发行业协会供稿)

江苏省版权协会

2011年,江苏省版权协会(以下简称"江苏版协")本着更好地推进全省版权保护工作,更好地指导各行业的维权工作,更好地服务成员单位的办会宗旨,在省版权局的正确领导下,认真做好版权登记、版权保护、版权咨询和版权服务等各项工作,卓有成效地打击了侵权盗版行为,维护了著作权人的合法权益,充分发挥了社团组织沟通政府和著作权人的桥梁和纽带作用。

一、组织建设基础牢固

2011年,江苏版协召开了年度会长会议。会上增补了副会长和常务理事,进一步加强了对协会工作的组织领导。8月,江苏版协在会长、副会长的带领下由版权处、人教处、江苏版协秘书处组成调研小组对协会下属8个专业委员会进行实地调研,征求意见,指导工作。江苏版协利用座谈会和考察等方式深入了解到,近年来8个专业委员会充分发挥自身优势,采取各种途径和手段,打击侵权盗版,维护行业利益,走出了各具特色的版权保护之路,取得了一定的成绩。调研活动顺利圆满,取得了预期效果。江苏版协还根据当前社会上艺术品造假侵权行为已严重侵害作者和消费者合法权益的问题,筹备成立"艺术品防伪保真专业委员会"。

二、工作开展扎实有效

1. 认真做好版权服务工作。2011年,全省受理一般作品登记13629件,同比增长79.5%,位于全国前列;计算机软件著作权登记8685件,同比增长42.7%,位于全国第四位。著作权合同登记1123份,同比增长32.1%。全年为音乐著作权人收取音乐作品使用费153万余元。同比增长46.4%,位于全国第三名。对南通版权第四届画稿交易会给予了大力支持,为交易会联系了17所高等院校,有千余份美术作品参展,为版权为产学研服务做了一项有意义的工作。另外,登记中心从对出版物正版保护需求出发,研发了一套防伪保真水印方法,已开始应用。

2. 抓好宣传培训工作。在版权处大力支持下,江苏版协著作权登记中心协助省辖市版权局举办了四期版权服务培训班。分别是江苏省著作权登记实务暨版权综合代理培训班(淮安市)、中介公司的著作权业务培训、南通第四届国际画稿交易会大学生创业交流会、江苏省机电行业协会版权实务讲座。参加培训人员758人次。认真做好版权宣传报道工作。全年在《中国新闻出版报》、《中国知识产权报》和中国新闻出版网、中国知识产权网等各类媒体发表文章和信息40余篇。全年编发《江苏版权》6期,50多万字。

3. 综合服务平台建设逐步完善。2011年,在完成了版权综合技术服务中心平台系统一期工程之后,又完成了二期平台的需求调研工作,并积极准备二期的招标和实施工作。该平台的建成对于加强我省版权保护、促进版权产业的健康发展逐步发挥重要作用。

4. 评比活动喜有所获。江苏版协根据中国版权协会要求,组织会员单位参与"2011 度中国版权产业奖"的评选活动。中国电信江苏分公司和苏州浩辰科技发展有限公司分别被评为 2011 年度"中国版权产业最具影响力企业"。

5. 版权调研工作顺利完成。2011 年江苏版协著作权登记中心对宜兴陶瓷工艺品版权保护的现状和技术问题以及睢宁儿童画的现状进行了调研,为拓展各类著作权登记打下基础。

三、行业监管措施有力

2011 年江苏版协通过下属专业委员会加强了行业的监管力度。各专委会在打击侵权盗版、维护合法人权益方面做了许多工作。音乐音像专业委员会 2011 年积极开展与音乐音像产品相关的反盗版维权活动,受版权人委托,共调查取证侵权涉嫌案件 390 起,其中和解 23 起,司法诉讼 190 起,判决 12 起,正在进行 225 起,有力地打击了盗版者的嚣张气焰。

软件工作委员会在接受软件权利人委托维权的基础上,开展了软件侵权调解的一套新模式,取得良好效果。一年来调解了 21 家企业的软件侵权纠纷,帮助软件权利人挽回损失 270 万元,同时也帮助企业降低了 80 多万元的正版化成本。网络作品专业委员会积极配合省、市版权部门查处了网络侵权盗版案件多起,同时还协助权利人开展维权工作,帮助他们解决网络版权纠纷,提供合法使用权利人作品的交流平台。各专业委员会还利用开讲座、办培训、搞竞赛等方法宣传知识产权保护意识,取得了较好的效果。

(江苏省版权协会供稿)

图书出版物目录

江苏人民出版社

三岛由纪夫之剑/克里斯托弗·罗斯著·—张燕责编·—145千字 20.00元

带着爱去工作:地头力:员工,老板与企业的中国式活法/王育琨著·—赵晓慧责编·—320千字 32.00元

瑜伽养生大智慧/迷罗著·—马松责编·—160千字 29.00元

江苏省国民经济和社会发展第十二个五年规划纲要/江苏省发改委组织编写·—石路责编·—80千字 10.00元

回到恩格斯——文本、理论和解读政治学/胡大平著·—鲁从阳编责·—450千字 46.00元

机关党建制度汇编/中共江苏省委省级机关工作委员会编·—韩翠翠责编·—450千字 45.00元

1898年那场未遂政变/马勇著·—金长发责编·—440千字 35.00元

黑道·菩萨杀/伍倩著·—俞芬责编·—508千字 35.00元

我的名字叫回忆/安·布拉谢尔著·—文丽责编·—212千字 30.00元

拉克劳与墨菲——激进民主想象/安娜·玛丽·史密斯著·—汪意云责编·—239千字 27.00元

穷人的通胀,富人的通缩/牛刀著·—文丽责编·—175千·—28.00元

发现大药:中国民间中药医抗癌

现场纪实/赵中月 田原著·—孟玲玲责编·—283 千字　29.00 元

日本史随笔/王新生著·—沈亮责编·—300 千字　24.00 元

虎、米、丝、泥:帝制晚期华南的环境与经济/马立博著·—戴宁宁责编·—350 千字　37.00 元

靖江地名掌故/靖江政协编·—孙立责编·—480 千字　120.00 元

疆域与政区/李晓杰著·—朱超责编·—185 千字　28.00 元

民族大迁徙/安介生著·—朱超责编·—235 千字　35.00 元

《诗经》原意研究/家井真著·—孙立责编·—320 千字　35.00 元

政府媒体公关/费爱华 李程骅著·—包建明责编·—237 千字　24.00 元

爱情这朵浮云,你是个神的的马子/秋微著·—刘频责编·—141 千字　25.00 元

追寻孔子丛书/冯爱东主编·—汪意云责编·—700 千字　100.00 元

圣经的文化阐释/舒也著·—张哓薇责编·—216 千字　24.00 元

21 世纪的马克思主义哲学创新——马克思主义哲学中国化与中国化马克思主义哲学/李景源主编·—戴亦梁责编·—390 千字　40.00 元

汉语拼音之父——周有光传/高亚鸣著·—戴宁宁责编·—100 千字　15.00 元

《东京日日新闻》与《大阪每日新闻》报道/王卫星编·—何民胜责编·—487 千字　47.00 元

官心病/丁志阔著·—俞芬责编·—228 千字　26.00 元

养颜的智慧:优质女人的喝浆修身法/张鹤瑶著·—伍艺责编·—156 千字　29.00 元

江苏省志简编/江苏省地方志编纂委员会办公室编·—金长发责编·—1600 千字　280.00 元

黄金武士——二战日本掠夺亚洲巨额黄金黑幕/斯特林·西格雷夫,佩吉·西格雷夫著·—戴宁宁责编·—435 千字　39.00 元

一江黑水:中国未来的环境挑战/易明著·—沈亮责编·—240 千字　27.00 元

谁统治——美国城市的民主和权力/罗伯特·A.达尔著·—王溪责编·—324 千字　36.00 元

王菲画传/黄晓阳著·—徐晓倩责编·—184 千字　38.00 元

圣火的光辉——"马克思主义基本原理概论"专题演讲/张金鹏著·—汪意云责编·—350 千字　23.50 元

我们都要性小康/李扁著·—李玫责编·—163 千字　25.00 元

安得广厦千万间——"共有产权"的淮安模式/鲍磊著·—朱晓莹责编·—250 千字　30.00 元

20 世纪的马克思主义——全球导论/达里尔·格雷泽等著·—花蕾责编·—430 千字　40.00 元

蒂米的小烦恼/霍莉·韦伯著·—刘焱责编·—38.40 千字　10.00 元

漫长的 20 世纪/杰奥瓦尼.阿瑞基著·—丁妍霞责编·—382 千字　39.00 元

马克思与马克思主义/彼得·沃

斯利著·—花蕾责编·—180千字　25.00元

米丝蒂树屋之旅/霍莉·韦伯著·—刘焱责编·—36千字　10.00元

未成年人人文精神之培育/王冀敏著·—汪意云责编·—300千字　32.00元

马克思主义与科学社会主义——从恩格斯到阿尔都塞/保罗·托马斯著·—张燕责编·—260千字　30.00元

绒球流浪记/霍莉·韦伯著·—刘焱责编·—33千字　10.00元

麦克斯遇险记/霍莉·韦伯著·—刘焱责编·—33千字　10.00元

艾利寻亲记/霍莉·韦伯著·—刘焱责编·—36千字　10.00元

斯塔尔的秘密/霍莉·韦伯著·—刘焱责编·—36千字　10.00元

马克思在21世纪——晚期马克思主义的视角/罗纳尔都·蒙克著·—花蕾责编·—230千字　30元

斯凯的新家/霍莉·韦伯著·—刘焱责编·—36千字　10.00元

哈里的思念/霍莉·韦伯著·—刘焱责编·—38.4千字　10.00元

小英雄巴特斯/霍莉·韦伯著·—刘焱责编·—36千字　10.00元

现代性之后的马克思主义——政治、技术与社会变革/罗斯·阿比奈特著·—花蕾责编·—250千字　30.00元

奥斯卡的圣诞节/霍莉·韦伯著·—刘焱责编·—38.4千字　10.00元

夭折的合法反对——民初政党政治研究(1912—1913)/王建华著·—戴亦梁责编·—245千字　25.00元

构虚二集/郭平主编·—周晓阳责编·—180千字　25.00元

追问,再追问……/骆冬青主编·—周晓阳责编·—310千字　28.00元

移植与嬗变——民国北京政府时期国会选举制度研究/熊秋良著·—戴亦梁责编　253千字　26.00元

迎着太阳翱翔——国网电力科学研究院践行国家电网公司企业文化工作纪实/肖世杰,王彦亮主编·—彭晓路责编·—400千字　80.00元

出口玩具注册登记读本/本书编写组编·—彭晓路责编·—280千字　48.00元

幸福就是回家吃饭/刘伟著·—占珊责编·—189千字　29.00元

弘一法师与十法师/秦启明著—戴宁宁责编·—291千字　28.00元

弘一法师新传/秦启明著·—戴宁宁责编·—396千字　38.00元

中国式领导力修炼/陈德起著·—于辉责编·—280千字　35.00元

后马克思主义思想史/斯图亚特·西姆著·—王溪责编·—210千字　26.00元

让他第二次再约你/维多利亚·麦克·罗杰斯著·—邓晶晶责编·—162千字 25.00元

灸出百病的智慧——单桂敏排毒救命之道/单桂敏著·—付志宏责编·—155千字 28.00元

后马克思主义与文化研究:理论、政治与介入/保罗·鲍曼著·—王溪责编·—240千字 28.00元

温暖躯壳/艾萨克·马里昂著·—秦蕊责编·—178千字 25.00元

镇长/张荣超著·—姜皞责编·—320千字 36.00元

医心/孙力著·—刘频责编·—262千字 26.00元

独奏者/史蒂夫·洛佩兹著·—王亚丹责编·—181千字 25.00元

奥普拉传/姬蒂·凯利著·—杨婷责编·—434千字 35.00元

种豆如何能得瓜:北师大实验中学名师超哥的教育心得/张超著·—宋甜责编·—174千字 27.00元

九章算术/张苍等辑撰·—王楠责编·—290千字 38.00元

本草纲目/李时珍著·—王楠责编·—966千字 78.00元

培养聪明孩子的家居空间/王晨阳,刘学颂等著·—徐晓傅责编·—229千字 58.00元

被禁止的历史/J.道格拉斯·凯尼恩著·—宋炜责编·—230千字 36.00元

古箭计划/詹姆斯著·—宋炜责编·—185千字 36.00元

麦玲玲乐居旺运风水全书/麦玲玲著·—王非庶责编·—288千字 38.00元

薇薇安2011年占星全面预测/薇薇安著·—杨婷责编·—412千字 25.00元

天体运行论/尼古拉·哥白尼著·—王楠责编·—280千字 36.00元

当代国外马克思主义哲学思潮/张一兵著·—鲁从阳责编·—1280千字 128元

自然史/布封著·—王楠责编·—418千字 68.00元

物种起源/查理·达尔文著·—王楠责编·—502千字 68.00元

话语权——美国为什么总是赢得主动权/张国庆著·—王楠责编·—271千字 32.00元

成功那是必须的——犹太母亲的秘密/吉尔·扎林著·—杨婷责编·—205千字 28.00元

裙带关系/王树兴著·—李丹责编·—345千字 28.00元

饥饿的山村/智量著·—徐晓傅责编·—420千字 35.00元

资本论/卡尔·马克思著·—李月娥责编·—438千字 65.00元

几何原本/欧几里得著·—王楠责编·—528千字 58.00元

被禁止的科学/J.道格拉斯·凯尼恩著·—宋伟责编·—247千字 36.00元

爱上赖特/南希·霍兰著·—宋炜责编·—251千字 32.00元

帝王占星术/雪莉·吴著·—王楠责编·—221千字 28.00元

自然哲学的数学原理/艾萨克·牛顿著·—王楠责编·—500千字 68.00元

黑暗中的眼泪/麦可·诺曼,伊

丽莎白·诺曼著/蒋卫国责编·—367千字 30.00元

行销王/尼古拉斯·贝提著·—王楠责编·—105千字 25.00元

近代中国民主观念之生成与流变——一项观念史的考察/闾小波著·—鲁从阳责编·—370千字 36.00元

超级笨蛋/汤米·尧德著·—宋炜责编·—145千字 26.00元

一走了之/汤米·尧德著·—宋炜责编·—135千字 26.00元

诗意酒店/徐宾宾编·—王彩霞责编·—145千字 328.00元

回家吃饭的智慧2/陈允斌著·—陈中南责编·—188千字 35.00元

顶级别墅外观Ⅱ/唐丽娜,杨国平著·—段建跤责编·—150千字 248.00元

低碳居庭——水木年华/马勇,黄滢主编·—张晓敏责编·—230千字 288.00元

学校印象/徐宾宾著·—王彩霞责编·—152千字 268.00元

别样办公/徐宾宾编·—王彩霞责编·—152千字 268.00元

双重束缚/克利斯·波杰里安著·—宋炜责编·—180千字 26.00元

炫彩展厅/徐宾宾主编·—张蕊责编·—152千字 268.00元

酒店字典/邢日瀚著·—王彩霞责编·—256千字 428.00元

浪漫新古典/黄滢,马勇主编·—李伟光责编·—230千字 348.00元

协调张家港与可持续发展/丁宏,陈亚光,赵建华著·—汪意云责编·—350千字 40.00元

文化胃口/袁雪洪,刘春荣主编·—朱晓莹责编·—240千字 80.00元

给你高薪的是自己/胡珂著·—王晗责编·—150千字 25.00元

变革中求生——中小企业生存之道/谭智颖著·—王晗责编·—350千字 36.00元

新风楼盘/邢日瀚编·—王彩霞责编·—227千字 248.00元

中国,漫长的一年:1976与"总理遗言"案始末/袁敏著·—刘焱责编·—261千字 32.00元

特工生涯:232号战犯张文(张国栋)口述实录/张文口述·—花蕾责编·—200千字 25.00元

禅宗思想的形成与发展/洪修平著·—沈亮责编·—305千字 34.00元

源氏物语/紫式部著·—王楠责编·—788千字 68.00元

男孩有心/埃德蒙多·德·亚美西斯著·—周晓阳责编·—170千字 25.00元

盛宴上的骷髅/克利斯·波杰里安著·—宋炜责编·—180千字 26.00元

颤抖/何平著·—周晓阳责编·—170千字 22.00元

见证十年——相城跨越发展之路/·—相城区委宣传部编·—王翔宇责编·—452千字 58.00元

江苏省社科应用研究精品工程文集(2008)/江苏省哲学社会科学联合会编·—朱晓莹责编·—750千字 100.00元

革命政党与乡村社会——抗战

时期中国共产党的组织形态研究/李里峰著·—戴亦梁责编·—248千字　25.00元

伊莎贝拉计划/道格拉斯·普利斯顿著·—宋炜责编·—224千字　36.00元

天下为公:孙中山思想家剪影/姜义华著·—沈亮责编·—235千字　26.00元

刘心武续红楼梦/刘心武著·—刘焱责编·—286千字　35.00元

传承——中国富二代揭秘/程继隆著·—王田,刘艳责编·—205千字　18.00元

肖海泉文集/肖海泉著·—王田责编·—458千字　48.00元

江苏医药实用手册/江苏医药协会编·—孙立责编·—2060千字　260.00元

江苏历代名人录 教育卷/江苏省炎黄文化研究会编·—许尔兵责编·—800千字　180.00元

100世界最新建筑/上海万创文化传媒有限公司编·—王彩霞责编·—216千字　498.00元

思与行——2009年度全省县处级以上领导干部优秀调研成果文集/江苏省委宣传部编·—戴亦梁责编·—315千字　38.00元

土地管理基础与法规/刘立主编·—翟永梅责编·—371千字　32.00元

土地估价实务基础/李颖主编·—翟永梅责编·—339千字　29.00元

土地估价相关知识/刘立,马克主编·—翟永梅责编·—455千字　39.00元

土地估价理论与方法/刘立主编·—翟永梅责编·—384千字　33.00元

土地估价案例与报告/李颖主编·—翟永梅责编·—349千字　30.00元

景观规划表现大赏:公共景观/凤凰空间·上海编·—王彩霞责编·—122千字　368.00元

开往伊斯坦布尔的最后列车/艾雪·库林著·—张锋责编·—258千字　29.80元

红楼梦/曹雪芹著·—秦蕊责编·—1007千字　68.00元

日本劳资关系的演变——重工业篇,1853年—1955年/安德鲁·戈登著·—周晓阳责编·—280千字　40元

失落的利莫里亚文明:印度洋史前文明档案/道格拉斯·普利斯顿著·—宋炜责编·—210千字　36.00元

苦女人周迅/苏言编著·—王田责编·—116千字　21.80元

范冰冰"国际范"/苏言编著·—王田责编·—112千字　21.80元

生死李连杰/苏好等著·—王田责编·—116千字　21.80元

黑暗任务:NASA不可告人的秘密/理查德·霍格兰,麦克·巴拉著·—宋炜责编·—400千字　48.00元

初中家庭教育100个难题/赵公明编著·—王晗责编·—160千字　36.00元

施剑翘复仇案:民国时期公众同情的兴起与影响/林郁沁著·—沈亮责编·—214千字　23.00元

维基解密:谁授权美国统管世界/苏言,贺频编·—王田责编·—256 千字　39.80 元

杰丝的健身计划/霍莉·韦伯著·—刘焱责编·—38.4 千字　10.00 元

UFO 最新真相/苏好,徐刚著·—王田责编·—178 千字　29.80 元

建设工程经济/执业资格考试命题研究中心编·—蒋卫国责编·—473 千字　39.00 元

物业管理基本制度与政策/执业资格考试命题研究中心编·—蒋卫国责编·—263 千字　25.00 元

物业管理实务/执业资格考试命题研究中心编·—蒋卫国责编·—295 千字　29.00 元

物业管理综合能力/执业资格考试命题研究中心编·—刘焱责编·—402 千字　39.00 元

物业经营管理/执业资格考试命题研究中心编·—刘焱责编·—422 千字　42.00 元

建设工程项目管理/执业资格考试命题研究中心编·—蒋卫国责编·—467 千字　43.00 元

惩防体系建设在江苏·实践篇/江里程著·—王翔宇责编·—180 千字　58.00 元

房地产基本制度与政策/执业资格考试命题研究中心编·—刘焱责编·—326 千字　33.00 元

建筑工程管理与实务/执业资格考试命题研究中心编·—蒋卫国责编·—467 千字　43.00 元

朱熹的思维世界/田浩著·—张晓微责编·—330 千字　35.00 元

一问一世界/杨澜,朱冰著·—刘焱责编·—265 千字　32.00 元

房地产经纪实务/执业资格考试命题研究中心编·—刘焱责编·—340 千字　33.00 元

兴事厚生:海门市新通海沙综合整治工程纪实/曹健编·—孙媛媛,陆宁责编·—615 千字　200.00 元

不博何获/曹健编·—王玥责编·—501 千字　68.00 元

绿色,让江苏更美好——绿色江苏建设回眸与展望/江苏省绿化委员会编·—石路责编·—150 千字　30.00 元

建设工程法规及相关知识/执业资格考试命题研究中心编·—蒋卫国责编·—512 千字　48.00 元

房地产经纪概论/执业资格考试命题研究中心编·—刘焱责编·—394 千字　31.00 元

房地产经纪相关知识/执业资格考试命题研究中心编·—刘焱责编·—326 千字　32.00 元

大智慧城市——2020 城市竞争力/钱志新著·—朱晓莹责编·—320 千字　32.00 元

刘心武揭秘红楼梦——八十回后真故事 精华本(四)/刘心武著·—姜克强责编·—197 千字　28.00 元

幸福的秘密/索菲娅著·—李月月责编·—217 千字　26.00 元

深溪浅潭/盛克勤著·—石路责编·—230 千字　26.00 元

华润:品质改变生活/佳图文化主编·—曹惠珍责编·—154 千字　280.00 元

刘心武揭秘红楼梦精华本(二)/刘心武著·—姜克强责编·—249 千字　28.00 元

中国阳光私募年度报告2011/德邦证券有限责任公司,上海证券报社编著·—朱晓莹责编·—315千字　58.00元

中华养生宝典/孙思邈等编著·—王楠责编·—480千字　58.00元

刘心武揭秘红楼梦精华本(一)/刘心武著·—姜克强责编·—249千字　28.00元

刘心武揭秘红楼梦精华本(三)/刘心武著·—姜克强责编·—291千字　28.00元

自己是最好的美容师/王超凡著·—李玫责编·—130千字　28.00元

国际夜店之舞月光/香港理工国际出版社主编·—刘焱责编·—50千字　328.00元

养生是最好的活法/何世桢著·—付志宏责编·—171千字　29.00元

兼程集/姚杰著·—石路责编·—282千字　30.00元

中国使用外资的经济效应与政策调整——基于制造业数据的系统分析/徐力行等著/李洪云责编·—220千字　35.00元

学习·思考·探索——中共江苏省委中心组集体学习专题汇编(一)/中共江苏省委宣传部编·—鲁从阳责编·—70千字　16.00元

视觉魔法/莎拉·克房伯著·—曾祥责编·—235千字　38.00元

世界室内设计经典/上海万创文化传媒有限公司编·—王彩霞责编·—176千字　308.00元

给您一只金手指——父母教子百问百答/江苏省妇女联合会编·—朱超责编·—200千字　28.00元

清华三宝/清华大学百年树人活动秘书处编·—于辉责编·—120千字　138.00元

天鹅座之谜/安德鲁·柯林斯著·—宋炜责编·—210千字　36.00元

工程国家:民国时期(1927—1937)的淮河治理及国家建设/姜智芹著·—张惠玲责编·—145千字　18.00元

死者的低语/西蒙·贝克特著·—宋炜责编·—130千字　28.00元

重访蒙淘克:同步性探险/普林斯顿·尼克尔斯,彼得·穆恩著·—宋炜责编·—115千字　28.00元

嫩娘——脸部按骨手册/贝亚特·阿勒克桑德罗维兹著·—曾祥凤责编·—105千字　26.00元

中共江苏地方史第二卷(1949—1978)/中共江苏省委党史工作办公室著·—戴亦梁责编·—431千字　78.00元

生产(第七辑)/汪民安,郭晓彦主编·—朱晓莹责编·—370千字　39.00元

与世界如此相遇/六人行著·—赵晓慧责编·—230千字　58.00元

人体生命数字信息手印/石凤芝著·—翟永梅责编·—120千字　98.00元

后现代理论家关键词/严翅军,韩丹著·—王溪责编·—321千字　32.00元

遗失的姆大陆:太平洋史前文明档案/詹姆斯·乔治瓦特著·—蒋卫

国责编·—140千字 36.00元

美国留学移民秘诀/仲臣著·—王溪责编·—590千字 42.00元

散妈的教子智慧:母子互动教育100事例/雨晴风暖著·—周军责编·—230千字 29.80元

魅惑夜生活/徐宾宾编·—赵萌责编·—152千字 288.00元

餐厅设计101/林达生编·—张蕊责编·—312千字 559.00元

朗诵艺术及水平等级考试纲要/毕一鸣编著·—王玥责编·—228千字 36.00元

家有单方药/肖建喜著·—陈中南责编·—244千字 29.00元

复式户型/徐宾宾编·—刘焱责编·—152千字 268.00元

东方风情餐厅/香港理工国际出版社主编·—张晓敏责编·—280千字 288.00元

朝闻道 夕不甘死——王朝闻传/郭梅,郑从彦著·—戴宁宁责编·—92千字 15.00元

译界泰斗——杨宪益传/李伶伶著·—戴宁宁责编·—102千字 15.00元

走近亚马逊/谈义良著·—韩翠翠责编·—138千字 35.00元

当代室内设计1/李壮编·—陈景责编·—416千字 280.00元

当代室内设计3/李壮编·—陈丽责编·—416千字 280.00元

大明王朝1566/刘和平著·—刘焱责编·—1011千字 58.00元

世界室内设计映刻·餐饮空间/肖然,周小又主编·—刘焱责编·—144千字 258.00元

新闻纷争处置方略/丁邦杰著·—王翔宇责编·—520千字 60.00元

华北的暴力与恐慌:义和团运动前夕的社会冲突/狄德满著·—沈亮责编·—430千字 42.00元

官疗/朱金泰著·—丁嫣霞责编·—256千字 28.00元

新时期基层党建工作问答/周祥宝著·—王翔宇责编·—330千字 42.00元

当代室内设计2/上海万创文化传媒有限公司编·—刘焱责编·—416千字 280.00元

水墨彼岸——关于当代水墨和水墨画家/蒋奇谷著·—刘焱责编·—598千字 50.00元

中国水泥年鉴(2010)/中国水泥协会编·—丁嫣霞责编·—1200千字 580.00元

铁泪图——19世纪中国对于饥馑的文化反应/艾志瑞著·—孙立责编·—275千字 29.00元

本色·品味盛宴/博远空间文化发展有限公司编·—刘焱责编·—160千字 318.00元

有计划犯罪/刁兮著·—蒋卫国责编·—318千字 29.00元

小豆豆在中国/林一苇著·—王楠责编·—124千字 20.00元

IMO《国际安全管理(ISM)规则》应用指南/张同斌主编·—戴宁宁责编·—345千字 68.00元

孩子是父母最大的事业/张文质著·—刘焱责编·—155千字 26.00元

禅意东方——居住空间IV/黄滢,马勇主编·—李伟光责编·—174千字 328.00元

民国肇基:辛亥革命在江苏/刘

晓宁编著·—沈亮责编·—250千字　35.00元

严高鸿文存/严高鸿著·—戴亦梁责编·—475千字　58.00元

炮楼里的女人——山西日军性奴隶调查实录/·—张双兵著·—戴宁宁责编·—190千字　28.00元

骨头的记录/西蒙·贝克特著·—宋炜责编·—190千字　28.00元

100×N建筑造型与表皮/杨锋主编·—李伟光责编·—480千字　798.00元

嫩娘——全身放松手册/安娜·赛尔比著·—曾祥凤责编·—105千字　26.00元

不能再说我爱你/水族著·—蒋卫国责编·—172千字　25.00元

世界建筑/蓝青编著·—王彩霞·—246千字　578.00元

猎户座之谜/罗伯特·包维尔著·—宋炜责编·—190千字　36.00元

软装设计师手册/简名敏编著·—李伟光责编·—200千字　228.00元

红楼七宗案/沈治钧著·—沈亮责编·—420千字　39.00元

饶家驹安全区：战时上海的难民/阮玛霞著·—张晓薇责编·—170千字　20.00元

钢筋连接技术/高崇云主编·—蒋卫国责编·—215千字　28.00元

钢筋施工技术/高崇云主编·翟永梅责编·—308千字　39.00元

危险的边疆：游牧帝国与中国/巴菲尔德著·—沈亮责编·—350千字　36.00元

钢筋工实用技能/滕长禧主编·—翟永梅责编·—271千字　35.00元

平法钢筋计算与实例/陈雪光主编·—刘焱责编·—274千字　35.00元

享·自然——国际最新住宅设计/高迪国际出版有限公司主编·—刘焱责编·—168千字　288.00元

回忆红十四军/刘瑞龙著·—花蕾责编·—150千字　28.00元

老家西来/祁智著·—沈亮责编·—180千字　28.00元

中世纪的日本大名——大内家族对周防国和长门国的统治/彼得·裘得·安奈森著·—周晓阳责编·—130千字　19.00元

教学细节研究——一种教师专业行为改进的实践模式/陆莉玲主编·—汪意云责编·—250千字　25.00元

汽笛的声音——日本明治时代的铁路状况/斯蒂文·J.埃里克森著·—周晓阳责编·—230千字　35.00元

恒向线/张欣然著·—向柏桦责编·—225千字　28.00元

品时尚餐厅/徐宾宾编·—赵萌责编·—160千字　288.00元

欧洲文学论集/张月超著·—王玥责编·—458千字　58.00元

自己也能看风水：装饰装修与玄空布局/杨肇麟编著·—王彩霞责编·—276千字　49.80元

农业综合开发三十年/秦忠彬著·—朱超责编·—260千字　35.00元

跟国宾大厨学买菜 素菜卷/李哲著·—于海燕责编·—186千字

38.00 元

跟国宾大厨学买菜 肉食卷/陈曦著·—于海燕责编·—148 千字 32.00 元

高等数学/翟步祥等编著·—李兴梅责编·—580 千字 45.00 元

建设工程经济/执业资格考试命题研究中心编·—翟永梅责编·—204 千字 29.00 元

建设工程法规及相关知识/执业资格考试命题研究中心编·—翟永梅责编·—281 千字 35.00 元

园林植物栽培与养护/田建林主编·—翟永梅责编·—279 千字 36.00 元

攻打美国/迈克尔·库马托斯著·—刘新责编·—308 千字 36.00 元

灰界限:只能做不能说的官场秘密/宗承灏著·—黄伟责编·—235 千字 29.80 元

园林绿化施工技术/田建林主编·—翟永梅责编·—304 千字 39.00 元

普通高中学业水平测试复习指导/本书编写组编·—李洁责编·—795 千字 66.00 元

当红设计师精品样板房/徐宾宾主编·—王彩霞责编·—160 千字 288.00 元

跟国宾大厨学买菜 水果卷/李哲著·—于海燕责编·—128 千字 28.00 元

建筑工程管理与实务/执业资格考试命题研究中心编·—翟永梅责编·—221 千字 32.00 元

中国建筑 你离世界有多远/王博著·—孙学良责编·—120 千字 36.00 元

跟国宾大厨学买菜 干货卷/陈曦著·—于海燕责编·—166 千字 35.00 元

江苏省可再生能源发展报告/江苏省可再生能源发展项目办公室,江苏中经网信息中心编·—朱超责编·—600 千字 128.00 元

建设工程项目管理/执业资格考试命题研究中心编·—翟永梅责编·—230 千字 33.00 元

安装工程/郭玉忠主编·—刘焱责编·—269 千字 32.00 元

房屋建筑与装饰工程/郭华良,王丽平主编·—刘焱责编·—326 千字 35.00 元

市政工程/计富元,郭雪峰主编·—刘焱责编·—397 千字 35.00 元

美国的艺妓盟友:重新想象敌国日本/涩泽尚子著·—周晓阳责编·—240 千字 26.00 元

垂死皇帝的王国:世纪末的日本/菲尔德著·—周晓阳责编·—180 千字 23.00 元

园林绿化工程/郭华良,贾玉梅著·—刘焱责编·—181 千字 22.00 元

农产品质量与安全常识/本书编写组编·—王田责编·—81 千字 5.50 元

豆类蔬菜无公害生产技术/本书编写组编·—王田责编·—92 千字 6.00 元

水生蔬菜无公害生产技术/本书编写组编·—王田责编·—105 千字 10.00 元

大棚西瓜标准化栽培技术/本书编写组编·—王田责编·—93 千字 12.00 元

甜菊及其生产技术/本书编写组编·—王田责编·—60千字　6.00元

我的钱/方启沣著·—宋甜责编·—382千字　29.00元

棉花高产创建与优质生产技术/本书编写组编·—王田责编·—116千字　8.00元

瓜果蔬菜病虫害发生与防治技术/本书编写组编·—王田责编·—126千字　8.00元

特色蔬菜无公害生产技术/本书编写组编·—王田责编·—61千字　5.00元

新优观赏花木栽培技术/本书编写组编·—王田责编·—113千字　10.00元

农作物病虫草鼠害防控技术/本书编写组编·—王田责编·—129千字　10.00元

建筑工程管理与实务/执业资格考试命题研究中心编·—蒋卫国责编·—467千字　43.00元

建设工程法规及相关知识/执业资格考试命题研究中心编·—蒋卫国责编·—512千字　48.00元

霍金究竟知道什么？/李春燕著·—王楠责编·—220千字　36.00元

有官在身/王跃文等著·—丁嫣霞责编·—248千字　28.00元

蔬菜工厂化育苗技术/本书编写组编·—王田责编·—126千字　12.00元

葡萄新品种及高效生产新技术/本书编写组编·—王田责编·—89千字　6.00元

金牌户型——最优房子设计方案/克而瑞(中国)信息技术有限公司编著·—李伟光责编·—200千字　168.00元

东方智慧——西方对东方格言的当代解读/理查德·A·辛格著·—曾祥凤责编　201千字　26.00元

建设工程项目管理/执业资格考试命题研究中心编·—蒋卫国责编·—467千字　43.00元

建设工程经济/执业资格考试命题研究中心编·—蒋卫国责编·—473千字　39.00元

宴遇——餐饮空间Ⅱ/黄滢,马勇,贾方主编·—李伟光责编·—160千字　318.00元

中国景观实践/中国建筑文化中心编·—胡中琦责编·—200千字　45.00元

农村政策与法律法规/本书编写组编·—王田责编·—96千字　7.00元

叶菜类蔬菜无公害生产技术/本书编写组编·—王田责编·—94千字　7.50元

食用菌栽培无公害生产新技术/本书编写组编·—王田责编·—103千字　10.00元

施行催眠术的人/拉斯·卡普拉著·—王树兴责编·—446千字　35.00元

农产品营销知识简介/本书编写组编·—王田责编·—120千字　8.50元

油菜优质高产生产技术/本书编写组编·—王田责编·—90千字　7.00元

草莓优质高效新技术/本书编写组编·—王田责编·—100千字　8.00元

高效花卉生产技术/本书编写组编·—王田责编·—108 千字 8.50 元

现代农业经营与管理/本书编写组编·—王田责编·—161 千字 10.00 元

铭记——党的基本知识中小学简明读本/刘克明等编·—刘艳责编·—180 千字 18.00 元

惊艳米兰——2011 米兰国际家具展/贾方主编·—李伟光责编·—168 千字 278.00 元

101 国际最新品牌酒店/上海万创文化传媒有限公司编·—王彩霞责编·—267 千字 998.00 元

宋江是怎么当上老大的——一个英雄的职场上位史/韩立勇著·—刘焱责编·—343 千字 29.00 元

中国男人书/王琦,田原著·—杨婷责编·—206 千字 29.00 元

我从小关子来·第二集/刘爱和,胡忠红主编·—戴亦梁责编·—300 千字 36.00 元

中国美学问题/苏源熙著·—王田责编·—298 千字 29.00 元

建筑电气工程/葛新丽主编·—李文玲责编·—304 千字 35.00 元

园林建筑设计/戴启培编·—张惠玲责编·—220 千字 38.00 元

开端——中国共产党成立述实/张军峰著·—戴亦梁责编·—915 千字 60.00 元

国际新建筑 4/凤凰空间·上海编·—张晓华责编·—25 千字 98.00 元

2011 中国室内设计年鉴(下)/徐宾宾编·—王彩霞责编·—184 千字 320.00 元

2011 中国室内设计年鉴(上)/徐宾宾编·—王彩霞责编·—184 千字 320.00 元

精品时尚店/高迪国际出版有限公司主编·—林溪责编·—184 千字 320.00 元

美学/弗里德里希·黑格尔著·—陈麟责编·—416 千字 58.00 元

一位市委书记的博客世界/中共宿迁市委办公室,中共宿迁市委研究室编·—孙立责编·—485 千字 38.00 元

生态与历史唯物主义/乔纳森·休斯著·—花蕾责编·—300 千字 35.00 元

2012 地球悬念/苏言编著·—王田责编·—249 千字 29.80 元

不只上海沉没:假如气候失控冰层融化/苏言主编·—王田责编·—256 千字 29.80 元

美国倒计时/苏言,董芮主编·—王田责编·—213 千字 29.80 元

上海沉没:无法回避的警告/苏言主编·—王田责编·—256 千字 32.80 元

景观规划表现大赏:住区景观/凤凰空间·上海编·—潘华责编·—122 千字 398.00 元

怎样选报高校专业/本书编写组编·—李洁责编·—900 千字 56.00 元

港闸英烈传/南通市港闸区民政局编·—王翔宇责编·—260 千字 46.00 元

走进建筑——最新商业、公共、房屋建筑/广州善本图书有限公司主

编·—刘焱责编·—260 千字 398.00 元

禅学研究·第九辑/赖永海主编·—戴宁宁责编·—479 千字 50.00 元

江苏对联集成/江苏楹联协会编·—陈中南责编·—2630 千字 280 元

当花侧帽说纳兰/陈赋著·—但纯清责编·—172 千字 27.00 元

现实主义的限制——革命时代的中国小说/安敏成著·—张晓薇责编·—165 千字 17.00 元

到世界上去/瓦当著·—戴同华责编·—216 千字 26.00 元

黑道悲情 2/孔二狗著·—王非庶责编·—277 千字 29.00 元

寄居/沙润娜著·—俞芬责编·—203 千字 25.00 元

群菁汇——高端售楼会所大赏/徐宾宾编·—张蕊责编·—184 千字 328.00 元

“活动单导学”教学模式下 高中物理新课程知能结构概要/顾康清著·—王玥责编·—270 千字 22.00 元

建筑给水排水工程/赵晓伟主编·—李小英责编·—443 千字 55.00 元

钢结构工程/靳晓勇主编·—李文玲责编·—313 千字 39.00 元

建筑电气工程/赵晓伟主编·—李小英责编·—236 千字 32.00 元

鹤乡飞出金凤凰/射阳县人民政府办公室,射阳县老新闻工作者委员会编·—王玥责编·—260 千字 45.00 元

江苏省建设用地指标(2010 年版)/王译萱,吴震强等主编·—于辉责编·—280 千字 50.00 元

杭州湾畔的唐涂宋地/陈迪著·—王翔宇责编·—445 千字 48.00 元

洋思经验新发展/肖洁主编·—花蕾责编·—400 千字 48.00 元

绿色建筑·公共/度本图书编著·—张蕊责编·—160 千字 288.00 元

理想居——国之风/博远空间文化发展有限公司编·—林溪责编·—144 千字 258.00 元

怡悦办公/博远空间文化发展有限公司编·—林溪责编·—160 千字 318.00 元

理想居——异之曲/深圳市博远空间文化发展有限公司编·—陈丽新责编·—144 千字 258.00 元

绿色建筑·住宅/度本图书编著·—林溪责编·—160 千字 288.00 元

学习·思考·探索——中共江苏省委中心组集体学习专题汇编(三)/中共江苏省委宣传部编·—戴亦梁责编·—60 千字 15.00 元

死亡的化学反应/西蒙·贝克特著·—宋炜责编·—150 千字 28.00 元

税务行政证据概述/李小平编著·—王玥责编·—230 千字 40.00 元

空中豪宅/深圳市格觉前言文化传播有限公司编·—陈丽新责编·—156 千字 312.00 元

转变经济发展方式与人才支撑/王奇主编·—包建明责编·—776 千字 80.00 元

景观规划表现大赏:城市设计与

规划/凤凰空间·上海编·—潘华责编·—134千字　218.00元

焕发班集体的生命活力/韩文利,胡麟祥主编·—李以恭责编·—310千字　25.00元

当代毕昇王选/无锡市教育局,史志办公室,王选事迹陈列馆编·—李以恭责编·—110千字　15.00元

我家有狼初长成/李微漪著·—王丹娜责编·—380千字　35.00元

米兰家具/石大伟主编·—王丹娜责编·—168千字　298.00元

管理教练——以成果为导向的价值管理模式/沈军著·—陈茜责编·—150千字　38.00元

思想的力量/南振声著·—戴亦梁责编·—170千字　36.00元

外国文学/胡永生主编·—李洁责编·—195千字　20.00元

傲骨丹青——吴冠中传/周瓦著·—彭晓路责编·—105千字　15.00元

港台当红设计师样板房/徐宾宾主编·—赵萌责编·—160千字　288.00元

建筑地基与基础工程/赵晓伟主编·—李文玲责编·—294千字　33.00元

水利泰斗——张光斗传/郭梅,周樟钰著·—陈中南责编·—91千字　15.00元

岁月无痕/唐维民著·—戴亦梁责编·—321千字　30.00元

建筑地面工程/王秋艳主编·—李小英责编·—272千字　32.00元

漫画一生 一生漫画——华君武传/郭梅,魏丽敏著·—戴宁宁责编·—99千字　15.00元

庭院设计——日式庭院设计秘籍/小泽明主编·—吴红敏责编·—48千字　39.80元

庭院设计——日式庭院风格秀/日本美丽出版社主编·—吴红敏责编·—46千字　38.00元

庭院设计——魅力私家庭院/日本美丽出版社主编·—吴红敏责编·—46千字　38.00元

宁静与释然——会所设计/深圳市格觉前沿文化传播有限公司编·—张蕊责编·—168千字　298.00元

庭院设计——自然花园改造实例/日本美丽出版社主编·—艾璐责编·—54千字　44.80元

地下防水工程/魏文彪主编·—李文玲责编·—353千字　39.80元

追赶太阳:精致教育践行录/杨春基著·—陈茜责编·—210千字　80.00元

数学战略家——谷超豪传/郭梅,董玉洁著·—丁妍霞责编·—90千字　15.00元

自由冥想——小型公共建筑/深圳市格觉前沿文化传播有限公司编·—赵萌责编·—162千字　328.00元

亚特兰蒂斯蓝图:大西洋史前文明档案/科林·威尔逊,兰德·弗莱明-阿特著·—宋炜责编·—206千字　36.00元

安装工程/吕君主编·—封秀敏责编·—510千字　58.00元

中国现当代文学/胡永生主编·—李洁责编·—215千字　23.00元

笔下风流/管怀伦著·—沈亮责编·—268千字　30.00元

建筑装饰装修工程/薛孝东主编·—李小英责编·—326千字　38.00元

开发区与中国社会转型/钱进著·—王翔宇责编·—340千字　38.00元

砌体工程与木结构工程/侯永利主编·—楚鸿雁责编·—357千字　39.80元

奔五途中——葛志华随笔/葛志华著·—彭晓路责编·—188千字　30.00元

钢结构工程/尹政兴主编·—李小英责编·—379千字　42.00元

永远的家园——漫溯百年华小(1911—2011年)/王冀敏等著·—戴宁宁责编·—416千字　42.00元

混凝土结构工程/李奎江主编·—陈丽新责编·—539千字　59.00元

论马克思哲学变革的三维向度/徐钊著·—王玥责编·—196千字　29.00元

同行的岁月:我在华士实验学校十八年/夏青峰著·—戴宁宁责编·—270千字　38.00元

建筑给水排水工程/李鑫主编·—楚鸿雁责编·—520千字　58.00元

盛世花开——文化沧浪的诗性解读/燕华君著·—石路责编·—150千字　40.00元

混凝土结构工程技术交底(实例)范本/北京土木建筑学会主编·—夏莹责编·—640千字　55.00元

地基与基础工程技术交底(实例)范本/北京土木建筑学会主编·—段林彤责编·—659千字　57.00元

装饰装修工程技术交底(实例)范本/北京土木建筑学会主编·—楚鸿雁责编·—651千字　57.00元

期刊质量与品牌——江苏期刊研究2010年度论文集/沈建国主编·—石路责编·—400千字　40.00元

电气工程技术交底(实例)范本/北京土木建筑学会主编·—许闻闻责编·—672千字　58.00元

海外特色餐厅/深圳市海阅通文化传播有限公司编·—张蕊责编·—160千字　288.00元

建筑屋(地)面工程/郝鹏飞主编·—李文玲责编·—289千字　33.00元

建筑装饰装修工程/张福芳主编·—张蕊责编·—416千字　46.00元

建筑施工现场设施/袁锐文主编·—翟永梅责编·—486千字　42.00元

卫浴设计555/徐宾宾主编·—王娜责编·—173千字　59.80元

国际新建筑5/凤凰空间·上海编/张晓华,毛玲玲责编·—96千字　98.00元

建筑结构工程/赵洪斌主编·—张蕊责编·—470千字　53.00元

钢筋工程/郭爱云主编·—翟永梅责编·—250千字　29.00元

水韵巴城/沈一平主编·—韩翠翠责编·—116千字　25.00元

建筑防水工程/梁燕主编·—夏莹责编·—387千字　43.00元

简明安装工程工程量计算手册/

周丽丽，王彬，赵福胜主编·—楚鸿雁责编·—523千字 45.00元

简明装饰装修工程工程量计算手册/王立春，齐兆武编·—许闻闻责编·—550千字 48.00元

混凝土工程/魏文彪主编·—翟永梅责编·—455千字 52.00元

建筑结构工程/侯永利，孙丹月主编·—翟永梅责编·—314千字 35.00元

地基与基础工程/张永芳主编·—翟永梅责编·—392千字 45.00元

简明建筑工程工程量计算手册/王彬，周丽丽主编·—翟永梅责编·—557千字 48.00元

建筑给水排水及采暖工程/张永芳主编·—陈丽新责编·—274千字 32.00元

江苏省中考英语人机对话全真模拟试题——听力/忠平主编·—汪意云责编·—150千字 16.80元

ASTD培训经理指南/伊莱恩·碧柯主编·—陈茜责编·—750千字 480.00元

园林绿化工程工程量计算手册/王景怀，王军霞主编·—楚鸿雁责编·—610千字 53.00元

建筑地基与基础工程/赵晓伟主编·—翟永梅责编·—411千字 46.00元

都市存在/Silvio Carta，蓝青主编·—王彩霞责编·—144千字 258.00元

让每一个孩子学好数学——面向全体的数学有效教学/彭娅编著·—李洁责编·—225千字 33.00元

儿童习作解密/朱萍著·—陈茜责编·—375千字 40.00元

学习·思考·探索——中共江苏省委中心组集体学习专题汇编(四)/中共江苏省委宣传部编·—戴亦梁责编·—55千字 14.00元

餐厅设计555/徐宾宾编·—张蕊责编·—173千字 59.80元

经典别墅外观3/常青，曾映军主编·—段建姣责编·—56千字 39.80元

A+C建筑方案/石莹，林佳艺编·—石莹责编·—208千字 328.00元

真理的思考——任继愈传/严青，郭改云著·—丁妍霞责编·—120千字 15.00元

工程国家：民国时期(1927—1937)的淮河治理及股价建设/戴维·艾伦·佩兹著·—张惠玲责编·—150千字 20.00元

经典别墅外观2/常青，曾映军主编·—段建姣·—56千字 39.80元

保障性住房设计图集/中国建筑文化中心编·—胡中琦责编·—300千字 288.00元

道德经济学引论/周荣华著·—朱超责编·—260千字 28.00元

卧室设计555/徐宾宾编·—彭娜责编·—173千字 59.80元

顶级办公/徐宾宾主编·—艾璐责编·—168千字 298.00元

华北的暴力与恐慌：义和团运动前夕的社会冲突/狄德满著·—王保顶责编·—430千字 45.00元

施剑翘复仇案：民国时期公众同情的兴起与影响/林郁沁著·—沈亮责编·—220千字 26.00元

危险的边疆：游牧帝国与中国/

巴菲尔德著·—王保顶责编·—350千字　39.00元

西学东渐与中国事情/增田涉著·—沈亮责编·—220千字　25.00元

客厅设计555/徐宾宾编·—张蕊责编·—173千字　59.80元

自由、心灵与时间:奥古斯丁心灵转向问题的文本学研究/张荣著·—周文彬责编·—330千字　38.00元

儒家孝道/高望之著·—彭晓路责编·—180千字　18.00元

小学语文课型研究/李伟平著·—汪意云责编·—280千字　30.00元

经典别墅外观1/常青,曾映军主编·—段建姣责编·—56千字　39.80元

原来恋爱/王贻兴著·—郭群责编·—122千字　27.00元

庭院设计/日本美丽出版社主编·—杜玉华责编·—250千字　398.00元

全面达小康,建设新南京——中共南京市委工作纪实2006—2011/中共南京市委党史办公室编·—彭晓路责编·—800千字　200.00元

奔腾的扬子江/徐镜人主编·—戴宁宁责编·—521千字　48.00元

银行校园招聘一本通/本书编写组编·—陈茜责编·—700千字　120.00元

历史宝筏:过去、西方与中国妇女问题/季家珍著·—沈亮责编·—220千字　26.00元

少的力量——高效能人士的六个行动准则/里奥·巴伯塔著·—俞芬责编·—122千字　30.00元

社会转型时期的中国农民研究/邹徐文著·—石路责编·—420千字　55.00元

监狱矫正论坛(第4卷)/于爱荣主编·—戴宁宁责编·—550千字　60.00元

科学发展　幸福江苏(综合卷)——在新起点上开启基本实现现代化新征程/本书编写组编著·—戴亦梁责编·—796千字　88.00元

和谐理念论/沈根华著·—朱晓莹责编·—250千字　30.00元

科学发展　幸福江苏(区域卷)——在新起点上开启基本实现现代化新征程/本书编写组编著·—戴亦梁责编·—796千字　88.00元

国际新建筑6/凤凰空间·上海编·—张晓华责编·—96千字　98.00元

楷书速成/王浩主编·—王田责编·—60千字　15.00元

皂香(上)/浮石著·—李玫责编·—264千字　32.00元

江苏省社科应用研究精品工程文集2009/江苏省社科联应用科学研究中心编·—朱晓莹责编·—720千字　100.00元

庭院设计——西式花园改造实例/日本美丽出版社主编·—吴红敏责编·—54千字　44.80元

古镇季市/本书编委会编·—沈亮责编·—280千字　35.00元

视界·国际办公建筑/深圳视界文化传播有限公司编·—张晓敏责编·—230千字　330.00元

别墅盛典/徐宾宾编·—刘焱责编·—160千字　288.00元

高分作文五大类/何永康,胡永生编著·—李洁责编·—140千字 16.00元

好汉三百条/江苏教育电视台编·—王翔宇责编·—480千字 49.80元

我的零点时刻/朱军著·—朱冰责编·—227千字 35.00元

追问中的抵达/田长明著·—王玥责编·—210千字 40.00元

高校人才机关党建百日行/朱晓云著·—鲁从阳责编·—210千字 48.00元

开启基本实现现代化新征程——2011年度江苏省政府决策咨询研究重点课题成果汇编/江苏省人民政府研究室编·—鲁从阳责编·—450千字 58.00元

新宿迁之路/朱陆,孙正龙编著·—许尔兵责编·—280千字 42.00元

书房设计555/北京徐宾宾编·—王彩霞责编·—173千字 59.80元

我的南极之旅/谈义良著·—朱超责编·—128千字 35.00元

贴着地面飞翔/陆华山著·—戴宁宁责编·—350千字 40.00元

让学生做快乐的数学思想者/魏芳著·—戴宁宁责编·—291千字 39.00元

大企业治理构架/邵宁,秦永法等编著·—汪意云责编·—740千字 68.00元

党建创新之源——连云港市组织系统"百人百点百日"大调研活动课题报告汇编/祁彪主编·—花蕾责编·—360千字 60.00元

江苏农业农村经济改革与发展研究2010/江苏省农委农业软科学委员会著·—姜克强责编·—400千字 58.00元

武进文学/常州市武进区政协学习与文史委员会,常州市武进区炎黄文化研究会编·—王翔宇责编·—550千字 120.00元

建设工程经济/执业资格考试命题研究中心编·—蒋卫国责编·—473千字 39.00元

建筑工程管理与实务/执业资格考试命题研究中心编·—蒋卫国责编·—467千字 43.00元

建设工程项目管理/执业资格考试命题研究中心编·—蒋卫国责编·—467千字 43.00元

建设工程项目管理/执业资格考试命题研究中心编·—翟永梅责编·—230千字 33.00元

建设工程经济/执业资格考试命题研究中心编·—翟永梅责编·—204千字 29.00元

从牛圈娃到名作家——张俊彪传/郭久麟著·—戴宁宁责编·—368千字 36.00元

中学生国家安全教育/本书编写组编·—张蕴如责编·—88千字 12.00元

践行之路/夏建平著·—张蕴如责编·—448千字 68.00元

建筑工程管理与实务/执业资格考试命题研究中心编·—翟永梅责编·—221千字 32.00元

建设工程法规及相关知识/执业资格考试命题研究中心编·—翟永梅责编·—281千字 35.00元

江苏凤凰科学技术出版社

混设计/洪卫主编·—宋平责编·—50千字 120.00元

江苏省建设工程造价管理办法释义/孙如林主编·—宋平责编·—200千字 20.00元

经济政治简明教程/齐茵主编·—谷建亚责编·—270千字 28.00元

快速建筑设计100问/黎志涛主编·—刘屹立责编·—100千字 45.00元

黑莓引种栽培与利用/吴文龙等主编·—谷建亚责编·—700千字 200.00元

五环辉映下的金陵·—2014南京青奥会知识读本/史国生主编·—冯青责编·—200千字 30.00元

工程造价从业人员手册/江苏省工程造价管理协会·—宋平责编·—360千字 38.00元

做个精明车主就这么简单/杨杰主编·—冯青责编·—230千字 26.00元

新手学车考证就这么简单/黄振天编著·—谷建亚责编·—250千字 23.00元

公路平面交叉口交通控制安全设计理论与方法/袁黎等著者·—冯青责编·—170千字 18.00元

江苏信息化年鉴(2011)/江苏省发展和改革委员会·—宋平责编·—1050千字 300.00元

江苏省信息化发展研究/水家耀著者·—宋平责编·—420千字 200.00元

现代预应力结构体系与设计方法/吕志涛编著·—王明辉责编·—500千字 65.00元

在自学 议论 引导引领中成长/黄建辉主编·—闵正年责编·—175千字 38.00元

发明问题解决理论(TRIZ)/江苏省生产力促进中心·—闵正年责编·—280千字 40.00元

信息安全技术实践(共4册)/唐卫民等主编·—王明辉责编·—530千字 100.00元

为学生个性发展奠基/陈汇祥等主编·—陈卫春责编·—220千字 28.00元

文物光谱分析/毛振伟等编著·—陈卫春责编·—275千字 50.00元

基因回眸·—遗传学的人和事/高翼之著·—赵玲责编·—180千字 58.00元

怎样养野鸡赚钱多/陆应林主编·—张小平责编·—75千字 7.00元

怎样养珍珠鸡赚钱多/林其騄主编·—张小平责编·—64千字 6.00元

怎样养野鸭赚钱多/林其騄主编·—张小平责编·—76千字 6.80元

一家人 一条心/本书编写组·—郁宝平责编·—40千字 93.00元

新发现的植物激素/周燮主编

·—沈燕燕责编·—46 千字 98.00 元

图文精讲苹果栽培技术/马立功等编著·—郁宝平责编·—71 千字 7.50 元

图文精讲柑橘栽培技术/王化坤编著·—郁宝平责编·—7 千字 7.00 元

图文精讲葡萄栽培技术/徐卫东编著·—郁宝平责编·—52 千字 6.00 元

图文精讲枣栽培技术/李新主编·—郁宝平责编·—52 千字 6.00 元

图文精讲柿栽培技术/温小玲主编·—郁宝平责编·—71 千字 7.00 元

图文精讲枇杷栽培技术/袁卫明编著·—郁宝平责编·—61 千字 6.50 元

图文精讲板栗栽培技术/张效若等编著·—郁宝平责编·—53 千字 6.00 元

图文精讲梨栽培技术/袁卫明主编·—郁宝平责编·—80 千字 8.00 元

图文精讲杨梅栽培技术/王利芬等编著·—郁宝平责编·—55 千字 6.00 元

家庭养花问题解答大全(第二版)/蒋青海主编·—郁宝平责编·—580 千字 39.80 元

新编农药应用表解手册/朱桂梅等主编·—沈燕燕责编·—460 千字 38.00 元

食用菌病虫图谱及防治/宋金俤主编·—沈燕燕责编·—50 千字 27.00 元

农民理财读本/田舒编著·—沈燕燕责编·—72 千字 7.50 元

特色水芹/鲍忠洲主编·—沈燕燕责编·—65 千字 6.50 元

农村精神文明建设工作典型经验/中央文明办调研组等编·—郁宝平责编·—350 千字 68.00 元

新编食用菌生产手册/方芳主编·—沈燕燕责编·—350 千字 30.00 元

桑梓之骄/侍孝青主编·—郁宝平责编·—100 千字 18.00 元

南京地区设施蔬菜栽培实用技术/毛久庚主编·—郁宝平责编·—220 千字 28.00 元

新编水产药物 器械应用表解手册/黄志斌主编·—沈燕燕责编·—220 千字 23.00 元

2010 毕业论文选编——江苏农林职业技术学院/邱国金主编·—张小平责编·—88 千字 23.00 元

江苏农林职业技术学院简史(1923—2008)综合卷/朱洪生主编·—郁宝平责编·—270 千字 68.00 元

江苏农林职业技术学院简史(1923—2008)系史卷/朱洪生主编·—郁宝平责编·—520 千字 68.00 元

看图写话 2 + 1/李霄扬著·—郁宝平责编·—80 千字 28.00 元

农村沼气实用技术问答/孟锐等编著·—沈燕燕责编·—70 千字 7.00 元

2012 年历书/本书编写组·—张小平责编·—28 千字 3.00 元

骨与骨关节 X 线摄片及读片指南(第七版)/堀尾重治(日)主编·—孙连民责编·—80 千字 85.00 元

真情与感动——江苏医患互动征文选/江苏省卫生厅等编写·—郑颖责编·—210千字 30.00元

中医外科处方手册/谷云飞主编·—郑颖责编·—450千字 42.00元

中医儿科处方手册/韩新民主编·—郑颖责编·—310千字 30.00元

中医内科处方手册/薛博瑜等主编·—郑颖责编·—520千字 50.00元

中国针灸学词典/高忻洙等主编·—孙连民责编·—1020千字 90.00元

中医妇科处方手册/谈勇主编·—郑颖责编·—198千字 22.00元

语法意识强化对英语学习者口语屈折标记影响的研究/徐海女著·—庞啸虎责编·—180千字 28.00元

绿叶与森林的天空/陆光普等编著·—庞啸虎责编·—350千字 30.00元

中医基础/王秀主编·—孙连民责编·—160千字 26.00元

中医辨证论治/陈蓓主编·—孙连民责编·—140千字 26.00元

中医养生/胡剑北等主编·—郑颖责编·—170千字 26.00元

中医经络穴位/胡军平主编·—孙连民责编·—170千字 26.00元

中医方药/牛玉敏主编·—郑颖责编·—180千字 26.00元

临床护理技能实训指导/江文艺等主编·—周骋责编·—250千字 19.00元

现代免疫学/王胜军等主编·—董玲责编·—480千字 58.00元

现代烧伤创面修复与中西医治疗/黄继人等主编·—董玲责编·—380千字 102.00元

消化道支架/范志宁等主编·—董玲责编·—390千字 128.00元

临床心理学/耿德勤主编·—庞啸虎责编·—610千字 55.00元

养老护理员实训指导/张云梅等主编·—周骋责编·—270千字 20.00元

常用护理技术实训指导/李正姐等主编·—周骋责编·—280千字 20.00元

保健按摩学/强刚等主编·—周骋责编·—280千字 20.00元

药品应用研究/梁枫等著者·—周骋责编·—290千字 20.00元

中草药图谱——清热祛湿药/丁安伟主编·—郑颖责编·—160千字 28.00元

中草药图谱——补益调理药/丁安伟主编·—郑颖责编·—200千字 32.00元

传染科主治医师手册/赵伟主编·—蔡克难责编·—170千字 30.00元

眼科主治医师手册/蒋沁主编·—蔡克难责编·—320千字 40.00元

修续四库全书伤寒类医著集成(5册)/虞舜等主编·—周骋责编·—5800千字 1800.00元

食物营养操作技能/素君编著·—孙连民责编·—300千字 30.00元

陈式太极拳释疑/张福旺编著·—庞啸虎责编·—148千字

36.00 元

大江穿越/本书编写组·—庞啸虎责编·—30 千字 130.00 元

江苏省中医病历书写规范/章亚成主编·—郑颖责编·—100 千字 20.00 元

中药配方颗粒薄层色谱彩色图集(第 2 辑)/周嘉琳等主编·—董玲责编·—100 千字 158.00 元

江都血防志/王朝岳主编·—董玲责编·—350 千字 125.00 元

中医内科病证诊疗指南/张小龙主编·—孙连民责编·—200 千字 20.00 元

机能学实验指导/赵国胜等主编·—周骋责编·—180 千字 14.50 元

糖尿病自我管理技巧/孙子林主编·—庞啸虎责编·—100 千字 28.00 元

中华医保强身操/包生朝等编著·—庞啸虎责编·—82 千字 28.00 元

中小企业创新转型战略案例/江苏省经济和信息化委员·—庞啸虎责编·—287 千字 38.00 元

心电图 10 日速成/张新民主编·—董玲责编·—210 千字 22.00 元

神经内科临床处方手册(第 3 版)/耿德勤等主编·—庞啸虎责编·—280 千字 25.00 元

晚霞吟草/薛平著·—庞啸虎责编·—240 千字 106.00 元

腰椎间盘突出症——重吸收现象与诊疗/姜宏主编·—庞啸虎责编·—185 千字 48.00 元

乳腺疾病影像诊断学/刘万花主编·—庞啸虎责编·—760 千字 168.00 元

大便失禁诊断与治疗/丁义江等主译·—庞啸虎责编·—480 千字 160.00 元

大肠癌自我保健上上策/金黑鹰等主编·—孙连民责编·—60 千字 10.00 元

承淡安研究/夏有兵著者·—庞啸虎责编·—220 千字 40.00 元

五千汉字百日通/蓝之中著者·—庞啸虎责编·—1030 千字 120.00 元

肺癌——非常健康 6+1/张世蔚编著·—李纯责编·—140 千字 17.00 元

临床检验诊断解析/季国忠等主编·—王云责编·—500 千字 36.00 元

慢性咽喉炎扁桃体炎——非常健康 6+1/张红星主编·—王云责编·—112 千字 14.00 元

白血病 骨髓移植——非常健康 6+1/柯丽编著·—王云责编·—65 千字 12.00 元

尿毒症 血液透析——非常健康 6+1/全毅红编著·—王云责编·—110 千字 13.00 元

帕金森病——非常健康 6+1/李哲主编·—王云责编·—80 千字 14.00 元

面瘫 三叉神经痛——非常健康 6+1/梁勋厂等编著·—王云责编·—88 千字 16.00 元

结—直肠癌 人造肛门——非常健康 6+1/郭伶俐等编著·—徐祝平责编·—140 千字 17.00 元

癫痫——非常健康 6+1/郭韬等编著·—徐祝平责编·—78 千字 14.50 元

打鼾——非常健康 6＋1/郭国际等编著·—徐祝平责编·—78 千字　13.00 元

胃溃疡 十二指肠溃疡——非常健康 6＋1/曾尔亢等编著·—徐祝平责编·—70 千字　12.00 元

慢性鼻炎 鼻窦炎——非常健康 6＋1/廖亚玲等编著·—徐祝平责编·—110 千字　14.00 元

关节置换 安装假肢——非常健康 6＋1/李会杰等编著·—徐祝平责编·—90 千字　14.00 元

食物中毒 药物中毒——非常健康 6＋1/秦惠基等编著·—徐祝平责编·—120 千字　15.00 元

常见过敏性疾病——非常健康 6＋1/刘佩文主编·—徐祝平责编·—130 千字　15.00 元

眼科疑难问题解析/姜发纲主编·—徐祝平责编·—350 千字　46.00 元

心血管科疑难问题解析/管思明等主编·—徐祝平责编·—550 千字　56.00 元

主管护师(中级)资格考试考点分析及习题精选/齐卫东等主编·—徐祝平责编·—1700 千字　120.00 元

肾内科临床处方手册/邢昌赢主编·—徐祝平责编·—230 千字　18.00 元

新编临床检验项目大全/章亚成等主编·—王云责编·—400 千字　48.00 元

心律失常 安装心脏起搏器/郭小梅主编·—徐祝平责编·—75 千字　15.00 元

临床 X 线鉴别诊断学/刑伟等主编·—王云责编·—1250 千字　130.00 元

血液科临床处方手册/李建勇等主编·—王云责编·—310 千字　25.00 元

全科医生药物手册/邵柏等主编·—刘玉峰责编·—440 千字　29.80 元

全科医生诊疗手/吉济华等主编·—刘玉峰责编·—510 千字　35.00 元

口腔常见疾病——非常健康 6＋1/于飞等编著·—王云责编·—85 千字　15.00 元

胃癌 食管癌——非常健康 6＋1/张昌敏编著·—王云责编·—110 千字　17.00 元

眩晕 耳鸣——非常健康 6＋1/张红星主编·—王云责编·—90 千字　17.00 元

小儿发热 惊厥——非常健康 6＋1/陈辉主编·—徐祝平责编·—70 千字　13.00 元

人体经络使用图册(全彩真人版)/蓝晓步等主编·—刘玉峰责编·—100 千字　29.80 元

国家执业助理医师资格考试考点分析/龚伟达等主编·—徐祝平责编·—1220 千字　150.00 元

心血管科临床处方手册/许迪等主编·—徐祝平责编·—240 千字　24.00 元

临床 MRI 鉴别诊断学/张挽时主编·—徐祝平责编·—1500 千字　220.00 元

便携式最新国际标准针灸经络穴位挂图/蓝晓步等主编·—刘玉峰责编·—5 千字　9.00 元

便携式最新国际标准针灸经络穴位挂图/蓝晓步等主编·—刘玉峰

责编·—5千字　9.00元

中华器官移植医学/夏穗生主编·—王云责编·—1800千字　230.00元

比较影像学/李澄等主编·—徐祝平责编·—1000千字　180.00元

急危重症护理关键/田素斋等主编·—徐祝平责编·—330千字　34.00元

小儿缺钙 缺锌维生素缺乏/金润铭等编著·—王云责编·—100千字　15.00元

消化科临床处方手册/孙为豪主编·—徐祝平责编·—280千字　24.00元

内分泌代谢性疾病临床处方手册/丁国宪等主编·—王云责编·—280千字　26.00元

呼吸内科临床处方手册/黄茂等主编·—徐祝平责编·—240千字　24.00元

病历书写规范/霍仲厚等主编·—徐祝平责编·—100千字　15.00元

妇产科疑难问题解析/王泽华等主编·—王云责编·—450千字　45.00元

学生眼保健操挂图/纪剑峰等编著·—徐祝平责编·—10千字　12.00元

精神科合理用药手册(第2版)/喻东山等主编·—徐祝平责编·—400千字　35.00元

中医护理学/陈岩等主编·—徐祝平责编·—470千字　39.00元

传染病护理学/华桂春等主编·—徐祝平责编·—240千字　21.00元

妇产科护理学/马常兰等主编·—徐祝平责编·—510千字　42.00元

预防医学/范利国等主编·—徐祝平责编·—330千字　28.50元

护理心理学/居晓靖主编·—徐祝平责编·—210千字　18.50元

人体解剖学与组织胚胎学/吴金英等主编·—徐祝平责编·—590千字　89.00元

临床营养学/王爱民等主编·—徐祝平责编·—250千字　24.00元

病理学与病理生理学/丁运良等主编·—徐祝平责编·—400千字　62.00元

急危重症护理学/张松峰主编·—徐祝平责编·—250千字　22.00元

社区护理学/闫冬菊等主编·—徐祝平责编·—400千字　32.00元

老年护理学/白桂春主编·—徐祝平责编·—260千字　25.00元

护理管理学/许亚萍主编·—徐祝平责编·—250千字　24.00元

基础护理学/周更苏等主编·—徐祝平责编·—510千字　46.00元

外科护理学/王兵等主编·—徐祝平责编·—500千字　44.00元

病原生物学与免疫学/金安娜等主编·—徐祝平责编·—380千字　34.00元

基础护理学实训指导/翟晓萍主编·—徐祝平责编·—440千字　36.00元

生理学/田仁等主编·—徐祝平责编·—420千字　38.00元

医用化学/李晓岚主编·—徐祝平责编·—220千字　21.00元

儿科护理学/郭春红主编·—徐

祝平责编·—410 千字　34.00 元

内科护理学/张建欣等主编·—徐祝平责编·—580 千字　52.00 元

生物化学/王晓凌等主编·—徐祝平责编·—360 千字　30.00 元

护理学导论/吕广梅主编·—徐祝平责编·—200 千字　18.00 元

人际沟通/吴玲主编·—徐祝平责编·—360 千字　30.00 元

医学统计学/郭秀花等主编·—徐祝平责编·—330 千字　26.00 元

眼耳鼻喉口腔科护理学/叶文忠等主编·—徐祝平责编·—350 千字　32.00 元

药理学/茅泳雯等主编·—徐祝平责编·—500 千字　41.00 元

健康评估/孙国庆等主编·—徐祝平责编·—520 千字　41.00 元

护理美学与礼仪/王继红等主编·—徐祝平责编·—220 千字　20.00 元

好孩子 3 米家用护眼视力表/纪剑峰等编著·—刘玉锋责编·—5 千字　9.90 元

常见皮肤病——常健康 6 + 1/曾敬思等编著·—徐祝平责编·—190 千字　20.00 元

儿童保健学(第 4 版)/刘湘云等主编·—徐祝平责编·—1170 千字　98.00 元

临床 CT 鉴别诊断学/卢光明主编·—徐祝平责编·—2000 千字　290.00 元

骨科创作救治关键/王东等主编·—徐祝平责编·—280 千字　29.00 元

内科急危重症救治关键/王荣英等主编·—徐祝平责编·—240 千字　26.00 元

超声心动图诊断进阶解析/许迪等主编·—王云责编·—380 千字　58.00 元

耳鼻咽喉科临床处方手册/马华安主编·—王云责编·—320 千字　28.00 元

儿科急危重症救治关键/姚建宏等主编·—徐祝平责编·—230 千字　24.00 元

张博士医考红宝书(1 卷)/张银合主编·—王云责编·—1339 千字　200.00 元

张博士医考红宝书(2 卷)/张银合主编·—王云责编·—1570 千字　200.00 元

张博士医考红宝书(3 卷)/张银合主编·—王云责编·—1547 千字　200.00 元

张博士医考红宝书(4 卷)/张银合主编·—王云责编·—1957 千字　200.00 元

葡萄美酒/希望工作室·—沈志责编·—210 千字　22.00 元

品茶有道/希望工作室·—沈志责编·—210 千字　22.00 元

你不可不知的对抗疲劳 100 招/季昌群等主编·—金宝佳责编·—200 千字　19.80 元

你不可不知的排毒解毒 100 招/程朝晖主编·—金宝佳责编·—200 千字　19.80 元

你不可不知的 100 个常见病治疗/陈福林等主编·—金宝佳责编·—200 千字　19.80 元

你不可不知的维权普法 100 讲/郭铭爱等主编·—金宝佳责编·—250 千字　19.80 元

你不可不知的100个理财金点子/孙荣海主编·—金宝佳责编·—210千字 19.80元

你不可不知的100个家宴美食菜单/端尧生主编·—金宝佳责编·—250千字 19.80元

你不可不知的100种除病保健按摩/陈福林等主编·—金宝佳责编·—250千字 19.80元

你不可不知的温馨家饰100例/刘燕妮主编·—金宝佳责编·—250千字 29.80元

工业企业清洁生产技术与应用/华常春主编·—孙荣洁责编·—290千字 29.00元

图说痛风膳食调养/骏轩工作室编著·—沈志责编·—180千字 19.80元

图说糖尿病膳食调养/骏轩工作室编著·—沈志责编·—180千字 19.80元

图说性功能障碍膳食调养/骏轩工作室编著·—沈志责编·—180千字 19.80元

图说癌症膳食调养/骏轩工作室编著·—沈志责编·—180千字 19.80元

为美丽加分/庄瑞珍编著·—孙荣洁责编·—100千字 42.00元

你不可不知的100种调理滋补药膳/季昌群等主编·—金宝佳责编·—153千字 29.80元

你不可不知的100个营养处方/李宁主编·—金宝佳责编·—180千字 19.80元

图说高血压膳食调养/骏轩工作室编著·—沈志责编·—180千字 19.80元

图说高脂血症膳食调养/骏轩工作室编著·—沈志责编·—180千字 19.80元

长寿之道——一杯驼奶/印大中等著者·—孙荣洁责编·—50千字 28.00元

家常主食188例/犀文图书编写·—樊明责编·—24千字 12.00元

家常靓汤188例/犀文图书编写·—樊明责编·—24千字 12.00元

家常荤菜188例/犀文图书编写·—樊明责编·—24千字 12.00元

家常素菜188例/犀文图书编写·—樊明责编·—24千字 12.00元

熏腊味食谱/犀文图书编写·—樊明责编·—24千字 12.00元

卤味食谱/犀文图书编写·—樊明责编·—24千字 12.00元

烧味食谱/犀文图书编写·—樊明责编·—24千字 12.00元

北方风味小吃/犀文图书编写·—樊明责编·—24千字 12.00元

南方风味小吃/犀文图书编写·—樊明责编·—24千字 12.00元

春季营养食谱/犀文图书编写·—樊明责编·—24千字 12.00元

夏季营养食谱/犀文图书编写·—樊明责编·—24千字 12.00元

秋季营养食谱/犀文图书编写·—樊明责编·—24千字 12.00元

冬季营养食谱/犀文图书编写

·—樊明责编 ·—24 千字 12.00 元

快捷饮品/犀文图书编写·—樊明责编·—24 千字 12.00 元

快捷做汤/犀文图书编写·—樊明责编·—24 千字 12.00 元

快捷糖水/犀文图书编写·—樊明责编·—24 千字 12.00 元

快捷主食/犀文图书编写·—樊明责编·—24 千字 12.00 元

快捷甜品/犀文图书编写·—樊明责编·—24 千字 12.00 元

快捷便当/犀文图书编写·—樊明责编·—24 千字 12.00 元

快捷炒菜/犀文图书编写·—樊明责编·—24 千字 12.00 元

快捷粥品/犀文图书编写·—樊明责编·—24 千字 12.00 元

快捷粉面/犀文图书编写·—樊明责编·—24 千字 12.00 元

快捷拌菜/犀文图书编写·—樊明责编·—24 千字 12.00 元

拿手热菜/犀文图书编写·—樊明责编·—24 千字 12.00 元

电饭锅煮饭做菜煲汤/犀文图书编写·—樊明责编·—24 千字 12.00 元

微波炉营养食谱/犀文图书编写·—樊明责编·—24 千字 12.00 元

电烤箱食谱/犀文图书编写·—樊明责编·—24 千字 12.00 元

清润糖水/犀文图书编写·—樊明责编·—24 千字 12.00 元

四季滋补汤/犀文图书编写·—樊明责编·—24 千字 12.00 元

营养杂粮粥/犀文图书编写·—樊明责编·—24 千字 12.00 元

鲜美杂菌/犀文图书编写·—樊明责编·—24 千字 12.00 元

周末聚餐/犀文图书编写·—樊明责编·—24 千字 12.00 元

食物与食物相克/犀文图书编写·—樊明责编·—24 千字 12.00 元

食物与食物相宜/犀文图书编写·—樊明责编·—24 千字 12.00 元

五谷杂粮营养方案/犀文图书编写·—樊明责编·—24 千字 12.00 元

蔬菜营养方案/犀文图书编写·—樊明责编·—24 千字 12.00 元

水果营养方案/犀文图书编写·—樊明责编·—24 千字 12.00 元

本草饮食良方/犀文图书编写·—樊明责编·—24 千字 12.00 元

养脾食谱/犀文图书编写·—樊明责编·—24 千字 12.00 元

养肝食谱/犀文图书编写·—樊明责编·—24 千字 12.00 元

养肾食谱/犀文图书编写·—樊明责编·—24 千字 12.00 元

养肺食谱/犀文图书编写·—樊明责编·—24 千字 12.00 元

养心食谱/犀文图书编写·—樊明责编·—24 千字 12.00 元

0—1 岁婴儿营养食谱/犀文图书编写·—樊明责编·—24 千字 12.00 元

1—3 岁幼儿营养食谱/犀文图书编写·—樊明责编·—24 千字

12.00 元

儿童益智补脑食谱/犀文图书编写·—樊明责编·—24 千字 12.00 元

儿童营养食谱/犀文图书编写·—樊明责编·—24 千字 12.00 元

儿童增高补钙食谱/犀文图书编写·—樊明责编·—24 千字 12.00 元

青少年营养食谱/犀文图书编写·—樊明责编·—24 千字 12.00 元

考生营养食谱/犀文图书编写·—樊明责编·—24 千字 12.00 元

一学就会做宵夜/犀文图书编写·—樊明责编·—24 千字 12.00 元

一学就会做早餐/犀文图书编写·—樊明责编·—24 千字 12.00 元

一学就会做烩菜/犀文图书编写·—樊明责编·—24 千字 12.00 元

一学就会榨果蔬汁/犀文图书编写·—樊明责编·—24 千字 12.00 元

一学就会做烧烤/犀文图书编写·—樊明责编·—24 千字 12.00 元

一学就会煲靓汤/犀文图书编写·—樊明责编·—24 千字 12.00 元

一学就会做糕点/犀文图书编写·—樊明责编·—24 千字 12.00 元

一学就会煮凉茶/犀文图书编写·—樊明责编·—24 千字 12.00 元

一学就会做粗粮/犀文图书编写·—樊明责编·—24 千字 12.00 元

一学就会做焖菜/犀文图书编写·—樊明责编·—24 千字 12.00 元

一学就会做炖品/犀文图书编写·—樊明责编·—24 千字 12.00 元

一学就会做蒸菜/犀文图书编写·—樊明责编·—24 千字 12.00 元

一学就会做煮菜/犀文图书编写·—樊明责编·—24 千字 12.00 元

一学就会做炒菜/犀文图书编写·—樊明责编·—24 千字 12.00 元

一学就会做烧菜/犀文图书编写·—樊明责编·—24 千字 12.00 元

女人更年期调养食谱/犀文图书编写·—樊明责编·—24 千字 12.00 元

女人瘦身食谱/犀文图书编写·—樊明责编·—24 千字 12.00 元

女人产期调养食谱/犀文图书编写·—樊明责编·—24 千字 12.00 元

女人孕期调养食谱/犀文图书编写·—樊明责编·—24 千字 12.00 元

女人养颜调养食谱/犀文图书编写·—樊明责编·—24 千字 12.00 元

女人美白润肤食谱/犀文图书编写·—樊明责编·—24 千字

12.00 元

女人排毒调养食谱/犀文图书编写·—樊明责编·—24 千字 12.00 元

女人青春期调养食谱/犀文图书编写·—樊明责编·—24 千字 12.00 元

女人经期调养食谱/犀文图书编写·—樊明责编·—24 千字 12.00 元

女人坐月子调养食谱/犀文图书编写·—樊明责编·—24 千字 12.00 元

豆腐的 100 种做法/犀文图书编写·—樊明责编·—24 千字 12.00 元

蔬菜的 100 种做法/犀文图书编写·—樊明责编·—24 千字 12.00 元

蛋的 100 种做法/犀文图书编写·—樊明责编·—24 千字 12.00 元

肉的 100 种做法/犀文图书编写·—樊明责编·—24 千字 12.00 元

鸡的 100 种做法/犀文图书编写·—樊明责编·—24 千字 12.00 元

鱼的 100 种做法/犀文图书编写·—樊明责编·—24 千字 12.00 元

粥的 100 种做法/犀文图书编写·—樊明责编·—24 千字 12.00 元

面点的 100 种做法/犀文图书编写·—樊明责编·—24 千字 12.00 元

汤的 100 种做法/犀文图书编写·—樊明责编·—24 千字 12.00 元

糖水的 100 种做法/犀文图书编写·—樊明责编·—24 千字 12.00 元

胃肠病食疗菜谱/犀文图书编写·—樊明责编·—24 千字 12.00 元

中风食疗菜谱/犀文图书编写·—樊明责编·—24 千字 12.00 元

糖尿病食疗菜谱/犀文图书编写·—樊明责编·—24 千字 12.00 元

肾病食疗菜谱/犀文图书编写·—樊明责编·—24 千字 12.00 元

冠心病食疗菜谱/犀文图书编写·—樊明责编·—24 千字 12.00 元

肺病食疗菜谱/犀文图书编写·—樊明责编·—24 千字 12.00 元

肝病食疗菜谱/犀文图书编写·—樊明责编·—24 千字 12.00 元

防癌抗癌食疗菜谱/犀文图书编写·—樊明责编·—24 千字 12.00 元

高血压食疗菜谱/犀文图书编写·—樊明责编·—24 千字 12.00 元

高血脂食疗菜谱/犀文图书编写·—樊明责编·—24 千字 12.00 元

美味豆制品菜/犀文图书编写·—樊明责编·—24 千字 12.00 元

妈咪招牌靓粥/犀文图书编写·—樊明责编·—24 千字

12.00 元

妈咪招牌菜/犀文图书编写·—樊明责编·—24 千字 12.00 元

开胃下饭菜/犀文图书编写·—樊明责编·—24 千字 12.00 元

妈咪小西点/犀文图书编写·—樊明责编·—24 千字 12.00 元

妈咪小茶点/犀文图书编写·—樊明责编·—24 千字 12.00 元

妈咪招牌点心/犀文图书编写·—樊明责编·—24 千字 12.00 元

妈咪招牌主食/犀文图书编写·—樊明责编·—24 千字 12.00 元

妈咪靓汤/犀文图书编写·—樊明责编·—24 千字 12.00 元

妈咪营养配餐/犀文图书编写·—樊明责编·—24 千字 12.00 元

健康早餐/犀文图书编写·—樊明责编·—24 千字 12.00 元

健康午餐/犀文图书编写·—樊明责编·—24 千字 12.00 元

健康晚餐/犀文图书编写·—樊明责编·—24 千字 12.00 元

开运饰品/犀文图书编写·—樊明责编·—80 千字 29.80 元

一天一件小拼布/犀文图书编写·—樊明责编·—80 千字 26.80 元

编绳基础技艺及进阶/犀文图书编写·—樊明责编·—80 千字 28.80 元

新款时尚串珠饰品/犀文图书编写·—樊明责编·—80 千字 26.80 元

婚纱娃娃/犀文图书编写·—樊明责编·—65 千字 24.00 元

美甲旋风——风格派/犀文图书编写·—樊明责编·—70 千字 24.80 元

美甲炫色——色彩派/犀文图书编写·—樊明责编·—70 千字 24.80 元

丝网花基础图解/犀文图书编写·—樊明责编·—100 千字 26.80 元

新款酱料 200 例/犀文图书编写·—樊明责编·—80 千字 35.00 元

中国路亚攻略/张惠圣主编·—樊明责编·—150 千字 39.80 元

聪明办公 50 讲/钱锦主编·—樊明责编·—350 千字 39.80 元

情调照明/徐清涛等编著·—樊明责编·—100 千字 80.00 元

绿色植保 和谐生态/李奇伟等主编·—樊明责编·—420 千字 60.00 元

粤菜 1688 例/犀文图书编写·—樊明责编·—100 千字 19.90 元

远离前列腺疾病——美国专家谈男性的隐痛/马克 麦克卢尔著者·—邓海云责编·—140 千字 22.00 元

电子技术基础/李娅等主编·—汪立亮责编·—350 千字 32.80 元

汽车故障诊断与检测技术/郭微等主编·—丁鹏责编·—330 千字 32.00 元

逸乐童心/陈晓娟主编·—邓海云责编·—100 千字 36.00 元

探秘喀斯特精灵——白头叶猴科考实录/黄乘明著·—仲敏责编·—120千字 27.00元

汽车操纵动力学原理/郭孔辉著·—仲敏责编·—550千字 80.00元

土地和身体/盖瑞 普罗克特著·—邓海云责编·—200千字 198.00元

江苏宝应 中国水鲜美食之乡/董洪章等主编·—龚彬责编·—100千字 118.00元

经方三十六首临床发挥/李宗强等主编·—姚革责编·—400千字 36.00元

青阳镇志/施正凯主编·—汤知慧责编·—560千字 260.00元

中国海安名菜谱/吉传稳等主编·—龚彬责编·—50千字 68.00元

夜空黑暗之谜/卢绍康编著·—邓海云责编·—160千字 28.00元

肢及关节多发创伤的治疗与护理/周忠礼等主编·—姚革责编·—350千字 36.00元

临床常用微创手术治疗与护理/张秀清主编·—姚革责编·—470千字 45.00元

肾功能衰竭的中西药结合治疗/马长卿等主编·—姚革责编·—350千字 56.00元

蒙台梭利10分钟数学能力培养(0—3)/李利主编·—刘玉峰责编·—50千字 29.80元

蒙台梭利10分钟语言能力培养(0—3)/李利主编·—刘玉峰责编·—60千字 29.80元

蒙台梭利10分钟亲子早教(0—3)/李利主编·—刘玉峰责编·—52千字 29.80元

蒙台梭利10分钟左右脑开发(0—3)/李淑璋主编·—刘玉峰责编·—60千字 29.80元

对症按摩治病全书/彭增福主编·—刘玉峰责编·—100千字 39.80元

0—3岁喂养教养启智百科/吴光驰主编·—刘玉峰责编·—120千字 39.80元

3分钟本草奇效面膜/汉竹编著·—刘玉峰责编·—60千字 29.80元

黄帝内经对症养五脏/石晶明主编·—刘玉峰责编·—100千字 32.80元

对症手足按摩全书/王东坡主编·—刘玉峰责编·—100千字 39.80元

胎教早教育儿百科/王琪主编·—刘玉峰责编·—120千字 39.80元

40周胎教实用百科/汉竹编著·—刘玉峰责编·—120千字 39.80元

40周孕产营养百科/李宁主编·—刘玉峰责编·—140千字 39.80元

40周孕产保健百科/王琪主编·—刘玉峰责编·—120千字 39.80元

食物养生全书/刘桂荣主编·—刘玉峰责编·—120千字 39.80元

孕前妊娠坐月子百科/范玲编著·—刘玉峰责编·—150千字 39.80元

0—6岁育儿日记———陪宝宝一起成长/汉竹编著·—刘玉峰责编

·—10千字 118.00元

怀孕日记/汉竹编著·—刘玉峰责编·—10千字 128.00元

对症养生蔬果汁/李宁编著·—刘玉峰责编·—60千字 29.80元

本草纲目奇效美颜经/李艳辉编著·—刘玉峰责编·—150千字 29.80元

针灸穴位速查/汉竹编著·—刘玉峰责编·—120千字 29.80元

本草纲目饮食调养全书/石晶明主编·—刘玉峰责编·—200千字 39.80元

自制养生豆浆大全/李宁主编·—刘玉峰责编·—80千字 25.80元

颈肩腰腿按摩第一书/石晶明主编·—刘玉峰责编·—60千字 29.80元

足手耳按摩图册/吴中朝主编·—刘玉峰责编·—100千字 35.00元

简明取穴图册/吴中朝主编·—刘玉峰责编·—200千字 39.80元

越玩越聪明的手指游戏/汉竹编著·—刘玉峰责编·—60千字 29.80元

幼儿左右脑开发手指操/汉竹编著·—刘玉峰责编·—60千字 29.80元

0—3岁左右脑开发经典游戏/汉竹编著·—刘玉峰责编·—60千字 29.80元

健身国术合集 八段锦 易筋经 六字诀/邱惠芳主编·—刘玉峰责编·—60千字 35.00元

24式太极拳详解/邱惠芳主编·—刘玉峰责编·—60千字 29.80元

孕产妈妈营养大百科/李宁主编·—刘玉峰责编·—150千字 39.80元

胎教音乐100首必听/汉竹编著·—刘玉峰责编·—70千字 39.80元

8分钟练就王字腹肌/安洪波编著·—刘玉峰责编·—100千字 39.80元

手耳足脊柱对症按摩/吴中朝主编·—刘玉峰责编·—60千字 39.80元

简便按摩速查/查炜主编·—刘玉峰责编·—100千字 29.80元

吃对食物就健康/汉竹编著·—刘玉峰责编·—100千字 39.80元

大学生创业与就业指导教程/徐松美等主编·—王云责编·—300千字 29.60元

特殊心电图/卢喜烈等主编·—王云责编·—470千字 45.00元

临床实用心电图图谱/刘鸣等主编·—王云责编·—400千字 39.00元

血液净化与肾移植必读/田军主编·—王云责编·—350千字 50.00元

中医护理三基训练手册/李平等主编·—王云责编·—800千字 38.00元

临床正骨精要/张立春等主编·—王云责编·—300千字 30.00元

住院医师检验速查手册/高德禄等主编·—王云责编·—300千字 35.00元

实用乳腺病诊疗学/康宁等主编

·—王云责编·—350 千字 30.00 元

新时期大学团课教程/杨金铭主编·—王云责编·—500 千字 50.00 元

现代 MRI 新技术/梁明辉主编·—王云责编·—400 千字 80.00 元

基础地质实践教程/康春国主编·—徐祝平责编·—300 千字 32.00 元

实用消化道影像诊断/靳忠民等主编·—王云责编·—500 千字 80.00 元

临床助理医师资格考试综合笔试辅导/颐恒主编·—徐祝平责编·—2000 千字 148.00 元

中医执业医师资格考试历年考点解析/马丽卿等主编·—王云责编·—650 千字 58.00 元

临床执业医师资格考试综合笔试辅导/颐恒等主编·—王云责编·—2340 千字 188.00 元

临床助理医师资格考试考前冲刺必练/李珊等主编·—王云责编·—530 千字 50.00 元

口腔助理医师资格考试历年考点解析/李珊主编·—王云责编·—400 千字 38.00 元

中西医结合助理医师考试历年考点解/马丽卿等主编·—王云责编·—516 千字 52.00 元

临床执业(含助理)医师资格考试实践/颐恒主编·—徐祝平责编·—610 千字 60.00 元

中医助理医师资格考试历年考点解析/王超等主编·—王云责编·—510 千字 48.00 元

中西医结合执业医师资格考试历年考点解析/马丽卿等主编·—王云责编·—600 千字 58.00 元

口腔执业医师资格考试历年考点解析/李珊等主编·—王云责编·—800 千字 65.00 元

临床执业医师资格考试历年考点解析/李珊等主编·—王云责编·—2000 千字 158.00 元

临床执业医师资格考试考前冲刺必练/李珊主编·—王云责编·—780 千字 65.00 元

江苏教育出版社

创意幼儿体能活动大全(4—5岁)/陆克俭编著·—刘昱责编·—50 千字 30.00 元

创意幼儿体能活动大全(5—7岁)/陆克俭编著·—刘昱责编·—50 千字 30.00 元

创意幼儿体能活动大全(3—4岁)/陆克俭编著·—刘昱责编·—50 千字 30.00 元

觅渡丛书·在亲历中感悟意义/唐江澎 张克中编著·—沈静明责编·—150 千字 35.00 元

南京教研(第 1 期)2011/南京市教研室其他·—程蓓责编·—150 千字 9.00 元

南京教研(第 2 期)2011/南京市教研室其他·—程蓓责编·—15 千字 9.00 元

南京教研(第 3 期)2011/南京市教研室编著·—程蓓责编·—15

千字　9.00 元

教学模式全手册·新教师工作全手册/周振宇编著·—午新生责编·—400 千字　35.00 元

且教且思——我的数学教学手记/汪志华编著·—刘晓萍责编·—120 千字　18.00 元

南京市教学研究年鉴(2009)/南京教研室编著·—余立新责编·—400 千字　80.00 元

新通派名师教学主张·名师是怎样炼成的/王笑君 王建明编著·—午新生责编·—150 千字　35.00 元

新通派名师教学主张·语文教学的本真——"情意课堂"展现母语之美/吴建英编著·—午新生责编·—150 千字　30.00 元

新通派名师教学主张·阅读教学的真髓——"意象构建"读出文学的真美/祝禧编著·—午新生责编·—200 千字　30.00 元

新通派名师教学主张·儿童作文的本义——"嬉乐作文"让儿童乐并成长着/王笑梅编著·—午新生责编·—200 千字　30.00 元

新通派名师教学主张·美术教育的真谛——"审美人生教育"让生命绚丽成长/陈铁梅编著·—午新生责编·—200 千字　30.00 元

新通派名师教学主张·语文课堂的理想追求——"和润课堂"欢快达成三维目标/董一红编著·—午新生责编·—200 千字　30.00 元

新通派名师教学主张·语文教学的理想境界——"无痕教学"润泽生命/李凤编著·—午新生责编·—200 千字　30.00 元

新通派名师教学主张·简约数学教学/许卫兵编著·—午新生责编·—200 千字　30.00 元

名师精作精评 高中作文指南/刘震宏编著·—汪志虹责编·—150 千字　25.00 元

教学模式全手册·高效教学操作全手册/马友平编著·—午新生责编·—400 千字　35.00 元

中国教育变革之路·百年树人师何为——教师队伍建设困顿与出路/蒋丽珠 李玉向编著·—午新生责编·—200 千字　30.00 元

2012 江苏省普通高中学业水平测试(必修科目)/张晓涛编著·—任晖责编·—300 千字　15.00 元

2012 普通高等学校招生全国统一考试(江苏卷)说明/张晓涛编著·—任晖责编·—500 千字　30.00 元

幼狮工程·教学指导系列·幼儿园角色游戏指导手册/刘艳编著·—翟晶晶责编·—150 千字　30.00 元

文献学引论/张志强编著·—吉祖斌责编·—300 千字　46.00 元

新闻传播学新视野·媒介文化通论/邵培仁 陈龙编著·—周敬芝责编·—200 千字　30.00 元

新闻传播学新视野·新闻传播法学/邵培仁 陈龙编著·—吉祖斌责编·—200 千字　45.00 元

走过从前/金志标编著·—朱永贞责编·—200 千字　30.00 元

激情年华——江苏 75 位大学生创业纪实/高校就业指导服务中心编著·—孙兴春责编·—350 千字　38.00 元

迈好职场第一步(2011)/高校就业指导服务中心编著·—孙兴春

责编·—150千字 28.00元

苏州市老年大学新编教材(一)/奚中和主编·—周晨责编·—245千字 22.50元

我爱雨花石/六合区教育局著·—陈爱芳责编·—200千字 10.00元

南京师大附中文化读本/王栋生编著·—余立新责编·—200千字 6.00元

亲亲宝贝——亲子手册(1—1.5岁)/蔡萍 丁卫丽编著·—刘昱责编·—50千字 20.00元

亲亲宝贝——亲子手册(2—2.5岁)/蔡萍 丁卫丽主编·—刘昱责编·—100千字 20.00元

亲亲宝贝——教师用书(1—1.5岁)(附教学示范DVD)/蔡萍 丁卫丽编著·—刘昱责编·—50千字 50.00元

亲亲宝贝——亲子手册(1.5—2岁)/蔡萍 丁卫丽编著·—刘昱责编·—50千字 20.00元

亲亲宝贝——亲子手册(2.5—3岁)/蔡萍 丁卫丽编著·—刘昱责编·—100千字 20.00元

亲亲宝贝——教师用书(1.5—2岁)(附教学示范DVD)/蔡萍 丁卫丽编著·—刘昱责编·—50千字 50.00元

亲亲宝贝——教师用书(2—2.5岁)(附教学示范DVD)/蔡萍 丁卫丽主编·—刘昱责编·—100千字 50.00元

亲亲宝贝——教师用书(2.5—3岁)(附教学示范DVD)/蔡萍 丁卫丽主编·—刘昱责编·—200千字 50.00元

欢乐世界幼儿英语·幼儿用书 startel1/王忆梅编著·—刘昱责编·—50千字 20.00元

欢乐世界幼儿英语·幼儿用书 starter2/王忆梅编著·—刘昱责编·—50千字 20.00元

欢乐世界幼儿英语·幼儿用书 7/王忆梅编著·—刘昱责编·—50千字 20.00元

欢乐世界幼儿英语·幼儿用书 8/王忆梅编著·—刘昱责编·—50千字 20.00元

欢乐世界幼儿英语·教师用书(starter1)/本书编写组编著·—林琬责编·—50千字 20.00元

欢乐世界幼儿英语·教师用书 7/本书编写组编著·—林琬责编·—100千字 20.00元

欢乐世界幼儿英语·教师用书(starter2)/本书编写组编著·—司亚宁责编·—50千字 20.00元

欢乐世界幼儿英语·教师用书 8/本书编写组编著·—司亚宁责编·—50千字 20.00元

综合类新课程 三年级下册/本书编写组编著·—朱敏责编·—100千字 13.00元

综合类新课程 四年级下册/本书编写组编著·—朱敏责编·—100千字 13.00元

综合类新课程 五年级下册/本书编写组编著·—朱敏责编·—100千字 13.00元

综合类新课程 七年级下册/本书编写组编著·—朱敏责编·—120千字 13.00元

综合类新课程 八年级下册/本书编写组编著·—朱敏责编·—120千字 13.00元

安全避难 守护生命(单色版)

一年级下册/编写组编著·—叶枫责编·—50千字　5.00元

安全避难 守护生命（单色版）二年级下册/编写组编著·—叶枫责编·—50千字　5.00元

安全避难 守护生命（单色版）三年级下册/编写组编著·—叶枫责编·—50千字　5.00元

安全避难 守护生命（单色版）四年级下册/编写组编著·—叶枫责编·—50千字　5.00元

安全避难 守护生命（单色版）五年级下册/编写组编著·—叶枫责编·—50千字　5.00元

全新标准德语教程（一上）/赫曼·芬克编著·—陈彦理责编·—300千字　42.00元

全新标准德语教程（一下）/赫曼·芬克编著·—陈彦理责编·—300千字　48.00元

全新标准德语教程第二册（上）/赫曼·芬克编著·—吉祖斌责编·—150千字　48.00元

全新标准德语教程第二册（下）/赫曼·芬克编著·—吉祖斌责编·—200千字　49.00元

全新标准德语教程·袖珍词汇手册第二册（下）/赫曼·芬克主编·—吉祖斌责编·—200千字　9.00元

全新标准德语教程·袖珍词汇手册第二册（上）/赫曼·芬克编著·—吉祖斌责编·—180千字　9.00元

全新标准德语教程第三册/赫曼·芬克著·—吉祖斌责编·—200千字　92.00元

全新标准德语教程·袖珍词汇手册第三册/赫曼·芬克著·—吉祖斌责编·—200千字　18.00元

南通考前6套卷·生物/南通名师编写组编著·—李炘责编·—150千字　18.00元

南通考前6套卷·化学/本书编写组编著·—薛春南责编·—100千字　18.00元

南通考前6套卷·政治/南通名师编写组编著·—万蕾责编·—150千字　18.00元

南通考前6套卷·语文/南通名师编写组编著·—骆鹏展责编·—150千字　18.00元

南通考前6套卷·英语/本书编写组编著·—张恃愍责编·—200千字　18.00元

南通考前6套卷·地理/南通名师编写组编著·—杨丽静责编·—150千字　18.00元

南通考前6套卷·物理/本书编写组编著·—部键责编·—150千字　18.00元

一年时政2011中考版/陈凯傅阳编著·—侯章龙责编·—130千字　6.00元

新课程高效课堂导学案 英语8A/本书编写组编著·—张恃愍责编·—200千字　20.00元

美妙的数学思维（一年级上册）/南京苏杰学校编著·—徐正康等责编·—50千字　12.00元

美妙的数学思维（二年级上册）/南京苏杰学校编著·—徐正康等责编·—50千字　14.00元

美妙的数学思维（三年级上册）/南京苏杰学校编著·—徐正康等责编·—50千字　16.00元

美妙的数学思维（四年级上册）/南京苏杰学校编著·—徐正康

等责编·—80千字　18.00元

美妙的数学思维(五年级上册)/南京苏杰学校编著·—徐正康等责编·—80千字　22.00元

美妙的数学思维(六年级上册)/南京苏杰学校编著·—徐正康等责编·—80千字　24.00元

新高考历史满分思维训练/张华中编著·—薛柏责编·—600千字　30.00元

南通考前6套卷·数学/南通教研室编著·—毛永生责编·—130千字　18.00元

素材讲座Ⅲ/蔡建明编著·—曾志勇责编·—160千字　16.00元

素材讲座Ⅳ/蔡建明编著·—曾志勇责编·—160千字　16.00元

素材讲座·课文与名著/蔡建明编著·—曾志勇责编·—160千字　22.00元

升格达标(新高考作文读本)/张悦群编著·—曾志勇责编·—180千字　22.00元

审题立意(新高考作文读本)/陈杰编著·—曾志勇责编·—16千字　22.00元

中国小学生2011阅读年选——低年级上/本书编写组编著·—王建平责编·—142千字　10.00元

中国小学生2011阅读年选——中年级上/本书编写组编著·—王建平责编·—142千字　10.00元

中国小学生2011阅读年选——高年级上/本书编写组编著·—王建平责编·—142千字　10.00元

中国初中生2011阅读年选——审美卷上/本书编写组编著·—王建平责编·—175千字　11.00元

中国初中生2011阅读年选——知识卷上/本书编写组编著·—王建平责编·—175千字　11.00元

中国初中生2011阅读年选——应用卷上/本书编写组编著·—王建平责编·—175千字　11.00元

中国初中生2011阅读年选——合订本上/本书编写组编著·—王建平责编·—350千字　25.00元

中国高中生2011阅读年选——审美卷上/本书编写组编著·—王建平责编·—175千字　11.00元

中国高中生2011阅读年选——知识卷上/本书编写组编著·—王建平责编·—175千字　11.00元

中国高中生2011阅读年选——应用卷上/本书编写组编著·—王建平责编·—175千字　11.00元

中国高中生2011阅读年选——合订本上/本书编写组编著·—王建平责编·—350千字　25.00元

假期"悦读"锦囊 一年级/本书编写组编著·—程蓓责编·—80千字　14.00元

假期"悦读"锦囊 二年级/本书编写组编著·—程蓓责编·—80千字　14.00元

假期"悦读"锦囊 三年级/本书编写组编著·—刘晓萍责编·—100

千字　14.00 元

假期“悦读”锦囊 四年级/本书编写组编著·—周红责编·—100 千字　14.00 元

假期“悦读”锦囊 五年级/本书编写组编著·—周红责编·—100 千字　14.00 元

伴读大师兄高中化学智慧闯关系列·化学其实很简单/李静秋编著·—杨新华责编·—200 千字　26.00 元

大学自主招生考试专题讲习 面试篇/本书编写组编著·—张恃慇责编·—200 千字　28.00 元

全新标准德语教程·袖珍词汇手册(一上)/赫曼·芬克编著·—陈彦理责编·—150 千字　9.00 元

全新标准德语教程·袖珍词汇手册(一下)/赫曼·芬克编著·—陈彦理责编·—150 千字　8.00 元

全新标准德语教程·配套练习册(一上)/赫曼·芬克编著·—陈彦理责编·—100 千字　19.00 元

全新标准德语教程·配套练习册(一下)/赫曼·芬克编著·—陈彦理责编·—200 千字　18.00 元

全新标准德语教程学生手册/赫曼·芬克编著·—陈彦理责编·—300 千字　32.00 元

课外美文(二年级)/本书编写组编著·—程蓓责编·—50 千字　6.00 元

阅听系列·德语学习侦探故事之医院陈案/V. 鲍拜因、M. ·—C. 洛维编著·—吉祖斌责编·—200 千字　21.00 元

小学生书面表达指导丛书·习作指导六年级上册/《习作指导》编写组编著·—王红梅责编·—100 千字　10.00 元

小学生书面表达指导丛书·习作指导五年级上册/《习作指导》编写组编著·—王红梅责编·—100 千字　10.00 元

小学数学新补充读本五年级上册(配人教版)/王林编著·—叶榕责编·—100 千字　7.00 元

小学数学新补充读本六年级上册(配人教版)/王林编著·—叶榕责编·—100 千字　7.00 元

小学生书面表达指导丛书·习作指导三年级上册/《写话指导》编写组编著·—刘芳责编·—80 千字　10.00 元

小学生书面表达指导丛书·习作指导四年级上册/《习作指导》编写组编著·—刘芳责编·—80 千字　10.00 元

阅听系列·德语学习侦探故事之投毒谋财案/V. 鲍拜因, C. 鲍姆嘉滕编著·—吉祖斌责编·—200 千字　22.00 元

全新标准德语教程·配套练习册第二册(上)/赫曼·芬克编著·—吉祖斌责编·—150 千字　22.00 元

全新标准德语教程·配套练习册第二册(下)/赫曼·芬克主编·—吉祖斌责编·—200 千字　20.00 元

推开窗儿/编写组编著·—叶枫责编·—150 千字　18.00 元

小学数学新补充读本五年级下册(配人教版)/王林编著·—叶榕责编·—80 千字　6.50 元

小学数学新补充读本六年级下册(配人教版)/王林编著·—叶榕责编·—80 千字　7.50 元

阅听系列·德语学习侦探故事之致命鸡尾酒/V. 鲍拜因,C. 鲍姆嘉滕编著·—吉祖斌责编·—200千字　22.00元

阅听系列·德语学习侦探故事之巴州谜踪/V. 鲍拜因,C. 鲍姆嘉滕编著·—吉祖斌责编·—200千字　22.00元

美妙的数学思维(一年级下册)/苏平编著·—程蓓责编·—80千字　12.00元

美妙的数学思维(二年级下册)/苏平编著·—邱静莹责编·—80千字　14.00元

美妙的数学思维(三年级下册)/苏平编著·—叶榕责编·—80千字　16.00元

美妙的数学思维(四年级下册)/苏平编著·—赵文静责编·—80千字　18.00元

美妙的数学思维(五年级下册)/苏平编著·—许宏宇责编·—100千字　22.00元

美妙的数学思维(六年级下册)/苏平编著·—许宏宇责编·—100千字　22.00元

美妙的数学思维(六年级强化训练)/苏平编著·—许宏宇责编·—150千字　18.00元

新课标初中总复习——语文/本书编写组编著·—王建平责编·—280千字　20.00元

新课标初中总复习——化学/本书编写组编著·—王建平责编·—240千字　16.00元

新课标初中总复习——英语/本书编写组编著·—王建平责编·—320千字　20.00元

新课标初中总复习——历史/本书编写组编著·—王建平责编·—240千字　16.00元

新课标初中总复习——物理/本书编写组编著·—王建平责编·—280千字　20.00元

新课标初中总复习——政治/本书编写组编著·—王建平责编·—240千字　16.00元

新课标初中总复习——数学/本书编写组编著·—王建平责编·—300千字　20.00元

中国高中生2011阅读年选——应用卷下/本书编写组编著·—王建平责编·—175千字　11.00元

中国高中生2011阅读年选——知识卷下/本书编写组编著·—王建平责编·—175千字　11.00元

中国高中生2011阅读年选——审美卷下/本书编写组编著·—王建平责编·—175千字　11.00元

中国初中生2011阅读年选——合订本下/本书编写组编著·—王建平责编·—350千字　25.00元

中国初中生2011阅读年选——应用卷下/本书编写组编著·—王建平责编·—175千字　11.00元

中国初中生2011阅读年选——知识卷下/本书编写组编著·—王建平责编·—175千字　11.00元

中国初中生2011阅读年选——审美卷下/本书编写组编著·—王建平责编·—175千字　11.00元

中国小学生2011阅读年选——高年级下/本书编写组编著·—王建平责编·—142千字　10.00元

中国小学生2011阅读年选——中年级下/本书编写组编著·—王建平责编·—142千字　10.00元

中国小学生2011阅读年选——低年级下/本书编写组编著·—王建平责编·—142千字　10.00元

中国高中生2011阅读年选——合订本下/本书编写组编著·—王建平责编·—350千字　25.00元

小学语文自读课本(大开本)四年级下册/小学语文教编组编著·—郑丽佳责编·—100千字　13.00元

小学语文自读课本(大开本)五年级下册/小学语文教编组编著·—郑丽佳责编·—120千字　13.00元

阅听系列·德语学习侦探故事之爱与恨/V. 鲍拜因,C. 鲍姆嘉滕著·—吉祖斌责编·—300千字　22.00元

新标准新阅读语文课外读本三年级下册/本书编写组编著·—王建平责编·—140千字　13.00元

新标准新阅读语文课外读本四年级下册/本书编写组编著·—王建平责编·—140千字　13.00元

新标准新阅读语文课外读本五年级下册/本书编写组编著·—王建平责编·—140千字　13.00元

新标准新阅读语文课外读本六年级下册/本书编写组编著·—王建平责编·—140千字　13.00元

新标准新阅读语文课外读本七年级下册/本书编写组编著·—王建平责编·—175千字　16.00元

新标准新阅读语文课外读本八年级下册/本书编写组编著·—王建平责编·—175千字　16.00元

南通考前6套卷 历史/编写组编著·—刘国颖责编·—200千字　18.00元

新课程高效课堂导学案语文七年级上册/本书编写组编·—骆鹏展责编·—300千字　21.00元

新课程高效课堂导学案语文八年级上册/本书编写组编著·—骆鹏展责编·—120千字　21.00元

新课程高效课堂导学案语文九年级上册/本书编写组编著·—骆鹏展责编·—100千字　21.00元

新课程高效课堂导学案语文九年级下册/本书编写组编著·—骆鹏展责编·—120千字　21.00元

新课程高效课堂导学案 数学(七年级上册)/本书编写组编著·—田鹏责编·—100千字　24.00元

新课程高效课堂导学案 数学(八年级上册)/本书编写组编著·—朱宁责编·—100千字　24.00元

新课程高效课堂导学案 数学(九年级上册)/本书编写组编著·—田鹏责编·—100千字　22.00元

新课程高效课堂导学案 数学(九年级下册)/本书编写组编著·—田鹏责编·—150千字　20.00元

新课程高效课堂导学案 英语

7A/本书编写组编著·—谈允恬责编·—100千字　20.00元

新课程高效课堂导学案 英语9A/本书编写组编著·—谈允恬责编·—200千字　20.00元

新课程高效课堂导学案 英语9B/本书编写组编著·—谈允恬责编·—120千字　23.00元

新课程高效课堂导学案 物理(八年级上册)/本书编写组编著·—邰键责编·—100千字　18.00元

新课程高效课堂导学案 物理(九年级上册)/本书编写组编著·—邰键责编·—100千字　19.00元

新课程高效课堂导学案 物理(九年级下册)/本书编写组编著·—邰键责编·—150千字　18.00元

新课程高效课堂导学案 化学(九年级上册)/淮阴区教研室编著·—丁金芳责编·—150千字　19.00元

新课程高效课堂导学案 化学(九年级下册)/淮阴区教研室编著·—丁金芳责编·—150千字　18.00元

新课程高效课堂导学案 生物(七年级上册)/淮安市教研室编著·—李炘责编·—100千字　11.00元

新课程高效课堂导学案 生物(八年级上册)/淮安市教研室编著·—李炘责编·—100千字　11.00元

新课程高效课堂导学案 初中历史(七年级上册)/本书编写组编著·—刘国颖责编·—100千字　16.00元

新课程高效课堂导学案 初中历史(八年级上册)/本书编写组编著·—刘国颖责编·—120千字　16.00元

新课程高效课堂导学案 初中历史(九年级上册)/本书编写组编著·—刘国颖责编·—120千字　16.00元

新课程高效课堂导学案 初中历史(九年级下册)/本书编写组编著·—刘国颖责编·—150千字　15.00元

新课程高效课堂导学案 思想品德(七年级上册)/本书编写组编著·—林明责编·—120千字　17.00元

新课程高效课堂导学案 思想品德(八年级上册)/本书编写组编著·—万蕾责编·—150千字　17.00元

新课程高效课堂导学案 思想品德(九年级全一册)/本书编写组编著·—万蕾责编·—100千字　21.00元

欢乐世界幼儿英语·操作本 startel1/王忆梅编著·—刘昱责编·—50千字　13.00元

欢乐世界幼儿英语·操作本 startel2/王忆梅编著·—刘昱责编·—50千字　13.00元

欢乐世界幼儿英语·操作本7/王忆梅编著·—刘昱责编·—50千字　13.00元

欢乐世界幼儿英语·操作本8/王忆梅编著·—刘昱责编·—50千字　13.00元

欢乐世界幼儿英语·教学挂图 startel1/王忆梅编著·—刘昱责编

·—50 千字　58.00 元

欢乐世界幼儿英语·教学挂图7/王忆梅编著·—刘昱责编·—50 千字　58.00 元

欢乐世界幼儿英语·单词、字母卡7/王忆梅编著·—刘昱责编·—50 千字　50.00 元

欢乐世界幼儿英语·单词、字母卡8/王忆梅编著·—刘昱责编·—50 千字　50.00 元

幼儿暑期快乐列车(幼小衔接)/康轩幼教研究中心 主编编著·—沈静明责编·—50 千字　10.00 元

幼儿暑期快乐列车(托班升小班)/康轩幼教研究中心 主编编著·—沈静明责编·—50 千字　10.00 元

新课程高效课堂导学案 地理(七年级上册)/本书编写组编著·—杨丽静责编·—100 千字　14.00 元

新课程高效课堂导学案 地理(八年级上册)/本书编写组编著·—杨丽静责编·—100 千字　13.00 元

一年时政2011 高考版/朱志平编著·—韩宇新责编·—100 千字　15.00 元

创新课时训练高中物理(B版)(R 选修3—5)/本书编写组编著·—李珞责编·—200 千字　14.00 元

新课程"自主合作探究"学习丛书·初中数学活动单 导学练(九年级全一册)/本书编写组编著·—唐成武责编·—230 千字　11.00 元

小学每日英语(通用版3A)/本书编写组编著·—邱静莹责编·—60 千字　7.50 元

小学每日英语(通用版4A)/本书编写组编著·—邱静莹责编·—60 千字　7.50 元

小学每日英语(通用版5A)/本书编写组编著·—邱静莹责编·—80 千字　7.50 元

小学每日英语(通用版6A)/本书编写组编著·—邱静莹责编·—80 千字　7.50 元

小学每日语文一年级上册/本书编写组编著·—郑丽佳责编·—8 千字　7.50 元

小学每日语文二年级上册/本书编写组编著·—郑丽佳责编·—8 千字　7.50 元

小学每日语文三年级上册/本书编写组编著·—郑丽佳责编·—8 千字　7.50 元

小学每日语文四年级上册/本书编写组编著·—郑丽佳责编·—8 千字　7.50 元

小学每日语文五年级上册/本书编写组编著·—郑丽佳责编·—8 千字　7.50 元

小学每日语文六年级上册/本书编写组编著·—郑丽佳责编·—8 千字　7.50 元

小学每日数学一年级上册/本书编写组编著·—叶榕责编·—60 千字　7.50 元

小学每日数学二年级上册/本书编写组编著·—叶榕责编·—60 千字　7.50 元

小学每日数学三年级上册/本书编写组编著·—叶榕责编·—60 千字　7.50 元

小学每日数学四年级上册/本书编写组编著·—叶榕责编·—80 千

字 7.50元

小学每日数学五年级上册/本书编写组编著·—叶榕责编·—60千字 7.50元

小学每日数学六年级上册/本书编写组编著·—叶榕责编·—60千字 7.50元

新课程同步导学·高中化学(选修1 化学与生活)/本书编写组编著·—丁金芳责编·—200千字 12.00元

新课程“自主合作探究”学习丛书·初中化学活动单 导学练(九年级全一册)/如皋县教研室编著·—李婷婷责编·—150千字 9.00元

新课程高效课堂导学案 思想品德(中考总复习)/淮阴区教研室编著·—万蕾责编·—150千字 10.00元

2012江苏省普通高中信息技术学业水平测试说明/张晓涛编著·—任晖责编·—45千字 5.00元

小学生书面表达指导丛书·写话指导一年级上册/《写话指导》编写组编著·—陆琼责编·—80千字 10.00元

小学生书面表达指导丛书·写话指导二年级上册/《写话指导》编写组编著·—陆琼责编·—80千字 10.00元

新编古汉语学习词典/吴金华编著·—周方责编·—300千字 78.00元

高淳县中考报考指南/本书编写组编著·—田鹏责编·—150千字 8.00元

溧水县中考报考指南/本书编写组编著·—田鹏责编·—150千字 8.00元

全纳式学前教育读本5—6岁下/史爱华编著·—金玲责编·—50千字 5.50元

作文精华——福州一中优秀作文习作选(第7辑2010—2011学年)/唐鸣主编编著·—骆鹏展责编·—22千字 22.00元

2010年江苏教育发展报告/马征里等编著·—骆鹏展责编·—800千字 55.00元

数学教师的三项基本功/郑毓信著·—王建军责编·—150千字 15.00元

带着孩子看世界/大桥佳代子编著·—王家俊责编·—200千字 29.00元

儿童家庭教育丛书·孩子一不顺心就乱发脾气,妈妈怎么办?/帕特 •哈维编著·—林琬责编·—80千字 24.90元

儿童家庭教育丛书·孩子不睡不睡就不睡!妈妈怎么办?/苏珊编著·—林琬责编·—72千字 24.90元

儿童家庭教育丛书·让孩子告别不自信,10分钟亲子小练习(6·—12岁)/莉萨编著·—林琬责编·—46千字 24.90元

儿童家庭教育丛书·让孩子不再被人欺负,10分钟亲子小练习(6·—12岁)/苏珊编著·—林琬责编·—36千字 24.90元

儿童家庭教育丛书·改变孩子内向性格,10分钟亲子小练习(6·—12岁)/理查德 •布佐里奇编著·—林琬责编·—35千字 24.90元

儿童家庭教育丛书·大忙人这样陪孩子,半小时胜过一整天/雷 &#

8226;伯克编著·—林琬责编·—50千字 29.00元

儿童家庭教育丛书·为什么咱家孩子怎么管都管不住？他们家孩子不管照样好！！/艾莉萨 •梅德赫斯 编著·—林琬责编·—50千字 29.90元

儿童家庭教育丛书·这样表扬，孩子进步快！这样批评，孩子改正快！/布丽奇特 •巴恩斯编著·—林琬责编·—50千字 24.90元

创建未来/葛云歌编著·—潘守华责编·—150千字 15.00元

小橘宝安全馆·幼儿安全意识与行为训练读本 小班 上/陆克俭编著·—林琬责编·—50千字 7.00元

小橘宝安全馆·幼儿安全意识与行为训练读本 3—4岁下/陆克俭编著·—林琬责编·—50千字 7.00元

小橘宝安全馆·幼儿安全意识与行为训练读本 中班 上/陆克俭编著·—林琬责编·—50千字 7.00元

小橘宝安全馆·幼儿安全意识与行为训练读本 4—5岁下/陆克俭编著·—林琬责编·—50千字 7.00元

小橘宝安全馆·幼儿安全意识与行为训练读本 大班 上/陆克俭编著·—林琬责编·—50千字 7.00元

小橘宝安全馆·幼儿安全意识与行为训练读本 5—6岁下/陆克俭编著·—金玲责编·—50千字 7.00元

儿童学习心理与小学数学教学/张兴华主编·—徐正康等责编·—170千字 18.00元

小橘宝图画馆·九色鹿(平装)/小桔宝图画馆编写组编著·—金玲责编·—50千字 12.00元

全纳式学前教育读本 3—4岁上/史爱华编著·—林琬责编·—50千字 5.50元

全纳式学前教育资源—零培训教育用书/史爱华编著·—林琬责编·—50千字 20.00元

全纳式学前教育读本 4—5岁上/史爱华编著·—林琬责编·—50千字 5.50元

全纳式学前教育读本 5—6岁上/史爱华编著·—林琬责编·—50千字 5.50元

21世纪南通教育丛书·教育人生行思录/朱培元编著·—史琪责编·—200千字 40.00元

着色儿童未来——儿童文化教育的研究与实践/李锋 张瑞迁编著·—吴立贵责编·—200千字 38.00元

全纳式学前教育读本 3—4岁下/史爱华编著·—林琬责编·—50千字 5.50元

全纳式学前教育读本 4—5岁下/史爱华编著·—金玲责编·—50千字 5.50元

为心灵解压：一本写给教师的心理自助书/傅宏主编·—金玲责编·—200千字 28.00元

江苏省高校毕业生就业、预警和重点产业人才供应2011年度报告/高校就业指导服务中心编著·—孙兴春责编·—300千字 98.00元

让创新思维在课堂飞扬/杨九俊、王一军编著·—吴立贵责编·—

200 千字　39.60 元

觅渡文丛·语文课程知识初论/韩雪屏编著·—余立新责编·—150 千字　48.00 元

觅渡文丛·语文课堂教学诊断/黄厚江编著·—余立新责编·—150 千字　35.00 元

智慧教育故事/薛法根编著·—邱静莹责编·—200 千字　38.00 元

把最美好的世界献给孩子/葛飞编著·—周红责编·—320 千字　35.00 元

用整个的心，办整个的学校·——位中学女校长的职业追求/韩海建编著·—佘晓灵责编·—200 千字　39.00 元

瞭望世界教育的风景·—教育国际比较研究报告集/丁晓昌 杨九俊编著·—午新生责编·—240 千字　28.00 元

大耳朵图图故事屋(1)/本书编写组编著·—林琬责编·—50 千字　10.00 元

大耳朵图图故事屋(2)/本书编写组编著·—林琬责编·—50 千字　10.00 元

大耳朵图图故事屋(3)/本书编写组编著·—林琬责编·—50 千字　10.00 元

大耳朵图图故事屋(4)/本书编写组编著·—林琬责编·—50 千字　10.00 元

大耳朵图图故事屋(5)/本书编写组编著·—林琬责编·—50 千字　10.00 元

小学数学结构教学的思考与实践转化/王冬娟著·—赵文静责编·—300 千字　48.00 元

农村教育改革与发展研究/王国强编著·—刘晓梅责编·—150 千字　38.00 元

教育管理实践与思考/王国强编著·—刘晓梅责编·—150 千字　48.00 元

走向高位均衡/屠湘如编著·—周红责编·—150 千字　38.00 元

基于教育现场的教师研究手记/江阴市教育局编著·—吴立贵责编·—120 千字　35.00 元

幼儿心理健康教育家园手册(小班)/傅宏编著·—刘煜责编·—100 千字　18.00 元

幼儿心理健康教育家园手册(中班)/傅宏编著·—刘煜责编·—100 千字　18.00 元

幼儿心理健康教育家园手册(大班)/傅宏编著·—刘煜责编·—100 千字　18.00 元

青少年金牌智力开发与培养丛书·卓越创造力开发与培养(上册)/本书编写组编著·—陈爱芳责编·—120 千字　15.00 元

青少年金牌智力开发与培养丛书·卓越观察力开发与培养(上册)/本书编写组编著·—陈爱芳责编·—120 千字　15.00 元

青少年金牌智力开发与培养丛书·卓越想象力开发与培养(上册)/本书编写组编著·—陈爱芳责编·—120 千字　15.00 元

青少年金牌智力开发与培养丛书·卓越注意力开发与培养(上册)/本书编写组编著·—陈爱芳责编·—120 千字　15.00 元

青少年金牌智力开发与培养丛书·卓越思维力开发与培养(上册)/本书编写组编著·—陈爱芳责

编·—120千字　15.00元

青少年金牌智力开发与培养丛书·卓越记忆力开发与培养(上册)/本书编写组编著·—陈爱芳责编·—120千字　15.00元

青少年金牌智力开发与培养丛书·卓越记忆力开发与培养(下册)/本书编写组编著·—陈爱芳责编·—150千字　15.00元

青少年金牌智力开发与培养丛书·卓越思维力开发与培养(下册)/本书编写组编著·—陈爱芳责编·—150千字　15.00元

青少年金牌智力开发与培养丛书·卓越创造力开发与培养(下册)/本书编写组编著·—陈爱芳责编·—150千字　15.00元

青少年金牌智力开发与培养丛书·卓越观察力开发与培养(下册)/本书编写组编著·—陈爱芳责编·—150千字　15.00元

青少年金牌智力开发与培养丛书·卓越想象力开发与培养(下册)/本书编写组编著·—陈爱芳责编·—150千字　15.00元

青少年金牌智力开发与培养丛书·卓越注意力开发与培养(下册)/本书编写组编著·—陈爱芳责编·—150千字　15.00元

小橘宝图画馆·数字歌(平装)/小桔宝图画馆编写组编著·—刘昱责编·—50千字　12.00元

小橘宝图画馆·嫦娥奔月(平装)/小桔宝图画馆编写组编著·—刘昱责编·—50千字　12.00元

小橘宝图画馆·草船借箭(平装)/小桔宝图画馆编写组编著·—刘昱责编·—50千字　12.00元

小橘宝图画馆·画蛇添足(平装)/小桔宝图画馆编写组编著·—刘昱责编·—50千字　12.00元

蜗牛的奖杯——儿童寓言诗精选100篇/杨啸编著·—午新生责编·—200千字　18.00元

苏州文艺评论2010/朱栋霖编著·—王建军责编·—320千字　52.50元

最伟大的励志书革命者书信白金纪念版(青少年卷)/孙学良编著·—沈静明责编·—50千字　19.80元

辛亥革命读本(青少年版)/李征宇编著·—沈静明责编·—180千字　23.80元

建党伟业(青少年版)/金达芾编著·—沈静明责编·—100千字　22.80元

怎样办好运动会(二)/天野芳乃编著·—沈静明责编·—50千字　28.00元

走出教室探索大自然游戏(二)/(日)中村伸子 编著·—沈静明责编·—60千字　28.00元

30分钟就能学会的欢乐魔术(二)/(日)荒木文子编著·—沈静明责编·—50千字　28.00元

教你读高中(含光盘)/本书编写组编著·—夏焰责编·—200千字　20.00元

世界文学百年经典·格列佛游记/宋兆霖编著·—严小英责编·—180千字　22.00元

世界文学百年经典·战争与和平/宋兆霖编著·—严小英责编·—150千字　35.00元

世界文学百年经典·雾都孤儿/宋兆霖编著·—严小英责编·—150千字　33.00元

世界文学百年经典·莎士比亚悲剧/宋兆霖编著·—严小英责编·—150千字　22.00元

外国文学名著·大电影馆丛书·苔丝/宋兆霖编著·—侯章龙责编·—150千字　36.00元

世界文学百年经典·童年/宋兆霖编著·—严小英责编·—150千字　20.80元

青少年健康成长读本·坚持——执着的人才能成功/本书编写组编著·—韩宇新责编·—150千字　29.80元

青少年健康成长读本·行动——勤奋是一笔无形的资产/本书编写组编著·—韩宇新责编·—150千字　29.80元

青少年健康成长读本·梦想——助你走进人间天堂/本书编写组编著·—韩宇新责编·—150千字　29.80元

青少年健康成长读本·素养——让习惯成就你的辉煌/本书编写组编著·—韩宇新责编·—150千字　29.80元

带着责任去上班/本书编写组编著·—韩宇新责编·—150千字　29.80元

青少年健康成长读本·挑战——心有多大，舞台就有多大/本书编写组编著·—韩宇新责编·—150千字　29.80元

青少年健康成长读本·执行——把握住现在才能把握未来/本书编写组编著·—韩宇新责编·—150千字　29.80元

青少年健康成长读本·承受——磨砺成大事的毅力/本书编写组编著·—韩宇新责编·—150千字　29.80元

青少年健康成长读本·得失——“双赢”是一种最好的竞争/本书编写组编著·—韩宇新责编·—150千字　29.80元

青少年健康成长读本·潜能——挖掘智商潜能，超越平庸自我/本书编写组编著·—韩宇新责编·—150千字　29.80元

青少年健康成长读本·自信——信心是你成功的永远动力/本书编写组编著·—韩宇新责编·—150千字　29.80元

语文人生哲思录/洪宗礼编著·—周敬芝责编·—30千字　18.00元

罪犯个案矫正实务指导/句容监狱编著·—孙兴春责编·—200千字　60.00元

管理实践与探索/张其顺编著·—孙兴春责编·—110千字　28.00元

苏商精神及其社会价值/卢雄勇编著·—孙兴春责编·—250千字　30.00元

“小主人教育”研究丛书·亲亲琅小园/戚韵东等编著·—吴立贵责编·—100千字　35.00元

好句好段畅销十周年纪念版（小学卷）/郝慧敏编著·—午新生责编·—120千字　23.80元

心灵鸡汤畅销十周年纪念版（小学卷）/王清玲编著·—午新生责编·—120千字　21.80元

风行校园·成语游戏畅销十周年纪念版（小学卷）/孙学良编著·—午新生责编·—120千字　23.80元

小故事大道理畅销十周年全新

升级版(小学卷)/邱敏编著·—午新生责编·—120千字　21.80元

心灵鸡汤畅销十周年纪念版(初中卷)/王清玲编著·—午新生责编·—120千字　23.80元

小故事大道理畅销十周年全新升级版(初中卷)/邱敏编著·—午新生责编·—120千字　21.80元

光辉的历程——庆祝中国共产党成立90周年苏州市美术书法大展作品集/周矩敏编著·—徐金平责编·—80千字　220.00元

老年心理关爱指导手册/张伟新 傅双喜 侯国新编著·—王家俊责编·—140千字　29.80元

新四军在江南/中共溧阳市委宣传部等编著·—李一民责编·—50千字　15.00元

绝战——追思金门战役 精装本/王洪光编著·—谭锦宁责编·—460千字　160.00元

甜心格格故事书(1)/本书编写组编著·—林琬责编·—50千字　12.00元

甜心格格故事书(2)/本书编写组编著·—林琬责编·—50千字　12.00元

甜心格格故事书(3)/本书编写组编著·—林琬责编·—50千字　12.00元

甜心格格故事书(4)/本书编写组编著·—林琬责编·—50千字　12.00元

格窗文丛/顾永康编著·—孙兴春责编·—200千字　30.00元

城市底色/唐晓玲编著·—周方责编·—150千字　40.00元

南京大学MPA10年/编写组编著·—孙兴春责编·—400千字　58.00元

小橘宝图画馆·过年(平装)/小桔宝图画馆编写组编著·—翟晶晶责编·—50千字　12.00元

江苏少年儿童出版社

“我知道”幼儿科学童话系列·1只虱子和10条金鱼/聂萧袤张晓玲著 南京奇奕科技有限公司绘·—陈佳帆 郭敏责编·—40千字　15.00元

“我知道”幼儿科学童话系列·老头老太分家记/聂萧袤张晓玲著 南京奇奕科技有限公司绘·—陈佳帆 郭敏责编·—40千字　15.00元

“我知道”幼儿科学童话系列·三角形先生/聂萧袤张晓玲著 南京奇奕科技有限公司绘·—陈佳帆 郭敏责编·—40千字　15.00元

“我知道”幼儿科学童话系列·看不见的约会/聂萧袤张晓玲著 南京奇奕科技有限公司绘·—陈佳帆 郭敏责编·—40千字　15.00元

“我知道”幼儿科学童话系列·熊公主出嫁/聂萧袤张晓玲著 南京奇奕科技有限公司绘·—陈佳帆 郭敏责编·—40千字　15.00元

“我知道”幼儿科学童话系列·仙女的厨房/聂萧袤张晓玲著 南京奇奕科技有限公司绘·—陈佳帆 郭敏责编·—40千字　15.00元

KITTY爱涂色·HELLO KIT-

TYD的亲友团/南京漫炎动漫有限公司编·—石磊 王娟责编·—20千字 10.00元

KITTY爱涂色·HELLO KITTYD去郊游/南京漫炎动漫有限公司编·—石磊 王娟责编·—20千字 10.00元

KITTY爱涂色·HELLO KITTYD的聚会/南京漫炎动漫有限公司编·—石磊 王娟责编·—20千字 10.00元

KITTY爱涂色·HELLO KITTYD去游乐场/南京漫炎动漫有限公司编·—石磊 王娟责编·—20千字 10.00元

奥莉薇精选绘本童书系列·奥莉薇当医生/南京优漫动漫设计工作室编绘·—张亮 石蕊 刘宗源责编·—30千字 9.80元

奥莉薇精选绘本童书系列·奥莉薇量身高/南京优漫动漫设计工作室编绘·—张亮 石蕊 刘宗源责编·—30千字 9.80元

奥莉薇精选绘本童书系列·奥莉薇圣诞老人/南京优漫动漫设计工作室编绘·—张亮 石蕊 刘宗源责编·—30千字 9.80元

奥莉薇精选绘本童书系列·奥莉薇和外星人弟弟/南京优漫动漫设计工作室编绘·—张亮 石蕊 刘宗源责编·—30千字 9.80元

奥莉薇精选绘本童书系列·奥莉薇去水族馆/南京优漫动漫设计工作室编绘·—张亮 石蕊 刘宗源责编·—30千字 9.80元

奥莉薇精选绘本童书系列·奥莉薇保密/南京优漫动漫设计工作室编绘·—张亮 石蕊 刘宗源责编·—30千字 9.80元

奥莉薇精选绘本童书系列·奥莉薇离家出走/南京优漫动漫设计工作室编绘·—张亮 石蕊 刘宗源责编·—30千字 9.80元

奥莉薇精选绘本童书系列·奥莉薇和海盗宝藏/南京优漫动漫设计工作室编绘·—张亮 石蕊 刘宗源责编·—30千字 9.80元

奥莉薇精选绘本童书系列·奥莉薇去做客/南京优漫动漫设计工作室编绘·—张亮 石蕊 刘宗源责编·—30千字 9.80元

奥莉薇精选绘本童书系列·奥莉薇变魔术/南京优漫动漫设计工作室编绘·—张亮 石蕊 刘宗源责编·—30千字 9.80元

奥莉薇双语绘本童书系列·奥莉薇的幽灵酒店/焦广庆编译·—张亮 石蕊 刘宗源责编·—25千字 10.00元

奥莉薇双语绘本童书系列·奥莉薇做妈妈/焦广庆编译·—张亮 石蕊 刘宗源责编·—25千字 10.00元

奥莉薇双语绘本童书系列·奥莉薇盒装礼品书/焦广庆编译·—张亮 石蕊 刘宗源责编·—25千字 45.00元

奥莉薇双语绘本童书系列·奥莉薇卖柠檬水/焦广庆编译·—张亮 石蕊 刘宗源责编·—25千字 10.00元

奥莉薇双语绘本童书系列·奥莉薇遇到奥莉薇/焦广庆编译·—张亮 石蕊 刘宗源责编·—25千字 10.00元

奥莉薇双语绘本童书系列·奥莉薇参加晚宴会/焦广庆编译·—张亮 石蕊 刘宗源责编·—25千字

10.00 元

班马叔叔绿人姐姐奇幻幽秘系列·白女孩与野蛮的风/斑马韦伶著·—章红 章文焙责编·—10 千字 19.00 元

班马叔叔绿人姐姐幽秘作品系列·幽秘花园/韦伶著·—章文焙章红责编·—80 千字 19.00 元

班马叔叔绿人姐姐幽秘作品系列·小绿人/斑马著·—章文焙 章红责编·—50 千字 19.00 元

班马叔叔绿人姐姐幽秘作品系列·山鬼之谜/韦伶著·—章文焙章红责编·—80 千字 19.00 元

传世经典必读文库·纪伯伦散文诗精选/(黎巴嫩) 纪伯伦原著 冰心吴岩译·—仲秋荣责编·—130 千字 12.00 元

传世经典必读文库·红与黑/(法) 司汤达 (Stendhal) 原著 陈昆华谢江编译·—仲秋荣责编·—140 千字 13.00 元

传世经典必读文库·八十天环游地球/(法) 凡尔纳 (Verne,J.) 著 华明玥林铭子编译·—陈文瑛责编·—150 千字 18.00 元

传世经典必读文库·小公主/(英) 伯内特 (Burnett,F. H.) 著 华明玥林铭子编译·—陈文瑛责编·—150 千字 18.00 元

传世经典必读文库·傲慢与偏见/(英) 奥斯丁 (Austen,J.) 著 小熙编译·—张晓玲责编·—120 千字 15.00 元

传世经典必读文库·卓娅和舒拉的故事/(苏) 科斯莫杰米扬斯卡娅著 谢锐鑫陈昆华谢姝编译·—陈文瑛责编·—150 千字 18.00 元

传世经典必读文库·雾都孤儿/(英) 狄更斯 (Dickens, C.) 著 张燕改写·—朱野坪责编·—150 千字 14.00 元

传世经典必读文库·金银岛/(英) 斯蒂文 (Stevenson, R. L.) 著 周立波编译·—陈文瑛责编·—150 千字 18.00 元

传世经典必读文库·中国民间传说故事/周立波编写·—陈文瑛责编·—150 千字 18.00 元

创意美术与手工·手上的风景/潘坚编著·—周翔责编·—20 千字 7.50 元

创意美术与手工·漂亮妈妈/潘坚编著·—周翔责编·—2 千字 7.50 元

创意美术与手工·趴着的泥巴/潘坚编著·—周翔责编·—50 千字 7.50 元

创意美术与手工·毕加索相遇齐白石/臧旭辉编著·—周翔等责编·—40 千字 7.50 元

创意美术与手工·二十四节气之秋季/潘坚编著·—陆亚军等责编·—20 千字 7.50 元

创意美术与手工·二十四节气之春季/潘坚等编著·—周翔责编·—20 千字 7.50 元

创意美术与手工·米罗相遇克利/臧旭辉编著·—周翔等责编·—40 千字 7.50 元

创意美术与手工·石头也唱歌/潘坚编著·—周翔责编·—40 千字 7.50 元

创意美术与手工·木头疙瘩/潘坚编著·—周翔责编·—50 千字 7.50 元

创意美术与手工·照照镜子/潘坚等编著·—周翔责编·—20 千字

7.50 元

创意美术与手工·雪花飘飘/潘坚等编著·—周翔责编·—20 千字　7.50 元

创意美术与手工·跳跳的点点/潘坚等编著·—周翔责编·—2 千字　7.50 元

东方娃娃家庭文库·安柏在等待/(加)格雷戈里编（加)丹顿绘　杜维佳译·—吴小红责编·—20 千字　24.80 元

东方娃娃家庭文库·亨利叔叔的晚餐客人/(加)弗洛伊桑编文（加)普拉特绘　余丽琼译·—吴小红责编·—20 千字　24.80 元

东方娃娃家庭文库·我的尾巴/(韩)赵秀京编绘　安金连译·—吴小红责编·—20 千字　24.80 元

东方娃娃家庭文库·哈里的大脚/(英)瑞娜编绘　林梦语译·—吴小红责编·—20 千字　24.80 元

东方娃娃家庭文库·蛤蟆爷爷的秘诀/(日)庆子·凯萨兹编绘　马爱新译·—吴小红责编·—20 千字　24.80 元

东方娃娃家庭文库·别再捉弄人啦!/(英)克拉克编绘　施敏译·—吴小红责编·—20 千字　24.80 元

东方娃娃家庭文库·不管怎样/(英)格里尔丽编绘　施敏译·—吴小红责编·—20 千字　24.80 元

动力喜羊羊·粉红大鸟/一漫年编绘·—石蕊　张亮　刘宗源责编·—50 千字　10.00 元

动力喜羊羊·海陆空救羊大行动/一漫年编绘·—石蕊　张亮　刘宗源责编·—50 千字　10.00 元

动力喜羊羊·大猩猩与猩猩王/一漫年编绘·—石蕊　张亮　刘宗源责编·—50 千字　10.00 元

动力喜羊羊·智能机械人/一漫年编绘·—石蕊　张亮　刘宗源责编·—50 千字　10.00 元

动力喜羊羊·合体机械人大作战/一漫年编绘·—石蕊　张亮　刘宗源责编·—20 千字　10.00 元

动力喜羊羊·“贪吃跑车”大战“爱心铁马”/一漫年　编绘·—石蕊　张亮　刘宗源责编·—50 千字　10.00 元

动力喜羊羊·泼水节大战/一漫年编绘·—石蕊　张亮　刘宗源责编·—50 千字　10.00 元

动力喜羊羊·狮子王的秘密武器/一漫年编绘·—石蕊　张亮　刘宗源责编·—50 千字　10.00 元

动力喜羊羊·动力火船拯救队/一漫年编绘·—石蕊　张亮　刘宗源责编·—50 千字　10.00 元

飞龙男孩·冰雪魔法师/(英)罗伯森编绘　范晓星译·—陆映秋责编·—40 千字　10.00 元

飞龙男孩·飞天大营救/(英)罗伯森编绘　范晓星译·—陆映秋责编·—40 千字　10.00 元

飞龙男孩·智取双怪/(英)罗伯森编绘　范晓星译·—陆映秋责编·—40 千字　10.00 元

飞龙男孩·小飞龙的秘密/(英)罗伯森编绘　范晓星译·—陆映秋责编·—40 千字　10.00 元

非常侦探组·保护神秘人/皮皮熊著·—石磊　葛冬冬责编·—150 千字　13.00 元

非常侦探组·恐怖短信息/皮皮熊著·—石磊　葛冬冬责编·—150 千字　13.00 元

非常侦探组·博物馆之夜/皮皮熊著·—石磊 葛冬冬责编·—150千字 13.00元

葛冰“绝对小屁孩儿”校园幽默小说·小屁孩儿/葛冰著·—陈文瑛责编·—120千字 17.00元

葛冰“绝对小屁孩儿”校园幽默小说·小笨孩儿/葛冰著·—陈文瑛责编·—120千字 17.00元

葛冰“绝对小屁孩儿”校园幽默小说·小臭孩儿/葛冰著·—陈文瑛责编·—120千字 17.00元

葛冰神秘动物小说系列·老金毛“诸葛亮”/葛冰著·—陈文瑛责编·—50千字 18.00元

葛冰神秘动物小说系列·地下城堡的红裙女孩/葛冰著·—陈文瑛责编·—50千字 18.00元

葛冰神秘动物小说系列·杏花巷9号的秘密/葛冰著·—陈文瑛责编·—50千字 18.00元

葛冰神秘动物小说系列·神秘铜面狗/葛冰著·—陈文瑛责编·—50千字 18.00元

国际儿童文学大奖得主经典系列·地球的故事/(美)房龙著 刘晓光编译·—仲秋荣责编·—140千字 16.00元

海王子·迷失的神龙/墨清清著·—石磊,葛冬冬责编·—50千字 13.50元

海王子·小丑鱼之光/墨清清著·—石磊,葛冬冬责编·—50千字 13.50元

盒子大搜索·美丽新世界/南京优漫动漫设计工作室编著·—石磊 葛冬冬责编·—20千字 10.00元

盒子大搜索·奇幻大冒险/南京优漫动漫设计工作室编著·—石磊 葛冬冬责编·—20千字 10.00元

盒子大搜索·部落奇遇记/南京优漫动漫设计工作室编著·—石磊 葛冬冬责编·—20千字 10.00元

盒子大搜索·开心大农场/南京优漫动漫设计工作室编著·—石磊 葛冬冬责编·—20千字 10.00元

盒子大搜索·走进游乐场/南京优漫动漫设计工作室编著·—石磊 葛冬冬责编·—20千字 10.00元

盒子勇士历险记·神奇的巨型蛋/邹超颖著·—石磊 葛冬冬责编·—40千字 12.80元

盒子勇士历险记·拯救精灵行动/邹超颖著·—石磊 葛冬冬责编·—40千字 12.80元

教室十日谈·爆笑校园漫画·兔出重围/孙元伟著·—石蕊 刘宗源责编·—60千字 9.50元

教室十日谈·爆笑校园漫画·校田喜兔/孙元伟著·—石蕊 刘宗源责编·—60千字 9.50元

教室十日谈·爆笑校园漫画·兔从天降/孙元伟著·—石蕊 刘宗源责编·—60千字 9.50元

教室十日谈·爆笑校园漫画·斗战胜兔/孙元伟著·—石蕊 刘宗源责编·—60千字 9.50元

快乐迷宫·快乐的农庄/南京漫炎动漫艺术文化传媒有限公司编著·—石磊 葛冬冬责编·—1千字 10.00元

快乐迷宫·恐龙岛历险/南京漫炎动漫艺术文化传媒有限公司编著·—石磊 葛冬冬责编·—1千字 10.00元

快乐迷宫·热闹的巴拉布城/南

京漫炎动漫艺术文化传媒有限公司编著·—石磊 葛冬冬责编·—1千字 10.00元

快乐迷宫·忙碌的一天/南京漫炎动漫艺术文化传媒有限公司编著·—石磊 葛冬冬责编·—1千字 10.00元

快乐迷宫·迷失大沙漠/南京漫炎动漫艺术文化传媒有限公司编著·—石磊 葛冬冬责编·—1千字 10.00元

梦幻小公主·真假王子殿下/玖金著·—石磊 王娟责编·—100千字 13.80元

梦幻小公主·糖果使者和小狐狸/玖金著·—石磊 王娟责编·—100千字 13.80元

梦幻小公主系列·寻找遗失的地图/玖金著·—石磊 王娟责编·—55千字 13.50元

梦幻小公主系列·紫色夜想曲/玖金著·—石磊 王娟责编·—55千字 13.50元

秘密进行中系列·这本书的名字是秘密/(美)匿名的博施著 胡虹译·—仲秋荣责编·—140千字 18.00元

秘密进行中系列·这本书来得正是时候/(美)匿名的博施著 胡虹译·—仲秋荣责编·—140千字 18.00元

秘密进行中系列·这本书对你有好处/(美)匿名的博施著 胡虹译·—仲秋荣责编·—140千字 18.00元

名著早早读·居里夫人的故事/(英)杜尔利原著 仲秋荣徐文婕改写·—鲍佳汇责编·—130千字 10.00元

魔法小花仙·万圣节公主/晴天著·—石磊 陈艳梅责编·—1千字 13.50元

魔法小花仙·甜风花仙晋级赛/晴天著·—石磊 陈艳梅责编·—40千字 15.00元

魔法小花仙·古灵仙地的捣蛋鬼/晴天著·—石磊 陈艳梅责编·—1千字 13.50元

魔法小花仙·温暖的秘密/晴天著·—石磊 陈艳梅责编·—40千字 15.00元

赛尔号SPT先锋队·冰原大作战/笑晨曦著·—石磊 陈艳梅责编·—50千字 15.00元

赛尔号SPT先锋队·激战龙眠沙漠/笑晨曦著·—石磊 陈艳梅责编·—50千字 15.00元

赛尔号SPT先锋队·雷神的友谊之战/笑晨曦著·—陈艳梅责编·—1千字 15.00元

赛尔号SPT先锋队·几米塔大比拼/笑晨曦著·—陈艳梅责编·—1千字 15.00元

赛尔号SPT先锋队·烈焰反击战/笑晨曦著·—石磊 邱天责编·—80千字 15.00元

赛尔号官方年鉴·精灵大全集/上海淘米网络科技有限公司著·—石磊 曹丹责编·—20千字 20.00元

赛尔号官方年鉴·精灵大全集/上海淘米网络科技有限公司著·—石磊 曹丹责编·—20千字 20.00元

赛尔号即时攻略·赛尔号实战精灵全分析/李柏等编写·—邱天责编·—120千字 20.00元

赛尔号精灵传说·诀裂！光与

暗之战/艾左左著·—石磊 王娟责编·—100 千字 15.00 元

赛尔号精灵传说·觉悟吧！赫尔托克/艾左左著·—石磊 王娟责编·—1 千字 15.00 元

赛尔号精灵传说·战斗！以正义之名/艾左左著·—石磊 王娟责编·—100 千字 15.00 元

赛尔号精灵传说·圣灵的拯救/艾左左著·—石磊 王娟责编·—1 千字 15.00 元

赛尔号精灵对战剧场·挑战暗黑武斗场/上海淘米网络科技有限公司编著·—石磊 王娟责编·—50 千字 15.00 元

赛尔号精灵对战剧场·蕾伊盖亚宿命之战/上海淘米网络科技有限公司编著·—石磊 王娟责编·—50 千字 15.00 元

赛尔号精灵对战剧场·征战星际守护兽/上海淘米网络科技有限公司编著·—石磊 王娟责编·—50 千字 15.00 元

赛尔号精灵对战剧场·王者谱尼/上海淘米网络科技有限公司编著·—石磊 王娟责编·—50 千字 15.00 元

赛尔号迷宫大探险·双子贝塔星战役/南京优漫动漫有限公司编著·—石磊 王娟责编·—1 千字 12.80 元

赛尔号迷宫大探险·云霄星的异变/南京优漫动漫有限公司编著·—石磊 王娟责编·—1 千字 12.80 元

赛尔号迷宫大探险·卡兰星系的秘密/南京优漫动漫有限公司编著·—石磊 王娟责编·—1 千字 12.80 元

赛尔号迷宫大探险·美丽的斯诺星/南京优漫动漫有限公司编著·—石磊 王娟责编·—1 千字 12.80 元

少年福尔摩斯探案系列·高空惊魂/（加）皮科克原著 严志军等译·—章红 张晓玲责编·—150 千字 18.00 元

少年福尔摩斯探案系列·消失的少女/（加）皮科克原著 严志军等译·—章红 张晓玲责编·—150 千字 18.00 元

少年福尔摩斯探案系列·神秘的恶魔/（加）皮科克原著 严志军等译·—章红 张晓玲责编·—150 千字 18.00 元

少年福尔摩斯探案系列·乌鸦之眼/（加）皮科克原著 严志军等译·—章红 张晓玲责编·—150 千字 18.00 元

探险喜羊羊漫画·火柴人王国/一漫年 编绘·—张亮 石蕊 刘宗源责编·—55 千字 13.50 元

探险喜羊羊漫画·谜语流动城堡/一漫年 编绘·—张亮 石蕊 刘宗源责编·—55 千字 13.50 元

探险喜羊羊漫画·智闯深海皇宫/一漫年 编绘·—张亮 石蕊 刘宗源责编·—55 千字 13.50 元

探险喜羊羊漫画·贪吃岛大冒险/一漫年 编绘·—张亮 石蕊 刘宗源责编·—55 千字 13.50 元

糖果公主的梦幻宠物·魔法精灵兽/上海漫唐堂文化传播有限公司编著·—陆映秋责编·—40 千字 12.00 元

糖果公主的梦幻宠物·梦幻精灵兽/上海漫唐堂文化传播有限公司编著·—陆映秋责编·—40 千字

12.00 元

糖果公主的梦幻宠物·传说精灵兽/上海漫唐堂文化传播有限公司编著·—陆映秋责编·—40 千字　12.00 元

糖果公主的奇妙衣橱·薄荷糖公主/上海漫唐堂文化传播有限公司编著·—陆映秋责编·—40 千字　12.00 元

糖果公主的奇妙衣橱·草莓糖公主/上海漫唐堂文化传播有限公司编著·—陆映秋责编·—40 千字　12.00 元

糖果公主的奇妙衣橱·棉花糖公主/上海漫唐堂文化传播有限公司编著·—陆映秋责编·—40 千字　12.00 元

糖果公主的奇妙衣橱·牛奶糖公主/上海漫唐堂文化传播有限公司编著·—陆映秋责编·—40 千字　12.00 元

特务喜羊羊·特务超新星·—隐形狼拳/一漫年 编绘·—张亮 石蕊 刘宗源责编·—60 千字　10.00 元

特务喜羊羊·特务超新星·—拯救熊猫市长/一漫年 编绘·—张亮 石蕊 刘宗源责编·—60 千字　10.00 元

我的第一本日记·三年级的美羊羊/单瑛琪著·—陈文瑛责编·—150 千字　18.00 元

我的第一本日记·一年级的小豆包/单瑛琪著·—陈文瑛责编·—150 千字　19.00 元

我的第一本日记·三年级的花太狼/单瑛琪著·—陈文瑛责编·—150 千字　18.00 元

我的第一本日记·二年级的大辣椒/单瑛琪著·—陈文瑛责编·—150 千字　19.00 元

喜羊羊与灰太狼绘本童书外传·喜羊羊勇闯恐龙岛——霸王龙大决战/一漫年 编绘·—张亮 石蕊 刘宗源责编·—50 千字　10.00 元

喜羊羊与灰太狼绘本童书外传·喜羊羊勇闯恐龙岛——超级恐龙王/一漫年 编绘·—张亮 石蕊 刘宗源责编·—50 千字　10.00 元

喜羊羊与灰太狼绘本童书外传·喜羊羊勇闯恐龙岛——宠物服从比赛/一漫年 编绘·—张亮 石蕊 刘宗源责编·—50 千字　10.00 元

喜羊羊与灰太狼绘本童书外传·喜羊羊勇闯恐龙岛——宠物小恐龙/一漫年 编绘·—张亮 石蕊 刘宗源责编·—50 千字　10.00 元

喜羊羊与灰太狼绘本童书外传·喜羊羊勇闯恐龙岛——贩卖恐龙的鳄鱼/一漫年 编绘·—张亮 石蕊 刘宗源责编·—50 千字　10.00 元

喜羊羊与灰太狼绘本童书外传·喜羊羊勇闯恐龙岛——恐龙大汇演/一漫年 编绘·—张亮 石蕊 刘宗源责编·—50 千字　10.00 元

喜羊羊与灰太狼绘本童书外传·喜羊羊勇闯恐龙岛——再见了！恐龙！/一漫年 编绘·—张亮 石蕊 刘宗源责编·—50 千字　10.00 元

喜羊羊与灰太狼绘本童书外传·喜羊羊勇闯恐龙岛——空中飞龙/一漫年 编绘·—张亮 石蕊 刘宗源责编·—50 千字　10.00 元

喜羊羊与灰太狼绘本童书外传·喜羊羊勇闯恐龙岛——恐龙马戏团/一漫年 编绘·—张亮 石蕊 刘宗源责编·—50 千字　10.00 元

喜羊羊与灰太狼绘本童书外传

·喜羊羊勇闯恐龙岛——恐龙世纪大阴谋/—漫年 编绘·—张亮 石蕊 刘宗源责编·—50 千字 10.00 元

喜羊羊与灰太狼绘本童书外传·喜羊羊勇闯恐龙岛——拯救伤残机械龙/—漫年 编绘·—张亮 石蕊 刘宗源责编·—50 千字 10.00 元

小花仙 I find·花仙我最靓/南京优漫动漫设计工作室编绘·—石磊 陈艳梅责编·—20 千字 12.80 元

小花仙 I find·魔法衣橱/南京优漫动漫设计工作室编绘·—石磊 陈艳梅责编·—20 千字 12.80 元

小花仙 I find·拉贝尔大寻宝/南京优漫动漫设计工作室编绘·—石磊 陈艳梅责编·—20 千字 12.80 元

小花仙 I find·花儿朵朵开/南京优漫动漫设计工作室编绘·—石磊 陈艳梅责编·—20 千字 12.80 元

小花仙幻想公主日记·丝雨花传奇/刘香英著·—石磊 陈艳梅责编·—20 千字 15.00 元

小花仙幻想公主日记·风沙古堡的诅咒/刘香英著·—石磊 陈艳梅责编·—20 千字 15.00 元

小花仙魔法仙屋·星语星愿/翩竹编·—石磊,陈艳梅责编·—80 千字 18.00 元

小花仙时尚梦工厂·智慧仙子的魔法/周宁等编绘·—石磊 陈艳梅责编·—50 千字 15.00 元

小花仙时尚梦工厂·美丽仙子的日记/周宁等编绘·—石磊 陈艳梅责编·—50 千字 15.00 元

小花仙仙子童话书·约会美丽湖/穆少君著·—石磊 陈艳梅责编·—50 千字 18.00 元

小花仙仙子童话书·美丽湖传说/雷蕾著·—陈艳梅责编·—110 千字 20.00 元

小花仙仙子童话书·神秘国的女儿/穆少君著·—石磊 陈艳梅责编·—50 千字 18.00 元

小花仙仙子童话书·圣诞夜畅想曲/穆少君著·—石磊 陈艳梅责编·—50 千字 18.00 元

小花仙仙子童话书·寻找最美的鲜花/雷蕾著·—陈艳梅责编·—110 千字 20.00 元

小花仙仙子童话书·复活吧!摘星花/穆少君著·—石磊 陈艳梅责编·—50 千字 18.00 元

小拇指历险记·小拇指和大房子/(荷) 兰著 孙远译·—仲秋荣 郁敬湘责编·—80 千字 14.00 元

小拇指历险记·小拇指和小矮人/(荷) 兰著 孙远译·—仲秋荣 郁敬湘责编·—80 千字 14.00 元

小拇指历险记·小拇指和海上冒险/(荷) 兰著 孙远译·—仲秋荣 郁敬湘责编·—80 千字 14.00 元

小拇指历险记·小拇指和火箭/(荷) 兰著 孙远译·—仲秋荣 郁敬湘责编·—80 千字 14.00 元

小拇指历险记·小拇指和珍珠/(荷) 兰著 孙远译·—仲秋荣 郁敬湘责编·—80 千字 14.00 元

小拇指历险记·小拇指和金笔/(荷) 兰著 孙远译·—仲秋荣 郁敬湘责编·—80 千字 14.00 元

小拇指历险记·小拇指和十个惊险故事/(荷) 兰著 孙远译·—仲秋荣 郁敬湘责编·—80 千字 14.00 元

小拇指历险记·小拇指和金杯

之旅/(荷) 兰著 孙远译·—仲秋荣 郁敬湘责编·—80 千字　14.00 元

小拇指历险记·小拇指和小拇指王国/(荷) 兰著 孙远译·—仲秋荣 郁敬湘责编·—80 千字　14.00 元

小拇指历险记·小拇指和小云/(荷) 兰著 孙远译·—仲秋荣 郁敬湘责编·—80 千字　14.00 元

小拇指历险记·小拇指和魔法师/(荷) 兰著 孙远译·—仲秋荣 郁敬湘责编·—80 千字　14.00 元

小拇指历险记·小拇指和他的朋友们/(荷) 兰著 孙远译·—仲秋荣 郁敬湘责编·—80 千字　14.00 元

一生必看的 100 种图画书·乐器的秘密/(日) 五味太郎著 王煜婷译·—石磊 陈艳梅责编·—40 千字　12.80 元

一生必看的 100 种图画书·我说了吧/(日) 五味太郎著 王煜婷译·—石磊 陈艳梅责编·—40 千字　12.80 元

一生必看的 100 种图画书·谁藏在那儿/(日) 五味太郎著 王煜婷译·—石磊 陈艳梅责编·—40 千字　12.80 元

一生必看的 100 种图画书·不要紧吧,小老鼠/(日) 五味太郎著 王煜婷译·—石磊 陈艳梅责编·—40 千字　12.80 元

一生必看的 100 种图画书·一起玩儿吧/(日) 五味太郎著·—石磊 陈艳梅责编·—40 千字　12.80 元

幼儿 100 认知丛书·木偶奇遇记/江苏少年儿童出版社编著·—程令方 芮丽娇责编·—50 千字　4.00 元

幼儿 100 认知丛书·积木的旅行/乐琴编著·—管旅华 程令方 芮利娇责编·—50 千字　3.00 元

幼儿 100 认知丛书·安安的明信片/乐琴编著·—管旅华 程令方 芮利娇责编·—50 千字　3.00 元

幼儿 100 认知丛书·小美的礼物/乐琴编著·—管旅华 程令方 芮丽娇责编·—50 千字　3.00 元

幼儿 100 认知丛书·小小蚕的 28 天/伊文编著·—管旅华责编·—20 千字　4.00 元

幼儿 100 认知丛书·明天还一起玩/伊文编著·—管旅华责编·—20 千字　4.00 元

幼儿 100 认知丛书·木偶奇遇记/江苏少年儿童出版社编著·—程令方 芮丽娇责编·—50 千字　4.00 元

幼儿 100 认知丛书·木偶奇遇记/江苏少年儿童出版社编著·—程令方 芮丽娇责编·—50 千字　4.00 元

幼儿 100 认知丛书·道过晚安的小土豆/伊文编著·—管旅华 袁蔚莉责编·—20 千字　4.00 元

幼儿 100 认知丛书·小鼹鼠盖房子/乐琴编著·—管旅华 程令方 芮利娇责编·—50 千字　3.00 元

幼儿 100 认知丛书·我长大以后/乐琴编著·—管旅华 程令方 芮利娇责编·—50 千字　3.00 元

幼儿 100 认知丛书·飞舞的花精灵/伊文编著·—管旅华责编·—20 千字　4.00 元

幼儿 100 认知丛书·黄昏,蚯蚓去散步/伊文编著·—管旅华责编·—20 千字　4.00 元

中华原创绘本大系·发条鼠/曹文轩编文李璋绘·—张晓玲责编·—2千字 32.00元

中华原创绘本大系·柏林上空的伞/曹文轩编文潘坚潘颖绘·—张晓玲责编·—2千字 32.00元

中华原创绘本大系·天空的呼唤/曹文轩编文秦修平绘·—张晓玲责编·—2千字 32.00元

中华原创绘本大系·第八号街灯/曹文轩编文文那绘·—张晓玲责编·—2千字 32.00元

周末与爱丽丝聊天·镜子里的小姑娘/程玮著·—郁敬湘 仲秋荣责编·—50千字 14.00元

周末与爱丽丝聊天·芝麻开门的秘密/程玮著·—郁敬湘 仲秋荣责编·—50千字 14.00元

周末与爱丽丝聊天·会跳舞的小星星/程玮著·—郁敬湘 仲秋荣责编·—50千字 14.00元

周末与爱丽丝聊天·黑头发的朱丽叶/程玮著·—郁敬湘 仲秋荣责编·—50千字 14.00元

周末与爱丽丝聊天·米兰的秘密花园/程玮著·—郁敬湘 仲秋荣责编·—50千字 14.00元

子涵童书·开飞机的大土豆/梅子涵著 卜佳媚绘·—章文焙 李燕责编·—2千字 28.00元

子涵童书·我和爸爸当小耗子/梅子涵著 卜佳媚绘·—李燕 章文焙责编·—20千字 28.00元

走进精彩非遗世界·南京绒花/杨英著·—陈佳帆 郭敏 郑林峰责编·—70千字 20.00元

最美的科普少年版·草地的四季/(德) 鲁特著 耕林文化编译·—陆映秋责编·—60千字 16.50元

最美的科普少年版·树木的四季/(德) 鲁特著 耕林文化编译·—陆映秋责编·—60千字 16.50元

最美的科普少年版·太阳的四季/(德) 雅各布著 耕林文化编译·—陆映秋责编·—60千字 16.50元

最美的科普少年版·大地的四季/(德) 雅各布著 耕林文化编译·—陆映秋责编·—60千字 16.50元

最美的科普少年版·花的四季/(德) 雅各布著 耕林文化编译·—陆映秋责编·—60千字 16.50元

最美的科普少年版·蝴蝶的四季/(德) 雅各布著 耕林文化编译·—陆映秋责编·—60千字 16.50元

最美的科普少年版·花的时钟/(德) 雅各布著 顾白译·—刘宗源责编·—60千字 16.50元

最美的科普少年版·草地时钟/(英) 鲁特著 顾白译·—刘宗源责编·—60千字 16.50元

最美的科普少年版·树木时钟/(英) 鲁特著 顾白译·—刘宗源责编·—60千字 16.50元

最美的科普少年版·大地时钟/(德) 雅各布著 顾白译·—刘宗源责编·—60千字 16.50元

最美的科普少年版·蝴蝶时钟/(德) 雅各布著 顾白译·—刘宗源责编·—60千字 16.50元

最美的科普少年版·太阳时钟/(德) 雅各布著 顾白译·—刘宗源责编·—60千字 16.50元

最美的名著·柳林风声/(英) 格雷厄姆原著 (美)巴雷特改写 (美)戴利绘 关建译·—石蕊 张亮

刘宗源责编·—70 千字　16.80 元

最美的名著·兔子布莱尔/(美) 哈里斯原著 (美) 戴利绘 司南译·—石蕊 张亮 刘宗源5 责编·—70 千字　16.80 元

最美的名著·伊索寓言/(古希腊) 伊索著 (美) 戴利绘 王芳译·—石蕊 张亮 刘宗源责编·—80 千字　16.80 元

最美的名著·格林童话/(德) 格林兄弟原著 (美) 麦克科尔改写 (美)戴利绘 王芳译·—石蕊 张亮 刘宗源责编·—70 千字　16.80 元

最美的名著·彼得兔的故事/(英) 波特 (Potter, B.) 著 (美)桑托利绘 司南译·—石蕊 张亮 刘宗源责编·—150 千字　16.80 元

最美的名著·爱丽丝漫游奇境记/(英) 卡罗尔原著 (美)希尔德布兰特绘 关建译·—张亮 石蕊 刘宗源责编·—70 千字　16.80 元

最美的名著·绿野仙踪/(美) 鲍姆 (Baum, L. F.) 著 (美)希尔德布兰特绘 关建译·—张亮 石蕊 刘宗源责编·—80 千字　16.80 元

最美的名著·木偶奇遇记/(意) 科洛迪 (Calloodi, C.) 著 (美) 希尔德布兰特绘 关建译·—张亮 石蕊 刘宗源责编·—70 千字　16.80 元

最美的名著·罗宾汉/(美) 麦克斯巴顿编著 (美)希尔德布兰特绘 司南译·—张亮 石蕊 刘宗源责编·—70 千字　16.40 元

最美的名著·安徒生童话/(丹) 安徒生原著 (英)克拉克改写 (美)伯明翰绘 王芳译·—张亮 石蕊 刘宗源责编·—70 千字　16.80 元

120 行楷字写字要诀/朱志明编著·—李泽平责编·—150 千字　16.00 元

父与子全集/(德) 卜劳恩 (Plauen, E. O.) 著·—石磊 陈艳梅责编·—50 千字　10.00 元

当熊爱上蝴蝶/(荷) 哈灵根著 曾齐译·—陆映秋责编·—40 千字　28.80 元

剪面包的男孩/(荷) 哈灵根著 曾齐译·—张亮 石蕊责编·—204 千字　21.80 元

精灵王的遗嘱/(英) 奈特著 严志军译·—钮梅丹责编·—80 千字　10.00 元

科学防辐射读本/《科学防辐射读本》编写组编·—袁蔚莉责编·—30 千字　12.00 元

科学防辐射挂图/《科学防辐射挂图》编写组编·—陆映秋责编·—80 千字　12.00 元

永远的旗帜·纪念中国共产党成立 90 周年(拼音版)/本书编写组编著·—陆映秋责编·—80 千字　12.00 元

永远的旗帜·纪念中国共产党成立 90 周年(小学版)/本书编写组编著·—陆映秋责编·—80 千字　12.00 元

永远的旗帜·纪念中国共产党成立 92 周年(中学版)/本书编写组编著·—陆映秋责编·—80 千字　12.00 元

高考英语分层记忆 3500 词/陈旭东主编·—陆映秋责编·—40 千字　28.80 元

缘动力/丁捷著·—薛屹峰 章红责编·—200 千字　20.00 元

郑板桥读本/何伟俊 孙万寿编

·—张亮 石蕊 陆映秋责编·—40千字　6.00元

排笛/黄美华冯敏德黄缨岚编著·—张亮 石蕊 陆映秋责编·—50千字　6.00元

加菲猫的幸福生活/江通动画有限公司编著·—钮梅丹责编·—25千字　28.00元

加菲猫的幸福生活/江通动画有限公司编著·—陈静星 吴珊责编·—70千字　6.50元

加菲猫的幸福生活/江通动画有限公司编著·—邱天责编·—120千字　20.00元

加菲猫的幸福生活/江通动画有限公司编著·—邱天责编·—60千字　16.00元

赛尔号超级BOSS大攻略/李柏等编写·—邱天责编·—60千字　16.00元

糖果公主的梦幻宠物·—可爱精灵兽/上海漫唐堂文化传播有限公司编著·—邱天责编·—60千字　16.00元

双子星救援战/笑晨曦著·—钱晓颖责编·—110千字　12.50元

好玩的七巧板/于利军 韩鸿主编·—董珉责编·—50千字　10.00元

快乐作文生活馆/张宜学编·—董珉责编·—50千字　10.00元

超级公主填色·—百花公主/周宁等绘·—董珉责编·—50千字　10.00元

文苑撷英/朱建文主编·—郁敬湘责编·—300千字　36.00元

相约星期一/朱建文主编·—郑林峰责编·—80千字　10.00元

江苏美术出版社

赛尔号精灵大图鉴(4)/上海淘米编著·—王璇责编·—50千字　20.00元

奥拉星亚比大图鉴(1)/广州百田编著·—高森 周洋责编·—30千字　20.00元

奥拉星攻关秘籍(1)/广州百田编著·—高森 周洋责编·—5千字　12.80元

赛尔号——赛尔大发现 赛尔使命/上海淘米编著·—王璇责编·—30千字　12.80元

赛尔号——赛尔大发现 美食世界/上海淘米编著·—郑晓责编·—0.5千字　12.80元

赛尔号——赛尔大发现 异兽迷踪/上海淘米编著·—郑晓责编·—0.5千字　12.80元

小赛尔口袋日记/上海淘米编著·—王璇责编·—0.5千字　12.80元

小花仙口袋日记/上海淘米编著·—郑晓责编·—0.5千字　12.80元

小摩尔口袋日记/上海淘米编著·—王璇责编·—2千字　12.80元

赛尔号精灵养成手册1/上海淘米编著·—王璇责编·—50千字　12.80元

少年赛尔总动员:赛尔号前传(3)光与暗的守护者/广州冬日编著·—肖璐责编·—30千字

12.80 元

小花仙鲜花密语大图鉴/上海淘米编著·—郑晓责编·—10 千字 20.00 元

奥拉星——守护者传说/周艺文著·—郭渊责编·—30 千字 12.80 元

奥拉星——亚比的考验/周艺文著·—郭渊责编·—30 千字 12.80 元

冒险小王子 17:黄金王国/周艺文著·—肖璐 郑晓责编·—150 千字 12.80 元

冒险小王子 18:梦幻三剑士/周艺文著·—肖璐 郑晓责编·—150 千字 12.80 元

冒险小王子 19:地底迷踪(上)/周艺文著·—肖璐 郑晓责编·—150 千字 12.80 元

冒险小王子 20:地底迷踪(下)/周艺文著·—肖璐 郑晓责编·—150 千字 12.80 元

从零开始图解西洋名画/陈彬彬著·—肖璐 高森责编·—30 千字 48.00 元

从零开始图解西洋名画/陈彬彬著·—肖璐 高森责编·—30 千字 48.00 元

从零开始图解达·芬奇/陈彬彬著·—肖璐 高森责编·—50 千字 48.00 元

中国工艺美术大师张永寿(剪纸)/张慕莉主编·—朱婧 王左佐责编·—60 千字 128.00 元

中国工艺美术大师孔相卿(钧瓷)/范文典主编·—徐华华 朱婧 王左佐责编·—50 千字 128.00 元

中国工艺美术大师刘泽棉(石湾陶塑)/刘文主编·—徐华华 朱婧 王左佐责编·—50 千字 128.00 元

中国工艺美术大辞典/吴山主编·—王林军责编·—800 千字 280.00 元

艺术学界(第四辑)/王廷信主编·—郑晓责编·—28 千字 48.00 元

仪征馆藏铜镜/仪征市博物馆编·—毛晓剑责编·—2 千字 180.00 元

新定急就章及考证序/高二适著·—曹智滔责编·—2 千字 32.00 元

快乐儿童神奇拼贴: 超市购物/东莞市金橙动漫编著·—郑晓责编·—0.5 千字 19.80 元

快乐儿童神奇拼贴: 动物乐园/东莞市金橙动漫编著·—郑晓责编·—0.5 千字 19.80 元

快乐儿童神奇拼贴: 海洋世界/东莞市金橙动漫编著·—郑晓责编·—0.5 千字 19.80 元

快乐儿童神奇拼贴: 家庭布置/东莞市金橙动漫编著·—郑晓责编·—0.5 千字 19.80 元

快乐儿童神奇拼贴: 交通工具/东莞市金橙动漫编著·—郑晓责编·—0.5 千字 19.80 元

快乐儿童神奇拼贴: 恐龙世界/东莞市金橙动漫编著·—郑晓责编·—0.5 千字 19.80 元

赛尔号创意拼描/热带雨林/南京优作国企划设计编·—肖璐责编·—30 千字 12.80 元

赛尔号创意拼描/星级探险/南京优作国企划设计编·—肖璐责编·—30 千字 12.80 元

赛尔号——赛尔大发现 飞船探

险/上海淘米编著·—高森责编·—0.5千字　12.80元

小小画家——彩笔画/徐建主编·—龚婷 沈小玥责编·—8千字　12.00元

小小画家——彩色铅笔画/徐建主编·—龚婷 沈小玥责编·—8千字　12.00元

小小画家——线描画/徐建主编·—龚婷 沈小玥责编·—8千字　12.00元

小小画家——想象画/徐建主编·—龚婷 沈小玥责编·—8千字　12.00元

小小画家——油画棒画/徐建主编·—龚婷 沈小玥责编·—8千字　12.00元

中国工艺美术大师刘红宝(首饰镶嵌)/许平主编·—徐华华 朱婧 王左佐责编·—60千字　128.00元

中国工艺美术大师李博生(玉雕)/许平主编·—徐华华 朱婧 王左佐责编·—60千字　128.00元

中国工艺美术大师喻湘莲、王南仙(惠山泥人)/许平主编·—徐华华 朱婧 王左佐责编·—60千字　128.00元

为晨曦而流浪大地/丁方著·—王林军 喻丽责编·—100千字　58.00元

中国工艺美术大师金世权(景泰蓝)/吴菁主编·—徐华华 朱婧 王左佐责编·—60千字　128.00元

小花仙——越画越美丽/周艺文主编·—郭渊责编·—30千字　12.00元

小花仙——越画越可爱/周艺文主编·—郭渊责编·—30千字　12.00元

中国画写意入门——梅花要诀/胡老溪编著·—龚婷 沈小玥责编·—2千字　12.00元

中国画写意入门——画鱼要诀/胡老溪编著·—龚婷 沈小玥责编·—2千字　12.00元

初学者之友——白描百花/周宏 姜冬莲编著·—龚婷 沈小玥责编·—2千字　12.00元

初学者之友——白描牡丹/周宏 姜冬莲编著·—龚婷 沈小玥责编·—2千字　12.00元

初学者之友——白描荷花/周宏 姜冬莲编著·—龚婷 沈小玥责编·—2千字　12.00元

初学者之友——白描草虫/周宏 姜冬莲编著·—龚婷 沈小玥责编·—2千字　12.00元

初学者之友——白描仕女/周宏 姜冬莲编著·—龚婷 沈小玥责编·—2千字　12.00元

初学者之友——白描禽鸟/周宏 姜冬莲编著·—龚婷 沈小玥责编·—2千字　12.00元

中国画写意入门——竹子要诀/胡老溪编著·—龚婷 沈小玥责编·—2千字　12.00元

中国画写意入门——虾蟹要诀/胡老溪编著·—龚婷 沈小玥责编·—2千字　12.00元

折角的页码/雷雨著·—王林军责编·—150千字　28.00元

长进教师教你写——活体POP字体/王长进编著·—龚婷责编·—2千字　25.00元

长进教师教你写——正体POP字体/王长进编著·—龚婷责编·—2千字　25.00元

室内设计营销术/(美)劳埃德·普林斯顿著·—郑晓责编·—10千字 36.00元

中国山水画教程/文良玉著·—毛晓剑责编·—100千字 38.00元

吴林田中国画集/吴林田著·—张正民责编·—1千字 180.00元

英雄赛尔号7:下水道里的敲击声/周艺文著·—王林军 魏申申责编·—150千字 13.00元

英雄赛尔号8:真假国王/周艺文著·—王林军 魏申申责编·—150千字 13.00元

摩尔庄园7:穿越时空的奇遇/周艺文著·—王林军 魏申申责编·—150千字 13.00元

摩尔庄园8:想交朋友的魔法师/周艺文著·—王林军 魏申申责编·—150千字 13.00元

奥拉星亚比大图鉴2/广州百田著·—高森责编·—12千字 20.00元

设计史与设计的历史/约翰·沃克 朱迪·阿特菲尔德著·—张韫责编·—120千字 30.00元

另类准则:艺术理论与批评译丛/列奥·施坦伯格著·—郑晓责编·—360千字 75.00元

高二适手批唐·李治《大唐纪功颂》/尹树人、徐纯原编·—曹智滔责编·—3.2千字 29.00元

奥拉星攻关秘籍2/广州百田编著·—高森责编·—5千字 12.80元

赛尔号雷伊传说——赫尔卡星千年之战(上)/上海淘米编著·—王璇责编·—30千字 15.00元

赛尔号雷伊传说——赫尔卡星千年之战(下)/上海淘米编著·—王璇责编·—30千字 15.00元

艾菲漫游仙境:小花仙导览手册/上海淘米编著·—郑晓责编·—3千字 20.00元

奥拉总动员1——少年龙骑士/杨鹏著·—高森责编·—86千字 13.00元

奥拉总动员2——冰封精灵/杨鹏著·—高森责编·—86千字 13.00元

小花仙美丽总动员:梦幻假日/上海淘米编著·—郭渊责编·—10千字 12.00元

小花仙美丽总动员:盛装舞会/上海淘米编著·—郭渊责编·—10千字 12.00元

靳尚谊——向维米尔致意/范迪安主编·—毛晓剑责编·—50千字 120.00元

野兽帮之(一)逃离动物园/(德)安德烈·马克思等著·—施铮责编·—45千字 13.80元

野兽帮之(二)自然博物馆的秘密/(德)安德烈·马克思等著·—施铮责编·—45千字 13.80元

野兽帮之(三)神秘河流/(德)安德烈·马克思等著·—施铮责编·—45千字 13.80元

野兽帮之(四)大闹百货公司/(德)安德烈·马克思等著·—施铮责编·—45千字 13.80元

野兽帮之(五)大搜捕/(德)安德烈·马克思等著·—施铮责编·—45千字 13.80元

野兽帮之(六)勇闯禁林/(德)安德烈·马克思等著·—施铮责编·—45千字 13.80元

野兽帮之(七)秘密使命/(德)安德烈·马克思等著·—施铮责编·—45千字　13.80元

野兽帮之(八)狼之道/(德)安德烈·马克思等著·—施铮责编·—45千字　13.80元

野兽帮之(九)海上历险记/(德)安德烈·马克思等著·—施铮责编·—45千字　13.80元

野兽帮之(十)身份之谜/(德)安德烈·马克思等著·—施铮责编·—45千字　13.80元

中国民俗剪纸技法/陈竞著·—宋兴杰 李黎 陆鸿雁责编·—30千字　30.00元

纸花技法/孙华庚、孙雪莲著·—宋兴杰 李黎 陆鸿雁责编·—10千字　26.00元

光是线/丁方著·—王林军责编·—10千字　38.00元

居室设计色彩搭配手册/熊文郁、吴凡、李立主编·—龚婷责编·—5千字　42.00元

图案设计色彩搭配手册/熊文郁主编·—龚婷责编·—5千字　42.00元

当代艺术的主题:1980年以后的视觉文化/简·罗伯森等著·—肖璐责编·—150千字　78.00元

从零开始图解凡高/陈彬彬编著·—高森责编·—60千字　48.00元

紫砂现代陶艺/黄玉明编著·—张一芳责编·—200千字　198.00元

写字天天向上——5500字行书字帖/李放鸣著·—毛晓剑责编·—6千字　10.00元

写字天天向上——5500字行楷字帖/李放鸣著·—毛晓剑责编·—6千字　10.00元

写字天天向上——5500字楷书字帖/李放鸣著·—毛晓剑责编·—6千字　10.00元

写字天天向上——7000字楷书字帖/李放鸣著·—毛晓剑责编·—6千字　10.00元

写字天天向上——2500字楷书行楷对照/李放鸣著·—毛晓剑责编·—6千字　10.00元

写字天天向上——3500字楷书行楷对照/李放鸣著·—毛晓剑责编·—6千字　10.00元

赛尔号超级精灵宝典3/上海淘米编著·—王璇责编·—30千字　12.00元

赛尔号精灵集合大图鉴5/上海淘米编著·—王璇责编·—30千字　20.00元

摩尔庄园10:黑森林的神秘入口/周艺文著·—王林军 魏申申责编·—50千字　13.00元

小花仙创意拼插系列——秘密花园乐翻天/上海淘米编著·—郑晓责编·—30千字　29.80元

赛尔号立体精灵玩具拼插王/上海淘米编著·—王璇责编·—2千字　29.80元

淘米·世界设定集(1)/上海淘米编著·—王璇责编·—20千字　48.00元

艺术学界(第五辑)/王廷信主编·—郑晓责编·—28千字　48.00元

中国历代服装、染织、刺绣辞典/吴山著·—王林军责编·—10千字　180.00元

黄庭坚行书雅集/本书编写组编

·—郭渊责编·—10千字 18.00元

苏轼行书雅集/本书编写组编·—郭渊责编·—10千字 18.00元

王羲之行书雅集/本书编写组编·—郭渊责编·—10千字 18.00元

米芾行书雅集/本书编写组编·—郭渊责编·—10千字 18.00元

小花仙完美时装秀/上海淘米编著·—郑晓责编·—10千字 13.00元

摩尔庄园9:魔法师归来/周艺文著·—王林军 魏申申责编·—50千字 13.00元

英雄赛尔号10:艾迪星上的精灵之战/周艺文著·—王林军 魏申申责编·—50千字 13.00元

英雄赛尔号9:"音乐殿堂"的入侵者/周艺文著·—王林军 魏申申责编·—50千字 13.00元

一册完全收录——佐藤可士和(2000—2010)/阪急交流社编著·—高森责编·—25千字 58.00元

云冈——中国石窟艺术/张焯主编·—毛晓剑责编·—100千字 230.00元

赛尔号格林布鲁日记下/周艺文著·—王璇责编·—50千字 15.00元

赛尔号格林布鲁日记上/周艺文著·—王璇责编·—50千字 15.00元

赛尔号格林布鲁日记中/周艺文著·—王璇责编·—50千字 29.80元

赛尔号立体拼插——赫尔卡星/上海淘米·—王璇责编·—1千字 29.80元

奥拉星立体亚比造型玩具/广州百田编著·—高森责编·—10千字 29.80元

奥拉星——时空制霸全书/孛日帖赤那工作室编著·—高森责编·—10千字 12.80元

小花仙创意拼插——畅游花仙商店街/上海淘米编著·—郑晓责编·—0.5千字 29.80元

小花仙神奇换装拼贴——浪漫星期天/上海淘米编著·—郑晓责编·—0.5千字 24.80元

小花仙神奇换装拼贴——美丽服装店/上海淘米编著·—郑晓责编·—0.5千字 24.80元

奥拉星之亚比究极秘传/孛日帖赤那工作室编著·—高森责编·—20千字 12.80元

奥拉总动员3——寻找猫王子/杨鹏著·—高森责编·—80千字 13.00元

奥拉总动员4——神武月传说/杨鹏著·—高森责编·—80千字 13.00元

奥拉星之奥拉决胜全书/孛日帖赤那工作室编著·—高森责编·—20千字 12.80元

赛尔大挑战 赫尔卡星守卫战/上海淘米编著·—王璇责编·—50千字 12.80元

初学者之友——工笔仕女/姜东连著·—龚婷 沈小玥责编·—2千字 12.00元

初学者之友——重彩牡丹/姜东连著·—龚婷 沈小玥责编·—2千字 12.00元

初学者之友——工笔草虫/姜东连著·—龚婷 沈小玥责编·—2千字　12.00元

初学者之友——工笔鲤鱼/姜东连著·—龚婷 沈小玥责编·—2千字　12.00元

冒险小王子21:了不起的雪峰山/周艺文著·—肖璐 郑晓责编·—150千字　12.80元

冒险小王子22:水魔方的秘密/周艺文著·—肖璐 郑晓责编·—150千字　12.80元

冒险小王子23:神奇的邮包/周艺文著·—肖璐 郑晓责编·—150千字　12.80元

冒险小王子24:塌陷的地坑/周艺文著·—肖璐 郑晓责编·—150千字　12.80元

华丽宫廷秀——花仙子七彩涂色/Joyce插图工作室编著·—肖璐 王晨玥责编·—0.5千字　10.00元

浪漫时装秀——花仙子七彩涂色/Joyce插图工作室编著·—肖璐 王晨玥责编·—0.5千字　10.00元

经典中国风——花仙子七彩涂色/Joyce插图工作室编著·—肖璐 王晨玥责编·—0.5千字　10.00元

神秘东方韵——花仙子七彩涂色/Joyce插图工作室编著·—肖璐 王晨玥责编·—0.5千字　10.00元

认识形状——快乐儿童磁性拼写板/Joyce插图工作室编著·—郑晓责编·—0.5千字　16.00元

数字加减乘除——快乐儿童磁性拼写板/东莞市金橙动漫编著·—郑晓责编·—0.5千字　16.00元

汉语拼音声母——快乐儿童磁性拼写板/东莞市金橙动漫编著·—郑晓责编·—0.5千字　16.00元

英文小写字母——快乐儿童磁性拼写板/东莞市金橙动漫编著·—郑晓责编·—0.5千字　16.00元

英文大写字母——快乐儿童磁性拼写板/东莞市金橙动漫编著·—郑晓责编·—0.5千字　16.00元

汉语拼音韵母——快乐儿童磁性拼写板/东莞市金橙动漫编著·—郑晓责编·—0.5千字　16.00元

写字天天向上——楷书步步高描与临/李放鸣著·—沈小玥 孟尧责编·—5千字　10.00元

写字天天向上——行书步步高描与临/李放鸣著·—沈小玥 孟尧责编·—5千字　10.00元

写字天天向上——行楷步步高描与临/李放鸣著·—沈小玥 孟尧责编·—5千字　10.00元

写字天天向上——楷书基本功描与摹/李放鸣著·—沈小玥 孟尧责编·—5千字　10.00元

写字天天向上——行书基本功描与摹/李放鸣著·—沈小玥 孟尧责编·—5千字　10.00元

写字天天向上——行楷基本功描与摹/李放鸣著·—沈小玥 孟尧责编·—5千字　10.00元

写字天天向上——小学生必背古诗词/李放鸣著·—沈小玥 孟尧责编·—5千字　10.00元

写字天天向上——初中生必背古诗词/李放鸣著·—沈小玥 孟尧责编·—5千字　10.00元

初学者之友——素描静物/魏玉强编著·—毛晓剑 沈小玥责编·—5千字　12.00元

初学者之友——素描石膏几何

体/魏玉强编著·—毛晓剑 沈小玥责编·—5千字 12.00元

美术高考状元黄思思素描临摹范本黄思思著/—王林军 魏申申责编·—30千字 30.00元

奥拉星立体拼插：时空隧道/上海淘米编著·—高森责编·—2千字 29.80元

冒险岛 献给渴望冒险的人(1)/(韩)宋道树著·—王璇责编·—10千字 9.80元

冒险岛 献给渴望冒险的人(2)/(韩)宋道树著·—王璇责编·—10千字 9.80元

赛尔大挑战 赛尔英雄传说/上海淘米编著·—王璇责编·—20千字 12.80元

"山谷笔法"论/王中焰著·—郭渊责编·—48千字 28.00元

叠层纸塑/郑融著·—宋兴杰 李黎 陆鸿雁责编·—10千字 48.00元

奥拉星之亚比养成攻略(上)/李日帖赤那工作室编著·—高森责编·—20千字 12.80元

赛尔号精灵养成手册3/上海淘米编著·—王璇责编·—140千字 20.00元

江山多娇·2011中国百家金陵画展(中国画)作品集/江苏文联编著·—毛晓剑责编·—50千字 360.00元

赛尔号超级精灵宝典(4)/上海淘米编著·—王璇责编·—40千字 12.00元

赛尔号精灵集合大图鉴6/上海淘米编著·—王璇责编·—150千字 20.00元

赛尔号精灵养成手册3/上海淘米编著·—王璇责编·—150千字 20.00元

英雄赛尔号11：暗黑星球历险记/周艺文著·—王林军 魏申申责编·—50千字 13.00元

英雄赛尔号12：拯救阿里亚博士/周艺文著·—王林军 魏申申责编·—50千字 13.00元

张光东书法集/张光东著·—李黎责编·—90千字 120.00元

潘高鹏画集/潘高鹏著·—郭渊责编·—10千字 368.00元

2011开明江海文化论坛论文集/中国民主促进会中央委员会文化艺术委员会编著·—徐华华 王左佐责编·—100千字 80.00元

凭轩听雨：舒星散文集/舒星著·—李黎责编·—90千字 28.00元

江苏学校美术教育5/本书编委会编·—张一芳责编·—100千字 10.00元

走在上市的路上/本书编委会编·—张一芳责编·—140千字 60.00元

历代墨宝——杨沂孙篆书/魏文源编·—沈小玥 孟尧责编·—2千字 14.00元

历代墨宝——华山碑3/魏文源编·—沈小玥 孟尧责编·—2千字 14.00元

历代墨宝——柳公权神策军碑/魏文源编·—沈小玥 孟尧责编·—2千字 13.00元

历代墨宝——张黑女墓志/魏文源编·—沈小玥 孟尧责编·—2千字 14.00元

历代墨宝——赵孟頫胆巴碑/魏文源编·—沈小玥 孟尧责编·—2

千字 15.00元

历代墨宝——米芾书离骚经/魏文源编·—沈小玥 孟尧责编·—2千字 16.00元

历代墨宝——吴让之篆书/魏文源编·—沈小玥 孟尧责编·—2千字 13.00元

历代墨宝——王铎题青阳山壮五律十首/魏文源编·—沈小玥 孟尧责编·—2千字 16.00元

历代墨宝——邓石如篆书/魏文源编·—沈小玥 孟尧责编·—2千字 15.00元

国防教育读本(初中版)/本书编委会编·—李黎责编·—100千字 10.00元

国防教育读本(小学版)/本书编委会编·—李黎责编·—100千字 8.00元

国防教育读本(注音版)/本书编委会编·—李黎责编·—100千字 8.00元

高中国防教育与军训/本书编委会编·—李黎责编·—100千字 12.00元

2011第二届东海全国少儿版画双年展作品集/东海少儿版画活动中心编·—宋兴杰 李黎 陆鸿雁责编·—10千字 120.00元

黄河古道——综合材料/本书编写组编·—张一芳责编·—10千字 8.00元

黄河古道——油画本书/编写组编·—张一芳责编·—10千字 8.00元

黄河古道——水墨画/本书编写组编·—张一芳责编·—10千字 8.00元

旅游学概论/衣传华主编·—李黎责编·—200千字 35.80元

连云港市反腐倡廉书法美术作品选集/本书编委会编·—赵锐责编·—10千字 90.00元

江苏学校美术教育4/本书编委会编·—李黎责编·—100千字 10.00元

盛时刘庆和卷当代水墨/刘庆和著·—靳卫红责编·—40千字 146.00元

跨越古今——感之觉赵绪成书法作品集/赵绪成著·—张正民责编·—40千字 500.00元

中国艺术家张新权/张新权著·—毛晓剑 周洋责编·—50千字 160.00元

翰墨江苏——江苏省十一五经济社会发展回顾/周荣华主编·—郭渊 郑晓责编·—10千字 160.00元

美好泰州/本书编委会编·—毛晓剑责编·—50千字 160.00元

2160中国书法邀请展作品集/吴维超主编·—郑晓责编·—10千字 150.00元

画意诗境——王烈中国水墨人物画集/王烈著·—郭渊责编·—10千字 68.00元

中国古代法书选——褚遂良阴符经/魏文源编著·—毛晓剑责编·—2千字 10.00元

中国古代法书选——褚遂良千字文/魏文源编著·—毛晓剑责编·—2千字 8.00元

中国古代法书选——颜真卿麻姑仙坛/魏文源编著·—毛晓剑责编·—2千字 12.00元

中国古代法书选——赵孟頫胆巴碑/魏文源编著·—毛晓剑责编

·—2 千字　8.00 元

中国古代法书选——褚遂良倪宽赞/魏文源编著·—毛晓剑责编·—2 千字　8.00 元

中国古代法书选——米芾书离骚经/魏文源编著·—毛晓剑责编·—2 千字　12.00 元

中国古代法书选——颜真卿颜氏家庙碑/魏文源编著·—毛晓剑责编·—2 千字　25.00 元

中国古代法书选——张景碑/魏文源编著·—毛晓剑责编·—2 千字　7.00 元

中国古代法书选——王铎草书/魏文源编著·—毛晓剑责编·—2 千字　11.00 元

中国古代法书选——华山碑/魏文源编著·—毛晓剑责编·—2 千字　10.00 元

中国古代法书选——杨沂孙篆书/魏文源编著·—毛晓剑责编·—2 千字　11.00 元

中国古代法书选——张迁碑/魏文源编著·—毛晓剑责编·—2 千字　13.00 元

中国古代法书选——吴大澂金文/魏文源编著·—毛晓剑责编·—2 千字　12.00 元

中国古代法书选——李邕麓山寺碑/魏文源编著·—毛晓剑责编·—2 千字　14.00 元

中国古代法书选——王羲之尺牍(上)/魏文源编著·—毛晓剑责编·—2 千字　12.00 元

中国古代法书选——王羲之尺牍(下)/魏文源编著·—毛晓剑责编·—2 千字　12.00 元

中国古代法书选——王献之尺牍/魏文源编著·—毛晓剑责编·—2 千字　10.00 元

中国古代法书选——赵孟頫书秋兴八首/魏文源编著·—毛晓剑责编·—2 千字　7.00 元

中国古代法书选——欧阳询皇甫诞碑/魏文源编著·—毛晓剑责编·—2 千字　11.00 元

中国古代法书选——石鼓文·泰山刻石/魏文源编著·—毛晓剑责编·—2 千字　11.00 元

历代名家墨迹原本放大王羲之兰亭序/魏文源编·—毛晓剑责编·—2 千字　17.00 元

历代名家墨迹原本放大王羲之尺牍/魏文源编·—毛晓剑责编·—2 千字　15.00 元

历代名家墨迹原本放大黄庭坚松风阁诗卷/魏文源编·—毛晓剑责编·—2 千字　8.00 元

历代名家墨迹原本放大黄庭坚寒山子房居士诗卷/魏文源编·—毛晓剑责编·—2 千字　8.00 元

历代名家墨迹原本放大米芾书多景楼诗册/魏文源编·—毛晓剑责编·—2 千字　10.00 元

历代名家墨迹原本放大董其昌白羽扇赋/魏文源编·—毛晓剑责编·—2 千字　8.00 元

历代名家墨迹原本放大王铎王屋山图卷/魏文源编·—毛晓剑责编·—2 千字　12.00 元

历代名家墨迹原本放大王铎自书诗卷/魏文源编·—毛晓剑责编·—2 千字　11.00 元

历代名家墨迹原本放大文征明行书自作诗卷/魏文源编·—毛晓剑责编·—2 千字　8.00 元

历代名家墨迹原本放大颜真卿自书高告身帖/魏文源编·—毛晓剑

责编·—2千字 13.00元

百泰呈祥/中共泰州市委宣传部编·—毛晓剑 沈小玥责编·—8千字 280.00元

常州工艺美术精品集/常州工艺美术家协会编·—毛晓剑 周洋责编·—39千字 320.00元

教育现象大观察/刘素梅编著·—朱岩责编·—190千字 28.00元

班级文化建设修炼/符红艳编著·—朱岩责编·—190千字 28.00元

教师应向学生讲述的100个经典故事/王静 王田勇编著·—赵锐责编·—190千字 28.00元

教师如何缓解学生压力/李晓丽 王伟霞编著·—朱岩责编·—190千字 28.00元

老师,请走下讲台/妙丽芳编著·—赵锐责编·—190千字 28.00元

教师如何教学生应考/李云会编著·—朱岩责编·—190千字 28.00元

教师做好教学设计的攻略/李京辉 支德银编著·—赵锐责编·—190千字 28.00元

让语文焕发生命的光彩——特级教师毕英春的教学世界/毕英春编著·—赵锐责编·—190千字 28.00元

现代课堂执教力修炼/金春霞编著·—赵锐责编·—190千字 28.00元

快乐思维教学模式/毛伟霞 李晓丽编著·—赵锐责编·—190千字 28.00元

这样做才能教出好成绩/孙浩编著·—赵锐责编·—190千字 28.00元

教学的幸福,教学的梦/梁玉霞编著·—赵锐责编·—190千字 28.00元

学生考前心理指南/李永梅编著·—赵锐编·—190千字 28.00元

教师要想明白再教/姚志忠编著·—赵锐责编·—190千字 28.00元

高效师德培养艺术实践/假会彦 高佳编著·—赵锐责编·—190千字 28.00元

怎样成为创新型教师/刘江编著·—朱岩责编·—190千字 28.00元

教师学习攻略大全/李万寿编著·—朱岩责编·—190千字 28.00元

教师如何提升自身文学素养/张玉锦编著·—宋兴杰 李黎 朱岩责编·—190千字 28.00元

教师如何成为教具高手/假会彦,高佳编著·—朱岩责编·—190千字 28.00元

完善自我,沐浴幸福的教育生活/董天鹅,冯丽编著·—赵锐责编·—190千字 28.00元

滋润教师心灵的故事/赵永忠编著·—朱岩责编·—190千字 28.00元

教师创造力拓展训练/李永梅编著·—朱岩责编·—190千字 28.00元

教师幽默语言训练/柳秀梅编著·—朱岩责编·—190千字 28.00元

万人迷教师修炼宝典/李亚男编著·—赵锐责编·—190千字

28.00 元

让读书与教师的生命共成长/刘平平编著·—赵锐责编·—190 千字　28.00 元

教师如何做学生的"第二任父母"/张月昆编著·—朱岩责编·—190 千字　28.00 元

感动心灵的教育故事/赵华编著·—赵锐责编·—190 千字　28.00 元

与学校共发展——校长经营学校的策略探究/储照安编著·—朱岩责编·—190 千字　28.00 元

从细节到组织的变革——学校尊重教育实践探索及解读/单鸾娇　郝宏来编著·—朱岩责编·—190 千字　28.00 元

校长最有效的管理策略/海鸿编著·—赵锐责编·—190 千字　28.00 元

当今名校长的治校智慧/张晓辉编著·—朱岩责编·—190 千字　28.00 元

校长管理执行力/卢宏利编著·—赵锐责编·—190 千字　28.00 元

创建品牌学校有妙计/郑洁斌编著·—朱岩责编·—190 千字　28.00 元

最牛校长风采录/马英志编著·—朱岩责编·—190 千字　28.00 元

做最出色的校长/芮秀军编著·—朱岩责编·—190 千字　28.00 元

校长领导判断力/李登瑞编著·—朱岩责编·—190 千字　28.00 元

校园有韵自风骚/边东书编著·—赵锐责编·—190 千字　28.00 元

如何当好心理辅导老师/刘克平　叶晖编著·—朱岩责编·—190 千字　28.00 元

让学生喜欢上我的课/尚英杰编著·—朱岩责编·—190 千字　28.00 元

教师必须掌握的教改成果/李世永编著·—朱岩责编·—190 千字　28.00 元

绝处牵手——怀念恩师吴冠中先生/耿玉英著·—徐华华　朱婧　王左佐责编·—4 千字　72.00 元

丁逸星书法作品集/丁逸星著·—郭渊责编·—10 千字　150.00 元

良弓在手/韩美林著·—毛晓剑　周洋责编·—30 千字　1200.00 元

张益善书法集/张益善著·—郭渊责编·—10 千字　58.00 元

画家王有政/王有政著·—卢浩　施铮责编·—30 千字　160.00 元

第六届江苏省水彩粉画作品展览作品集/江苏省文联编·—郭渊　孟尧责编·—10 千字　180.00 元

养墨堂 2170 中国画提名展作品集/吴维超主编·—毛晓剑责编·—20 千字　180.00 元

纪念中国共产党成立 90 周年光影融情——天翼杯摄影艺术展作品集/江苏省中华文化促进会编·—徐华华　朱婧　王左佐责编·—1.5 千字　260.00 元

纪念中国共产党成立 90 周年纪念辛亥革命 100 周年共铸伟业中国民主促进会全国书画精品邀请展作品集/江苏省文学艺术界联合会编·—徐华华　朱婧　王左佐责编·—

50 千字 380.00 元

汉印精华/马子恺编著·—毛晓剑责编·—2 千字 38.00 元

柳公权玄秘塔碑速成技法描红/魏文源编·—毛晓剑责编·—2 千字 13.00 元

柳公权神策军碑速成技法描红/魏文源编·—毛晓剑责编·—2 千字 13.00 元

汉曹全碑速成技法描红/魏文源编·—毛晓剑责编·—2 千字 13.00 元

赵孟頫千字文速成技法描红/魏文源编·—毛晓剑责编·—2 千字 13.00 元

汉史晨碑速成技法描红/魏文源编·—毛晓剑责编·—2 千字 13.00 元

欧阳询九成宫碑速成技法描红/魏文源编·—毛晓剑责编·—2 千字 13.00 元

褚遂良雁塔圣教序速成技法描红/魏文源编·—毛晓剑责编·—2 千字 13.00 元

王羲之兰亭序速成技法描红/魏文源编·—毛晓剑责编·—2 千字 13.00 元

颜真卿多宝塔碑速成技法描红/魏文源编·—毛晓剑责编·—2 千字 13.00 元

赵孟頫胆巴碑速成技法描红/魏文源编·—毛晓剑责编·—2 千字 13.00 元

智永楷书千字文速成技法描红/魏文源编·—毛晓剑责编·—2 千字 13.00 元

颜真卿勤礼碑速成技法描红/魏文源编·—毛晓剑责编·—2 千字 13.00 元

江苏学校美术教育 2/江苏美术出版社编·—李黎责编·—100 千字 10.00 元

诗情画意写金坛/中共金坛市委员会,金坛市人民政府编·—毛晓剑责编·—20 千字 380.00 元

我见青山多妩媚/江苏省政协主编·—徐华华 朱婧 王左佐责编·—150 千字 150.00 元

几回明月——韩美林课徒人体画稿选/韩美林著·—毛晓剑责编·—30 千字 260.00 元

嘸山嚼水——韩美林水墨画/韩美林著·—毛晓剑 周洋责编·—10 千字 800.00 元

吴林田中国画集/吴林田著·—张正民责编·—1 千字 180.00 元

宁静的温暖——陆庆龙油画风景/陆庆龙著·—毛晓剑 周洋责编·—10 千字 120.00 元

陈怡颠峰访谈/江苏广电总台《新@财经》编著·—李黎责编·—300 千字 35.00 元

江苏学校美术教育 1/本社编·—李黎责编·—100 千字 10.00 元

血与火——彦涵抗日战争作品选/刘晓红著·—李黎责编·—30 千字 48.00 元

千秋草圣高二适——全国书法名家作品集/泰州市委宣传部编·—毛晓剑责编·—20 千字 160.00 元

张太雷/中共常州市委党史工作委员会编·—周海歌责编·—10 千字 60.00 元

瞿秋白/江苏省瞿秋白研究会编·—周海歌责编·—10 千字 60.00 元

恽代英/中共常州市委党史工作

委员会编·—周海歌责编·—10千字 60.00元

秦淮文物史迹录/徐路,冯亚军主编·—毛晓剑责编·—50千字 290.00元

江苏文艺出版社

“白骨精”养成记3/聂昱冰著·—赵阳 姚丽责编·—250千字 26.00元

“猫”与“老鼠”的新游戏/刘玄主编·—蔡晓妮责编·—120千字 28.00元

11处特工皇妃/潇湘冬儿著·—胡小河责编·—970千字 74.80元

2011南京文化发展蓝皮书/中共南京市委宣传部著·—王昕宁责编·—360千字 50.00元

365夜故事/白露改写·—钱新艳责编·—217.5千字 26.00元

80后父母必读的孕儿百科/沈关桢著·—黄孝阳责编·—800千字 48.00元

Boy Boy/金国栋著·—胡小河责编·—123千字 25.00元

FBI心理分析术/(美)罗伯特·K·雷斯勒 汤姆·夏·—黄孝阳责编·—153千字 49.80元

矮油,史上最拉轰的笑话来啦/木木著·—刘霁责编·—178千字 20.00元

爱的教育/(意)亚米契斯著·—王雁雁责编·—243千字 29.00元

爱眉琐语/徐志摩著·—孙金荣责编·—190千字 17.00元

爱情的诱惑/瑛子著·—胡小河责编·—240千字 26.80元

爱情沙场/郭立新著·—王宏波责编·—130千字 28.00元

爱情心理学,拿来就用/(日)齐藤勇著·—刘霁责编·—120千字 26.00元

爱在现在时/(美)凯瑟琳·瑞恩·海德著·—黄孝阳责编·—180千字 26.80元

安徒生童话/(丹)安徒生著·—刘洲原责编·—210千字 26.00元

安心:星云禅话/星云大师著·—刘佳责编·—70千字 30.00元

暗权力/于宁著·—刘霁责编·—280千字 32.00元

把脉70后:新锐作家再评析/何锐主编·—黄孝阳责编·—280千字 28.00元

白发皇妃/莫方殇著·—胡小河责编·—540千字 49.80元

白玉堂:案中案/谈歌著·—黄孝阳责编·—155千字 24.00元

白玉堂:局外局/谈歌著·—黄孝阳责编·—150千字 24.00元

白玉堂:曲之杀/谈歌著·—黄孝阳责编·—145千字 24.00元

白玉堂:逍遥楼/谈歌著·—黄孝阳责编·—150千字 24.00元

白玉堂:血黄金/谈歌著·—黄孝阳责编·—150千字 24.00元

百花谷的盛装派对/刘玄主编

·—蔡晓妮责编·—120千字 28.00元

半生半惑/顾岳良著·—赵阳 胡泊责编·—180千字 22.00元

伴你游日本/庄薇薇著·—吴捷责编·—100千字 38.00元

伴宴/鲁敏著·—胡泊责编·—210千字 29.00元

宝宝聪明就这么简单2/左刀刀著·—胡小河责编·—100千字 32.00元

宝宝聪明就这么简单2 新子游戏篇/左刀刀著·—胡小河责编·—78千字 32.00元

暴君,我来自军情9处/潇湘冬儿著·—胡小河责编·—730千字 75.00元

卑鄙的圣人:曹操/王晓磊著·—江山华责编·—280千字 29.90元

卑鄙的圣人:曹操2/王晓磊著·—江山华责编·—285千字 29.90元

卑鄙的圣人:曹操3/王晓磊著·—江山华 丁卉责编·—285千字 29.90元

北纬30度上的奥秘/刘玄主编·—蔡晓妮责编·—120千字 28.00元

被解剖的法医/张永军著·—刘洲原责编·—215千字 25.00元

笨蛋联盟/(美)约翰·肯尼迪著·—黄孝阳责编·—320千字 29.80元

碧血共和:范鸿仙传/黄慧英著·—王宏波责编·—300千字 30.00元

变革世界的中国策1/王烁著·—刘霁责编·—328千字 45.00元

变革世界的中国策2/王烁著·—刘霁责编·—310千字 45.00元

遍地狼烟2 抗战枪王/李晓敏著·—刘霁 孙衍责编·—300千字 32.00元

别人的同学会/张晓风著·—蔡晓妮责编·—220千字 25.00元

薄媚·恋香衾/寂月皎皎著·—胡小河责编·—457千字 49.80元

哺乳期的女人/毕飞宇著·—刘佳责编·—180千字 26.00元

不沉的船/张海迪著·—赵阳责编·—240千字 28.00元

不生病的秘诀:易经养生之道/杨智麟著·—黄孝阳责编·—200千字 28.00元

不许流光入梦来/苏枕书著·—刘霁责编·—170千字 22.00元

不在梅边在柳边/张欣著·—王雁雁责编·—220千字 29.80元

菜鸟升职日记/谭一平著·—赵阳 姚丽责编·—220千字 25.00元

查拉图斯特拉如是说/(德)尼采著·—钱新艳责编·—230千字 25.00元

查无此人/云霓著·—胡小河责编·—211千字 25.00元

长江以北/沙漠子著·—赵阳 姚丽责编·—150千字 28.00元

长山诗稿/贾怀高著·—黄孝阳责编·—60千字 68.00元

畅游空中花园/刘玄主编·—蔡晓妮责编·—120千字 28.00元

朝野/李新军著·—黄孝阳责编·—340千字 32.00元

朝野.2/李新军著·—黄孝阳

责编·—380千字 29.80元

成语故事精选/杨蕾 王彬改写·—刘洲原责编·—210千字 26.00元

城乡简史/范小青著·—王雁雁责编·—190千字 28.00元

穿kenzo的女人/钱玛莉著·—赵阳 姚丽责编·—350千字 35.00元

穿二代斗争记/紫鱼儿著·—胡小河责编·—220千字 28.00元

穿过风雪的音乐盒/蔡晓妮 陈永林主编·—蔡晓妮责编·—200千字 26.80元

春鸟秋虫集/殷志扬著·—赵阳 姚丽责编·—310千字 38.00元

纯真——少儿钢琴音乐会曲选/赵健选编·—刘洲原责编·—150千字 30.00元

茨菰/苏童著·—刘佳责编·—180千字 26.00元

次品皇妃/度寒著·—胡泊责编·—250千字 28.00元

从清华到北大:朱自清自传/朱自清著·—姚丽责编·—180千字 22.00元

从失乐园开出的地铁/叶细细著·—丁卉责编·—153千字 24.00元

从写字楼到玉米地/周竹本 李小卷著·—黄孝阳责编·—150千字 28.00元

村官一日/江苏省委组织部江苏省作家协会编·—赵阳 刘洲原责编·—330千字 42.00元

打死不写错别字/赵小青 刘源著·—黄孝阳责编·—240千字 24.00元

大变局:1911/叶曙明著·—黄孝阳责编·—300千字 35.00元

大道无垠/庞瑞垠著·—赵阳责编·—230千字 35.00元

大河的潜流/洛夫著·—于奎潮王一冰责编·—170千字 25.00元

大江边/李凤群著·—黄孝阳责编·—510千字 29.80元

大限之日/(美)夏尔瑞·婕芙著·—黄孝阳责编·—150千字 26.00元

大众经典/朱自清著·—孙金荣责编·—190千字 17.00元

单臂猿的末日/蔡晓妮 陈永林主编·—蔡晓妮责编·—200千字 26.80元

党啊,亲爱的妈妈/江苏文艺出版社编·—刘洲原责编·—180千字 25.00元

刀见笑/张嘉佳 刘柳著·—刘霁 孙衍责编·—140千字 25.00元

盗妃天下/月出云著·—胡小河责编·—560千字 49.80元

登徒子/陈世旭著·—黄孝阳责编·—150千字 26.00元

等不了的爱/夏树著·—黄孝阳责编·—200千字 28.00元

等你爱我/艾米著·—黄孝阳责编·—380千字 28.00元

地狱天堂索艺珠:赵丹自传/赵丹著·—蔡晓妮责编·—230千字 25.00元

帝凰/天下归元著·—胡小河责编·—950千字 75.00元

第二颗心/(美)凯瑟琳·瑞恩·海德著·—黄孝阳责编·—180千字 26.80元

谍战故事1/新力传媒编·—王

雁雁责编·—160千字　5.00元

懂得一点儿官道/陈玉金 陈瞻著·—于奎潮 赵阳责编·—290千字　28.00元

毒刀·镀/(日)西尾维新著·—黄孝阳责编·—104千字　18.00元

毒医皇后/纳兰静语著·—胡小河责编·—600千字　49.80元

独步天下/李歆著·—胡小河责编·—980千字　49.80元

段子/滕征辉著·—黄孝阳责编·—160千字　26.00元

对话/北岛主编·—黄孝阳责编·—220千字　29.00元

恶魔首席:钻石宠妻/叶非夜著·—胡小河责编·—234千字　29.80元

耳光响亮/东西著·—黄孝阳责编·—197千字　28.00元

二十六个人的茅山/陈万宇 郭晓欧著·—丁卉责编·—182千字　139.00元

发廊情话/王安忆著·—蔡晓妮责编·—240千字　29.00元

妃常穿越:奉子成婚/宅丫头著·—胡小河责编·—229千字　29.80元

分开旅行/陶立夏著·—黄孝阳责编·—150千字　32.00元

风不知道云知道/蔡晓妮 陈永林主编·—蔡晓妮责编·—200千字　26.80元

风雨九十载/杜陆伟 夏铜强等著·—姚丽 赵阳责编·—150千字　12.80元

枫叶女孩/李东华著·—蔡晓妮责编·—100千字　23.80元

枫叶文丛/项冰如等著·—丁卉 江山华责编·—2094千字　300.00元

缝熊志/西西著·—雷淑容责编·—120千字　38.00元

凤栖宸宫(上下)/转身著·—胡小河责编·—480千字　49.80元

凤囚凰/天衣有风著·—胡小河责编·—700千字　69.80元

凤影空来/倾泠月著·—胡小河责编·—440千字　49.80元

弗朗索瓦·特吕弗/(法)安托万·德·巴克著·—孙金荣责编·—320千字　60.00元

扶摇皇后/天下归元著·—胡小河责编·—600千字　49.80元

扶摇皇后(终结篇)/天下归元著·—胡小河责编·—650千字　49.80元

扶正/黄凌著·—黄孝阳责编·—380千字　34.00元

浮城/彭木著·—于奎潮 刘洲原责编·—210千字　25.00元

浮世浮城/辛夷坞著·—胡小河责编·—203千字　28.00元

付出的力量/(美)凯米·沃克著·—刘霁责编·—150千字　26.00元

傅译巴尔扎克代表作二/巴尔扎克著·—胡泊责编·—441千字　34.00元

傅译巴尔扎克代表作三/巴尔扎克著·—胡泊责编·—468千字　36.00元

傅译巴尔扎克代表作一/巴尔扎克著·—胡泊责编·—422千字　32.50元

富春文集/巴克等著·—丁卉责编·—1744千字　200.00元

腹黑王爷要调教/夜初著·—胡

泊责编·—280 千字 28.00 元

改变/中原著·—黄孝阳责编·—160 千字 29.80 元

盖世英雄方世玉/赵锐勇 耀一骆烨著·—江山华 丁卉责编·—420 千字 35.00 元

感觉城市:中国城市小说选/何锐主编·—黄孝阳责编·—270 千字 28.00 元

钢琴考级曲集/徐军编著·—王昕宁责编·—240 千字 26.00 元

钢铁是怎样炼成的/(俄)奥斯特洛夫斯基著·—王雁雁责编·—24 千字 28.00 元

高等艺术院校文学教程/刘晔著·—胡小河 夏天责编·—380 千字 42.00 元

高调的中国首善:陈光标/华海著·—赵阳 姚丽责编·—200 千字 30.00 元

高干子女/雷子著·—王雁雁责编·—300 千字 28.00 元

格列佛游戏/(英)斯威夫特著·—王雁雁责编·—198.7 千字 22.00 元

格林童话/(德)格林兄弟著·—刘洲原责编·—195 千字 23.80 元

给力 K 歌达人/达人选编·—刘洲原责编·—120 千 26.00 元

宫:浮华一梦/于正著·—胡小河责编·—2 千字 28.00 元

宫锦/闻情解佩著·—胡小河责编·—186 千字 25.00 元

孤独的异邦人/林贤治著·—王宏波责编·—230 千字 26.00 元

古代神话与民族/丁山著·—钱新艳责编·—350 千字 36.00 元

古今书画联大观/金实秋编·—刘佳责编·—400 千字 28.00 元

骨人的女儿/(美)特德·德克尔著·—刘霁责编·—220 千字 28.00 元

故人闲话/黄裳著·—蔡晓妮责编·—200 千字 25.00 元

光影传奇:第 10 放映室/屠小文等著·—黄孝阳责编·—400 千字 39.80 元

鬼马郎中之龙眼/范修文著·—钱新艳责编·—220 千字 28.00 元

国画/王跃文著·—刘佳责编·—570 千字 39.80 元

国学常识/曹伯韩著·—钱新艳责编·—140 千字 19.50 元

海海人生/白舒荣编·—蔡晓妮责编·—280 千字 29.00 元

好“孕”自然来/吴宽之著·—刘霁责编·—220 千字 39.80 元

好时光/青湘著·—刘霁 孙衍责编·—150 千字 28.00 元

好玩的书/高少星 韩宝峰著·—黄孝阳责编·—100 千字 32.00 元

呵护纯真/尤异著·—姚丽 赵阳责编·—150 千字 22.00 元

合掌人生/星云大师著·—刘霁责编·—300 千字 38.00 元

黑道商学院/(美)麦可·法兰杰斯著·—刘霁责编·—250 千字 32.80 元

红楼养生食方/郭海英 杨璞著·—丁卉 崔晓星责编·—210 千字 24.00 元

红轮·第二卷/(俄)亚·索尔仁尼琴著·—黄孝阳责编·—1000 千字 98.00 元

吼吼,人类已经无法阻止我了/

木木编著·—刘霁责编·—130 千字 20.00 元

后悔录/东西著·—黄孝阳责编·—190 千字 29.00 元

后悔录/东西著·—黄孝阳责编·—223 千字 28.00 元

厚黑学全书/李宗吾著·—江山华责编·—320 千字 35.00 元

葫芦丝 巴乌考级曲集/南京艺术学院社会艺术水平考级委员会编·—王昕宁责编·—240 千字 26.00 元

画魂:潘玉良传/石楠著·—赵阳责编·—180 千字 35.00 元

淮安历史人物评议/韩海建主编·—刘霁 孙衍责编·—180 千字 24.00 元

荒谬的自由/(法)加缪著·—黄孝阳责编·—200 千字 22.00 元

回应经典:70 后作家小说选/何锐主编·—黄孝阳责编·—320 千字 32.00 元

回应经典:实力作家小说选/何锐主编·—黄孝阳责编·—280 千字 28.00 元

婚姻树/董易奇著·—黄孝阳责编·—160 千字 26.00 元

基层干部/张平 黄煜著·—黄孝阳责编·—260 千字 29.80 元

极品戒指/不是蚊子著·—胡小河责编·—210 千字 29.80 元

记忆之城/皎皎著·—胡小河责编·—202 千字 28.00 元

寂静苍穹下/李初初著·—黄孝阳责编·—180 千字 32.00 元

家长版傅雷家书/傅雷著·—江山华责编·—451 千字 36.00 元

减刑/七天著·—黄孝阳责编·—380 千字 29.80 元

建筑/北岛主编·—黄孝阳责编·—200 千字 22.00 元

江苏散文双年鉴 2008—2009/江苏省报纸副刊编辑协会编·—赵阳 姚丽责编·—300 千字 46.00 元

将军媚/云外天都著·—胡小河责编·—506 千字 49.80 元

桨声灯影/朱自清著·—孙金荣责编·—210 千字 19.00 元

教育专家私手记/黄志坚著·—胡小河责编·—120 千字 32.00 元

教育专家私手记 1.妈妈做对了孩子才会听/谢英娜著·—胡小河责编·—100 千字 28.00 元

她的城/池莉著·—黄孝阳 王雁雁责编·—187 千字 28.00 元

姐姐有毒/柳暗花溟著·—胡小河责编·—727 千字 49.80 元

借来的时间/保罗·莫奈著·—雷淑容 黄孝阳责编·—260 千字 29.00 元

今生何世:纳兰容若的诗词与情爱/宋君著·—250 千字 29.80 元

金粉世家/张恨水著·—赵阳责编·—940 千字 69.00 元

进退/黄凌著·—黄孝阳责编·—380 千字 29.80 元

禁忌之地/紫金陈著·—胡泊责编·—300 千字 26.80 元

纠结/叶慧莲著·—胡泊责编·—200 千字 24.00 元

酒徒/刘以鬯著·—蔡晓妮责编·—170 千字 20.00 元

救命/东西著·—黄孝阳责编·—205 千字 28.00 元

巨牛!名校招生雷人考题/耿芸著·—胡泊责编·—150 千字 24.00 元

拒做帝妃/吕丹著·—胡小河责编·—420千字　49.80元

绝色倾城/飞烟著·—胡小河责编·—259千字　29.80元

开运密码/郑伟建著·—刘霁责编·—420千字　39.80元

看穿人心术,拿来就用/(日)涩谷昌三著·—刘霁责编·—100千字　26.00元

看五官谈养生/沈关桢著·—黄孝阳责编·—190千字　24.00元

拷贝记忆/蔡晓妮 陈永林主编·—蔡晓妮责编·—200千字　26.80元

克雷洛夫寓言/(俄)克雷洛夫著·—胡泊责编·—140千字　18.00元

空白练习曲/北岛主编·—黄孝阳责编·—250千字　26.00元

空中的梦想家/陈逸嘉著·—刘佳 孙衍责编·—255千字　25.00元

孔子春秋/张挺著·—雷淑容责编·—640千字　38.00元

控制上司/谭一平著·—姚丽 赵阳责编·—100千字　25.00元

快乐工作积极生活/(美)戴尔·卡耐基著·—黄孝阳责编·—130千字　22.00元

宽容/(美)房龙著·—钱新艳责编·—260千字　28.00元

赖上你的暖/菊子著·—胡小河责编·—202千字　25.00元

兰陵缭乱/Vivibear著·—胡小河责编·—900千字　69.80元

浪漫的沧桑/成秀虎著·—姚丽 赵阳责编·—100千字　22.00元

劳改农场/得子著·—黄孝阳责编·—510千字　34.00元

老公的秘密/瑛子著·—胡小河责编·—277千字　26.80元

乐斋杂烩汤/吴镕著·—江山华责编·—90千字　24.00元

两个神奇的魔法师/王宜振著·—蔡晓妮责编·—100千字　25.90元

两种生活/斯妤著·—王雁雁责编·—210千字　26.00元

裂变/曹嵩著·—姚丽 赵阳责编·—250千字　25.00元

林海音文集1:春风/林海音著·—刘佳责编·—290千字　26.00元

林海音文集2:城南旧事/林海音著·—刘佳责编·—280千字　26.00元

林海音文集3:爱情的散步/林海音著·—刘佳责编·—260千字　25.00元

林海音文集4:在胡同里长大/林海音著·—刘佳责编·—250千字　25.00元

林海音文集5:日落百老汇/林海音著·—刘佳责编·—230千字　24.00元

灵异帖杀人事件/耶马著·—胡小河责编·—148千字　23.80元

聆听经典/赵健著·—刘洲原责编·—250千字　26.00元

领导的艺术/(美)戴尔·卡耐基著·—黄孝阳责编·—125千字　22.00元

另一种声音/北岛主编·—黄孝阳责编·—240千字　29.00元

刘川剧作集/刘川著·—王宏波责编·—650千字　60.00元

鲁班的诅咒/圆太极著·—江山

华丁卉责编·—200千字 29.90元

鲁班的诅咒2/圆太极著·—丁卉 姚丽责编·—200千字 29.90元

鲁滨逊漂流记/(英)笛福著·—胡泊责编·—202千字 23.80元

路向何方/张晓铃著·—赵阳责编·—320千字 35.00元

绿太阳/于立极著·—蔡晓妮责编·—100千字 25.90元

妈妈在天堂里唱歌/安武林著·—蔡晓妮责编·—100千字 16.00元

麻辣经济学/王兴康著·—黄孝阳责编·—220千字 35.00元

慢慢地深呼吸/佘思蓉著·—赵阳 胡泊责编·—100千字 20.00元

蔓蔓青萝/桩桩著·—胡小河责编·—510千字 39.80元

毛泽东:治国先治学/徐文钦 沈凤霞著·—黄孝阳责编·—480千字 49.00元

没创意,还敢玩涂鸦/(日)寄藤文平著·—刘霁责编·—30千字 29.80元

没有语言的生活/东西著·—黄孝阳责编·—203千字 28.00元

梅次故事/王跃文著·—刘佳责编·—430千字 36.00元

每天懂一点潜伏心理学/(日)涩谷昌三著·—刘霁责编·—120千字 26.00元

每天懂一点行为心理学/(日)匠英一著·—刘霁责编·—240千字 28.00元

美的体验/巫蓉著·—胡泊责编·—270千字 28.00元

美育人生:蔡元培自传/蔡元培著·—赵阳责编·—210千字 24.00元

媚公卿/林家成著·—胡小河责编·—545千字 49.80元

媚世红颜/马涵著·—胡小河责编·—690千字 49.80元

萌·日本史/樱雪丸著·—刘霁责编·—320千字 28.00元

梦之谷/萧乾著·—蔡晓妮 伍恒山责编·—280千字 24.00元

民国就是这么生猛/雾满拦江著·—刘霁责编·—300千字 32.80元

民国就是这么生猛2/雾满拦江著·—刘霁责编·—370千字 32.80元

民国就是这么生猛3/雾满拦江著·—刘霁责编·—320千字 32.80元

魔君的笨笨仙妃/穆丹枫著·—胡泊责编·—400千字 48.00元

蓦然回首星如雨/穿行四季著·—胡小河责编·—188千字 28.00元

拿下/许开祯著·—黄孝阳责编·—230千字 29.80元

那时年少/一草著·—刘霁责编·—250千字 29.80元

那夜的烛光/张晓风著·—蔡晓妮责编·—210千字 25.00元

南京安魂曲/哈金著·—黄孝阳责编·—200千字 32.00元

脑内革命/(日)春山茂雄著·—黄孝阳责编·—200千字 28.00元

尼采的心灵咒语/(德)尼采著·—丁卉 姚丽责编·—70千字

24.90 元

你不知道她有多美/东西著·—黄孝阳责编·—203 千字　28.00 元

你的青梅，我的竹马/青衫落拓著·—胡小河责编·—200 千字　28.00 元

你对这个时代满意吗/湖南卫视《零点锋云》栏目组编著·—黄孝阳责编·—130 千字　24.00 元

你是温暖，逆光而来/王了了著·—胡小河责编·—214 千字　26.00 元

你是我的宠/穆丹枫著·—胡泊责编·—250 千字　28.00 元

你知道的太多了！/熊猫翻书馆编著·—胡小河责编·—40 千字　22.00 元

女秘书日记/谭一平著·—250 千字　25.00 元

女上司/潘向黎著·—胡泊责编·—210 千字　28.00 元

女镇长/沈靖著·—黄孝阳责编·—450 千字　34.00 元

拍手笑沙鸥/王跃文著·—刘佳责编·—270 千字　32.00 元

培根论人生/（英）培根著·—钱新艳责编·—140 千字　22.00 元

皮肤会说话/项星著·—钱新艳责编·—280 千字　28.00 元

琵琶行/雷岛著·—刘佳责编·—300 千字　28.00 元

贫女的嫁妆：黄宗英自传/黄宗英著·—蔡晓妮责编·—190 千字　25.00 元

破晓/杨皐民著·—丁卉责编·—680 千字　98.00 元

普通小说学/杨劼著·—伍恒山责编·—240 千字　25.00 元

七年之痒（全新修订版）/高克芳著·—胡小河责编·—246 千字　26.80 元

千年的沉默/（韩）李善英著·—黄孝阳责编·—170 千字　26.80 元

钱多多嫁人记/人海中著·—胡小河责编·—171 千字　28.00 元

钱规则/陈新生著·—胡小河责编·—400 千字　30.00 元

浅绛彩瓷名录速查手册/陈琦著·—王宏波 江山华责编·—20 千字　20.00 元

浅绛彩瓷杂说/陈琦著·—100 千字　100.00 元

亲亲萧老师/孙卫卫著·—蔡晓妮责编·—100 千字　23.80 元

秦淮旧事/黄裳著·—蔡晓妮责编·—210 千字　25.00 元

青瞳/媚媚猫著·—胡小河责编·—600 千字　49.80 元

青瞳·终结篇/媚媚猫著·—胡小河责编·—450 千字　48.00 元

倾城娃娃记/度寒著·—胡泊责编·—200 千字　26.80 元

清代学术源流考/罗振玉著·—王一冰责编·—180 千字　24.00 元

清华八年：梁实秋自传/梁实秋著·—赵阳责编·—200 千字　24.00 元

情商密码/谭一平著·—100 千字　25.00 元

情晚·帝宫九重天/寂月皎皎著·—胡小河责编·—656 千字　49.80 元

娶个皇后不争宠/梵缺著·—胡泊责编·—400 千字　48.00 元

却原来/雪小禅著·—黄孝阳责编·—102 千字　25.00 元

鹊桥飞架太平洋/田吉民著·—250千字　30.00元

让宝宝爱上吃饭/MOMO著·—胡小河责编·—30千字　38.80元

让数字舞动起来/刘玄主编·—蔡晓妮责编·—120千字　28.00元

让我长成一棵树/蔡晓妮　陈永林主编·—蔡晓妮责编·—200千字　26.80元

人类杀手与和平卫士/刘玄主编·—蔡晓妮责编·—120千字　28.00元

人生就是一种修炼/汪向东著·—黄孝阳责编·—120千字　28.00元

人生五大问题/(法)莫洛亚(德)弗洛姆著·—钱新艳责编·—140千字　16.00元

人性的弱点/(美)戴尔·卡耐基著·—黄孝阳责编·—180千字　26.00元

人性的优点/(美)戴尔·卡耐基著·—黄孝阳责编·—175千字　26.00元

人鱼的信物之禁忌之恋/惊鸿著·—胡小河责编·—421千字　45.00元

日本！日本！/王浩著·—黄孝阳责编·—260千字　29.80元

三松堂自序：冯友兰自传/冯友兰著·—250千字　27.00元

三只鸳鸯一对半/是今著·—胡小河责编·—200千字　25.00元

杀梦/无意归著·—黄孝阳责编·—310千字　29.80元

山居闲话/徐志摩著·—孙金荣责编·—200千字　18.00元

山月不知心底事/辛夷坞著·—胡小河责编·—371千字　42.00元

杉杉来吃/顾漫著·—胡小河责编·—124千字　25.00元

上班族妈妈/(韩)尹贤景著·—胡小河责编·—127千字　38.00元

上下五千年(外)/杨蕾　王彬改写·—刘洲原责编·—247千字　28.00元

上下五千年(中)/杨蕾　王彬改写·—刘洲原责编·—243千字　28.00元

少儿声乐考级曲集/顾雪珍　房亚红著·—王昕宁责编·—250千字　32.00元

少年特战队1魔鬼训练营/八路著·—112千字　16.00元

少年特战队2英雄出少年/八路著·—106千字　16.00元

少年特战队4疯狂的世界杯/八路著·—100千字　16.00元

少年特战队3护航亚丁湾/八路著·—92千字　16.00元

少年特战队5巅峰对决/八路著·—120千字　19.80元

少年特战队6野小子欧阳“疯”/八路著·—120千字　19.80元

少年特战队7拯救野人“乌拉拉”/八路著·—120千字　19.80元

少年特战队8微博通辑令/八路著·—120千字　19.80元

蛇蝎不好惹：弃后也妖娆/晓云著·—胡小河责编·—228千字　29.80元

社交网络/谭一平著·—100千字　25.00元

深谋/龙一著·—赵阳责编·—

340 千字 28.00 元

升格/王清平著·—于奎潮责编·—220 千字 25.00 元

生活 哲学 智慧/韩海建主编·—刘霁 孙衍责编·—155 千字 28.00 元

生命属于音乐的歌手/蔡晓妮 陈永林主编·—蔡晓妮责编·—200 千字 26.80 元

生如夏花:泰戈尔经典诗选/(印)泰戈尔著·—黄孝阳责编·—148 千字 26.80 元

生物界的小精灵/刘玄主编·—蔡晓妮责编·—120 千字 28.00 元

盛和煜自选集.夜宴/盛和煜著·—赵阳 刘佳责编·—360 千字 30.00 元

盛和煜自选集.走向共和/盛和煜著·—赵阳 刘佳责编·—450 千字 30.00 元

诗意·名城获奖作品集/单非 佟云霞等著·—王宏波责编·—1290 千字 338.00 元

诗意靖江/尤红编著·—刘洲源责编·—200 千字 28.00 元

十年一品温如言/书海沧生著·—王娱瑶责编·—41 千字 46.00 元

十七岁/田中禾著·—黄孝阳责编·—250 千字 29.00 元

十四家/陈庆港著·—汪修荣 赵阳责编·—200 千字 35.00 元

十五分钟/陈蓉著·—胡泊责编·—100 千字 26.00 元

时光之城/皎皎著·—胡小河责编·—280 千字 29.80 元

史学要论/李大钊著·—钱新艳责编·—75 千字 15.00 元

世纪英文歌曲经典钢琴/欣然著·—刘洲原责编·—250 千字 22.00 元

世界上所有的夜晚/迟子建著·—钱新艳责编·—180 千字 26.00 元

守望先锋:中国先锋小说选/何锐主编·—黄孝阳责编·—270 千字 28.00 元

受难中的激情/(美)吉恩·德拉姆 戴尔·德拉姆著·—孙金荣责编·—250 千字 36.00 元

书香琐记/黄裳著·—蔡晓妮责编·—200 千字 25.00 元

舒立对话/胡舒立 王烁著·—刘霁责编·—360 千字 39.80 元

舒立对话 2/胡舒立 王烁著·—刘霁责编·—320 千字 39.80 元

树枝的疏忽/顾城著·—于奎潮 刘洲原责编·—210 千字 25.00 元

谁看爱透了我们/东西著·—黄孝阳责编·—185 千字 28.00 元

谁来替我照顾妈妈?/(美)强纳森·崔普尔著·—黄孝阳责编·—210 千字 28.80 元

谁说鸡毛不能上天/刘玄主编·—蔡晓妮责编·—120 千字 28.00 元

谁说丫鬟不倾城/田小璃著·—胡泊责编·—250 千字 28.00 元

水润兴化/邹祥龙著·—刘佳责编·—100 千字 28.00 元

私人爱情/雪小禅著·—黄孝阳责编·—105 千字 25.00 元

死亡幻术的门徒/(日)森博嗣著·—黄孝阳责编·—270 千字 28.00 元

死亡因子/范青著·—胡泊责编

·—140 千字　20.00 元

宿迁作家丛书(六种)/杨学军等著·—于奎潮 刘洲原责编·—1280 千字　150.00 元

岁时记/苏枕书著·—刘霁责编·—200 千字　28.00 元

唐朝好医生/望平安著·—钱新艳责编·—270 千字　26.00 元

唐宫美人天下/于正著·—胡小河责编·—467 千字　49.80 元

唐诗三百首详析/喻守真主编·—孙金荣责编·—240 千字　23.00 元

桃花脉/猛玛象著·—胡泊责编·—380 千字　25.00 元

讨喜笨王妃/梨魄著·—胡泊责编·—190 千字　26.80 元

啼笑因缘/张恨水著·—姚丽责编·—300 千字　25.00 元

题词赠言集粹/严文缘编·—姚丽 赵阳责编·—189 千字　48.00 元

天才魔妃/安知晓著·—胡小河责编·—600 千字　49.80 元

天地人我/周汝昌著·—蔡晓妮责编·—280 千字　32.00 元

天配良缘之陌香/浅绿著·—胡小河责编·—500 千字　49.80 元

天配良缘之商君/浅绿著·—胡小河责编·—600 千字　49.80 元

天上有棵爱情树/桩桩著·—胡小河责编·—377 千字　49.80 元

天锁/桑尚著·—胡小河责编·—185 千字　28.00 元

天下无匪/佰川著·—于奎潮 刘佳责编·—470 千字　28.00 元

铁血远征军/赵陨雨著·—黄孝阳责编·—300 千字　28.00 元

听懂宝宝/杨巍著·—黄孝阳责编·—200 千字　28.00 元

通天人物/李佩甫著·—江山华 姚丽责编·—361 千字　39.90 元

童年/(苏)高尔基著·—胡泊责编·—221 千字　26.00 元

童声里的中国.民主歌曲卷/欣然编·—刘洲原责编·—80 千字　18.50 元

童声里的中国.难忘旋律卷/欣然编·—刘洲原责编·—80 千字　18.50 元

童声里的中国:热爱祖国卷/欣然编·—刘洲原责编·—80 千字　18.50 元

童声里的中国:童年生活卷/欣然编·—刘洲原责编·—80 千字　18.50 元

头发会说话/项星著·—钱新艳责编·—190 千字　28.00 元

外国历史故事精选/郭晶晶改写·—刘佳责编·—172 千字　22.00 元

外国民间故事精选/韩一乞改写·—刘佳责编·—180 千字　22.00 元

外国神话故事精选/韩竞舟改写·—刘佳责编·—138.7 千字　18.00 元

外国童话故事精选/徐诺乞改写·—刘佳责编·—153.7 千字　19.00 元

外国小说名著精选/姚翔宇改写·—刘佳责编·—210 千字　26.00 元

外国寓言故事精选/徐诺改写·—刘佳责编·—168.7 千字　22.00 元

宛在云端/孟斜阳著·—刘霁责编·—180 千字　25.00 元

晚餐谋杀案/范青著·—胡泊责编·—220千字　20.00元

晚饭后的益智游戏,嘻嘻哈哈/(澳)米范韦·琼斯 斯皮里·蔡兹拉斯著·—江山华 丁小卉责编·—75千字　24.90元

万花筒的百变魔法/刘玄主编·—蔡晓妮责编·—120千字　28.00元

万物如此平静/(比利时)梅特林克著·—黄孝阳责编·—210千字　28.00元

汪国真诗书音画/汪国真著·—于奎潮 刘洲原责编·—80千字　25.00元

王妃从天降/穆丹枫著·—胡泊责编·—200千字　26.00元

王妃的资本/(英)肖恩·史密斯著·—黄孝阳责编·—200千字　28.00元

王鸿文选(共5卷)/王鸿著·—沈瑞责编·—1850千字　298.00元

为什么猪不能抬头看天2/熊猫翻书馆编著·—胡小河责编·—42千字　20.00元

圩墩五子·季杞传奇/陆惠根著·—姚丽 赵阳责编·—400千字　50.00元

未删节:明星封面大片拍摄全纪录/《时尚》杂志社编著·—王娱瑶责编·—42千字　39.00元

未园听石/卢海洲著·—刘洲原责编·—100千字　28.00元

未曾相识/花清晨著·—胡小河责编·—198千字　29.80元

蔚蓝色的交响/何建明 张文宝等著·—王昕宁责编·—120千字　30.00元

文化的力量/江苏电视台国际频道编著·—赵阳 刘洲原责编·—500千字 56.00元

文化决定未来/许慧玲主编·—王昕宁责编·—330千字　38.00元

文学的证言/江苏省作家协会编·—王雁雁责编·—140千字　22.00元

问·丹心/甄子丹著·—黄孝阳责编·—200千字　32.00元

我爱中国共产党(小学版)/匡文留著·—韩蕾 刘霁等责编·—55千字　10.00元

我爱中国共产党(中学版)/匡文留著·—韩蕾 刘霁等责编·—75千字　12.00元

我爱中国共产党(注音版)/匡文留著·—韩蕾 刘霁等责编·—50千字　8.00元

我爱中国共产党(综合本)/匡文留著·—韩蕾 刘霁等责编·—80千字　18.00元

我的爱/谢楼南著·—王娱瑶 杨倩责编·—190千字　28.00元

我的成名与不幸:王人美自传/王人美著·—蔡晓妮责编·—170千字　20.00元

我的春天里/黄士民著·—刘佳责编·—300千字　60.00元

我的家在这蜜糖湾/(美)海伦·库柏著·—刘霁责编·—250千字　29.80元

我的名字叫战士/江清波著·—孙衍责编·—240千字　32.00元

我的书斋/黄裳著·—蔡晓妮责编·—215千字　25.00元

我的扬州人/朱自清著·—孙金荣责编·—200千字　18.00元

我和我的祖国/赵朋著·—刘洲

原责编·—250 千字　25.00 元

我就喜欢你缺德的样子/嘿嘿主编·—刘霁责编·—200 千字　20.00 元

我勒个去，这样的哥你们伤不起/二子主编·—刘霁责编·—230 千字　22.00 元

我们的田野/徐鲁著·—蔡晓妮责编·—100 千字　25.90 元

我们俩有个无言的秘密/（俄）蒲宁著·—黄孝阳责编·—200 千字　26.00 元

我要逆风去/未再著·—胡小河责编·—210 千字　25.00 元

我愿意/姚谦著·—黄孝阳责编·—150 千字　35.00 元

我在回忆里等你/辛夷坞著·—胡小河责编·—263 千字　28.00 元

我这一辈子：老舍自传/老舍著·—胡小河责编·—200 千字　20.00 元

无名河/郭立新著·—王宏波责编·—120 千字　32.00 元

武则天秘史/王彪、周粟等著·—江山华 丁卉责编·—510 千字　29.90 元

雾里看画/冯秋红著·—黄孝阳责编·—140 千字　38.00 元

西安悬案/蓝泽著·—黄孝阳责编·—180 千字　26.80 元

西窗夜话/徐宗文著·—黄小初责编·—280 千字　26.00 元

西尔斯母乳喂全书/（美）玛莎·西尔斯著·—江山华责编·—300 千字　29.00 元

西尔斯亲密育儿法/（美）威廉·西尔斯著·—江山华责编·—250 千字　26.00 元

西游无间道/江南老孙著·—刘佳责编·—350 千字　28.00 元

嫌疑档案/浮生著·—黄孝阳责编·—150 千字　25.00 元

嫌疑人 X/邓科著·—黄孝阳责编·—180 千字　26.80 元

相处心理学，拿来就用/（日）齐藤勇著·—刘霁责编·—120 千字　26.00 元

香火/范小青著·—黄小初 黄孝阳责编·—180 千字　29.00 元

像马云一样说话/张镦亓著·—黄孝阳责编·—200 千字　32.00 元

小情敌/艾米著·—黄孝阳责编·—150 千字　28.00 元

小巫婆，懂生活/格格巫著·—胡小河责编·—200 千字　32.00 元

新版世界儿童钢琴曲集/司徒璧春 李梅选编·—刘洲原责编·—300 千字　32.00 元

新惊魂六计第 3 辑（三本）/佚名等著·—刘霁责编·—50 千字　48.00 元

新惊魂六计第 4 辑（三本）/佚名等著·—刘霁责编·—657 千字　54.00 元

新圈叉时代/余姗姗著·—赵阳姚丽责编·—300 千字 26.00 元

新手妈妈学婴语/姜靓著·—胡小河责编·—81 千字　35.00 元

新闻部主任/王宗坤著·—黄孝阳责编·—340 千字　29.80 元

幸福就像如来掌/素说著·—刘霁 孙衍责编·—240 千字　26.80 元

幸福课堂/韩海建主编·—刘霁责编·—410 千字　45.00 元

幸福是你的尾巴尖/新浪网友著·—王娱瑶责编·—150 千字

26.00 元

幸福在路上/流年著·—王昕宁责编·—440 千字　38.00 元

绣宫春/水未遥著·—胡小河责编·—198 千字　29.80 元

许我向你看/辛夷坞著·—胡小河责编·—517 千字　49.80 元

悬念故事. 2/百花编辑部编·—王一冰责编·—100 千字　5.00 元

悬念故事 3/新力传媒主编·—王娱瑶责编·—100 千字　5.00 元

悬念故事 4/新力传媒主编·—王雁雁责编·—100 千字　5.00 元

学校没教过的第一兵书:六韬/凌永放著·—丁卉责编·—210 千字　28.00 元

学校没教过的管理学:韩非子/凌永放著·—丁卉责编·—290 千字　29.00 元

学校没教过的君臣故事:说苑/凌永放著·—丁卉责编·—180 千字　25.00 元

学校没教过的中国哲学家:庄子/凌永放著·—丁卉责编·—300 千字　29.00 元

学校没教过的中国智圣:鬼谷子/徐磊著·—丁卉责编·—187 千字　23.00 元

雪浪花/杨朔著·—蔡晓妮责编·—250 千字　25.00 元

血嫁/远月著·—胡小河责编·—569 千字　49.80 元

寻找前世之旅/Vivibear 著·—胡小河责编·—800 千字　69.80 元

亚洲腹地旅行记/(瑞典)斯文·赫定著·—钱新艳责编·—370 千字　39.50 元

烟之外/洛夫著·—于奎潮 刘洲原责编·—100 千字　25.00 元

严凤英一家人/周玉冰著·—刘洲原责编·—210 千字　26.00 元

炎刀·铳/(日)西尾维新著·—黄孝阳责编·—112 千字　18.00 元

盐城社科成果丛书/赵永生等著·—蔡晓妮责编·—2600 千字　364.00 元

演讲的艺术/(美)戴尔·卡耐基著·—黄孝阳责编·—145 千字　24.00 元

妖股/程志云著·—黄孝阳责编·—200 千字　29.80 元

妖孽,别捉我!/吾涯著·—胡小河责编·—300 千字　29.80 元

野王/酋长有德著·—钱新艳责编·—300 千字　28.00 元

一朝为后/童童著·—胡泊责编·—460 千字　49.80 元

一代枭雄朱元璋/刘梵天著·—王宏波 江山华责编·—1200 千字　86.00 元

一个家庭两个世界:顾毓琇自传/顾毓琇著·—蔡晓妮责编·—250 千字　28.00 元

一个温暖世界的方向/蔡晓妮 陈永林主编·—蔡晓妮责编·—200 千字　26.80 元

一斛珠/朵朵舞著·—胡小河责编·—300 千字　39.80 元

一颗颗星星都是爱/蔡晓妮 陈永林主编·—蔡晓妮责编·—200 千字　26.80 元

一路走来的麦香/蔡晓妮 陈永林主编·—蔡晓妮责编·—200 千字　26.80 元

一千个春天:陈香梅自传/(美)陈香梅著·—蔡晓妮责编·—140

千字　20.00 元

一千零一夜/欣欣改写·—刘洲原责编·—191 千字　22.00 元

一霎风雨我爱过你/晴空蓝兮著·—胡小河责编·—196 千字　25.00 元

一夜皇妃/忧然著·—胡泊责编·—450 千字　49.80 元

伊索寓言/(古希腊)伊索著·—刘洲原责编·—187.5 千字　22.00 元

壹丛书(十册)/赵宏杰等著·—赵阳 刘洲原责编·—1975 千字　280.00 元

音乐的故事/(法)罗曼·罗兰著·—黄孝阳责编·—280 千字　26.00 元

银牦牛尾/毕淑敏著·—黄孝阳责编·—172 千字　29.80 元

银座妈妈桑教你读心术/(日)望月明美著·—刘霁责编·—70 千字　26.80 元

隐婚男女/赵格羽著·—胡小河责编·—193 千字　25.00 元

印·马天宇·西区/盛夏星空 LOTUS 工作室著·—胡小河责编·—30 千字　49.80 元

英伦见闻录/(美)华盛顿·欧文著·—黄孝阳责编·—300 千字　28.00 元

英语大王思思来了/周思成著·—王雁雁责编·—200 千字　28.00 元

迎接青奥会打造平安城/徐珠宝著·—王雁雁责编·—130 千字　27.00 元

影剧春秋:黄宗江自传/黄宗江著·—蔡晓妮责编·—220 千字　25.00 元

永恒的"爱迪生"之梦/刘玄主编·—蔡晓妮责编·—120 千字　28.00 元

游园惊梦/张晓风著·—蔡晓妮责编·—210 千字　25.00 元

有光/李小山著·—黄孝阳责编·—220 千字　29.00 元

有一种爱叫无法弥补/绿西西著·—刘霁责编·—240 千字　24.80 元

雨的滋味/施蛰存著·—赵阳责编·—270 千字　25.00 元

语言的突破/(美)戴尔·卡耐基著·—黄孝阳责编·—125 千字　22.00 元

元气糖/殳俏著·—雷淑容责编·—100 千字　35.00 元

原来你还在这里/辛夷坞著·—胡小河责编·—240 千字　28.00 元

远古伊甸/清歌一片著·—胡小河责编·—271 千字　29.80 元

愿为果/雪小禅著·—黄孝阳责编·—103 千字　25.00 元

约翰内斯堡不再哀伤/(南非)贝弗利·奈杜著·—黄孝阳责编·—50 千字　22.00 元

越剧入门/周立波著·—孙金荣责编·—100 千字　22.00 元

云狂/风行烈著·—胡小河责编·—550 千字　49.80 元

再别康桥/徐志摩著·—孙金荣责编·—190 千字　17.00 元

再见,老男孩/筷子兄弟著·—王雁雁责编·—150 千字　29.80 元

再生缘:我的温柔暴君/墨舞碧歌著·—胡小河责编·—824 千字　75.00 元

张爱玲·未了情/(美)李黎著·—刘霁责编·—130 千字

25.00 元

张马丁的第八天/李锐著·—黄孝阳责编·—150 千字 29.00 元

张元随笔/张元著·—蔡晓妮责编·—80 千字 30.00 元

招商/雷子著·—姚丽责编·—350 千字 28.00 元

赵丽蓉的最后十年/张雅静著·—200 千字 25.00 元

这咬人的爱!/安逸著·—胡小河责编·—195 千字 28.00 元

政绩/桐柏山人著·—黄孝阳责编·—280 千字 29.80 元

只为途中与你相见/苏缨 毛晓雯著·—刘霁责编·—150 千字 32.80 元

致我们终将逝去的青春/辛夷坞著·—胡小河责编·—260 千字 28.00 元

中国历史故事精选/雷芸改写·—胡泊责编·—161 千字 19.50 元

中国民间故事精选/雷芸改写·—胡泊责编·—138 千字 18.00 元

中国神话故事精选/雷芸改写·—胡泊责编·—120 千字 16.00 元

中国童话故事精选/雷改写·—胡泊责编·—116 千字 15.00 元

中国往事:波谲云诡的民国/杨建强著·—黄孝阳责编·—280 千字 29.80 元

中国文化史大纲/杨东莼著·—王宏波 刘佳责编·—260 千字 28.00 元

中国文学史讲义选编/浦江清著·—钱新艳责编·—300 千字 38.00 元

中国艺术电影/北岛主编·—黄孝阳责编·—190 千字 24.00 元

中国寓言故事精选/雷芸改写·—胡泊责编·—187 千字 22.00 元

中国最后一个大儒/梁培恕著·—黄孝阳责编·—360 千字 38.00 元

中华美德故事精选/蔡振绅编选·—钱新艳责编·—180 千字 22.00 元

中华是我家:2011 第二届全国优秀童谣评选获奖作品集/本书编委会编·—韩蕾 王一冰责编·—40 千字 26.00 元

中外名人故事/白露改写·—钱新艳责编·—206 千字 25.00 元

中医不死!/罗萌著·—江山华责编·—200 千字 29.00 元

中医不死! 2. 大结局/罗萌著·—江山华责编·—200 千字 29.00 元

终无言/雪小禅著·—黄孝阳责编·—93 千字 25.00 元

重生之极品公子/不是蚊子著·—胡小河责编·—215 千字 29.80 元

重紫/蜀客著·—胡小河责编·—410 千字 45.00 元

周易大师 3/程小程著·—刘霁责编·—290 千字 33.00 元

朱方文丛(九本)/吴绍祥等著·—王昕宁责编·—1394.5 千字 234.00 元

竹笛/杜如松主编·—王昕宁责编·—420 千字 45.00 元

竹马是只狼/睡懒觉的喵著·—胡小河责编·—177 千字 25.00 元

资平自述:张资平自传/张资平著·—姚丽责编·—210千字 24.00元

走进市民学堂12/许慧玲主编·—王昕宁责编·—180千字 20.00元

走进市民学堂13/许慧玲主编·—王昕宁责编·—180千字 20.00元

走在命运的左岸/蔡晓妮 陈永林主编·—蔡晓妮责编·—200千字 26.80元

最慢的是活着/乔叶著·—江山华责编·—200千字 29.00元

最散文:在纸上飞行/葛一敏 乔叶著·—赵阳责编·—200千字 26.00元

醉玲珑/十四夜著·—胡小河责编·—980千字 69.80元

昨夜长风/陶珊著·—刘洲原责编·—180千字 25.00元

左撇子改变历史/(澳)艾德·怀特著·—雷淑容责编·—280千字 38.00元

左宗棠传/(美)贝尔斯著·—刘霁责编·—250千字 29.80元

花妖/钟子美著·—蔡晓妮责编·—200千字 24.80元

火力少年王——动画精华版6/广东奥飞动漫文化股份有限公司著·—朱涛责编·—10千字 13.80元

火力少年王——动画精华版7/广东奥飞动漫文化股份有限公司著·—朱涛责编·—10千字 13.80元

火力少年王——动画精华版8/广东奥飞动漫文化股份有限公司著·—朱涛责编·—10千字 13.80元

火力少年王——动画精华版9/广东奥飞动漫文化股份有限公司著·—朱涛责编·—10千字 13.80元

火力少年王——动画精华版10/广东奥飞动漫文化股份有限公司著·—朱涛责编·—10千字 13.80元

火力少年王——雷霆出击/广东奥飞动漫文化股份有限公司著·—周远政责编·—40千字 13.00元

火力少年王——风火鹰/广东奥飞动漫文化股份有限公司著·—周远政责编·—40千字 13.00元

火力少年王——光子精灵/广东奥飞动漫文化股份有限公司著·—周远政责编·—40千字 13.00元

火力少年王——神秘面具人/广东奥飞动漫文化股份有限公司著·—周远政责编·—40千字 13.00元

火力少年王故事书1/广东奥飞动漫文化股份有限公司著·—周远政责编·—40千字 14.80元

火力少年王故事书2/广东奥飞动漫文化股份有限公司著·—周远政责编·—40千字 14.80元

火力少年王故事书3/广东奥飞动漫文化股份有限公司著·—周远政责编·—40千字 14.80元

火力少年王故事书4/广东奥飞动漫文化股份有限公司著·—周远政责编·—40千字 14.80元

御兽王者之灵皇之咒/广东奥飞动漫文化股份有限公司著·—周远政责编·—40千字 13.00元

御兽王者之卷国的召唤/广东奥飞动漫文化股份有限公司著·—周

远政责编·—40千字　13.00元

御兽王者之太阳神的惩罚/广东奥飞动漫文化股份有限公司著·—周远政责编·—40千字　13.00元

御兽王者之职赛征途/广东奥飞动漫文化股份有限公司著·—周远政责编·—40千字　13.00元

洛克王国宠物大图鉴2/深圳市腾讯计算机系统有限公司著·—朱涛责编·—40千字　22.00元

洛克王国宠物宝典1/深圳市腾讯计算机系统有限公司著·—陈冰青责编·—30千字　18.00元

洛克王国宠物宝典2/深圳市腾讯计算机系统有限公司著·—陈冰青责编·—30千字　18.00元

洛克王国宠物宝典3/深圳市腾讯计算机系统有限公司著·—陈冰青责编·—30千字　18.00元

洛克王国宠物宝典4/深圳市腾讯计算机系统有限公司著·—陈冰青责编·—30千字　18.00元

洛克王国秘密大图鉴1/深圳市腾讯计算机系统有限公司著·—朱涛责编·—20千字　16.00元

洛克王国秘密大图鉴2/深圳市腾讯计算机系统有限公司著·—朱涛责编·—20千字　16.00元

洛克王国宠物大图鉴3/深圳市腾讯计算机系统有限公司著·—陈冰青责编·—40千字　22.00元

洛克王国探险笔记1龙骨被盗之谜/深圳市腾讯计算机系统有限公司著·—周远政责编·—40千字　14.80元

洛克王国魔法侦探1黄金大劫案/深圳市腾讯计算机系统有限公司著·—周远政责编·—40千字　14.80元

洛克王国探险笔记2神秘的玉佩/深圳市腾讯计算机系统有限公司著·—周远政责编·—40千字　14.80元

洛克王国魔法侦探2商店街告密者/深圳市腾讯计算机系统有限公司著·—周远政责编·—40千字　14.80元

洛克王国秘密大图鉴3/深圳市腾讯计算机系统有限公司著·—陈冰青责编·—2千字　16.00元

洛克王国宠物升级攻略2/深圳市腾讯计算机系统有限公司著·—陈冰青责编·—10千字　8.00元

洛克王国魔法侦探3马戏团的秘密/深圳市腾讯计算机系统有限公司著·—周远政责编·—40千字　14.80元

洛克王国探险笔记3月光宝盒/深圳市腾讯计算机系统有限公司著·—周远政责编·—40千字　14.80元

洛克王国探险笔记4恶魔吹着笛子来/深圳市腾讯计算机系统有限公司著·—周远政责编·—40千字　14.80元

洛克王国魔法侦探4雪人谷大危机/深圳市腾讯计算机系统有限公司著·—周远政责编·—40千字　14.80元

洛克王国秘密大图鉴4/深圳市腾讯计算机系统有限公司著·—陈冰青责编·—20千字　16.00元

洛克王国秘密大图鉴5/深圳市腾讯计算机系统有限公司著·—陈冰青责编·—20千字　16.00元

洛克王国宠物大图鉴4/深圳市腾讯计算机系统有限公司著·—陈

冰青责编·—40千字　22.00元

洛克王国漫画教室1/深圳市腾讯计算机系统有限公司著·—陈冰青责编·—10千字　10.00元

洛克王国漫画教室2/深圳市腾讯计算机系统有限公司著·—陈冰青责编·—10千字　10.00元

洛克王国漫画教室3/深圳市腾讯计算机系统有限公司著·—陈冰青责编·—10千字　10.00元

洛克王国漫画教室4/深圳市腾讯计算机系统有限公司著·—陈冰青责编·—10千字　10.00元

洛克王国魔法涂色1/深圳市腾讯计算机系统有限公司著·—陈冰青责编·—2千字　10.00元

洛克王国魔法涂色2/深圳市腾讯计算机系统有限公司著·—陈冰青责编·—2千字　10.00元

洛克王国魔法涂色3/深圳市腾讯计算机系统有限公司著·—陈冰青责编·—2千字　10.00元

洛克王国魔法涂色4/深圳市腾讯计算机系统有限公司著·—陈冰青责编·—2千字　10.00元

爆笑洛克王国1变异宠物/深圳市腾讯计算机系统有限公司著·—陈冰青责编·—10千字　13.80元

爆笑洛克王国2变异宠物/深圳市腾讯计算机系统有限公司著·—陈冰青责编·—10千字　13.80元

洛克王国剧情漫画1/深圳市腾讯计算机系统有限公司著·—陈冰青责编·—10千字　13.80元

洛克王国剧情漫画2/深圳市腾讯计算机系统有限公司著·—陈冰青责编·—10千字　13.80元

洛克王国剧情漫画3/深圳市腾讯计算机系统有限公司著·—陈冰青责编·—10千字　13.80元

洛克王国剧情漫画4/深圳市腾讯计算机系统有限公司著·—陈冰青责编·—10千字　13.80元

洛克王国典藏图鉴/深圳市腾讯计算机系统有限公司著·—陈冰青责编·—40千字　22.00元

洛克伴你健康成长1/深圳市腾讯计算机系统有限公司著·—陈冰青责编·—20千字　8.00元

洛克伴你健康成长2/深圳市腾讯计算机系统有限公司著·—陈冰青责编·—20千字　9.00元

洛克伴你健康成长3/深圳市腾讯计算机系统有限公司著·—陈冰青责编·—20千字　10.00元

开心宝贝大迷宫1星星球的危机/广东明星创意动画有限公司著·—朱涛责编·—5千字　10.00元

开心宝贝大迷宫2网络大追踪/广东明星创意动画有限公司著·—朱涛责编·—5千字　10.00元

开心宝贝大迷宫3疯狂的百事通/广东明星创意动画有限公司著·—朱涛责编·—5千字　10.00元

开心宝贝大迷宫4神秘大海怪/广东明星创意动画有限公司著·—朱涛责编·—5千字　10.00元

开心宝贝故事书漫画本1开心超人的诞生/广东明星创意动画有限公司著·—朱涛责编·—10千字　13.80元

开心宝贝故事书漫画本2大战木乃伊/广东明星创意动画有限公司著·—朱涛责编·—10千字　13.80元

开心宝贝故事书漫画本3语言转换机/广东明星创意动画有限公司著·—朱涛责编·—10千字

13.80元

开心宝贝故事书漫画书4 开心与龙/广东明星创意动画有限公司著·—朱涛责编·—10千字　13.80元

开心宝贝炫彩故事书5/广东明星创意动画有限公司著·—朱涛责编·—20千字　11.00元

开心宝贝炫彩故事书6/广东明星创意动画有限公司著·—朱涛责编·—20千字　11.00元

开心宝贝炫彩故事书7/广东明星创意动画有限公司著·—朱涛责编·—20千字　11.00元

开心宝贝炫彩故事书8/广东明星创意动画有限公司著·—朱涛责编·—20千字　11.00元

开心大拼图/广东明星创意动画有限公司著·—朱涛责编·—2千字　48.00元

开心宝贝食物复仇记/广东明星创意动画有限公司著·—周远政责编·—2千字　10.00元

开心宝贝天气控制塔/广东明星创意动画有限公司著·—周远政责编·—2千字　10.00元

开心宝贝天才宅博士/广东明星创意动画有限公司著·—周远政责编·—2千字　22.00元

开心宝贝激战微波炉怪/广东明星创意动画有限公司著·—周远政责编·—2千字　22.00元

开心宝贝儿童自救安全手册——生活自救/广东明星创意动画有限公司著·—周远政责编·—4千字　10.00元

开心宝贝儿童自救安全手册——自然灾害/广东明星创意动画有限公司著·—周远政责编·—4千字　10.00元

开心宝贝情景英语剧场精彩的一天/广东明星创意动画有限公司著·—周远政责编·—5千字　12.00元

开心宝贝情景英语剧场多彩的城市/广东明星创意动画有限公司著·—周远政责编·—5千字　12.00元

开心宝贝情景英语剧场一起出去玩/广东明星创意动画有限公司著·—周远政责编·—5千字　12.00元

开心宝贝情景英语剧场结交新朋友/广东明星创意动画有限公司著·—周远政责编·—5千字　12.00元

开心宝贝漫画教室1 超人补习班/广东明星创意动画有限公司著·—陈冰青责编·—5千字　10.00元

开心宝贝漫画教室2 配角也疯狂/广东明星创意动画有限公司著·—陈冰青责编·—5千字　10.00元

开心宝贝漫画教室3 机车侠变声/广东明星创意动画有限公司著·—陈冰青责编·—5千字　10.00元

开心宝贝漫画教室4 美丽星星球/广东明星创意动画有限公司著·—陈冰青责编·—5千字　10.00元

开心宝贝趣味减法/广东明星创意动画有限公司著·—朱涛责编·—5千字　10.00元

开心宝贝趣味加法/广东明星创意动画有限公司著·—朱涛责编·—5千字　10.00元

开心宝贝趣味数字/广东明星创意动画有限公司著·—朱涛责编·—5千字　10.00元

开心宝贝趣味图形/广东明星创意动画有限公司著·—朱涛责编·—5千字　10.00元

开心宝贝视觉大搜索1决战银河系/广东明星创意动画有限公司著·—朱涛责编·—2千字　10.00元

开心宝贝视觉大搜索2寻宝总动员/广东明星创意动画有限公司著·—朱涛责编·—2千字　10.00元

开心宝贝视觉大搜索3回到侏罗纪/广东明星创意动画有限公司著·—朱涛责编·—2千字　10.00元

开心宝贝视觉大搜索4奇妙微世界/广东明星创意动画有限公司著·—朱涛责编·—2千字　10.00元

开心宝贝快乐贴纸书1/广东明星创意动画有限公司著·—朱涛责编·—2千字　13.00元

开心宝贝快乐贴纸书2/广东明星创意动画有限公司著·—朱涛责编·—2千字　13.00元

开心宝贝四格漫画1趣饼罐/广东明星创意动画有限公司著·—朱涛责编·—5千字　10.00元

开心宝贝四格漫画2糖果盒/广东明星创意动画有限公司著·—朱涛责编·—5千字　10.00元

开心宝贝学前准备小课堂1数学/广东明星创意动画有限公司著·—周远政责编·—5千字　16.00元

开心宝贝学前准备小课堂2语言/广东明星创意动画有限公司著·—周远政责编·—5千字　16.00元

开心宝贝学前准备小课堂3行为习惯/广东明星创意动画有限公司著·—周远政责编·—5千字　16.00元

开心宝贝学前准备小课堂4拼音/广东明星创意动画有限公司著·—周远政责编·—5千字　16.00元

开心宝贝学前准备小课堂5基础百科/广东明星创意动画有限公司著·—周远政责编·—5千字　16.00元

开心宝贝学前准备小课堂6启蒙英语/广东明星创意动画有限公司著·—周远政责编·—5千字　16.00元

开心宝贝电视动画美绘本——小心超人(上)/广东明星创意动画有限公司著·—周远政责编·—2千字　10.00元

开心宝贝电视动画美绘本——小心超人(下)/广东明星创意动画有限公司著·—周远政责编·—2千字　10.00元

巴啦啦小魔仙1校园时尚/广东奥飞动漫文化股份有限公司著·—陈冰青责编·—2千字　16.00元

巴啦啦小魔仙2浪漫四季/广东奥飞动漫文化股份有限公司著·—陈冰青责编·—2千字　16.00元

巴啦啦小魔仙3Party明星/广东奥飞动漫文化股份有限公司著·—陈冰青责编·—2千字　16.00元

巴啦啦小魔仙4梦幻公主/广东奥飞动漫文化股份有限公司著·—

陈冰青责编·—2千字　16.00元

巴啦啦小魔仙图鉴1彩虹资料库/广东奥飞动漫文化股份有限公司著·—陈冰青责编·—2千字　16.00元

巴啦啦小魔仙图鉴2拯救魔仙堡/广东奥飞动漫文化股份有限公司著·—陈冰青责编·—2千字　16.00元

巴啦啦小魔仙艺术涂色1梦幻色彩/广东奥飞动漫文化股份有限公司著·—陈冰青责编·—2千字　10.00元

巴啦啦小魔仙艺术涂色2魔幻光影/广东奥飞动漫文化股份有限公司著·—陈冰青责编·—2千字　10.00元

巴啦啦小魔仙艺术涂色3奇幻图形/广东奥飞动漫文化股份有限公司著·—陈冰青责编·—2千字　10.00元

巴啦啦小魔仙之黑暗王子1/广东奥飞动漫文化股份有限公司著·—周远政责编·—40千字　14.80元

巴啦啦小魔仙之黑暗王子2/广东奥飞动漫文化股份有限公司著·—周远政责编·—40千字　14.80元

巴啦啦小魔仙之黑暗王子3/广东奥飞动漫文化股份有限公司著·—周远政责编·—40千字　14.80元

巴啦啦小魔仙之黑暗王子4/广东奥飞动漫文化股份有限公司著·—周远政责编·—40千字　14.80元

巴啦啦小魔仙之女孩更优秀1/广东奥飞动漫文化股份有限公司著·—陈冰青责编·—10千字　19.80元

巴啦啦小魔仙之女孩更优秀2/广东奥飞动漫文化股份有限公司著·—陈冰青责编·—10千字　19.80元

巴啦啦小魔仙之女孩更优秀3/广东奥飞动漫文化股份有限公司著·—陈冰青责编·—10千字　19.80元

巴啦啦小魔仙之女孩更优秀4/广东奥飞动漫文化股份有限公司著·—陈冰青责编·—10千字　19.80元

天火传说大图鉴1角色全揭秘/上海锐色文化传播有限公司著·—陈冰青责编·—5千字　16.00元

天火传说大图鉴2剧情风云榜/上海锐色文化传播有限公司著·—陈冰青责编·—5千字　16.00元

天火传说故事精华本1/上海锐色文化传播有限公司著·—朱涛责编·—10千字　13.80元

天火传说故事精华本2/上海锐色文化传播有限公司著·—朱涛责编·—10千字　13.80元

天火传说故事精华本3/上海锐色文化传播有限公司著·—朱涛责编·—10千字　13.80元

天火传说故事精华本4/上海锐色文化传播有限公司著·—朱涛责编·—10千字　13.80元

天火传说故事精华本5/上海锐色文化传播有限公司著·—朱涛责编·—10千字　13.80元

天火传说故事精华本6/上海锐色文化传播有限公司著·—朱涛责编·—10千字　13.80元

天火传说故事精华本7/上海锐

色文化传播有限公司著·—朱涛责编·—10 千字　13.80 元

天火传说故事精华本 8/上海锐色文化传播有限公司著·—朱涛责编·—10 千字　13.80 元

天火传说故事精华本 9/上海锐色文化传播有限公司著·—朱涛责编·—10 千字　13.80 元

天火传说故事精华本 10/上海锐色文化传播有限公司著·—朱涛责编·—10 千字　13.80 元

天火传说 1 晶石传说/上海锐色文化传播有限公司著·—周远政责编·—40 千字　14.80 元

天火传说 2 白虎战士/上海锐色文化传播有限公司著·—周远政责编·—40 千字　14.80 元

天火传说 3 东方青龙/上海锐色文化传播有限公司著·—周远政责编·—40 千字　14.80 元

天火传说 4 北方玄武/上海锐色文化传播有限公司著·—周远政责编·—40 千字　14.80 元

天火传说找不同 1/上海锐色文化传播有限公司著·—朱涛责编·—5 千字　13.80 元

天火传说找不同 2/上海锐色文化传播有限公司著·—朱涛责编·—5 千字　13.80 元

魔法小公主 1 神奇的魔法世界/周艺文著·—周远政责编·—40 千字　14.80 元

魔法小公主 2 魔力八音盒/周艺文著·—周远政责编·—40 千字　14.80 元

魔法小公主 3 美妙的魔法平安夜/周艺文著·—周远政责编·—40 千字　14.80 元

魔法小公主 4 邪恶猫精灵托娜/周艺文著·—周远政责编·—40 千字　14.80 元

潘朵拉星球 1 蓝色迷雾的真相/周艺文著·—周远政责编·—40 千字　14.80 元

潘朵拉星球 2 克拉克神火/周艺文著·—周远政责编·—40 千字　14.80 元

潘朵拉星球 3 红森林奇遇/周艺文著·—周远政责编·—40 千字　14.80 元

潘朵拉星球 4 幽灵齿之谜/周艺文著·—周远政责编·—40 千字　14.80 元

潘多拉星球历险记 5 希斯的梦境/周艺文著·—周远政责编·—40 千字　14.80 元

潘多拉星球历险记 6 消失的无忧岛/周艺文著·—周远政责编·—40 千字　14.80 元

铠甲勇士 OL1 神秘的陨石/广东奥飞动漫文化股份有限公司著·—周远政责编·—40 千字　14.80 元

铠甲勇士 OL2 暗影力量的反扑/广东奥飞动漫文化股份有限公司著·—周远政责编·—40 千字　14.80 元

铠甲勇士 OL3 炎龙铠甲/广东奥飞动漫文化股份有限公司著·—周远政责编·—40 千字　14.80 元

铠甲勇士 OL4 终极虎鲸兽/广东奥飞动漫文化股份有限公司著·—周远政责编·—40 千字　14.80 元

大嗓门滴滴——次声虫梦魇/周艺文著·—周远政责编·—40 千字　12.80 元

大嗓门滴滴——滴滴和树世界/

周艺文著·—周远政责编·—40千字　12.80元

大嗓门滴滴——极光岛大爆炸/周艺文著·—周远政责编·—40千字　12.80元

大嗓门滴滴——嗓音岛的阴谋/周艺文著·—周远政责编·—40千字　12.80元

大嗓门滴滴——神奇药剂绿爷爷/周艺文著·—周远政责编·—40千字　12.80元

大嗓门滴滴——我爱伊米/周艺文著·—周远政责编·—40千字　12.80元

江苏凤凰出版社

高二适批校《刘禹锡集》/高二适批校·—王华宝责编·—206千字　220.00元

新国学三十讲/卞孝萱，胡阿祥，刘进宝主编·—卞岐责编·—1363千字　139.00元

诗经（历代名著精选集）/赵逵夫注评·—卞岐责编·—339千字　29.00元

文心雕龙（历代名家精选集）/（南北朝）刘勰著；李平，桑农注评·—卞岐责编·—227千字　19.00元

宋史十五讲/游彪著·—韩凤冉责编·—257千字　27.00元

朱光潜讲美学/朱光潜著·—韩凤冉责编·—164千字　19.00元

俞平伯讲红楼梦/俞平伯著·—韩凤冉责编·—264千字　29.00元

蔡元培讲伦理学/蔡元培著·—韩凤冉责编·—167千字　19.00元

冯友兰讲哲学/冯友兰著·—韩凤冉责编·—298千字　33.00元

柳诒徵讲国史/柳诒徵著·—韩凤冉责编·—223千字　29.00元

胡朴安讲文献/胡朴安著·—韩凤冉责编·—167千字　19.00元

何炳松讲历史/何炳松著·—韩凤冉责编·—327千字　37.00元

顾随讲词曲/顾随著·—韩凤冉责编·—138千字　16.00元

中国中古文学史讲义/刘师培著；刘跃进讲评·—李相东责编·—242千字　30.00元

礼记（历代名著精选集）/（汉）戴胜著；鲁同群注评·—汪允普责编·—249千字　21.00元

汉书（历代名著精选集）/（东汉）班固著；谢秉洪注评·—汪允普责编·—298千字　25.00元

阅微草堂笔记（历代名著精选集）/（清）纪昀著·—汪允普责编·—372千字　32.00元

晚清民国志怪传奇小说集研究/张振国著·—樊昕责编·—329千字　36.00元

南宋遗民词人研究/丁楹著·—樊昕责编·—316千字　35.00元

梁启超批注本《桃花扇》/（清）孔尚任著；（清）梁启超著；城宁校点·—郭馨馨责编·—194千字　24.00元

儒林外史/（清）吴敬梓著·—常宁文责编·—379千字　22.00元

北史演义/(清)杜纲著;沙文点校·—王剑责编·—306千字 16.00元

吴三桂演义/(清)佚名著·—常宁文责编·—226千字 14.00元

南史演义/(清)杜纲著;沙文点校·—王剑责编·—222千字 14.00元

中国大运河明珠—无锡/无锡市政协学习文史委员会编·—高思源责编·—85千字 200.00元

金圣叹批评本《西厢记》/(元)王实甫著;(清)金圣叹批评;陆林校点·—高思源责编·—85千字 200.00元

周易本义/(宋)朱熹注·—郭馨馨责编·—120千字 15.00元

李汝珍师友年谱/李明友整理·—汪允普责编·—445千字 55.00元

萧县文化博览/本书编委会编·—高思源责编·—596千字 128.00元

无锡市行业发展报告(2010)/孙志亮主编·—高思源责编·—382千字 50.00元

高中思想政治政治生活分册/本社编委会编·—傅扬责编·—449千字 20.00元

读杜札记/(日)吉川幸次郎著·—陈晓清责编·—216千字 28.00元

德耀人生——道德讲堂二十讲/徐缨编·—李艳丽责编·—148千字 48.00元

江苏水利年鉴2010/江苏省水利厅编·—常宁文责编·—422千字 78.00元

民俗海门/海门日报社编·—常宁文责编·—319千字 40.00元

润泽生命的乡土绿色——农村幼儿园生态式绿色教育与课程的整合研究/徐敏等著·—陈晓清责编·—232千字 35.00元

李纲与无锡/无锡李氏宗亲联谊会编·—王剑责编·—319千字 68.00元

中国文化的脉络与灵魂:“百姓大讲堂”演讲实录/本书编委会编·—傅扬责编·—298千字 38.00元

中国现当代文学作品精选·小说卷/高永年主编·—王华宝责编·—521千字 39.00元

中国现当代文学作品精选·戏剧卷/高永年主编·—王华宝责编·—427千字 32.00元

油菜飘香/毛惠良著·—陈晓清责编·—219千字 32.00元

宋刻本十四行本史记(精装)(全5册)/(汉)司马迁著·—李相东责编·—2080面·—1980.00元

大清名贤百家手札(精装本)(全5册)/(清)刘墉、曾国藩、张之洞等撰·—李相东责编·—2200面·—1800.00元

反弹力/(美)凯斯·麦克法兰著;龙巍坚译·—李相东责编·—120千字 22.00元

中国通史/吕思勉著·—李相东责编·—480千字 39.80元

局外人;鼠疫/(法)加缪著;杨广科;赵天霓、陈属玉译·—李相东责编·—250千字 22.00元

顾问/(韩)林胜顺著;徐铃莹译·—李相东责编·—200千字 26.80元

金融的王道:J·P·摩根传/

(美)弗雷德里克·刘易斯·艾伦著;蔡华译·—李相东责编·—240千字 35.00元

中国现当代文学作品精选·诗歌卷/高永年主编·—郭馨馨责编·—411千字 33.00元

中国现当代文学作品精选·散文卷/高永年主编·—郭馨馨责编·—299千字 24.00元

家住黄桥/刘鹏旋著·—汪允普责编·—187千字 38.00元

想太多/卢思浩著·—李艳丽责编·—89千字 20.00元

行走中的背影/郁蕊华编著·—李艳丽责编·—94千字 58.00元

常州市军事志(全2册)/本书编委会编·—常宁文责编·—1482千字 350.00元

春分月圆/刘晖编·—常宁文责编·—210千字 32.00元

中国地方志集成·省志辑·福建(全15册)/凤凰出版社编·—王剑责编·—12030面·—6900.00元

中国地方志集成·省志辑·安徽(全5册)/凤凰出版社编·—王剑责编·—4359面·—2500.00元

中国地方志集成·省志辑·陕西(全9册)/凤凰出版社编·—王剑责编·—7305面·—4200.00元

2009年张家港文艺作品精选/张平等编著·—高思源责编·—318千字 50.00元

南京经济发展研究:第二次经济普查重点研究课题集/南京市第二次全国经济普查办公室编·—高思源责编·—479千字 73.00元

龙城之子/常州市科学技术协会编·—傅扬责编·—217千字 38.00元

江苏第三批国家珍贵古籍名录图录/江苏省文化厅编著·—王华宝责编·—18千字 280.00元

行水金鉴 续行水金鉴(附分类索引)(全30册)/傅泽洪主编;郑元庆纂辑;黎世序;潘锡昆、张井主编;俞世燮等纂辑·—韩凤冉责编·—16670千字 6800.00元

沙洲中学七十华诞/赵洪文编著·—韩凤冉责编·—844千字 88.00元

江南遗韵/宋宪尧编著·—卞岐责编·—324千字 58.00元

莲花飘香/徐洪涛编著·—陈晓清责编·—249千字 42.00元

明清文学论薮/邬国平编著·—李相东责编·—296千字 35.00元

唐代组诗研究/李正春著·—李相东责编·—350千字 48.00元

中国文体学与文体史研究/吴承学等著·—李相东责编·—566千字 68.00元

错觉/(美)亚伯拉罕斯著·—李相东责编·—177千字 28.00元

37°女人惹人爱/黄云著·—李相东责编·—102千字 29.80元

防范/(美)博吉尼切特著·—李相东责编·—100千字 28.00元

用脑记还是用纸记:你的记忆能力超乎你的想象/(德)盖泽哈特著;严陈玲译·—李相东责编·—200千字 25.00元

日本藏明治新刻活字版资治通鉴(精装)(全20册)/(宋)司马光著;(元)胡三省音注·—李相东责编·—11000面·—8800.00元

危险的青春期:青春期的孩子怎么了/(美)斯道著;巨澜译·—李相

东责编·—106千字 28.00元

李宗吾作品集/李宗吾著·—李相东责编·—350千字 29.00元

星星点灯 艺美童心:0—6岁婴幼儿艺术启蒙时间研究/陈晓萍编著·—高思源责编·—290千字 68.00元

一代宗师两兄弟——薛暮桥、孙冶方传略/沈树正编著·—王剑责编·—356千字 58.00元

感动港城好人榜.张闻明/张家港精神文明建设委员会编·—傅扬责编·—337千字 30.00元

张家港历史风俗图说(中英文版)/张家港市国际文化交流中心编著·—傅扬责编·—37千字 500.00元

思维丛书/顾秉钧等著·—傅扬等责编·—700千字 128.00元

常青藤:散文作品选集/冯晓华著·—傅扬责编·—169千字 28.00元

老子注译(文史选译丛书)/张玉春、金国泰译注·—王华宝、李艳丽责编·—130千字 16.00元

庄子选译(文史选译丛书)/马美信译注·—王华宝、李艳丽责编·—144千字 18.00元

荀子选译(文史选译丛书)/雪克、王云路译注·—王华宝责编·—152千字 19.00元

申鉴中论选译(文史选译丛书)/张涛、傅根清译注·—王华宝、李艳丽责编·—142千字 18.00元

颜氏家训选译(文史选译丛书)/黄永年译注·—王华宝、李艳丽责编·—115千字 15.00元

论语注译(文史选译丛书)/孙钦善译注·—王华宝、李艳丽责编·—219千字 28.00元

孟子选译(文史选译丛书)/刘聿鑫、刘晓东译注·—王华宝、李艳丽责编·—160千字 20.00元

墨子选译(文史选译丛书)/刘继华译注·—王华宝责编·—107千字 14.00元

韩非子选译(文史选译丛书)/刘乾先、张在义译注·—王华宝责编·—152千字 19.00元

新序说苑选译(文史选译丛书)/曹亦冰译注·—王华宝、李艳丽责编·—198千字 25.00元

论衡选译(文史选译丛书)/黄中业、陈恩林译注·—王华宝、李艳丽责编·—168千字 22.00元

管子选译(文史选译丛书)/缪文远、缪伟译注·—王华宝责编·—142千字 18.00元

列子选译(文史选译丛书)/王丽萍译注·—王华宝责编·—148千字 19.00元

韩诗外传选译(文史选译丛书)/杜泽逊、庄大钧译注·—王华宝、李艳丽责编·—192千字 24.00元

盐铁论选译(文史选译丛书)/杜泽逊、庄大钧译注·—王华宝、李艳丽责编·—192千字 24.00元

诗经选译(文史选译丛书)/程俊英、蒋见元译注·—林日波责编·—152千字 19.00元

楚辞选译(文史选译丛书)/徐建华、金舒年译注·—林日波责编·—115千字 15.00元

贾谊文选译(文史选译丛书)/徐超、王洲明译注·—林日波责编·—132千字 17.00元

司马相如文选译(文史选译丛

书）/费振刚、仇仲谦译注·—林日波责编·—85千字　11.00元

文心雕龙选译（文史选译丛书）/周振甫译注·—林日波责编·—136千字　17.00元

庾信诗文选译（文史选译丛书）/许逸民译注·—林日波责编·—144千字　18.00元

嵇康诗文选译（文史选译丛书）/武秀成译注·—林日波责编·—146千字　18.00元

谢灵运鲍照诗选译（文史选译丛书）/刘心明译注·—林日波责编·—142千字　18.00元

陈子昂诗文选译（文史选译丛书）/王岚译注·—李相东责编·—109千字　14.00元

李白诗选译（文史选译丛书）/詹锳等译注·—李相东责编·—176千字　22.00元

高适岑参诗选译（文史选译丛书）/谢楚发译注·—李相东责编·—178千字　23.00元

元稹白居易诗选译（文史选译丛书）/吴大逵、马秀娟译注·—李相东责编·—168千字　21.00元

柳宗元诗文选译（文史选译丛书）/王松龄、杨立扬译注·—李相东责编·—144千字　18.00元

李贺诗选译（文史选译丛书）/浩菲、徐传武译注·—李相东责编·—156千字　20.00元

杜牧诗文选译（文史选译丛书）/吴鸥译注·—李相东责编·—109千字　14.00元

李商隐诗选译（文史选译丛书）/陈永正译注·—李相东责编·—150千字　19.00元

唐五代词选译（文史选译丛书）/亦冬译注·—卞岐责编·—126千字　16.00元

唐文粹选译（文史选译丛书）/张宏生译注·—卞岐责编·—140千字　18.00元

晚唐小品文选译（文史选译丛书）/顾歆艺译注·—卞岐责编·—121千字　15.00元

黄庭坚诗文选译（文史选译丛书）/朱安群等译注·—樊昕责编·—121千字　15.00元

辛弃疾词选译（文史选译丛书）/杨忠译注·—樊昕责编·—188千字　24.00元

元好问诗选译（文史选译丛书）/郑力民译注·—卞岐责编·—156千字　20.00元

宋四家词选译（文史选译丛书）/王晓波译注·—樊昕责编·—128千字　16.00元

黄宗羲诗文选译（文史选译丛书）/平慧善、卢敦基译注·—郭馨馨责编·—124千字　15.00元

吴伟业诗选译（文史选译丛书）/黄永年、马雪芹译注·—郭馨馨责编·—156千字　20.00元

方苞姚鼐文选译（文史选译丛书）/杨荣祥译注·—郭馨馨责编·—158千字　20.00元

明代散文选译（文史选译丛书）/田南池译注·—郭馨馨责编·—174千字　22.00元

顾炎武诗文选译（文史选译丛书）/李永祜、郭成韬译注·—郭馨馨责编·—180千字　23.00元

张衡诗文选译（文史选译丛书）/张在义、张玉春、韩格平译注·—林日波责编·—126千字　16.00元

汉诗选译(文史选译丛书)/张永鑫、刘桂秋译注·—卞岐责编·—152千字 19.00元

阮籍诗文选译(文史选译丛书)/倪其心译注·—林日波责编·—117千字 15.00元

三曹诗选译(文史选译丛书)/殷义祥译注·—林日波责编·—172千字 22.00元

诸葛亮文选译(文史选译丛书)/袁钟仁译注·—林日波责编·—126千字 16.00元

陶渊明诗文选译(文史选译丛书)/谢先俊、王勋敏译注·—卞岐责编·—128千字 16.00元

杜甫诗选译(文史选译丛书)/倪其心、吴鸥译注·—李相东责编·—136千字 17.00元

王维诗选译(文史选译丛书)/邓安生等译注·—李相东责编·—162千字 20.00元

刘禹锡诗文选译(文史选译丛书)/梁守中译注·—李相东责编·—160千字 20.00元

孟浩然诗选译(文史选译丛书)/邓安生、孙佩君译注·—李相东责编·—144千字 18.00元

韩愈诗文选译(文史选译丛书)/黄永年译注·—李相东责编·—156千字 20.00元

欧阳修诗文选译(文史选译丛书)/林冠群、周济夫译注·—樊昕责编·—160千字 20.00元

曾巩诗文选译(文史选译丛书)/祝尚书译注·—樊昕责编·—154千字 19.00元

苏轼诗文选译(文史选译丛书)/曾枣庄、曾弢译注·—樊昕责编·—182千字 23.00元

李清照诗文词选译(文史选译丛书)/平慧善译注·—樊昕责编·—111千字 15.00元

陆游诗词选译(文史选译丛书)/张永鑫、刘桂秋译注·—樊昕责编·—188千字 24.00元

朱熹诗文选译(文史选译丛书)/黄珅译注·—樊昕责编·—154千字 20.00元

文天祥诗文选译(文史选译丛书)/邓碧清译注·—樊昕责编·—158千字 20.00元

袁枚诗文选译(文史选译丛书)/李灵年、李泽平译注·—郭馨馨责编·—162千字 20.00元

王安石诗文选译(文史选译丛书)/马秀娟译注·—樊昕责编·—146千字 18.00元

二程文选译(文史选译丛书)/郭齐译注·—樊昕责编·—192千字 25.00元

范成大杨万里诗词选译(文史选译丛书)/朱德才、杨燕译注·—樊昕责编·—209千字 26.00元

萨都剌诗词选译(文史选译丛书)/龙德寿译注·—卞岐责编·—217千字 28.00元

王阳明诗文选译(文史选译丛书)/吴格译注·—郭馨馨责编·—142千字 18.00元

徐渭诗文选译(文史选译丛书)/傅杰译注·—郭馨馨责编·—136千字 17.00元

李贽文选译(文史选译丛书)/陈蔚松、顾志华译注·—郭馨馨责编·—136千字 17.00元

三袁诗文选译(文史选译丛书)/任巧珍译注·—郭馨馨责编·—134千字 17.00元

王士禛诗选译（文史选译丛书）/王小舒、陈广澧译注·—郭馨馨责编·—105千字　13.00元

龚自珍诗文选译（文史选译丛书）/朱邦蔚、关道雄译注·—郭馨馨责编·—105千字　13.00元

尚书选译（文史选译丛书）/李国祥、刘韶军、谢贵安译注·—汪允普责编·—109千字　14.00元

礼记选译（文史选译丛书）/朱正义、林开甲译注·—汪允普责编·—168千字　22.00元

左传选译（文史选译丛书）/陈世铙译注·—汪允普责编·—172千字　22.00元

国语选译（文史选译丛书）/高振铎、刘乾先译注·—汪允普责编·—172千字　22.00元

战国策选译（文史选译丛书）/任重、霍旭东译注·—汪允普责编·—166千字　21.00元

吕氏春秋选译（文史选译丛书）/刘文忠译注·—汪允普责编·—136千字　17.00元

吴越春秋选译（文史选译丛书）/郁默译注·—汪允普责编·—146千字　19.00元

史记选译（文史选译丛书）/李国祥、李长弓、张三夕译注·—汪允普责编·—290千字　29.00元

汉书选译（文史选译丛书）/张世俊、任巧珍译注·—汪允普责编·—170千字　22.00元

后汉书选译（文史选译丛书）/李国祥、杨昶、彭益林译注·—汪允普责编·—186千字　24.00元

三国志选译（文史选译丛书）/刘琳译注·—汪允普责编·—140千字　18.00元

晋书选译（文史选译丛书）/杜宝元译注·—汪允普责编·—109千字　15.00元

宋书选译（文史选译丛书）/漆泽邦、孔毅译注·—韩凤冉责编·—150千字　19.00元

南齐书选译（文史选译丛书）/徐克谦译注·—韩凤冉责编·—142千字　18.00元

北齐书选译（文史选译丛书）/黄永年译注·—韩凤冉责编·—126千字　16.00元

梁书选译（文史选译丛书）/于白译注·—韩凤冉责编·—132千字　17.00元

陈书选译（文史选译丛书）/赵益译注·—韩凤冉责编·—136千字　17.00元

南史选译（文史选译丛书）/漆泽邦译注·—韩凤冉责编·—174千字　22.00元

北史选译（文史选译丛书）/刁忠民译注·—韩凤冉责编·—160千字　20.00元

周书选译（文史选译丛书）/黄永年译注·—韩凤冉责编·—111千字　15.00元

魏书选译（文史选译丛书）/杨世文、郑晔译注·—韩凤冉责编·—174千字　22.00元

隋书选译（文史选译丛书）/武秀成、赵益译注·—韩凤冉责编·—156千字　20.00元

新唐书选译（文史选译丛书）/雷巧玲、李成甲译注·—韩凤冉责编·—128千字　16.00元

旧唐书选译（文史选译丛书）/黄永年译注·—韩凤冉责编·—126千字　16.00元

新五代史选译(文史选译丛书)/李国祥、王玉德、姚伟钧译注·—陈晓清责编·—140千字 18.00元

旧五代史选译(文史选译丛书)/贾二强译注·—陈晓清责编·—132千字 17.00元

宋史选译(文史选译丛书)/淮沛、汤墨译注·—陈晓清责编·—160千字 20.00元

辽史选译(文史选译丛书)/郭齐、吴洪泽译注·—陈晓清责编·—166千字 21.00元

金史选译(文史选译丛书)/杨世文、祝尚书、李文泽、王晓波译注·—陈晓清责编·—164千字 21.00元

元史选译(文史选译丛书)/樊善国、徐梓译注·—陈晓清责编·—198千字 25.00元

明史选译(文史选译丛书)/杨昶译注·—陈晓清责编·—160千字 20.00元

清史稿选译(文史选译丛书)/黄毅译注·—陈晓清责编·—170千字 22.00元

贞观政要选译(文史选译丛书)/裴汝诚、王义耀译注·—陈晓清责编·—140千字 18.00元

史通选译(文史选译丛书)/侯昌吉、钱安琪译注·—陈晓清责编·—121千字 16.00元

资治通鉴选译(文史选译丛书)/李庆译注·—陈晓清责编·—126千字 16.00元

续资治通鉴选译(文史选译丛书)/徐光烈译注·—陈晓清责编·—192千字 24.00元

通鉴纪事本末选译(文史选译丛书)/谈蓓芳译注·—陈晓清责编·—164千字 21.00元

洛阳伽蓝记选译(文史选译丛书)/韩结根译注·—王剑责编·—172千字 22.00元

梦溪笔谈选译(文史选译丛书)/李文泽译注·—高思源责编·—158千字 20.00元

徐霞客游记选译(文史选译丛书)/周晓薇等译注·—高思源责编·—134千字 17.00元

宋代笔记小说选译(文史选译丛书)/朱瑞熙、程君健译注·—常宁文责编·—152千字 19.00元

关汉卿杂剧选译(文史选译丛书)/黄仕忠译注·—傅扬责编·—188千字 24.00元

明代文言短篇小说选译(文史选译丛书)/黄敏译注·—常宁文责编·—180千字 23.00元

六朝志怪小说选译(文史选译丛书)/肖海波、罗少卿译注·—王剑责编·—170千字 21.00元

世说新语选译(文史选译丛书)/柳士镇、钱南秀译注·—王剑责编·—178千字 23.00元

水经注选译(文史选译丛书)/赵望秦、张艳云、段塔丽译注·—王剑责编·—156千字 19.00元

唐人传奇选译(文史选译丛书)/常宁文译注·—常宁文责编·—184千字 24.00元

唐五代笔记小说选译(文史选译丛书)/严杰译注·—常宁文责编·—162千字 21.00元

大慈恩寺三藏法师传选译(文史选译丛书)/贾二强译注·—高思源责编·—140千字 18.00元

宋代传奇选译(文史选译丛

书)/姚松译注·—常宁文责编·—170千字 22.00元

聊斋志异选译(文史选译丛书)/刘烈茂、欧阳世昌译注·—高思源责编·—172千字 22.00元

阅微草堂笔记选译(文史选译丛书)/黄国声译注·—傅扬责编·—126千字 16.00元

清代文言小说选译(文史选译丛书)/王火青译注·—常宁文责编·—176千字 23.00元

历代名画记图画见闻志选译(文史选译丛书)/周晓薇、赵望秦译注·—高思源责编·—134千字 17.00元

容斋随笔选译(文史选译丛书)/罗积勇译注·—高思源责编·—170千字 20.00元

唐才子传选译(文史选译丛书)/张萍、陆三强译注·—王剑责编·—188千字 24.00元

西厢记选译(文史选译丛书)/王立言译注·—傅扬责编·—160千字 20.00元

元代散曲选译(文史选译丛书)/彭久安译注·—傅扬责编·—168千字 21.00元

日知录选译(文史选译丛书)/张艳云、段塔丽译注·—王剑责编·—172千字 22.00元

桃花扇选译(文史选译丛书)/张文澍译注·—傅扬责编·—121千字 15.00元

牡丹亭选译(文史选译丛书)/卓连营译注·—傅扬责编·—109千字 14.00元

长生殿选译(文史选译丛书)/戚海燕译注·—傅扬责编·—158千字 20.00元

忆江南——江阴非物质文化遗产图录/江阴市文化广电新闻出版局编·—卞岐责编·—89千字 280.00元

常州市钟楼区军事志/本书编委会编·—陈晓清责编·—539千字 160.00元

宋刻本十四行本史记(全16册)(线装本)/(汉)司马迁著·—李相东责编·—1794千字 6800.00元

大清名贤百家手札(线装本)/(清)纪昀等著·—李相东责编·—1659千字 5800.00元

日瓦戈医生/(苏)帕斯捷尔纳克著·—李相东责编·—560千字 39.80元

呀,美利坚/南桥著·—李相东责编·—160千字 29.80元

爱的八日流浪/郑华娟著·—李相东责编·—100千字 24.80元

富春山居图:合璧卷/(元)黄公望著·—李相东责编·—10千字 58.00元

另类水浒/骆崇武著·—李相东责编·—232千字 30.00元

周易(历代名著精选集)/张涛注·—林日波责编·—301千字 26.00元

江苏珍贵档案图鉴/江苏省档案局编著·—常宁文责编·—8千字 200.00元

走向共赢:南京与台湾经济文化往来/赵晓江著·—王剑责编·—367千字 80.00元

红楼梦七十八回汇校汇评本/(清)曹雪芹著·—傅扬责编·—784千字 68.00元

眼光·眼界·眼力/严华明著

·—傅扬责编 ·—290 千字 49.00 元

毛泽东人生纪实(精装)/中央文献研究室科研部图书馆编·—吴小平、高红光、沈晓蕾、李一民责编·—914 千字 198.00 元

江苏最具影响力初中.2010/周德藩主编·—卞岐责编·—203 千字 30.00 元

退役军人/村人著·—韩凤冉责编·—357 千字 45.00 元

碧波蛙嬉:幼儿蛙式游泳教程/邹红英著·—韩凤冉责编·—248 千字 50.00 元

南京临时政府遗存珍档/中国第二历史档案馆编·—韩凤冉责编·—3344 面·—3500.00 元

周恩来人生纪实(精装)/中央文献研究室科研部图书馆编·—陈晓清责编·—1114 千字 188.00 元

学统/(清)熊赐履等著·—汪允普责编·—562 千字 76.00 元

无锡职业教育史/无锡陶行知研究会编·—汪允普责编·—345 千字 45.00 元

中国古代文学理论的当代阐释与转化/吴建民著 ·—樊昕责编·—413 千字 54.00 元

亭林先生遗书汇辑/(清)顾炎武著·—李相东责编·—1708 面·—880.00 元

中国古典戏曲的双重意义阈:陈维昭古典戏曲论集/陈维昭著·—李相东责编·—339 千字 45.00 元

微澜集:黄霖序跋书评选/黄霖著·—李相东责编·—710 千字 88.00 元

黄霖先生七秩华诞师门同庆集(上、下)/陈维昭著·—李相东责编·—1075 千字 168.00 元

诗歌评点与理论研究/周兴陆著·—李相东责编·—430 千字 56.00 元

近现代转型期中国文学论稿/付建舟著·—李相东责编·—349 千字 46.00 元

描绘近代上海都市的一种方法/邱培成著·—李相东责编·—259 千字 34.00 元

中国古典词学理论批评承传研究/胡建次著·—李相东责编·—329 千字 43.00 元

报刊与晚清文学现代化的发生/张天星著·—李相东责编·—548 千字 72.00 元

外遇:可宽恕的罪/(美)韦伊著·—李相东责编 ·—259 千字 36.00 元

超越自卑/(奥)阿德勒著·—李相东责编·—214 千字 28.00 元

成语纠错手册/刘配书等著·—李相东责编·—400 千字 88.00 元

乌合之众:大众心理研究/(法)勒庞著·—李相东责编·—150 千字 22.80 元

老板的逻辑:职场人 8 大生存法则/梁茵棋著·—李相东责编·—100 千字 29.00 元

栾调甫子学研究未刊稿/栾调甫著·—林日波责编·—220 面·—148.00 元

高亨子学研究未刊稿/高亨著·—林日波责编 ·—284 面·—196.00 元

丁山子学研究未刊稿/丁山、王献唐著·—林日波责编·—106 面·—76.00 元

影响中国的常州人/徐缨著·—常宁文责编·—75千字 35.00元

背着妻子上庐山/缪红等著·—常宁文责编·—370千字 30.00元

淮阴发电厂(有限公司)志:1988·—2010/淮阴发电厂(有限公司)志编纂委员会编·—常宁文责编·—344千字 128.00元

徐州骄子/肖俊志主编·—王剑责编·—335千字 68.00元

刘少奇人生纪实(精装)/中央文献研究室科研部图书馆编·—高思源责编·—976千字 138.00元

红豆集团党建工作标准/中共红豆集团公司委员会编·—高思源责编·—291千字 58.00元

无锡市名人故居/无锡市房屋产权监理处等编·—高思源责编·—198千字 58.00元

禁毒教育读本(全三册)/《禁毒教育读本》编委会编·—高思源责编·—390千字 50.00元

吴韵悠悠:锡东新城人文综览/薛蔚祖著·—高思源责编·—172千字 50.00元

项羽研究(第1辑)/曹秀明、岳庆平主编·—韩凤冉责编·—1050千字 128.00元

江南文史拔萃/王立人编·—韩凤冉责编·—1050千字 128.00元

金坛市军事志/本书编委会编·—陈晓清责编·—735千字 208.00元

野蛮人柯南Ⅰ/(美)霍华德著·—李相东责编·—250千字 29.80元

人性的弱点全集/(美)卡耐基著·—李相东责编·—360千字 35.00元

十字军骑士/(波)显克维奇著·—李相东责编·—360千字 35.00元

海瑞官场笔记/赵瑜著·—李相东责编·—194千字 29.80元

福地/(波)莱蒙特著·—李相东责编·—582千字 34.00元

菊与刀/(美)本尼狄克特著·—李相东责编·—560千字 42.80元

沙岸之谜/(英)柴德斯著·—李相东责编·—240千字 29.80元

古典文献研究·第14辑·《文选》学专辑/程章灿编·—林日波责编·—407千字 40.00元

创建节约型机关在无锡/无锡市创建节约型机关工作领导小组办公室编·—常宁文责编·—683千字 98.00元

晋陵月色/薛焕炳编·—常宁文、李艳丽责编·—327千字 68.00元

中国地方志集成·省志辑·江南(全6册)/凤凰出版社编·—王剑等责编·—2494面·—3200.00元

中国地方志集成·省志辑·山西(全7册)/凤凰出版社编·—王剑责编·—2920面·—3800.00元

履迹:徐州市文联六十年/徐州市文学艺术联合会编·—高思源责编·—653千字 168.00元

绍兴与辛亥革命/绍兴市档案馆编·—陈晓清责编·—340千字 56.00元

常州市戚墅堰区军事志/本书编

纂委员会编·—陈晓清责编·—528千字 218.00元

周恩来人生纪实(平装)/中央文献研究室科研部图书馆编·—陈晓清责编·—4173千字 88.00元

渔人小曲/徐枫树著·—汪允普责编·—316千字 38.00元

毛泽东人生纪实(平装)/中央文献研究室科研部图书馆编·—李相东责编·—5934千字 128.00元

陈云人生纪实(平装)/中央文献研究室科研部图书馆编·—李相东责编·—3389千字 78.00元

《情史》故事源流考述/(韩)金源熙著·—李相东、李艳丽责编·—269千字 35.00元

中国古代文学史料学/张可礼著·—李相东责编·—1079千字 158.00元

人间何处著相思:晏几道词与情的绝世传奇/紫陌著·—李相东责编·—90千字 32.80元

相见若只当时月:唐代第一传奇女诗人薛涛的诗与情/子庄,雒尘著·—李相东责编·—100千字 32.80元

马耳他之鹰(哈米特侦探小说系列)/(美)哈米特著·—李相东责编·—205千字 25.00元

野蛮人柯南Ⅱ/(美)霍华德著·—李相东责编·—240千字 29.80元

自你别后/吴沉水著·—李相东责编·—352千字 29.80元

大街/(美)刘易斯著·—李相东责编·—409千字 32.00元

国风/怀海著·—樊昕责编·—218千字 28.00元

山海经(历代名著精选集)/王青、龚世学注评·—樊昕责编·—186千字 16.00元

唐宋传奇(历代名著精选集)/程国斌注评·—樊昕责编·—283千字 24.00元

高中古诗文综合训练.高中一年级/程洪主编·—常宁文责编·—196千字 16.00元

高中古诗文综合训练.高中二年级/程洪主编·—常宁文责编·—220千字 17.00元

常州市国土资源志(1995·—2007)/本书编纂委员会编·—常宁文责编·—884千字 258.00元

张家港市实验幼儿园园本科技教育课程丛书/刘慧编著·—常宁文责编·—401千字 120.00元

常州市天宁区军事志/本书编委会编·—常宁文责编·—671千字 208.00元

无锡老话/华振范著·—常宁文、李艳丽责编·—218千字 38.00元

四书评(全五册)/(明)李贽评·—王剑责编·—360面·—1280.00元

江苏省无锡蠡园经济开发区无锡滨湖区蠡园街道志/本书编委会编·—高思源责编·—700千字 120.00元

没有终点的追梦人生:陈德林艺术生涯50年/陈德林、张铨编著·—高思源责编·—409千字 55.00元

常州省运会志/《常州省运会志》编纂委员会编·—高思源责编·—529千字 200.00元

拒绝平庸/瞿彩娟著·—高思源责编·—79千字 20.00元

“太湖画派”历代名家作品集/《“太湖画派”历代名家作品集》编委会编·—高思源责编·—2 千字　288.00 元

南京统计年鉴(2011)/南京统计局编·—高思源责编·—613 千字　300.00 元

小学高效课堂研究与探索/徐顺湘主编·—傅扬责编·—190 千字　105.00 元

薛正兴文存/薛正兴著·—王华宝责编·—501 千字　68.00 元

经济与金融问题新探索(江苏省社会科学院专家文集)/吴先满著·—王华宝责编·—331 千字　42.00 元

驽末偶拾(江苏省社会科学院专家文集)/沈立人著·—卞岐责编·—536 千字　68.00 元

水石诗词选集/方光夏著·—卞岐责编·—203 千字　58.00 元

无锡宣传志(1949—2009)/本书编纂委员会编·—卞岐责编·—760 千字　200.00 元

哲学智慧的追问/卞敏著·—卞岐责编·—553 千字　70.00 元

深要见底 宽要到边(江苏省社会科学院专家文集)/葛守昆著·—韩凤冉责编·—470 千字　60.00 元

转轨转型与科学发展(江苏省社会科学院专家文集)/顾松年著·—韩凤冉责编·—550 千字　70.00 元

邓小平人生纪实(上中下)(平装)/中央文献研究室科研部图书馆编·—韩凤冉责编·—1480 千字　98.00 元

邳睢铜抗战史新考/杨蕴著·—陈晓清责编·—313 千字　48.00 元

铁血忠魂——辛亥先烈范鸿仙纪念文集/南京市档案馆编·—陈晓清责编·—307 千字　48.00 元

朱德人生纪实(上下)(平装)/中央文献研究室科研部图书馆编·—陈晓清责编·—1022 千字　88.00 元

《西游记》与东亚大众文化/(韩)宋贞和著·—李相东责编·—185 千字　25.00 元

晚清京师南城政治文化研究/赵雅丽著·—李相东责编·—430 千字　68.00 元

吴文化纵论/王立人主编·—汪允普责编·—417 千字　60.00 元

辛亥革命中的常州人/徐缨著·—汪允普责编·—81 千字　38.00 元

朝鲜时代女性诗文集全编(全三册)/张伯伟著·—林日波责编·—1583 千字　280.00 元

勤奋耕作三十年(江苏省社会科学院专家文集)/李富阁著·—林日波责编·—539 千字　68.00 元

率先发展中的探讨(江苏省社会科学院专家文集)/严英龙著·—林日波责编·—428 千字　55.00 元

鸿爪雪泥——跋涉经济研究之路(江苏省社会科学院专家文集)/任新保著·—林日波责编·—432 千字　55.00 元

辛亥人物碑传集/卞孝萱、唐文权编著·—李艳丽责编·—740 面·—160.00 元

民国人物碑传集/卞孝萱、唐文权编著·—李艳丽责编·—436 面·—190.00 元

2011 年法治江苏建设高层论坛

获奖论文集/江苏省依法治省领导小组办公室编·—常宁文责编·—324千字 48.00元

国民大乐—大同乐会郑觐文主制乐器评介/陈正生、沈正国编著·—常宁文责编·—264千字 180.00元

新沂行/新沂市人民政府编著·—常宁文责编·—10千字 108.00元

柳宗元永州诗文精选女书草书珍藏本/杨增和主编·—王剑责编·—188千字 1680.00元

刘少奇人生纪实(平装)/中央文献研究室科研部图书馆编·—王剑责编·—976千字 88.00元

吴文化与现代化/王立人主编·—王剑责编·—587千字 60.00元

小小的海滩/金绍达编著·—高思源责编·—78千字 38.00元

无锡文化与无锡湿地/杨立强主编·—傅扬责编·—108千字 58.00元

图说十年:泰州市人民医院:2001·—2010/李拜华著·—傅扬责编·—544千字 70.00元

走向自主发展——区域推进现代学校制度建设的实践与思考/周志群编著·—傅扬责编·—283千字 38.00元

荻泾短笛/沈仙万等著·—傅扬责编·—159千字 35.00元

佛经音义研究:第二届佛经音义研究国际学术研讨会/徐时仪、陈五云、梁晓虹编·—王华宝、李艳丽责编·—497千字 65.00元

辛勤笔耕三十年(江苏省社会科学院专家文集)/薛家骥著·—卞岐责编·—501千字 65.00元

彭城人文读本丛书(全八册)/王玉书等编著著·—卞岐等责编·—1574千字 230.00元

美国对台湾地区援助研究:1950·—1965/杜继东著·—陈晓清责编·—274千字 45.00元

溧阳军事志/本书编委会编·—陈晓清责编·—724千字 208.00元

大海的方向—华光礁Ⅰ号沉船特展/海南省博物馆编·—姜嵩、王华宝责编·—50千字 280.00元

秦汉史编年(上下册)/王云度著·—汪允普责编·—1113千字 280.00元

左手李煜,右手纳兰:李煜和纳兰容若词情岁月写真/子庄著·—李相东责编·—153千字 32.80元

李白乐辞述论/吉文斌著·—樊昕责编·—204千字 28.00元

诗词例析/陈祥耀著·—樊昕责编·—362千字 48.00元

回归中的超越:文学史研究的多种可能性/刘跃进著·—樊昕责编·—309千字 38.00元

北塘老街巷/中国人民政治协商会议无锡市北塘区委员会编·—林日波责编·—224千字 32.00元

张家港市非物质文化遗产要览/陈世海编著·—常宁文、曹丽珺责编·—270千字 58.00元

张家港人文精萃丛书/杨芳编著·—常宁文责编·—481千字 23.00元

续西游记/(明)无名氏著·—王剑责编·—491千字 35.00元

情史/(明)冯梦龙著·—王剑责编·—581千字 40.00元

红楼梦补/(清)归锄子著·—王剑责编·—366千字　25.00元

百年梅园/无锡市公园景区管理中心编著·—高思源责编·—148千字　100.00元

濠南温故:南通文博探微/陈金屏编著·—傅扬责编·—353千字　59.00元

蠡湖综合整理建设记(2002—2008)/无锡市蠡湖地区规划建设领导小组办公室编著·—卞岐责编·—50千字　580.00元

鉴证与探索:农村改革三十年(江苏省社会科学院专家文集)/包宗顺著·—韩凤冉责编·—588千字　74.00元

李白诗传/张哲民著·—韩凤冉责编·—588千字　68.00元

呵护心灵:未成年人思想道德建设的常州路径/邵宝钢著·—汪允普责编·—102千字　28.00元

武则天李治薛涛鱼玄机诗逐字索引/邝龔子编·—樊昕责编·—240千字　30.00元

朱淑真李清照诗词逐字索引/邝龔子编·—樊昕责编·—410千字　50.00元

北京的味道/胡赳赳著·—李相东责编·—190千字　29.80元

明月山川:中国现代文化名人与无锡/无锡市史志办公室编·—常宁文责编·—417千字　21.00元

辽生文集(全二册)/王辽生著·—王剑责编·—1711千字　200.00元

清乾隆丹阳县志/政协丹阳市委员会,丹阳市史志办公室校注·—王剑责编·—648面·—200.00元

郁贤皓先生学术思想研究文集/张采民编·—倪培翔责编·—289千字　42.00元

中国哲学与儒学/李承贵著·—王华宝责编·—365千字　46.00元

悲情的资本/朱金亮著·—韩凤冉责编·—434千字　35.00元

江苏词文化史论/高峰著·—卞岐责编·—277千字　35.00元

水经注(历代名著精选集)/(北魏)郦道元著;叶当前,曹旭注评·—卞岐责编·—268千字　23.00元

元好问萨都剌集(历代名家精选集)/龙德寿编选·—卞岐责编·—253千字　29.00元

香樟树文丛.第2辑/庄若江等著·—卞岐等责编·—2635千字　260.00元

镜花缘/(清)李汝珍著·—李相东责编·—520千字　98.00元

中国最美古诗词/黄毅等著·—李相等责编·—170千字　19.80元

朱自清美文选/朱自清著·—李相东责编·—190千字　19.80元

朝花夕拾·呐喊/鲁迅著·—李相东责编·—170千字　19.80元

故都的秋/郁达夫著·—李相东责编·—170千字　19.80元

论语(崇贤馆藏书)/(春秋)孔子及弟子著·—李相东责编·—320面·—760.00元

道德经(崇贤馆藏书)/(春秋)老子著·—李相东责编·—176面·—380.00元

走进“三农”论“三农”(江苏省社会科学院专家文集)/徐元明著·—汪允普责编·—543千字　69.00元

大海集(江苏省社会科学院专家文集)/朱钧侃著·—汪允普责编·—425千字　54.00元

纳兰性德集(历代名家精选集)/施议对编选·—樊昕责编·—154千字　18.00元

退庵笔记校注/(清)夏荃著;徐进,周宏华,徐华校注·—樊昕责编·—354千字　41.00元

中国散文研究:中国古代散文国际学术研讨会论文集/陈庆元主编·—樊昕责编·—114千字　118.00元

中国孝文化十讲/许刚著·—林日波责编·—253千字　48.00元

新书(历代名著精选集)/(汉)贾谊著;王洲明注评·—李艳丽责编·—138千字　15.00元

智慧之路—小学数学练习复习的研究/钱宏伟编著·—李艳丽责编·—176千字　35.00元

荣巷街道志/无锡市荣巷街道直编纂委员会编著·—常宁文责编·—900千字　160.00元

野屋村史/王永生编著·—常宁文责编·—321千字　78.00元

江苏水利年鉴(2011)/江苏省水利厅编·—常宁文责编·—559千字　78.00元

名师名校名校长成长丛书/王继然等著·—常宁文等责编·—2488千字　300.00元

聚焦创新课堂丛书/王军文等主编·—常宁文等责编·—5050千字　600.00元

中国地方志集成·省志辑·河南(全2册)/凤凰出版社编·—王剑责编·—520面·—900.00元

中国地方志集成·省志辑·四川(全6册)/凤凰出版社编·—王剑责编·—2912面·—4800.00元

中国地方志集成·省志辑·甘肃(全8册)/凤凰出版社编·—王剑责编·—2072面·—3400.00元

常州市武进区军事志/《常州市武进区军事志》编纂委员会编·—高思源责编·—844千字　238.00元

思与诗/张士甫著·—高思源责编·—344千字　42.00元

见证共和/韩杰、任桐主编·—高思源责编·—363千字　45.00元

泰州民间体育/刘秋平主编·—高思源责编·—289千字　32.00元

(道光)江阴县志(无锡文库.第1辑)/(清)陈延修;(清)金咸续修;(清)李兆洛等纂·—王剑责编·—721面　610.00元

(嘉庆)新修宜兴县志、(嘉庆)新修荆溪县志、(道光)续纂宜荆县志(无锡文库.第1辑)/(清)阮升基修;(清)唐仲冕、段琦等修;(清)李玫、龚润森等修;(清)甯楷纂;(清)甯楷纂;(清)吴德旋纂·—王剑责编·—474面　410.00元

(康熙)江阴县志、(乾隆)江阴县志(无锡文库.第1辑)/(清)龚之怡修;(清)蔡澍纂修;(清)沈清世续修;(清)陈芝英纂;(清)朱廷鋐续纂;(清)罗士瓒续修·—王剑责编·—960面　960.00元

(乾隆)无锡县志(无锡文库.第1辑)/(明)王镐等修;(清)华希闵等纂·—王剑责编·—616面　530.00元

(康熙)无锡县志、(乾隆)金匮县志(无锡文库.第1辑)/(清)徐永言、严绳孙、秦松龄纂;(清)华希闵

等纂;(清)王允谦修·—王剑责编·—819 面　690.00 元

(弘治)江阴县志、(嘉靖)江阴县志(无锡文库.第 1 辑)/(明)黄傅修;(明)赵锦修;(明)方谟等纂;(明)张衮等纂·—王剑责编·—542 面　480.00 元

(嘉庆)增修宜兴县旧志(无锡文库.第 1 辑)/(清)李先荣原修;(清)阮升基、唐仲冕等增修;(清)甯楷等增纂·—王剑责编·—536 面　460.00 元

(光绪)宜兴荆溪县新志、(光绪)宜荆续志、(咸淳)重修毗陵志(无锡文库.第 1 辑)(全 2 册)/(清)潘树辰、施惠修;(清)陈善谟、祖福广修;(宋)史能之修;(清)钱志澄等续修;(清)吴景墙等纂;(清)周志靖纂;(宋)史能之纂·—王剑责编·—864 面　800.00 元

(道光)无锡金匮续志、(光绪)无锡金匮县志(无锡文库.第 1 辑)(全二册)/(清)李彭龄等修;(清)裴大中、倪咸生等修;(清)杨熙之等纂;(清)秦缃业等纂·—王剑责编·—625 面　840.00 元

(光绪)江阴县志(无锡文库.第 1 辑)/(清)卢思诚修;(清)沈伟田、冯寿镜续修;(清)季念贻纂;(清)夏炜如续纂·—王剑责编·—690 面　690.00 元

(崇祯)江阴县志(无锡文库.第 1 辑)/(明)冯士仁修;(明)徐遵汤、(明)周高起纂·—王剑责编·—450 面　400.00 元

(民国)江阴县续志、(民国)江阴近事录(无锡文库.第 1 辑)/陈思修、缪荃孙纂;缪荃孙辑·—王剑责编·—509 面　440.00 元

(嘉庆)无锡金匮县志(无锡文库.第 1 辑)/(清)韩履宠、齐彦槐修;(清)秦瀛纂·—王剑责编·—721 面　670.00 元

梁溪诗钞(无锡文库.第 4 辑)(全 2 册)/(清)顾光旭辑·—樊昕责编·—1262 面　1080.00 元

梁溪文钞(无锡文库.第 4 辑)(全 2 册)/(清)周有壬辑·—樊昕责编·—460 面　830.00 元

徐霞客游记(无锡文库.第 4 辑)/(明)徐霞客著·—樊昕责编·—495 面　420.00 元

小岘山人诗文集(无锡文库.第 4 辑)/(清)秦瀛撰·—樊昕责编·—604 面　520.00 元

梁溪先生文集(无锡文库.第 4 辑)(全 2 册)/(宋)李纲撰·—樊昕责编·—1000 面　1060.00 元

国专月刊(全四册)(无锡文库.第 2 辑)/无锡国学专修学校学生自治会主编·—王剑责编·—1072 面　1760.00 元

孙宗伯集(无锡文库.第 4 辑)/(明)孙继皋撰·—樊昕责编·—236 面　400.00 元

书画传习录等(无锡文库.第 4 辑)/(明)王绂撰·—樊昕责编·—336 面　550.00 元

锡山徐氏宗谱(无锡文库.第 3 辑)/徐家保、徐振清撰修·—王剑责编·—284 面　470.00 元

锡山东里侯氏宗谱(无锡文库.第 3 辑)/侯学愈等纂·—王剑责编·—352 面　580.00 元

惠山古今考等(无锡文库.第 2 辑)/(明)谈修等纂辑·—王剑责编·—540 面　440.00 元

慧山记等(无锡文库.第 2 辑)/

(明)邵宝,(明)僧圆显辑纂·—王剑责编·—480 面　400.00 元

尤氏古迹考等(无锡文库. 第2辑)/(民国)尤桐等纂辑·—王剑责编·—634 面　530.00 元

顾氏宗谱等(无锡文库. 第3辑)/(清)邹鸣鹤等纂辑·—王剑责编·—650 面　530.00 元

无锡县学笔记[康熙]东林书院志[雍正]东林书院志(无锡文库. 第2辑)/(明)谈修纂;(清)严榖编纂;(清)高廩等主修,许献等编纂·—王剑责编·—684 面　560.00 元

无锡辅仁中学第一届毕业刊 无锡辅仁中学第二届毕业刊 辅仁毕业刊(无锡文库. 第2辑)/第一届毕业生编辑;第二届毕业生编辑;第七届毕业生编辑·—王剑责编·—536 面　440.00 元

河埒口小学概况;五年概况;无锡县立中学壬申级毕业纪念刊(无锡文库. 第2辑)/河埒口小学编辑;江苏无锡县立初级中学校编印;(民国)佚名编辑·—王剑责编·—592 面　490.00 元

薛氏族谱采遗 礼社薛氏宗谱(无锡文库. 第3辑)/(清)薛福辰纂修;(民国)薛国华等纂修·—王剑责编·—484 面　400.00 元

无锡市政筹备实录;无锡概览(无锡文库. 第2辑)/无锡市政筹备处编辑;无锡县政府编印·—王剑责编·—1664 面　1360.00 元

无锡县临时参议会纪念册 无锡县公安局年鉴(无锡文库. 第2辑)/无锡县临时参议会编印;无锡县公安局年鉴编纂处编印·—王剑责编·—564 面　460.00 元

无锡年鉴(无锡文库. 第2辑)/无锡县政府无锡市政筹备处主编·—王剑责编·—1036 面　850.00 元

梁溪倪氏宗谱(无锡文库. 第3辑)/(民国)倪城纂修·—王剑责编·—576 面　470.00 元

国山周氏世谱(无锡文库. 第3辑)/(民国)周志靖等纂修·—王剑责编·—1116 面　910.00 元

南塘丁氏真谱等(无锡文库. 第3辑)/(民国)丁锡镛等纂修·—王剑责编·—538 面　440.00 元

高子遗书 高子遗书未刊稿(无锡文库. 第4辑)/(明)高攀龙撰·—樊昕责编·—596 面　490.00 元

容春堂集(无锡文库. 第4辑)/(明)邵宝撰·—樊昕责编·—714 面　590.00 元

东林书院重整规条录等(无锡文库. 第2辑)/(清)邹鸣鹤等纂辑·—王剑责编·—498 面　410.00 元

无锡裘氏家谱 荣氏宗谱 谈氏宗谱(无锡文库. 第3辑)/(清)谈鼎铭等纂修·—王剑责编·—242 面　420.00 元

纪县城失守克复本末(无锡文库. 第2辑)/(清)施建烈等纂辑·—王剑责编·—312 面　510.00 元

锡山游庠录等(无锡文库. 第3辑)/(清)邵涵初等辑纂·—王剑责编·—400 面　650.00 元

无锡艺文志长编 勾吴金石志(无锡文库. 第2辑)/辛幹纂;周有壬纂·—王剑责编·—254 面　430.00 元

无锡美专第一届毕业纪念刊 秦氏公学纪念录 国专校友会集刊（无锡文库. 第2辑）/无锡美专第一届毕业同学会编；无锡秦氏公学编；国专校友会编 ·—王剑责编 ·—264面　450.00元

无锡县立图书馆书目等（无锡文库. 第2辑）/（宋）尤袤等纂辑 ·—王剑责编 ·—256面　440.00元

遂初堂书目（无锡文库. 第2辑）/严毓芳等纂辑 ·—王剑责编 ·—268面　450.00元

中大锡中初毕业纪念刊（无锡文库. 第2辑）/初中第二届毕业同学会等编 ·—王剑责编 ·—286面　480.00元

无锡私立竞志女学三十周年纪念刊 无锡县女中第一届毕业刊（无锡文库. 第2辑）/竞志女学编；无锡县女中编 ·—王剑责编 ·—286面　480.00元

无锡国学专修学校概况等（无锡文库. 第2辑）/无锡国专等编 ·—王剑责编 ·—262面　450.00元

无锡国专第十届毕业刊 无锡国学专修学校十五周纪念册 江苏省立教育学院一览（无锡文库. 第2辑）/无锡国学专修学校编；江苏省立教育学院编 ·—王剑责编 ·—298面　500.00元

吟风阁杂剧等（无锡文库. 第4辑）/（清）杨潮观等撰 ·—樊昕责编 ·—370面　610.00元

抱犊山房集等（无锡文库. 第4辑）/（清）嵇永仁等撰 ·—樊昕责编 ·—402面　660.00元

泾皋藏稿等（无锡文库. 第4辑）/（明）顾宪成撰 ·—樊昕责编 ·—368面　600.00元

秋水集等（无锡文库. 第4辑）/（清）严绳孙等撰 ·—樊昕责编 ·—328面　500.00元

薛叔耘遗著十六种（无锡文库. 第4辑）（全2册）/（清）薛福成撰 ·—樊昕责编 ·—562面　950.00元

常州文化产业发展报告/中共常州市委宣传部编 ·—卞岐责编 ·—339千字　88.00元

无锡国专/陆阳著 ·—卞岐责编 ·—523千字　78.00元

从无锡七房桥走出的文化大家：君子儒钱穆评传/周育华著 ·—卞岐责编 ·—186千字　49.00元

腾飞龙：2012龙年龙展/南京博物院编 ·—姜嵩、王华宝责编 ·—120千字　180.00元

无锡走出的经济学家/许卫国主编 ·—汪允普责编 ·—565千字　58.00元

闽中理学渊源考（理学渊源考辨丛刊）/徐公喜、管正平、周明华点校 ·—林日波责编 ·—757千字　118.00元

人口、消费和可持续发展（江苏省社会科学院专家文集）/顾纪瑞著 ·—林日波责编 ·—543千字　69.00元

文学风景（江苏省社会科学院专家文集）/金燕玉著 ·—林日波责编 ·—546千字　69.00元

京剧历史文献汇编. 清代卷/傅谨主编 ·—韩凤冉、李相东、汪允普责编 ·—4000千字　1480.00元

复社研究/丁国祥著 ·—常宁文责编 ·—507千字　48.00元

探索开放与发展之路（江苏省

社会科学院专家文集)/田伯平著·—郭馨馨责编·—585千字　78.00元

译林出版社

破窗(《译林》精选)/(美国)杰弗里·迪弗著;安芳译·—祖朝志责编·—372千字　35.00元

2017(21世纪外国文学大奖丛书)/(俄罗斯)奥尔嘉·斯拉夫尼科娃著;余人,张俊翔译·—冯一兵责编·—380千字　35.00元

烟树(21世纪外国文学大奖丛书)/(美国)丹尼斯·约翰逊著;姚君伟,姚望译·—韩继坤责编·—560千字　48.00元

三个折不断的女人(百读文库/精装本)/(法国)玛丽·恩迪亚耶著;袁筱一译·—张媛媛责编·—185千字　28.00元

奇风岁月(百读文库/平装本)/(美国)罗伯特·麦卡蒙著;陈宗琛译·—姚燚,王维责编·—487千字　36.00元

钟形罩(百读文库/碎·青春)/(美国)西尔维娅·普拉斯著;杨靖译·—袁楠,孙茜责编·—177千字　25.00元

发条橙(百读文库/碎·青春)/(英国)安东尼·伯吉斯著;王之光译·—胡晓平责编·—117千字　22.00元

中国博物馆手册(博文译丛)/(美国)米里亚姆·克利福德,凯西·詹格兰德,安东尼·怀特著;黄静雅等译·—张遇责编·—324千字　58.00元

非同寻常:赖斯成长回忆录(传记译林)/(美国)康多莉扎·赖斯著;周小进译·—陈叶责编·—186千字　36.00元

旅程:布莱尔回忆录(传记译林)/(英国)托尼·布莱尔著;李永学,董宇虹,江凌译·—彭波,冯一兵,何本国责编·—654千字　48.00元

论道宪法(法政科学丛书)/蔡定剑著·—陈锐责编·—250千字　35.00元

大海入侵(凡尔纳经典科幻)/(法国)儒尔·凡尔纳著;叶丽文,黎鑫译·—韩沪麟责编·—113千字　18.60元

空中村落(凡尔纳经典科幻)/(法国)儒尔·凡尔纳著;郑理译·—韩沪麟责编·—136千字　19.00元

南部非洲探险(凡尔纳经典科幻)/(法国)儒尔·凡尔纳著;李沁译·—韩沪麟责编·—146千字　20.00元

天边灯塔(凡尔纳经典科幻)/(法国)儒尔·凡尔纳著;王蓓丽,马小彦译·—韩沪麟责编·—104千字　17.80元

权威的概念(凤凰文库)/(法国)亚历山大·科耶夫著;姜志辉译·—江蕾责编·—97千字　21.00元

无国界移民(凤凰文库)/(瑞士)安托万·佩库,(荷兰)保罗·德

·古赫特奈尔著;武云译·—许昆,李瑞华责编·—273千字 36.00元

达摩克利斯的暗室(赫尔曼斯作品)/(荷兰)威廉·弗雷德里克·赫尔曼斯著;宋德利译·—夏秀玫责编·—268千字 28.00元

难以入眠(赫尔曼斯作品)/(荷兰)威廉·弗雷德里克·赫尔曼斯著;郭国良译·—夏秀玫责编·—200千字 26.00元

流浪者旅店:时间与空间之旅(诺特博姆作品)/(荷兰)塞斯·诺特博姆著;郭国良译·—张媛媛责编·—158千字 25.00元

荷兰现代短篇小说精选/(荷兰)路易斯·库佩勒斯等著;李家玉,张哲,王文铃等译·—唐晓萌,王维责编·—275千字 32.00元

哈比人(纪念版)/(英国)J. R. R. 托尔金著;朱学恒译·—王蕾,马爱新责编·—373千字 58.00元

魔戒:魔戒再现\双城奇谋\王者再临(纪念版)/(英国)J. R. R. 托尔金著;朱学恒译·—马爱新,施梓云责编·—1126千字 189.00元

血战太平洋(HBO官方完整版)/(美国)休·安布罗斯著;史正永,朱英,付满译·—何本国,吴莹莹责编·—425千字 35.00元

商诚:现代商业丑闻启示录/(美国)《财富》杂志著;叶硕,谭静译·—陈锐责编·—238千字 35.00元

枕草子(林译日本古典)/(日本)清少纳言著;林文月译·—张远帆,王延庆责编·—217千字 35.00元

十三夜(林译日本古典)/(日本)樋口一叶著;林文月译·—张远帆责编·—152千字 28.00元

伊势物语(林译日本古典)/(日本)佚名著;林文月译·—张远帆,王延庆责编·—146千字 28.00元

源氏物语(林译日本古典)/(日本)紫式部著;林文月译·—张远帆,王延庆责编·—1091千字 89.00元

美国牧歌(美国三部曲)/(美国)菲利普·罗斯著;罗小云译·—陆元昶责编·—283千字 28.00元

人性的污秽(美国三部曲)/(美国)菲利普·罗斯著;刘珠还译·—夏秀玫责编·—253千字 25.00元

我嫁给了共产党人(美国三部曲)/(美国)菲利普·罗斯著;魏立红译·—陆元昶责编·—221千字 25.00元

文学在思考什么(名家文学讲坛)/(法国)皮埃尔·马舍雷著;张璐,张新木译·—江蕾责编·—179千字 32.00元

如何读,为什么读(名家文学讲坛)/(美国)哈罗德·布鲁姆著;黄灿然译·—陈叶责编·—217千字 30.00元

文学体验导引(名家文学讲坛)/(美国)莱昂内尔·特里林著;余婉卉,张箭飞译·—陈叶责编·—210千字 28.00元

知性乃道德职责(名家文学讲坛)/(美国)莱昂内尔·特里林著;严志军,张沫译·—陈叶责编·—524千字 48.00元

文学是什么?高雅文化与大众社会(名家文学讲坛)/(美国)莱斯利·菲德勒著;陆扬译·—陈叶责编·—212千字 30.00元

政治与文学(名家文学讲坛)/

(英国)乔治·奥威尔著;李存捧译·—陈叶责编·—319千字 38.00元

幽灵之家(阿连德作品)/(智利)伊莎贝尔·阿连德著;刘习良,笋季英译·—陈叶,孙茜责编·—318千字 32.00元

佐罗,一个传奇的开始(阿连德作品)/(智利)伊莎贝尔·阿连德著;赵德明译·—孙茜责编·—260千字 35.00元

堕落·流放与王国(加缪作品)/(法国)阿尔贝·加缪著;郭宏安译·—江蕾责编·—134千字 28.00元

反与正·婚礼集·夏天集(加缪作品)/(法国)阿尔贝·加缪著;郭宏安译·—江蕾责编·—113千字 28.00元

局外人·西绪福斯神话(加缪作品)/(法国)阿尔贝·加缪著;郭宏安译·—江蕾责编·—131千字 28.00元

宇宙奇趣全集(卡尔维诺作品)/(意大利)伊塔洛·卡尔维诺著;张密,杜颖,翟恒译·—陆元昶责编·—252千字 28.00元

佩德罗·巴拉莫(鲁尔福作品)/(墨西哥)胡安·鲁尔福著;屠孟超译·—张媛媛,张睿责编·—150千字 28.00元

燃烧的原野(鲁尔福作品)/(墨西哥)胡安·鲁尔福著;张伟劼译·—冯一兵责编·—97千字 28.00元

别让我走(石黑一雄作品)/(英国)石黑一雄著;朱去疾译·—王理行责编·—200千字 29.00元

长日留痕(石黑一雄作品)/(英国)石黑一雄著;冒国安译·—李浩瑜,张遇,王维责编·—181千字 28.00元

上海孤儿(石黑一雄作品)/(英国)石黑一雄著;陈小慰译·—张遇,李浩瑜,张睿责编·—225千字 32.00元

为什么要读简·奥斯丁(名作家文学课)/(美国)苏珊娜·卡森著;王丽亚译·—韩继坤责编·—247千字 38.00元

故事开始了:文学随笔集(名作家文学课)/(以色列)阿摩司·奥兹著;杨振同译·—胡晓平责编·—79千字 22.00元

基督教神学(牛津通识读本)/(英国)戴维·福特著;吴周放译·—何本国责编·—240千字 18.00元

佛学概论(牛津通识读本)/(英国)关大眠著;郑柏铭译·—於梅,何本国责编·—175千字 18.00元

康德(牛津通识读本)/(英国)罗杰·斯克鲁顿著;刘华文译·—何本国责编·—191千字 18.00元

尼采(牛津通识读本)/(英国)迈克尔·坦纳著;于洋译·—何本国责编·—117千字 18.00元

犹太人与犹太教(牛津通识读本)/(英国)诺曼·所罗门著;王广州译·—何本国责编·—172千字 18.00元

希特勒的民族帝国:劫掠、种族战争和纳粹主义/(德国)格茨·阿利著;刘青文译·—王蕾责编·—241千字 32.00元

理解媒介:论人的延伸(增订评注本)/(加拿大)马歇尔·麦克卢汉著;何道宽译·—王蕾责编·—404

千字　48.00 元

西方正典/(美国)哈罗德·布鲁姆著;江宁康译·—李瑞华责编·—441 千字　45.00 元

纳粹德国:一部新的历史/(美国)克劳斯·费舍尔著;佘江涛译·—陈锐责编·—593 千字　48.00 元

马克斯·韦伯(修订版)/(英国)弗兰克·帕金著;刘东,谢维和译·—陈锐责编·—121 千字　25.00 元

全球化百科全书/(英国)罗兰·罗伯逊,扬·阿特·肖尔特,王宁主编著;陈永国等译·—王理行,夏秀玫责编·—1878 千字　280.00 元

毛利 A—Z/陈燮君主编著·—费明燕责编·—50 千字　35.00 元

外国语文研究(2010 年第 1 辑)/陈新仁主编著·—王振华责编·—227 千字　19.00 元

外国语文研究(2011 年第 1 辑)/陈新仁主编著·—孙茜,王珏责编·—230 千字　19.00 元

阳光与阴影的交织/郭宏安著·—江蕾责编·—164 千字　28.00 元

天学真原/江晓原著·—黄颖责编·—286 千字　38.00 元

这些人,那些事/吴念真著·—袁楠责编·—132 千字　28.00 元

大学招生与宪法平等/张千帆,曲相霏主编著·—黄颖,吴源责编·—434 千字　48.00 元

裂变与生成:物理新课堂建设的理论与实践研究/张晓冰著·—季钰责编·—147 千字　38.00 元

空间·故事·上海犹太人:提篮桥的过去与现在/张艳华,王健著·—施梓云责编·—130 千字　45.00 元

妇女在经济发展中的角色(人文与社会译丛)/(丹麦)埃丽特·博斯拉普著;陈慧平译·—马爱新责编·—226 千字　30.00 元

大西洋的跨越:进步时代的社会政治(人文与社会译丛)/(美国)丹尼尔·罗杰斯著;吴万伟译·—马爱新,滕舒责编·—520 千字　58.00 元

过去与未来之间(人文与社会译丛)/(美国)汉娜·阿伦特著;王寅丽,张立立译·—黄颖责编·—207 千字　28.00 元

风景与认同:英国民族与阶级地理(人文与社会译丛)/(美国)温迪·J. 达比著;张箭飞,赵红英译·—马爱新责编·—294 千字　35.00 元

环境与历史:美国和南非驯化自然的比较(人文与社会译丛)/(英国)威廉·贝纳特,彼得·科茨著;包茂红译·—马爱新责编·—119 千字　25.00 元

现代性的哲学话语(人文与社会译丛新封面)/(德国)于尔根·哈贝马斯著;曹卫东等译·—李瑞华,王蕾责编·—311 千字　36.00 元

临床医学的诞生(人文与社会译丛新封面)/(法国)米歇尔·福柯著;刘北成译·—陆元昶,江蕾责编·—169 千字　25.00 元

追寻美德:道德理论研究(人文与社会译丛新封面)/(美国)阿拉斯戴尔·麦金太尔著;宋继杰译·—黄颖责编·—263 千字　35.00 元

美国精神的封闭(人文与社会译丛新封面)/(美国)艾伦·布卢姆著;战旭英译·—张远帆责编·—

302 千字　35.00 元

论革命(人文与社会译丛新封面)/(美国)汉娜·阿伦特著;陈周旺译·—黄颖责编·—225 千字　25.00 元

自由主义与正义的局限(人文与社会译丛新封面)/(美国)迈克尔·J. 桑德尔著;万俊人、唐文明、张之锋、殷迈译·—李瑞华责编·—214 千字　30.00 元

政治自由主义(人文与社会译丛新封面)/(美国)约翰·罗尔斯著;万俊人译·—李瑞华,方尚芩责编·—542 千字　48.00 元

弱者的武器(人文与社会译丛新封面)/(美国)詹姆斯·C. 斯科特著;郑广怀,张敏,何江穗译·—陈叶责编·—386 千字　42.00 元

伯林谈话录(人文与社会译丛新封面)/(伊朗)拉明·贾汉贝格鲁著;杨祯钦译·—陈叶责编·—146 千字　23.00 元

现代性的后果(人文与社会译丛新封面)/(英国)安东尼·吉登斯著;田禾译·—黄颖责编·—115 千字　22.00 元

现代性与大屠杀(人文与社会译丛新封面)/(英国)鲍曼著;杨渝东,史建华译·—李瑞华责编·—200 千字　28.00 元

俄国思想家(人文与社会译丛新封面)/(英国)以赛亚·伯林著;彭淮栋译·—李瑞华责编·—292 千字　35.00 元

反潮流:观念史论文集(人文与社会译丛新封面)/(英国)以赛亚·伯林著;冯克利译·—李瑞华责编·—385 千字　48.00 元

浪漫主义的根源(人文与社会译丛新封面)/(英国)以赛亚·伯林著;吕梁,洪丽娟,孙易译·—陈叶责编·—142 千字　28.00 元

现实感:观念及其历史研究(人文与社会译丛新封面)/(英国)以赛亚·伯林著;潘荣荣,林茂译·—李瑞华责编·—240 千字　30.00 元

自由及其背叛:人类自由的六个敌人(人文与社会译丛新封面)/(英国)以赛亚·伯林著;赵国新译·—李瑞华责编·—136 千字　25.00 元

自由论(人文与社会译丛新封面)/(英国)以赛亚·伯林著;胡传胜译·—李瑞华责编·—333 千字　38.00 元

牛的印迹:禅修与开悟之路/圣严法师,(美国)史蒂文森著;梁永安译·—陈锐责编·—179 千字　28.00 元

平衡美人会走路/(日本)黑田惠美子著;王越译·—彭波责编·—28 千字　18.00 元

别让毒素害了你家宝宝/(英国)帕特·托马斯著;何雯婷译·—胡晓平责编·—90 千字　25.00 元

YOU:身体使用手册(新版)/(美国)迈克尔·罗伊森,迈哈迈特·奥兹著;吴文智,王一多译·—施梓云责编·—262 千字　35.00 元

我们(平装)/周庆荣著;惠兰译·—刘锋责编·—28.00 元

牛虻(经典译林)/(爱尔兰)埃·莉·伏尼契著;古绪满译·—冯一兵责编·—257 千字　28.00 元

西线无战事(经典译林)/(德国)埃里希·玛丽亚·雷马克著;李清华译·—田智,孙茜责编·—152 千字　22.00 元

安娜·卡列宁娜(经典译林)/

(俄国)列夫·托尔斯泰著;智量译·—冯一兵责编·—888 千字 38.00 元

战争与和平(上下)(经典译林)/(俄国)列夫·托尔斯泰著;张捷译·—冯一兵责编·—1277 千字 61.60 元

约翰·克利斯朵夫(上下)(经典译林)/(法国)罗曼·罗兰著;韩沪麟译·—冯一兵责编·—1209 千字 65.00 元

八十天环游地球(经典译林)/(法国)儒尔·凡尔纳著;白睿译·—张媛媛责编·—166 千字 16.00 元

古希腊悲剧喜剧全集(上下)(经典译林)/(古希腊)埃斯库罗斯等著;张竹明,王焕生译·—陆元昶,夏秀玫责编·—590 千字 69.80 元

百万英镑——马克·吐温中短篇小说集(经典译林)/(美国)马克·吐温著;张友松等译·—张媛媛责编·—265 千字 18.00 元

瓦尔登湖(经典译林)/(美国)梭罗著;许崇信,林本椿译·—马爱新责编·—235 千字 22.00 元

我是猫(经典译林)/(日本)夏目漱石著;于雷译·—叶宗敏,韩继坤责编·—307 千字 26.00 元

堂吉诃德(经典译林)/(西班牙)塞万提斯著;屠孟超译·—陆元昶责编·—821 千字 62.00 元

神曲(3 卷)(经典译林)/(意大利)但丁·阿利基埃里著;黄文捷译·—陆元昶责编·—892 千字 68.00 元

大卫·科波菲尔(上下)(经典译林)/(英国)查尔斯·狄更斯著;宋兆霖译·—张媛媛责编·—805 千字 48.00 元

培根随笔全集(经典译林)/(英国)弗兰西斯·培根著;曹明伦译·—李瑞华责编·—173 千字 22.00 元

圣经故事(经典译林)/段琦编著·—胡晓平责编·—340 千字 25.00 元

追忆似水年华(第 3 卷):盖尔芒特那边(典藏精)/(法国)马塞尔·普鲁斯特著;徐和谨译·—张媛媛责编·—603 千字 56.00 元

廊桥遗梦(双语译林)/(美国)罗伯特·詹姆斯·沃勒著;资中筠译·—於梅责编·—145 千字 32.00 元

奥州小路(双语译林)/(日本)松尾芭蕉著;陈岩译·—叶宗敏责编·—85 千字 22.00 元

非普通读者(双语译林)/(英国)艾伦·贝内特著;何宁译·—周丽华责编·—111 千字 28.00 元

鲁滨孙漂流记(双语译林)/(英国)丹尼尔·笛福著;郭建中译·—吴莹莹,方芳责编·—210 千字 32.00 元

小王子(双语译林·第二辑)/(法国)安东尼·德·圣埃克苏佩里著;林珍妮,马振骋译·—田智,吴莹莹责编·—94 千字 15.00 元

美国短篇故事 125 篇(双语译林·第二辑)/(美国)保罗·奥斯特著;巫和雄译·—田智,吴莹莹责编·—29.80 元

老人与海(余光中版)(双语译林·第二辑)/(美国)欧内斯特·海明威著;余光中译·—於梅,吴莹莹责编·—105 千字 18.00 元

飞鸟集(新译本)(双语译林·

第二辑)/(印度)拉宾德拉纳特·泰戈尔著;陆晋德译·—田智责编·—142 千字　19.80 元

莎士比亚十四行诗集(双语译林·第二辑)/(英国)莎士比亚著;(菲律宾)施颖洲译·—田智,吴莹莹责编·—90 千字　20.00 元

繁星·春水(双语译林·第二辑)/冰心著;(美国)凯利,鲍贵思译·—田智责编·—94 千字　18.00 元

城南旧事(双语译林·第二辑)/林海音著;刘邦媛,殷张兰熙译·—田智,吴莹莹责编·—220 千字　25.00 元

朝花夕拾(双语译林·第二辑)/鲁迅著;杨宪益,戴乃迭译·—於梅,吴莹莹责编·—135 千字　18.50 元

边城(双语译林·第二辑)/沈从文著;杨宪益,戴乃迭译·—田智责编·—137 千字　18.00 元

世纪才女诗文锦集(双语译林·第二辑)/苏雪林,庐隐,石评梅,冰心,林薇因,陆小曼,萧红,丁玲著;李珍译·—田智,吴莹莹责编·—157 千字　19.80 元

读《时代》周刊学英文(美国·国际)(双语译林·第三辑)/(美国)克里斯托弗·波特菲尔德著;焦晓菊译·—於梅责编·—216 千字　26.00 元

读《时代》周刊学英文(社会·人物)(双语译林·第三辑)/(美国)克里斯托弗·波特菲尔德著;陆赟译·—於梅责编·—259 千字　26.00 元

读《时代》周刊学英文(艺术·科技·医药)(双语译林·第三辑)/(美国)克里斯托弗·波特菲尔德著;焦晓菊,吴文曦,韩宗臻,庄星来,吕暾,朱文慧译·—唐晓萌责编·—216 千字　26.00 元

读《时代》周刊学英文(战场·商场)(双语译林·第三辑)/(美国)克里斯托弗·波特菲尔德著;贺丹译·—唐晓萌责编·—229 千字　26.00 元

读《纽约时报》学英文:商业·人物(双语译林·第三辑)/李振清等著·—田智,吴莹莹责编·—193 千字　25.00 元

读《纽约时报》学英文:社会·生活(双语译林·第三辑)/李振清等著·—何本国,韩洁琦责编·—191 千字　25.00 元

经济学的 N 个笑话(双语译林·第三辑)/王瑞泽编著;王瑞泽译·—何本国责编·—165 千字　25.00 元

英澳大选电视辩论集(双语译林·第三辑)/王瑞泽编著;王瑞泽译·—田智,吴莹莹责编·—213 千字　29.00 元

英美故事会:第 1 季(双语译林·第四辑)/(美国)艾伯特·杰克著;邵志军译·—吴莹莹责编·—210 千字　22.00 元

奥巴马演说集(双语译林·第一辑)/(美国)巴拉克·奥巴马著;王瑞泽译·—唐晓萌,何本国,於梅,田智责编·—223 千字　28.00 元

奥巴马演说集之白宫岁月(双语译林·第一辑)/(美国)巴拉克·奥巴马著;王瑞泽译·—唐晓萌,何本国,於梅,田智责编·—257 千字　29.80 元

圣经的故事(双语译林·第一

辑)/(美国)亨德里克·威廉·房龙著;谢烦文译·—田智,吴莹莹责编·—500千字 28.80元

散文佳作108篇(双语译林·第一辑)/乔萍,翟淑蓉,宋洪玮著·—范红升,唐晓萌责编·—39.80元

麦格雷探案集/(比利时)乔治·西姆农著;寒哨等译·—王振华责编·—780千字 68.00元

塞万提斯学术史研究(外国文学学术史研究大系)/陈众议著·—王理行,章祖德责编·—322千字 42.00元

现代政治思想的基础(上下)(西方政治思想译丛)/(英国)昆廷·斯金纳著;奚瑞森,亚方译·—王蕾责编·—720千字 98.00元

中世纪政治思想史(西方政治思想译丛)/(英国)沃尔特·厄尔曼著;夏洞奇译·—黄颖责编·—203千字 28.00元

纳粹与理发师/(德国)埃德加·希尔森拉特著;安尼译·—王蕾责编·—323千字 28.00元

隐讳/(美国)戴安娜·迪克逊著;孔保尔译·—王振华责编·—169千字 25.00元

妈妈的银行账户/(美国)凯瑟琳·福布斯著;侯萍,宋苏晨译·—彭波责编·—74千字 25.00元

德黑兰的屋顶/(美国)马赫布·萨拉杰著;李美华译·—陈叶责编·—236千字 28.00元

回来吧,可莫/(美国)史蒂文·温著;李玉瑶译·—孙茜责编·—200千字 26.00元

震度0(译·推理)/(日本)横山秀夫著;绯华璃译·—李浩瑜,王维责编·—270千字 28.00元

W的悲剧(译·推理)/(日本)夏树静子著;王鹏帆译·—李浩瑜责编·—163千字 25.00元

天使在消失(译·推理)/(日本)夏树静子著;王鹏帆译·—李浩瑜责编·—160千字 25.00元

蒸发(译·推理)/(日本)夏树静子著;王鹏帆译·—李浩瑜责编·—213千字 28.00元

人类群星闪耀时(名著精选)/(奥地利)斯蒂芬·茨威格著;高中甫,潘子立译·—彭波责编·—212千字 16.80元

彼得·潘(名著精选)/(英国)詹姆斯·马修·巴里著;马爱农译·—马爱新责编·—106千字 18.00元

城南旧事(名著精选)/林海音著;刘邦媛,殷张兰熙译·—田智,吴莹莹责编·—170千字 25.00元

羊脂球:莫泊桑短篇小说选(名著精选新)/(法国)莫泊桑著;汪阳译·—韩沪麟责编·—283千字 19.00元

八十天环游地球(名著精选新)/(法国)儒尔·凡尔纳著;白睿译·—韩沪麟责编·—166千字 15.00元

茶花女(名著精选新)/(法国)小仲马著;郑克鲁译·—李景端责编·—158千字 12.00元

伊索寓言全集(名著精选新)/(古希腊)伊索著;李汝仪译·—章祖德责编·—124千字 15.00元

西顿野生动物故事集(增订版)(名著精选新)/(加拿大)E. T. 西顿著;蒲隆,祁和平译·—张遇责编·—220千字 20.00元

麦田里的守望者(名著精选新)/(美国)J. D. 塞林格著;施咸荣译·—王理行责编·—160千字 20.00元

秘密花园(名著精选新)/(美国)弗朗西丝·霍奇森·伯内特著;李文俊译·—周丽华责编·—180千字 18.00元

百万英镑——马克·吐温中短篇小说集(名著精选新)/(美国)马克·吐温著;张友松等译·—张媛媛责编·—245千字 20.00元

汤姆·索亚历险记(名著精选新)/(美国)马克·吐温著;朱建迅,郑康译·—李瑞华责编·—178千字 18.00元

老人与海(名著精选新)/(美国)欧内斯特·海明威著;黄源深译·—於梅责编·—105千字 16.00元

童年(名著精选新)/(苏联)高尔基著;聂刚正,高厚娟译·—陈肇芬责编·—200千字 18.00元

爱的教育(名著精选新)/(意大利)德·亚米契斯著;夏丏尊译·—施梓云责编·—303千字 21.00元

呼啸山庄(名著精选新)/(英国)艾米莉·勃朗特著;杨苡译·—李景端责编·—257千字 20.00元

鲁滨孙漂流记(名著精选新)/(英国)丹尼尔·笛福著;郭建中译·—李浩瑜责编·—210千字 15.00元

培根随笔全集(解析版)(名著精选新)/(英国)弗兰西斯·培根著;蒲隆译·—李瑞华,王延庆责编·—175千字 20.00元

傲慢与偏见(名著精选新)/(英国)简·奥斯丁著;孙致礼译·—王理行责编·—245千字 18.00元

格列佛游记(名著精选新)/(英国)乔纳森·斯威夫特著;杨昊成译·—顾爱彬责编·—236千字 16.50元

简·爱(名著精选新)/(英国)夏洛蒂·勃朗特著;黄源深译·—顾爱彬责编·—430千字 19.50元

菊与刀:日本文化模式(人文精选)/(美国)本尼迪克特著;陆征译·—黄颖责编·—199千字 22.00元

人性的弱点(人文精选)/(美国)戴尔·卡耐基著;朱凡希,王林译·—陈锐责编·—194千字 20.00元

道德情操论(人文精选)/(英国)亚当·斯密著;宋德利译·—李瑞华责编·—284千字 28.00元

国富论(人文精选)/(英国)亚当·斯密著;章莉译·—陈锐责编·—249千字 28.00元

愚人颂(许崇信译本)(人文精选/新封面)/(荷兰)伊拉斯谟著;许崇信译·—马爱新责编·—90千字 15.00元

午夜灵异客栈(1)(少儿文库)/(美国)阿尔文·施瓦茨著;(美国)斯蒂芬·甘默尔绘画著;郁风译·—冯一兵责编·—23千字 13.00元

午夜灵异客栈(2)(少儿文库)/(美国)阿尔文·施瓦茨著;(美国)斯蒂芬·甘默尔绘画著;侯萍译·—冯一兵责编·—25千字 13.00元

午夜灵异客栈(3)(少儿文库)/(美国)阿尔文·施瓦茨著;(美国)斯蒂芬·甘默尔绘画著;宋文伟译·—冯一兵责编·—28千字 13.00元

空间三部曲 1:沉寂的星球(少儿文库)/(英国)C. S. 刘易斯著;马爱农译·—陈叶责编·—122 千字 25.00 元

空间三部曲 2:皮尔兰德拉星(少儿文库)/(英国)C. S. 刘易斯著;祝平译·—陈叶责编·—150 千字 28.00 元

空间三部曲 3:黑暗之劫(少儿文库)/(英国)C. S. 刘易斯著;杜冬冬译·—陈叶责编·—301 千字 35.00 元

猫宅一生:Peavy 与我的生活日记/ROY 著·—黄颖责编·—50 千字 23.00 元

父与子漫画(75 周年纪念版)(16K)/(德国)埃·奥·卜劳恩著;洪佩奇编译·—田智,尹乔责编·—45.00 元

美国连环漫画史(16K)新/洪佩奇著·—胡苊责编·—150.00 元

父与子漫画(75 周年纪念版)(24K)/(德国)埃·奥·卜劳恩著;洪佩奇编译·—田智,尹乔责编·—16.00 元

小天使:小天使、比特尔·贝雷、黑加尔连环漫画合集(彩色版 20K)/(法国)让·埃费等著;洪佩奇译·—田智,尹乔责编·—35.00 元

小国王:索格洛连环漫画集(彩色版 20K)/(美国)奥托·索格洛著;洪佩奇编译·—田智,尹乔责编·—32.00 元

帕金斯:帕金斯、小胡子连环漫画合集(彩色版 20K)/(美国)迈阿勒等著;洪佩奇译·—田智,尹乔责编·—35.00 元

亚当生:急中生智(彩色版 20K)/(瑞典)雅各布生著;洪佩奇译·—田智,尹乔责编·—32.00 元

尤茜卡:尤茜卡、大胡子、双生子连环漫画合集(彩色版 20K)/(匈牙利)普斯泰伊·帕尔等著;洪佩奇译·—田智,尹乔责编·—35.00 元

三毛从军记(彩色版 24K 新)/(中国)张乐平著;洪佩奇编译·—田智责编·—16.00 元

安徒生童话(学生版)/(丹麦)汉斯·克里斯蒂安·安徒生著;安戈改写译·—夏秀玫责编·—124 千字 12.80 元

小王子(学生版)/(法国)安东尼·德·圣埃克苏佩里著;林珍妮译·—冯一兵责编·—55 千字 12.80 元

居里夫人自传(学生版)/(法国)玛丽·居里著;范家盛改写译·—夏秀玫责编·—86 千字 12.80 元

地心游记(学生版)/(法国)儒尔·凡尔纳著;武晓娟改写译·—夏秀玫责编·—137 千字 12.80 元

汤姆·索亚历险记(学生版)/(美国)马克·吐温著;张玉婷改写译·—张媛媛责编·—111 千字 12.80 元

儒林外史(学生版)/(清)吴敬梓著;李海涛改写译·—冯一兵责编·—93 千字 12.80 元

堂吉诃德(学生版)/(西班牙)塞万提斯著;孙士余改写译·—陆志宙责编·—119 千字 12.80 元

莎士比亚戏剧故事(学生版)/(英国)莎士比亚著;梁丽婷改写译·—张媛媛责编·—113 千字 12.80 元

圣经故事(学生版)/李超改写

著·—张媛媛责编·—118 千字　12.80 元

朝花夕拾(学生版)/鲁迅著·—冯一兵责编·—56 千字　12.80 元

成语故事(学生版)/潘望,余果编著著·—唐晓萌,杨雅婷责编·—111 千字　12.80 元

跨世纪的文学对话:江苏省比较文学学会成立 25 周年纪念集:1985·—2010/钱林森,汪介之著·—王理行,王延庆责编·—650 千字　68.00 元

文字·文学·文化·—《红与黑》汉译研究/许钧著·—张媛媛责编·—273 千字　35.00 元

英汉全功能词典:特色项版/刘纯豹主编著·—孙峰责编·—4295 千字　22.80 元

圣经故事/旧约篇(多雷插图完全版)/洪佩奇著·—孙峰责编·—184 千字　25.00 元

圣经故事/新约篇·次经篇(多雷插图完全版)/洪佩奇著·—孙峰责编·—173 千字　22.00 元

迷戏(中韩日"祈愿和平"绘本丛书)/姚红著·—谢山青责编·—20 千字　36.00 元

非常小公主 1:佳佳和魔法镜(成长阅读)/(意大利)比爱丽丝·马西尼著;刘月樵译·—韩继坤,陈中美责编·—30 千字　16.80 元

非常小公主 2:快乐的大脚丫(成长阅读)/(意大利)比爱丽丝·马西尼著;田时纲译·—韩继坤,陈中美责编·—30 千字　16.80 元

非常小公主 3:小公主的礼物(成长阅读)/(意大利)比爱丽丝·马西尼著;刘月樵译·—韩继韩,陈中美责编·—30 千字　16.80 元

非常小公主 4:小龙女变身记(成长阅读)/(意大利)比爱丽丝·马西尼著;田时纲译·—韩继坤,陈中美责编·—30 千字　16.80 元

非常小公主 5:小探险家伊莎贝(成长阅读)/(意大利)比爱丽丝·马西尼著;田时纲译·—韩继坤,陈中美责编·—30 千字　16.80 元

非常小公主 6:猜谜小天使(成长阅读)/(意大利)比爱丽丝·马西尼著;刘月樵译·—韩继坤,陈中美责编·—30 千字　16.80 元

阿方提亚 1:翼火龙弗尔诺/(英国)亚当·布雷德著;泰瑞译·—陆元昶,陶鹏旭责编·—40 千字　15.90 元

阿方提亚 2:碧海龙赛波伦/(英国)亚当·布雷德著;覃柳笛译·—陆元昶,陶鹏旭责编·—40 千字　15.90 元

阿方提亚 3:山巨人阿克塔/(英国)亚当·布雷德著;蔡文译·—陆元昶,陶鹏旭责编·—40 千字　15.90 元

阿方提亚 4:半人马托格司/(英国)亚当·布雷德著;蔡文译·—陆元昶,陶鹏旭责编·—40 千字　15.90 元

阿方提亚 5:雪巨人娜努克/(英国)亚当·布雷德著;蔡文译·—陆元昶,陶鹏旭责编·—40 千字　15.90 元

阿方提亚 6:火焰鸟艾托斯/(英国)亚当·布雷德著;蔡文译·—陆元昶,陶鹏旭责编·—40 千字　15.90 元

阿方提亚 7:乌贼怪泽普哈/(英国)亚当·布雷德著;蔡文译·—陆

元昶，陶鹏旭责编·—40千字 15.90元

阿方提亚8:猛巨猿卡拉乌/(英国)亚当·布雷德著;郑甜译·—陆元昶，陶鹏旭责编·—40千字 15.90元

阿方提亚9:石化魔索特娅/(英国)亚当·布雷德著;郑甜译·—陆元昶，陶鹏旭责编·—40千字 15.90元

最后一次说爱你(国际小说)/(美国)凯文·艾伦·米尔尼著;全克林译·—王振华，王楠责编·—200千字 28.00元

一见钟情的概率(国际小说)/(美国)珍妮弗·E.史密斯著;佟佳琳译·—王振华，王楠责编·—120千字 25.00元

160个词教你读懂狗狗心/(法国)让·居维里著;洪昊玥译·—王振华，刘志颖，王萍责编·—90千字 35.00元

160个词教你读懂猫咪心/(法国)让·居维里著;林珍妮，丁雯妍译·—陆元昶，丁雯妍责编·—95千字 35.00元

冥想:清风的味道/(美国)J.唐纳德·沃尔特斯(斯瓦米·克里阿南达)著;马涛红译·—王振华，朱悦责编·—50千字 25.00元

绽放:女性职场能量第一书/(美国)洛伊丝·P.弗兰克尔著;何逸译·—韩继坤，朱悦责编·—180千字 28.00元

这样当妈好省心:风靡欧洲的创意育儿书(6~12岁)/(英国)比尔·卢卡斯，阿利斯泰尔·史密斯著;李亦敏译·—王振华，朱悦，王萍，李培责编·—120千字 29.80元

这样当妈好轻松:风靡欧洲的创意育儿书(3~5岁)/(英国)罗斯·贝利，林恩·布罗德本特，黛比·普林格著;李亦敏译·—王振华，朱悦，王萍，李培责编·—120千字 29.80元

闪亮的莎士比亚1:第十二夜&威尼斯商人(双语读物)/(英国)安德鲁·马修斯著;任溶溶，徐朴译·—陆元昶，陈中美责编·—50千字 25.00元

闪亮的莎士比亚2:无事生非&皆大欢喜(双语读物)/(英国)安德鲁·马修斯著;徐朴译·—陆元昶，陈中美责编·—50千字 25.00元

闪亮的莎士比亚3:仲夏夜之梦&暴风雨(双语读物)/(英国)安德鲁·马修斯著;徐朴，司南译·—陆元昶，陈中美责编·—50千字 25.00元

闪亮的莎士比亚4:麦克白&奥瑟罗(双语读物)/(英国)安德鲁·马修斯著;徐朴译·—陆元昶，陈中美责编·—50千字 25.00元

闪亮的莎士比亚5:罗密欧与朱丽叶&哈姆雷特(双语读物)/(英国)安德鲁·马修斯著;徐朴，司南译·—陆元昶，陈中美，陶鹏旭责编·—50千字 25.00元

闪亮的莎士比亚6:李尔王&凯撒大帝(双语读物)/(英国)安德鲁·马修斯著;任溶溶，徐朴译·—陆元昶，陈中美，陶鹏旭责编·—50千字 25.00元

世界最伟大的冒险故事1:阿拉丁神灯/阿里巴巴和四十大盗/亚瑟与国王之剑(双语读物)/(英国)托尼·布莱德曼著;温艳译·—韩继

坤，陈中美责编 ·—80 千字 16.00 元

世界最伟大的冒险故事 2：鲁滨逊漂流记/格列佛在小人国/伊阿宋与金羊毛（双语读物）/（英国）托尼·布莱德曼著；温艳译 ·—韩继坤，陈中美责编 ·—80 千字 16.00 元

世界最伟大的冒险故事 3：罗宾汉和银箭/英雄贝奥武夫/威廉·退尔与自由苹果（双语读物）/（英国）托尼·布莱德曼著；温艳译 ·—韩继坤，陈中美责编 ·—80 千字 16.00 元

一个人去跑步：马拉松 1 年级生（CUTE）/（日本）高木直子著；洪俞君译 ·—韩继坤，钟孟育，丁丽艳责编 ·—40 千字 28.00 元

你可以不怕改变：适应四步到位（凤凰大雁系列丛书）/（美国）M. J. 赖恩著；沈维君译 ·—王振华，丁丽艳，高媛责编 ·—110 千字 28.00 元

职场交谈，这样说就对了：心想事成的四种交互方式（凤凰大雁系列丛书）/（美国）杰佛瑞·福特，萝莉·福特著；何霖译 ·—王振华，丁丽艳，高媛责编 ·—110 千字 30.00 元

好主管第一次就上手！晋升前必修的五堂课（凤凰大雁系列丛书）/（英国）E. D. 维塔著；丁惠民译 ·—韩继坤，丁丽艳，高媛责编 ·—60 千字 28.00 元

那些老板不管但你要知道的事：职场求生 101 守则（凤凰大雁系列丛书）/莱行乐著 ·—王振华，丁丽艳，高媛责编 ·—121 千字 28.00 元

可不可以不要上班（漫画）/弯弯著 ·—王振华，方悄悄，赵徐责编 ·—12 千字 27.00 元

可不可以不要上学（漫画）/弯弯著 ·—王振华，方悄悄，何亚男责编 ·—12 千字 27.00 元

犹大之裔（乐读文库）/（德国）马库斯·海兹著；管中琪，林敏雅译 ·—冯一兵，陈孟姝，钟孟育，齐梦涵责编 ·—297 千字 32.00 元

曼哈顿之贼（乐读文库）/（美国）亚当·朗格尔著；吴平平译 ·—王振华，齐梦涵责编 ·—135 千字 26.00 元

雪盲（乐读文库）/（日本）仓野宪比古著；陈佳伟译 ·—王振华，颜颖颖责编 ·—134 千字 26.00 元

龙卧亭幻想（上）（乐读文库）/（日本）岛田庄司著；黄琼仙译 ·—王振华，齐梦涵，颜颖颖，刘玉梅责编 ·—190 千字 28.00 元

龙卧亭幻想（下）（乐读文库）/（日本）岛田庄司著；黄琼仙译 ·—王振华，齐梦涵，颜颖颖，刘玉梅责编 ·—190 千字 28.00 元

龙神之雨（乐读文库）/（日本）道尾秀介著；苏娜凯译 ·—韩继坤，颜颖颖，赵徐责编 ·—130 千字 26.00 元

影子（乐读文库）/（日本）道尾秀介著；李彦桦译 ·—孙茜，陈孟姝，钟孟育，刘玉梅责编 ·—115 千字 25.00 元

伽利略的苦恼（乐读文库）/（日本）东野圭吾著；袁斌译 ·—王振华，高媛责编 ·—135 千字 25.00 元

圣女的救济（乐读文库）/（日本）东野圭吾著；袁斌译 ·—韩继坤，丁丽艳，何亚男责编 ·—160 千

字 25.00 元

天才的价值(乐读文库)/(日本)门井庆喜著;田肖霞译·—王振华,颜颖颖责编·—108 千字 26.00 元

追想五断章(乐读文库)/(日本)米泽穗信著;陈佳伟译·—王振华责编·—105 千字 26.00 元

夏光(乐读文库)/(日本)乾路加著;戴华晶译·—冯一兵,陈孟姝,钟孟育,何应子责编·—121 千字 28.00 元

日本灭绝计划(乐读文库)/(日本)清凉院流水著;汪洋译·—韩继坤,陈孟姝,钟孟育,刘玉梅责编·—175 千字 28.00 元

活尸之死(乐读文库)/(日本)山口雅也著;娄美莲译·—陆元昶,陈孟姝,钟孟育,刘玉梅责编·—255 千字 30.00 元

蚀罪(乐读文库)/(日本)堂场瞬一著;刘小伟译·—陆元昶,刘玉梅责编·—240 千字 27.00 元

相克(乐读文库)/(日本)堂场瞬一著;董方译·—陆元昶,刘玉梅责编·—220 千字 27.00 元

华丽人生(乐读文库)/(日本)伊坂幸太郎著;张筱森译·—唐晓萌责编·—150 千字 28.00 元

家鸭与野鸭的投币式寄物柜(乐读文库)/(日本)伊坂幸太郎著;王华懋译·—韩继坤,刘玉梅责编·—190 千字 28.00 元

逃亡者(乐读文库)/(日本)折原一著·—韩继坤,刘玉梅,高媛责编·—240 千字 28.00 元

绝望的废墟(乐读文库)/(日本)佐佐木让著;董方译·—冯一兵责编·—120 千字 25.00 元

制服搜查(乐读文库)/(日本)佐佐木让著;董方译·—韩继坤,陈孟姝,钟孟育,何应子责编·—130 千字 28.00 元

鬼脸妹布伊拉(奇幻炫彩珠系列)/饶雪莉著·—王振华,何亚男责编·—60 千字 17.00 元

米苏岛上的精灵屋(奇幻炫彩珠系列)/饶雪莉著·—韩继坤,何亚男责编·—60 千字 17.00 元

木头鱼遇见小女巫(奇幻炫彩珠系列)/饶雪莉著·—陆元昶,何亚男责编·—60 千字 17.00 元

别再叫我马桶盖(甜蜜园小学)/饶雪莉著·—韩继坤,丁丽艳,小九责编·—50 千字 15.00 元

丑女生和霸王同桌(甜蜜园小学)/饶雪莉著·—王振华,丁丽艳,小九责编·—50 千字 15.00 元

我是你的多拉米(甜蜜园小学)/饶雪莉著·—陆元昶,丁丽艳,小九责编·—50 千字 15.00 元

“美丽”的魔鬼(新黑猫警长系列)/杨鹏著·—韩继坤,饶雪莉,何亚男,小九责编·—30 千字 16.00 元

歌剧院谜案(新黑猫警长系列)/杨鹏著·—韩继坤,饶雪莉,何亚男责编·—30 千字 16.00 元

神秘“鬼火”案(新黑猫警长系列)/杨鹏著·—韩继坤,饶雪莉,何亚男,小九责编·—30 千字 16.00 元

沙漏(限量珍藏版)(雪漫青春读物)/饶雪漫著·—韩继坤,孙茜,陆元昶责编·—360 千字 118.00 元

沙漏Ⅰ(雪漫青春读物)/饶雪漫著·—韩继坤责编·—120 千字

26.00 元

沙漏Ⅱ(雪漫青春读物)/饶雪漫著·—孙茜责编·—120 千字 26.00 元

沙漏Ⅲ(雪漫青春读物)/饶雪漫著·—陆元昶责编·—120 千字 26.00 元

甜酸(雪漫青春读物)/饶雪漫著·—韩继坤,方悄悄,何亚男,果子李责编·—120 千字 26.00 元

左半边翅膀(雪漫青春读物)/饶雪漫著·—陆元昶,范氿维责编·—110 千字 26.00 元

下一站,天后(雪漫青春读物)/研小色著·—王振华,方悄悄,何亚男责编·—120 千字 23.00 元

小小姑娘(雪漫诗歌散文随笔)/虹影著·—王振华,赵徐责编·—79 千字 28.00 元

那些不能告诉大人的事(雪漫诗歌散文随笔)/饶雪漫著·—陆元昶,赵徐,方悄悄责编·—110 千字 26.00 元

盲眼女伯爵的打字机/(美国)凯莉·华莱士著;尹艳霞译·—陆元昶,刘玉梅,齐梦涵责编·—120 千字 26.00 元

恋人啊/方悄悄著·—韩继坤责编·—128 千字 25.00 元

没事别怀孕/焦阳著·—韩继坤,何亚男责编·—120 千字 26.00 元

北北的夏/墨未著·—韩继坤,何亚男责编·—160 千字 25.00 元

小妖的金色城堡/饶雪漫著·—韩继坤,赵徐责编·—90 千字 26.00 元

青春期如此关键,好父母有爱,更要有智慧/吴斯达著·—陆元昶,丁丽艳责编·—90 千字 28.00 元

一闪灯花坠:探秘最后的词人纳兰容若之死/西岭雪著·—韩继坤,方悄悄责编·—160 千字 26.00 元

左耳(新版)/饶雪漫著·—王振华,赵徐责编·—199 千字 26.00 元

左耳终结(新版)/饶雪漫著·—王振华,赵徐责编·—199 千字 26.00 元

QQ 兄妹(美绘本)/饶雪漫著·—陆元昶,丁丽艳,饶雪莉责编·—97 千字 24.00 元

花糖纸(美绘本)/饶雪漫著·—韩继坤,饶雪莉,小九责编·—96 千字 24.00 元

天天天蓝(美绘本)/饶雪漫著·—王振华,丁丽艳,小九责编·—98 千字 24.00 元

克莱采奏鸣曲(大师坊)/(俄国)列夫·托尔斯泰著;臧仲伦译·—陆元昶,郑丹责编·—215 千字 26.80 元

卡门(大师坊)/(法国)普罗斯珀·梅里美著;柳鸣九译·—陆元昶,汤胜责编·—148 千字 22.80 元

走向加特林堡(国际畅销榜)/(美国)霍华德·弗兰克·莫谢尔著;李智微译·—王振华,郑海梅责编·—248 千字 28.00 元

秘密德国:刺杀希特勒(国际畅销榜)/(西班牙)赫苏斯·埃尔南德斯著;陈皓译·—王振华责编·—220 千字 28.00 元

蚀爱(国际畅销榜)/(英国)詹姆斯·米克著;贝小戎译·—陆元昶,汤胜责编·—263 千字 36.00 元

性与性格(汉译经典)/(奥地利)奥托·魏宁格著;肖聿译·—陆元昶,曹雪峰责编·—340千字　29.80元

认识与谬误(汉译经典)/(奥地利)恩斯特·马赫著;洪佩郁译·—陆元昶,孙文栋,金紫责编·—342千字　28.80元

精神分析新论(汉译经典)/(奥地利)西格蒙德·弗洛伊德著;郭本禹译·—韩继坤,曹雪峰责编·—115千字　18.00元

悲剧的诞生(周国平译本)(汉译经典)/(德国)弗里德里希·尼采著;周国平译·—韩继坤,曹雪峰责编·—135千字　20.00元

希腊悲剧时代的哲学(汉译经典)/(德国)弗里德里希·尼采著;周国平译·—陆元昶,李拓责编·—90千字　19.00元

格言集(汉译经典)/(德国)格奥尔格·克里斯托夫·利希滕贝格著;范一译·—王振华,孙文栋责编·—256千字　22.80元

重建时代的人与社会:现代社会结构研究(汉译经典)/(德国)卡尔·曼海姆著;张旅平译·—陆元昶,孙文栋责编·—255千字　28.80元

历史中的意义(汉译经典)/(德国)威廉·狄尔泰著;艾彦译·—韩继坤,孙文栋责编·—198千字　22.00元

哲学书简(汉译经典)/(俄罗斯)彼得·雅科夫列维奇·恰达耶夫著;刘文飞译·—陆元昶,贾英红责编·—174千字　20.00元

俄罗斯的命运(汉译经典)/(俄罗斯)尼古拉·别尔嘉耶夫著;汪剑钊译·—王振华,孙文栋责编·—172千字　19.80元

自然法典(汉译经典)/(法国)埃蒂安·—加布里埃尔·摩莱里著;黄建华,姜亚洲译·—陆元昶,曹雪峰责编·—134千字　18.00元

论实证精神(汉译经典)/(法国)奥古斯特·孔德著;黄建华译·—韩继坤责编·—81千字　12.00元

塞瓦兰人的历史(汉译经典)/(法国)德尼·维拉斯著;黄建华,姜亚洲译·—王振华,孙文栋责编·—205千字　20.00元

材料与记忆(汉译经典)/(法国)亨利·柏格森著;肖聿译·—韩继坤,曹雪峰责编·—182千字　22.00元

创造进化论(汉译经典)/(法国)亨利·柏格森著;肖聿译·—王振华,孙文栋责编·—200千字　28.80元

道德与宗教的两个来源(汉译经典)/(法国)亨利·柏格森著;王作虹,成穷译·—陆元昶责编·—128千字　22.00元

忏悔录(汉译经典)/(法国)让·—雅克·卢梭著;陈筱卿译·—陆元昶,金紫责编·—464千字　36.80元

公有法典(汉译经典)/(法国)泰奥多·德萨米著;黄建华,姜亚洲译·—陆元昶,曹雪峰责编·—236千字　20.00元

沉思录(汉译经典)/(古罗马)马可·奥勒斯著;李娟,杨志译·—陆元昶,霍春霞责编·—128千字　16.00元

物性论(汉译经典)/(古罗马)

提图斯·卢克莱修·卡鲁斯著；方书春译·—陆元昶，曹雪峰，孙文栋责编·—318千字 26.80元

理想国（吴献书版）（汉译经典）/（古希腊）柏拉图著；吴献书译·—陆元昶，刘亚男责编·—242千字 21.00元

菊与刀（汉译经典）/（美国）本尼迪克特著；北塔译·—王振华，苏俊祎责编·—238千字 16.00元

我们内心的冲突（汉译经典）/（美国）卡伦·霍尼著；王作虹译·—韩继坤，曹雪峰责编·—148千字 20.00元

我们时代的神经症人格（汉译经典）/（美国）卡伦·霍尼著；冯川译·—陆元昶，苏俊祎责编·—200千字 18.00元

中国人的气质（汉译经典）/（美国）明恩溥著；刘文飞，刘晓旸译·—陆元昶，苏俊祎责编·—200千字 19.80元

武士道（汉译经典）/（日本）新渡户稻造著；周燕宏译·—王振华，苏俊祎责编·—72千字 10.00元

心理学与文学（汉译经典）/（瑞士）卡尔·古斯塔夫·荣格著；冯川，苏克译·—韩继坤，孙文栋责编·—181千字 22.80元

中华大帝国史（汉译经典）/（西班牙）胡安·冈萨雷斯·德·门多萨著；孙家堃译·—陆元昶，霍春霞责编·—298千字 26.00元

自然的概念（汉译经典）/（英国）阿尔弗雷德·诺思·怀特海著；张桂权译·—韩继坤，孙文栋责编·—115千字 16.80元

政治经济学及赋税原理（汉译经典）/（英国）大卫·李嘉图著；郭大力，王亚南译·—王振华，曹雪峰责编·—206千字 20.00元

性心理学（汉译经典）/（英国）哈夫洛克·埃利斯著；陈维正，袁德成，龙葵，王作虹，周邦宪译·—韩继坤，王卓责编·—230千字 22.00元

文化和价值（汉译经典）/（英国）路德维希·维特根斯坦著；黄正东，唐少杰译·—王振华，苏俊祎责编·—90千字 16.00元

天演论（汉译经典）/（英国）托马斯·赫胥黎著；严复译·—陆元昶，王延庆，曹雪峰责编·—88千字 16.00元

国富论（上下）（汉译经典）/（英国）亚当·斯密著；郭大力，王亚南译·—陈锐，王亚南责编·—650千字 48.00元

自由与权力（汉译经典）/（英国）约翰·埃默里克·爱德华·达尔伯格·—阿克顿著；侯健，范亚峰译·—韩继坤，贾英红责编·—288千字 28.80元

就业、利息和货币通论（汉译经典）/（英国）约翰·梅纳德·凯恩斯著；徐毓枏译·—韩继坤，金紫责编·—215千字 25.00元

论自由（穆勒版）（汉译经典）/（英国）约翰·穆勒著；严复译·—陆元昶，刘亚男，王延庆责编·—92千字 12.00元

情商魔法训练营（身心整合系列）/（比利时）米杉著；倪男奇译·—韩继坤，唐唐责编·—301千字 32.80元

倾听，让关系更美好（身心整合系列）/（美国）麦克·P. 尼可斯著；邱珍琬译·—韩继坤，陈寿文责编

·—193 千字　36.00 元

生命之书（身心整合系列）／（印度）克里希那穆提著；胡因梦译·—韩继坤，陈寿文责编·—309 千字　36.80 元

安徒生童话（李永毅等译）（双语译林·壹力文库）／（丹麦）汉斯·克里斯蒂安·安徒生著；李永毅等译·—王振华，郑海梅责编·—168 千字　29.80 元

契诃夫中短篇小说选（双语译林·壹力文库）／（俄国）安东·契诃夫著；童道明等译·—韩继坤，王秀莉，苏俊祎责编·—170 千字　29.80 元

白夜（双语译林·壹力文库）／（俄国）陀思妥耶夫斯基著；臧仲伦译·—王振华，王晓珂责编·—140 千字　28.80 元

小王子（柳鸣九译本）（双语译林·壹力文库）／（法国）安东尼·德·圣埃克苏佩里著；柳鸣九译·—韩继坤，胡玲琴责编·—62 千字　19.80 元

包法利夫人（双语译林·壹力文库）／（法国）福楼拜著；许渊冲译·—韩继坤，刘亚男责编·—264 千字　36.80 元

忏悔录（马振骋译本）（双语译林·壹力文库）／（法国）让·—雅克·卢梭著；马振骋译·—王振华，刘欢责编·—136 千字　25.80 元

社会契约论（双语译林·壹力文库）／（法国）让·—雅克·卢梭著；陈红玉译·—陆元昶，王秀莉责编·—86 千字　18.80 元

沉思录（双语译林·壹力文库）／（古罗马）马可·奥勒斯著；李娟，杨志译·—陆元昶，刘亚男责编·—123 千字　26.80 元

致加西亚的信（双语译林·壹力文库）／（美国）埃尔伯特·哈伯德著；罗珈译·—韩继坤，苏俊祎，刘亚男责编·—43 千字　16.00 元

人性的弱点（李晨曦译本）（双语译林·壹力文库）／（美国）戴尔·卡耐基著；李晨曦译·—陆元昶，苏俊祎责编·—220 千字　29.80 元

人性的优点（双语译林·壹力文库）／（美国）戴尔·卡耐基著；牛振华译·—陆元昶，苏俊祎责编·—220 千字　32.80 元

假如给我三天光明（双语译林·壹力文库）／（美国）海伦·凯勒著；樊庆兰，马亚静译·—陆元昶，苏俊祎责编·—200 千字　25.00 元

野性的呼唤（双语译林·壹力文库）／（美国）杰克·伦敦著；孙法理译·—王振华，王晓珂责编·—66 千字　18.00 元

红字（方华文译本）（双语译林·壹力文库）／（美国）纳撒尼尔·霍桑著；方华文译·—韩继坤，王晓珂责编·—143 千字　28.80 元

欧·亨利中短篇小说选（牛振华译本）（双语译林·壹力文库）／（美国）欧·亨利著；牛振华译·—陆元昶，王秀莉责编·—248 千字　36.80 元

嘉莉妹妹（方华文译本）（双语译林·壹力文库）／（美国）西奥多·德莱塞著；方华文译·—陆元昶，方华文责编·—369 千字　42.80 元

爱的教育（双语译林·壹力文库）／（意大利）德·亚米契斯著；夏丏尊译·—王振华，刘亚男责编·—172 千字　29.80 元

泰戈尔诗选（郑振铎译本）（双

语译林·壹力文库)/(印度)罗宾德拉纳特·泰戈尔著;郑振铎译·—王振华,王晓珂责编·—90千字　20.00元

呼啸山庄(双语译林·壹力文库)/(英国)艾米莉·勃朗特著;杨苡译·—王振华,刘亚男责编·—272千字　36.80元

傲慢与偏见(方华文译本)(双语译林·壹力文库)/(英国)简·奥斯丁著;方华文译·—韩继坤,刘亚男责编·—274千字　39.80元

动物庄园(双语译林·壹力文库)/(英国)乔治·奥威尔著;隗静秋译·—韩继坤,王秀莉责编·—92千字　18.00元

一九八四(双语译林·壹力文库)/(英国)乔治·奥威尔著;孙仲旭译·—韩继坤,刘亚男责编·—226千字　29.80元

原来如此(双语译林·壹力文库)/(英国)约瑟夫·鲁德亚德·吉卜林著;方华文译·—王振华,刘欢责编·—75千字　18.00元

旷世幕僚/唐浩明著·—陆元昶,史会美责编·—1100千字　158.00元

曾国藩.黑雨/唐浩明著·—陆元昶,周正朗责编·—473千字　49.80元

曾国藩.血祭/唐浩明著·—陆元昶,周正朗责编·—433千字　42.80元

曾国藩.野焚/唐浩明著·—陆元昶,周正朗责编·—405千字　39.80元

张之洞(上中下)/唐浩明著·—陆元昶,金紫责编·—1282千字　148.00元

7次精神慰藉/(韩国)二志成著;千太阳译·—王振华,霍春霞责编·—121千字　26.00元

30年后,你拿什么养家/(韩国)李英柱著;千太阳译·—陆元昶,冯旭梅责编·—100千字　22.00元

小约翰/表/(荷兰)拂来特力克·望·蔼覃,(苏联)L.班台莱耶夫著;鲁迅译·—陆元昶,王卓责编·—127千字　20.00元

地球以外的文明世界/(美国)艾萨克·阿西莫夫著;王静萍,王世纲,孙乃修译·—陆元昶,李静责编·—201千字　32.00元

神奇的一氧化氮/(美国)斐里德·穆拉德著;陈振兴译·—陆元昶,李静,谢晓梅责编·—225千字　35.00元

未来天气/(美国)海蒂·卡伦著;顾康毅译·—陆元昶,汤胜责编·—233千字　36.80元

要不累的生活/(美国)丽塔·埃米特著;冯君雪译·—陆元昶,冯旭梅责编·—85千字　25.80元

一年有半·续一年有半/(日本)中江兆民著;杨扬译·—江蕾,李静责编·—95千字　16.00元

伊朗当代短歌行/(伊朗)帕尔维兹·北极著;穆宏燕译·—陆元昶,汤胜责编·—116千字　16.80元

航海日记/(意大利)克里斯托瓦尔·哥伦布著;孙家堃译·—王振华,刘亚男责编·—138千字　26.00元

周汝昌校订批点本石头记/曹雪芹著;周汝昌点校著·—王振华,王卓责编·—1000千字　128.00元

黑房子/白房子/高鸿著·—韩

继坤，史会美责编·—269千字　28.80元

好小猫/顾湘著·—王振华，粲然，文文责编·—30千字　25.00元

槑活小男人/快刀青衣著·—陆元昶，周正朗责编·—25.00元

红楼风雨梦中人：红学泰斗周汝昌传/梁归智著·—陆元昶，周正朗责编·—465千字　49.80元

黄卡/梁晓声著·—韩继坤，周正朗责编·—493千字　46.80元

年轮/梁晓声著·—陆元昶，闫富斌责编·—600千字　48.00元

林徽因诗文集/林徽因著·—王振华，金紫责编·—235千字　28.00元

螺旋桨/马大湾著·—韩继坤，周正朗责编·—130千字　25.00元

茜茜妈的宝贝计划/马佳著·—王振华，李静责编·—139千字　29.80元

黄昏的下落/皮皮著·—王振华，史会美责编·—184千字　26.80元

狂风沙（上下）/司马中原著·—陆元昶，刘玉浦，印超华责编·—800千字　64.00元

美丽真相/宋丽晅，胡晓萍著·—王振华，胡晓萍责编·—223千字　48.80元

李鸿章外交得失录/田川著·—王振华，冯旭梅，门国杰责编·—185千字　28.00元

将军一去：抗战将领殉国录/田涌，田武著·—韩继坤，周正朗责编·—321千字　38.00元

五星级酒店的秘密/王宝，柯金财，徐恒勇著·—韩继坤，金紫责编·—240千字　29.00元

王蒙语录/王蒙著·—陆元昶，金紫责编·—128千字　28.00元

南明开史Ⅱ/心有方鸣著·—陆元昶，邓敏责编·—238千字　28.80元

保姆大人/须一瓜著·—王振华，陈黎，李剑敏，谢仲伟，文文责编·—300千字　32.00元

徐志摩诗文集/徐志摩著·—韩继坤，金紫责编·—210千字　29.00元

内秀：一个纽约内衣设计师的时尚手记/于晓丹著·—陆元昶，陈黎，谢仲伟责编·—160千字　35.00元

红楼夺目红/周汝昌著·—陆元昶，苏俊祎责编·—176千字　32.00元

周汝昌梦解红楼/周汝昌著·—韩继坤，李静责编·—263千字　38.00元

我的风尘岁月/朱少君著·—陆元昶，华丹责编·—152千字　29.80元

剖析恶魔（壹力心理丛书）/（美国）迈克尔·赫·斯通著；晏向阳译·—王振华，华丹责编·—250千字　36.00元

不要自己坑自己：克服职场坏习惯（壹力心理丛书）/柏燕谊著·—韩继坤，冯旭梅，孙志娟责编·—120千字　26.80元

女人挖坑男人跳（壹力心理丛书）/柏燕谊著·—韩继坤，苏俊祎责编·—200千字　26.00元

每天读一点英文名著. 励志篇（英汉对照）/壹力双语编辑室著·—陆元昶，刘亚男，付艳玲责编·—187千字　22.80元

爱情的容量（周国平散文系

列)/周国平著·—陆元昶,周正朗责编·—168千字　23.80元

安静的位置(周国平散文系列)/周国平著·—王振华责编·—192千字　26.80元

朝圣的心路(周国平散文系列)/周国平著·—韩继坤,金紫责编·—150千字　22.80元

街头的自语(周国平散文系列)/周国平著·—王振华,周正朗责编·—247千字　23.80元

经典的理由(周国平散文系列)/周国平著·—韩继坤,史会美责编·—150千字　22.80元

另一种存在(周国平散文系列)/周国平著·—韩继坤,周正朗责编·—149千字　21.80元

无用之学(周国平散文系列)/周国平著·—王振华,金紫责编·—139千字　21.80元

北京凤凰天下文化发展有限公司

成功隧道:人生科学系统论/颉龙著·—刘艳军责编·—1300千字　298.00元

最精辟的声音/《爆笑SHOW》编辑部著·—王如月责编·—140千字　18.00元

最舍不得删的短信/《爆笑SHOW》编辑部著·—王如月责编·—150千字　18.00元

日本间谍全传/姜子钒著·—康天毅责编·—200千字　25.00元

西点军校精英全传/彭鑫著·—康天毅责编·—200千字　25.00元

青帮教父杜月笙/金刀著·—康天毅责编·—300千字　28.00元

银行每天都在偷你的钱!/克雷苏斯著,陆元昶译著·—陈欣责编·—110千字　28.00元

上帝在哪里/琼妮。厄尔克森著,张栩译著·—陈欣责编·—134千字　22.00元

决心决定成功/易发久著·—韩丽娜责编·—100千字　18.00元

天助自助者/易发久著·—韩丽娜责编·—100千字　18.00元

每天进步一点点/易发久著·—韩丽娜责编·—100千字　18.00元

成功是因为态度/易发久著·—韩丽娜责编·—100千字　18.00元

松原达哉潜能开发全方案.0~2岁/松原达哉著,杨廷梓译著·—周颐责编·—100千字　18.00元

松原达哉潜能开发全方案.3~4岁/松原达哉著,杨廷梓译著·—周颐责编·—100千字　18.00元

松原达哉潜能开发全方案.5~6岁/松原达哉著,杨廷梓译著·—周颐责编·—100千字　18.00元

网络文学新论/刘克敌著·—郭济访责编·—270千字　30.00元

锐客/格言杂志社著·—张叶青责编·—380千字　18.00元

新高考作文36技法/申卫平著·—郭济访责编·—560千字　32.00元

物语/格言杂志社著·—张叶青责编·—380千字　18.00元

太阳小说1:他的国/格言杂志社著·—张叶青责编·—185千字

15.00 元

国学经典:百诗百联/王玉贞,朱蒙著·—司丽丽责编·—208 千字 20.00 元

国学经典:论语百则/王玉贞,朱蒙著·—司丽丽责编·—112 千字 16.00 元

微型小说美学/凌焕新著·—郭济访责编·—270 千字 25.00 元

花开十年·印象 2010/格言杂志社著·—张叶青责编·—260 千字 20.00 元

图解普洱茶/许泽锋著·—付洁责编·—130 千字 28.00 元

图解乌龙茶/许泽锋著·—付洁责编·—130 千字 28.00 元

亲爱的 1:小时代/格言杂志社著·—张叶青责编·—185 千字 15.00 元

历史麻辣烫/杨雄著·—韩丽娜责编·—168 千字 25.00 元

侦探在行动/郭琪著·—常晓丹责编·—30 千字 9.80 元

太阳失踪记/郭琪著·—常晓丹责编·—30 千字 9.80 元

飞吧,巨鲸号!/郭琪著·—常晓丹责编·—29 千字 9.80 元

时空大冒险/郭琪著·—常晓丹责编·—29 千字 9.80 元

我的尾巴不见了/郭琪著·—常晓丹责编·—28 千字 9.80 元

那个季节,春暖花开/木鱼鸣晚著·—王卓责编·—250 千字 28.00 元

第五届老舍散文奖获奖作品/黎晶著·—邓微星责编·—325 千字 28.00 元

传奇/格言杂志社著·—张叶青责编·—380 千字 18.00 元

梦太奇:梦的品析/罗家祥著·—王卓责编·—330 千字 28.00 元

暗杀王王亚樵全传/张桥著·—康天毅责编·—300 千字 28.00 元

第三只眼挑大学/楚轲著·—李密珍责编·—250 千字 25.00 元

自信宝宝,成功一生/林登菲尔德著,陆丹云译著·—张延安责编·—165 千字 23.00 元

自信少年,快乐一生/林登菲尔德著,庞超伟译著·—张延安责编·—144 千字 23.00 元

反恐影像:后"9·11"时代美国反恐战争片解读/郝志著·—康天毅责编·—200 千字 25.00 元

向古人借智慧/龚鹏程著·—胡海杰责编·—330 千字 32.00 元

慈禧太后/高淑兰著·—曹英姿责编·—210 千字 28.00 元

太阳小说 2:她的城/格言杂志社著·—张叶青责编·—185 千字 15.00 元

钱钟书与杨绛/孔庆茂著·—朱敏责编·—300 千字 29.80 元

寒山大师/薛家柱著·—朱敏责编·—140 千字 25.00 元

微反应/姜振宇著·—邓微星责编·—153 千字 26.00 元

大师·大学/刘克选,周全海著·—刘晓燕责编·—300 千字 35.00 元

实用组织行为学/王承先著·—曹英姿责编·—450 千字 38.00 元

人狼 2/迪.托夫特著,侯萍译著·—常晓丹责编·—131 千字 20.00 元

上帝原来是个近视眼/许卫国著·—王哲责编·—156 千字

18.00元

非常道/宽明著·—闫韧民责编·—360千字 20.00元

非常言/宽明著·—闫韧民责编·—360千字 20.00元

中国赛车英雄谱/方肇著·—张延安责编·—270千字 30.00元

智者/格言杂志社著·—张叶青责编·—360千字 18.00元

瘀生百病,通出健康/陈威生著·—曹英姿责编·—250千字 28.00元

复活的死者/袁亚鸣著·—王如月责编·—300千字 29.80元

非常人/宽明著·—闫韧民责编·—312千字 18.00元

非常事/宽明著·—闫韧民责编·—312千字 18.00元

珍爱生命中的2000天:月经决定女人一生的健康/王玲著·—黎明责编·—220千字 28.00元

娃哈哈之父宗庆后/张力升,胡志刚著·—胡海杰责编·—220千字 28.00元

看透人心的艺术/李军,黎明著·—胡海杰责编·—150千字 22.00元

笑死人的漫画技法书/泽普·蒂伯著,黄凌霞译著·—常晓丹责编·—13千字 15.00元

走进佛门/黄强著·—朱敏责编·—135千字 29.80元

军统二世毛人凤全传/陈凌飞著·—康天毅责编·—300千字 28.00元

亲爱的2:轻时代/格言杂志社著·—张叶青责编·—175千字 15.00元

1000个地理常识走遍中国/黄金亮著·—康天毅责编·—300千字 25.00元

风起酒泉:中国首个千万千瓦级风电基地纪实/秦川著·—王如月责编·—200千字 58.00元

锦年/格言杂志社著·—张叶青责编·—360千字 18.00元

左手拈花:傅小石的才情人生/徐良文著·—郭济访责编·—200千字 29.80元

英雄本色/缪炳辉,夏荫祖著·—马媛媛责编·—100千字 28.00元

创造的智慧和自我超越/泰德.法科纳著,吴啸雷译著·—马媛媛责编·—150千字 28.00元

少年特警队系列1.全三册/张立涛著·—门淑敏责编·—60千字 33.00元

少年特警队系列2.全三册/张立涛著·—门淑敏责编·—60千字 33.00元

太阳小说3:我的家/格言杂志社著·—张叶青责编·—180千字 15.00元

微表情/姜振宇著·—邓微星责编·—213千字 34.00元

对海当歌/刘功业著·—刘艳军责编·—100千字 36.00元

开心元素1/祖安著·—常晓丹责编·—30千字 12.00元

开心元素2/祖安著·—常晓丹责编·—30千字 12.00元

开心元素3/祖安著·—常晓丹责编·—30千字 12.00元

舌战/格言杂志社著·—张叶青责编·—360千字 18.00元

错位/刘功业著·—刘艳军责编·—120千字 48.00元

秘密花园/伯内特著,卢舸译著·—杨立新责编·—285 千字 28.00 元

为什么中国没出 Facebook/谢文著·—钟殿舟责编·—273 千字 39.80 元

亲爱的 3:纸时代/格言杂志社著·—张叶青责编·—185 千字 15.00 元

高效能销售的自我修炼/李成林著·—韩丽娜责编·—290 千字 29.80 元

史记/格言杂志社著·—张叶青责编·—380 千字 18.00 元

机器岛/凡尔纳著,秦美玉、马妍译著·—常晓丹责编·—76 千字 18.00 元

地心游记/凡尔纳著,吕月、何雨竹译著·—常晓丹责编·—67 千字 18.00 元

海底两万里/凡尔纳著,庞永华译著·—常晓丹责编·—70 千字 18.00 元

有味的传统文化课/三糊涂著·—钟殿舟责编·—260 千字 29.80 元

倍增式经营/陈兵著·—曹英姿责编·—170 千字 28.00 元

世界教科书中的童话·英国篇/金伊利著,姜龙极译著·—常晓丹责编·—31 千字 22.00 元

世界教科书中的童话·日本篇/金成圭著,求精译朗译著·—常晓丹责编·—31 千字 22.00 元

世界教科书中的童话·法国篇/崔珍淑著,崔美兰译著·—常晓丹责编·—29 千字 22.00 元

世界教科书中的童话·印度篇/郑晓静著,求精译朗译著·—常晓丹责编·—31 千字 22.00 元

世界教科书中的童话·德国篇/郑京美著,崔美兰译著·—常晓丹责编·—31 千字 22.00 元

世界教科书中的童话·美国篇/金胜熙著,姜龙极译著·—常晓丹责编·—28 千字 22.00 元

世界教科书中的童话·俄罗斯篇/权世英著,求精译朗译著·—常晓丹责编·—31 千字 22.00 元

权惑/宫桦著·—曹英姿责编·—188 千字 28.00 元

锦瑟/张振涛著·—周颐责编·—110 千字 36.00 元

太阳小说·榕树下/格言杂志社著·—张叶青责编·—185 千字 15.00 元

超级总裁鬼谷子/心怡著·—郭济访责编·—150 千字 18.00 元

寡头的江湖/崔林著·—胡海杰责编·—260 千字 28.00 元

世界精锐部队全传/易弘著·—康天毅责编·—200 千字 25.00 元

世界特警作战/陈海涛著·—康天毅责编·—200 千字 25.00 元

中国茶经茶道/双鱼文化著·—付洁责编·—180 千字 28.00 元

中国茶事大全/双鱼文化著·—付洁责编·—180 千字 28.00 元

中国茶叶百问百答/双鱼文化著·—付洁责编·—180 千字 28.00 元

漂族/格言杂志社著·—张叶青责编·—250 千字 18.00 元

格列佛游记/冷杉译著·—杨立新责编·—285 千字 23.80 元

中国寓言故事/崔钟雷著·—门淑敏责编·—100 千字 19.80 元

中国神话传说/崔钟雷著·—门

淑敏责编·—100千字　19.80元

中国童话集/崔钟雷著·—门淑敏责编·—100千字　19.80元

一千零一夜/崔钟雷著·—门淑敏责编·—100千字　19.80元

王子童话/崔钟雷著·—门淑敏责编·—100千字　19.80元

安徒生童话/崔钟雷著·—门淑敏责编·—100千字　19.80元

西游记/崔钟雷著·—门淑敏责编·—100千字　19.80元

水浒传/崔钟雷著·—门淑敏责编·—100千字　19.80元

三国演义/崔钟雷著·—门淑敏责编·—100千字　19.80元

红楼梦/崔钟雷著·—门淑敏责编·—100千字　19.80元

大活动大营销/欧阳国忠著·—曹英姿责编·—260千字　36.00元

亲爱的4:她的时代/格言杂志社著·—张叶青责编·—185千字　15.00元

边缘角色/和锋著·—康天毅责编·—300千字　28.00元

年轻人谁曾不二/高雅楠著·—韩丽娜责编·—210千字　26.00元

乐活/格言杂志社著·—张叶青责编·—380千字　11.00元

密使/张成功·—王小枪著·—朱敏责编·—558千字　25.00元

落入凡间的天使·—奥黛丽·赫本/盛文林著·—郭济访责编·—200千字　14.50元

维纳斯密码/张晓慧著·—朱敏责编·—200千字　17.50元

在遥远的莫斯卡/于坚著·—朱敏责编·—190千字　15.75元

植物王国大探秘/崔钟雷著·—门淑敏责编·—100千字　9.00元

365夜经典好故事/崔钟雷著·—门淑敏责编·—100千字　9.00元

地球家园大探秘/崔钟雷著·—门淑敏责编·—100千字　9.00元

动物王国大探秘/崔钟雷著·—门淑敏责编·—100千字　9.00元

儿歌300首/崔钟雷著·—门淑敏责编·—100千字　9.00元

格林童话/崔钟雷著·—门淑敏责编·—100千字　9.00元

让女孩受益一生的好故事/崔钟雷著·—门淑敏责编·—100千字　9.00元

让男孩受益一生的好故事/崔钟雷著·—门淑敏责编·—100千字　9.00元

公主童话集/崔钟雷著·—门淑敏责编·—100千字　9.00元

宇宙空间大探秘/崔钟雷著·—门淑敏责编·—100千字　9.00元

权惑/宫桦著·—曹英姿责编·—188千字　14.50元

墓诀/肥丁著·—康天毅责编·—250千字　14.25元

杨振宁人生传奇/苏建军著·—胡海杰责编·—215千字　14.25元

总统保镖卫队/雷静著·—康天毅责编·—200千字　15.50元

轻松管家.实用生活窍门精选(综合版)/本书编委会著·—吴建中责编·—550千字　25.00元

轻松管家.实用生活窍门精选(女性版)/本书编委会著·—吴建中责编·—430千字　20.50元

轻松管家.实用生活窍门精选

(保健版)/本书编委会著·—吴建中责编·—550千字　25.00元

太阳小说5:飞鸟梦/格言杂志社著·—张叶青责编·—150千字　8.00元

幻城/格言杂志社著·—张叶青责编·—380千字　18.00元

远去的乡村符号/许卫国著·—张延安责编·—210千字　25.00元

素颜无瑕/西兰著·—刘艳军责编·—130千字　25.00元

西域之眼3/蔡黑风著·—康天毅责编·—300千字　28.00元

奇妙历险记/朱晓华著·—曹英姿责编·—56千字　26.00元

城市特种作战/林兵著·—康天毅责编·—200千字　25.00元

私人秘书/风中一影著·—王敏责编·—280千字　25.00元

亲爱的5—融时代/格言杂志社著·—张叶青责编·—180千字　15.00元

反劫持作战/林兵·—张章著·—康天毅责编·—200千字　25.00元

两栖联合特种作战/刘伯瘟著·—康天毅责编·—200千字　25.00元

海上作战/金刀著·—康天毅责编·—200千字　25.00元

完美胎教40周/好孕妈妈编委会著·—吴建中责编·—300千字　28.00元

怀孕分娩育儿宝典/好孕妈妈编委会著·—吴建中责编·—450千字　39.80元

0—3岁育儿宝典/聪明宝宝编委会著·—吴建中责编·—450千字　39.80元

决胜中层/李俊著·—曹英姿责编·—230千字　29.80元

语录—2011/格言杂志社著·—张叶青责编·—150千字　15.00元

流言—2011/格言杂志社著·—张叶青责编·—120千字　15.00元

沽畔文耕录/催锦著·—郭济访责编·—300千字　58.00元

给大忙人的心灵洗个澡/子桑著·—王敏责编·—237千字　29.80元

刀锋1927/磨剑少爷著·—王敏责编·—235千字　29.80元

趣味数学故事(一年级)/柔萱著·—吴艺霞责编·—40千字　13.00元

趣味数学故事(二年级)/柔萱著·—吴艺霞责编·—40千字　13.00元

趣味数学故事(三年级)/柔萱著·—吴艺霞责编·—40千字　13.00元

趣味数学故事(四年级)/柔萱著·—吴艺霞责编·—40千字　13.00元

禅趣/格言杂志社著·—张叶青责编·—380千字　18.00元

0—1岁育儿手册/聪明宝宝编委会著·—吴建中责编·—300千字　28.00元

孕产期营养与饮食指南/好孕妈妈编委会著·—吴建中责编·—300千字　28.00元

完美怀孕40周/好孕妈妈编委会著·—吴建中责编·—300千字　28.00元

世界刺杀档案/文斌著·—康天毅责编·—200千字 25.00元

奇妙历险记2/朱晓华著·—曹英姿责编·—56千字 26.00元

一个时代的辛酸史——查理·卓别林/盛文林著·—郭济访责编·—280千字 35.00元

永远的艳后——伊利莎白·泰勒/盛文林著·—郭济访责编·—260千字 32.00元

谜一样的性感人生——玛丽莲·梦露/盛文林著·—郭济访责编·—230千字 29.80元

雇佣军/泽西著·—康天毅责编·—200千字 25.00元

嘻哈2011/格言杂志社著·—张叶青责编·—240千字 15.00元

杂谈2011/格言杂志社著·—张叶青责编·—240千字 15.00元

沉浮/顺吾著·—曹英姿责编·—525千字 38.00元

新语大汇/辛言著·—闫韧民责编·—350千字 26.80元

微语大汇/辛言著·—闫韧民责编·—350千字 26.80元

潮语大汇/辛言著·—闫韧民责编·—350千字 26.80元

语录大汇/辛言著·—闫韧民责编·—350千字 26.80元

马克思主义中国化史/黄宏著·—吴源·—杨建平责编·—623千字 48.00元

高贵的个性/马登著·—朱敏责编·—210千字 26.00元

命运之门/马登著·—朱敏责编·—210千字 26.00元

思考与成功/马登著·—朱敏责编·—210千字 26.00元

南京大学出版社

高校推进马克思主义大众化的路径研究/赵欢春著·—李廷斌责编·—232千字 30.00元

中国早期马克思主义者教育思想研究/卢国琪著·—陈佳责编·—349千字 40.00元

后现代状态/(法)利奥塔尔著·—苏珊玄责编·—75千字 22.00元

中国哲学关键词/王月清,暴庆刚,管国兴著·—张亭责编·—370千字 38.00元

《论语》中的语文教育智慧/程振理著·—顾娟责编·—213千字 29.80元

泰州学派启蒙思想研究/林子秋著·—陈济平责编·—200千字 26.00元

黄宗羲/朱光磊著·—胡豪责编·—60千字 15.00元

梁启超/齐小刚著·—胡豪责编·—56千字 15.00元

关于哲学的100个故事/黎瑞山著·—裴维维责编·—260千字 30.00元

一通百通/吴中杰著·—王其平责编·—110千字 20.00元

主教的书信空间/王涛著·—黄继东责编·—320千字 39.80元

小批评集/刘皓明著·—芮逸敏责编·—336千字 35.00元

分裂分析福柯/杨凯麟著·—苏

珊玄,李雪梅责编·—140千字 20.00元

对话生命密码/周利著·—胡小红责编·—270千字 28.00元

关于伦理学的100个故事/黎瑞山,著·—裴维维责编·—260千字 30.00元

知识的方法与责任/赵仲明主编·—陆蕊含责编·—110千字 22.00元

学习优良与不良儿童青少年心理特点的比较研究/戴斌荣著·—陈济平责编·—175千字 22.00元

关于心理学的100个故事/汪向东著·—裴维维责编·—260千字 30.00元

神父的新装/宋黎明著·—马蓝婕责编·—260千字 38.00元

守望理性的繁荣/陈志龙著·—李廷斌责编·—400千字 68.00元

冲突调解的技巧/(美)埃文斯(Evans,A.F.),(美)埃文斯(Evans,R.A.),(美)克雷比尔(Kraybill,R.S.)著·—胡豪责编·—300千字 40.00元

信任/朱虹著·—田雁责编·—269千字 39.00元

当代中国性别政治与制度公正/李晓广著·—黄隽翀责编·—384千字 28.00元

爱的箴言/(美)史匹桑诺(Spezzano,C.)著·—王其平责编·—81千字 10.00元

为爱让路/(美)史匹桑诺(Spezzano,L.)著·—王其平责编·—115千字 10.00元

不抱怨的职场/孙汗青著·—张秀梅责编·—100千字 20.00元

2010年江苏人口发展研究报告/孙燕丽,张肖敏主编·—吕元明责编·—512千字 120.00元

心理咨询中的利益均衡理论/于立东著·—孔令秋责编·—229千字 18.00元

全球化时代的国家伦理研究/陆华著·—铁路责编·—247千字 28.00元

从自由放任到适度干预/舒小昀,杨波,和淑洁著·—王日俊责编·—400千字 30.00元

通向自由之路/陈祖洲著·—还星责编·—448千字 40.00元

改变中国/桑学成,董连翔主编·—胡小红责编·—226千字 28.00元

建党大业/朱庆葆,王月清主编·—莫永明,杨金荣责编·—325千字 28.00元

党史潮花/虞建安主编·—王其平责编·—250千字 20.00元

六合组织工作文集/李志强,朱国云主编·—李清责编·—468千字 58.00元

脊梁/朱庆葆,王月清主编·—莫永明,杨金荣责编·—325千字 28.00元

战时党员生活/曹大臣等著·—卢湘怡责编·—225千字 28.00元

党建探微/商兆鑫编著·—郭锡健责编·—210千字 24.00元

决战中的昆山/昆山市委组织部,昆山日报社主编·—范余责编·—360千字 80.00元

对抗与合作/刘成,何涛等著·—还星责编·—299千字 39.80元

反抗的文化/(美)胡克斯

(Hooks, B.)编著·—裴维维责编·—300千字　39.00元

当代中国政治参与研究/王明生著·—施敏责编·—724千字　80.00元

群英风采/民革江苏省委编·—杨金荣责编·—800千字　300.00元

宗法中国/刘广明著·—李廷斌责编·—241千字　42.00元

登科记考补正研究/许友根著·—郭锡健责编·—380千字　28.00元

抗战时期大学教授的政治参与研究/吴锦旗著·—吕元明责编·—252千字　27.00元

第二届"走非洲,求发展"论坛论文集/姜忠尽主编·—吴华责编·—535千字　88.00元

中古英格兰地方自治研究/陈日华著·—还星责编·—218千字　34.00元

美国道德教育发展研究/陈平著·—商艳青责编·—450千字　39.80元

复杂系统与世界政治研究/刘慧著·—李廷斌责编·—207千字　33.00元

国际关系史研究导引/计秋枫,龚洪烈编著·—荣卫红责编·—600千字　60.00元

东亚冷战遗留问题研究/钮维敢著·—卢湘怡责编·—245千字　48.00元

法学学术论文写作方法论/刘潇潇,郭晶梅编著·—陈济平责编·—200千字　24.00元

危机四伏/张建秋著·—田雁责编·—224千字　25.80元

检察研究与司法实务/刘军主编·—潘琳宁责编·—466千字　56.00元

法海拾贝/赵学升著·—黄继东责编·—260千字　48.00元

社区矫正行为导航/王年生等编著·—张婧妤责编·—275千字　48.00元

社区矫正行为规范/王年生等编著·—彭涛责编·—275千字　48.00元

国民政府司法公报/南京图书馆编·—黄继东责编·—29,500千字　3.80万元

德国公司法典型判例十五则评析/高旭军编著·—张峻峰责编·—370千字　39.80元

最有权势的法院/任东来,胡晓进,江振春,颜廷著·—唐甜甜责编·—354千字　39.80元

国际贸易救济若干法律问题研究/朱广东编著·—程志责编·—225千字　26.00元

关于经济学的100个故事/陈鹏飞编著·—王日俊责编·—320千字　28.00元

科技长征/常州市档案局编·—王其平责编·—310千字　40.00元

岁月清泉/孟金元编著·—王日俊责编·—560千字　68.00元

2009年江苏沿海地区发展情况报告/成长春主编·—程志责编·—393千字　40.00元

创新引领转型/谢明,翟俊生著·—陈佳责编·—400千字　40.00元

英国近代劳资关系研究/刘金源等著·—还星责编·—300千字　49.00元

仓储与配送实务/刘小玲主编·—王日俊责编·—368千字 28.00元

多企业组织结构分析与竞合策略/徐志坚著·—秦涛责编·—290千字 30.00元

只要当主管，一定会碰到的麻烦/王启榆著·—张秀梅责编·—224千字 37.00元

公司财务战略/姚文韵著·—王日俊责编·—220千字 26.00元

文化刚性与企业战略调整/张敏著·—王日俊责编·—200千字 28.00元

启迪·实践·创新/梁益海著·—郭安周责编·—230千字 36.00元

社会主义新农村建设研究/孙建利编著·—魏杰责编·—340千字 35.00元

中国土地利用的碳排放效应研究/赖力等著·—严婧责编·—265千字 32.00元

大成公司档案史料文献/李传奇主编·—王其平责编·—50千字 150.00元

南船北马清江浦/姜传杰编著·—亚芹责编·—400千字 68.00元

都市圈交通物流优化研究/朱佳翔著·—胥橙庭责编·—226千字 26.00元

基于服务的动态电子商务交互与应用/陈曦著·—府剑萍，王日俊责编·—280千字 46.00元

江苏现代服务业发展报告/张为付主编·—王日俊责编·—403千字 50.00元

中国服务业发展方式转变的实证研究/杨向阳著·—王日俊责编·—220千字 28.00元

家庭服务业发展的挑战与机遇/吴可立，钱焕奇主编·—黎瑛责编·—330千字 35.00元

新形势下我国供销合作社模式创新研究/张为付著·—王日俊责编·—200千字 28.00元

自然垄断产业规制定价机制研究/汪秋明著·—王日俊责编·—200千字 26.00元

中国外贸增长方式转变的绩效研究/汪素芹著·—王日俊责编·—220千字 28.00元

2011江苏服务贸易发展研究报告/江苏省商务厅主编·—府剑萍责编·—248千字 50.00元

南京市税务学会2010年税收优秀论文集/南京市国家税务局，南京市地方税务局，南京市税务学会编·责编·—600千字 50.00元

招标改革/（日）武藤博已著·—田雁责编·—130千字 20.00元

国债的历史/（日）富田俊基著·—田雁责编·—546千字 76.00元

资产链中的资本资产交易价值研究/张普著·—陈家霞责编·—226千字 24.00元

转型经济中与后金融危机时代企业管理/赵曙明，（美）格拉斯曼（Glassman,J.），刘洪，刘春林主编·—耿飞燕责编·—1200千字 142.00元

跑赢大盘并不难/邓岩著·—何永国责编·—152千字 38.00元

中国证券业进入与退出规制研究/李治著·—郭同桢责编·—197

千字 28.00 元

招商局长/董宪著 ·—王其平责编 ·—220 千字 30.00 元

中国保险监管制度研究/袁成著 ·—唐甜甜责编 ·—219 千字 35.00 元

内蒙古自治区 2009 年农业保险保费补贴绩效评价/刘义胜,赵元凤主编 ·—文幼章责编 ·—234 千字 18.00 元

布莱克威尔文化社会学指南/(英)雅各布斯(Jacobs, M. D.),(英)汉拉恩(Hanrahan, N. W.)编 ·—黄隽翀责编 ·—520 千字 80.00 元

新闻评论的金钥匙/季忠民著 ·—亚芹责编 ·—220 千字 30.00 元

语类、语境与新闻话语/赵虹著 ·—裴维维责编 ·—300 千字 33.00 元

探索与追求/方延明主编 ·—刘雪莹责编 ·—330 千字 36.00 元

新闻探求录/梁新学著 ·—李芬责编 ·—161 千字 20.00 元

中国近代图像新闻史/韩丛耀等著 ·—田雁责编 ·—2700 千字 500.00 元

关于电视/(法)布尔迪厄(Bourdieu, P.)著 ·—赵丽责编 ·—74 千字 20.00 元

数字出版概论/陈生明编著 ·—王薇薇责编 ·—300 千字 40.00 元

理念与范式/谢波主编 ·—王玉华责编 ·—383 千字 75.00 元

学科交叉知识发现与可视化/魏建香编著 ·—王年责编 ·—200 千字 28.00 元

教师最伟大的智慧/赵国忠主编 ·—马瑞芬责编 ·—259 千字 26.00 元

今日课堂缺什么/陈芳,程小文主编 ·—陈旻责编 ·—253 千字 48.00 元

“天才”班主任的绝招/胡建军主编 ·—毛杰责编 ·—273 千字 28.00 元

影响教师一生的经典故事/赵国忠主编 ·—陈晓灵责编 ·—258 千字 28.00 元

如何创建特色学校/赵国忠主编 ·—张磊磊责编 ·—200 千字 28.00 元

中国校长的“秘密武器”/焦祖卿主编 ·—陈晓灵责编 ·—309 千字 29.80 元

教务主任工作艺术/黄银美主编 ·—顾娟责编 ·—259 千字 28.00 元

点亮人性的光辉/王炎斌,杨曙明,陈家颐编著 ·—杨清责编 ·—175 千字 20.00 元

国际教育改革与发展的比较研究/汪霞主编 ·—李朝森责编 ·—439 千字 42.00 元

农村义务教育均衡发展的实证研究/滕飞著 ·—李霞责编 ·—23 千字 32.00 元

武进教育志/常州市《武进区教育志》编纂委员会编 ·—王其平责编 ·—739 千字 120.00 元

幼儿教师最需要什么/倪敏主编 ·—陈晓灵责编 ·—223 千字 26.00 元

“立美修德”教育散记/余多慈,主编 ·—彭涛责编 ·—484 千字 60.00 元

花开的声音/湟里中心小学辅导员工作室编著·—王其平责编·—352千字 40.00元

做一个诗意的语文教师/王瑞雪著·—顾娟责编·—263千字 30.00元

重塑小学语文阅读教学新范式/王金涛著·—李廷斌责编·—212千字 29.00元

英语语篇教学论/钱希洁著·—芮逸敏责编·—156千字 36.00元

课堂风暴/李志刚主编·—顾娟责编·—259千字 28.00元

数学教育探索五十年/萧柏荣著·—顾娟责编·—363千字 30.00元

数学与生活/丁庆贵主编·—胥橙庭责编·—676千字 68.00元

阅读韩愈/阎琦著·—胡莲玉责编·—120千字 12.00元

品牌学校的六大核心要素/孙向阳主编·—毛杰责编·—336千字 26.00元

品牌学校最需要关注的问题/宋运来主编·—顾娟责编·—256千字 29.80元

后六奇迹/胡建军主编·—马瑞芬责编·—277千字 28.00元

中国名校长演讲录/赵国忠主编·—毛杰责编·—277千字 30.00元

校长安全管理手册/赵国忠主编·—陈晓灵责编·—192千字 28.00元

当代中国基础教育改革的理论与实践/何杰,伍红林编著·—王抗战责编·—440千字 36.00元

高深知识论/陈玉祥著·—李磊责编·—185千字 25.00元

高校学生园区思想政治教育研究/张劲著·—周涵责编·—174千字 29.80元

高校学术管理多元主体的权力耦合机制研究/吴丽萍著·—彭涛责编·—330千字 38.00元

爱你是我心灵的约定/柯玲，谭平主编·—张晋华责编·—50千字 19.80元

放飞梦想/武正林主编·—欧阳国芳责编·—286千字 26.00元

高校领导干部廉洁教育读本/江苏省教育厅组编·—范余责编·—200千字 20.00元

高校财务管理体制研究/乔春华著·—王向民责编·—320千字 38.00元

高校院系管理与社会服务/高抒著·—彭涛责编·—337千字 58.00元

南京大学中长期改革与发展规划纲要/南京大学重点项目建设办公室主编·—彭涛责编·—300千字 48.00元

南京大学地球科学与工程学院简史/王德滋主编·—薛志红责编·—303千字 58.00元

南京大学建筑学院成立十周年纪念册/南京大学建筑学院编·—郭欣责编·—150千字 30.00元

大学的诞生/(日)天野郁夫著·—田雁责编·—501千字 70.00元

嬗越与创新/方健华著·—任灏责编·—350千字 40.00元

渗透教育探索/刘富文等著·—胡小红责编·—384千字 29.00元

张謇职业教育思想论/王飞，季

跃东著·—胡小红责编·—160千字　20.00元

厚德强技 真知笃行/丁志平，陈长生编著·—黎瑛责编·—375千字　30.00元

奋进 跨越 提升/安宇，田敏主编·—黎瑛责编·—942千字　78.00元

大题小做/陈之权，主编·—荣卫红责编·—200千字　26.00元

运动生理学实验教程/赵雪梅编著·—郭同桢责编·—424千字　33.60元

晶码战士最全卡牌大全/苏真主编·—耿飞燕责编·—90千字　10.80元

赛尔号Ⅱ超炫闪卡/淘米公司著·—刘雪莹责编·—5千字　15.00元

赛尔号Ⅱ即时攻略/淘米公司著·—刘雪莹责编·—15千字　12.00元

赛尔号Ⅱ即时图鉴/淘米公司著·—刘雪莹责编·—3千字　12.00元

赛尔号Ⅱ解密大图鉴/淘米公司著·—刘雪莹责编·—15千字　18.00元

赛尔号Ⅱ经典装备大集合/淘米公司著·—刘雪莹责编·—10千字　18.00元

赛尔号Ⅱ精灵对战图鉴/米兹编绘·—刘雪莹责编·—10千字　18.00元

赛尔号Ⅱ精灵集合大图鉴淘米公司著·—刘雪莹责编·—45千字　20.00元

赛尔号Ⅱ精灵养成手册/淘米公司著·—刘雪莹责编·—10千字　15.00元

植物大战僵尸终极图鉴/上海宝开软件有限公司制作·—刘雪莹责编·—50千字　25.00元

符号学原理与推演/赵毅衡著·—施敏责编·—417千字　55.00元

普通话水平训练与测试/江波等主编·—李建钊责编·—389千字　29.80元

普通话儿童早期动词习得/宋刚著·—张婧妤责编·—267千字　22.00元

最简方案与现代汉语典型句式研究/佟和龙著·—周文婷责编·—225千字　28.00元

中国现代语文学科的建立/史成明著·—黄隽翀责编·—175千字　22.00元

行动与反思/陈志锐主编·—徐玥责编·—270千字　55.00元

教育咨询技术在华文教学上的应用/陈之权主编·—刘叙武责编·—210千字　36.00元

9分雅思写作/杨涛编著·—樊川燕，吕颜辉责编·—250千字　49.80元

二语写作探究/徐昉著·—金晶，董颖责编·—236千字　26.00元

打开生命的窗/吴文智，杨一兰主编·—李娟责编·—300千字　19.80元

淡定的人生不寂寞/吴文智，杨一兰主编·—李娟责编·—300千字　19.80元

爱只有0.01的距离/吴文智，杨一兰主编·—李娟责编·—300千字　19.80元

励志人生/李因，汪艳霞主编·—蒋桂琴责编·—420 千字 34.80 元

那一年，我们各奔东西/吴文智，杨一兰主编·—李娟责编·—300 千字 19.80 元

奇思妙想/凌春香，周永会主编·—冯培培责编·—495 千字 34.80 元

世界上最富哲理的美文/吴文智主编·—李娟责编·—300 千字 25.00 元

世界上最美的情诗/吴文智主编·—李娟责编·—200 千字 25.00 元

世界上最伟大的演说辞/吴文智主编·—李娟责编·—300 千字 25.00 元

世界上最温情的故事/吴文智主编·—李娟责编·—300 千字 25.00 元

世界上最优美的散文/吴文智主编·—李娟责编·—300 千字 25.00 元

天使吻过那片海/吴文智，杨一兰主编·—李娟责编·—300 千字 19.80 元

我的左手旁边是你的右手/吴文智，杨一兰主编·—李娟责编·—300 千字 19.80 元

我是你的守护天使/吴文智，杨一兰主编·—李娟责编·—300 千字 19.80 元

我在回忆里等你/吴文智，杨一兰主编·—李娟责编·—300 千字 19.80 元

心情恋歌/周海岩主编·—黎恋恋责编·—455 千字 34.80 元

修剪生命的荒芜/吴文智，杨一兰主编·—李娟责编·—300 千字 19.80 元

哲理韵味/张蕾，姜四明主编·—沈道娟责编·—500 千字 34.80 元

浙江民间名胜古迹传说故事精选/黄凤鸽，崔新平编著·—张晋华责编·—267 千字 28.00 元

转个弯人生更开阔/吴文智，杨一兰主编·—李娟责编·—300 千字 19.80 元

话题王/苏安梅主编·—蒋桂琴责编·—510 千字 45.00 元

中国大学生英语叙事独白中过去时的研究/王凌著·—陈颖隽，董颖责编·—269 千字 30.00 元

日文电脑基础/唐建华，卢情恩主编·—吴宜锴责编·—500 千字 45.00 元

理论的幽灵/（法）孔帕尼翁著·—赵丽责编·—252 千字 35.00 元

文化资本/（美）杰洛瑞（Guillory,J.）著·—施敏责编·—318 千字 45.00 元

文学与形式/赵宪章，南帆，方克强，汪正龙编·—彭涛责编·—646 千字 68.00 元

讲小说与写小说/冒建华著·—王抗战责编·—275 千字 26.00 元

文本与阐释/杨金才主编·—董颖责编·—355 千字 48.00 元

叙事与历史/杨金才主编·—蒋桂琴责编·—384 千字 50.00 元

越水悲歌/李灿朝著·—赵庶洋责编·—294 千字 35.00 元

常州清代十大诗人/胡军生编著·—王其平责编·—250 千字 30.00 元

汪辟疆诗学论集/汪辟疆著·—赵永刚责编·—621 千字 90.00 元

子归犹啼/刘建平编著·—李亭责编·—169 千字 32.00 元

常州词派创作研究/王纱沙著·—朱传弟责编·—255 千字 30.00 元

常州词派研究文选/《常州词派研究丛书》编辑委员会编·—朱传弟责编·—260 千字 30.00 元

冯梦龙戏曲改编理论研究/魏城璧著·—李娟责编·—160 千字 25.00 元

是非褒贬论红楼/穆乃堂著·—王抗战责编·—320 千字 28.00 元

赛珍珠论中国小说/姚君伟编·—董颖责编·—100 千字 20.00 元

中国现代文学思潮史/杨春时主编·—荣卫红，芮逸敏责编·—1103 千字 145.00 元

阅读鲁迅/田刚著·—卢湘怡责编·—113 千字 12.00 元

红船赞/虞建安主编·—王日俊责编·—220 千字 38.00 元

踩着月光漫步/左同明著·—亚芹责编·—160 千字 18.00 元

毒蛇/骆冬青主编·—杨全强责编·—203 千字 28.00 元

人生三味/刘泽源著·—高小兰责编·—170 千字 22.00 元

润绿集/顾介康著·—范余责编·—123 千字 28.00 元

淮安市优秀文学作品集/马庆伦主编·—彭涛、李廷斌、陈佳等责编·—1200 千字 220.00 元

常州赋/(清) 褚邦庆著·—王其平责编·—384 千字 50.00 元

常州词派词选/孙广华编著·—王其平责编·—675 千字 60.00 元

国朝常州词录/(清) 缪荃孙编选·—朱传弟责编·—800 千字 80.00 元

不屑一顾集/卢向忱著·—张婧妤责编·—200 千字 60.00 元

残酷的乌鸦/孙冬，冯冬著·—杨全强责编·—100 千字 20.00 元

日光夜景/严韵著·—芮逸敏责编·—89 千字 21.00 元

汪圣婉诗词集/汪圣婉著·—朱小玲，芮逸敏责编·—55 千字 10.00 元

龙城曲韵/胡军生主编·—王其平责编·—700 千字 100.00 元

聊斋/(清) 蒲松龄著·—张梅责编·—156 千字 13.80 元

儒林外史/(清) 吴敬梓著·—张梅责编·—225 千字 13.80 元

太平鬼记/尚思伽编·—杨全强责编·—160 千字 24.00 元

谍卒/沙锦程著·—张秀梅，曹晓玉责编·—260 千字 35.00 元

假扮的天使/郭暮云著·—张秀梅责编·—150 千字 25.00 元

少年成吉思汗/南宫不凡著·—黄隽翀责编·—278 千字 22.00 元

少年康熙/南宫不凡著·—裴维维责编·—230 千字 25.00 元

少年乾隆/南宫不凡著·—还星责编·—250 千字 25.00 元

少年唐太宗/南宫不凡著·—还星责编·—250 千字 25.00 元

少年赵匡胤/南宫不凡著·—黄隽翀责编·—238 千字 25.00 元

少年朱元璋/南宫不凡著·—还星责编·—245 千字 24.00 元

剩女的坚持/娄杨著·—曹晓玉责编·—100千字 28.00元

水堡纪事/李志纯，李文良著·—张婧好责编·—260千字 28.00元

我的故事/杜国元著·—李廷斌责编·—61千字 26.00元

老村纪事/赵善坚著·—李娟责编·—164千字 18.00元

群星璀璨/王成凤主编·—蔡文彬责编·—310千字 28.00元

2010媒体聚焦精彩淮安/中共淮安市委宣传部，中共淮安市委外宣办主编·—李霞责编·—403千字 50.00元

迎接开放新时空/季忠民著·—李芬责编·—220千字 30.00元

慈母的呼唤/刘学军，葛莱主编·—李芬责编·—250千字 40.00元

故乡的云/巫宝琳著·—李霞责编·—181千字 25.00元

能不忆江南/杨莹著·—李廷斌责编·—344千字 40.00元

踏在泥土上的脚印/沈霆编著·—高小兰责编·—213千字 36.00元

竹影藤风流年/蔡树良著·—张安生责编·—260千字 30.00元

走读溧阳/汤全明著·—朱湘铭责编·—225千字 26.00元

文字的幻景/戴阿宝著·—苏珊玄,李雪梅责编·—200千字 26.00元

不可思议的拇指人/墨清清著·—刘雪莹责编·—68千字 13.00元

古怪黑皮书的秘密/墨清清著·—刘雪莹责编·—68千字 13.00元

怪兽学校成长季/笑晨曦著·—刘雪莹责编·—60千字 13.00元

怪兽学校成长季/笑晨曦著·—刘雪莹责编·—60千字 13.00元

旧教室的狐狸女/墨清清著·—刘雪莹责编·—60千字 13.00元

口袋小魔怪/墨清清著·—刘雪莹责编·—68千字 13.00元

绿皮肤水鬼/墨清清著·—刘雪莹责编·—68千字 13.00元

梦幻海螺公主/诗小莹著·—刘雪莹责编·—3千字 20.00元

梦幻海螺公主/矮西仕著·—刘雪莹责编·—3千字 20.00元

赛尔号Ⅱ/李志伟著·—刘雪莹责编·—45千字 15.00元

赛尔号Ⅱ阿卡迪亚星保卫战/笑晨曦著·—刘雪莹责编·—45千字 15.00元

赛尔号Ⅱ精灵传说/艾左左著·—刘雪莹责编·—45千字 18.00元

赛尔号Ⅱ/李志伟著·—刘雪莹责编·—45千字 15.00元

外太空的中国龙/墨清清著·—刘雪莹责编·—68千字 13.00元

我的魔法师朋友/墨清清著·—刘雪莹责编·—60千字 13.00元

我的同学是狼人/墨清清著·—刘雪莹责编·—68千字 13.00元

我就是妖怪/张小花著·—黄隽翀责编·—403千字 29.00元

吸血鬼老师/墨清清著·—刘雪莹责编·—68千字 13.00元

章鱼老师海星学生/墨清清著·—刘雪莹责编·—60千字 13.00元

被澡盆卡住的熊/张秋生著·—刘雪莹责编·—90 千字　16.00 元

不会跑的兔子/周锐著·—刘雪莹责编·—90 千字　16.00 元

刺猬将军/安武林著·—刘雪莹责编·—90 千字　16.00 元

大尾巴鳄鱼/冰波著·—刘雪莹责编·—90 千字　16.00 元

赛尔号Ⅱ精灵童话/灵猫著·—刘雪莹责编·—45 千字　15.00 元

狮子卡卡/王一梅著·—刘雪莹责编·—90 千字　16.00 元

小狐狸的百宝箱/汤素兰著·—刘雪莹责编·—90 千字　16.00 元

池田大作与世界文学/谭桂林著·—陆蕊含责编·—200 千字　25.00 元

洗耳倾听/(美)鲁宾(Rubin, J.)著·—芮逸敏责编·—251 千字　28.00 元

公义之死/(日)秦建日子著·—施敏责编·—157 千字　24.00 元

卓娅与舒拉的故事/杨帆编译·—封燕霞责编·—228 千字　15.80 元

洋葱头历险记/刘国华编译·—封燕霞责编·—134 千字　11.80 元

金银岛/青蓝编译·—封燕霞责编·—174 千字　13.80 元

阿弗小传/(英)伍尔芙(Woolf, V.)著·—施敏责编·—180 千字　30.00 元

安吉拉·卡特的精怪故事集/(英)卡特(Carter, A.)著·—沈卫娟,苏珊玄责编·—365 千字　38.00 元

焚舟纪/(英)卡特(Carter, A.)著·—周丽华责编·—450 千字　100.00 元

马戏团之夜/(英)卡特(Carter, A.)著·—陈蕴敏责编·—250 千字　28.00 元

梦想家彼得/(英)麦克尤恩(McEwan, I.)著·—杨全强,苏珊玄责编·—106 千字　26.00 元

柔软的城市/(英)拉班著·—陆蕊含责编·—200 千字　22.00 元

爱丽丝漫游奇境记/江海编译·—张梅责编·—172 千字　13.80 元

三个火枪手/云薇编译·—封艳霞责编·—473 千字　19.80 元

云的理论/(法)奥德吉(Audeguy, S.)著·—赵丽责编·—147 千字　22.00 元

身份与第三空间/姚媛著·—裴维维责编·—193 千字　29.00 元

选择·接受·误读/李怀波著·—董颖责编·—256 千字　28.00 元

生态批评与文化重建/宁梅著·—董颖责编·—288 千字　32.00 元

红字/江海编译·—封艳霞责编·—392 千字　19.80 元

小飞侠彼得·潘/胡杨编译·—张梅责编·—178 千字　13.80 元

别的声音,别的房间/(美)卡波特(Capote, T.)著·—沈卫娟责编·—128 千字　26.00 元

变形金刚/(美)欧文(Irvine, A.)著·—刘雪莹责编·—80 千字　15.00 元

一江清澄/常州画院编·—王其平责编·—140千字 20.00元

2010江苏省美术水平考级优秀作品暨优秀辅导教师作品集/江苏省社会艺术教育中心美术考级委员会主编·—穆峰责编·—82千字 160.00元

沈军作品集/沈军著·—亚芹责编·—50千字 60.00元

古都南京风情/戴学彦绘·—李廷斌责编·—300千字 800.00元

童言童画/董奕汐著·—王其平责编·—50千字 29.60元

晶码战士/苏真主编·—王其平责编·—10千字 11.80元

晶码战士/苏真主编·—王其平责编·—10千字 11.80元

陈剑书法作品集/陈剑书·—杨小民责编·—10千字 80.00元

世纪脊梁/言恭达书·—杨小民责编·—20千字 300.00元

恽南田法书集/恽格·寿平，秦耕海编著·—王其平责编·—250千字 200.00元

张謇藏旧拓怀素帖溯源/季真著·—亚芹责编·—102千字 40.00元

古道今承/张清雷著·—张婧妤责编·—260千字 100.00元

开门谈创意/李剑飞著·—刘雪莹责编·—220千字 30.00元

导向标识设计/魏天刚，丁烨主编·—徐晶责编·—242千字 39.00元

花道的美学/(日)吉田泰巳著·—田雁责编·—77千字 15.00元

可见的签名/(美)詹姆逊(Jameson,F.)著·—李健责编·—240千字 36.00元

战争与电影/(法)维利里奥(Virilio,P.)著·—赵丽责编·—100千字 30.00元

中国电影中的两性关系/王苹著·—沈卫娟责编·—140千字 18.00元

日本电影与战后的神话/(日)四方田犬彦著·—田雁责编·—186千字 29.80元

晶码战士角色揭秘全图鉴/苏真主编·—王日俊责编·—130千字 12.80元

关于历史学的100个故事/杨书铭编著·—还星责编·—284千字 32.00元

世界历史研究导引/陈晓律等编著·—还星责编·—600千字 60.00元

古代伊拉克艺术/(伊拉克)穆尔特卡(Murkart,A.),(伊拉克)苏勒曼(Sulem,E.)著·—李廷斌责编·—310千字 38.00元

走向共和/王月清主编·—卢湘怡责编·—245千字 28.00元

新街口/政协南京市白下区委员会编·—亚芹责编·—319千字 48.00元

常州齐梁文化遗存/薛锋，储佩成主编·—王其平责编·—360千字 50.00元

常州市非物质文化遗产集萃/许建荣，沈红球主编·—王其平责编·—50千字 30.00元

话常州/中共常州市委党史工作委员会编·—王其平责编·—132千字 20.00元

南夏墅街道志/《南夏墅街道

志》编纂委员会编·—王其平责编·—1200千字　300.00元

千年古县·—淮阴/《千年古县·—淮阴》编纂委员会编·—彭涛责编·—359千字　80.00元

武进遗韵/陆鹤主编·—王其平责编·—151千字　20.00元

无锡人与中国近现代化/贺云翱主编·—马蓝婕责编·—500千字　55.00元

滨海记忆/王兆标主编·—刘波责编·—260千字　28.00元

横林镇志/《横林镇志》编纂委员会编·—王其平责编·—1200千字　300.00元

湟里镇志/《湟里镇志》编纂委员会编·—秦涛责编·—1280千字　280.00元

洛阳镇志/《洛阳镇志》编纂委员会编·—王其平责编·—1200千字　300.00元

遥观镇志/《遥观镇志》编纂委员会编·—秦涛责编·—1200千字　300.00元

野屋村史/王永生主编·—顾娟责编·—329千字　25.80元

童年的转型/施义慧著·—唐甜甜责编·—440千字　42.00元

现代化的先驱/(美)埃弗德尔(Everdell, W. R.)著·—顾涛责编·—400千字　48.00元

最牛的教师/赵国忠主编·—马瑞芬责编·—284千字　26.00元

常州辛亥英杰/薛锋,池银合主编·—王其平责编·—330千字　45.00元

常州法学名家/孙国建主编·—王其平责编·—215千字　45.00元

SHE·—张亚玲/纪冉著·—周文婷责编·—248千字　35.00元

陈康金传/周成平主编·—张磊磊责编·—222千字　29.80元

崔其升传/赵国忠主编·—张磊磊责编·—246千字　29.80元

王俊传/周成平主编·—张磊磊,潘启勇责编·—204千字　26.00元

何其芳评传/贺仲明著·—胡豪责编·—280千字　70.00元

师陀论/王欣著·—黄隽翀责编·—252千字　28.00元

郁达夫评传/曾华鹏,范伯群著·—马蓝婕责编·—230千字　32.00元

郑板桥/党明放著·—胡豪责编·—76千字　15.00元

吴进贤先生纪念集/苏州市书法家协会编·—亚芹责编·—144千字　80.00元

常州戏剧家/胡军生主编·—王其平责编·—700千字　100.00元

吕思勉研究纪念文集/刘西影主编·—王抗战责编·—292千字　40.00元

郑和/范金民,吴恬著·—胡豪责编·—60千字　15.00元

女性科学家成功的幸福密码/莫国香著·—江宏娟责编·—324千字　35.00元

史贻直评传/史全生著·—卢湘怡责编·—375千字　45.00元

曾国藩/谢世诚著·—马蓝婕责编·—60千字　15.00元

孙中山/韩文宁著·—胡豪责编·—56千字　15.00元

我的祖父孙中山/孙穗芳著·—莫永明,杨金荣责编·—480千字

40.00 元

德国人/（德）本雅明著 ·—杨全强责编 ·—150 千字　20.00 元

波兰斯基传/（美）桑德福（Sandford，C.）著 ·—芮逸敏责编 ·—338 千字　29.00 元

女性考古与女性遗产/贺云翱主编 ·—李廷斌责编 ·—350 千字　44.00 元

常州市第三次全国文物普查成果集/常州市文物局编著 ·—王其平责编 ·—50 千字　98.00 元

鉴玉甄宝/殷志强著 ·—王大令，杨金荣责编 ·—375 千字　90.00 元

说玉道器/殷志强著 ·—王大令，杨金荣责编 ·—375 千字　90.00 元

浮山摩崖石刻/钱叶千主编 ·—储诚新责编 ·—30 千字　80.00 元

常州节令民俗/胡军生主编 ·—王其平责编 ·—700 千字　100.00 元

媒妁趣话/胡军生主编 ·—王其平责编 ·—700 千字　100.00 元

数学与现代生活/娄亚敏编著 ·—吴华责编 ·—177 千字　19.800 元

倾听数学/汤卫红著 ·—王慧责编 ·—150 千字　25.00 元

隐式多项式曲线理论与应用/吴刚著 ·—王日俊责编 ·—200 千字　26.00 元

高压均质方法原理与应用/吴雪著 ·—文幼章责编 ·—152 千字　25.00 元

实践中的科学划界/吴非著 ·—陈佳责编 ·—220 千字　56.00 元

东天山岩浆活动与碰撞造山过程及成矿作用/张遵忠，顾连兴著 ·—王玉华责编 ·—531 千字　80.00 元

中医英译史/姚欣主编 ·—田雁责编 ·—192 千字　24.00 元

母乳最好/陈昭惠著 ·—沈卫娟、苏珊玄责编 ·—200 千字　36.00 元

医患日记/北京军区总医院政治部编 ·—王慧责编 ·—250 千字　39.00 元

百年豪情/张涛主编 ·—陈佳责编 ·—220 千字　380.00 元

完整的心/（英）史匹桑诺（Spezzano，C.）著 ·—王其平责编 ·—250 千字　30.00 元

包装设计/陈滢竹，彭凌玲，钟砚涛编著 ·—徐晶责编 ·—241 千字　42.00 元

矿区土地农业复垦利用问题研究/马立强著 ·—胥橙庭责编 ·—134 千字　26.00 元

认证密钥协商协议研究/王明辉，唐拥政著 ·—铁龙海责编 ·—165 千字　26.00 元

鲁棒性说话人识别技术与应用/徐丽敏著 ·—王日俊责编 ·—230 千字　28.00 元

茶道的历史/（日）桑田忠亲著 ·—田雁责编 ·—138 千字　22.00 元

园泉华彩/毛晓强著 ·—张婧好责编 ·—189 千字　21.00 元

桥溪/肖雯，林垚广著 ·—高锦明责编 ·—200 千字　35.00 元

朝花夕拾/沙春元著 ·—王其平责编 ·—110 千字　100.00 元

区域转型中的空间发展战略/翟俊生，孙伟著·—李廷斌责编·—226 千字　30.00 元

城市·区域·规划/翟国方，张京祥，王红杨主编·—姚徽责编·—613 千字　50.00 元

城市景观与风景名胜规划/姚亦锋编著·—孙辉责编·—450 千字　50.00 元

橙色祝福/江苏省公安厅消防局编·—贾舒责编·—200 千字　45.00 元

城市交通信号智能控制与仿真/刘美莲著·—文幼章责编·—218 千字　18.00 元

企业绿色竞争力的理论与实证研究/陈红喜著·—蔡文彬责编·—278 千字　28.00 元

神秘的来信/李志刚著·—龚雪责编·—120 千字　20.00 元

东南大学出版社

“两只眼睛”看临床——疾病与心理/曹秋云编著·—刘庆楚责编·—270 千字　32.00 元

“外滩源”研究——上海原英领馆街区及其建筑的时空变迁(1843·—1937)/王方 常青著·—徐步政责编·—428 千字　49.00 元

《新编日语》同步导学与练习(第三册)/王蕾主编·—刘坚责编·—430 千字　30.00 元

《新编日语》同步导学与练习(第一册)/林祥瑜编著·—刘坚责编·—300 千字　22.00 元

2011 年古桥研究与保护学术研讨会论文集/丁汉山主编·—丁丁责编·—405 千字　68.00 元

2011 土木工程结构创新与可持续发展论坛论文集/厦门大学建筑与土木工程学院编·—杨澍责编·—2300 千字　299.00 元

3+X 普通高校单招复习指导丛书计算机应用专业综合理论/周忠林主编·—吉雄飞责编·—737 千字　55.00 元

3+X 普通高校单招复习指导丛书市场营销专业综合理论/杨正平主编·—吉雄飞责编·—646 千字　55.00 元

Android 程序设计(影印版)/Zigurd Mednieks, Laird Dornin, G. Blake M 著·—张烨责编·—617 千字　88.00 元

C++实训教程(理论篇)/南京网博计算机软件系统有限公司编·—丁志星责编·—1300 千字　120.00 元

C++实训教程(应用篇)/金正海 余志勇主编·—丁志星责编·—1300 千字　30.00 元

CG 影视特放实例制作与赏析/王毅主编·—李玉责编·—122 千字　37.80 元

CIS 设计/毛德宝主编·—曹胜玫责编·—172 千字　36.00 元

flex 与 bison(中文版)/John Levine 著·—张烨责编·—343 千字　49.00 元

Hadoop 权威指南(影印版)/Tom White 著·—张烨责编·—972 千字　98.00 元

HTML5 Canvas——网站本地化交互和动画设计(影印版)/Steve Fulton, Jeff Fulton 著·—张烨责编·—798千字　98.00元

HTML5 实战手册(影印版)/Matthew MacDonald 著·—张烨责编·—553千字　82.00元

iOS 4 SDK 入门—给 JavaScript 程序员(影印版)/Danny Goodman 著·—张烨责编·—495千字　68.00元

iOS 4 编程(影印版)/Matt Neuburg 著·—张烨责编·—1023千字　98.00元

iOS 4 编程 Cookbook(影印版)/Vandad Nahavandipoor 著·—张烨责编·—990千字　98.00元

JavaScript 权威指南 第6版(影印版)/David Flanagan 著·—张烨责编·—1381千字　128.00元

Java 程序设计学习与实践指导/张永常编著·—刘菲责编·—230千字　28.00元

Network Warrior——思科网络工程师必备手册(影印版)/Gary A. Donahue 著·—张烨责编·—965千字　98.00元

Office 为我所用——实践者之路/蒋安纳著·—夏莉莉责编·—510千字　42.00元

Perl 语言入门 第六版(影印版)/Randal L. Schwartz, brian dfoy, Tom Phoenix 著·—张烨责编·—480千字　69.00元

Python 编程,第4版(影印版)上下册/Mark Lutz 著·—张烨责编·—2557千字　148.00元

REST 实战(中文版)/Jim Webber, Savas Parastatidis, Ian Robi 著·—张烨责编·—428千字　78.00元

安装工程工程量清单计价(第2版)/朱永恒编著·—曹胜玫责编·—449千字　29.00元

巴渝古镇聚居空间研究/赵万民著·—宋华莉责编·—340千字　48.00元

版画艺术作品集/丁奕编著·—李玉责编·—110千字　39.60元

包装设计/毛德宝主编·—曹胜玫责编·—172千字　36.00元

编排设计/毛德宝主编·—曹胜玫责编·—172千字　36.00元

标志设计/毛德宝主编·—曹胜玫责编·—172千字　36.00元

表面的深度—绘画·空间·设计 中法联合教学教案/中国东南大学建筑学院编著·—宋华莉责编·—248千字　60.00元

丙烯绘画作品集/占必传编著·—李玉责编·—110千字　39.60元

病理学/孙学洲主编·—常凤阁责编·—440千字　54.00元

病原生物学与免疫学基础(AH)/夏和先主编·—常凤阁责编·—503千字　48.00元

博学·博雅·博爱——丁大钧先生纪念册/吴刚、张星主编·—丁丁责编·—380千字　48.00元

不动产经济学/陈龙高主编·—朱珉责编·—480千字　42.00元

财务报告编制实训/顾艳主编·—史建农责编·—270千字　29.00元

财务管理/刘正兵主编·—胡中正责编·—410千字　36.00元

财务会计软件使用/袁伟东主编

·—史建农责编·—270 千字 29.00 元

财务会计综合模拟实训/孟凡收主编·—许龙责编·—260 千字 34.00 元

财政与税收/肖文圣编著·—刘菲责编·—470 千字 42.00 元

草图建筑/齐康著·—戴丽责编·—480 千字 68.00 元

插图设计/毛德宝主编·—曹胜玫责编·—172 千字 36.00 元

常见病的耳穴治疗/王茵萍主编·—张慧责编·—350 千字 35.00 元

常见慢性病社区管理/汤仕忠主编·—常凤阁责编·—368 千字 39.00 元

场地书写——当代建筑、城市、景观设计中的扩展领域的地形学研究/陈洁萍著·—戴丽责编·—344 千字 43.00 元

城市地下空间总体规划/陈志龙著·—徐步政责编·—336 千字 49.00 元

城市规划经济学/甄峰著·—徐步政责编·—510 千字 59.00 元

城市规划与城市发展（第 3 版）/赵和生著·—徐步政责编·—334 千字 49.00 元

城市进化论——中国城市化进程中的社会问题与治理创新/张鸿雁著·—徐步政责编·—286 千字 39.00 元

城市景观艺术设计/过伟敏·—顾金亮责编·—525 千字 98.00 元

城市空间文化结构研究—以西南地域城市为例/黄瓴著·—宋华莉责编·—350 千字 46.00 元

城市空间演变与整合/徐昀著·—徐步政责编·—270 千字 39.00 元

城市总体规划设计课程指导/王勇编著·—徐步政责编·—500 千字 59.00 元

初中英语语法重点、难点、考点全解/王蓓主编·—刘坚责编·—260 千字 22.80 元

川版《陶行知全集》篇目索引/郭阳编著·—赵利华责编·—160 千字 35.00 元

创新型科技园区规划研究/陈家祥著·—孙惠玉责编·—434 千字 49.00 元

创新之路——记近年来对电机学科一些前沿课题的探索及部分业绩回顾/周鹗编著·—陈跃责编·—946 千字 135.00 元

村级动物防疫员及乡村兽医培训手册/杨瑛主编·—常凤阁责编·—123 千字 10.00 元

大明帝国：从南京到北京——魔鬼的天才皇帝朱棣卷（上、下册）/马渭源著·—刘庆楚责编·—790 千字 78.00 元

大学计算机基础——系统化方法解析（用 Windows XP & Office 2003 描述）/沈军编著·—张煦责编·—749 千字 48.00 元

大学生安全教育读本/江苏省高校保卫学研究委员会编·—谷宁责编·—202 千字 12.80 元

大学生涯规划/周祥龙主编·—史建农责编·—338 千字 28.00 元

大学生职业生涯规划手册——自我管理与规划人生/魏峰主编·—刘坚责编·—290 千字 30.00 元

大学信息技术基础教程（第二

版)/朱正礼主编·—夏莉莉责编·—505千字 41.00元

大学英语分级测试(2级)/林俊伟主编·—刘坚责编·—223千字 23.00元

大学英语分级测试(3级)/张建宁主编·—刘坚责编·—320千字 32.00元

大学英语热点语法讲座与测试/余富林主编·—周菊责编·—422千字 35.00元

大学英语四级核心技能训练/林俊伟主编·—刘坚责编·—280千字 28.00元

大学英语四级热点词汇/周敏主编·—周菊责编·—560千字 40.00元

大学英语语法全解/郑家顺主编·—马彦责编·—320千字 22.00元

大学语文/何素平主编·—许龙责编·—468千字 35.00元

大学自主招生历年真题精讲——化学/郑家顺主编·—周菊责编·—291千字 24.00元

大学自主招生历年真题精讲——数学/郑家顺主编·—周菊责编·—291千字 24.00元

大学自主招生历年真题精讲——物理/郑家顺主编·—周菊责编·—291千字 24.00元

大学自主招生历年真题精讲——英语/郑家顺主编·—周菊责编·—291千字 24.00元

大学自主招生历年真题精讲——语文/郑家顺主编·—周菊责编·—291千字 24.00元

大学自主招生历年真题精讲——招生指南/郑家顺主编·—周菊责编·—291千字 24.00元

当代城市空间发展的前瞻性理论与设计/范文莉著·—徐步政责编·—300千字 39.00元

当代新城空间发展演化规律——案例跟踪研究与未来规划思考/段进著·—徐步政责编·—295千字 59.00元

道路交通安全学(第二版)/过秀成主编·—张新建责编·—440千字 36.00元

低压电工作业/徐洪泽主编·—张慧责编·—413千字 28.00元

电牵引采煤机电气控制技术/谢子殿编著·—姜晓乐责编·—380千字 48.00元

电梯安装与调试技术/余宁主编·—陈跃责编·—364千字 29.00元

电子技术基础实验(上)模拟电子电路/陈军主编·—朱珉责编·—296千字 24.00元

电子技术基础实验(下)数字电子电路/孙梯全主编·—朱珉责编·—296千字 24.00元

电子精密机械设计/韩良主编·—陈跃责编·—590千字 46.00元

电子商务概论/周曙东主编·—张绍来责编·—518千字 33.00元

电子商务实务/李丽蓉主编·—许龙责编·—365千字 29.00元

电子线路实践(第2版)/王尧主编·—朱珉责编·—281千字 26.00元

定格动画制作技法与赏析/潘阿芳主编·—李玉责编·—122千字 37.80元

东南大学建筑学院建筑年鉴

2009—2010/东南大学建筑学院编著·—戴丽责编·—553千字 80.00元

动画发展史/薛扬编著·—刘坚责编·—350千字 35.00元

动画小剧本制作与赏析/秦佳主编·—李玉责编·—122千字 37.80元

动漫人物角色表现技法与赏析/彭伟主编·—李玉责编·—122千字 37.80元

动漫人物速写技法与赏析/温巍山主编·—李玉责编·—122千字 37.80元

都市更新主体之共生模式—以台北市为例/廖乙勇著·—徐步政责编·—191千字 35.00元

对外开放对中国制造业行业间工资差距影响的研究/陈怡著·—刘菲责编·—200千字 30.00元

多媒体技术概论(第2版)/朱范德主编·—朱珉责编·—505千字 40.00元

多元化与归核化:基于核心资源观的企业战略选择研究/程勇著·—许进责编·—195千字 32.00元

多元评价 激励每一个/杨毅静主编·—刘坚责编·—145千字 28.00元

防爆电气作业/罗炳辉主编·—张慧责编·—275千字 21.80元

房地产广告创意设计/李鹏编著·—胡中正责编·—210千字 45.00元

放心修车从这里做起——《机动车维修服务规范》宣贯教材/《放心修车从这里做起》编写组编·—张新建责编·—268千字 40.00元

非线性自回归时序模型分析及工程应用/陈茹雯主编·—朱珉责编·—158千字 22.00元

非主流动画技术与大师作品赏析/樊天岳主编·—李玉责编·—122千字 37.80元

分权与当代中国都市区空间规划的理论与实践——常州市案例研究/刘君德著·—徐步政责编·—389千字 59.00元

风景速写作品集/占必传著·—李玉责编·—110千字 39.60元

服刑人员回归就业指导/王光证编著·—张新建责编·—295千字 30.00元

复变函数全程学习指导与习题精解/寇冰煜主编·—刘坚责编·—200千字 18.00元

复旦千分考特辑/唐一端主编·—张煦责编·—499千字 45.00元

改革与创新——高校物业管理的开展与服务/黄安永著·—陆敬责编·—260千字 28.00元

概率论与数理统计(第2版)/陈晓龙编著·—吉雄飞责编·—338千字 28.00元

概率论与数理统计全程学习指导与习题精解(浙大四版)/腾加俊主编·—刘坚责编·—350千字 29.80元

高等数学/刘莹主编·—许龙责编·—437千字 33.00元

高等数学竞赛题解析教程(2012)/陈仲主编·—吉雄飞责编·—441千字 36.00元

高级英语读写译教程/孙书兰编著·—李玉责编·—228千字

28.00元

高级英语视听说教程/孙书兰编著·—李玉责编·—360千字 42.00元

高技术企业成长分析/叶明著·—张丽萍责编·—276千字 29.00元

高精度海洋重力测量理论与方法/赵池航著·—施恩责编·—170千字 22.00元

高速公路背景下的城市区位与城镇体系规划研究/蓝万炼著·—戴丽责编·—320千字 48.00元

高校班主任工作手册——做大学生的良师益友/王峰主编·—刘坚责编·—310千字 30.00元

高校辅导员专业化发展研究/李莉著·—张新建责编·—262千字 28.00元

高校生态德育论/季海菊著·—张新建责编·—400千字 40.00元

高压电工作业/吴存衡主编·—张慧责编·—219千字 16.80元

高职高专英语泛读/王琳主编·—朱珉责编·—256千字 24.00元

给水处理导学/傅大放主编·—丁丁责编·—330千字 39.00元

给水处理导学(修订版)/李贺主编·—丁丁责编·—330千字 39.00元

工程矩阵理论(第2版)/张明淳编著·—吉雄飞责编·—211千字 25.00元

工程项目管理/赵庆华主编·—史建龙责编·—512千字 39.80元

公安计算机应用基础/江林升主编·—张煦责编·—678千字 39.80元

公路网规划环境影响评价/傅大放编著·—丁丁责编·—138千字 36.00元

古玉说纹/冯翔著·—杨凡责编·—262千字 180.00元

古韵的现代表达——新古典主义建筑演变脉络初探/严何著·—徐步政责编·—363千字 69.00元

股权制衡下合谋、激励与高管薪酬问题研究/马德林著·—刘菲责编·—163千字 30.00元

管理会计/杜学森主编·—张绍来责编·—400千字 28.00元

管理学基础/薄晓东主编·—许龙责编·—290千字 23.00元

管理学新编—管理的原理,方法与艺术/沈波编著·—陈跃责编·—489千字 45.00元

光子微系统(Photonic microsystems)/黄庆安译·—张莺责编·—583千字 90.00元

广告设计/毛德宝主编·—曹胜玫责编·—172千字 36.00元

郭秉文与东南大学/东南大学高等教育研究所编著·—张新建责编·—600千字 60.00元

国际贸易救济法律问题研究/朱广东著·—刘庆楚责编·—397千字 48.00元

寒假作业 中职一年级/吴淑妲主编·—陆敬责编·—248千字 45.00元

韩国语能力考试真题解析与仿真突破(初级)/林福顺主编·—顾金亮责编·—365千字 36.00元

航海英语综合/李恩亮主编·—史建农责编·—720千字　78.00元

和声二胡演奏法/孙恒安著·—莫凌燕责编·—230千字　68.00元

荷兰建筑新浪潮—"研究式设计"解析/张为平著·—张煦责编·—253千字　49.00元

宏观经济学/王祖杰主编·—刘庆楚责编·—338千字　28.00元

后基因组技术及现代天然产物进展—第七届国际后基因组技术论坛及中日韩天然产物论坛论文集/·—张新建责编·—1700千字　200.00元

护理礼仪与人际沟通(AH)/陈文主编·—常凤阁责编·—337千字　25.00元

化学工程与工艺专业实验/许前会主编·—陈跃责编·—250千字　20.00元

环境应急管理理论与实践/沉静主编·—顾金亮责编·—485千字　56.00元

黄河三角洲发展规划研究/顾朝林编著·—宋华莉责编·—348千字　49.00元

徽州三雕/皮志伟著·—陈筱燕责编·—170千字　25.00元

会计仿真综合实训/刘海燕主编·—许龙责编·—154千字　28.00元

混凝土结构与砌体结构(第3版)/蓝宗建主编·—张莺责编·—923千字　62.00元

机械原理(第3版)/王洪欣主编·—张煦责编·—393千字　32.00元

机械制图(附习题集)/于梅主编·—张绍来责编·—662千字　58.00元

基础会计(财经类专业)/李秀玲主编·—许龙责编·—450千字　34.00元

基础会计实务/彭继跃主编·—许龙责编·—400千字　34.00元

基础会计学/吴玉林主编·—张绍来责编·—350千字　26.00元

基础会计综合模拟实训教程/周美容主编·—许龙责编·—250千字　27.00元

基于地面LiDAR点云的空间对象表面重建及其多分辨率表达/王永波著·—马伟责编·—200千字　35.00元

基于开源工具的数据分析(影印版)/Philipp K. Janert著·—张烨责编·—824千字　82.00元

吉米多维奇数学分析习题集精选详解(上)/郑琴主编·—刘坚责编·—400千字　25.00元

吉米多维奇数学分析习题集精选详解(下)/滕兴虎主编·—刘坚责编·—500千字　28.00元

计算方法与实习(第5版)/孙志忠编著·—吉雄飞责编·—358千字　28.80元

计算方法与实习学习指导与习题解析(第2版)/孙志忠编著·—张烨责编·—171千字　19.00元

计算机软件技术基础(第2版)/李天博主编·—朱珉责编·—530千字　42.00元

计算机应用基础案例教程/刘玉平主编·—朱珉责编·—264千字　28.00元

计算机组装与维护/段谟意编著

·—马伟责编·—306 千字 28.00 元

假肢矫形器原理与应用/喻洪流主编·—丁志星责编·—620 千字 58.00 元

建国以来大学英语教学研究/李箭著·—刘庆楚责编·—252 千字 38.00 元

建筑的诗学:对话·坂本一成的思考/郭屹民主编·—戴丽责编·—492 千字 98.00 元

建筑工程定额与计价/戴望炎主编·—戴坚敏责编·—531 千字 42.00 元

建筑工程定额与预算(第六版)/钱昆润编著·—刘柱升责编·—480 千字 36.00 元

建筑结构 CAD/刘殿华主编·—史建农责编·—441 千字 35.00 元

建筑结构抗震设计/龙帮云主编·—戴坚敏责编·—416 千字 35.00 元

建筑力学/张小娜主编·—史建龙责编·—512 千字 39.50 元

健康管理的理论与实践/张开金 夏俊杰主编·—常凤阁责编·—450 千字 35.00 元

江南民间刺绣/尹文编著·—陈筱燕责编·—165 千字 25.00 元

江苏省名中医—龙家俊医案医论集/雍玉皋主编·—周荣虎责编·—390 千字 39.80 元

江苏省农民培训工程 2010 年先进事迹汇编/吴建坤主编·—常凤阁责编·—226 千字 20.00 元

江苏省普通高校专转本统一考试专用教材/南京鼎甲文化传播有限公司编·—谷宁责编·—1666 千字 142.00 元

交通工程学/王炜过秀成编著·—张新建责编·—580 千字 42.00 元

教师心理保健/刘守祺主编·—赵利华责编·—368 千字 29.80 元

节能建筑从欧洲到中国/乌尔夫.赫斯特曼教授 孙茹雁著·—徐步政责编·—653 千字 270.00 元

结构力学/赵才其主编·—史建农责编·—572 千字 46.00 元

结构力学(第 2 版)/单建 吕令毅主编·—张莺责编·—618 千字 45.00 元

界面设计模式,第 2 版(影印版)/Jenifer Tidwell 著·—张烨责编·—898 千字 99.00 元

近代青岛的城市规划与建设/青岛市档案局编·—魏晓平责编·—455 千字 58.00 元

经济法原理与实务/淮南联合大学政法与文学系编·—许龙责编·—650 千字 45.00 元

经济学基础/黄丽华主编·—许龙责编·—350 千字 27.00 元

经济应用数学三 概率论与数理统计 全程学习指导与习题精解/张瑰编著·—刘坚责编·—350 千字 15.00 元

经济应用文写作/刘葆金主编·—张绍来责编·—480 千字 29.00 元

经贸德语 2000 句/翟永庚编著·—李玉责编·—338 千字 34.00 元

精选古诗词解读/刘声锷主编·—马伟责编·—379 千字 35.00 元

酒店法规与法律实务/袁义主编

·—张丽萍责编·—371千字 28.00元

居住建筑装饰设计/黄金凤主编·—马伟责编·—343千字 32.00元

堪舆——被遗忘的中国式背景/丁援著·—杨凡责编·—126千字 38.00元

康复护理技术/胡鸿雁主编·—朱珉责编·—220千字 23.00元

科技创新人才战略/于敏编著·—张新建责编·—600千字 46.00元

科技金融创新与发展/夏太寿编著·—张新建责编·—420千字 42.00元

空间(第二版)/詹和平主编·—刘庆楚责编·—511千字 52.00元

空间规划体系论——模式解析与框架重构/王金岩著·—徐步政责编·—373千字 39.00元

空间数据分析方法在人口数据空间化中的应用/闫庆武著·—马伟责编·—220千字 35.00元

快速插画技法与赏析/徐茵主编·—李玉责编·—122千字 37.80元

老南京记忆—古都旧影/吴德广编著·—顾金亮责编·—628千字 58.00元

历史建筑保护和修复的全过程·—从柏林到上海/魏闽编著·—徐步政责编·—376千字 56.00元

历史人物的另一面/周明 冯超 刘敏编著·—孙松茜责编·—225千字 25.80元

临床流行病学/王蓓主编·—常凤阁责编·—425千字 34.00元

临床药理学/邵志高主编·—张慧责编·—673千字 50.00元

临床药物治疗学/邵志高主编·—张慧责编·—542千字 43.00元

临床哲学思维/刘虹著·—刘庆楚责编·—296千字 32.00元

临时急需一句话.德语/刘静主编·—许进责编·—158千字 9.80元

临时急需一句话.法语/汪昌宁主编·—许进责编·—150千字 9.80元

临时急需一句话.广东话/汤立仪主编·—许进责编·—143千字 9.80元

临时急需一句话.韩语/金元培主编·—许进责编·—130千字 9.80元

临时急需一句话.日语/李萍主编·—许进责编·—154千字 9.80元

临时急需一句话.上海话/汤立仪主编·—许进责编·—144千字 9.80元

临时急需一句话.英语/余高峰主编·—许进责编·—144千字 9.80元

流体力学/方达宪主编·—戴坚敏责编·—409千字 37.00元

路基路面工程(第2版)/黄晓明编著·—张新建责编·—680千字 48.00元

绿色建筑设计与技术/杨维菊主编·—戴丽责编·—1700千字 380.00元

绿色经济的崛起/徐国保著·—张丽萍责编·—412千字 45.00元

轮机英语综合/吴雪花主编·—史建农责编·—1140千字 98.00元

美国大众文化/金衡山主编·—刘庆楚责编·—410千字 35.00元

美国电影概览/顾悦著·—刘庆楚责编·—410千字 32.00元

美术学研究/樊波主编·—刘庆楚责编·—583千字 85.00元

明清俗曲流变研究/徐元勇著·—刘坚责编·—270千字 28.00元

模拟电路实验与EDA技术/郭永贞主编·—朱珉责编·—424千字 36.00元

南朝陵墓雕刻渊源与传流研究/章孔畅著·—陈筱燕责编·—200千字 39.00元

南京1912:城市现代性解读/吴聪萍著·—许进责编·—352千字 59.00元

南京大学建筑学院年鉴2009·—2010/南大建筑学院编·—姜来责编·—281千字 39.00元

南京市住宅建筑太阳能光热—一体化竞赛获奖作品集/东南大学建筑研究院编·—戴丽责编·—350千字 68.00元

南京小史丛书(一)4册/许慧玲主编·—顾金亮责编·—289千字 50.00元

南京艺术学院美术学院"教学·—科研·—创作"系列丛书/南京艺术学院美术学院编·—刘庆楚责编·—3080千字 988.00元

脑血管病发病因素的相关性研究/王峥著·—孙惠玉责编·—203千字 26.00元

能量收集技术(Energy Harvesting Technologies)/东南大学MEMS教育部重点实验室·—张莺责编·—549千字 85.00元

农村财政与金融/邱成学著·—张绍来责编·—662千字 39.80元

农村金融企业文化/周荣才著·—戴丽责编·—350千字 48.00元

农药科学安全使用常识/李本良主编·—常凤阁责编·—98千字 8.00元

农业应对国际贸易壁垒的技巧/周荣荣主编·—常凤阁责编·—96千字 8.00元

农作物秸秆综合利用实用技术/张坚勇主编·—常凤阁责编·—141千字 11.00元

企业管理实务/闾志俊主编·—许龙责编·—410千字 30.00元

企业转型升级创新案例/张家港市科学技术局编著·—张新建责编·—380千字 46.00元

汽车底盘构造与维修/梁学军主编·—朱珉责编·—453千字 45.00元

汽车文化/梁学军主编·—朱珉责编·—338千字 38.00元

强迫症疏导治疗纪实——附长期随访案例/心理疏导疗法系列丛书/鲁龙光著·—马伟责编·—229千字 35.00元

青少年信息学奥林匹克竞赛实战训练系列——程序设计与应用习题解析(小学·BACIS/PASCAL)/曹恒来主编·—张煦责编·—363千字 35.00元

青少年信息学奥林匹克竞赛实战训练系列—程序设计与应用习题

解析(中学·C/C++)/沈军主编·—张煦责编·—282千字 25.00元

求职就业能力培训教程/黄桂英主编·—张绍来责编·—300千字 25.00元

人生是一种态度/秦霞著·—张新建责编·—280千字 28.00元

人体防衰延年有妙招/周范林主编·—史建农责编·—230千字 22.00元

人体解剖学(第二版)(AH)/苏传怀主编·—常凤阁责编·—415千字 54.00元

日本语动词表现研究/程玲著·—刘坚责编·—320千字 25.00元

三维场景设计与制作/刘永刚编著·—李玉责编·—268千字 48.00元

三维建模与机械工程图习题集/盐城工学院优集学院编·—马伟责编·—156千字 49.00元

三峡库区城市居住空间重构研究/聂晓晴著·—宋华莉责编·—290千字 39.00元

三峡库区人居环境建设的社会学问题研究/黄勇著·—宋华莉责编·—379千字 48.00元

三峡库区新人居环境建设十五年进展1994·—2009/赵万民著·—宋华莉责编·—664千字 68.00元

三峡区域新人居环境建设研究/段炼著·—宋华莉责编·—403千字 49.00元

色彩设计/毛德宝主编·—曹胜玫责编·—172千字 36.00元

商品理论与实务/潘绍来主编·—张绍来责编·—520千字 37.00元

上市公司跨行业转型研究/吴利华著·—顾金亮责编·—261千字 30.00元

设计基础/毛德宝主编·—曹胜玫责编·—172千字 36.00元

设计美学/邢庆华主编·—刘庆楚责编·—635千字 96.00元

设计艺术经典论著选读(第3版)/奚传绩编注1·—陈筱燕责编·—320千字 49.00元

设施蔬菜栽培使用新技术/赵军胜主编·—常凤阁责编·—102千字 8.50元

深入浅出iPhone和iPad开发(影印版)/Dan Pilone, Tracey Pilone著·—张烨责编·—937千字 98.00元

深入浅出Python(影印版)/Paul Barry著·—张烨责编·—694千字 88.00元

深入浅出Rails(中文版)/David Griffiths著·—张烨责编·—473千字 98.00元

生理学/汪光宣主编·—常凤阁责编·—378千字 38.50元

省域城镇化战略规划研究/顾朝林 赵民 张京祥主编·—孙惠玉责编·—585千字 59.00元

实用小儿消化系统疾病护理手册/张芳主编·—张慧责编·—169千字 22.00元

使用Perl实现系统管理自动化第二版(中文版)/David N. Blank·—Edelman著·—张烨责编·—764千字 94.00元

市场营销实务/于长胜主编·—许龙责编·—370千字 29.00元

市场营销学/贾名清主编·—史建农责编·—651 千字　54.00 元

市场营销学/王瑜主编·—史建农责编·—481 千字　43.00 元

首届中国湖泊论坛论文集/中国科学技术协会编·—张新建责编·—1240 千字　120.00 元

书籍设计/毛德宝主编·—曹胜玫责编·—172 千字　36.00 元

数值分析(第 3 版)/孙志忠主编·—吉雄飞责编·—525 千字　43.80 元

数字系统设计综合实验教程/李桂林主编·—朱珉责编·—268 千字　24.00 元

数字信号处理—理论与应用(第 2 版)/俞一彪编著·—张烨责编·—402 千字　32.00 元

水力学/高海鹰主编·—丁丁责编·—360 千字　43.00 元

水墨画与水墨动画技法与赏析/李昱春主编·—李玉责编·—122 千字　37.80 元

水色墨之道—邵晓峰画集/邵晓峰著·—刘庆楚责编·—424 千字　280.00 元

水文水资源技术与管理/王式成主编·—朱珉责编·—583 千字　68.00 元

水文水资源应用统计计算/金光炎著·—朱珉责编·—179 千字　32.00 元

死亡权及其限度/吕建高著·—施恩责编·—305 千字　36.00 元

苏州的桥/王家伦编著·—刘庆楚责编·—357 千字　35.00 元

素描作品集/占必传著·—李玉责编·—110 千字　39.60 元

算法类课程群实训教程(C/C++版)/赵向军编著·—顾金亮责编·—255 千字　30.00 元

台大医院临床路径—护理篇/林芳郁主编·—常凤阁责编·—784 千字　120.00 元

太阳能光伏发电及应用技术/赵书安主编·—陈跃责编·—320 千字　25.00 元

庭园设计艺术/周武忠著·—陈筱燕责编·—210 千字　89.00 元

通用技术基础/田武奎主编·—胡建兰责编·—527 千字　42.00 元

图形设计/毛德宝主编·—曹胜玫责编·—172 千字　36.00 元

图证设计艺术学/刘道广著·—刘庆楚责编·—268 千字　32.00 元

土木工程测量学/胡伍生主编·—史建农责编·—508 千字　43.00 元

土木工程制图/于习法主编·—史建农责编·—431 千字　39.50 元

土木工程制图习题集/于习法主编·—史建农责编·—230 千字　22.00 元

拓扑、测度与积分/江其保编著·—陆敬责编·—267 千字　34.00 元

挖掘社交网络(影印版)/Matthew A. Russell 著·—张烨责编·—551 千字　78.00 元

外科护理技术/刘晓东主编·—朱珉责编·—382 千字　39.00 元

外科学进展/苏昀主编·—戴坚敏责编·—301 千字　29.00 元

玩瓷片/吴忠信著·—刘庆楚责编·—437 千字　128.00 元

网络成瘾的心理疏导/心理疏导疗法系列丛书/鲁龙光著·—马伟责

编·—138 千字 25.00 元

微观经济学/王英主编·—顾金亮责编·—373 千字 30.00 元

微观经济学学习指导/邓晶主编·—刘庆楚责编·—255 千字 19.80 元

文化产业经典命题 100 例/顾江等著·—徐步政责编·—339 千字 39.00 元

文化线路/丁援著·—魏晓平责编·—324 千字 48.00 元

我的大学我做主—大学生入学教育读本/魏峰主编·—刘坚责编·—240 千字 26.00 元

我是谁——对人的心理哲学思考/罗志野著·—顾金亮责编·—165 千字 25.00 元

西南地区城市历史发展研究/李旭著·—宋华莉责编·—389 千字 49.00 元

西南地区流域人居环境建设研究/赵万民·—宋华莉责编·—676 千字 68.00 元

西南山地城市公共空间规划设计适应性理论与方法研究/王中德著·—宋华莉责编·—314 千字 39.00 元

先进制造(高新技术产业科普丛书)/许焕敏主编·—张新建责编·—260 千字 30.00 元

现代建筑多媒体系统工程/王西春主编·—施恩责编·—505 千字 48.00 元

现代酒店智能化系统工程/徐洪彬主编·—施恩责编·—530 千字 48.00 元

现代棉花栽培原理与技术/王宣山主编·—胡中正责编·—485 千字 38.00 元

现代企业管理实务/汪洋主编·—陈跃责编·—430 千字 35.00 元

现代实用礼仪/王瑞成主编·—张丽萍责编·—381 千字 28.00 元

现代应用文写作教程(第二版)/杨安翔,赵锁龙·—戴季东责编·—450 千字 33.00 元

现当代建筑艺术赏析/刘古岷 陈小兵编著·—魏晓平责编·—440 千字 48.00 元

孝陵卫营房漫话/王虹铈著·—马伟责编·—296 千字 35.00 元

肖像漫画技法与赏析/冯波主编·—李玉责编·—122 千字 37.80 元

校本研训的实践与研究(下)/周积昀主编·—戴坚敏责编·—347 千字 30.00 元

校本研训的实践与研究(中)/周积昀主编·—戴坚敏责编·—347 千字 30.00 元

心理疏导疗法精讲/心理疏导疗法系列丛书/鲁龙光著·—马伟责编·—324 千字 45.00 元

心理问题的自我疏导/心理疏导疗法系列丛书/鲁龙光著·—马伟责编·—226 千字 32.00 元

心灵之维:中国艺术时空意识研究/程明震著·—陈筱燕责编·—130 千字 39.00 元

新编标准韩国语同步导学与练习(第一册)/安金莲编著·—刘坚责编·—350 千字 28.00 元

新编法语基础语法与练习/周正言主编·—刘坚责编·—375 千字 32.00 元

新编军事理论教程/芮鸿岩主编·—谷宁责编·—279 千字

27.50 元

新编日语同步导学与练习(第二册)/李玲编著·—刘坚责编·—360 千字　25.00 元

新编商务英语写作教程/王晓英 杨靖主编·—刘坚责编·—350 千字　30.00 元

新编统计学原理与实务/范翠玲主编·—许龙责编·—370 千字　29.00 元

新材料(高新技术产业科普丛书)/胡静主编·—张新建责编·—280 千字　30.00 元

新城市主义理论——中国城市设计新视角/曹杰勇著·—徐步政责编·—465 千字　59.00 元

新概念研究生英语读写教程/肖辉主编·—史建农责编·—280 千字　28.00 元

新科技革命与新兴产业/刘波编著·—张新建责编·—560 千字　42.00 元

新课标高中语文学习与应试通典—高中古诗文阅读/蒋念祖主编·—刘坚责编·—410 千字　26.00 元

新课标高中语文学习与应试通典—高中写作指导/蒋念祖主编·—刘坚责编·—312 千字　23.50 元

新课标高中语文学习与应试通典—高中语言文字运用/蒋念祖主编·—刘坚责编·—358 千字　25.00 元

新理念大学英语泛读教程(第二册)/梁为祥主编·—史建农责编·—296 千字　24.50 元

新理念大学英语泛读教程(第二册)/梁为祥主编·—史建农责编·—1186 千字　24.50 元

新理念大学英语泛读教程(第三册)/梁为祥主编·—史建农责编·—296 千字　24.50 元

新理念大学英语泛读教程(第四册)/梁为祥主编·—史建农责编·—296 千字　24.50 元

新理念大学英语泛读教程(第一册)/梁为祥主编·—史建农责编·—296 千字　24.50 元

新农村景观设计艺术——以日本三个不同类型的农村为例/顾小玲著·—陈筱燕责编·—300 千字　98.00 元

新诗 200 首导读/姜耕玉 赵思运主编·—刘庆楚责编·—268 千字　28.00 元

新世纪桥梁建筑艺术赏析/刘士珉 陈小兵编著·—魏晓平责编·—166 千字　25.00 元

新题型大学英语四级高分突破/郑家顺主编·—马彦责编·—415 千字　25.80 元

新型农业机械使用技术/周宝根主编·—常凤阁责编·—102 千字　9.00 元

新医药(高新技术产业科普丛书)/宋国强主编·—张新建责编·—280 千字　30.00 元

信息检索与利用/张树忠黄继东主编·—陆敬责编·—497 千字　37.00 元

幸福婚姻我做主——著名婚恋专家为你支招/周正猷主编·—常凤阁责编·—391 千字　39.80 元

幸福家庭的保险保障/江苏省保险学会编·—陈筱燕责编·—80 千字　48.00 元

学会学习:享受留学生活/叶明

著·—张丽萍责编·—359 千字 35.00 元

学习 vi 和 Vim 编辑器(中文版)/Arnold Robbins, Elbert Hannah, Linda Lamb 著·—张烨责编·—578 千字 82.00 元

循序渐进 AutoCAD2010 实训教程/王华康主编·—宋华莉责编·—423 千字 48.00 元

扬州地区住宅的发展脉络研究/张春华著·—宋华莉责编·—498 千字 58.00 元

药理学/方士英主编·—常凤阁责编·—540 千字 49.00 元

药物分析/冯芳主编·—张慧责编·—615 千字 39.00 元

医疗机构医务人员三基训练习题集·—麻醉科/马正良主编·—张慧责编·—254 千字 25.00 元

医疗机构医务人员三基训练指南·—医院感染管理/江苏省医院协会编·—张慧责编·—77 千字 10.00 元

医学逻辑思维/刘虹著·—刘庆楚责编·—296 千字 32.00 元

医学与生命/刘虹著·—刘庆楚责编·—328 千字 35.00 元

医院感染管理科建设管理规范/姜亦虹主编·—张慧责编·—101 千字 15.00 元

医院麻醉科建设管理规范与操作常规(第二版)/江苏省医院协会编·—张慧责编·—260 千字 25.00 元

医院信息流程学/华危持主编·—刘庆楚责编·—462 千字 35.00 元

艺术管理学概论/田川流主编·—刘庆楚责编·—335 千字 32.00 元

译海拾贝/戎林海主编·—刘坚责编·—340 千字 38.00 元

英国城乡规划/Barry Cullingworth 等著·—姜来责编·—850 千字 126.00 元

英国文学经典教程/姜涛主编·—刘庆楚责编·—368 千字 32.00 元

英汉动结式语义结构研究/殷红伶著·—刘坚责编·—260 千字 30.00 元

英语发音金牌教练/宋健榕主编·—杨凡责编·—106 千字 18.00 元

英语听力金牌教练/宋健榕主编·—杨凡责编·—115 千字 18.00 元

英语演讲金牌教练/宋健榕主编·—杨凡责编·—192 千字 24.00 元

英语优化作业——4 年级、5 年级、9 年级(新世纪版)、9 年级(N 版)上册/上海知学文具用品有限公司编·—谷宁责编·—924 千字 75.00 元

英语专业四级新题型历年真题详解/周敏 马翼明主编·—周菊责编·—372 千字 28.50 元

优化作业—4 年级、5 年级、8 年级、9 年级上册/上海知学文具用品有限公司编·—谷宁责编·—924 千字 100.00 元

油画风景作品集/曹剑文著·—李玉责编·—110 千字 39.60 元

有机稻栽培技术研究与应用/何旭平编著·—胡中正责编·—180 千字 36.00 元

逾期专利的创新价值研究/陶锋

著·—史建农责编·—313 千字 32.00 元

预防与应对——大学生安全教育读本/朱亚敏主编·—张绍来责编·—280 千字 23.00 元

豫南民居/信阳市城乡规划管理局编·—魏晓平责编·—185 千字 38.00 元

园林工程/赵兵主编·—姜来责编·—579 千字 36.00 元

云南佛教寺院建筑研究/杨大禹著·—许进责编·—420 千字 98.00 元

展示设计/毛德宝主编·—曹胜玫责编·—172 千字 36.00 元

赵元任翻译研究/戎林海主编·—刘坚责编·—230 千字 28.00 元

这样读《春秋》/冯翔编著·—杨凡责编·—266 千字 39.00 元

侦探小说评析/刘伟民著·—张丽萍责编·—266 千字 28.00 元

政治学概论/藏乃康编著·—史建农责编·—413 千字 37.00 元

知识创造与组织成长/程俊瑜著·—顾金亮责编·—201 千字 30.00 元

知识型员工的激励机制研究/邓玉林著·—顾金亮责编·—132 千字 20.00 元

职场语文能力:从怎么想到怎么做/徐健编著·—赵利华责编·—225 千字 21.80 元

痔病微创治疗/郑雪平著·—褚蔚责编·—150 千字 35.00 元

智力心理学—心理学前沿丛书/蒋京川著·—张煦责编·—218 千字 30.00 元

中国 CPA 审计市场运营绩效研究/许汉友著·—戴季东责编·—320 千字 48.00 元

中国城市社会空间结构转型/李志刚著·—徐步政责编·—304 千字 49.00 元

中国城市土地价格的微观决定机理研究/任荣荣著·—孙惠玉责编·—338 千字 39.00 元

中国大学校园形态发展简史/陈晓恬任磊著·—宋华莉责编·—492 千字 58.00 元

中国当代中青年书法精英研究/刘灿铭主编·—戴丽责编·—233 千字 68.00 元

中国画论大辞典/周积寅主编·—刘庆楚责编·—1410 千字 185.00 元

中国民俗学通识/赵杏根主编·—刘庆楚责编·—332 千字 35.00 元

中国手绘第三辑/夏克梁主编·—曹胜玫责编·—128 千字 39.00 元

中国药事法(第 2 版)/田侃编著·—陈潇潇责编·—401 千字 40.00 元

中国医药卫生体制改革——价值取向及其实现机制/曹永福著·—刘庆楚责编·—324 千字 48.00 元

中外流行音乐基础知识/徐元勇编著·—刘坚责编·—400 千字 32.00 元

中西部大城市城中村空间形态的和谐嬗变/陈双著·—宋华莉责编·—288 千字 39.00 元

中学生素质教育读本/徐长征主编·—张绍来责编·—270 千字 28.00 元

中医学(第二版)/魏慕新主编

·—张慧责编·—630千字 42.00元

中印佛教造像探源/张同标著·—张丽萍责编·—356千字 28.00元

重症护理专科指南/陈红玉主编·—张慧责编·—138千字 15.00元

重症医学科建设管理规范/邱海波主编·—张慧责编·—137千字 20.00元

周易与管理智慧/陶敬玉著·—戴季东责编·—130千字 29.80元

住区设计/夏健编著·—徐步政责编·—281千字 39.00元

转型背景下城市新区居住空间规划研究/王承慧著·—姜来责编·—347千字 36.00元

转型期上海城市居住空间的生产及形态演进/余琪著·—朱春霞责编·—352千字 58.00元

转型与重构——2011中国城市规划年会论文集/中国城市规划学会编·—马伟责编·—520千字 65.00元

追根溯源——对契斯恰科夫素描教学体系的再认识/钱为著·—刘庆楚责编·—260千字 38.00元

资源经济与管理研究(第7辑)/李东著·—张新建责编·—180千字 15.00元

资源经济与管理研究(第8辑)/李东主编·—张新建责编·—180千字 15.00元

字体设计/毛德宝主编·—曹胜玫责编·—172千字 36.00元

走遍随州/李世平主编·—朱珉责编·—320千字 30.00元

走向地方特色的城市设计/李向北主编·—杨澍责编·—312千字 34.00元

足部反射区挂图/束霖著·—常凤阁责编·—100千字 10.00元

足音轻淡(二)/潘来强著·—张新建责编·—410千字 48.00元

足音轻淡(一)/潘来强著·—张新建责编·—410千字 48.00元

最新大学英语六级全真题精讲/郑家顺·—马彦责编·—401千字 25.80元

最新大学英语六级全真题精讲/郑家顺主编·—马彦责编·—445千字 26.80元

最新大学英语四级全真题精讲/郑家顺·—马彦责编·—411千字 26.80元

最新大学英语四级全真题精讲/郑家顺主编·—马彦责编·—411千字 26.80元

河海大学出版社

大学语文综合教程/胡秋宏等主编·—隋亚安责编·—423千字 38.00元

建筑施工技术/顾建平主编·—毛积孝责编·—287千字 25.00元

大学生健康教育新论/李乃加等主编·—隋亚安责编·—262千字 26.00元

大学生就业指导/庞波等主编

·—隋亚安责编·—314 千字 25.00 元

新编经济法教程/高永沛等主编·—隋亚安责编·—452 千字 35.00 元

应用写作/董自厚主编·—隋亚安责编·—449 千字 28.00 元

建筑施工测量/姚伯全主编·—毛积孝责编·—166 千字 18.00 元

新编大学计算机信息技术实验指导与习题集/南京财经大学计算机公共教研室主编·—代江滨责编·—600 千字 30.00 元

大学生就业指导实用教程/贺俊英主编·—隋亚安责编·—320 千字 19.00 元

Visuai Basic 实验与习题指导/朱晨东主编·—代江滨责编·—330 千字 25.00 元

运筹学引论/葛亦姜等主编·—朱婵玲责编·—277 千字 28.50 元

高等数学(下册)/丁莲珍等主编·—周勤责编·—360 千字 26.00 元

计算机体系结构/祁林主编·—孙禹责编·—205 千字 28.00 元

研究生应用翻译教程/孙宁宁主编·—毛积孝/责编·—423 千字 40.00 元

农业水土环境工程学/邵孝侯主编·—谢业保/责编·—343 千字 28.00 元

科技方法教程/丁长青主编·—谢业保/责编·—299 千字 20.00 元

科技哲学教程/丁长青主编·—谢业保/责编·—260 千字 18.00 元

社会性规制效率的经济学分析/黄德春等主编·—陈玉国/责编·—350 千字 45.00 元

古典自由主义法治思想研究/孙曙生主编·—潘仲华/责编·—200 千字 38.00 元

动态英语课堂预设与生成/李爱云主编·—杜文渊/责编·—139 千字 28.00 元

合唱与指挥教程/倪俊杰主编·—周勤/责编·—350 千字 33.00 元

文学欣赏(下)/尚成凤主编·—杜文渊/责编·—120 千字 25.00 元

有机污染化学/陆光华主编·—朱婵玲/责编·—300 千字 25.00 元

大学生就业与创业指导/徐永清主编·—谢业保/责编·—350 千字 28.00 元

大学语文/王杰华主编·—谢业保/责编·—550 千字 35.00 元

新编大学体育/吕一沙等主编·—谢业保/责编·—400 千字 32.00 元

画法几何及土木工程制图/高旭等主编·—隋亚安/责编·—435 千字 39.00 元

画法几何及土木工程制图习题集/魏海等主编·—隋亚安/责编·—282 千字 22.00 元

汽车 4S 店经营与管理/李英丽主编·—谢业保/责编·—365 千字 33.00 元

应用文写作/邱燕等主编·—谢业保/责编·—510 千字 32.80 元

高职体育/梁培根主编·—龚俊/责编·—461千字 34.00元

建设工程法规与项目管理/孙剑主编·—朱婵玲/责编·—390千字 40.00元

建筑工程施工技术与管理/于健俊主编·—朱婵玲/责编·—510千字 48.00元

机电工程施工技术与管理/天东方主编·—朱婵玲/责编·—517千字 47.00元

市政公用工程施工技术与管理/吴慧芳主编·—朱婵玲/责编·—830千字 62.00元

产品设计手绘表现/华强等主编·—周勤/责编·—140千字 34.00元

产品概念设计/赵可恒等主编·—周勤/责编·—150千字 34.00元

读懂中国特色社会主义/单准主编·—杜文渊/责编·—210千字 25.00元

平面构成/汪瑞霞等主编·—周勤/责编·—180千字 34.00元

色彩/黄海波等主编·—周勤/责编·—175千字 34.00元

诗词写作教程/张永义主编·—杜文渊/责编·—192千字 20.00元

素描/华强等主编·—周勤/责编·—180千字 32.00元

产品改良设计/严波等主编·—周勤/责编·—170千字 34.00元

现代决策方法/吴凤平等主编·—毛积孝/责编·—370千字 38.00元

基于控制单元的流域水污染控制与管理/崔云霞等主编·—毛积孝/责编·—223千字 22.00元

经济发展理论与政策/王保乾主编·—马文潭/责编·—348千字 38.00元

农村水环境治理/冯骞主编·—周扬/责编·—175千字 14.00元

易理与管理/闵卓主编·—马文潭/责编·—410千字 40.00元

地下水信息采集与传输应用技术/姚永熙等主编·—谢业保/责编·—384千字 32.00元

艺术市场学论纲/成齐明主编·—杨曦/责编·—338千字 35.00元

地质工程测试技术方法及工程应用/杨保全等主编·—谢业保/责编·—312千字 28.00元

水文仪器研究与设计/姚永熙等主编·—谢业保/责编·—260千字 50.00元

国际河流法的理论与实践/王志坚主编·—毛积孝/责编·—212千字 20.00元

水利工程项目材料管理/陈海波等主编·—杜文渊/责编·—290千字 25.00元

会计学/陈晓坤等主编·—杜文渊/责编·—300千字 30.00元

5.03版几何画板课件制作十五讲/苏强等主编·—杜文渊/责编·—240千字 22.80元

几何与线性代数/周忠国等主编·—杜文渊/责编·—280千字 24.00元

线性代数/周忠国等主编·—杜文渊/责编·—200千字 22.00元

水污染控制理论与技术/朱亮主编·—朱婵玲/责编·—530千字

55.00元

中考历史全真模拟试卷/本书编写组主编·—代江滨/责编·—60千字　4.00元

中考地理全真模拟试卷/本书编写组主编·—代江滨/责编·—30千字　3.00元

国外地下水监测与管理/章树安等主编·—马文潭/责编·—374千字　38.00元

刘家道口枢纽工程建设管理与施工技术/张勇主编·—杜文渊/责编·—620千字　58.00元

人工鱼礁水动力模拟/徐成伟等主编·—代江滨/责编·—136千字　50.00元

基于可持续发展观的水利建设项目后评价研究/陈岩主编·—隋亚安/责编·—273千字　30.00元

第一次全国水利普查工作手册/“国务院第一次全国水利普查元领导小组办公室”主编·—吴劭文等/责编·—360千字　24.00元

增定词谱/董学增主编·—潘仲华/责编·—987千字　108.00元

南水北调工程供水成本核算理论与实践/郑垂勇等主编·—隋亚安/责编·—244千字　40.00元

新编公务员考试综合教材/黄友明主编·—杜文渊/责编·—950千字　198.00元

新时期大学校园规划建设指标体系及管理模式研究/李正等主编·—朱婵玲/责编·—150千字　28.00元

化作春泥更护花：乐余中心幼儿园阅读成果论文集/张家港市乐余中心幼儿园主编·—杜文渊/责编·—250千字　18.00元

品茗赭洛山/袁铭等主编·—毛积孝/责编·—200千字　35.00元

南水北调一期工程水资源配置关键技术/郑垂勇等主编·—隋亚安/责编·—426千字　50.00元

国家公务员考试综合教材（修订版）/国家公务员考试网教材编写组主编·—杜文渊/责编·—1200千字　200.00元

Beyond/任锡平主编·—/责编·—56千字　10.00元

新社会组织与统一战线/宋林飞等主编·—朱婵玲/责编·—230千字　58.00元

江苏人文社会科学讲座（2010年选编本）/本书编写组主编·—隋亚安/责编·—320千字　30.00元

儿童绘画教程50例/胡芳主编·—周勤/责编·—110千字　32.00元

办公自动化（含光盘）/江苏省信息化与电子政务考核培训协调小组主编·—隋亚安/责编·—500千字　39.50元

质量技术监督行政处罚疑难案例解析/孙春雷主编·—毛积孝/责编·—161千字　20.00元

吾乡吾风/沈家彪主编·—朱婵玲/责编·—196千字　46.00元

新课程背景下的小学母语教育研究：小学语文课程建构的理论与实践/朱家珑主编·—杜文渊/责编·—260千字　28.00元

科技编辑探论/马跃龙主编·—杜文渊/责编·—153千字　20.00元

交融与构建/仲兆宏主编·—马文潭/责编·—300千字　35.00元

水稻控制灌溉理论与技术/彭世

彰主编·—朱辉/责编·—520千字 125.00元

农村水土保持技术/黄百顺等主编·—谢业保/责编·—169千字 13.00元

防汛与抢险/王强主编·—魏连/责编·—154千字 12.00元

农田水利管理/陶家俊主编·—龚俊/责编·—168千字 12.50元

农田水利建设/李字尧等主编·—杜文渊/责编·—160千字 12.50元

找水打井/高建峰等主编·—杨曦/责编·—155千字 11.50元

少儿动手学科技 第二册/张砾等主编·—周勤/责编·—35千字 9.00元

少儿动手学科技 第一册/张砾等主编·—周勤/责编·—35千字 9.00元

少儿动手学科技 第三册/张砾等主编·—周勤/责编·—35千字 9.00元

少儿动手学科技 第四册/张砾等主编·—周勤/责编·—40千字 9.00元

少儿动手学科技 第五册/张砾等主编·—周勤/责编·—45千字 9.00元

少儿动手学科技 第六册/张砾等主编·—周勤/责编·—45千字 9.00元

梦想手记/江苏涵邦文化传媒有限公司主编·—马文潭/责编·—440千字 198.00元

反思洪灾兴水利/陈焕友主编·—朱婵玲/责编·—226千字 68.00元

水力发电机组故障诊断技术/李书明等主编·—隋亚安/责编·—281千字 30.00元

未曾凋谢的玫瑰/成倩主编·—杜文渊/责编·—250千字 28.00元

南京之水/王凯主编·—马文潭/责编·—165千字 50.00元

幼儿园英语教育活动设计与指导/于承洁等主编·—周勤/责编·—220千字 21.00元

国际河流与地区安全:以中东两河为例/王志坚主编·—毛积孝/责编·—220千字 20.00元

水稻人生/陈培元等主编·—朱婵玲/责编·—270千字 38.00元

万紫千红总是春——园本课程的实践与研究(二)/许晓蓉主编·—杜文渊/责编·—345千字 25.00元

刘光文先生百年诞辰纪念文集/本书编写组主编·—魏连/责编·—675千字 100.00元

哲学·科学·人生——感悟哲学之魅力/连冬花主编·—谢业保/责编·—220千字 20.00元

2011南京教育绿皮书/南京市教育局主编·—魏连/责编·—293千字 38.00元

真爱一生/严绍桂主编·—魏连/责编·—154千字 30.00元

南水北调东线典型控制断面达标方案研究/崔云霞等主编·—毛积孝/责编·—186千字 20.00元

宿豫方言研究/力量等主编·—周勤/责编·—196千字 25.00元

服务外包产业与区域经济发展/李华等主编·—隋亚安/责编·—173千字 20.00元

环境科学研究/姜勇主编·—杜文渊/责编·—255千字　25.00元

农村水景观建设/陈菁等主编·—成微/责编·—101千字　12.00元

农业节水灌溉技术/蔡守华主编·—胡玥/责编·—152千字　12.00元

农村饮用水安全及水厂运行管理/周小文等主编·—张秋霞/责编·—269千字　20.00元

南京市第三高级中学教育改革论文集/吕天纵主编·—杜文渊/责编·—440千字　36.00元

探索与思考:2008－2010年江苏省统战工作调研论文集/江苏省委统战部主编·—朱婵玲/责编·—480千字　68.00元

第八届全国泥沙基本理论研究学术讨论会论文集/河海大学主编·—马文潭/责编·—1450千字　180.00元

南方地区小城镇水污染控制研究与实践/孙金华主编·—周勤/责编·—420千字　38.00元

廉洁教育丛书——"党课宣讲"卷/江苏省教育厅主编·—朱婵玲/责编·—370千字　23.00元

廉洁教育丛书——"创新项目"卷/江苏省教育厅主编·—朱婵玲/责编·—152千字　14.80元

廉洁教育丛书——"读书思廉"卷/江苏省教育厅主编·—朱婵玲/责编·—200千字　16.60元

港口群系统及其优化研究/封学军主编·—朱婵玲/责编·—270千字　60.00元

淮安:苏北重要中心城市建设研究/叶立生主编·—代江滨/责编·—350千字　50.00元

河海大学年鉴(2010)/赵坚等主编·—魏连/责编·—1122千字　150.00元

抽水蓄能技术/张健等主编·—代江滨/责编·—600千字　48.00元

江苏省突发性环境事件应急监测实用手册/张宁红等主编·—杜文渊/责编·—540千字　48.00元

卞学鐄先生纪念文集/王乘主编·—魏连/责编·—280千字　35.00元

文哲新闻作品集/谢文哲主编·—朱婵玲/责编·—610千字　68.00元

江苏公务员考试通用教材/本书编写组主编·—杜文渊/责编·—1200千字　200.00元

长三角年鉴(2011)/孙克强主编·—毛积孝/责编·—1686千字　450.00元

山水新画卷:江苏省小型水库除险加固工程画册/吕振霖主编·—朱辉/责编·—　198.00元

健康太湖指标体系研究/徐雪红主编·—朱辉等/责编·—387千字　48.00元

太湖流域水资源及其开发利用/水利部太湖流域管理局主编·—龚俊/责编·—242千字　40.00元

力量华仔　承认之美/赵德华主编·—张媛/责编·—220千字　35.00元

张家港市水利志/本书编写组主编·—龚俊/责编·—667千字　88.00元

人文铸魂:我的学记/徐德宏主

编·—龚俊/责编·—250 千字 40.00 元

太湖污染底泥生态疏浚规划研究/本书编写组主编·—朱婵玲等/责编·—292 千字　42.00 元

太湖流域水资源保护规划及研究/徐雪红主编·—谢业保/责编·—356 千字　45.00 元

东太湖综合整治规划研究/徐雪红等主编·—谢业保/责编·—295 千字　41.00 元

江苏省中学军政训练课选编教材/许金根等主编·—杜文渊/责编·—150 千字　15.00 元

施工员(市政公用工程)专业管理实务/纪迅主编·—龚俊等/责编·—627 千字　68.00 元

机械员考试大纲·习题集/纪迅主编·—龚俊等/责编·—205 千字　22.00 元

机械员专业基础知识/纪迅主编·—龚俊等/责编·—448 千字 48.00 元

施工员(建筑工程)专业管理实务/纪迅主编·—龚俊等/责编·—768 千字　81.00 元

机械员专业管理实务/纪迅主编·—龚俊等/责编·—422 千字 50.00 元

施工员(市政公用工程)考试大纲·习题集/纪迅主编·—龚俊等/责编·—346 千字　28.00 元

施工员(建筑工程工程)考试大纲·习题集/纪迅主编·—龚俊等/责编·—301 千字　33.00 元

施工员专业基础知识/纪迅主编·—龚俊等/责编·—486 千字 48.00 元

中国矿业大学出版社

新时期的中国高校法人治理/孙伯琦著·—夏然责编·—389 千字　36.00 元

煤炭建设地面建筑工程概算指标/中国煤炭建设协会编写·—杨洋责编·—685 千字　160.00 元

煤田测井方法和原理/董守华等编写·—潘俊成责编·—325 千字　25.00 元

厚煤层大采高综采理论与实践/屠世浩等编著·—王美柱责编·—159 千字　30.00 元

华北中高煤阶煤层气富集规律和有利区预测/孙粉锦等编著·—潘俊成责编·—306 千字　46.00 元

居住区规划设计/常江等编著·—张怡菲责编·—210 千字 20.50 元

煤矿 PCPR 安全体系建设/蒋曙光等编著·—周红责编·—190 千字　28.00 元

社会主义核心价值体系研究/徐东升等编著·—张怡菲责编·—211 千字　18.00 元

社会转型期精神疾病康复模式研究/李全彩等编著·—罗时嘉、侯明责编·—390 千字　38.00 元

网站设计技术/胡振山等编著·—＝钟诚、章毅、孟茜责编·—420 千字　25.50 元

现代高校学生事务管理理论及案例研究/王增国编著·—周丽责编

·—380 千字　36.00 元

现代化矿井开采技术与应用/陈兴民编著·—仓小金责编·—343 千字　40.00 元

现代煤矿企业文化研究—新庄模式/王天喜等编著·—潘俊成、周红责编·—400 千字　30.00 元

岩溶水充水矿区水文地质条件探查技术研究/葛信立等编著·—刘红岗、杨传良责编·—324 千字　32.00 元

豫西"三软"不稳定厚煤层煤与瓦斯突出快速判识技术/翟华等编著·—潘俊成责编·—374 千字　36.00 元

注册安全工程师执业实战指南非煤矿山/张兴凯编著·—李士峰、章毅责编·—254 千字　38.00 元

安全高效矿井开采概论/刘长友等主编·—王美柱责编·—555 千字　32.00 元

安全与环境工程学/宁掌玄等主编·—李敬、陈红梅责编·—374 千字　30.00 元

采场围岩结构稳定性及其控制技术/贾双春等主编·—杨洋责编·—312 千字　60.00 元

超高水材料充填开采技术研究及应用/冯光明等主编·—郭玉、李士峰责编·—146 千字　38.00 元

大气污染控制工程/王丽萍等主编·—周红责编·—643 千字　36.00 元

感悟白国周/倪政新等主编·—周丽责编·—162 千字　24.00 元

高职院校大学生党课教程/沈文其主编·—张怡菲责编·—407 千字　33.80 元

个人所得税操作指南/陈茂锋主编·—齐畅责编·—372 千字　49.00 元

化工企业火灾防护/周福宝主编·—杨廷责编·—349 千字　24.80 元

加强课程建设提高人才培养质量/周勇主编·—周丽责编·—280 千字　32.00 元

开拓创新 凝聚力量 推动发展——中国高校工会第 16 次宣传思想工作研讨会论文集/李淑红主编·—孙浩、陈振斌责编·—282 千字　30.00 元

科学发展在徐州/陈传志主编·—孙浩、史凤萍责编·—409 千字　45.00 元

矿井瓦斯防治/俞启香等主编·—马跃龙责编·—594 千字　39.60 元

煤矿 金属非金属矿山应急救援/杜波等主编·—陈振斌、孙浩责编·—876 千字　368.00 元

煤矿安全警示(全彩)/陈中广主编·—齐畅、孙浩责编·—119 千字　98.00 元

煤矿班组长安全知识读本/隆泗主编·—郭玉、马晓彦责编·—196 千字　26.00 元

煤矿采掘机电精细化管理标准/丛子月主编·—陈红梅责编·—562 千字　54.00 元

煤矿防治水精细化管理标准/李飞主编·—陈红梅责编·—300 千字　45.00 元

煤矿机电与自动化实用技术/毕锦明等主编·—姜华、周丽、陈慧责编·—437 千字　37.00 元

煤矿开采技术/王佳喜主编·—

周红责编·—599千字 32.00元

煤矿企业职工家属安全协管工作必读/王中昌等主编·—周丽、靖凤伟责编·—102千字 18.00元

煤矿强矿压监测防治技术——华亭煤矿模式/徐元强主编·—刘红岗责编·—149千字 35.00元

煤矿事故典型案例汇编/贾雨顺主编·—付继娟、耿东锋责编·—136千字 15.00元

煤矿员工安全应知应会问答/王明韵主编·—郭玉责编·—179千字 18.00元

煤炭开采新理论与新技术——中国煤炭学会开采专业委员会2012年学术年会论文集/刘长友主编·—王美柱责编·—593千字 78.00元

煤炭气化工艺/邵景景主编·—时应征、耿东锋责编·—390千字 24.00元

农产品贮藏与加工学/刘俊红等主编·—周红、潘俊成责编·—493千字 29.00元

潘安湖湿地旅游文化丛书(共三册)/王毓银主编·—孙浩、史凤萍责编·—201千字 30.00元

汽车底盘构造与维修/温俊芳主编·—齐畅责编·—206千字 18.00元

汽车电气构造与维修/张龙主编·—史凤萍责编·—156千字 15.00元

汽车发动机构造与维修/冯长征主编·—陈振斌责编·—218千字 20.00元

汽车维护/冯长征主编·—侯明责编·—218千字 20.00元

守望花开的幸福/单付辉等主编·—孙浩、史凤萍责编·—314千字 32.00元

顺应能源大趋势 运筹企业新战略——2011年《鲁煤研究与参考》汇编/牛克洪主编·—张岩、付继娟责编·—282千字 28.00元

听煤矿工人讲自己身边的安全故事/王荀晏主编·—周丽、靖凤伟责编·—80千字 15.00元

推进创新驱动 建设智慧徐州——第九届徐州科技论坛论文集/徐州市科学技术协会主编·—陈振斌责编·—632千字 80.00元

现代化工·冶金·材料与能源(上、下)/曹湘洪主编·—褚建萍、周红、杨洋、王美柱责编·—2,221千字 298.00元

现代企业管理/巩维才等主编·—姜华责编·—650千字 35.00元

徐州发展新跨越/倪健主编·—章毅、时应征责编·—206千字 32.00元

徐州发展新时空/李华生主编·—章毅、时应征责编·—399千字 45.00元

员工幸福感与当代煤炭企业职工思想政治工作/郑陪兴等主编·—周丽责编·—360千字 35.00元

潮白河涛声——王廷弼诗词900首/王廷弼著·—付继娟、何戈责编·—343千字 52.00元

城市居民低碳化能源消费行为研究/芈凌云著·—陈红梅责编·—250千字 36.00元

创新写作歌谣/姚桂才著·—史凤萍责编·—254千字 30.00元

电磁频率测深方法与电偶源电磁频率测深量板/李毓茂等著·—王

江涛责编·—655 千字　168.00 元

非物质文化遗产柳琴戏的保护与教育传承/李爱真著·—侯明责编·—172 千字　28.00 元

非炸药破岩新技术/邵鹏等著·—杨洋责编·—284 千字　30.00 元

服饰史探微/朱笛著·—夏然责编·—230 千字　28.00 元

高水膨胀材料充填采煤技术/石建新著·—姜华责编·—220 千字　50.00 元

高温高压条件下冲击·—切削钻孔破岩实验研究/赵金昌著·—王美柱责编·—130 千字　28.00 元

高应力构造带巷道围岩控制机理及工程实践/余伟健等著·—王美柱责编·—200 千字　36.00 元

淮安企业国际化路径研究/仲晓东著·—姜华责编·—175 千字　30.00 元

基于博弈论的无线网络资源竞争与协作机制研究/张国鹏著·—王加俊、孟茜责编·—125 千字　22.00 元

基于公共财政视角的社会养老保险收支模式研究/吴国玖著·—陈振斌责编·—220 千字　30.00 元

激励与控制:改革开放以来江苏高校教师考核制度的变迁研究/田一聚著·—夏然、马晓彦责编·—292 千字　38.00 元

极薄煤层爬底式高效综采技术/徐廷甫等著·—李敬责编·—152 千字　21.00 元

教育原理新论/王作亮著·—陈振斌责编·—300 千字　38.00 元

金融发展对我国对外贸易的作用机理与传导途径研究/赵静敏著·—史凤萍责编·—410 千字　32.00 元

静水流深/王敏著·—姜华、马晓彦责编·—188 千字　32.00 元

孔隙裂隙介质中的逾渗/吕兆兴著·—王美柱责编·—130 千字　28.00 元

块状褐煤高温蒸汽热解的宏细观特性分析及应用/王毅著·—王美柱责编·—140 千字　28.00 元

矿产资源资产会计问题研究/谭旭红著·—姜华责编·—132 千字　28.00 元

矿井特殊环境下的超宽带无线通信信道模型研究/王艳芬著·—仓小金责编·—200 千字　28.00 元

矿用防灭火三相泡沫在采空区中的流动特性与应用/时国庆著·—黄本斌责编·—157 千字　28.00 元

兰州市大气颗粒物的物理化学特征及其健康影响效应研究/肖正辉等著·—褚建萍责编·—275 千字　35.00 元

裂隙岩体渗流—损伤—断裂耦合理论及工程应用/赵延林等著·—王美柱责编·—276 千字　42.00 元

龙固深部特大型矿井建设与生产技术/李希勇等著·—刘红岗责编·—1,105 千字　236.00 元

马克思主义中国化方法论研究/仇小敏著·—孙浩、史凤萍责编·—240 千字　30.00 元

煤层气(瓦斯)地震勘探方法/崔若飞等著·—孟茜、耿东锋责编·—222 千字　24.00 元

煤火灾害热动力问题的数值方法与仿真/王雁鸣著·—黄本斌责编·—161 千字　28.00 元

煤矿采掘接续计算机辅助设计

系统新研究与应用/翟茂兵等著·—李敬责编·—159千字 26.00元

煤矿冲击矿压强度的弱化控制原理/陆菜平等著·—于世连、郭玉责编·—201千字 28.00元

煤矿职工岗位危险源自我辨识与控制读本/丁学贤著·—孙浩、陈振斌责编·—66千字 22.00元

煤炭供应保障影响因素及储备保障战略研究/吕涛著·—付继娟、史凤萍责编·—217千字 31.00元

煤炭矿区发展规模的适应性评价与管理/董洪光著·—侯明、孙浩责编·—337千字 32.00元

煤炭企业财务分析创新体系研究与应用/朱学义著·—孙浩、史凤萍责编·—336千字 50.00元

煤系高岭土开采技术研究/夏红兵等著·—杨洋责编·—202千字 30.00元

民主管理与教代会工作/郭大成著·—孙浩、陈振斌责编·—143千字 16.00元

平和人生记忆/辛承梁著·—欧阳雪、胡铁、白海新责编·—73千字 39.00元

桥梁桩基桩—土共同作用性状仿真与试验研究/李晋著·—陈红梅责编·—262千字 35.00元

缺水矿区关键环境要素的监测与采动影响规律研究/雷少刚著·—时应征责编·—182千字 32.00元

人力资本投资性别差异研究/袁迎菊著·—陈慧责编·—162千字 26.00元

日记陪伴我成长/查晓红著·—孙浩、张怡菲责编·—200千字 46.00元

如何吃得更安全/杨亚伟著·—侯明责编·—292千字 35.00元

社会救助管理改革的理论与实践/尹保华等著·—罗时嘉、侯明责编·—343千字 35.00元

社会转型与政治调控·—中国国家与社会关系分析框架/陈正群著·—史凤萍、孙浩责编·—174千字 46.00元

深部冻结黏土蠕变损伤耦合本构模型/李栋伟等著·—杨洋、褚建萍责编·—132千字 36.00元

生活教育精义/李春芳著·—孙浩、张怡菲责编·—170千字 16.50元

受限空间瓦斯爆炸传播特性/叶青等著·—刘红岗责编·—218千字 22.00元

太极操/蔺丽萍等著·—陈振斌、孙浩责编·—155千字 29.80元

太极舞/贤胜等著·—陈振斌、孙浩责编·—144千字 29.80元

特种凝固技术与复合材料/郭学锋等著·—杨洋责编·—390千字 40.00元

尾矿坝安全的非线性分析理论与实践/王飞跃等著·—吴学兵责编·—301千字 35.00元

问题 理念 实践/王国莲著·—褚建萍责编·—247千字 35.00元

我的英语教学/王德秀著·—周丽、马晓彦责编·—225千字 30.00元

我国农村劳动力转移培训的公共政策研究/刘国永著·—褚建萍责编·—276千字 35.00元

向企业学习管理——高职院校

育人探索/任文杰著·—关湘雯、郭玉责编·—480千字 56.00元

巷道喷涂防治煤炭自燃新技术/周福宝等著·—杨廷责编·—378千字 39.80元

校园《忍经》三十六讲/尹建林著·—史凤萍、孙浩责编·—250千字 25.00元

写作实践研究/李沛著·—张怡菲责编·—260千字 38.00元

语文信息化教学设计导论/侯器著·—侯明、孙浩责编·—320千字 36.00元

振铎知行录/李天禹著·—周丽责编·—184千字 35.00元

中国共产党学习型政党建设实践的回顾和思考/李觐著·—褚建萍责编·—273千字 35.00元

中国煤矿安全史话/吴晓煜著·—周丽责编·—200千字 32.00元

中国平煤神马集团煤矿瓦斯防治"十二五"规划/张建国著·—马跃龙责编·—300千字 60.00元

八千里路云和月/中国矿业大学校友办公室组织编写·—侯明责编·—261千字 30.00元

建设项目职业病危害评价/中国安全生产科学研究院组织编写·—吴学兵、黄本斌责编·—253千字 45.00元

煤炭建设项目经济评价方法与参数(第三版)实施指南(上、中、下)/中国煤炭建设协会组织编写·—杨洋责编·—1,745千字 500.00元

职业病危害因素检测/中国安全生产科学研究院组织编写·—黄本斌责编·—265千字 45.00元

苏州大学出版社

社会主义核心价值体系与廉政文化建设/高建林编著·—金振华责编·—292千字 35.80元

物理学习指导用书(九年级下)配人教版/虞澄凡主编·—马德芳责编·—187千字 15.00元

(金钥匙1+1)物理(八年级下册)/本书编委会编·—马德芳责编·—357千字 19.80元

计算机应用基础一级B辅导与上机指南/该书编写组编·—马德芳责编·—335千字 25.00元

(高效课堂钻石学案)高中语文《史记》选读/《高效课堂钻石学案》编写组编·—刘海责编·—238千字 15.00元

职务犯罪心理与预防/付毅敏,刘必权,石起才主编·—康敬奎责编·—376千字 48.00元

戏曲艺术赏析/冯芸主编·—许周鹮责编·—377千字 29.00元

当代中国美学的多重奏:实践美学与实践存在论美学论集/朱立元主编·—许周鹮责编·—430千字 45.00元

苏州市环境卫生综合管理信息系统编码规范/苏州市环境卫生管理处编·—刘海责编·—78千字 29.00元

(江海文化丛书)唐家闸/姜平,

张廷栖著·—张凝责编·—183 千字 20.00 元

(江海文化丛书)南通成陆/陈金渊著·—金振华责编·—206 千字 22.00 元

(江海文化丛书)寺街/施宁著·—薛华强责编·—198 千字 20.00 元

(江海文化丛书)范伯子/姜光斗著·—史创新责编·—148 千字 17.00 元

(江海文化丛书)沈寿/陈佐著·—许周鹣责编·—195 千字 20.00 元

(江海文化丛书)张謇/孟村,张廷栖著·—朱坤泉责编·—148 千字 17.00 元

(江海文化丛书)青墩考古/王其银,李春涛编著·—郑亚楠责编·—193 千字 22.00 元

大学物理学习指导(第二版)/何跃娟,陈国主编·—周建兰责编·—299 千字 21.00 元

概率统计与数据处理/曹菊生等主编·—李娟责编·—406 千字 28.50 元

(金钥匙 1+1)数学(中考总复习)/《金钥匙 1+1》编委会编·—李娟责编·—467 千字 29.00 元

景观设计/周玉明编著·—方圆责编·—254 千字 45.00 元

会计应用技术实训/陈兆芳主编·—施放责编·—848 千字 58.00 元

(高效课堂·钻石学案)高中语文必修三/《高效课堂·钻石学案》编写组编·—巫洁责编·—441 千字 26.00 元

(高效课堂·钻石学案)高中英语模块三/《高效课堂·钻石学案》编写组编·—金莉莉责编·—346 千字 22.00 元

读书论:"营造书香校园"的理论与实践研究/丁林兴著·—王晓丹责编·—416 千字 45.00 元

新编国际金融英语/薛水明主编·—汤定军责编·—239 千字 28.00 元

服装画应用技法与服装工艺设计/施建平等著·—方圆责编·—311 千字 39.00 元

学习指导与训练·应用数学(基础模块下册)/本书编写组编·—李娟责编·—170 千字 14.00 元

计算机等级考试题型归纳与解析·二级 Visual FoxPro/周红,徐进华,钱毅湘主编·—管兆宁责编·—392 千字 25.00 元

跨文化交际教程/蔡荣寿,佟倩主编·—金莉莉责编·—454 千字 32.00 元

大学物理实验/董正超等主编·—周建兰责编·—496 千字 34.50 元

行政诉讼原告诉讼地位研究/高新华著·—董岗彪责编·—218 千字 21.00 元

高中物理实验复习教学策略研究/吴政著·—张保军责编·—206 千字 20.00 元

解读苏南/温铁军等著·—沈海牧责编·—403 千字 48.00 元

中国传统文化概要/王丹,孙淑萍主编·—倪浩文责编·—376 千字 25.00 元

学习指导与训练·应用语文(第二册)/本书编写组编·—史创

新责编·—380 千字 26.00 元

基于语料库的政治话语语用预设研究/支永碧著·—杨华责编·—445 千字 38.00 元

中国农村社会学研究(第一辑)/李远行主编·—施放责编·—374 千字 49.00 元

(高效课堂·钻石学案)高中语文选修唐诗宋词选读/《高效课堂·钻石学案》编写组编·—刘一霖责编·—327 千字 18.00 元

苏州大学年鉴 2010/苏州大学档案馆编·—董炎等责编·—999 千字 120.00 元

(高效课堂·钻石学案)高中数学必修三/《高效课堂·钻石学案》编写组编·—肖荣责编·—217 千字 13.00 元

(高效课堂·钻石学案)高考语文第二轮总复习(上下册)/《高效课堂·钻石学案》编写组编·—王晓丹等责编·—514 千字 30.00 元

(高效课堂钻石学案)高中英语模块七/《高效课堂钻石学案》编写组编·—王娅责编·—516 千字 28.00 元

新时期党的社会工作机制研究/孙艺兵,周国平,孙志明著·—许周鹇责编·—185 千字 30.00 元

医学免疫学实验技术/居颂光等主编·—陈鑫责编·—138 千字 15.00 元

国际贸易概论/郭世静等主编·—施放责编·—447 千字 32.00 元

信息技术实验和学习指导(第二版)/孙华峰主编·—马德芳责编·—321 千字 23.00 元

物理化学学习指导/罗士平,袁爱华主编·—陈孝康责编·—431 千字 28.50 元

(成人高等教育公共课系列教材)计算机应用基础教程/徐进华主编·—马德芳责编·—410 千字 29.00 元

(成人高等教育公共课系列教材)综合英语/孙倚娜等主编·—谢永明责编·—378 千字 29.80 元

走向基本现代化的苏州现实问题研究 2010/周国平主编·—许周鹇责编·—220 千字 30.00 元

《毛泽东思想与中国特色社会主义理论体系概论》立体辅学读本/李彤彤主编·—金振华责编·—200 千字 30.00 元

(高效课堂钻石学案)高中英语模块四/《高效课堂钻石学案》编写组编·—沈琴责编·—336 千字 21.00 元

(高效课堂·钻石学案)高中语文必修四/《高效课堂·钻石学案》编写组编·—董炎责编·—376 千字 22.00 元

从字源学文言/陈周著·—刘海责编·—327 千字 28.00 元

(高效课堂钻石学案)高中英语模块八/《高效课堂钻石学案》编写组编·—金莉莉责编·—470 千字 28.00 元

书影苏州:朱海明版本收藏鉴赏录/朱海明著·—倪浩文责编·—325 千字 88.00 元

(高效课堂钻石学案)高中语文选修(唐宋八大家散文选读)/《高效课堂钻石学案》编写组编·—史创新责编·—360 千字 23.00 元

新编体育与健康教程/《新编体育与健康教程》编写组编·—朱坤

泉责编·—420千字 29.00元

哲学十讲/苏亮乾,朱伟才主编·—史创新责编·—236千字 28.00元

英诗研究与探幽丛书(共四册)/何功杰主编·—汤定军等责编·—995千字 130.00元

老王小故事/王义新著·—王亮责编·—138千字 26.00元

老扬州/王鸿著·—朱绍昌责编·—111千字 30.00元

化学,原来可以这样教/唐敏著·—徐来责编·—367千字 40.00元

晨曲文萃/刘清华,俞伟主编·—盛莉责编·—320千字 28.00元

《红楼梦》叙述中的符号自我/文一茗著·—董炎责编·—215千字 38.00元

可能世界叙事学/张新军著·—王娅责编·—266千字 42.00元

日本文学史/高鹏飞,平山崇著·—杨婷责编·—620千字 48.00元

苏南工业企业低碳生产转型研究/吴林海,朱淀,王晓莉著·—徐来责编·—283千字 36.00元

设计素描/李涵,朱洁编著·—方圆责编·—129千字 35.00元

商务英语综合实训教程/张莉主编·—谢永明责编·—200千字 28.00元

来自作家生活的文学报告/朱子南著·—盛莉责编·—477千字 50.00元

常熟理工学院教学质量保证体系/傅大友,钱素平主编·—张希责编·—385千字 28.00元

百年学府文物菁华/苏州大学博物馆编·—金振华责编·—222千字 280.00元

党代会常任制在吴江/芮国强等编著·—许周鹮责编·—135千字 30.00元

(医学类院校实验教材)机能学实验教程/金雯等主编·—周建兰责编·—310千字 23.00元

初中物理学习与评价(八年级上册)/该书编写组编·—马德芳责编·—353千字 23.00元

江阴市交通志(重修本)/该书编纂委员会编·—许周鹮责编·—1200千字 180.00元

赢在"三创"/章亦华主编·—刘一霖责编·—332千字 24.00元

英汉诗歌比较鉴赏/周向勤著·—沈琴责编·—297千字 30.00元

网络环境下的图书馆建设与服务/罗时进主编·—杨婷责编·—362千字 48.00元

乐水集/董文虎编著·—许周鹮责编·—900千字 90.00元

西方人眼中的中国吴默帛画/[法]沙芳莉、董文虎编译(译编)·—汤定军责编·—120千字 50.00元

兰韵飘香:袁小弟舞台作品选/袁小弟著·—刘一霖责编·—428千字 52.00元

实用英汉疾控医学辞典/吴文智等主编·—陈鑫等责编·—1380千字 90.00元

商务英语实训教程/曹兰主编·—金莉莉责编·—395千字 38.00元

新编商务英语阅读/石成舫,朱曦主编·—汤定军责编·—335千字 35.00元

(高效课堂·钻石学案)高中英语第一轮总复习/《高效课堂·钻石学案》编写组编·—沈琴责编·—1130千字 65.00元

大学英语快速阅读进阶(第1·—4册)/陆勇主编·—谢永明等责编·—600千字 72.00元

(暑假自主学习高效方案)高一英语/本书编写组编·—谢永明责编·—234千字 16.00元

(暑假自主学习高效方案)高二政治/本书编写组编·—盛莉责编·—113千字 10.00元

(暑假自主学习高效方案)高二历史/本书编写组编·—盛莉责编·—96千字 9.00元

(暑假自主学习高效方案)高一语文/本书编写组编·—盛莉责编·—173千字 15.00元

(暑假自主学习高效方案)高一数学/本书编写组编·—李娟责编·—136千字 14.00元

(暑假自主学习高效方案)高二语文/本书编写组编·—董炎责编·—168千字 15.00元

(暑假自主学习高效方案)高二数学/本书编写组编·—肖荣责编·—103千字 11.00元

(暑假自主学习高效方案)高二地理/本书编写组编·—盛莉责编·—80千字 8.00元

(暑假自主学习高效方案)高二物理/本书编写组编·—徐来责编·—84千字 8.00元

(暑假自主学习高效方案)高二化学/本书编写组编·—徐来责编·—84千字 8.00元

(暑假自主学习高效方案)高二生物/本书编写组编·—徐来责编·—84千字 8.00元

(暑假自主学习高效方案)高二英语/本书编写组编·—王娅责编·—236千字 16.00元

(暑假自主学习高效方案)高一物化生史地政/本书编写组编·—盛莉责编·—136千字 13.00元

辐射防护实用手册/南京军区疾病预防控制中心编·—杨婷责编·—124千字 13.00元

苏州学习型党组织建设研究/徐国强主编·—史创新责编·—348千字 36.00元

论语新读/章笑力著·—李兵责编·—251千字 25.00元

现代体育与健康/吕艳玲,何成阳主编·—陈鑫责编·—425千字 28.80元

拨动心弦的细节德育:呈现一种全新的德育理念与实践/李建钧著·—史创新责编·—170千字 25.00元

江苏高教评论2010/江苏省高等教育学会编·—董炎责编·—298千字 35.00元

(高效课堂·钻石学案)高中物理必修2/《高效课堂·钻石学案》编写组编·—刘一霖责编·—230千字 15.00元

(高效课堂·钻石学案)高中历史必修3/《高效课堂·钻石学案》编写组编·—杨婷责编·—358千字 21.00元

(高效课堂·钻石学案)高中历史必修1/高效课堂·钻石学案》编写组编·—李兵责编·—386千字

23.00 元

(高效课堂·钻石学案)高中物理必修 1/《高效课堂·钻石学案》编写组编·—徐来责编·—250 千字　16.00 元

红色印迹:苏州市文艺家采风作品集/朱建华主编·—方圆责编·—27 千字　180.00 元

导游英语实务教程/周幼华,周志浩,姜萍主编·—王娅责编·—249 千字　16.00 元

大学计算机基础实验与上机考试教程/邵洪成,赵雪梅,董琴编著·—管兆宁责编·—260 千字　18.00 元

大学计算机信息技术实践教程(第三版)/周虹,吴勇主编·—周建兰责编·—504 千字　34.00 元

影视艺术基础/倪祥保,邵雯艳,钱锡生著·—李兵责编·—320 千字　25.00 元

保卫者:当小鹿遇见牛牛……/徐栋铭著·—刘海责编·—10 千字　20.00 元

财务报表分析实务/周会林,焦建平主编·—王亮责编·—228 千字　20.00 元

应用数学/何纪,钱志良主编·—李娟责编·—440 千字　34.00 元

草书研究与创作/杨谔著·—方圆责编·—326 千字　36.00

医学文献检索与利用/梅谊主编·—廖桂芝责编·—410 千字　30.00 元

大学数学练习与测试/常州大学大学数学部编·—李娟责编·—367 千字　24.00 元

高等职业院校素质教育研究/朱伟才著·—张希责编·—125 千字　16.00 元

大学计算机信息技术实验指导/孙浩,贾洪艳主编·—周建兰责编·—250 千字　20.00 元

职业工作中的文本写作/盛杨主编·—董炎责编·—610 千字　39.00 元

机械制图 CAD(含习题集分册)/王增荣主编·—徐来责编·—793 千字　56.00 元

财务管理实务/宋小萍,李其银主编·—施放责编·—330 千字　26.00 元

绅商也要革命/许冠亭著·—刘海责编·—247 千字　35.00 元

摄影艺术概论/刘峰编著·—方圆责编·—263 千字　42.00 元

大学生职业发展与就业/姚金凤主编·—杨婷责编·—338 千字　31.50 元

中国曲艺艺术赏析/杨和平主编·—方圆责编·—322 千字　28.00 元

挑瓦革命的末代江苏巡抚程德全/王玉贵著·—刘海责编·—249 千字　35.00 元

大学生就业与创业指导/柯晓扬,沈宝衡主编·—史创新责编·—340 千字　25.00 元

全国计算机等级考试实用教程(一级 B 一级 MS OFFICE)/王从局,胡建平主编·—管兆宁责编·—435 千字　29.50 元

大学英语词汇手册/唐建华主编·—金莉莉责编·—574 千字　38.00 元

大学交际英语(第 1、2 册)/郑志进主编·—王娅等责编·—535

千字　52.00 元

C 语言试卷汇编及试题解析/江苏省高等学校计算机等级考试中心编·—刘一霖责编·—460 千字　32.00 元

中国现当代通俗小说赏析/汤哲声主编·—许周鹏责编·—420 千字　32.00 元

服装工效学/戴宏钦主编·—王亮责编·—239 千字　22.00 元

高考作文 老师来示范(第 2 版)/闵文著·—盛莉责编·—376 千字　32.00 元

(高效课堂·钻石学案)高中物理选修 3·—2/《高效课堂·钻石学案》编写组编·—马德芳责编·—202 千字　14.00 元

高校体育理论与实践/陈志军,张君其主编·—陈孝康责编·—392 千字　28.00 元

(全国研究生英语规划系列教材)研究生英语阅读教程/朱波主编·—王娅责编·—249 千字　32.00 元

(全国研究生英语规划系列教材)研究生科技语篇英汉翻译教程/范祥涛编著·—汤定军责编·—426 千字　49.00 元

研究生英语写作教程/陆红编著·—谢永明责编·—239 千字　32.00 元

大学体育新教程/王庆贤,东芬主编·—李兵责编·—598 千字　38.00 元

信息技术基础/徐云晴,黄健主编·—刘一霖责编·—480 千字　33.00 元

经济应用数学/姬天富,骆汝九主编·—李娟责编·—330 千字　24.00 元

保罗·利科的叙述哲学/伏飞雄著·—董炎责编·—240 千字　45.00 元

经济学基础/李传亮,李玉芝主编·—薛华强责编·—280 千字　28.00 元

大学体育教程/易锋,曾红卒主编·—陈孝康责编·—440 千字　28.00 元

计算机等级考试学习与实验指导/陈志荣,虞勤主编·—周建兰责编·—318 千字　22.50 元

财务分析与案例研究/王雪珍,俞雪华编著·—薛华强责编·—304 千字　28.00 元

大学数学/曹瑞成,姜海勤主编·—谢金海责编·—560 千字　39.00 元

职业技工院校学生行为素养读本/高超,刘海光主编·—施放责编·—313 千字　25.00 元

现代教育技术与多媒体外语教学/汤燕瑜主编·—杨华责编·—337 千字　29.00 元

贵州侗族服饰文化与工艺/张国云著·—方圆责编·—160 千字　38.00 元

户外探险与野外生存/王苏光主编·—许周鹏责编·—360 千字　32.00 元

苏州大学本科教学手册(共六册)/殷爱荪主编·—金振华责编·—5300 千字　240.00 元

计算机应用基础/张中兴,向春枝主编·—徐来责编·—504 千字　38.00 元

财务管理能力训练与测试/宋小萍,李其银主编·—施放责编·—

240 千字 20.00 元

喋血阳澄湖/汤雄著·—杨婷责编·—260 千字 29.00 元

国运十字路口的知识分子们/姚传德著·—刘海责编·—267 千字 37.00 元

清末民初社会新万象/王骅书著·—刘海责编·—256 千字 35.00 元

无锡,辛亥百年/钱江,章振华,徐仲武主编·—史创新责编·—290 千字 25.00 元

大学生职业生涯规划与就业指导/侯文华主编·—盛莉责编·—460 千字 29.00 元

中外歌曲集锦/刘跃华编著·—储安全责编·—682 千字 48.00 元

综合英语教程(第 1、2 册)/曹晓娟主编·—金莉莉责编·—418 千字 32.00 元

高中英语每日半小时(共四分册)/碧泉,张蕾主编·—王娅等责编·—1584 千字 100.00 元

江苏省会计从业资格考试《财经法规与会计职业道德》模拟试卷/罗厚朝主编·—施放责编·—237 千字 17.00 元

江苏省会计从业资格考试《会计基础》模拟试卷/李建红主编·—王亮责编·—196 千字 17.00 元

英雄少年/朱云雷,陶维娜编著·—刘一霖责编·—153 千字 13.00 元

与太阳的对话/马相伯教育奖励促进会编著·—申小进责编·—304 千字 30.00 元

大学生军事实训教程/沈新艺主编·—许周鹩责编·—315 千字 35.00 元

大学生事务服务指南/李俊峰主编·—许周鹩责编·—405 千字 30.00 元

大学生素质育化指导(第五册)/何国清,周山华主编·—杨婷责编·—246 千字 20.00 元

乔伊斯卡罗尔欧茨的哥特现实主义小说研究/刘玉红著·—沈琴责编·—250 千字 25.00 元

大学生素质育化指导(第六册)/何国清,易明,张继玉主编·—李兵责编·—285 千字 22.00 元

祝塘乡土/张少波,沈军主编·—盛莉责编·—164 千字 15.00 元

马克思主义哲学原理教程/李成飞主编·—史创新责编·—280 千字 22.00 元

太平天国史论/王国平著·—许周鹩责编·—380 千字 50.00 元

古小说精华/陈桂声等编著·—巫洁责编·—221 千字 15.00 元

古小曲精华/钱锡生等编著·—李兵责编·—212 千字 15.00 元

古小词精华/薛玉坤等编著·—金振华责编·—215 千字 15.00 元

古小诗精华/张浩逊等编著·—董炎责编·—168 千字 15.00 元

教育理念创新与建设高等教育强国/王小梅,丁晓昌主编·—董炎责编·—874 千字 80.00 元

方强传奇/张汉林著·—施放责编·—162 千字 15.00 元

汉代工艺文化/许大海著·—方圆责编·—186 千·—28.00 元

但闻风流蕴藉:明清章回小说中的性情/王永健著·—倪浩文责编·—288 千字 35.00 元

翻译报国,译随境变/袁斌业著·—杨华责编·—360千字 38.00元

通过句法位置提取中文关键词的实验研究/王家钺著·—谢永明责编·—180千字 20.00元

预防医学(案例版)/徐勇主编·—廖桂芝责编·—665千字 49.00元

经典重读与热点聚集/邹惠玲主编·—杨华责编·—326千字 36.00元

黄杨集(线装本)/(元)华幼武著·—金振华责编·—215千字 480.00元

黄杨集/(元)华幼武著·—金振华责编·—176千字 98.00元

药剂学实验与指导(双语版)/刘扬主编·—廖桂芝责编·—360千字 28.00元

大学生心理健康教育/侯文华主编·—施放责编·—450千字 29.00元

2010年苏州市知识产权发展与保护状况/苏州市知识产权联席会议办公室编著·—汤定军责编·—78千字 10.00元

秋深绿意染吴门/夏骏,黄水林主编·—杨婷责编·—350千字 35.00元

环境管理让生活更美好:苏州市环境卫生行业发展报告(2011)/苏州市环境卫生管理处编·—巫洁责编·—179千字 29.00元

当代瓷砖实用宝典/袁立,李志豪编著·—倪浩文责编·—140千字 28.00元

银行后台服务中心人才选拔与培养读本/叶丽萍等主编·—盛莉责编·—175千字 35.00元

服务宝典2011/帅师,陶文主编·—盛莉责编·—168千字 25.00元

检察为民的新路径/王泽红,瞿忠主编·—杨婷责编·—329千字 40.00元

和谐社会视阈下的高校人才培养研究/黄水林著·—杨婷责编·—176千字 28.00元

新农村规划与农村产业建设/李森,熊兴耀著·—王亮责编·—190千字 29.00元

南京师范大学出版社

◆高等教育类

中国道教音乐之现状研究(随园文库)/蒲亨强著·—踪琦 张绚绚责编·—595.00千字 62.00元

中国道教音乐之现状研究(随园文库)(精装)/蒲亨强著·—踪琦 张绚绚责编·—595.00千字 81.00元

学校变革的生态分析(青年学者文丛)/王加强著·—张莉责编·—240.00千字 20.00元

在萨特和马克思之间:安德瑞高兹早中期哲学思想解读(青年学者文丛)/汤建龙著·—向磊责编·—242.00千字 20.00元

中国符号学研究·第4辑/顾嘉祖主编·—张泽芳责编·—559.00

千字 52.00 元

中国符号学研究第5辑/王永祥主编·—魏艳 洪亮 戈书颐责编·—523.00 千字 52.00 元

吉尔德勒兹身体创造学研究/韩桂玲著·—王瑾责编·—291.00 千字 28.60 元

君子怀德:古德夫教授纪念文集/邱鸣皋主编·—崔兰责编·—317.00 千字 40.00 元

随园法学文萃(上、下册)/南京师范大学法学院编·—王涛 郑丹责编·—943.00 千字 85.00 元

长三角教育联动发展研究文集/长三角教育联动发展协调领导小组办公室主编·—王涛责编·—345.00 千字 25.00 元

胡同恭文集——与改革同行:经济调查与经济研究(1985—2010)/胡同恭·—高朝俊责编·—502.00 千字 58.00 元

美术史与观念史Ⅺ、Ⅻ/范景中 曹意强 刘赦主编·—何黎娟责编·—668.00 千字 108.00 元

古籍丛书发展史/吴家驹著·—王欲祥 向磊责编·—290.00 千字 48.00 元

江苏省文博论文集2010/江苏省文物局编·—林荣芹 郑丹责编·—328.00 千字 40.00 元

业精于思——江苏律师优秀论文集(2010)/江苏省律师协会编·—张智灵 朱海榕责编·—800.00 千字 59.50 元

泰苑学术(2010年卷)/《南京师范大学泰州学院学报》编辑委员会·—向磊 戈书颐 居红云 周烨责编·—224.00 千字 20.00 元

南通文化选讲/冒键主编·—何黎娟责编·—247.00 千字 30.00 元

演进与偏离:农民经济合作及其组织化研究/吴业苗著·—韦娟责编·—385.00 千字 36.00 元

面向实践的中国经济伦理学/王小锡 王露璐主编·—何黎娟责编·—490.00 千字 54.00 元

民智兮国牢——南通近代校歌歌曲集/詹皖主编·—踪琦、张绚绚责编·—95.00 千字 39.00 元

民智兮国牢——书法集/詹皖 康宜华主编·—踪琦 张绚绚责编·—53.00 千字 80.00 元

高等教育投入体系与办学效益研究——以江苏省为例/王建华 党艳芳 王丹著·—张莉责编·—267.00 千字 30.00 元

课程视域中的休闲体育(课程与教学变革研究丛书)/石振国著·—晏娟 倪晨娟责编·—313.00 千字 35.00 元

物理课程与教学研究(1979—2009)(学科课程与教学研究三十年)/陈娴主编·—朱海榕责编·—808.00 千字 66.00 元

建立中国语文科及数学科专业学习社群——理论与实践/李子建 马庆堂 高慕莲编著·—束悦 朱海榕责编·—245.00 千字 30.00 元

心理发展教育/王道荣著·—张莉责编·—297.00 千字 33.00 元

名校教师专业发展的行动研究/过建春主编·—林荣芹 于丽丽责编·—353.00 千字 45.00 元

商会与中国法制近代化/王红梅著·—朱海榕 刘迎珍责编·—387.00 千字 37.00 元

国际制度环境下中国政府与非

政府组织关系研究(当代中国公共行政转型第1辑)/崔开云 著·—何黎娟责编 ·—272.00 千字 30.00 元

政府绩效管理与绩效评估(当代中国公共行政转型第1辑)/赵晖著·—芮国金 朱海榕责编·—261.00 千字 29.00 元

中国古代史教程(优秀教材)/李天石王建成主编·—束悦 朱海榕责编·—897.00 千字 63.00 元

视觉文化与媒介素养(优秀教材)/张舒予主编·—王涛责编·—463.00 千字 45.00 元

消费者行为学(优秀教材)/刘飞燕主编·—王涛 刘琪责编·—545.00 千字 45.00 元

大学语文(普通高等教育"十二五"规划教材)/尚洁主编·—王娟责编·—480.00 千字 32.00 元

应用文写作(普通高等教育"十二五"规划教材)/李卫主编·—王娟责编·—530.00 千字 33.80 元

大学体育(普通高等教育"十二五"规划教材)/李建新 张焕主编·—王娟责编·—410.00 千字 32.80 元

全新高职英语综合教程(普通高等教育"十二五"规划教材)/常学堂主编·—侯影影 王娟责编·—280.00 千字 32.00 元

美术鉴赏(普通高等教育"十二五"规划教材)/张玲丽主编·—王娟责编·—288.00 千字 33.00 元

新编普通话教程(普通高等教育"十二五"规划教材)/王华杰主编·—王娟责编·—320.00 千字 29.80 元

文选(高师一年级下册)(新世纪高师基础课教材)/梅云霞主编·—崔兰责编·—102.00 千字 15.80 元

文选(高师二年级下册)(新世纪高师基础课教材)/秦慧绒主编·—崔兰责编·—128.00 千字 20.00 元

文选(高师三年级下册)(新世纪高师基础课教材)/王兴明主编·—崔兰责编·—87.00 千字 13.50 元

阅读指要(新世纪高师基础课教材)/陈艺鸣编著·—崔兰责编·—456.00 千字 39.00 元

师范生语文职业技能手册(新世纪高师基础课教材)/赵晓梅主编·—崔兰责编·—570.00 千字 39.00 元

语文综合实践教程(新世纪高师基础课教材)/宋为群主编·—崔兰责编·—252.00 千字 27.00 元

传媒经营与管理(广播影视艺术编导系列丛书)/季宗绍著·—王涛 陈娟责编·—574.00 千字 46.00 元

新闻写作新视角(新闻学国家特色专业系列教材)/石坚著·—王涛 徐娟责编·—480.00 千字 42.50 元

非线性编辑与应用(新闻学国家特色专业系列教材)/王建军主编·—王涛 邓丽红责编·—344.00 千字 40.00 元

电视摄像造型艺术(新闻学国家特色专业系列教材)/刘万年主编·—王涛 刘琪责编·—202.00 千字 35.00 元

新闻理论案例解析/周必勇编著·—王涛责编·—323.00 千字

35.00元

江苏省成人高等教育英语考试模拟试题集/本书编写组组编·—匡理责编·—194.00千字 12.80元

大学物理典型错解分析100例/凌瑞良 张平著·—朱海榕责编·—422.00千字 38.00元

普通话水平测试自学与培训用书/杨林国主编·—崔兰责编·—247.00千字 15.00元

扬琴/詹皖编著·—踪琦 张绚绚责编·—251.00千字 26.00元

低音提琴练习曲:86首练习曲教学注释/尹富源编著·—踪琦 张绚绚责编·—205.00千字 26.00元

钢琴教程(3)(全国高等师范院校音乐专业系列教材)/周晓梅 吴磊 顾屹主编·—踪琦 张绚绚责编·—342.00千字 35.00元

舞蹈实用教程(师范院校音乐舞蹈系列教材)/严道康主编·—踪琦 张绚绚责编·—288.00千字 30.00元

素描头像①②(实力派名师高考应试示范)/蔡亚男 黄志勇 任振邦主编·—何黎娟责编·—212.00千字 72.00元

色彩静物①②(实力派名师高考应试示范)/黄志勇 张国政 罗磊主编·—何黎娟责编·—212.00千字 72.00元

装饰材料与构造(环境艺术设计教材)/高祥生主编·—何黎娟责编·—272.00千字 49.00元

环艺模型设计与制作(环境艺术设计教材)/马娇 马路编著·—何黎娟责编·—157.00千字 35.00元

中国艺术设计史(艺术设计专业教材)/夏燕靖著·—何黎娟责编·—415.00千字 45.00元

印刷工艺与设计(艺术设计专业教材)/王言升 姜竹松编著·—何黎娟责编·—114.00千字 36.00元

◆**基础教育类**

江苏省青少年心理健康与心理健康教育蓝皮书(2010)/傅宏主编·—朱海榕 余洁责编·—285.00千字 38.00元

青少年压力管理与情商开发/王道荣著·—张莉责编·—202.00千字 28.00元

教育法规汇编/江苏省教育厅主编·—王涛责编·—644.00千字 38.00元

走在发展教育的路上/姜岳威主编·—匡理责编·—482.00千字 40.50元

农村义务教育质量保障机制/陈敬朴著·—朱海榕责编·—424.00千字 47.50元

追求合适:基础教育课程与教学变革/杨启亮主编·—张莉责编·—277.00千字 30.00元

小学教师培养模式:问题与抉择/潘健著·—张莉责编·—251.00千字 30.00元

且行且歌—苏州工业园区胜浦实验小学教师随笔集/徐海鹰主编·—张岳全责编·—149.00千字 25.00元

守望简约——我的小学语文观/金立义著·—张春责编·—264.00千字 32.00元

一花一世界:“小学生学习语文的不同需求与教师的有效指导研究”的思考与实践/朱廷梅主编·—段倩毓责编·—301.00千字 26.00元

融通建构——小学数学结构化教学的研究/金一民著·—孙涛责编·—318.00千字 28.00元

中小学教科研方法指南及论文导写/方健华等著·—张岳全责编·—317.00千字 35.00元

教育公平不是梦——南京市沙洲中学融合教育的故事/傅明宝 邬晓莉著·—杨真真 戴联荣责编·—222.00千字 34.00元

金中魂/邹正主编·—孙涛责编·—220.00千字 18.00元

高中地理教与思——“国培计划(2010)”论文集/赵媛 刘树凤主编·—向磊责编·—367.00千字 35.00元

中美教师评价标准比较研究/严玉萍著·—王迎春责编·—240.00千字 32.00元

彩虹那端(科学少年丛书)/余珍 顾燕 孙小红编著·—段倩毓责编·—135.00千字 20.00元

玩转物理(科学少年丛书)/周延怀 周艳丽 张敏著·—孙涛责编·—103.00千字 16.00元

生命密码(科学少年丛书)/汪忠 等著·—周海忠等责编·—103.00千字 16.00元

谈阳阳杨青青的化学奇遇(科学少年丛书)/陈凯 周志华著·—王礼祥责编·—99.00千字 16.00元

物种之谜(科学少年丛书)/汪忠著·—张岳全责编·—124.00千字 16.00元

想当宇航员的孩子们(科学少年丛书)/孙宁生 孙小红编著·—王书贞责编·—103.00千字 16.00元

科学读本第1册/本书编写组·—匡理责编·—107.00千字 8.00元

科学读本第2册/本书编写组·—孙涛责编·—114.00千字 8.00元

科学读本第3册/本书编写组·—张岳全责编·—67.00千字 8.00元

科学读本第4册/本书编写组·—王敏 韦娟责编·—67.00千字 8.00元

科学读本第5册/本书编写组·—杨晶 王书贞责编·—67.00千字 8.00元

科学读本第6册/本书编写组·—孙涛责编·—67.00千字 8.00元

科学读本第7册/本书编写组·—杨晶 王书贞责编·—115.00千字 10.00元

科学读本第8册/本书编写组·—王敏 韦娟责编·—125.00千字 10.00元

科学读本第9册/本书编写组·—张岳全责编·—135.00千字 10.00元

消防安全教育一年级/《消防安全教育》编写组编写·—万斌责编·—42.00千字 3.98元

消防安全教育二年级/《消防安全教育》编写组编写·—魏丽责编·—42.00千字 3.98元

消防安全教育三年级/《消防安全教育》编写组编写·—何黎娟责

编·—33.00千字　3.98元

消防安全教育四年级/《消防安全教育》编写组编写·—王礼祥责编·—33.00千字　3.98元

消防安全教育五年级/《消防安全教育》编写组编写·—张莉责编·—33.00千字　3.98元

消防安全教育六年级/《消防安全教育》编写组编写·—郑海燕责编·—33.00千字　3.98元

消防安全教育初中(全一册)/《消防安全教育》编写组编写·—张春责编·—42.00千字　6.96元

小学生话题作文写作指导/刘玉玺 刘玉峰编著·—周霞 王娟责编·—249.00千字　36.90元

南京市中考指南(2011)/《南京市中考指南》编写组组编·—韦娟 丁亚芳责编·—172.00千字　11.00元

新编应用文写作教程/丁青山 王胜晓主编·—陈晓丽 王娟责编·—520.00千字　32.80元

大学自主招生联考报考指要/严玉萍主编·—王书贞 王娟责编·—127.00千字　12.00元

教师招聘考试面试指导(教师录用考试学习辅导丛书)/嵇明海编著·—王娟责编·—261.00千字　32.00元

教师招聘考试习题集(教师录用考试学习辅导丛书)/王娟编著·—王娟责编·—304.00千字　35.00元

教师招聘考试综合基础知识(教师录用考试学习辅导丛书)/华党生编著·—王娟责编·—852.00千字　65.00元

教师招聘考试经典案例分析(教师录用考试学习辅导丛书)/耿方珠 杨昆编著·—王娟责编·—215.00千字　22.00元

◆幼儿教育类

儿童工作中的全纳、平等和多样性(幼儿教师专业发展译丛)/(英)休格里芬著 张凤译·—唐黎责编·—281.00千字　25.00元

竹节的力量——关键事件与幼儿教师专业成长研究/顾荣芳等著·—唐黎责编·—328.00千字　32.00元

美术治疗的理论与方法研究/周红著·—陆正东责编·—400.00千字　45.00元

幼儿园教育科研指南/张晖编著·—王艳责编·—333.00千字　26.00元

幼儿园开放课程(幼儿园课程研究丛书)/宁征著·—陆正东责编·—259.00千字　30.00元

经验课程:在探索中生发(幼儿园课程研究丛书)/唐玉萍主编·—张泽芳责编·—368.00千字　39.00元

图标:幼儿园课程实践新视角/章丽主编·—张春责编·—323.00千字　78.00元

3岁,真的定终身吗?——从早期大脑发展看孩子的学习关键期/(美)约翰布鲁尔著 王淑娟译·—易彬彬 朱从梅责编·—186.00千字　35.00元

儿童的乐园:走进21世纪的美国学前教育/李生兰著·—王艳责编·—427.00千字　38.80元

以案释法—幼儿园涉法事务全解析/武祥海 李小红主编·—戈书

颐 万斌责编·—328.00千字 28.00元

幼儿师范生双语活动教程/胡群编著·—谢文文 王娟责编·—253.00千字 23.00元

给幼儿园教师的101条建议游戏指导/邱学青主编·—王艳责编·—305.00千字 36.00元

给幼儿园教师的101条建议音乐教育/许卓娅主编·—王艳责编·—612.00千字 64.00元

我要学拼音教学挂图/金小梅编写·—张春责编·—2.50元

我要学拼音指导用书/金小梅编写·—孔令秋 张春责编·—61.00千字 7.00元

我要学拼音拼音练习册(上)(下)/金小梅编写·—孔令秋 张春责编·—10.00元

我要上学啦指导用书/《我要上学啦》丛书编委会编写·—张春等责编·—195.00千字 18.80元

我要上学啦幼儿用书/《我要上学啦》丛书编委会编写·—唐黎等责编·—292.00千字 26.00元

经典绘本阅读课程·小班·上/郑荔 梅子涵 卢新予·—龚慧英 王艳芳责编·—72.00千字 20.00元

经典绘本阅读课程·中班·上/郑荔 梅子涵 卢新予·—龚慧英 王艳芳责编·—72.00千字 20.00元

经典绘本阅读课程·大班·上/郑荔 梅子涵 卢新予·—龚慧英 王艳芳责编·—72.00千字 20.00元

石头剪子布——李茹儿童歌曲集/李茹主编·—侯宇岚 史岚责编·—60.00千字 38.00元

幼儿园角色游戏:玩具材料制作160例/刘艳主编·—王娟责编·—115.00千字 28.00元

幼儿园游戏案例260例/刘艳主编·—王娟责编·—490.00千字 48.00元

童性之乐——农村幼儿园“动手乐”特色课程活动资源库/王英 江丽萍主编·—唐黎责编·—251.00千字 25.00元

幼儿园音乐教育活动资源/许卓娅主编·—王艳责编·—507.00千字 46.00元

纸艺(幼儿园美术教育活动资源库)/孔起英 季红主编·—魏丽责编·—142.00千字 26.00元

中国画(幼儿园美术教育活动资源库)/孔起英王红年主编·—魏丽责编·—156.00千字 28.00元

平面贴画(幼儿园美术教育活动资源库)/孔起英 吴邵萍主编·—魏丽责编·—156.00千字 28.00元

节庆活动(小天鹅幼儿园艺术教育丛书)/张小媛主编·—陆正东责编·—213.00千字 22.00元

舞蹈(小天鹅幼儿园艺术教育丛书)/张小媛主编·—王艳责编·—207.00千字 58.00元

环境创设(小天鹅幼儿园艺术教育丛书)/张小媛主编·—唐黎责编·—118.00千字 28.00元

儿童剧表演(小天鹅幼儿园艺术教育丛书)/张小媛主编·—张春责编·—218.00千字 58.00元

主题活动(小天鹅幼儿园艺术教育丛书)/张小媛主编·—张泽芳责编·—302.00千字 28.00元

你也进来吧/(奥)海因茨雅尼诗/文·—龚慧瑛 李慧责编·—2.80千字 24.80元

猪也会飞/(加)瓦莱丽库尔曼/文·—龚慧英 李慧责编·—3.00千字 24.80元

去海边/(英)托马斯杜乔蒂/文·—龚慧英 余丽琼责编·—2.80千字 16.80元

窗边的奥利弗/(美)伊丽莎白施里夫/文·—龚慧英 李慧责编·—3.00千字 24.80元

咕噜噜,变!/洪微编绘·—龚慧瑛 陆亚军责编·—60.00千字 14.00元

游戏大王芝麻开门/丛伟等编著·—龚慧瑛 陆亚军责编·—60.00千字 14.00元

游戏大王大光头/徐兵等编著·—龚慧瑛 陆亚军责编·—60.00千字 14.00元

游戏大王大河马的屁/张讯等编著·—龚慧瑛 陆亚军责编·—60.00千字 14.00元

游戏大王哄哄我/徐佳等编著·—龚慧瑛 陆亚军责编·—60.00千字 14.00元

游戏大王假如我是一块牛排/丛伟等编著·—龚慧瑛 陆亚军责编·—60.00千字 14.00元

游戏大王嗨,有一只狼!/赵楠等编著·—龚慧瑛 陆亚军责编·—60.00千字 14.00元

游戏大王胡子啊胡子/王超等编著·—龚慧瑛 陆亚军责编·—60.00千字 14.00元

游戏大王爱吃米饭的怪兽/林俊杰等编著·—龚慧瑛 陆亚军责编·—60.00千字 14.00元

游戏大王大将军/林聪文 等编著·—龚慧瑛 陆亚军责编·—60.00千字 14.00元

游戏大王我有一头小毛驴/梁川等编著·—龚慧瑛 陆亚军责编·—60.00千字 14.00元

游戏大王九只鬼/张晓晨等编著·—龚慧瑛 陆亚军责编·—60.00千字 14.00元

游戏大王神仙来了/洪微等编著·—龚慧瑛 陆亚军责编·—60.00千字 14.00元

乐在棋中(初级)(幼儿版)/邱学青主编·—刘芸、朱从梅责编·—48.00元

乐在棋中(中级)(幼儿版)/邱学青主编·—刘芸、朱从梅责编·—58.00元

乐在棋中(高级)(幼儿版)/邱学青主编·—刘芸、朱从梅责编·—68.00元

乐在棋中——儿童棋类游戏总动员(初级)(教学版)/邱学青主编·—刘芸、朱从梅责编·—1.47千字 150.00元

乐在棋中——儿童棋类游戏总动员(中级)(教学版)/邱学青主编·—刘芸、朱从梅责编·—1.60千字 180.00元

乐在棋中——儿童棋类游戏总动员(高级)(教学版)/邱学青主编·—刘芸、朱从梅责编·—2.41千字 220.00元

◆其他

使者/韩青辰著·—朱海榕责编·—286.00千字 42.00元

随园诗脉传承集/宙浩主编·—王欲祥责编·—244.00千字

38.00 元

中国现代文学与九州/(日)岩佐昌暲编著李传坤译·—高朝俊责编·—149.00 千字　15.00 元

我的河在向你奔来:20 世纪英语女作家在中国/杨莉馨 卓岩著·—向磊责编·—431.00 千字　45.00 元

建构创新的文化/邹正 尤小平主编·—张慧 王迎春责编·—271.00 千字　20.00 元

教育能真正改变吗?(当代教育名家札记丛书)/程方平著·—韦娟责编·—383.00 千字　38.00 元

江苏省第二批国家级非物质文化遗产要览/王世华主编·—丁亚芳 束悦责编·—308.00 千字　83.00 元

下江南:华东线导游/吴建主编·—崔兰责编·—501.00 千字　39.00 元

扬州盐商遗迹/王虎华主编·—王欲祥责编·—460.00 千字　98.00 元

智慧南京:城市发展新模式/唐建荣 童隆俊 邓贤峰等著·—孔令秋 姜爱萍责编·—257.00 千字　58.00 元

走出太平砦·—黄氏家族百年沧桑/黄振惇 黄西孟 黄晓衡编著·—王欲祥责编·—430.00 千字　58.00 元

公共文化服务体系 120 问/戴珩著·—丁亚芳 束悦责编·—87.00 千字　14.00 元

《深圳特区报》竞争力探析/石坚著·—王涛 徐娟责编·—339.00 千字　38.00 元幸福凤凰:城市社区创新社会管理的理论与实践/本书编写组编著·—朱海榕 王瑾责编·—319.00 千字　50.00 元

第三产业可持续发展/朱国伟著·—芮国金 朱海榕责编·—202.00 千字　25.00 元

中国经济伦理学年鉴(2010)/王小锡主编·—王瑾责编·—358.00 千字　65.00 元

江苏省文学艺术界联合会年鉴 2010/江苏省文学艺术界联合会编·—王欲祥 向磊责编·—509.00 千字　150.00 元

首届中国经典传播运动大奖案例精粹:2009 年度/陈徐彬主编·—王涛责编·—266.00 千字　68.00 元

青春放歌:2010 年江苏省国家奖学金获奖学生风采录/倪道潜主编·—崔兰责编·—425.00 千字　40.00 元

幸福,就在琅小园(成长印记系列)/明朗著·—张泽芳责编·—88.00 千字　20.00 元

有一种毒药叫"成功"(知性妈妈丛书)/赵翼如著·—杨真真 戴联荣责编·—178.00 千字　19.00 元

寻书偶存(文化人生丛书)/姜德明著·—王欲祥责编·—127.00 千字　35.00 元

苦乐人生的轨迹(文化人生丛书)/李希凡著·—王欲祥 张莉责编·—254.00 千字　45.00 元

昨夜星辰昨夜风(文化人生丛书)/袁鹰著·—王欲祥 向磊责编·—187.00 千字　40.00 元

玉人何处教吹箫(文化人生丛书)/韦明铧著·—向磊 王欲祥责编·—250.00 千字　28.00 元

七色天下事(阳光少年丛书)/

于奎潮著·—王欲祥责编·—144.00千字　18.00元

国事大扫描(阳光少年丛书)/戴珩著·—高朝俊责编·—141.00千字　18.00元

家事一箩筐(阳光少年丛书)/华明玥著·—高朝俊责编·—145.00千字　19.00元

江苏大学出版社

研究生培养模式论/曹健著·—段学庆责编·—200千字　29.00元

少儿快速心算3/刘永年,管青编著·—顾正彤责编·—60千字　15.00元

梦溪笔谈注/(北宋)沈括著,王骧注·—米小鸽,潘安责编·—1159千字　200.00元

高等教育及其课程、发展模式的国际比较/高有华著·—潘安责编·—530千字　52.00元

农村的基层政权建设/戴利朝,杨吉安著·—张平责编·—290千字　36.00元

镇江公路交通科技论文选萃/江苏省镇江市公路学会编·—段学庆责编·—529千字　54.00元

百草园之华:鲁迅杂文主题话语辑/王纯真编·—吴昌兴责编·—162千字　16.00元

集团房地产市场营销全流程管理操作手册/董晨鹏编著·—米小鸽责编·—575千字　317.00元

王维研究(第五辑)/梁瑜霞,师长泰主编·—张静责编·—393千字　40.00元

雁过留声/颜福康著·—米小鸽,王亚丽责编·—348千字　40.00元

桑榆集/邹序欣著·—李菊萍责编·—280千字　25.00元

文明发展交流:社会科学研究的多维视角/曲鸿亮著·—张静,郭杰责编·—331千字　36.00元

华文文学与文化政治/刘小新著·—顾正彤责编·—350千字　36.00元

视域与转换:文学的媒介视域与文化符号的转换/管宁著·—林卉责编·—273千字　32.00元

"民族"与八十年代的精神征候/练暑生著·—林卉责编·—250千字　26.00元

文宗书韵:文宗阁与《四库全书》/徐苏著·—顾正彤,张静责编·—100千字　20.00元

科学哲学新论:关于科学的理性思考/钱兆华著·—李经晶责编·—235千字　28.00元

范伯子研究资料集/陈国安,孙建编著·—米小鸽责编·—570千字　68.00元

公共卫生(预防医学)综合知识手册/王孝娃主编·—李菊萍责编·—332千字　28.00元

走进民间/康新民著·—米小鸽责编·—449千字　42.00元

吴风楚韵:镇江非物质文化遗产图文集/刘振兴等主编·—吴昌兴,汪再非责编·—255千字　80.00元

当代中国文化新观察/杨明辉等

著·—易丽芳责编·—250千字　35.00元

镇江市第三次全国文物普查重要新发现/镇江市文化广电新闻出版局编·—芮月英责编·—150千字　80.00元

江海流韵:南通非物质文化遗产的开发与利用/曹锦扬主编·—张静责编·—264千字　32.00元

党旗高扬小康路/中共盐城市委组织部编·—潘安,米小鸽责编·—240千字　29.00元

计算机模拟技术及其在农业工程中的应用/陈树人等编著·—杨海濒责编·—330千字　32.00元

生态学研究进展:王兆骞教授农业生态学学术思想研究文集/李萍萍主编·—吴小娟,吴昌兴,李经晶责编·—292千字　32.00元

高新技术企业核心能力动态演化及评价/范新华著·—段学庆责编·—130千字　20.00元

贯彻《教育规划纲要》,传承大学精神,强化人才培养/中国高教学会高等教育管理研究会秘书处编著·—张静责编·—659千字　68.00元

课程基础理论及其应用/高有华著·—米小鸽,张静责编·—586千字　56.00元

少儿快速心算1/·—刘永年,管青编著·—顾正彤责编·—60千字　15.00元

山水花园城市·镇江2011/中共镇江市委宣传部,镇江市发展和改革委员会,镇江市文学艺术界联合会编·—顾正彤责编·—160千字　68.00元

大学生理财/·—张凤林主编·—潘安,米小鸽责编·—350千字　40.00元

发现·镇江/王致同著·—常钰责编·—326千字　38.00元

物联网价值网络:识别、刻画与构建/陈玉川著·—米小鸽责编·—182千字　26.00元

江苏大学志(全3册)/《江苏大学志》编撰委员会编·—米小鸽,顾海萍,顾正彤,吴小娟,张静,易丽芳责编·—2895千字　680.00元

媒眼:江苏大学外宣报道选粹(2001·—2010)/高鸣主编·—米小鸽,顾海萍责编·—563千字　62.00元

辛亥革命与镇江/镇江市政协文史资料委员会编·—吴昌兴,汪再非责编·—346千字　40.00元

剖析三棱锥:寻求区域创新能力形成的立体路径/陈玉川著·—张静责编·—238千字　32.00元

江苏大学史话/高鸣主编·—林卉责编·—230千字　38.00元

法学视野下农民工权益保障问题研究/周秋琴著·—林卉责编·—250千字　36.00元

墨淡德品:陈照煌书法作品集/陈照煌著·—芮月英责编·—110千字　80.00元

文化产业与文化创新/张帆主编·—张静责编·—513千字　48.00元

冲突与协调:我国农村土地制度变革中农民权益的保障/周秋琴著·—张平责编·—230千字　36.00元

课程与教学论基础/潘洪建等编著·—张静,吴小娟责编·—356千字　30.00元

青山绿水新镇江/镇江市文学艺术界联合会编·—汪再非,吴昌兴责编·—300 千字　96.00 元

小学数学课程 60 年/刘久成著·—米小鸽责编·—340 千字　45.00 元

小学思想品德课程 60 年/翟楠,薛晓阳著·—张静责编·—317 千字　43.00 元

文心讲堂(第二辑)/镇江市图书馆编·—张平责编·—300 千字　44.00 元

江苏大学年鉴(2010)/江苏大学档案馆编·—张平,林卉责编·—1020 千字　120.00 元

住房公积金:理论思考与实践创新/王捷主编·—米小鸽,顾海萍责编·—302 千字　29.50 元

汉英数字认知表征对比研究/何南林等著·—杨海濒责编·—200 千字　29.00 元

文化现场/张大华著·—林卉责编·—250 千字　38.00 元

有容乃大:辽宋金元时期饮食器具研究/韩荣著·—段学庆责编·—394 千字　56.00 元

中国运动员人力资本投资及其产权制度研究/王武年著·—常钰责编·—200 千字　26.00 元

独生子女家庭关系及其影响因素研究:以镇江市为例/石燕著·—顾正彤,吴小娟责编·—209 千字　32.00 元

基于演化视角的高校辅导员管理研究/李洪波著·—李经晶责编·—250 千字　25.00 元

一个退役上校坦克团长的随想录/顾开宁著·—米小鸽责编·—260 千字　38.00 元

广西北部湾物流与经济发展研究/朱芳阳,张小强主编·—顾正彤责编·—480 千字　48.00 元

南京出版社

厚德泗洪人/吴雪丽主编·—范忆责编·—246 千字　26.00 元

南京市经济社会发蓝皮书(2010—2011)/叶南客主编·—陆永辉责编·—338 千字　30.00 元

大唐南京发电厂志/大唐南京发电厂编·—徐碧超责编·—300 千字　80.00 元

顶天地立教书匠/邵统亮著·—范忆责编·—250 千字　23.00 元

那一束木香花/熊梅生著·—陆永辉责编·—330 千字　40.00 元

因为爱得深沉/梅静著·—钱薇责编·—301 千字　35.00 元

感动南京故事会/中共南京市委宣传部编·—吴新婷责编·—108 千字　22.00 元

春秋三百年/王爱明著·—鲍咏梅责编·—108 千字　25.00 元

对话总裁/谢志成、苏振双著·—沈丽国责编·—150 千字　59.80 元

江宁区文化志/南京市江宁区文化志编纂委员会编·—潘珂责编·—1000 千字　418.00 元

古里秦淮地名源/王付荣、阎文斌主编·—周勇责编·—200 千字

160.00 元

古典家具收藏与鉴赏/吕九芳、刘文佳编著·—樊立文责编·—140 千字 38.00 元

狮子山楚王陵/徐州汉文化景区园林管理处编·—沈炜责编·—80 千字 360.00 元

雨花石 2010/戴宗宝主编·—吴新婷责编·—460 千字 112.00 元

南京市民安全读本/中共南京市委宣传部编·—王国钦责编·—148 千字 23.00 元

康熙上元县志/[清]唐开陶修纂·—·吴新婷等责编·—1500 千字 1·—1800.00 元

至正金陵新志/[元]张铉修纂·—范忆等责编·—1500 千字 2400.00 元

南京特别市市政公报(第五—十三期)/[民国]南京特别市市政府编·—陆永辉责编·—500 千字 800.00 元

南京特别市市政公报(第十四—二十期)/[民国]南京特别市市政府编·—陆永辉责编·—500 千字 800.00 元

南京特别市市政公报(第二十一—二十五期)/[民国]南京特别市市政府编·—陆永辉责编·—500 千字 800.00 元

梁代陵墓考·南朝太学考·六朝陵墓调查报告·建康兰陵陵墓图考/[清]张璜等撰·—潘珂责编·—500 千字 600.00 元

六朝事迹编类·六朝故城图考·南朝寺考/[宋]张敦颐等撰·—潘珂责编·—500 千字 800.00 元

小学生法制教育/本书编写组编·—张龙责编·—342 千字 39.00 元

中学生法制教育/本书编写组编·—张龙责编·—342 千字 39.00 元

2011 年南京市中考指导书——思想品德·历史/本书编委会编·—杨淑丽责编·—168 千字 8.1 元

2011 年南京市中考指导书——生物·地理/本书编委会编·—鲍咏梅责编·—168 千字 8.1 元

2011 年南京市中考指导书——语文、英语、数学、物理、化学/本书编委会编·—鲍咏梅等责编·—168 千字 8.1 元

哲学与人生学习指导/南京市职业教育教学研究室编·—赵育春责编·—160 千字 12.00 元

小学生安全健康教育·下册/本书编写组编·—张龙责编·—373 千字 46.00 元

中学生安全健康教育·下册/本书编写组编·—张龙责编·—229 千字 27.00 元

南京通史·民国卷/南京市地方志编纂委员会编·—陆永辉责编·—600 千字 128.00 元

玑珠集——江苏民间收藏精粹/徐湖平美编·—范忆责编·—200 千字 260.00 元

首都市政公报(第二十六—三十期)/[民国]南京特别市市政府编·—朱天乐责编·—500 千字 800.00 元

首都市政公报(第三十一—三十四期)/[民国]南京特别市市政府编·—朱天乐责编·—500 千字 800.00 元

首都市政公报(第三十五—三

十九期)/[民国]南京特别市市政府编·—朱天乐责编·—500千字 800.00元

首都市政公报(第四十—四十三期)/[民国]南京特别市市政府编·—朱天乐责编·—500千字 800.00元

首都市政公报(第四十四—四十七期)/[民国]南京特别市市政府编·—朱天乐责编·—500千字 800.00元

首都市政公报(第四十八—五十三期)/[民国]南京特别市市政府编·—朱天乐责编·—500千字 800.00元

康熙江宁府志/[清]于成龙纂修·—吴新婷等责编·—2000千字 3200.00元

数知道答案/张开新著·—沈丽国责编·—210千字 50.5元

南京颂/吴野著·—樊立文责编·—208千字 28.00元

古韵新姿扬州居/杨学华主编·—王国钦责编·—701千字 240.00元

神秘的喷水池/[德]布兰克著、顾玲丽译·—陆永辉责编·—52千字 12.80元

魔法城堡/[德]布兰克著、伍梦惠译·—陆永辉责编·—52千字 12.80元

黑手出没的港湾/[德]布兰克著、伍梦惠译·—陆永辉责编·—52千字 12.80元

小镇魅影/[德]布兰克著、伍梦惠译·—陆永辉责编·—52千字 12.80元

天外来险/[德]布兰克著、伍梦惠译·—陆永辉责编·—52千字 12.80元

侵华日军南京大屠杀遇难同胞纪念馆年鉴·2010年/朱成山主编·—朱天乐责编·—160千字 40.00元

闲聊历代帝王系列/赵望晓等编著·—赵育春责编·—507千字 72.00元

江宁历代出土墓志考释/周维林、许长生主编·—朱天乐责编·—300千字 39.00元

0—14岁儿童健康手册/项晓宁、金福年主编·—石长安责编·—90千字 36.00元

暗香盈袖/谷玲玲著·—钱薇责编·—178千字 28.00元

经典音乐钢琴、电子琴教程/崔焰编著·—鲍咏梅责编·—156千字 48.00元

乾隆上元县志/[清]蓝应袭修·—吴新婷责编·—1500千字 2400.00元

嘉庆江宁府志/[清]吕燕昭修·—吴新婷责编·—1500千字 2400.00元

康熙江宁府志/[清]陈开虞修·—吴新婷责编·—1500千字 2400.00元

首都市政公报(第五十四—六十期)/[民国]南京特别市市政府编·—朱天乐责编·—500千字 800.00元

岁月如歌/朱宏著·—陆永辉责编·—207千字 36.00元

文化民生的理论与实践/江苏省文化厅编·—余力责编·—234千字 40.00元

金陵玄观志/[明]葛寅亮撰·—陆永辉责编·—104千字

22.00元

承恩寺缘起碑板录·律门祖庭汇志·扫叶楼集·金陵乌龙潭放生池古迹考/[清]释鹰巢等编·—钱薇责编·—163千字　36.00元

后湖志/[明]赵官等编纂·—陆永辉责编·—134千字　38.00元

金陵梵刹志/[明]葛寅亮撰·—陆永辉责编·—602千字　138.00元

构建简明灵动课堂/凌朝阳、郭长忠主编·—张晶责编·—349千字　30.00元

图书馆服务公益性、创新性与政策法规保障/中国图书馆学会编·—沈丽国责编·—355千字　98.00元

南京地区综合档案馆指南/南京市档案馆主编·—徐碧超责编·—3000千字　650.00元

中共南京历史画卷/中共南京市委党史工作办公室编·—陆永辉责编·—400千字　160.00元

南京大屠杀史研究·2011.2/朱成山主编·—朱天乐责编·—172千字　15.00元

黄天荡遗珠/张强、齐憧主编·—鲍咏梅责编·—358千字　180.00元

翰墨寄深情，丹青忆伟人/孙洪斌主编·—沈丽国责编·—50千字　280.00元

天下说建文/明孝陵博物馆编·—陆永辉责编·—260千字　60.00元

诉说：陈政立歌词选/陈政立著·—鲍咏梅责编·—100千字　88.00元

中国雨花石图典/池澄编著·—沈丽国责编·—600千字　800.00元

现代生活、现代医疗与临床综合征/钱晓明、万文辉主编·—余力责编·—600千字　50.00元

首都市政公报(第六一—六十五十期)/[民国]南京特别市市政府编·—朱天乐责编·—500千字　800.00元

首都市政公报(第七十三—七十七期)/[民国]南京特别市市政府编·—朱天乐责编·—500千字　800.00元

首都市政公报(第七十八—八十三期)/[民国]南京特别市市政府编·—朱天乐责编·—500千字　800.00元

首都市政公报(第六十六—七十二期)/[民国]南京特别市市政府编·—朱天乐责编·—500千字　800.00元、

洪武京城图志·万历应天府志/[明]礼部、王一化纂修·—吴新婷等责编·—500千字　1800.00元

光绪续纂江宁府志/[清]蒋启勋·—吴新婷责编·—1500千字　2400.00元

道光上元县志/[清]武念祖纂·—吴新婷责编·—1500千字　2400.00元

小学奥赛教程·二年级语文/崔恒兵主编·—鲍咏梅·—179千字　27.00元

小学奥赛考级教程·二年级数学/崔恒兵主编·—鲍咏梅·—179千字　28.00元

小学奥赛教程·三年级语文/崔恒兵主编·—鲍咏梅·—179千字　28.00元

小学奥赛考级教程·三年级数学/崔恒兵主编·—鲍咏梅·—179千字 32.00元

小学奥赛教程·四年级语文/崔恒兵主编·—鲍咏梅·—179千字 30.00元

小学奥赛考级教程·四年级数学/崔恒兵主编·—鲍咏梅·—179千字 35.00元

小学奥赛教程·五年级语文/崔恒兵主编·—鲍咏梅·—179千字 33.00元

小学奥赛考级教程·五年级数学/崔恒兵主编·—鲍咏梅·—179千字 35.00元

小学奥赛教程·六年级语文/崔恒兵主编·—鲍咏梅·—179千字 37.00元

小学奥赛考级教程·六年级数学/崔恒兵主编·—鲍咏梅·—179千字 35.00元

小学数学奥赛教程同步训练1+2/崔恒兵主编·—鲍咏梅·—179千字 22.00元

中学数学奥赛考级教程·七年级/崔恒兵主编·—鲍咏梅·—230千字 30.00元

中学数学奥赛考级教程·八年级/崔恒兵主编·—鲍咏梅·—300千字 40.00元

中学物理培训教程/崔恒兵主编·—鲍咏梅·—1551千字 195.00元

初中作文系列化训练·七年级上册/本书编写组编·—鲍咏梅责编·—165千字 14.00元

初中作文系列化训练·八年级上册/本书编写组编·—鲍咏梅责编·—165千字 14.00元

初中作文系列化训练·九年级上册/本书编写组编·—杨淑丽责编·—165千字 14.00元

小学生法制教育·上册/本书编写组编·—张龙责编·—342千字 39.00元

中学生法制教育·上册/本书编写组编·—张龙责编·—200千字 19.50元

探秘郑和下西洋/杨新华主编·—钱薇责编·—280千字 48.00元

南京大屠杀史研究2011.3/朱成山主编·—朱天乐责编·—172千字 20.00元

城与山水/王贺安、王洲著·—张龙责编·—196千字 30.00元

夏冰流书画集/夏冰流绘·—石长安责编·—10千字 88.00元

徐州汉兵马俑博物馆25周年纪念文集/邱永生主编·—吴新婷责编·—348千字 89.00元

门票收藏与鉴赏/阴岭山著·—樊立文责编·—160千字 38.00元

陈政立歌词选(二)/陈政立著·—鲍咏梅责编·—310千字 88.00元

文艺:回望辛亥百年/南京市文艺评论家协会编·—沈丽国责编·—192千字 32.00元

钟山历代名人墨迹选/孙中山纪念馆编·—钱薇责编·—160千字 220.00元

侵华日军南京大屠杀日本报刊影印集/朱成山编·—沈丽国责编·—1000千字 240.00元

巨型蘑菇/[德]伍尔夫·布兰克著、李吟吟译·—潘珂责编·—53千字 12.80元

鼹鼠使命/［德］伍尔夫·布兰克著、侯迎庆译·—潘珂责编·—53千字　12.80元

小鸟惊魂/［德］伍尔夫·布兰克著、颜莉莉译·—潘珂责编·—53千字　12.80元

落基镇上的火焰/［德］伍尔夫·布兰克著、盛理解译·—潘珂责编·—53千字　12.80元

超级英雄事件/［德］伍尔夫·布兰克著、陈泽新译·—潘珂责编·—53千字　12.80元

恐怖事件/［德］伍尔夫·布兰克著、陈泽新译·—潘珂责编·—53千字　12.80元

突如其来的足球赛/［德］伍尔夫·布兰克著、侯迎庆译·—潘珂责编·—53千字　12.80元

身陷魔咒/［德］伍尔夫·布兰克著、赵丞拯译·—潘珂责编·—53千字　12.80元

幽灵猎人/［德］伍尔夫·布兰克著、侯迎庆译·—潘珂责编·—53千字　12.80元

幽灵船/［德］伍尔夫·布兰克著、张明明译·—潘珂责编·—53千字　12.80元

南都天阙牛首山/郑和墓园文物保护管理所编·—钱薇责编·—246千字　58.00元

南京市政府公报(第九十一—九十六期)/［民国］南京市政府编·—朱天乐责编·—500千字　800.00元

南京市政府公报(第一〇三—一〇九期)/［民国］南京市政府编·—朱天乐责编·—500千字　800.00元

江南野史·南唐书/［宋］龙衮、陆游撰·—钱薇责编·500千字　800.00元

钓矶立谈·江南别录·江表志·南唐书/［宋］佚名等撰·—钱薇责编·500千字　800.00元

小学数学奥赛教程同步训练1+2/崔恒兵主编·—鲍咏梅责编·—179千字　25.00元

小学数学奥赛教程同步训练1+2/崔恒兵主编·—鲍咏梅责编·—179千字　25.00元

中学化学培训教程·九年级/崔恒兵主编·—鲍咏梅责编·—438千字　50.00元

都市地理小丛书·南京/［民国］倪锡英著·—钱薇责编·—15.5千字　28.00元

都市地理小丛书·上海/［民国］倪锡英著·—鲍咏梅责编·—13.3千字　26.00元

都市地理小丛书·杭州/［民国］倪锡英著·—钱薇责编·—15.3千字　28.00元

都市地理小丛书·广州/［民国］倪锡英著·—钱薇责编·—10.56千字　22.00元

都市地理小丛书·北平/［民国］倪锡英著·—钱薇责编·—15千字　28.00元

图说南京十朝历史文化/南京十朝历史文化园编·—钱薇责编·—184千字　35.00元

老明信片·南京旧影/叶兆言等撰文·—范忆责编·—217千字　55.00元

天文爱好者新观测手册/王思潮主编·—吴卫泽责编·—520千字　59.00元

文明积淀六千年/卞建秋、郑双

琥主编 ·—陆永辉责编 ·—511 千字　200.00 元

心灵走过的路/章丽娅著 ·—张晶责编 ·—320 千字　43.00 元

古吴轩出版社

文化批评——文化哲学的理论与实践/朱大可主编 ·—王琦责编 ·—400 千字　38.00 元

停下来享受美丽/王建一著 ·—王琦责编 ·—200 千字　28.00 元

30 岁,赚够一辈子的钱/(美)华莱士 · D. 沃特尔斯著,刘华强编译 ·—王琦责编 ·—120 千字　26.00 元

爱的教育/(意)埃迪蒙托 · 德 · 亚米契斯著,刘华强译 ·—李蓓责编 ·—190 千字　24.80 元

10 年奋斗,60 年好生活/一丹编著 ·—李蓓责编 ·—200 千字　28.00 元

威廉 · 麦斯特的时代/(德)歌德著,陈桦译 ·—李蓓责编 ·—300 千字　29.80 元

礼耕堂:平江历史街区 · —潘宅/徐进亮主编 ·—唐伟明责编 ·—70 千字　98.00 元

饥饿女孩:200 卡路里 150 张减肥食谱/许希编著 ·—李蓓责编 ·—120 千字　29.80 元

魏晋风尚志/王升著 ·—李蓓责编 ·—200 千字　29.80 元

小王子/(法)安东 · 德 · 圣埃克絮佩里著,王灵犀译 ·—李蓓责编 ·—200 千字　24.80 元

像李开复一样不可替代/童媛媛编著 ·—许雪根责编 ·—140 千字　28.00 元

桃花坞木刻年画(第三辑)/本社编委会编 ·—潘毅责编 ·—10 千字　10.00 元

桃花坞木刻年画(第四辑)/本社编委会编 ·—潘毅责编 ·—10 千字　10.00 元

桃花坞木刻年画(第五辑)/本社编委会编 ·—潘毅责编 ·—10 千字　10.00 元

桃花坞木刻年画(第六辑)/本社编委会编 ·—潘毅责编 ·—10 千字　10.00 元

桃花坞木刻年画(第七辑)/本社编委会编 ·—潘毅责编 ·—10 千字　10.00 元

桃花坞木刻年画(第八辑)/本社编委会编 ·—潘毅责编 ·—10 千字　10.00 元

桃花坞木刻年画(第九辑)/本社编委会编 ·—潘毅责编 ·—10 千字　10.00 元

桃花坞木刻年画(第十辑)/本社编委会编 ·—潘毅责编 ·—10 千字　10.00 元

2011 太仓概览/中共太仓市委宣传部编 ·—唐伟明责编 ·—80 千字　20.00 元

明代园林—秋霞圃/王燕主编,徐颖绘 ·—唐伟明责编 ·—8 千字　28.00 元

2011 苏州概览/苏州市人民政府办公室编 ·—唐伟明责编 ·—100 千字　20.00 元

150美金玩转东南亚之柬埔寨/毛毛著·—李蓓责编,韩桂丽见习编辑·—80千字　36.00元

150美金玩转东南亚之越南/吴姗姗著·—李蓓责编,郁婷见习编辑·—80千字　36.00元

150美金玩转东南亚之老挝/黄宇峰著·—李蓓责编,郁婷见习编辑·—80千字　36.00元

当代名画家藏典—韩山/韩山绘·—唐伟明责编·—2千字　35.00元

卡尔·威特的教育/(德)卡尔·威特著,白静泽译·—王琦责编·—180千字　24.80元

烽火太湖——新四军太湖抗日游击支队史/中共苏州市吴中区委会宣传部编·—许雪根责编·—60千字　38.00元

春风化雨——优质教育中的细节德育/金华荣主编·—洪芳责编·—120千字　25.00元

袁旭明荷花摄影集/袁旭明摄影·—唐伟明责编·—2千字　80.00元

浮生纪/林丛著·—王琦责编·—280千字　26.80元

磕榛子的兔兔——一个白血病女孩的病程自述/徐臻著·—李蓓责编·—150千字　32.00元

比尔·盖茨的遗产/(美)西坡拉·纳奥米著 栗克玲译·—许雪根责编,赵娓见习编辑·—250千字　28.00元

从起步到美院捷径教程/唐斯旸、赖智红等编著·—许雪根责编,韩桂丽见习编辑·—5千字　96.00元(全8册)

荣智安/荣智安著·—唐伟明责编·—2千字　200.00元

2010江阴宣传文化发展蓝皮书/徐冬青主编·—许雪根责编,许峰见习编辑·—300千字　80.00元

江南记忆—常熟的那些人和事/常熟日报社主编·—洪芳责编,许峰见习编辑·—200千字　38.00元

苏州“三区三城”建设的现实问题研究/中共苏州市委党校编·—洪芳责编·—165千字　25.00元

天灵地宝/舞马长枪著·—王琦责编,韩桂丽见习编辑·—200千字　29.80元

氿空间系列之实力画坛——张六弢作品集/张六弢著·—唐伟明责编·—2千字　98.00元

寻鼎记—陨落的图腾/花满城著·—张颖责编·—140千字　26.80元

乐水吴江——“水利杯”吴江日报小记者征文大赛/李建坤,徐国平主编·—张颖责编·—70千字　26.00元

枉入红尘若许年:“梦”中诗词解“红楼”/眉岱灰著·—张颖责编,郁婷见习编辑·—120千字　26.80元

会飞的石人石马/邱鹤鸣著·—陆月星责编·—160千字　28.00元

新华日报藏画(第二辑)/许洪祥,周跃敏主编·—唐伟明责编·—2千字　580.00元

四书五经/刘乔周主编·—张颖责编·—350千字　45.00元

曾国藩全集/刘乔周主编·—张颖责编·—280千字　35.00元

论语全集/刘乔周主编·—张颖责编·—350千字　38.90元

孟子全集/刘乔周主编·—张颖

责编,郁婷见习编辑·—320千字 39.80元

孙子兵法全集/刘乔周主编·—张颖责编·—280千字 37.90元

厚黑学全集/刘乔周主编·—张颖责编,郁婷见习编辑·—300千字 35.00元

鬼谷子全集/刘乔周主编·—张颖责编·—225千字 35.00元

道德经全集/刘乔周主编·—张颖责编,郁婷见习编辑·—300千字 39.80元

易经全集/刘乔周主编·—张颖责编·—350千字 42.00元

大学中庸——经世致用的修养绝学/刘乔周主编·—王琦责编,郁婷见习编辑·—180千字 35.00元

庄子全集——汪洋恣肆的修心智慧/刘乔周主编·—李蓓责编,郁婷见习编辑·—340千字 42.00元

菜根谭全集——修身处世的绝胜智慧/刘乔周主编·—李蓓责编·—120千字 35.00元

三生花草梦苏州/尢玉淇著·—陆月星责编·—300千字 39.60元

琢玉——苏州第三届“子冈杯”玉雕精品展作品集/马建庭主编·—唐伟明责编·—50千字 180.00元

不要寂寞才说爱/不负我心著·—张颖责编,赵娓见习编辑·—140千字 28.00元

邹进诗集:为美丽的风景而忧伤/邹进著·—李蓓责编·—25千字 23.00元

邹进诗集:它的翅膀硕大无形/邹进著·—李蓓责编·—30千字 27.00元

星空的旋律:世界科幻小说简史/萧星寒著·—张颖责编,韩桂丽见习编辑·—180千字 32.00元

谋杀的魅影:世界推理小说简史/褚盟著·—张颖责编,郁婷见习编辑·—140千字 26.80元

巨龙的颂歌:世界奇幻小说简史/屈畅著·—张颖责编·—200千字 29.80元

吴地群芳——无锡特色文化巡礼/叶建兴主编·—唐伟明责编·—10千字 180.00元

山塘胜景图(经折装)/劳思绘·—唐伟明责编·—10千字 680.00元

苏州水城全景图/曹仁容绘·—唐伟明,潘毅责编·—10千字 680.00元

苏州水城全景图/曹仁容著·—唐伟明,潘毅责编·—10千字 1800.00元

苏州太湖全景图/曹仁容著·—唐伟明,潘毅责编·—10千字 680.00元

苏州太湖全景图/曹仁容著·—唐伟明,潘毅责编·—10千字 1800.00元

钱紫筠画集/无锡博物院编·—唐伟明责编·—1千字 200.00元

中国主流报纸的文化生存方式—《苏州日报》的文化解构/高建国著·—陆月星责编·—140千字 28.00元

你是那人间的四月天/林徽因著·—张颖责编·—120千字 29.80元

绘画技法入门训练丛书/张雷等编著·—张颖责编,韩桂丽见习编辑

·—60千字　57.00元(全六册)

每一次相逢都是幸福/郗茜草著·—张颖责编,赵娓见习编辑·—135千字　28.00元

图说八大新兴产业/纪顺俊主编·—唐伟明,潘毅责编·—10千字　35.00元

2010苏州市民营经济发展报告/苏州市工商业联合会,市中小企业局等编·—洪芳责编·—300千字　48.00元

吴中佛教/郁永龙主编·—洪芳责编·—80千字　525.00元

天心月圆——圆霖法师书画精品集/圆霖法师著·—潘毅责编·—10千字　260.00元

明风万里·虽远必诛/危巍著·—张颖责编·—300千字　32.00元

明风万里·天下布武/危巍著·—张颖责编·—400千字　35.00元

当代吴江美术家作品集Ⅱ/俞前,张辛题主编·—潘毅责编·—10千字　360.00元(全十册)

梧桐——我的甲子回眸/郑凤鸣著·—洪芳责编,许峰见习编辑·—200千字　24.00元

99%的人都用错了销售技巧:日本销售大王让你业绩翻5倍/(日)河濑和幸著,李娟译·—张颖责编·—210千字　29.80元

西藏·西藏——袁顺华中国画作品集/袁顺华绘·—潘毅责编·—4千字　228.00元

可以戏集/毛矛著·—陆月星责编·—80千字　15.00元

活在当下 静心修行/付娜编著·—张颖责编,郁婷见习编辑·—200千字　32.80元

今日赋登楼/陈骅弓著·—张颖责编·—150千字　142.00元

儿童绘画小天才/樊求主编·—张颖责编,韩桂丽见习编辑·—30千字　64.80元(全6册)

猜凶/画龙著·—张颖责编,郁婷见习编辑·—150千字　28.00元

心智成熟 才能少走弯路——有些事早点看透就好了/赵颖编著·—张颖责编,郁婷见习编辑·—180千字　29.80元

结婚五年:亲爱的,我们离婚吧/朱衣点头著·—张颖责编,赵娓见习编辑·—270千字　28.00元

江山如此多娇之国恨家仇/徐亚光著·—张颖责编·—350千字　35.00元

生死一夜/郭大钲著·—洪芳责编·—300千字　30.00元

吴江市电力志/本书编纂委员会编·—许雪根责编,许峰见习编辑·—350千字　108.00元

第九只兔子2—解决每个人必须面对的56个人生困惑/王兴川著·—张颖责编,郁婷见习编辑·—160千字　28.00元

不舍不弃 寂静欢喜/胡卫红著·—张颖责编·—160千字　29.80元

中国历史文化名街:清名桥历史文化街区/刘霞主编,张爱勤编著·—洪芳责编·—140千字　25.00元

猜凶2/画龙著·—张颖责编·—170千字　28.00元

江山如此多娇之烽火岁月/徐亚光著·—张颖责编·—350千字　35.00元

名花虽有主 我来松松土/哈哈编·—张颖责编·—100千字 22.00元

没想到我也能:一点就破的思维玄机/著·—张颖责编,郁婷见习编辑·—130千字 28.00元

从今天起,做个幸福的人/卜伟欣著·—张颖责编·—150千字 28.00元

无锡园林文化·第3辑/沙无垢等编著·—陆月星责编·—170千字 98.00元(全2册)

刘邦不是"流氓"/寒晓著·—张颖责编,郁婷见习编辑·—170千字 32.80元

松小百年/沈文龙,钱金明,徐伟荣主编·—潘毅责编·—100千字 68.00元

父母老了我们要做的一件事——妈妈,我爱你/张小西主编·—张颖责编·—150千字 28.00元

原来,你已不在/(日)城山三郎著,李娟译·—张颖责编,赵娓见习编辑·—180千字 28.00元

父母老了我们要做的一件事——爸爸,我爱你/张小西主编·—张颖责编,赵娓见习编辑·—150千字 28.00元

尚艺山房藏中国象牙雕刻/江扬,杨学军主编·—唐伟明责编·—20千字 380.00元

情调苏州/黄漪沦主编·—陆月星责编·—150千字 48.00元

沉与静的人生修行课/程臣刚编著·—张颖责编,郁婷见习编辑·—180千字 32.80元

亲爱的,我一直都在/米立著·—张颖责编,赵娓见习编辑·—160千字 28.00元

好故事胜过大道理——好孩子是用故事教出来的/王怡仁著·—张颖责编,赵娓见习编辑·—110千字 29.80元

给孩子最好的礼物——一个国际教养专家20年的教子笔记/王擎天著·—张颖责编,赵娓见习编辑·—130千字 29.80元

心静才能不浮躁/韦秀英编著·—张颖责编,郁婷见习编辑·—160千字 28.00元

阊门寻根记/高戬著·—陆月星责编,许峰见习编辑·—100千字 30.00元

晚报会客厅/刘放,李婷,沈渊著·—陆月星责编,许峰见习编辑·—130千字 30.00元

李根源与小王山/沈红娣著·—陆月星责编·—100千字 30.00元

苏州:科举那些趣事/李嘉球著·—陆月星责编·—100千字 30.00元

独步花径/金伯弢著·—陆月星责编·—100千字 30.00元

品红三味/蒋传康,戴敦邦著·—唐伟明责编·—13千字 85.00元

一看就懂的催眠术/梁平,陈文编著·—张颖责编·—150千字 25.00元

一点就通的冷读术——社交中的新学问/梁平,陈文编著·—张颖责编·—150千字 25.00元

七里山塘 古今双辉——从《姑苏繁华图》到《山塘胜景图》/(清)徐扬,劳思绘·—唐伟明,潘毅责编·—10千字 4800.00元

哈哈,逗死人的心理学/梁平,陈

文编著·—张颖责编，韩桂丽见习编辑·—150千字 25.00元

辛亥革命在无锡/苏国强主编·—洪芳责编·—200千字 348.00元

农民·股民：股份合作改革吴中创新/中共苏州市吴中区委农村工作办公室编著·—许雪根责编·—120千字 36.00元

博望苏：2008~2011苏州博客·苏州论坛作品集/高岩主编·—洪芳责编，许峰见习编辑·—100千字 30.00元

阳羡风行——六人书法作品集/程伟主编·—潘毅责编·—10千字 98.00元

“情调苏州”全国创意设计与摄影大赛作品选集/黄漪沦，汤生主编·—唐伟明责编·—5千字 180.00元

大陆记者看台湾/彭玉冰著·—张颖责编·—180千字 32.00元

原来姹紫嫣红开遍——邂逅百年中国文学经典里的别样人生/刘盼盼著·—张颖责编·—200千字 29.80元

权力玩家赵匡胤/徒步中国著·—张颖责编，郁婷见习编辑·—200千字 29.80元

学会假装的艺术——决定你人生段位的28堂修炼课/默默编著·—张颖责编，赵娓见习编辑·—280千字 39.80元

相城风气/虞伟主编·—陆月星责编·—50千字 58.00元

演员口述历史及传记/周良主编·—洪芳责编·—250千字 30.00元

来自西北边境的歌谣/尹著岭著·—洪芳责编·—50千字 30.00元

吴歌研究/过伟著·—洪芳责编·—180千字 30.00元

回荡在祖国大西北的足音/尹著岭著·—李蓓责编，许峰见习编辑·—220千字 30.00元

追忆百年孤独——邂逅世界文学经典里的百味人生/黎娟著·—张颖责编，赵娓见习编辑·—200千字 29.80元

老人言——让你受益一生的老话/胡卫红著·—张颖责编，赵娓见习编辑·—250千字 28.00元

第二届中国粉画展作品集/本书编委会编·—唐伟明责编·—2千字 320.00元

花雅雨润：崔进2011作品集/崔进著·—陆月星责编·—2千字 108.00元

短笛集/唐泉春著·—洪芳责编，许峰见习编辑·—140千字 30.00元

第三次全国文物普查：吴江市新发现文物选编/吴江市文广新局编·—许雪根责编·—30千字 45.00元

报纸纠错攻略——“排雷”421例/徐国平，周建春编著·—许雪根责编·—130千字 22.00元

中国写意花鸟画金陵组合作品集/陈培光等著·—陆月星责编·—50千字 388.00元

名人佳作与金阊/平龙根主编·—洪芳责编·—200千字 45.00元

中国苏州发展报告2011/阎立主编·—陆月星责编·—300千字 48.00元

广陵书社

欢腾兔——2011 兔年兔展/龚良主编 ·—刘栋 ·—100 千字 180.00 元

苏州交通运输志(1986 ·—2005)/《苏州交通运输志》编纂委员会编 ·—徐大军 ·—800 千字 280.00 元

平上去入集/何永康、胡抗美、骆冬青、吴新江撰 ·—吴迪 ·—1500 千字 28.00 元

智囊全集/明 · 冯梦龙编著 ·—王志娟 ·—390 千字 780.00 元

江苏文化年鉴(2010)/《江苏文化年鉴》编纂委员会编 ·—胡正娟 ·—630 千字 180.00 元

历代名帖精选/广陵书社编 ·—王志娟、邱数文 ·—200 千字 600.00 元

中国历代边裔典/广陵书社编 ·—严岚 ·—200 千字 520.00 元

汪士慎先生隶书千字文真迹/清 · 汪士慎书 ·—刘栋 ·—1 千字 50.00 元

天物馆藏瓷/上海天物馆文化艺术品有限公司 ·—曾学文 ·—100 千字 580.00 元

中国玉石雕精品集(2010)/《中国玉石雕精品集》编委会编 ·—胡珍 ·—50 千字 198.00 元

大观星辉/刘鹏著 ·—徐大军 ·—250 千字 100.00 元

扬州文化研究论丛 · 第六辑/赵昌智主编 ·—胡正娟 ·—250 千字 36.00 元

楚辞集注/宋 · 朱熹注 ·—邱数文 ·—250 千字 980.00 元

绝妙好词笺/宋 · 周密辑 ·—吴迪、方慧君 ·—150 千字 120.00 元

中国历代选举典/广陵书社编 ·—严岚、方慧君 ·—500 千字 980.00 元

扬州文化通论/赵昌智主编 ·—胡珍 ·—360 千字 40.00 元

百衲本史记/西汉 · 司马迁著 ·—王志娟、邱数文 ·—1888 千字 4800.00 元

扬州水道记/清 · 刘文淇著,赵昌智、赵阳点校 ·—胡正娟 ·—150 千字 30.00 元

楼市论语/葛星明著 ·—邱数文 ·—186 千字 40.00 元

西游记/明 · 吴承恩著 ·—刘栋 ·—830 千字 670.00 元

扬州名园记/顾一平编 ·—刘栋 ·—100 千字 30.00 元

吴中区老街/陆卫平主编 ·—胡珍 ·—120 千字 68.00 元

文明讲堂丛书/扬州市文明办编 ·—王志娟、严岚 ·—250 千字 58.00 元

易经正说/周斌著 ·—胡珍 ·—130 千字 48.60 元

贞石之魂/马建国主编 ·—吴迪、刘栋 ·—300 千字 2800.00 元

四书章句/孟子等 ·—刘栋 ·—9.5 千字 80.00 元

说文解字/东汉 · 许慎撰,宋 · 徐铉校 ·—王志娟 ·—150 千字 300.00 元

扬州名胜楹联/广陵书社编·—王志娟、邱数文·—80千字　800.00元

江上青/中共扬州市委宣传部、扬州报业传媒集团编·—曾学文·—50千字　98.00元

孙中山先生纪念集/孙中山先生国葬纪念委员会编·—徐大军·—500千字　240.00元

昆山市交通志(1986—2006)/《昆山市交通志》编纂委员会编·—徐大军·—360千字　180.00元

孙中山先生手迹选/广陵书社编·—徐大军·—100千字　300.00元

观塘说海/程郁权著·—胡珍·—180千字　32.00元

李清照集附朱淑真词/宋·李清照著,宋·朱淑真著·—吴迪、方慧君·—80千字　90.00元

李玉与昆曲苏州派/顾聆森著·—徐大军·—400千字　45.00元

彩练当空舞/易均著·—顾寅森、严岚·—50千字　36.80元

维扬年鉴(2011)/维扬年鉴编撰委员会编·—胡正娟·—600千字　160.00元

行旅杂咏——王少鹏诗书作品集/王少鹏著·—曾学文·—80千字　66.00元

四书五经/本社编·—王志娟·—900千字　1800.00元

饮虹乐府笺注·套曲/卢前原著,卢偓笺注·—严岚、方慧君·—265千字　40.00元

清朝掌故汇编/张寿镛编·—徐大军·—700千字　560.00元

邗江/中共邗江区委宣传部编·—刘栋·—80千字　40.00元

三国演义/明·罗贯中著·—邱数文·—800千字　670.00元

水浒传/明·施耐庵著·—孙叶锋·—700千字　750.00元

红楼梦/清·曹雪芹、高鹗著·—王志娟·—900千字　790.00元

暑假练兵·高一/江滨主编·—胡正娟、方慧君、顾寅森·—300千字　160.00元

暑假练兵·高二/江滨主编·—胡正娟、方慧君、顾寅森·—300千字　180.00元

平望志(三种)/清·翁广平等撰,吴江市平望镇人民政府、吴江市档案局编·—刘栋·—350千字　60.00元

感知苏州/陈其弟著·—徐大军·—210千字　32.00元

扬州运河/徐炳顺编著·—邱数文·—300千字　40.00元

辛亥革命文献丛刊/周光培主编·—王志娟·—4500千字　4800.00元

蒋永义书印选集/蒋永义选编·—邱数文·—20千字　100.00元

花间集/蜀·赵崇祚辑·—方慧君·—100千字　98.00元

公安思辨——哲学视角下的扬州警务实践/王少鹏著·—胡正娟·—360千字　68.00元

乐章集/宋·柳永著·—胡正娟·—100千字　95.00元

大唐西域记/唐·玄奘译,辩机撰·—胡正娟·—158千字　295.00元

扬州文化研究论丛·第七辑/赵昌智主编·—胡正娟·—280千字　45.00元

资治通鉴/宋·司马光编著·—胡正娟等·—4006千字 6800.00元

扬州弹词:落金扇/张慧侬原著,祁淑慧、尚梦整理·—严岚·—710千字 98.00元

郑板桥集/清·郑燮撰·—严岚·—200千字 240.00元

宋词三百首:图文本/上彊村民编·—王志娟、严岚·—100千字 350.00元

李义山诗集/李商隐著·—孙叶锋·—450千字 60.00元

王摩诘诗集 孟襄阳诗集/王维、孟浩然著·—孙叶锋·—500千字 280.00元

杜牧之诗集/杜牧著·—曾学文·—390千字 240.00元

图书编/明·章潢撰·—邱数文·—7000千字 980.00元

宋词画谱/明·宛陵汪氏辑印·—邱数文·—20千字 480.00元

武林往哲遗著/清·丁丙辑·—邱数文·—6060千字 980.00元

最美一现/顾凤琴著·—胡珍·—100千字 30.00元

宋词三百首/上彊村民编·—王志娟、严岚·—100千字 120.00元

东山进士/杨维忠、金本福编著·—胡珍·—210千字 28.00元

笑林广记/游戏主人纂辑·—顾寅森·—100千字 100.00元

2012年江苏高考语文一本通/何永康主编·—徐大军·—600千字 59.00元

带你走向高分作文——32个得分路标/何永康主编·—严岚·—170千字 35.00元

红星颂/李文朝、袁秋年主编·—张智·—100千字 120.00元

文选楼丛书/清·阮亨辑·—胡珍·—3800千字 1200.00元

群书校补/萧旭著·—吴迪、刘栋·—1160千字 240.00元

唐诗论札/王锡九著·—严岚、方慧君·—200千字 28.00元

黎里志(两种)/清·徐达源等撰,黎里古镇保护开发管理委员会、吴江市档案局编·—刘栋·—450千字 65.00元

花桥镇志(1995—2006)/花桥镇志编纂委员会编·—顾寅森·—550千字 220.00元

扬州印迹/扬州市档案局、扬州市地方志办公室编·—王志娟、顾寅森、方慧君·—800千字 120.00元

太仓年鉴(2011)/太仓市史志办公室编·—徐大军·—900千字 150.00元

陆家镇志(1988—2006)/《陆家镇志》编纂委员会编·—徐大军·—720千字 200.00元

军旅足音/夏增忠著·—方慧君·—283千字 35.00元

2012江苏高考语文附加题专项训练:冲刺"40分"/何永康主编·—方慧君·—290千字 29.00元

唐诗宋词元曲三百首/张思洪编·—徐大军·—100千字 480.00元

松陵卷——中共吴江市镇级党史资料丛书/中共吴江市松陵镇委员会编·—胡珍·—400千字 65.00元

杨舍堡城志稿/清·叶长龄纂修·—胡正娟·—120千字

880.00 元

江苏人物传记丛刊/江庆柏主编·—徐大军·—20000 千字　12000.00 元

江都年鉴(2011)/江都市方志办年鉴编纂委员会编·—邱数文·—690 千字　150.00 元

绿色崛起——扬州文化产业的昨天·今天·明天/仲玉龙编著·—王志娟·—20 千字　90.00 元

孔令威中国画作品集/孔令威著·—王志娟·—50 千字　158.00 元

勤丰村志/《勤丰村志》编纂委员会编·—顾寅森·—507 千字　128.00 元

京杭运河古诗辑选/束方崐辑注·—胡正娟·—193 千字　40.00 元

辛弃疾词/辛弃疾著·—方慧君·—100 千字　95.00 元

江河大治润千秋·—扬州水利诗词集/扬州市水利学会、扬州市诗词协会编·—刘栋、金晶·—60 千字　32.00 元

苏州老街志/苏州市地方志办公室编·—刘栋、金晶·—350 千字　120.00 元

扬州民国建筑/扬州市城市建设档案馆、扬州市历史文化名城研究院编·—方慧君、金晶·—200 千字　78.00 元

唐诗三百首:雕版/清·蘅塘退士编选·—王志娟·—100 千字　1200.00 元

中外名著深度解读(修订本)/何永康主编·—王志娟、胡珍、徐大军·—800 千字　108.00 元

陈诵洛集/陈诵洛著·—孙叶锋·—800 千字　280.00 元

随园与大观园/沈科、严曙编·—顾寅森·—180 千字　36.00 元

古今图书集成/陈梦雷编撰·—曾学文·—16000 千字　80000.00 元

农民工市民化与中国城市化发展研究/孟习贞著·—严岚·—150 千字　32.00 元

吴江市主题教育材料选编/吴江市关心下一代工作委员会编·—顾寅森·—332 千字　30.00 元

佛学经典译释/心澄译释·—张智·—2840 千字　780.00 元

仪征年鉴(2011)/仪征市年鉴编纂委员会编·—胡珍、金晶·—500 千字　200.00 元

昆山市人事志/《昆山市人事志》编纂委员会编·—刘栋·—300 千字　160.00 元

无锡市城市建设年鉴 2010/无锡市城市建设档案馆编·—邱数文·—540 千字　120.00 元

抗日小河东/姜燕著·—邱数文·—187 千字　40.00 元

铸剑广陵/王少鹏主编·—严岚·—320 千字　56.00 元

警英名扬/王少鹏主编·—徐大军·—260 千字　48.00 元

泰兴年鉴(2011)/泰兴市年鉴编纂委员会编·—金晶·—500 千字　150.00 元

阅微草堂笔记/清·纪昀著、张思鹏整理·—徐大军·—400 千字　1680.00 元

齐鲁文化收藏经典/王志明、杨朝明、杜泽逊、周沐海编·—徐大军·—10000 千字　88000.00 元

欧阳修集/欧阳修著·—方慧

君、王志娟·—100千字　300.00元

宇宙风/林语堂等主编·—严岚·—500千字　6800.00元

扬州著述录/曾学文点校·—严岚·—280千字　45.00元

孝经文献集成/吴平、李善强、霍艳荣主编·—邱数文·—8000千字　6600.00元

邗江年鉴（2011）/扬州市邗江区地方志编纂委员会编·—方慧君、严岚·—633千字　150.00元

民国绍兴县志资料/绍兴图书馆整理·—张智、胡正娟、丁晨晨·—8400千字　29800.00元

历代名人咏无锡/政协无锡市十二届委员会编·—徐大军·—150千字　88.00元

古筝1+1/王小平编著·—胡珍、金晶·—100千字　140.00元

扬中年鉴（2011）/扬中年鉴编辑部编·—胡珍·—750千字　180.00元

韵法诗选/查韵法著·—刘栋·—50千字　60.00元

运河十八锦/王根宝主编、张宽绘·—孙叶锋·—10千字　980.00元

角端/卢群编著·—胡珍·—170千字　70.00元

2012年江苏省高考语文复习资料:冲刺60天（识记·训练）/何永康主编·—胡珍·—680千字　43.00元

南京卫生年鉴（2011）/《南京卫生年鉴》编辑委员会编·—金晶、胡珍·—500千字　120.00元

昭明文选/梁·萧统编·—王志娟、严岚·—368千字　980.00元

三字经·百家姓·千字文·弟子规（外二种）/广陵书社编·—王志娟·—20千字　96.00元

同里志（两种）/同里镇人民政府、吴江市档案局编·—刘栋·—200千字　40.00元

盛湖志（四种）/黎里古镇保护开发管理委员会、吴江市档案局编·—徐大军·—450千字　70.00元

常熟文物考古研究/周公太著·—刘栋·—300千字　60.00元

中国玉石雕精品集（2011）/《中国玉石雕精品集》编委会编·—胡珍·—50千字　280.00元

东坡志林/苏轼著·—方慧君、丁晨晨、严岚·—100千字　98.00元

格言联璧/清·金缨编·—胡珍、金晶·—65千字　120.00元

广陵思古编/清·汪廷儒编纂、田丰点校·—王志娟·—416千字　85.00元

林散之与扬州/曹如诚著·—曾学文、王志娟·—260千字　120.00元

电子音像出版物目录

江苏凤凰电子音像出版社有限公司

动漫双语乐园/江苏凤凰电子音像出版社有限公司制作·—朱萌责编·—光盘＋手册 600分钟 148.00元

动漫汉语/江苏凤凰电子音像出版社有限公司制作·—朱萌责编·—光盘＋手册 600分钟 148.00元

铭乐千里/江苏凤凰电子音像出版社有限公司制作·—马渭源责编·—60分钟 18.00元

江苏国画名家/江苏凤凰电子音像出版社有限公司制作·—马渭源责编·—120分钟 18.00元

中华古诗文诵读三年级上/江苏凤凰电子音像出版社有限公司制作·—欧阳长莲、张丽韵责编·—60分钟 5.00元

中华古诗文诵读四年级上/江苏凤凰电子音像出版社有限公司制作·—欧阳长莲、张丽韵责编·—60分钟 5.00元

中华古诗文诵读五年级上/江苏凤凰电子音像出版社有限公司制作·—欧阳长莲、张丽韵责编·—60分钟 5.00元

中华古诗文诵读六年级上/江苏凤凰电子音像出版社有限公司制作·—欧阳长莲责编·—60分钟 5.00元

中华古诗文诵读三年级下/江苏凤凰电子音像出版社有限公司制作·—欧阳长莲、张丽韵责编·—60分钟 5.00元

中华古诗文诵读四年级下/江苏凤凰电子音像出版社有限公司制作·—欧阳长莲、张丽韵责编·—60分钟　5.00元

中华古诗文诵读五年级下/江苏凤凰电子音像出版社有限公司制作·—欧阳长莲、张丽韵责编·—60分钟　5.00元

中华古诗文诵读六年级下/江苏凤凰电子音像出版社有限公司制作·—欧阳长莲责编·—60分钟　5.00元

小学生必背古诗词70首/江苏凤凰电子音像出版社有限公司制作·—欧阳长莲、张丽韵责编·—60分钟　5.00元

南大欢迎您/南京大学制作·—欧阳长莲、张丽韵责编·—60分钟　配书

中国自动化学会第二十六届青年学术年会论文集/江苏省自动化学会制作·—欧阳长莲责编·—650MB　5.00元

眷恋—芦晓燕专辑/南京南钢产业发展有限公司制作·—欧阳长莲、张丽韵责编·—60分钟　配书

初级急救/江苏凤凰职业教育图书有限公司制作·—欧阳长莲、张丽韵责编·—650MB　配书

中华古诗文诵读/江苏凤凰电子音像出版社有限公司制作·—欧阳长莲、张丽韵责编·—60分钟　20.00元

小天鹅艺术教育丛书.儿童剧表演/南京师范大学出版社制作·—欧阳长莲、张丽韵责编·—60分钟　配书

小天鹅艺术教育丛书.舞蹈/南京师范大学出版社制作·—欧阳长莲、张丽韵责编·—60分钟　配书

一气呵成学语音/凤凰出版社制作·—朱萌责编·—60分钟　配书

一气呵成学语音/凤凰出版社制作·—朱萌责编·—60分钟　配书

高盼作品专辑/高盼制作·—朱萌责编·—60分钟　配书

常州市国土资源志/凤凰出版社·—朱萌责编·—650MB　配书

3D+V-Ray表现技法/江苏凤凰职业教育图书有限公司制作·—欧阳长莲、张丽韵责编·—650MB　配书

视觉文化与媒介素养/南京师范大学出版社制作·—江苏凤凰职业教育图书有限公司制作·—欧阳长莲、张丽韵责编·—650MB　配书

妞妞/周国平制作·—欧阳长莲、张丽韵责编·—60分钟　配书

中华古诗词吟唱/江苏凤凰电子音像出版社有限公司制作·—欧阳长莲责编·—120分钟　20.00元

小学生情感礼仪系列教程(1-4)/江苏凤凰电子音像出版社有限公司制作·—洪素珍、岳乾 吕秋松责编·—160分钟　40.00元

中学生情感礼仪系列教程(1-2)/江苏凤凰电子音像出版社有限公司制作·—洪素珍、岳乾 吕秋松责编·—80分钟　20.00元

中小学书法辅助教材(硬笔字)(一年级下)/江苏凤凰电子音像出版社有限公司制作·—岳乾、洪素珍责编·—70分钟　5.00元

中小学书法辅助教材(硬笔字)(二年级下)/江苏凤凰电子音像出版社有限公司制作·—岳乾、洪素珍责编·—70分钟　5.00元

中小学书法辅助教材(硬笔字)

(三年级下)/江苏凤凰电子音像出版社有限公司制作·—岳乾、洪素珍责编·—70分钟　5.00元

中小学书法辅助教材(硬笔字)(四年级下)/江苏凤凰电子音像出版社有限公司制作·—岳乾、洪素珍责编·—70分钟　5.00元

中小学书法辅助教材(硬笔字)(五年级下)/江苏凤凰电子音像出版社有限公司制作·—岳乾、洪素珍责编·—70分钟　5.00元

中小学书法辅助教材(硬笔字)(六年级下)/江苏凤凰电子音像出版社有限公司制作·—岳乾、洪素珍责编·—70分钟　5.00元

中小学书法辅助教材(硬笔字)(七年级下)/江苏凤凰电子音像出版社有限公司制作·—岳乾、洪素珍责编·—70分钟　5.00元

中小学书法辅助教材(硬笔字)(八年级下)/江苏凤凰电子音像出版社有限公司制作·—岳乾、洪素珍责编·—70分钟　5.00元

中小学书法辅助教材(硬笔字)(九年级下)/江苏凤凰电子音像出版社有限公司制作·—岳乾、洪素珍责编·—70分钟　5.00元

写好硬笔字(上)/江苏凤凰电子音像出版社有限公司制作·—吕秋松、岳乾责编·—110分钟　6.80元

写好硬笔字(下)(1—2年级)/江苏凤凰电子音像出版社有限公司制作·—吕秋松、岳乾责编·—100分钟　6.80元

写好硬笔字(下)(3—6年级)/江苏凤凰电子音像出版社有限公司制作·—吕秋松、岳乾责编·—110分钟　6.80元

那时年少/姜森制作·—岳乾责编·—60分钟　配书

建党大业——光辉的历程/江苏凤凰电子音像出版社有限公司制作·—徐伟东、岳乾责编·—2000分钟　320.00元

流行音乐吉他圣经基础篇/郭君明制作·—洪素珍责编·—130分钟　42.00元

维斯特数字校园平台/江苏维斯特软件有限公司制作·—洪素珍责编·—500MB　赠送

纯真——少儿钢琴音乐会曲选/江苏凤凰文艺出版社制作·—吕秋松责编·—60分钟　配书

汪国真音乐作品/江苏凤凰文艺出版社制作·—吕秋松责编·—60分钟　配书

全国高职高专护理专业规划教材——化学/江苏凤凰职业教育出版中心制作·—吕秋松责编·—650MB　配书

计算机应用基础/江苏凤凰职业教育出版中心制作·—吕秋松责编·—4GB 配书

计算机应用基础(第二版)/江苏凤凰职业教育出版中心制作·—吕秋松责编·—700MB　配书

江苏省志简编/江苏凤凰电子音像出版社有限公司制作·—吕秋松责编·—350MB　配书

南京统计年鉴2011/江苏凤凰电子音像出版社有限公司制作·—吕秋松责编·—250MB　配书

琴学门径/中国书店出版社制作·—吕秋松责编·—60分钟　配书

江苏省职业院校教学用书——生活经济与就业创业/江苏凤凰职业教育出版中心制作·—吕秋松责编

·—600MB　配书

《天文爱好者新观测手册》配套资料/江苏凤凰电子音像出版社有限公司制作·—吕秋松责编·—680MB　配书

月明云淡露华浓/苏州戏曲博物馆制作·—吕秋松责编·—60分钟　赠送

中等职业教育课程改革实验教材应用英语第二册配套光盘/苏州大学出版社有限公司·—杨航航责编·—650MB　19.00元

一下下脑年龄Dsi锻炼　算数篇/神游科技(中国)公司·—杨航航责编·—55MB　29.00元

跟着节奏锻炼　满当当英语原味会话篇/神游科技(中国)公司·—杨航航责编·—55MB　29.00元

跟着节奏锻炼　满当当英语简单会话篇/神游科技(中国)公司·—杨航航责编·—55MB　9.00元

瞄瞄~中中!/神游科技(中国)公司·—杨航航责编·—55MB　29.00元

我的童话绘本　小海兔的故事/神游科技(中国)公司·—杨航航责编55MB　29.00元

立体隐藏画　童话寻踪记/神游科技(中国)公司·—杨航航责编·—29.00元

魔法门英雄无敌6/上海碧汉网络科技公司·—杨航航责编·—2500MB　79.00元

搜救犬的训练与使用/南京市警犬研究所·—杨航航责编·—2500MB　配书

综合英语/苏州大学出版社·—杨航航责编·—650MB　60.00元

初中信息技术配套学习软件(选修)/江苏凤凰电子音像出版社有限公司·—杜韵凡责编·—650M　5.00元

初中信息技术配套学习软件(必修)/江苏凤凰电子音像出版社有限公司·—杜韵凡责编·—650M　5.00元

初中信息技术教师教学用书配套教学软件/江苏凤凰电子音像出版社有限公司·—杜韵凡责编·—650M　28.00元

高中语文配套学习软件(必修一)/江苏凤凰电子音像出版社有限公司·—杜韵凡责编·—650M　5.00元

高中语文配套学习软件(必修二)/江苏凤凰电子音像出版社有限公司·—杜韵凡责编·—650M　5.00元

高中语文配套学习软件(必修三)/江苏凤凰电子音像出版社有限公司·—杜韵凡责编·—650M　5.00元

高中语文配套学习软件(必修四)/江苏凤凰电子音像出版社有限公司·—杜韵凡责编·—650M　5.00元

高中语文配套学习软件(必修五)/江苏凤凰电子音像出版社有限公司·—杜韵凡责编·—650M　5.00元

初中信息技术实践指导(下册)配套学习软件/江苏凤凰电子音像出版社有限公司·—杜韵凡责编·—650M　5.00元

初中信息技术实践指导(上册)配套学习软件/江苏凤凰电子音像出版社有限公司·—杜韵凡责编·—

650M　5.00元

初中信息技术实践指导(选修)配套学习软件/江苏凤凰电子音像出版社有限公司·—杜韵凡责编·—650M　5.00元

ASTD培训经理指南/江苏人民出版社·—杜韵凡责编·—650M　配书

凤凰高中数学1(必修)配套学习软件/江苏凤凰电子音像出版社有限公司·—罗玉莲责编·—650M　5.00元

凤凰高中数学2(必修)配套学习软件/江苏凤凰电子音像出版社有限公司·—罗玉莲责编·—650M　5.00元

凤凰高中数学3(必修)配套学习软件/江苏凤凰电子音像出版社有限公司·—罗玉莲责编·—650M　5.00元

凤凰高中数学4(必修)配套学习软件/江苏凤凰电子音像出版社有限公司·—罗玉莲责编·—650M　5.00元

凤凰高中数学5(必修)配套学习软件/江苏凤凰电子音像出版社有限公司·—罗玉莲责编·—650M　5.00元

凤凰高中数学教学参考书数学1(必修)配套教学软件/江苏凤凰电子音像出版社有限公司·—罗玉莲责编·—2500M　12.00元

凤凰高中数学教学参考书数学2(必修)配套教学软件/江苏凤凰电子音像出版社有限公司·—罗玉莲责编·—2500M　12.00元

凤凰高中数学教学参考书数学3(必修)配套教学软件/江苏凤凰电子音像出版社有限公司·—罗玉莲责编·—2500M　12.00元

凤凰高中数学教学参考书数学4(必修)配套教学软件/江苏凤凰电子音像出版社有限公司·—罗玉莲责编·—2500M　12.00元

凤凰高中数学教学参考书数学5(必修)配套教学软件/江苏凤凰电子音像出版社有限公司·—罗玉莲责编·—2500M　12.00元

方直金太阳小学数学一年级上册/江苏凤凰电子音像出版社有限公司·—罗玉莲责编·—650M　60.00元

方直金太阳小学数学二年级上册/江苏凤凰电子音像出版社有限公司·—罗玉莲责编·—650M　60.00元

方直金太阳小学数学三年级上册/江苏凤凰电子音像出版社有限公司·—罗玉莲责编·—650M　60.00元

方直金太阳学习平台/深圳方直科技股份有限公司·—罗玉莲责编·—650M

一级考试试卷汇编二级考试试卷汇编　/苏州大学出版社有限公司·—马劲峰责编·—650M　配书

江苏省财政支农政策PPT课件及习题/江苏省中华会计函授学校·—马劲峰责编·—650M　配书

初中英语(新目标)专项强化训练七年级下册/江苏凤凰电子音像出版社有限公司·—张冬妮责编·—650M　38.00元

初中英语(新目标)专项强化训练八年级下册/江苏凤凰电子音像出版社有限公司·—张冬妮责编·—650M　38.00元

凤凰牛津高中英语配套学习软

件(模块7)/ 江苏凤凰电子音像出版社有限公司·—张冬妮责编·—650M 5.00元

凤凰牛津高中英语配套学习软件(模块8)/ 江苏凤凰电子音像出版社有限公司·—张冬妮责编·—650M 5.00元

新世界大学英语读写教程1教师用书/职教中心·—张冬妮责编·—650M 配书

新世界大学英语读写教程2教师用书/职教中心·—张冬妮责编·—650M 配书

新世界大学英语读写教程3教师用书/职教中心·—张冬妮责编·—650M 配书

新世界大学英语读写教程4教师用书/职教中心·—张冬妮责编·—650M 配书

新世界大学英语视听说教程1教师用书/职教中心·—张冬妮责编·—650M 配书

新世界大学英语视听说教程2教师用书/职教中心·—张冬妮责编·—650M 配书

新世界大学英语视听说教程3教师用书/职教中心·—张冬妮责编·—650M 配书

新世界大学英语视听说教程4教师用书/职教中心·—张冬妮责编·—650M 配书

小学英语阶梯思维训练北师大版六年级上册/深圳方直科技股份有限公司·—张冬妮责编·—650M 12.00元

小学英语阶梯思维训练北师大版五年级上册/深圳方直科技股份有限公司·—张冬妮责编·—650M 12.00元

小学英语阶梯思维训练北师大版四年级上册/深圳方直科技股份有限公司·—张冬妮责编·—650M 12.00元

小学英语阶梯思维训练北师大版三年级上册/深圳方直科技股份有限公司·—张冬妮责编·—650M 12.00元

小学英语阶梯思维训练北师大版二年级上册/深圳方直科技股份有限公司·—张冬妮责编·—650M 12.00元

小学英语阶梯思维训练北师大版一年级上册/深圳方直科技股份有限公司·—张冬妮责编·—650M 12.00元

初中英语(新目标)专项强化训练七年级上册/深圳方直科技股份有限公司·—张冬妮责编·—650M 38.00元

初中英语(新目标)专项强化训练八年级上册/深圳方直科技股份有限公司·—张冬妮责编·—650M 38.00元

初中英语(新目标)专项强化训练九年级全一册/深圳方直科技股份有限公司·—张冬妮责编·—650M 38.00元

满分计划·高考英语一轮复习/译林出版社·—张冬妮责编·—650M 配书

高考英语智能王 诊断式测试学习系统/南京英利美教育科技有限公司·—张冬妮责编·—650M 369.00元

小学英语阶梯思维训练北师大版一年级下/深圳方直科技股份有限公司·—张冬妮责编·—650M 12.00元

小学英语阶梯思维训练北师大版二年级下/深圳方直科技股份有限公司·—张冬妮责编·—650M　12.00元

小学英语阶梯思维训练北师大版三年级下/深圳方直科技股份有限公司·—张冬妮责编·—650M　12.00元

凤凰智能英语——中考英语听说考场模拟训练/江苏凤凰电子音像出版社有限公司·—张冬妮责编·—650M　98.00元

凤凰牛津高中英语配套学习软件模块九/江苏凤凰电子音像出版社有限公司·—张冬妮责编·—650M　5.00元

凤凰牛津高中英语配套学习软件模块十/江苏凤凰电子音像出版社有限公司·—张冬妮责编·—650M　5.00元

凤凰牛津高中英语配套学习软件模块十一/江苏凤凰电子音像出版社有限公司·—张冬妮责编·—650M　5.00元

凤凰智能英语——课程同步听说训练3B/江苏凤凰电子音像出版社有限公司·—张冬妮责编·—650M　28.00元

凤凰智能英语——课程同步听说训练4B/江苏凤凰电子音像出版社有限公司·—张冬妮责编·—650M　28.00元

凤凰智能英语——课程同步听说训练5B/江苏凤凰电子音像出版社有限公司·—张冬妮责编·—650M　28.00元

凤凰智能英语——课程同步听说训练6B/江苏凤凰电子音像出版社有限公司·—张冬妮责编·—650M　28.00元

凤凰智能英语——课程同步听说训练7B/江苏凤凰电子音像出版社有限公司·—张冬妮责编·—650M　28.00元

凤凰智能英语——课程同步听说训练8B/江苏凤凰电子音像出版社有限公司·—张冬妮责编·—650M　28.00元

凤凰智能英语——课程同步听说训练9B/江苏凤凰电子音像出版社有限公司·—张冬妮责编·—650M　28.00元

凤凰智能英语——初中英语听力口语自动化考试模拟软件/江苏凤凰电子音像出版社有限公司·—张冬妮责编·—650M　12.00元

凤凰智能英语——中考英语.自动化考试全真模拟/江苏凤凰电子音像出版社有限公司·—张冬妮责编·—650M　12.00元

小学英语阶梯思维训练北师大版四年级下/深圳方直科技股份有限公司·—张冬妮责编·—650M　12.00元

小学英语阶梯思维训练北师大版五年级下/深圳方直科技股份有限公司·—张冬妮责编·—650M　12.00元

小学英语阶梯思维训练北师大版六年级下/深圳方直科技股份有限公司·—张冬妮责编·—650M　12.00元

小学信息技术配套学习软件(选修)/江苏凤凰电子音像出版社有限公司·—赵婧责编·—650M　4.00元

小学信息技术教师教学用书配套教学软件/江苏凤凰电子音像出版

社有限公司·—赵婧责编·—2500M 28.00元

小学信息技术配套学习软件(上册)/江苏凤凰电子音像出版社有限公司·—赵婧责编·—650M 4.00元

小学信息技术配套学习软件(下册)/江苏凤凰电子音像出版社有限公司·—赵婧责编·—650M 4.00元

小学信息技术实践指导(上册)/江苏凤凰电子音像出版社有限公司·—赵婧责编·—650M 5.00元

小学信息技术实践指导(下册)/江苏凤凰电子音像出版社有限公司·—赵婧责编·—650M 5.00元

小学信息技术实践指导(选修)/江苏凤凰电子音像出版社有限公司·—赵婧责编·—650M 5.00元

凤凰高中生物配套学习软件·生物1·分子与细胞·必修/江苏凤凰电子音像出版社有限公司·—赵炜航责编·—650M 5.00元

凤凰高中生物配套学习软件·生物2·遗传与进化·必修/江苏凤凰电子音像出版社有限公司·—赵炜航责编·—650M 5.00元

凤凰高中生物配套学习软件·生物3·稳态与环境·必修/江苏凤凰电子音像出版社有限公司·—赵炜航责编·—650M 5.00元

凤凰小学数学备课手册配套教学软件(一年级上册)/江苏凤凰电子音像出版社有限公司·—赵炜航责编·—2500M 12.00元

凤凰高中物理配套学习软件·物理·必修1/江苏凤凰电子音像出版社有限公司·—赵炜航责编·—650M 5.00元

凤凰高中物理配套学习软件·物理·必修2/江苏凤凰电子音像出版社有限公司·—赵炜航责编·—650M 5.00元

魔幻习题软件·—语文生字轻松练·一年级(上)/高扬·—赵炜航责编·—650M 18.00元

魔幻习题软件·—语文生字轻松练·二年级(上)/高扬·—赵炜航责编·—650M 18.00元

魔幻习题软件·—语文生字轻松练·三年级(上)/高扬·—赵炜航责编·—650M 18.00元

魔幻习题软件·—语文生字轻松练·四年级(上)/高扬·—赵炜航责编·—650M 18.00元

魔幻习题软件·—数学计算轻松练·一年级(上)/高扬·—赵炜航责编·—650M 18.00元

魔幻习题软件·—数学计算轻松练·二年级(上)/高扬·—赵炜航责编·—650M 18.00元

魔幻习题软件·—数学计算轻松练·三年级(上)/高扬·—赵炜航责编·—650M 18.00元

魔幻习题软件·—数学计算轻松练·四年级(上)/高扬·—赵炜航责编·—650M 18.00元

新编小学单元综合测评英语3B/江苏人民出版社·—杜韵凡责编·—30分钟 配书

新编小学单元综合测评英语4B/江苏人民出版社·—杜韵凡责编·—30分钟 配书

新编小学单元综合测评英语5B/江苏人民出版社·—杜韵凡责

编·—30分钟　配书

新编小学单元综合测评英语6B/江苏人民出版社·—杜韵凡责编·—30分钟　配书

名师大讲堂(3B)配套听力/江苏人民出版社·—杜韵凡责编·—30分钟　配书

名师大讲堂(4B)配套听力/江苏人民出版社·—杜韵凡责编·—30分钟　配书

名师大讲堂(5B)配套听力/江苏人民出版社·—杜韵凡责编·—30分钟　配书

名师大讲堂(6B)配套听力/江苏人民出版社·—杜韵凡责编·—30分钟　配书

婴幼儿抚触操/江苏科技出版社·—白帆责编·—30分钟　配书

产后瑜伽操/江苏科技出版社·—白帆责编·—30分钟　配书

中国结艺时尚饰品/江苏科技出版社·—白帆责编·—60分钟　配书

陈怡巅峰访问/江苏美术出版社·—马劲峰责编·—200分钟　配书

(苏少版)小学美术习作画本配套光盘1/江苏少儿出版社·—马劲峰责编·—60分钟　配书

(苏少版)小学美术习作画本配套光盘3/江苏少儿出版社·—马劲峰责编·—60分钟　配书

(苏少版)小学美术习作画本配套光盘5/江苏少儿出版社·—马劲峰责编·—60分钟　配书

(苏少版)小学美术习作画本配套光盘7/江苏少儿出版社·—马劲峰责编·—60分钟　配书

(苏少版)小学美术习作画本配套光盘9/江苏少儿出版社·—马劲峰责编·—60分钟　配书

(苏少版)小学美术习作画本配套光盘11/江苏少儿出版社·—马劲峰责编·—60分钟　配书

陈怡巅峰访问第二季/江苏美术出版社·—马劲峰责编·—200分钟　配书

小学英语课本配套练习(江苏版)3A/江苏教育出版社·—马劲峰责编·—50分钟　配书

小学英语课本配套练习(江苏版)4A/江苏教育出版社·—马劲峰责编·—50分钟　配书

小学英语课本配套练习(江苏版)5A/江苏教育出版社·—马劲峰责编·—50分钟　配书

小学英语课本配套练习(江苏版)6A/江苏教育出版社·—马劲峰责编·—50分钟　配书

江苏省财政支农政策教学片/江苏省中华会计函授学校·—马劲峰责编·—70分钟　配书

牛津高中英语·同步听力(模块一·高一上学期)/译林出版社·—张冬妮责编·—30分钟　配书

牛津高中英语·同步听力(模块二·高一上学期)/译林出版社·—张冬妮责编·—30分钟　配书

牛津高中英语·同步听力(模块三·高一下学期)/译林出版社·—张冬妮责编·—30分钟　配书

牛津高中英语·同步听力(模块四·高一下学期)/译林出版社·—张冬妮责编·—30分钟　配书

牛津高中英语·同步听力(模块五·高二上学期)/译林出版社·—张冬妮责编·—30分钟　配书

牛津高中英语·同步听力(模

块六・高二上学期)/译林出版社・—张冬妮责编・—30分钟　配书

牛津高中英语・同步听力(模块七・高二下学期)/译林出版社・—张冬妮责编・—30分钟　配书

牛津高中英语・同步听力(模块八・高二下学期)/译林出版社・—张冬妮责编・—30分钟　配书

牛津初中英语・学生用书(新起点版)9A/译林出版社・—张冬妮责编・—30分钟　配书

牛津初中英语・课课练(新起点版)9A/译林出版社・—张冬妮责编・—30分钟　配书

标准大考卷・牛津高中英语试卷集(模块7・高二下学期)/译林出版社・—张冬妮责编・—30分钟　配书

标准大考卷・牛津高中英语试卷集(模块8・高二下学期)/译林出版社・—张冬妮责编・—30分钟　配书

大学生366度高效沟通/转折号教育机构・—张冬妮责编・—599.00元

大学生职业生涯规划/转折号教育机构・—张冬妮责编・—599.00元

大学生演讲与口才/转折号教育机构・—张冬妮责编・—599.00元

牛津高中英语・同步听力(模块九・高三上学期)/译林出版社・—张冬妮责编・—30分钟　配书

牛津高中英语・同步听力(模块十・高三上学期)/译林出版社・—张冬妮责编・—30分钟　配书

牛津高中英语・同步听力(模块十一・高三下学期)/译林出版社・—张冬妮责编・—30分钟　配书

中华医保强身操/江苏科技出版社・—赵婧责编・—50分钟　配书

经典同步胎教音乐/江苏科技出版社・—赵婧责编・—50分钟　配书

经典胎教音乐/江苏科技出版社・—赵婧责编・—50分钟　配书

胎教音乐精选/江苏科技出版社・—赵婧责编・—50分钟　配书

早教音乐精选/江苏科技出版社・—赵婧责编・—50分钟　配书

直升名校小升初全准备(英语)/江苏科技出版社・—赵婧责编・—30分钟　配书

哑铃健身练习/江苏科技出版社・—赵婧责编・—50分钟　配书

天天成长.小学英语同步好题真卷1B/江苏科技出版社・—赵婧责编・—30分钟　配书

天天成长.小学英语同步好题真卷2B/江苏科技出版社・—赵婧责编・—30分钟　配书

天天成长.小学英语同步好题真卷3B/江苏科技出版社・—赵婧责编・—30分钟　配书

天天成长.小学英语同步好题真卷4B/江苏科技出版社・—赵婧责编・—30分钟　配书

天天成长.初中英语同步好题真卷6B/江苏科技出版社・—赵婧责编・—30分钟　配书

天天成长.初中英语同步好题真卷7B/江苏科技出版社・—赵婧责编・—60分钟　配书

天天成长.初中英语同步好题真卷8B/江苏科技出版社・—赵婧责编・—60分钟　配书

24式太极拳详解/江苏科技出

版社·—赵婧责编·—50分钟　配书

天天成长·初中英语同步听力与阅读训练6A/江苏科技出版社·—赵婧责编·—60分钟　配书

天天成长·初中英语同步听力与阅读训练7A/江苏科技出版社·—赵婧责编·—60分钟　配书

天天成长·初中英语同步听力与阅读训练8A/江苏科技出版社·—赵婧责编·—60分钟　配书

天天成长·初中英语同步听力与阅读训练9A/江苏科技出版社·—赵婧责编·—60分钟　配书

两节棍入门技法/江苏科技出版社·—赵婧责编·—50分钟　配书

天天成长.小学英语同步好题真卷1A(N版)/江苏科技出版社·—赵婧责编·—30分钟　配书

天天成长.小学英语同步好题真卷2A(N版)/江苏科技出版社·—赵婧责编·—30分钟　配书

天天成长.小学英语同步好题真卷3A(N版)/江苏科技出版社·—赵婧责编·—30分钟　配书

天天成长.小学英语同步好题真卷4A(N版)/江苏科技出版社·—赵婧责编·—30分钟　配书

天天成长.导学导练——小学英语同步训练与阅读1A(N版)/江苏科技出版社·—赵婧责编·—30分钟　配书

天天成长.导学导练——小学英语同步训练与阅读2A(N版)/江苏科技出版社·—赵婧责编·—30分钟　配书

天天成长.导学导练——小学英语同步训练与阅读3A(N版)/江苏科技出版社·—赵婧责编·—30分钟　配书

天天成长.导学导练——小学英语同步训练与阅读4A(N版)/江苏科技出版社·—赵婧责编·—30分钟　配书

天天成长.导学导练——小学英语同步训练与阅读5A(N版)/江苏科技出版社·—赵婧责编·—30分钟　配书

手耳足脊柱对症按摩/江苏科技出版社·—赵婧责编·—50分钟　配书

天天成长.小学英语同步好题真卷6A/江苏科技出版社·—赵婧责编·—60分钟　配书

天天成长.小学英语同步好题真卷7A/江苏科技出版社·—赵婧责编·—60分钟　配书

天天成长.小学英语同步好题真卷8A/江苏科技出版社·—赵婧责编·—60分钟　配书

越玩越聪明的手指游戏/江苏科技出版社·—赵婧责编·—50分钟　配书

健身国术合集——易筋经 五禽戏 六字诀 八段锦/江苏科技出版社·—赵婧责编·—50分钟　配书

中外胎教音乐精选/江苏科技出版社·—赵婧责编·—50分钟　配书

幼儿左右脑开发手指操/江苏科技出版社·—赵婧责编·—60分钟　配书

小学英语听读训练1B(学生用)/江苏科技出版社·—赵婧责编·—30分钟　配书

小学英语听读训练2B(学生用)/江苏科技出版社·—赵婧责编

·—30 分钟　配书

小学英语听读训练 3B(学生用)/江苏科技出版社·—赵婧责编·—30 分钟　配书

小学英语听读训练 4B(学生用)/江苏科技出版社·—赵婧责编·—30 分钟　配书

小学英语听读训练 5B(学生用)/江苏科技出版社·—赵婧责编·—30 分钟　配书

小学英语听读训练 6B(学生用)/江苏科技出版社·—赵婧责编·—30 分钟　配书

新世界大学英语读写教程 4　/职教中心·—邹嘉责编·—57 分钟 40 秒 配书

新阶段综合英语教程 2/职教中心·—邹嘉责编·—44 分钟 17 秒　配书

最好听的故事—幼儿睡前故事系列丛书—经典寓言故事(上)/江苏电子音像出版社·—邹嘉责编·—60 分钟　19.8 元

最好听的故事—幼儿睡前故事系列丛书—经典寓言故事(下)/江苏电子音像出版社·—邹嘉责编·—60 分钟　19.8 元

最好听的故事—幼儿睡前故事系列丛书—经典童话故事(上)/江苏电子音像出版社·—邹嘉责编·—60 分钟　19.8 元

最好听的故事—幼儿睡前故事系列丛书—经典童话故事(下)/江苏电子音像出版社·—邹嘉责编·—60 分钟　19.8 元

最好听的故事—幼儿睡前故事系列丛书—经典唐诗诵读/江苏电子音像出版社·—邹嘉责编·—60 分钟　19.8 元

最好听的故事—幼儿睡前故事系列丛书—关怀他人/江苏电子音像出版社·—邹嘉责编·—60 分钟　19.8 元

最好听的故事—幼儿睡前故事系列丛书—自我成长/江苏电子音像出版社·—邹嘉责编·—60 分钟　19.8 元

最好听的故事—幼儿睡前故事系列丛书—我爱儿歌/江苏电子音像出版社·—邹嘉责编·—60 分钟　19.8 元

最好听的故事—幼儿睡前故事系列丛书—趣味想象/江苏电子音像出版社·—邹嘉责编·—60 分钟　19.8 元

最好听的故事—幼儿睡前故事系列丛书—科普童话/江苏电子音像出版社·—邹嘉责编·—60 分钟　19.8 元

《教你读高中》配套光盘/江苏教育出版社·—邹嘉责编·—51 分钟 10 秒　配书

莎士比亚十四行诗集/译林出版社·—邹嘉责编·—57 分钟　配书

东方宝宝 2011 年第 7 期 CD/江苏少儿出版社·—邹嘉责编·—54 分钟 35 秒　配书

东方宝宝 2011 年第 8 期 CD/江苏少儿出版社·—邹嘉责编·—45 分钟 30 秒　配书

东方娃娃绘本英语 2011 年第 7 期 CD/江苏少儿出版社·—邹嘉责编·—57 分钟　配书

东方娃娃绘本英语 2011 年第 8 期 CD/江苏少儿出版社·—邹嘉责编·—45 分钟　配书

东方娃娃绘本英语 2011 年第 7 期 DVD/江苏少儿出版社·—邹嘉

责编·—113 分钟　配书

东方娃娃绘本英语 2011 年第 8 期 DVD/江苏少儿出版社·—邹嘉责编·—104 分钟　配书

英语综合教程 3/职教中心·—邹嘉责编·—51 分钟 14 秒　配书

《家庭文库. 婴儿绘本馆(一)》上/江苏少儿出版社·—邹嘉责编·—44 分钟　配书

《家庭文库. 婴儿绘本馆(一)》下/江苏少儿出版社·—邹嘉责编·—42 分钟　配书

《家庭文库. 婴儿绘本馆(二)》上/江苏少儿出版社·—邹嘉责编·—40 分钟 7 秒　配书

《家庭文库. 婴儿绘本馆(二)》下/江苏少儿出版社·—邹嘉责编·—37 分钟 40 秒　配书

《家庭文库. 婴儿绘本馆(三)》上/江苏少儿出版社·—邹嘉责编·—57 分钟　配书

《家庭文库. 婴儿绘本馆(三)》下/江苏少儿出版社·—邹嘉责编·—44 分钟　配书

《家庭文库. 婴儿绘本馆(四)》上/江苏少儿出版社·—邹嘉责编·—42 分钟　配书

《时代英语报》报纸及配套试卷高三配套听力磁带/时代学习报编辑部·—邹嘉责编·—60 分钟　配书

《时代英语报》试卷初三牛津版上配套磁带/时代学习报编辑部·—邹嘉责编·—60 分钟　配书

《时代英语报》初三牛津版上配套磁带/时代学习报编辑部·—邹嘉责编·—60 分钟　配书

我爱学 漫画英语 2011 年第 7、8 期 VCD/江苏少儿出版社·—邹嘉责编·—53 分钟　配书

《时代英语报》高二报纸配套听力磁带/时代学习报编辑部·—邹嘉责编·—60 分钟　配书

《时代英语报》高二试卷配套听力磁带/时代学习报编辑部·—邹嘉责编·—60 分钟　配书

《时代英语报》高一试卷配套听力磁带/时代学习报编辑部·—邹嘉责编·—60 分钟　配书

《时代英语报》高一报纸配套听力磁带/时代学习报编辑部·—邹嘉责编·—60 分钟　配书

《时代英语报》初二牛津版报纸配套听力上磁带/时代学习报编辑部·—邹嘉责编·—60 分钟　配书

《时代英语报》初二牛津版试卷配套听力上磁带/时代学习报编辑部·—邹嘉责编·—60 分钟　配书

《时代英语报》初一牛津版报纸配套听力上磁带/时代学习报编辑部·—邹嘉责编·—60 分钟　配书

《时代英语报》初一牛津版试卷配套听力上磁带/时代学习报编辑部·—邹嘉责编·—60 分钟　配书

《时代英语报》初二新目标试卷配套听力上磁带/时代学习报编辑部·—邹嘉责编·—60 分钟　配书

《时代英语报》初二新目标报纸配套听力上磁带/时代学习报编辑部·—邹嘉责编·—60 分钟　配书

《时代英语报》初一新目标试卷配套听力上磁带/时代学习报编辑部·—邹嘉责编·—60 分钟　配书

《时代英语报》初一新目标报纸配套听力上磁带/时代学习报编辑部·—邹嘉责编·—60 分钟　配书

《时代英语报》初三新目标试卷(上)配套听力磁带/时代学习报编

辑部·—邹嘉责编·—60 分钟　配书

《时代英语报》初三新目标报纸(上)配套听力磁带/时代学习报编辑部·—邹嘉责编·—60 分钟　配书

经典绘本阅读课程(小班上)/东方娃娃编辑部·—邹嘉责编·—44 分钟 50 秒　配书

经典绘本阅读课程(中班上)/东方娃娃编辑部·—邹嘉责编·—42 分钟 7 秒　配书

经典绘本阅读课程(大班上)/东方娃娃编辑部·—邹嘉责编·—44 分钟 30 秒　配书

读《纽约时报》学英语/译林出版社·—邹嘉责编·—60 分钟　配书

全新标准德语教程第一册上听力语音/江苏教育出版社·—邹嘉责编·—37 分钟 42 秒　配书

东方宝宝 2011 年第 9 期 CD/江苏少儿出版社·—邹嘉责编·—46 分钟 23 秒　配书

东方宝宝 2011 年第 10 期 CD/江苏少儿出版社·—邹嘉责编·—46 分钟 23 秒　配书

新阶段综合英语教程 3/职教中心·—邹嘉责编·—51 分钟 23 秒　配书

英语基础模块上册/职教中心·—邹嘉责编·—55 分钟 40 秒　配书

英语学习指导用书(基础模块.上册)/职教中心·—邹嘉责编·—51 分钟 23 秒　配书

五年制高等师范教材:英语拓展教程(3)光盘/职教中心·—邹嘉责编·—47 分钟 10 秒　配书

全新标准德语教程第一册下听力语音/江苏教育出版社·—邹嘉责编·—51 分钟 50 秒　配书

经典绘本阅读课程(小班上)/东方娃娃编辑部·—邹嘉责编·—47 分钟 34 秒　配书

经典绘本阅读课程(中班上)/东方娃娃编辑部·—邹嘉责编·—44 分钟 13 秒　配书

经典绘本阅读课程(大班上)/东方娃娃编辑部·—邹嘉责编·—46 分钟 20 秒　配书

高师高级英语教程配套光盘/职教中心·—邹嘉责编·—55 分钟 32 秒　配书

名侦探 patrick reich 断案之医院陈案/江苏教育出版社·—邹嘉责编·—37 分钟 23 秒　配书

东方娃娃绘本英语 2011 年第 9 期 CD/江苏少儿出版社·—邹嘉责编·—33 分钟 23 秒　配书

东方娃娃绘本英语 2011 年第 9 期 DVD/江苏少儿出版社·—邹嘉责编·—40 分钟 5 秒　配书

名侦探 patrick reich 断案之投毒谋财案/江苏教育出版社·—邹嘉责编·—51 分钟 23 秒　配书

我爱学 漫画英语 2011 年第 9、10 期 VCD/江苏少儿出版社·—邹嘉责编·—35 分钟 10 秒　配书

东方娃娃绘本英语 2011 年第 10 期 CD/江苏少儿出版社·—邹嘉责编·—44 分钟 36 秒　配书

东方娃娃绘本英语 2011 年第 10 期 DVD/江苏少儿出版社·—邹嘉责编·—56 分钟 13 秒　配书

全新标准德语教程第二册上/江苏教育出版社·—邹嘉责编·—46 分钟 7 秒　配书

东方宝宝2011年第11期CD/江苏少儿出版社·—邹嘉责编·—34分钟9秒 配书

东方宝宝2011年第12期CD/江苏少儿出版社·—邹嘉责编·—43分钟11秒 配书

名侦探patrick reich断案之致命鸡尾酒案/江苏教育出版社·—邹嘉责编·—47分钟23秒 配书

东方娃娃绘本英语2011年第11期CD/江苏少儿出版社·—邹嘉责编·—44分钟50秒 配书

东方娃娃绘本英语2011年第11期DVD/江苏少儿出版社·—邹嘉责编·—51分钟34秒 配书

幼儿素质教育故事集/江苏电子音像出版社·—邹嘉责编·—600分钟 100元

我爱学 漫画英语2011年第11、12期/江苏少儿出版社·—邹嘉责编·—40分钟33秒 配书

读《纽约时报》学英语:社会.生活/译林出版社·—邹嘉责编·—55分钟17秒 配书

《家庭文库.婴儿绘本馆(四)》下/江苏少儿出版社·—邹嘉责编·—35分钟8秒 配书

《家庭文库.幼儿绘本馆(二)》/江苏少儿出版社·—邹嘉责编35分钟8秒 配书

《家庭文库.幼儿绘本馆(四)》/江苏少儿出版社·—邹嘉责编35分钟8秒 配书

全新标准德语教程第三册听力材料/江苏教育出版社·—邹嘉责编·—57分钟8秒 配书

英语学习指导用书(基础模块下册)/职教中心·—邹嘉责编·—35分钟8秒 配书

全新标准德语教程第二册下/江苏教育出版社·—邹嘉责编·—47分钟28秒 配书

英语基础模块下册/职教中心·—邹嘉责编·—34分钟18秒 配书

东方娃娃绘本英语2011年第12期CD/江苏少儿出版社·—邹嘉责编·—57分钟8秒 配书

东方娃娃绘本英语2011年第12期DVD/江苏少儿出版社·—邹嘉责编·—117分钟44秒 配书

名侦探patrick reich断案之巴州迷踪/江苏教育出版社·—邹嘉责编·—47分钟6秒 配书

东方娃娃绘本英语2012年第1期CD/江苏少儿出版社·—邹嘉责编·—36分钟43秒 配书

东方娃娃绘本英语2012年第1期DVD/江苏少儿出版社·—邹嘉责编·—95分钟30秒 配书

东方娃娃绘本英语2012年第2期CD/江苏少儿出版社·—邹嘉责编·—42分钟37秒 配书

东方娃娃绘本英语2012年第2期DVD /江苏少儿出版社·—邹嘉责编·—95分钟12秒 配书

快乐学英语一二月合刊/江苏少儿出版社·—邹嘉责编·—54分钟19秒 配书

新阶段综合英语教程4/职教中心·—邹嘉责编·—57分钟8秒 配书

名侦探patrick reich断案之爱与恨/江苏教育出版社·—邹嘉责编·—37分钟55秒 配书

东方宝宝2011年第3期/江苏少儿出版社·—徐媛媛责编·—57分钟8秒 配书

东方宝宝 2011 年第 4 期/江苏少儿出版社·—徐媛媛责编·—54 分钟 19 秒 配书

东方娃娃绘本阅读小班下配套 CD/江苏少儿出版社·—徐媛媛责编·—47 分钟 29 秒 配书

东方娃娃绘本阅读中班下配套 CD/江苏少儿出版社·—徐媛媛责编·—45 分钟 31 秒 配书

东方娃娃绘本阅读大班下配套 CD /江苏少儿出版社·—徐媛媛责编·—42 分钟 27 秒 配书

东方娃娃绘本英语 2011 年第 3 期 CD /江苏少儿出版社·—徐媛媛责编·—44 分钟 19 秒 配书

东方娃娃绘本英语 2011 年第 3 期 DVD/江苏少儿出版社·—徐媛媛责编·—83 分钟 38 秒 配书

我爱学 漫画英语 2011 年第 3、4 期 VCD /江苏少儿出版社·—徐媛媛责编·—51 分钟 24 秒 配书

东方娃娃绘本英语 2011 年第 4 期 CD /江苏少儿出版社·—徐媛媛责编·—43 分钟 31 秒 配书

东方娃娃绘本英语 2011 年第 4 期 DVD/江苏少儿出版社·—徐媛媛责编·—40 分钟 5 秒 配书

东方宝宝 2011 年第 5 期 CD/江苏少儿出版社·—徐媛媛责编·—44 分钟 36 秒 配书

东方宝宝 2011 年第 6 期 CD/江苏少儿出版社·—徐媛媛责编·—41 分钟 50 秒 配书

东方娃娃绘本英语 2011 年第 5 期 CD/江苏少儿出版社·—徐媛媛责编·—50 分钟 38 秒 配书

东方娃娃绘本英语 2011 年第 5 期 DVD/江苏少儿出版社·—徐媛媛责编·—39 分钟 35 秒 配书

我爱学 漫画英语 2011 年第 5、6 期 VCD/江苏少儿出版社·—徐媛媛责编·—54 分钟 19 秒 配书

幼儿安全教育 幼儿 DVD(小班)/江苏电子音像出版社·—徐媛媛责编·—39 分钟 35 秒 14 元

幼儿安全教育 幼儿 DVD(中班)/江苏电子音像出版社·—徐媛媛责编·—49 分钟 40 秒 14 元

幼儿安全教育 幼儿 DVD(大班)/江苏电子音像出版社·—徐媛媛责编·—49 分钟 40 秒 14 元

幼儿安全教育 教学 DVD(小班)/江苏电子音像出版社·—徐媛媛责编·—70 分钟 20 元

幼儿安全教育 教学 DVD(中班)/江苏电子音像出版社·—徐媛媛责编·—70 分钟 20 元

幼儿安全教育 教学 DVD(大班)/江苏电子音像出版社·—徐媛媛责编·—70 分钟 20 元

东方娃娃绘本英语 2011 年第 6 期 CD/江苏少儿出版社·—徐媛媛责编·—41 分钟 50 秒 配书

东方娃娃绘本英语 2011 年第 6 期 DVD/江苏少儿出版社·—徐媛媛责编·—41 分钟 50 秒 配书

新世界大学英语读写教程 4/职教中心·—邹嘉责编·—650M 配书

英澳大选电视辩论集/译林出版社 ·—邹嘉责编·—2500M 配书

美国电视大选辩论集/译林出版社·—邹嘉责编·—2500M 配书

经典绘本阅读课程(小班上)/东方娃娃编辑部·—邹嘉责编·—650M 配书

经典绘本阅读课程(中班上)/东方娃娃编辑部·—邹嘉责编·—650M　配书

经典绘本阅读课程(大班上)/东方娃娃编辑部·—邹嘉责编·—650M　配书

奥巴马访谈录 Interviews with Barack Obama/译林出版社·—邹嘉责编·—2500M　配书

江苏音像出版社

国技大典——中国紫砂陶/江苏音像出版社制作·—葛磊责编·—600 分钟　100.00 元

西楚霸王/江苏音像出版社制作·—陈小东责编·—60 分钟　10.00 元

2010 同乐江苏/江苏音像出版社制作·—葛磊责编·—60 分钟　赠送

万家灯火——专家教你降三高/江苏音像出版社制作·—于一虹责编·—480 分钟　72.00 元

万家灯火——健康生活 100 招/江苏音像出版社制作·—于一虹责编·—240 分钟　48.00 元

芸香光影/江苏音像出版社制作·—葛磊责编·—60 分钟　赠送

民谣吉他自学速成/江苏音像出版社制作·—邱娟责编·—120 分钟　20.00 元

万家灯火——百年程氏经络养生操/江苏音像出版社制作·—于一虹责编·—240 分钟　100.00 元

万家灯火——营养学泰斗的健康食谱/江苏音像出版社制作·—于一虹责编·—240 分钟　100.00 元

幼儿园适宜性课程学习 小班上/江苏音像出版社制作·—葛磊责编·—60 分钟　10.00 元

幼儿园适宜性课程学习 中班上/江苏音像出版社制作·—葛磊责编·—60 分钟　10.00 元

幼儿园适宜性课程学习 大班上/江苏音像出版社制作·—葛磊责编·—60 分钟　10.00 元

幼儿园适宜性课程语言、音乐小班上/江苏音像出版社制作·—葛磊 60 分钟　10.00 元

幼儿园适宜性课程语言、音乐中班上/江苏音像出版社制作·—葛磊 60 分钟　10.00 元

幼儿园适宜性课程语言、音乐大班上/江苏音像出版社制作·—葛磊 60 分钟　10.00 元

山猫和吉咪/江苏音像出版社制作·—葛磊责编·—1080 分钟　180.00 元

《梁祝》CD——昆曲精选/江苏音像出版社制作·—陈小东责编·—120 分钟　20.00 元

《龚隐雷昆曲演唱专辑》/江苏音像出版社制作·—陈小东责编·—120 分钟　20.00 元

《梁祝》DVD——昆曲精选/江苏音像出版社制作·—陈小东责编·—120 分钟　20.00 元

万家灯火——五色食物养五脏/江苏音像出版社制作·—于一虹责编·—240 分钟　48.00 元

万家灯火——健康生活 100 招(第二辑)/江苏音像出版社制作·—于一虹责编·—240 分钟 48.00 元

茉莉芬芳/江苏音像出版社制作·—葛磊责编·—60 分钟 10.00 元

同邀明月/江苏音像出版社制作·—葛磊责编·—60 分钟 10.00 元

龙城水乡大汉风/江苏音像出版社制作·—葛磊责编·—60 分钟 10.00 元

《这片土地》——胡成彪歌曲集/江苏音像出版社制作·—葛磊责编·—60 分钟 10.00 元

万家灯火——健康养生节目举起你身边的东西/江苏音像出版社制作·—于一虹责编·—180 分钟 48.00 元

万家灯火——健康养生节目儿童健康实用宝典/江苏音像出版社制作·—于一虹责编·—120 分钟 30.00 元

子嘉与他的朋友/江苏音像出版社制作·—葛磊责编·—60 分钟 10.00 元

电视连续剧《潮人》/江苏音像出版社制作·—陈小东责编·—560 分钟 20.00 元

同成长、共收获——华泰证券二十周年/江苏音像出版社制作·—葛磊责编·—60 分钟 10.00 元

跨越梦想/江苏音像出版社制作·—陈小东责编·—120 分钟 20.00 元

黄丽珠/江苏音像出版社制作·—葛磊责编·—60 分钟 10.00 元

回望勾吴——六集文化记录片/江苏音像出版社制作·—葛磊责编·—360 分钟 60.00 元

当涂民歌/江苏音像出版社制作·—陈小东责编·—120 分钟 20.00 元

万家灯火——看脸色诊健康/江苏音像出版社制作·—于一虹责编·—240 分钟 48.00 元

万家灯火——巧用耳朵按摩/江苏音像出版社制作·—于一虹责编·—360 分钟 72.00 元

万家灯火——厨房里的学问/江苏音像出版社制作·—于一虹责编·—240 分钟 80.00 元

幼儿园适宜性课程学习 小班下/江苏音像出版社制作·—葛磊责编·—60 分钟 10.00 元

幼儿园适宜性课程学习 中班下/江苏音像出版社制作·—葛磊责编·—60 分钟 10.00 元

幼儿园适宜性课程学习 大班下/江苏音像出版社制作·—葛磊责编·—60 分钟 10.00 元

华罗庚/江苏音像出版社制作·—于一虹责编·—120 分钟 20.00 元

幼儿园适宜性课程语言、音乐小班下/江苏音像出版社制作·—葛磊责编·—60 分钟 10.00 元

幼儿园适宜性课程语言、音乐中班下/江苏音像出版社制作·—葛磊责编·—60 分钟 10.00 元

幼儿园适宜性课程语言、音乐大班下/江苏音像出版社制作·—葛磊责编·—60 分钟 10.00 元

万家灯火——坐卧立八段锦/江苏音像出版社制作·—于一虹责编

·—180 分钟　60.00 元

李洁专辑/江苏音像出版社制作·—陈小东责编·—60 分钟　10.00 元

钱涛专辑/江苏音像出版社制作·—陈小东责编·—120 分钟　20.00 元

万家灯火——大礼包/江苏音像出版社制作·—于一虹责编·—4080 分钟　350.00 元

科学小超人——星星版/江苏音像出版社制作·—葛磊责编·—180 分钟　30.00 元

科学小超人——太阳版/江苏音像出版社制作·—葛磊责编·—180 分钟　30.00 元

科学小超人——月亮版/江苏音像出版社制作·—葛磊责编·—180 分钟　30.00 元

祝福江苏/江苏音像出版社制作·—陈小东责编·—60 分钟　10.00 元

《江苏省第十二届党代会》报告/江苏音像出版社制作·—葛磊责编·—60 分钟　10.00 元

因爱聚你我 长江一家人/江苏音像出版社制作·—葛磊责编·—120 分钟　20.00 元

王丽娟演唱专辑/江苏音像出版社制作·—陈小东责编·—60 分钟　10.00 元

张辉专辑/江苏音像出版社制作·—陈小东责编·—120 分钟　20.00 元

黄丽珠演唱专辑/江苏音像出版社制作·—葛磊责编·—60 分钟　10.00 元

《同乐江苏》外国人才艺大赛/江苏音像出版社制作·—葛磊责编·—60 分钟　10.00 元

江苏文化音像出版社

锡剧 评雪辨踪/江苏文化音像出版社制作·—吴娟娟责编·—120 分钟　15.00 元

扬剧 闹洞房/江苏文化音像出版社制作·—吴娟娟责编·—110 分钟　15.00 元

锡剧 骗婚记/江苏文化音像出版社制作·—吴娟娟责编·—120 分钟　15.00 元

锡剧 血帕奇案/江苏文化音像出版社制作·—吴娟娟责编·—120 分钟　15.00 元

和谐之歌/江苏文化音像出版社制作·—王昵责编·—10 分钟　5.00 元

昆剧 牡丹亭/江苏文化音像出版社制作·—王昵责编·—150 分钟　60.00 元

昆剧 谷好好折子戏专辑/江苏文化音像出版社制作·—吴娟娟责编·—120 分钟　12.00 元

昆剧 黎安折子戏专辑/江苏文化音像出版社制作·—吴娟娟责编·—120 分钟　12.00 元

昆剧 沈昳丽折子戏专辑/江苏文化音像出版社制作·—吴娟娟责编·—130 分钟　12.00 元

昆剧 吴双折子戏专辑/江苏文化音像出版社制作·—吴娟娟责编·—120 分钟　12.00 元

昆剧 袁国良折子戏专辑/江苏文化音像出版社制作·—吴娟娟责编·—120分钟 12.00元

昆剧 余斌折子戏专辑/江苏文化音像出版社制作·—吴娟娟责编·—130分钟 12.00元

扬剧 梅花谣/江苏文化音像出版社制作·—吴娟娟责编·—145分钟 15.00元

锡剧 状元打更/江苏文化音像出版社制作·—吴娟娟责编·—167分钟 15.00元

扬剧 花为媒/江苏文化音像出版社制作·—吴娟娟责编·—147分钟 15.00元

大爱在这里飘香/江苏文化音像出版社制作·—王昵责编·—5分钟 10.00元

评弹 张建珍专辑/江苏文化音像出版社制作·—吴娟娟责编·—123分钟 10.00元

扬剧 白蛇传 江苏文化音像出版社制作·—王昵责编·—110分钟 10.00元

锡剧 三篙恨/江苏文化音像出版社制作·—吴娟娟责编·—160分钟 15.00元

扬剧 梁山伯与祝英台/江苏文化音像出版社制作·—吴娟娟责编·—130分钟 15.00元

淮剧 祥林嫂/江苏文化音像出版社制作·—吴娟娟责编·—120分钟 10.00元

扬剧 接财神/江苏文化音像出版社制作·—吴娟娟责编·—160分钟 15.00元

苏北民间小戏 传家宝/江苏文化音像出版社制作·—吴娟娟责编·—140分钟 15.00元

苏北民间小戏 家和万事兴/江苏文化音像出版社制作·—吴娟娟责编·—130分钟 15.00元

苏北民间小戏 苍天有眼/江苏文化音像出版社制作·—吴娟娟责编·—130分钟 15.00元

苏北民间小戏 晚老子讨人嫌/江苏文化音像出版社制作·—吴娟娟责编·—130分钟 15.00元

苏北民间小戏 雪地讨饭/江苏文化音像出版社制作·—吴娟娟责编·—135分钟 15.00元

苏北民间小戏 自由婚姻/江苏文化音像出版社制作·—吴娟娟责编·—130分钟 15.00元

苏北民间小戏 媳妇受苦/江苏文化音像出版社制作·—吴娟娟责编·—140分钟 15.00元

苏北民间小戏 有财无子/江苏文化音像出版社制作·—吴娟娟责编·—135分钟 15.00元

苏北民间小戏 父子情深/江苏文化音像出版社制作·—吴娟娟责编·—135分钟 15.00元

苏北民间小戏 破镜重圆/江苏文化音像出版社制作·—吴娟娟责编·—135分钟 15.00元

苏北民间小戏 农村小唱/江苏文化音像出版社制作·—吴娟娟责编·—135分钟 15.00元

苏北民间小戏 望子成龙/江苏文化音像出版社制作·—吴娟娟责编·—135分钟 15.00元

苏北民间小戏 不孝儿子苦命娘/江苏文化音像出版社制作·—吴娟娟责编·—135分钟 15.00元

苏北民间小戏 苦妈妈/江苏文化音像出版社制作·—吴娟娟责编·—135分钟 15.00元

苏北民间小戏 善恶有报/江苏文化音像出版社制作·—吴娟娟责编·—135 分钟 15.00 元

苏北民间小戏 婚外情仇/江苏文化音像出版社制作·—吴娟娟责编·—135 分钟 15.00 元

苏北民间小戏 自食其果/江苏文化音像出版社制作·—吴娟娟责编·—135 分钟 15.00 元

苏北民间小戏 万人迷/江苏文化音像出版社制作·—吴娟娟责编·—135 分钟 15.00 元

上善栖霞秋枫禅韵 /江苏文化音像出版社制作·—李大成责编 15 分钟非卖品

锡剧 五女拜寿/江苏文化音像出版社制作·—吴娟娟责编·—150 分钟 15.00 元

扬剧 清风亭/江苏文化音像出版社制作·—吴娟娟责编·—150 分钟 15.00 元

扬剧 双槐树/江苏文化音像出版社制作·—吴娟娟责编·—150 分钟 15.00 元

扬剧 佘太君抗婚/江苏文化音像出版社制作·—吴娟娟责编·—150 分钟 15.00 元

京剧《荀艺神韵》吕慧敏专辑/江苏文化音像出版社制作·—吴娟娟责编·—135 分钟 15.00 元

锡剧折子戏《拔兰花、拾玉镯、偷师》/江苏文化音像出版社制作·—吴娟娟责编·—135 分钟 15.00 元

京剧 对花枪/江苏文化音像出版社制作·—吴娟娟责编·—100 分钟 12.00 元

沪剧 家/江苏文化音像出版社制作·—吴娟娟责编·—135 分钟 12.00 元

沪剧 家/江苏文化音像出版社制作·—吴娟娟责编·—135 分钟 15.00 元

沪剧 雷雨/江苏文化音像出版社制作·—吴娟娟责编·—155 分钟 12.00 元

沪剧 雷雨/江苏文化音像出版社制作·—吴娟娟责编·—155 分钟 15.00 元

沪剧 日出/江苏文化音像出版社制作·—吴娟娟责编·—155 分钟 12.00 元

沪剧 日出/江苏文化音像出版社制作·—吴娟娟责编·—155 分钟 15.00 元

沪剧 金大班/江苏文化音像出版社制作·—吴娟娟责编·—135 分钟 12.00 元

沪剧 金大班/江苏文化音像出版社制作·—吴娟娟责编·—135 分钟 15.00 元

沪剧 金绣娘/江苏文化音像出版社制作·—吴娟娟责编·—145 分钟 12.00 元

沪剧 金绣娘/江苏文化音像出版社制作·—吴娟娟责编·—145 分钟 15.00 元

越剧 梁山伯与祝英台/江苏文化音像出版社制作·—吴娟娟责编·—145 分钟 15.00 元

锡剧 清风亭/江苏文化音像出版社制作·—吴娟娟责编·—125 分钟 15.00 元

华利浓情·绿扬清声——李政成扬剧专场汇报演出/江苏文化音像出版社制作·—吴娟娟责编·—135 分钟 10.00 元

越剧清唱剧 红楼梦/江苏文化

音像出版社制作·—吴娟娟责编·—125分钟　15.00元

扬剧 潘金莲/江苏文化音像出版社制作·—吴娟娟责编·—135分钟　15.00元

扬剧 赵五娘/江苏文化音像出版社制作·—吴娟娟责编·—135分钟　15.00元

锡剧 玉蜻蜓/江苏文化音像出版社制作·—吴娟娟责编·—135分钟　15.00元

沪剧 花女泪/江苏文化音像出版社制作·—吴娟娟责编·—125分钟　15.00元

沪剧 花女泪/江苏文化音像出版社制作·—吴娟娟责编·—125分钟　12.00元

茉莉花——雨花石国际文化旅游节开幕式/江苏文化音像出版社制作·—李大成责编·—135分钟　20.00元

茉莉花——雨花石国际文化旅游节闭幕式/江苏文化音像出版社制作·—李大成责编·—135分钟　20.00元

芳馨流韵 倪同芳唱腔集卡拉OK/江苏文化音像出版社制作·—吴娟娟责编·—180分钟　24.00元

陶凯莉胡琴专辑/江苏文化音像出版社制作·—李大成责编·—60分钟　6.00元

"鹂歌春天"青年歌唱家方鹂鹂演唱会/江苏文化音像出版社制作·—王昵责编·—135分钟　12.00元

青年笛子演奏家王键独奏音乐会/江苏文化音像出版社制作·—王昵责编·—100分钟　12.00元

万建焕锡剧唱腔艺术集锦/江苏文化音像出版社制作·—吴娟娟责编·—96分钟　10.00元

"心弦"青年小提琴演奏家马健专辑/江苏文化音像出版社制作·—王昵责编·—55分钟　6.00元

沪剧 小小一朵白兰花 王勤卡拉OK专辑/江苏文化音像出版社制作·—吴娟娟责编150分钟　12.00元

扬剧表演艺术家 徐秀芳个人专辑/江苏文化音像出版社制作·—王昵责编·—125分钟　10.00元

芳馨流韵倪同芳唱腔集卡拉OK/江苏文化音像出版社制作·—吴娟娟责编·—360分钟　36.00元

乐响云港/江苏文化音像出版社制作·—王昵责编·—125分钟　非卖品

锡剧 江南美韵－朱文亮专辑/江苏文化音像出版社制作·—吴娟娟责编·—50分钟　5.00元

锡剧 海派锡韵－王继新专辑/江苏文化音像出版社制作·—吴娟娟责编·—110分钟　10.00元

快乐星猫创意美劳DIY课程技能技巧篇2、4、6/江苏文化音像出版社制作·—吴娟娟责编·—150分钟　非卖品

沈锋师生琵琶音乐会/江苏文化音像出版社制作·—王昵责编·—125分钟　10.00元

扬剧 十把穿金扇/江苏文化音像出版社制作·—吴娟娟责编·—750分钟　65.00元

南京大学电子音像出版社

高考英语专项题酷听力/王慧责编·—60 分钟　配书

高等学校英语应用能力考试教程 A 级/蒋桂琴责编·—120 分钟　配书

艺术类专业大学英语教程/裴维维责编·—120 分钟 配书

高职高专英语词汇周计划/汪晔责编·—120 分钟 配书

上海中职英语水平测试题/贾舒责编·—120 分钟 配书

高考抢分 36 计/贾舒责编·—120 分钟 配书

石头剪子布——李茹儿童歌曲集/汪晔责编·—120 分钟 配书

日语深度阅读/田雁责编·—120 分钟 配书

南通名师暑假导学(高二)/贾舒责编·—180 分钟 配书

南通名师暑假导学(高三)/贾舒责编·—180 分钟 配书

世界上最美的情诗/施敏责编·—120 分钟 配书

小学生新双语素质读本/任灏责编·—120 分钟 配书

Super Fun(1)/汪晔 责编·—120 分钟 配书

Super Fun(2)/汪晔责编·—120 分钟 配书

Super Fun(3)/汪晔责编·—120 分钟 配书

Super Fun(4)/汪晔责编·—120 分钟 配书

Super Fun(5)/汪晔责编·—120 分钟 配书

Super Fun(6)/汪晔责编·—120 分钟 配书

世界上最伟大的演说辞/施敏责编·—120 分钟 配书

世界上最优美的散文/施敏责编·—120 分钟 配书

世界上最温情的故事/施敏责编·—120 分钟 配书

东南大学电子音像出版社

英语期末冲刺一百分/东南大学电子音像出版社制作·—谷宁责编·—60 分钟　15.00 元

我爱背单词 N 版 一年级上/东南大学电子音像出版社制作·—谷宁责编·—45 分钟　20.00 元

我爱背单词 N 版 二年级上/东南大学电子音像出版社制作·—谷宁责编·—45 分钟　20.00 元

我爱背单词 N 版 三年级上/东南大学电子音像出版社制作·—谷宁责编·—45 分钟　20.00 元

我爱背单词 N 版 四年级上/东南大学电子音像出版社制作·—谷宁责编·—45 分钟　20.00 元

我爱背单词 N 版 五年级上/东南大学电子音像出版社制作·—谷宁责编·—45 分钟　20.00 元

我爱背单词 N 版 六年级上/东南大学电子音像出版社制作·—谷

宁责编·—45分钟　20.00元

我爱背单词 N版 七年级上/东南大学电子音像出版社制作·—谷宁责编·—45分钟　20.00元

我爱背单词 N版 八年级上/东南大学电子音像出版社制作·—谷宁责编·—45分钟　20.00元

我爱背单词 N版 九年级上/东南大学电子音像出版社制作·—谷宁责编·—45分钟　20.00元

我爱背单词 新世纪版 高一年级/东南大学电子音像出版社制作·—谷宁责编·—55分钟　20.00元

我爱背单词 新世纪版 高二年级/东南大学电子音像出版社制作·—谷宁责编·—55分钟　20.00元

我爱背单词 新世纪版 高三总复习/东南大学电子音像出版社制作·—谷宁责编·—55分钟　20.00元

巧记单词 N版 一年级/东南大学电子音像出版社制作·—谷宁责编·—45分钟　18.00元

巧记单词 N版 二年级/东南大学电子音像出版社制作·—谷宁责编·—45分钟　18.00元

巧记单词 N版 三年级/东南大学电子音像出版社制作·—谷宁责编·—45分钟　18.00元

巧记单词 N版 四年级/东南大学电子音像出版社制作·—谷宁责编·—45分钟　18.00元

巧记单词 N版 五年级/东南大学电子音像出版社制作·—谷宁责编·—45分钟　18.00元

巧记单词 N版 六年级/东南大学电子音像出版社制作·—谷宁责编·—45分钟　18.00元

巧记单词 N版 七年级/东南大学电子音像出版社制作·—谷宁责编·—45分钟　18.00元

巧记单词 N版 八年级/东南大学电子音像出版社制作·—谷宁责编·—45分钟　18.00元

巧记单词 N版 九年级/东南大学电子音像出版社制作·—谷宁责编·—45分钟　18.00元

初中数学基本概念英汉对照/东南大学电子音像出版社制作·—谷宁责编·—50分钟　25.00元

小学英语听力强化训练 一年级/东南大学电子音像出版社制作·—谷宁责编·—30分钟　15.00元

小学英语听力强化训练 二年级/东南大学电子音像出版社制作·—谷宁责编·—30分钟　15.00元

小学英语听力强化训练 三年级/东南大学电子音像出版社制作·—谷宁责编·—30分钟　15.00元

小学英语听力强化训练 四年级/东南大学电子音像出版社制作·—谷宁责编·—30分钟　15.00元

小学英语听力强化训练 五年级/东南大学电子音像出版社制作·—谷宁责编·—30分钟　15.00元

名校通行证有效作业(英语)上/东南大学电子音像出版社制作·—谷宁责编·—40分钟　28.00元

优化作业 五年级 N版/东南大学电子音像出版社制作·—谷宁责编·—45分钟　60.00元

优化作业 N 版 九年级/东南大学电子音像出版社制作·—谷宁责编·—45 分钟 60.00 元

优化作业 新世纪版 九年级/东南大学电子音像出版社制作·—谷宁责编·—45 分钟 60.00 元

迎战高考英语(模拟篇)/东南大学电子音像出版社制作·—谷宁责编·—90 分钟 28.00 元

迎战高考英语(训练篇)/东南大学电子音像出版社制作·—谷宁责编·—90 分钟 28.00 元

迎战中考(模拟篇)/东南大学电子音像出版社制作·—谷宁责编·—90 分钟 28.00 元

迎战中考(训练篇)/东南大学电子音像出版社制作·—谷宁责编·—90 分钟 28.00 元

英语发音金牌教练/东南大学电子音像出版社制作·—杨凡责编·—90 分钟 18.00 元

英语口语速成句典/东南大学电子音像出版社制作·—杨凡责编·—90 分钟 29.90 元

英语听力金牌教练/东南大学电子音像出版社制作·—杨凡责编·—90 分钟 18.00 元

英语演讲金牌教练/东南大学电子音像出版社制作·—杨凡责编·—90 分钟 24.00 元

英语口语金牌教练/东南大学电子音像出版社制作·—杨凡责编·—90 分钟 25.00 元

粤语就这么简单/东南大学电子音像出版社制作·—杨凡责编·—90 分钟 24.00 元

南京大学建筑学院年鉴/东南大学电子音像出版社制作·—姜来责编·—90 分钟 39.00 元

给水处理教学课件/东南大学电子音像出版社制作·—责编·—90 分钟 39.00 元

土木工程制图/东南大学电子音像出版社制作·—史建农责编·—45 分钟 39.50 元

2011 中国城市规划年会论文集/东南大学电子音像出版社制作·—马伟责编·—120 分钟 65.00 元

2011 中国显示会议论文集/东南大学电子音像出版社制作·—马伟责编·—150 分钟 198.00 元

第六届全国工科研究生教育工作研讨会/东南大学电子音像出版社制作·—张新建责编·—150 分钟 65.00 元

南京音像出版社

金陵旋律/刘珈瑗责编·—15 分钟

钛皇锅形象介绍/刘珈瑗责编·—30 分钟

江南江北新长城/刘珈瑗责编·—35 分钟

重读南京/刘珈瑗责编·—分钟 456 分钟 160 元

云南首届中华传统美德讲坛/刘珈瑗责编·—240 分钟

为了千秋事业——人口计划生育之歌/刘珈瑗责编·—15 分钟

我的低碳生活/刘珈瑗责编·—450 分钟 120 元

2011 年高考志愿填报指南/刘珈瑗责编·—58 分钟　50 元

名师教学精品课程——新课标小学美术典型课例/刘珈瑗责编·—350 分钟　90 元

名师教学精品课程——新课标小学数学省级获奖课例/刘珈瑗责编·—568 分钟　150 元

主流价值观教育/刘珈瑗责编·—458 分钟　120 元

“驭班有术”——班主任的那些事儿/刘珈瑗责编·—295 分钟　75 元

首届烟台中华传统文化大讲堂/周军责编·—236 分钟

风范——老一辈革命家的故事/刘珈瑗责编·—278 分钟　75 元

无锡中华优秀传统文化大讲堂/周军责编·—240 分钟

青奥五星——南京幼儿英语才艺大赛/刘珈瑗责编·—450 分钟

童心向党——庆祝建党九十周年.唱支歌儿给党听歌咏汇演/周军责编·—475 分钟

童心飞扬——南京少儿六一晚会/周军责编·—60 分钟

彩云之南飞来的歌——李姣独唱音乐会/刘珈瑗责编·—60 分钟　10 元

阳光女孩/刘珈瑗责编·—55 分钟　10 元

母慈子孝/周军责编·—56 分钟

想象力教育/刘珈瑗责编·—565 分钟　150 元

空中幼儿园/刘珈瑗责编·—589 分钟　165 元

心中赞歌献给党/刘珈瑗责编·—60 分钟　15 元

喻慧霞梅派唱腔专辑/刘珈瑗责编·—116 分钟　15 元

手创艺术乐园课程示范/刘珈瑗责编·—56 分钟　10 元

我的数学思维训练课程示范/刘珈瑗责编·—60 分钟　10 元

逻辑思维课程教学示范/刘珈瑗责编·—57 分钟　10 元

第二届中国校园电视节暨第八届中国中小学校园电视金奖节目精选/刘珈瑗责编·—815 分钟

健康身心和乐人生/周军责编·—247 分钟

吉林市首届中华传统美德公益论坛/刘珈瑗责编·—1625 分钟

大金融时代/刘珈瑗责编·—105 分钟

永中杯 2011 年全国普通高中信息技术优质课集锦/刘珈瑗责编·—358 分钟

童声里的中国——唱支歌儿给党听.全国少儿歌曲精品集/刘珈瑗责编·—480 分钟　80 元

国乐宝典 1－6 第二部/刘珈瑗责编·—353 分钟　60 元

开国元帅轶事/刘珈瑗责编·—532 分钟　90 元

音乐之旅—赵越钢琴独奏专辑/刘珈瑗责编·—60 分钟　10 元

“玄”丁先红器乐作品集 A/B/刘珈瑗责编·—115 分钟　20 元

李思聪——最爱钢琴精选/刘珈瑗责编·—57 分钟　10 元

陈伟作品集专辑/周军责编·—60 分钟　10 元

舞曲领秀(三)专辑/周军责编·—60 分钟　10 元

龙梅子——漂亮的姑娘就要嫁人啦/刘珈瑗责编·—58 分钟

10 元

郭媛媛——舍不得/刘珈瑗责编·—60 分钟　10 元

温柔的陷阱/刘珈瑗责编·—55 分钟　10 元

张嘉杰个人专辑——爱情不如我想象的美/刘珈瑗责编·—60 分钟　10 元

何鹏劲爆中文舞曲——为所欲为/刘珈瑗责编·—60 分钟　10 元

杭娇—女神/刘珈瑗责编·—60 分钟　10 元

四海同乡亲/刘珈瑗责编·—12 分钟

手创艺术乐园课程——音乐/刘珈瑗责编·—55 分钟　10 元

爱上民族风/刘珈瑗责编·—60 分钟　10 元

旅途狂欢/刘珈瑗责编·—58 分钟　10 元

摇上瘾/周军责编·—60 分钟　10 元

一路欢歌八/刘珈瑗责编·—60 分钟　10 元

雪峰之吟——周雪峰昆曲演唱专辑/刘珈瑗责编·—56 分钟　10 元

伤不起/刘珈瑗责编·—57 分钟　10 元

汽车专用(一)——豪驾立体音效 1/刘珈瑗责编·—60 分钟　12 元

汽车专用(二)——豪驾立体音效 2/刘珈瑗责编·—55 分钟　12 元

汽车专用(三)——豪驾立体音效 3/刘珈瑗责编·—59 分钟　12 元

汽车专用(四)——豪驾立体音效 4/刘珈瑗责编·—57 分钟　12 元

万熔——春来了/刘珈瑗责编·—57 分钟　10 元

中国国乐经典/刘珈瑗责编·—116 分钟　20 元

摇上瘾 2/刘珈瑗责编·—58 分钟　10 元

江南电子音像出版社

绝世清音——吴钊古琴演奏曲精选/江南电子音像出版社制作·—75 分钟　78 元

拙政园——信有山林在市城/江南电子音像出版社制作·—李蓓责编　28 元

江南遍谱红篇章——建党 90 周年苏州地方党史影像录/江南电子音像出版社制作·—李蓓责编　20 元

七里山塘 古今双辉/江南电子音像出版社制作·—许雪根责编　20 元

苏州老城地图/江南电子音像出版社制作·— 许雪根责编　20 元

中国经典碑帖释文本——王羲之王献之尺牍六十种/江南电子音像出版社制作·—李蓓责编　10 元

中国经典碑帖释文本——柳公权玄秘塔碑/江南电子音像出版社制

作·—李蓓责编 8元

中国经典碑帖释文本——颜真卿争座位帖 祭侄篇/江南电子音像出版社制作·—李蓓责编 5元

中国经典碑帖释文本——苏轼行书五种/江南电子音像出版社制作·—李蓓责编 8元

中国经典碑帖释文本——米芾苕溪诗卷/江南电子音像出版社制作·—李蓓责编 5元

江苏太湖数字出版有限公司

杨卫泽画册/无锡日报社制作·—蒋登峰责编·—78分钟 10元

王立人数字剪报/无锡日报社制作·—蒋登峰责编·—344分钟 10元

周解清数字剪报/无锡日报社制作·—蒋登峰责编·—159分钟 10元

贡培兴数字剪报/无锡日报社制作·—蒋登峰责编·—188分钟 10元

无锡旅情/华东旅游报社制作·—蒋登峰责编·—53分钟 15元

梁保华数字剪报/无锡日报社制作·—蒋登峰责编·—44分钟 10元

无锡日报报业集团2010年度画册/江苏太湖数字出版有限公司制作·—蒋登峰责编·—30分钟 10元

快门画报第一期/江苏太湖数字出版有限公司制作·—蒋登峰责编·—12分钟 15元

快门画报第二期/江苏太湖数字出版有限公司制作·—蒋登峰责编·—20分钟 15元

无锡日报报业集团2011年度画册/江苏太湖数字出版有限公司制作·—蒋登峰责编·—35分钟 10元

江苏凤凰科学技术出版社数字网络出版物

针灸经络穴位/数字出版中心制作·—缪青责编·—APP应用程序 68.00元

幼儿七彩笔顺学习卡基础版/数字出版中心制作·—缪青责编·—APP应用程序 12.00元

儿童营养食谱/数字出版中心制作·—缪青责编·—APP应用程序 6.00元

四季养生食谱/数字出版中心制作·—缪青责编·—APP应用程序 12.00元

追寻远去的长城/数字出版中心制作·—缪青责编·—APP应用程序 6.00元

译林出版社数字网络出版物

往事与随想(上下)/(俄罗斯)亚·赫尔岑著;巴金,臧仲伦译·—

陈肇芬责编·—1512 千字 128.00 元

查泰莱夫人的情人/(英国)D. H. 劳伦斯著;黑马译·—田智责编·—280 千字 35.00 元

离奇的小岛/(法国)儒尔·凡尔纳著;孔昭宇,马河清译·—韩沪麟责编·—339 千字 20.00 元

论自由(译林人文精选)/(英国)密尔著;顾肃译·—韩沪麟责编·—266 千字 22.50 元

少年维特的烦恼(经典译林)/(德国)歌德著;韩耀成译·—夏秀玫责编·—129 千字 12.80 元

伊索寓言全集(新课标双语文库)/(古希腊)伊索著;李汝仪译·—章祖德责编·—242 千字 19.80 元

黑郁金香(译林世界文学名著)/(法国)大仲马著;凌晨译·—韩沪麟责编·—190 千字 14.00 元

悲惨世界/(法国)雨果著;潘丽珍译·—韩沪麟责编·—1537 千字 60.00 元

风吹白杨的安妮/(加拿大)蒙哥马利著;史津海译·—孙茜,赵越责编·—190 千字 20.00 元

古希腊悲剧喜剧全集/(古希腊)埃斯库罗斯等著;张竹明,王焕生译·—施梓云,陆元昶责编·—3328 千字 690.00 元

欧亨利短篇小说精选(新课标双语文库)/(美国)欧·亨利著;王楫,康明强译·—於梅责编·—272 千字 22.00 元

漂浮的城市(凡尔纳经典科幻)/(法国)儒尔·凡尔纳著;侯雪梅译·—韩沪麟责编·—107 千字 13.00 元

极地司芬克斯(凡尔纳经典科幻)/(法国)儒尔·凡尔纳著;王圆圆,朱震芸译·—韩沪麟责编·—278 千字 22.00 元

静静的顿河(经典译林)/(苏联)肖洛霍夫著;力冈译·—冯一兵责编·—1480 千字 98.00 元

流星追逐记(凡尔纳经典科幻)/(法国)儒尔·凡尔纳著;叶利群译·—韩沪麟责编·—145 千字 14.50 元

史班瑟岛(凡尔纳经典科幻)/(法国)儒尔·凡尔纳著;赵家鹤译·—韩沪麟责编·—129 千字 15.00 元

美丽的地下世界(凡尔纳经典科幻)/(法国)儒尔·凡尔纳著;赵家鹤译·—韩沪麟责编·—120 千字 12.00 元

环游黑海历险记(凡尔纳经典科幻)/(法国)儒尔·凡尔纳著;吴岳添译·—韩沪麟责编·—251 千字 19.50 元

格兰特船长的儿女(凡尔纳经典科幻)/(法国)儒尔·凡尔纳著;刘方,陆秉慧译·—韩沪麟责编·—471 千字 29.80 元

烽火岛(凡尔纳经典科幻)/(法国)儒尔·凡尔纳著;宁虹译·—韩沪麟责编·—106 千字 12.00 元

圣经故事:亚当夏娃日记(新课标双语文库)/(美国)马克·吐温著;曹明伦译·—田智责编·—50 千字 19.80 元

最后一课(译林名著精选)/(法国)阿尔丰斯·都德著;陈伟,李沁译·—韩沪麟,李浩瑜责编·—225 千字 18.00 元

伊利亚特(世界英雄史诗译

丛)/(古希腊)荷马著;陈中梅译·—施梓云责编·—498千字 36.80元

奥德赛(世界英雄史诗译丛)/(古希腊)荷马著;陈中梅译·—施梓云责编·—500千字 40.30元

莱蒙托夫抒情诗全集(译林世界文学名著)/(俄罗斯)米·尤·莱蒙托夫著;顾蕴璞译·—薛飞责编·—609千字 43.80元

局外人·西绪福斯神话/(法国)阿尔贝·加缪著;郭宏安译·—江蕾责编·—131千字 28.00元

高老头(名著译林)/(法国)巴尔扎克著;韩沪麟译·—章祖德责编·—198千字 13.80元

磨坊书简(译林世界文学名著)/(法国)都德著;郝运译·—韩沪麟责编·—128千字 11.80元

艾米莉·狄金森诗歌与书信选集/(美国)艾米莉·狄金森著;蒲隆译·—田智责编·—151千字 21.00元

欧叶妮·葛朗台(经典译林)/(法国)巴尔扎克著;李恒基译·—李浩瑜责编·—127千字 14.80元

新爱洛伊丝(世界文学名著·古典系列)/(法国)让-雅克·卢梭著;李平沤、何三雅译·—陈肇芬责编·—658千字 25.00元

伊索寓言全集(双语译林)/(古希腊)伊索著;李汝仪译·—章祖德责编·—127千字 19.50元

纪伯伦散文诗经典(经典译林)/(黎巴嫩)纪·哈·纪伯伦著;李唯中译·—袁楠,张媛媛责编·—428千字 29.80元

书和画像——伍尔夫散文精选(双语译林)/(英国)弗吉尼亚·伍尔夫著;刘炳善译·—何本国责编·—184千字 19.50元

前夜/父与子(世界文学名著·古典系列)/(俄国)伊·屠格涅夫著;陆肇明等译·—陈肇芬责编·—314千字 16.00元

孤独漫步者的遐想(名著译林)/(法国)让-雅克·卢梭著;钱培鑫译·—韩沪麟责编·—192千字 18.00元

莎士比亚戏剧选(译林名著精选)/(英国)莎士比亚著;朱生豪译·—施梓云责编 18.50元

伦敦风景/(英国)弗吉尼亚·伍尔夫著;宋德利译·—夏秀玫责编·—65千字 20.00元

爱伦·坡短篇小说选(译林世界文学名著)/(美国)埃德加·爱伦·坡著;孙法理译·—夏秀玫责编·—275千字 18.00元

海狼·野性的呼唤(世界文学名著·古典系列)/(美国)杰克·伦敦著;孙法理译·—王嘉木责编·—290千字 19.00元

金银岛(译林世界文学名著)/(英国)史蒂文森著;王宏译·—孙峰责编·—160千字 12.50元

嘉尔曼:梅里美中短篇小说集(世界文学名著·古典系列)/(法国)普罗斯珀·梅里美著;杨松河,王振孙译·—韩沪麟责编·—368千字 20.50元

上尉的女儿(世界文学名著·古典系列)/(俄国)亚·普希金著;智量译·—陈肇芬责编·—353千字 22.50元

了不起的盖茨比(双语译林)/(美国)弗·司各特·菲茨杰拉德著;巫宁坤译·—赵薇,於梅责编

·—353 千字　22.50 元

菊子夫人(世界文学名著·现当代系列)/(法国)皮埃尔·洛蒂著;徐霞村译·—李景端责编·—107 千字　11.20 元

瓦尔登湖(译林名著精选)/(美国)梭罗著;许崇信,林本椿译·—马爱新责编·—228 千字　18.80 元

邦斯舅舅(世界文学名著·古典系列)/(法国)巴尔扎克著;许钧译·—韩沪麟责编·—247 千字　10.50 元

悬崖(译林世界文学名著)/(俄国)伊·冈察洛夫著;严永兴译·—陈肇芬责编·—696 千字　37.80 元

悲剧的诞生(译林人文精选)/(法国)安东尼·德·圣埃克苏佩里著;林珍妮,马振骋译·—冯一兵责编·—57 千字　16.00 元

嘉尔曼·高龙巴(世界文学名著·古典系列)/(法国)普罗斯珀·梅里美著;杨松河译·—韩沪麟责编·—256 千字　11.00 元

鲁迅杂文选(新课标双语文库)/(中国)鲁迅著;杨宪益,戴乃迭译·—何本国责编·—207 千字　19.80 元

远离尘嚣(世界文学名著·古典系列)/(英国)托马斯·哈代著;张冲译·—王理行责编·—345 千字　15.00 元

战争与和平(经典译林)/(俄国)列夫·托尔斯泰著;张捷译·—冯一兵责编·—1277 千字　61.60 元

审美教育书简(译林人文精选)/(德国)席勒著;张玉能译·—冯一兵责编·—239 千字　21.00 元

自深深处(双语译林)/(英国)奥斯卡·王尔德著;朱纯深译·—孙茜责编·—188 千字　28.00 元

贵族之家·罗亭(世界文学名著·古典系列)/(俄国)伊·屠格涅夫著;非琴等译·—陈肇芬责编·—279 千字　16.50 元

安娜·卡列宁娜(经典译林)/(俄国)列夫·托尔斯泰著;智量译·—冯一兵责编·—888 千字　38.80 元

神曲(名著译林)/(意大利)但丁·阿利基埃里著;黄文捷译·—陆元昶责编·—892 千字　60.00 元

约翰·克利斯朵夫(经典译林)/(法国)罗曼·罗兰著;韩沪麟译·—冯一兵责编·—1209 千字　65.00 元

太阳系历险记(凡尔纳经典科幻)/(法国)儒尔·凡尔纳著;惊蛰,陈祚敏译·—韩沪麟责编·—245 千字　18.00 元

羊脂球:莫泊桑短篇小说集(经典译林)/(法国)莫泊桑著;汪阳译·—张媛媛责编·—285 千字　19.80 元

猎人笔记(经典译林)/(俄国)伊·屠格涅夫著;张耳译·—胡晓平责编·—307 千字　20.00 元

巴黎圣母院(经典译林)/(法国)维克多·雨果著;施康强,张新木译·—彭波责编·—368 千字　24.00 元

福尔摩斯探案(经典译林)/(英国)阿瑟·柯南道尔著;周克希,俞步凡译·—孙峰,王延庆责编·—306 千字　21.80 元

希腊古典神话(经典译林)/(德国)古斯塔夫·施瓦布著;曹乃云译·—王理行责编·—590 千字

29.80元

安徒生童话精选(译林名著精选)/(丹麦)汉斯·克里斯蒂安·安徒生著;叶君健译·—王理行责编·—391千字 26.50元

红与黑(经典译林)/(法国)斯丹达尔著;郭宏安译·—王理行责编·—409千字 26.00元

变色龙(经典译林)/(俄国)安东·契诃夫著;冯加译·—冯一兵责编·—317千字 21.80元

罗生门(经典译林)/(俄国)安东·契诃夫著;冯加译·—冯一兵责编·—317千字 21.80元

罗马神话(经典译林)/(德国)古斯塔夫·夏尔克著;曹乃云译·—李瑞华责编·—177千字 16.80元

雾都孤儿(经典译林)/(英国)查尔斯·狄更斯著;何文安译·—王振华责编·—353千字 25.00元

天方夜谭(经典译林)/佚名著;郅溥浩等译·—夏秀玫责编·—419千字 29.80元

变形记·城堡(经典译林)/(奥地利)弗朗茨·卡夫卡著;李文俊,米尚志译·—夏秀玫责编·—307千字 22.00元

神秘岛(凡尔纳经典科幻)/(法国)儒尔·凡尔纳著;杨苑,陈伟译·—韩沪麟责编·—306千字 28.80元

牛虻(经典译林)/(爱尔兰)埃·莉·伏尼契著;古绪满译·—冯一兵责编·—257千字 28.00元

大海入侵(凡尔纳经典科幻)/(法国)儒尔·凡尔纳著;叶丽文,黎鑫译·—韩沪麟责编·—113千字 18.60元

天边灯塔(凡尔纳经典科幻)/(法国)儒尔·凡尔纳著;王蓓丽,马小彦译·—韩沪麟责编·—104千字 17.80元

南部非洲探险(凡尔纳经典科幻)/(法国)儒尔·凡尔纳著;李沁译·—韩沪麟责编·—245千字 18.00元

空中村落(凡尔纳经典科幻)/(法国)儒尔·凡尔纳著;惊蛰,陈祚敏译·—韩沪麟责编·—146千字 20.00元

恋爱中的女人(世界文学名著·现当代系列)/(英国)D. H. 劳伦斯著;黑马译·—张遇责编·—400千字 22.20元

八十天环游地球(凡尔纳经典科幻)/(法国)儒尔·凡尔纳著;白睿译·—韩沪麟责编·—158千字 13.80元

基督的最后诱惑(20世纪经典)/(希腊)N. 卡赞扎基斯著;董乐山,傅惟慈译·—孙峰责编·—428千字 29.50元

简·爱(经典译林)/(英国)夏洛蒂·勃朗特著;黄源深译·—顾爱彬,胡晓平责编·—430千字 22.00元

富兰克林自传(译林人文精选)/(美国)本杰明·富兰克林著;蒲隆译·—李瑞华责编·—165千字 18.00元

小妇人(名著译林)/(美国)路易莎·梅·奥尔科特著;刘春英等译·—周丽华责编·—384千字 22.50元

三剑客(译林世界文学名著)/(法国)亚力山大·大仲马著;罗国林,王学文译·—韩沪麟责编·—

548千字　25.00元

交际花盛衰记(世界文学名著·古典系列)/(法国)巴尔扎克著;倪维中译·—韩沪麟责编·—423千字　22.00元

苔丝(名著译林)(经典译林)/(英国)托马斯·哈代著;孙法理译·—夏秀玫责编·—370千字　28.00元

好兵帅克(名著译林)/(捷克)雅罗斯拉夫·哈谢克著;孙法理译·—常鸣责编·—516千字　29.80元

双城记(名著译林)/(英国)查尔斯·狄更斯著;孙法理译·—章祖德责编·—305千字　16.80元

王尔德童话(双语译林)/(英国)奥斯卡·王尔德著;王林译·—周丽华责编·—202千字　20.00元

娜娜(世界文学名著·古典系列)/(法国)左拉著;王士元译·—汪永标责编·—338千字　17.50元

女王越狱记(译林世界文学名著)/(英国)瓦尔特·司各特著;魏培经译·—王延庆责编·—340千字　22.50元

包法利夫人(名著译林)/(法国)福楼拜著;许渊冲译·—韩沪麟责编·—240千字　14.50元

查拉图斯特拉如是说(译林人文精选)/(德国)弗里德里希·尼采著;杨恒达译·—王蕾责编·—278千字　22.50元

拉封丹寓言诗全集(译林世界文学名著)/(法国)拉封丹著;杨松河译·—韩沪麟责编·—240千字　25.80元

巨人传(名著译林)/(法国)拉伯雷著;杨松河译·—韩沪麟责编·—257千字　16.60元

格林童话精选(译林少儿经典)/(德国)雅各布·格林,威廉·格林著;杨武能,杨悦译·—施梓云责编·—194千字　16.00元

呼啸山庄(译林名著精选)/(英国)艾米莉·勃朗特著;杨苡译·—李景端责编·—257千字　16.00元

福尔摩斯探案全集/(英国)阿瑟·柯南道尔著;俞步凡译·—孙峰责编·—1430千字　89.50元

白痴(译林世界文学名著)/(俄国)费·陀思妥耶夫斯基著;臧仲伦译·—陈肇芬责编·—612千字　29.00元

宽容(译林人文精选)/(美国)房龙著;张蕾芳译·—马爱新责编·—207千字　21.00元

理想国(译林人文精选)/(古希腊)柏拉图著;张竹明译·—黄颖责编·—301千字　25.00元

基度山恩仇记(经典译林)/(法国)亚力山大·大仲马著;郑克鲁译·—冯一兵责编·—1223千字　45.00元

德拉库拉(吸血鬼史诗系列)/(爱尔兰)布拉姆·斯托克著;冷杉,姜莉莉译·—冯一兵,谢山青责编·—300千字　26.00元

十日谈(经典译林)/(意大利)薄迦丘著;钱鸿嘉,泰和庠,田青译·—王振华责编·—625千字　38.00元

鲁滨孙漂流记(名著译林)/(英国)丹尼尔·笛福著;郭建中译·—施梓云责编·—210千字　12.00元

堂吉诃德(名著译林)/(西班牙)米盖尔·德·塞万提斯著;屠孟超译·—赵燮生责编·—811千字

35.00 元

罪与罚（世界文学名著·古典系列）/（俄国）费·陀思妥耶夫斯基著；非琴译·—陈肇芬责编·—485 千字　26.50 元

童年·在人间·我的大学（名著译林）/（苏联）高尔基著；聂刚正，高厚娟，曹缦西，王志棣译·—陈肇芬责编·—619 千字　28.00 元

巨人（译林世界文学名著）/（美国）西奥多·德莱塞著；徐人望，徐徵芳译·—王延庆责编·—398 千字　23.20 元

漂亮朋友（世界文学名著·古典系列）/（法国）莫泊桑著；陈祚敏译·—韩沪麟责编·—302 千字　16.50 元

飞鸟集（新课标双语文库）/（印度）拉宾德拉纳特·泰戈尔著；陆晋德译·—田智责编·—302 千字　19.80 元

古希腊悲剧喜剧全集/（古希腊）埃斯库罗斯等著；张竹明，王焕生译·—施梓云，陆元昶责编·—3328 千字　690.00 元

我是猫（经典译林）/（日本）夏目漱石著；于雷译·—叶宗敏，韩继坤责编·—307 千字　26.00 元

奥州小路（双语译林）/（日本）松尾芭蕉著；陈岩译·—叶宗敏责编·—85 千字　22.00 元

国富论（译林人文精选）/（英国）亚当·斯密著；章莉译·—陈锐责编·—249 千字　28.00 元

道德情操论（译林人文精选）/（英国）亚当·斯密著；宋德利译·—李瑞华责编·—284 千字　28.00 元

绿光（凡尔纳经典科幻）/（法国）儒尔·凡尔纳著；王琪译·—韩沪麟责编·—111 千字　12.80 元

十五岁的小船长（凡尔纳经典科幻）/（法国）儒尔·凡尔纳著；李佶，叶利群译·—韩沪麟责编·—263 千字　20.00 元

百万英镑（经典译林）/（美国）马克·吐温著；张友松等译·—张媛媛责编·—265 千字　18.00 元

江南古典私家园林/（中国）阮仪三主编·—施梓云责编·—118 千字　48.00 元

从地球到月球（凡尔纳经典科幻）/（法国）儒尔·凡尔纳著；庄刚琴，李佳译·—韩沪麟责编·—246 千字　19.00 元

视界无疆——我在哈佛的学与思/（中国）包明友著·—谢山青责编·—379 千字　32.00 元

查泰莱夫人的情人/（英国）D. H. 劳伦斯著；黑马译·—田智责编·—280 千字　35.00 元

简·爱（经典译林）/（英国）夏洛蒂·勃朗特著；黄源深译·—顾爱彬，胡晓平责编·—430 千字　22.00 元

鲁滨孙漂流记（名著译林）/（英国）丹尼尔·笛福著；郭建中译·—施梓云责编·—210 千字　12.00 元

视界无疆·—我在哈佛的学与思/（中国）包明友著·—谢山青责编·—379 千字　32.00 元

伊索寓言全集（双语译林）/（古希腊）伊索著；李汝仪译·—章祖德责编·—127 千字　19.50 元

风吹白杨的安妮/（加拿大）蒙哥马利著；史津海译·—孙茜，赵越责编·—190 千字　20.00 元

爱伦·坡短篇小说选（译林世

界文学名著)/(美国)埃德加·爱伦·坡著;孙法理译·—夏秀玫责编·—275千字　18.00元

论自由(译林人文精选)/(英国)密尔著;顾肃译·—黄颖责编·—92千字　22.50元

海底两万里(经典译林)/(法国)儒尔·凡尔纳著;沈国华,钱培鑫,曹德明译·—张媛媛责编·—329千字　22.50元

傲慢与偏见(经典译林)/(英国)简·奥斯丁著;孙致礼译·—王理行责编·—283千字　18.50元

血战太平洋(HBO官方完整版)/(美国)休·安布罗斯著;史正永,朱英,付满译·—何本国,吴莹莹责编·—425千字　35.00元

奥巴马演说集之白宫岁月(双语译林)/(美国)巴拉克·奥巴马著;王瑞泽译·—唐晓萌,何本国,於梅,田智责编·—257千字　29.80元

南京大学出版社数字网络出版物

心理咨询中的利益均衡理论/于立东著·—孔令秋责编·—178千字　5.50元

庄子/包兆会著·—朱剑责编·—53千字　8.75元

生态学概论/文祯中著·—孟庆生责编·—308千字　13.00元

贵妃的红汗/孟晖著·—沈卫娟责编·—49千字　9.00元

我的祖父孙中山/孙穗芳著·—莫永明责编·—182千字　9.50元

磨炼公关/何成著·—张秀梅责编·—196千字　7.50元

唐宋词鉴/赏王步高著·—李丽责编·—224千字　5.50元

作为存在的身体/郑震著·—唐甜甜责编·—241千字　7.00元

张爱玲传/余斌著·—沈卫娟责编·—335千字　7.45元

五年顺流而下/李皖著·—杨全强;陈秀琪责编·—232千字　7.25元

南京人/叶兆言著·—沈卫娟责编·—88千字　4.00元

字里行间/余斌著·—沈卫娟责编·—193千字　5.00元

乡愁四韵/余光中;胡有清著·—刘平责编·—37千字　5.00元

当王子爱上女巫/苏友贞著·—沈卫娟责编·—143千字　4.75元

有什么不对头/李冯著·—杨全强责编·—197千字　6.00元

私享欧罗巴/沐童著·—王燊娉责编·—115千字　7.00元

海外鳌兵/郑磊著·—曹晓玉责编·—219千字　7.50元

资本撬动成长/马方业;袁元著·—曹晓玉责编·—176千字　8.75元

百年黄昏:回到戊戌变法历史现场/余音著·—张秀梅责编·—193千字　9.00元

菜根谭·容斋随笔/王同书著·—李娟责编·—454千字　14.50元

中国矿业大学出版社数字网络出版物

煤矿员工岗位规范操作多媒体教程/中国矿业大学出版社制作·—李士峰、杨传良、黄运涛责编·—34611.2M　7200.00元

晋城煤业集团一体化教材/中国矿业大学出版社制作·—马跃龙、姜志方、杨廷等责编·—208M　60.00元

采煤机司机技能培训考试题库/中国矿业大学出版社制作·—李士峰、杨传良、黄运涛责编·—62.1 M　120.00元

液压支架工技能培训考试题库/中国矿业大学出版社制作·—李士峰、杨传良、黄运涛责编·—62.7 M　120.00元

采煤支护工技能培训考试题库/中国矿业大学出版社制作·—李士峰、杨传良、黄运涛责编·—62.4 M　120.00元

乳化液泵工技能培训考试题库/中国矿业大学出版社制作·—李士峰、杨传良、黄运涛责编·—63.1 M　120.00元

爆破工技能培训考试题库/中国矿业大学出版社制作·—李士峰、杨传良、黄运涛责编·—62.1 M　120.00元

掘进机司机技能培训考试题库/中国矿业大学出版社制作·—李士峰、杨传良、黄运涛责编·—62.8 M　120.00元

锚喷工技能培训考试题库/中国矿业大学出版社制作·—李士峰、杨传良、黄运涛责编·—62.0 M　120.00元

锚杆支护工技能培训考试题库/中国矿业大学出版社制作·—李士峰、杨传良、黄运涛责编·—62.2 M　120.00元

输送机操作工技能培训考试题库/中国矿业大学出版社制作·—李士峰、杨传良、黄运涛责编·—63.7 M　120.00元

矿井维修电工技能培训考试题库/中国矿业大学出版社制作·—李士峰、杨传良、黄运涛责编·—63.5 M　120.00元

井上变配电工技能培训考试题库/中国矿业大学出版社制作·—李士峰、杨传良、黄运涛责编·—64.1 M　120.00元

采掘电钳工技能培训考试题库/中国矿业大学出版社制作·—李士峰、杨传良、黄运涛责编·—63.6M　120.00元

苏州大学出版社数字网络出版物

服装打板与推板技术/邵晨霞主编·—许周鹏责编·—243千字　5.50元

中国工艺美术鉴赏/沈海泯编著·—许周鹏责编·—305千字　8.00元

新编药用植物学/孙萌等主编·—倪青责编·—420千字　15.00元

Visual FoxPro实验指导书

(2008 年版)/崔建忠,单启成主编·— 周建兰责编·— 236 千字　3.20 元

中学生生活自理能力培养读本/曹伯高主编·— 周敏责编·— 165 千字　4.00 元

英语语法实用教程/陈新仁主编·— 杨华责编·— 297 千字　8.00 元

江苏信息职业技术学院年鉴 2007/江苏信息职业技术学院办公室编·— 陈兴昌责编·— 625 千字　20.00 元

中外美术赏析/朱旗,戴云亮编著·—许周鹣责编·— 324 千字　8.00 元

新编大学生党课教材/王国忠主编·— 周敏责编·— 170 千字　3.20 元

形势与政策教育读本/王国忠主编·— 周敏责编·— 225 千字　4.00 元

实用教育评价理论与技术/刘五驹主编·— 唐明珠责编·— 264 千字　4.50 元

英语影视欣赏/卫玲主编·— 沈琴责编·— 216 千字　8.00 元

单片微型计算机原理(第二版)/邹丽新,翁桂荣主编·— 周建兰责编·— 410 千字　8.00 元

AutoCAD 2007 实用绘图教程与实验指导/白云等主编·—周建兰责编·— 638 千字　10.50 元

苏州劳动保障志(1949—2005)/王晓雄编·—赵强责编·— 530 千字　18.00 元

新编中文版 AutoCAD 2007 基础和实战/王运峰主编·— 陈兴昌责编·— 443 千字　7.00 元

苏州蚕桑专科学校简史/李喆,石明芳,林冈主编·— 金振华责编·— 274 千字　6.00 元

逻辑学教程/周晓林主编·— 赵强责编·— 274 千字　5.00 元

高致病性禽流感防治手册/南京军区疾病预防控制中心编·—倪青责编·—51 千字　2.00 元

法律英语/常慧灵主编·— 汤定军责编·— 260 千字　7.00 元

有机化学习题课教程/周年琛,李新主编·— 陈孝康责编·— 347 千字　5.50 元

插画艺术/徐海鸥主编·— 薛华强责编·— 133 千字　12.00 元

现场急救/邹晓平等主编·— 康敬奎责编·— 252 千字　6.00 元

全口义齿技工学/周超苏主编·— 金振华责编·— 220 千字　8.00 元

科技英语入门/徐亚宁主编·— 杨华责编·—174 千字　5.00 元

地震知识读本/(日)神沼克伊著·—肖生华责编·— 62 千字　2.50 元

高等数学竞赛教程/张瑜主编·—李娟责编·—227 千字　5.50 元

纪录片专题片概论/倪祥保,邵雯艳主编·— 施放责编·—280 千字　6.50 元

甲型 H1N1 流感防治手册/南京军区疾病预防控制中心编·— 倪青等责编·— 51 千字　2.00 元

汉语水平步步高＊句型与句式/陆庆和,黄兴主编·—史创新责编·— 446 千字　9.50 元

汉语水平步步高＊动词 助动词/陆庆和,黄兴主编·—杨华责编

·—496 千字　10.00 元

汉语水平步步高＊副词/陆庆和,黄兴主编·—责编·—423 千字　8.00 元

汉语水平步步高＊关联词语 量词/陆庆和,黄兴主编·—肖生华责编·—403 千字　8.00 元

汉语水平步步高＊助词/陆庆和,黄兴主编·—周建国责编·—304 千字　6.50 元

汉语水平步步高＊介词 代词/陆庆和,黄兴主编·—金振华责编·—370 千字　8.00 元

汉语水平步步高＊名词与形容词/陆庆和,黄兴主编·—周敏责编·—472 千字　9.70 元

苏州市机关企事业单位人员考试录用及竞争上岗参考教材(修订版)/方培华,周根祥主编·—李寿春责编·—849 千字　20.00 元

体育英语/何庆忠,张惠珍主编·—汤定军责编·—304 千字　8.00 元

计算机基础应用能力测试与指导/李金祥,李会芳主编·—谢金海责编·—270 千字　4.00 元

大学英语写作与翻译:生成及其转换/朱全明编著·—汤定军责编·—332 千字　10.00 元

跨文化交际与地球村民/高永晨主编·—王娅责编·—292 千字　9.70 元

机械制造及控制技术基础实验/管建峰主编·—苏秦责编·—360 千字　10.00 元

实用英语阅读教程/薛水明主编·—金莉莉责编·—174 千字　6.00 元

经济应用数学/王德才,郭建萍主编·—唐明珠责编·—500 千字　8.00 元

大学生村官工作手册/江涌主编·—康敬奎责编·—155 千字　4.00 元

大学英语拓展阅读(共四册)/梁正宇等主编·—杨华等责编·—656 千字　20.00 元

化工安全技术/陆春荣,王晓梅主编·—徐来责编·—310 千字　6.00 元

电工技术:任务驱动模式/王卫兵主编·—周建兰责编·—308 千字　5.50 元

市场营销(英文版)/赵会军,张希颖主编·—汤定军责编·—279 千字　8.00 元

职业院校体育与健康/杨健主编·—朱坤泉责编·—390 千字　6.00 元

计算机英语/张国安主编·—汤定军责编·—344 千字　9.00 元

"专转本"全程辅导教程＊计算机基础/涂刚,张作民主编·—管兆宁责编·—498 千字　8.00 元

概率论与数理统计习题指导/常州工学院数学教学部编·—谢金海责编·—187 千字　4.00 元

中外音乐赏析/杨和平主编·—许周鹮责编·—450 千字　9.00 元

"专转本"全程辅导教程＊高等数学/嵇金山,刘希富主编·—唐明珠责编·—313 千字　6.00 元

"专转本"全程辅导教程＊英语/李志刚,王贺玲主编·—沈琴责编·—437 千字　7.00 元

高职高专翻译实训教程/王墩田主编·—王娅责编·— 292 千字　9.00 元

大学生心理健康/吴畏主编·—朱坤泉责编·—356千字　8.00元

新编大学英语口语教程(第二册)/范建华主编·—沈琴责编·—387千字　8.00元

商务英语/刘白玉,高新华主编·—汤定军责编·—266千字　8.00元

新高考语文专项训练(四册)/沈成主编·—张凝等责编·—1430千字　28.00元

东吴大学简史/王国平主编·—施放责编·—342千字　8.00元

大学生心理健康教程/吴菁主编·—施放责编·—240千字　5.00元

大学生素质育化指导(第二册)/李国俊,方大钧,李闽主编·—施放责编·—256千字　5.00元

大学生素质育化指导(第一册)/俞琛,闻彦主编·—赵强责编·—245千字　5.00元

半导体器件物理与工艺(基础版)/施敏主编·—苏秦责编·—362千字　8.00元

新编高职体育教程/徐健,曹俊主编·—陈孝康责编·—460千字　6.50元

基础会计/郑在柏主编·—薛华强责编·—440千字　9.00元

苏州市通用外语(英语)水平等级考试指导用书/薛群颖主编·—沈琴责编·—324千字　7.00元

人才中介理论与实务/纪顺俊主编·—史创新责编·—208千字　6.00元

新编军训教程/邓国林,成岩龙主编·—陈孝康责编·—324千字　5.00元

数控车床技能实训/张卫东主编·—陈兴昌责编·—304千字　6.00元

成衣工业样板与服装缝制工艺/倪红主编·—苏秦责编·—348千字　8.00元

大学计算机信息技术实践教程(第二版)/周虹,吴勇主编·—周建兰责编·—550千字　8.00元

形势与政策读本/王建良主编·—施放责编·—250千字　6.00元

国际贸易英语/何康民,俞建耀主编·—汤定军责编·—345千字　9.00元

医学英语入门/姜瑾主编·—倪青责编·—349千字　10.25元

新编大学体育教程/戴福祥,陆升汉主编·—陈孝康责编·—496千字　6.50元

文学鉴赏/莫砺锋主编·—史创新责编·—439千字　8.00元

应用文写作/丁晓昌主编·—金振华责编·—496千字　8.00元

全国公共英语等级考试必备(二级)/王墩田,肖建壮主编·—汤定军责编·—325千字　6.00元

新编高职体育与健康教程/吴泽萍主编·—陈孝康责编·—440千字　6.50元

大学计算机基础学习指导/刘永良,华伟主编·—苏秦责编·—430千字　6.50元

计算机基础应用与实践/卞华珍,张茹,潘荷新主编·—周建兰责编·—396千字　6.00元

新编体育与健康/丁正军,凌长

鸣主编·—陈孝康责编·—440 千字　6.50 元

高等学校英语应用能力考试 B 级辅导书/胡孔旺,陈怡主编·—沈琴责编·—360 千字　6.50 元

高职高专英语泛读教程(第一册)/朱曦主编·—王娅责编·—164 千字　4.00 元

大学生安全知识读本/姚滨,任宏主编·—康敬奎责编·—245 千字　4.00 元

计算机基础实用教程/赵慧主编·—谢金海责编·—507 千字　8.00 元

英语泛读教程(1—4)/傅广生等主编·—杨华等责编·—1610 千字　35.00 元

高职高专英语拓展教程(第一册)/蒋爱萍主编·—沈琴责编·—310 千字　6.50 元

旅游英语/钟玲,曹瑞明,王志芳主编·—汤定军责编·—301 千字　8.00 元

体育与健康教程/孙志,谈皖宁主编·—陈兴昌责编·—435 千字　6.50 元

东盟国家社会与文化/汤燕瑜,邬跃生主编·—杨华责编·—353 千字　9.00 元

金钥匙 1+1(九年级下册)(六册)/沈成主编·—张凝等责编·—1700 千字　28.00 元

园艺产品商品化技术/唐蓉主编·—肖丽娟责编·—285 千字　4.50 元

高职体育教程/代秀付主编·—陈孝康责编·—428 千字　6.50 元

筚路蓝缕启山林/朱成良主编·—许周鹈责编·—290 千字　9.00 元

高中数学每日半小时(必修 1－5,总复习)/李生主编·—李娟等责编·—1477 千字　30.00 元

英语词汇学实用教程/陈新仁主编·—杨华责编·—294 千字　8.00 元

计算机基础案例教程/朱作付,陈祥章主编·—马德芳责编·—400 千字　6.50 元

吴江卫生志/《吴江卫生志》编纂委员会主编·—陈林华责编·—960 千字　25.00 元

苏州基层党建工作范例/《苏州基层党建工作范例》编委会主编·—许周鹈责编·—192 千字　6.00 元

经济英语/陈建平,Charles Schomaker[美]主编·—王娅责编·—265 千字　7.00 元

科学社会主义的理论与实践/乔耀章主编许周鹈责编·—430 千字　10.25 元

高等学校英语应用能力考试 B 级模拟试题/李俊伟主编王娅责编·—379 千字　8.00 元

高职高专英语泛读教程(第二册)/朱曦主编沈琴责编·—196 千字　4.50 元

高职高专英语拓展教程(第二册)/朱春娟主编金莉莉责编·—330 千字　8.00 元

大学生人文社科知识读本＊历史 地理/王卫平,赵媛主编杨婷责编·—323 千字　6.00 元

中华文明与地方文化英文导读/顾卫星,叶建敏主编金莉莉责编·—344 千字　10.00 元

马克思主义原著选读/庄友刚主编赵强责编·—468 千字 10.25 元

南社人咏苏州/李剑鹏,安达主编许周鹣责编·—180 千字 6.00 元

网络新闻评论研究/杨新敏主编施放责编·—264 千字 6.50 元

物理实验教程/陈健,王廷志主编周建兰责编·—440 千字 6.50 元

平生最识江湖味/孙涛主编史创新责编·—256 千字 8.00 元

心理诊断学/仲稳山主编周敏责编·—409 千字 8.00 元

企业所得税纳税申报操作实务/潘伟辰,张志忠主编薛华强责编·—510 千字 12.25 元

中考练兵场(共 5 册)/沈成主编李娟等责编·—2144 千字 30.00 元

过渡型社区教育理论与实践/郭彩琴,丁立新主编史创新责编·—374 千字 9.00 元

时间之伤/原筱菲主编吴培华责编·—86 千字 5.50 元

40 周:神圣的怀孕历程/丁虹娟,沈嵘肖主编丽娟责编·—263 千字 9.50 元

宝宝常见疾病家庭应对指南/刘志峰,方如平,杨苏主编肖丽娟责编·—242 千字 8.00 元

影响青少年的 50 部名著[新课标]/卢月,吴文智主编张凝责编·—400 千字 10.00 元

影响世界的 100 部女性文学名著/王晓英,杨靖主编欧阳雪芹责编·—415 千字 10.00 元

高中语文知识手册/徐思源主编史创新责编·—546 千字 13.00 元

初中语文知识手册/傅嘉德主编张凝责编·—469 千字 11.25 元

小学语文知识手册/许红琴主编周敏责编·—247 千字 6.50 元

苏州大学年鉴 2009/苏州大学档案馆主编周敏责编·—953 千字 25.00 元

建筑艺术赏析/邱德华等主编许周鹣责编·—390 千字 8.00 元

电子商务实务实验指导/崔晓峰主编马德芳责编·—280 千字 6.00 元

反腐倡廉建设研究(第一辑)/苏州廉政建设与行政效能研究所主编许周鹣责编·—280 千字 9.00 元

财政学教程/孙文基主编史创新责编·—380 千字 8.00 元

大学计算机应用技术/施炜主编马德芳责编·—497 千字 8.00 元

初中物理探究(八年级下册)/王海昭主编徐来责编·—276 千字 4.50 元

东吴大学史料选辑(历程)/王国平等主编施放责编·—600 千字 11.25 元

生物化学与分子生物学实验指导/贡成良,曲春香主编陈林华责编·—200 千字 13.00 元

细胞生物学与遗传学实验指导/孟祥勋,张焕相主编倪青责编·—300 千字 6.00 元

(“专转本”全程辅导教程)大学语文/宋大学等主编史创新责编·—565 千字 9.00 元

计算机等级考试一级 B 上机实训教程/马丽,孙素燕主编苏秦责编

·—260 千字 6.50 元

数学应试教程/杨学坤等主编管兆宁责编·—482 千字 6.00 元

苏州法治城市建设的理论和实践/郇才生主编赵强责编·—256 千字 6.50 元

面向世界的思考/中国江苏省委组织部主编周敏责编·—253 千字 8.00 元

影响世界的100部西方名著/刘锋,张杰,吴文智主编杨华责编·—420 千字 10.00 元

语文应试教程/丁于俭,邓建君主编许周鹣责编·—545 千字 8.00 元

影响世界的100部争议名著/吴文智,卢月主编赵强责编·—416 千字 10.00 元

东吴春秋:东吴大学建校百十周年纪念/东吴大学上海校友会等主编施放责编·—700 千字 12.50 元

外国文学名家作品导读/陈丛耘等主编史创新责编·—340 千字 5.50 元

英语应试教程/高春霞,王涵主编沈琴责编·—534 千字 7.00 元

高校辅导员职业化发展研究/胡金波主编周敏责编·—200 千字 5.00 元

职业生涯规划与就业指导/谭劲松主编朱坤泉责编·—364 千字 10.25 元

模拟冲刺(数学 语文 英语)/高宏等主编沈琴等责编·—450 千字 9.00 元

医用语文/沈星怡,邹祥平主编金振华责编·—250 千字 8.00 元

初中英语小题大做/陈旭东主编沈琴等责编·—791 千字 15.00 元

军人自我保健手册/初元章,曹文献,崔宝善主编陈鑫责编·—390 千字 8.00 元

二十四孝故事(中英文对照)/陈小平等主编汤定军责编·—45 千字 6.50 元

让课堂演绎生命的精彩/朱小平,丁波,吴伟昌主编周敏责编·—270 千字 8.00 元

雷池文化/陈小平主编史创新责编·—124 千字 6.5 元

大学生"村官"工作手册(第二版)/王卓君主编倪浩文责编·—298 千字 8.00 元

大学应用语文/杜苏主编王晓丹责编·—355 千字 8.00 元

大学英语快速阅读新目标(第1–4册)/王文标主编杨华责编·—745 千字 15.00 元

全国英语等级考试必备(三级)/矫鹏主编金莉莉责编·—249 千字 6.00 元

高校英语专业测试教程(专业四级,八级)/张树德等主编沈琴等责编·—1151 千字 18.00 元

经济数学基础/潘新,蔡奎生主编李娟责编·—530 千字 10.00 元

无机及分析化学习题课教程/朱琴玉,周为群主编陈孝康责编·—374 千字 6.00 元

脑血管病的防治与康复/潘朝曦主编王亮责编·—158 千字 6.00 元

糖尿病的防治与康复/潘朝曦主编王晓丹责编·—174 千字 6.50 元

心血管病的防治与康复/潘朝曦

主编王亮责编·—145 千字 6.00 元

肿瘤的治疗与康复/潘朝曦主编杨婷责编·—158 千字 6.00 元

肿瘤的检查与诊断/潘朝曦主编王亮责编·—177 千字 7.00 元

普通化学/周为群，朱琴玉主编陈孝康责编·—695 千字 11.00 元

肿瘤的预防与自测/潘朝曦主编陈鑫责编·—171 千字 6.50 元

药理学应试实训题解/张伟主编陈鑫责编·—214 千字 6.50 元

科学实践与日常活动——常人方法论与对科学的社会研究/迈克尔林奇主编薛华强责编·—351 千字 8.00 元

我们从未现代过——对称性人类学论集/布鲁诺拉图尔主编李寿春责编·—180 千字 8.00 元

涉入科学——如何从哲学上理解科学实践/约瑟夫劳斯主编赵强责编·—261 千字 10.00 元

农村改水改厕与消杀灭实用手册/谭伟龙主编徐来责编·—166 千字 4.00 元

农药安全实用手册/沈洁，贾秋放主编徐来责编·—78 千字 2.00 元

食品安全实用手册/周渊主编倪浩文责编·—97 千字 2.60 元

传染病防治实用手册/陈敏主编倪浩文责编·—135 千字 3.20 元

肾脏病的防治与康复/董兴刚主编孙茂民责编·—230 千字 9.70 元

结核病防治实用手册/南京军区疾病预防控制中心主编王晓丹责编·—88 千字 2.80 元

体育与健康（高等职业教育规划教材）/甘文贵，崔晓波主编朱坤泉责编·—390 千字 8.00 元

《邓小平理论和"三个代表"重要思想概论》学习指导/本书编写组主编施放责编·—173 千字 3.20 元

《法律基础》学习指导/本书编写组主编朱坤泉责编·—198 千字 4.00 元

大学生安全教育指南（第二版）/汪国余，徐惠益，聂景标主编陈孝康责编·—263 千字 4.00 元

全国英语等级考试历年真题及解析（三级）/矫鹏主编沈琴责编·—310 千字 6.00 元

（高效课堂＊钻石学案）高考语文第一轮总复习（上册学案下册测评）/《高效课堂＊钻石学案》编写组主编王晓丹等责编·—1755 千字 20.00 元

（高效课堂＊钻石学案）高考数学第一轮总复习/《高效课堂＊钻石学案》编写组主编李娟责编·—700 千字 11.25 元

当代理论的实践转向/西奥多夏兹金等主编康敬奎责编·—270 千字 10.00 元

大学英语快速阅读高手（第 1－4 册）/张树德主编杨华等责编·—800 千字 16.00 元

初中物理探究（九年级上册）/《初中物理探究》编写组主编徐来责编·—307 千字 4.50 元

高职体育与健康教程/谢斌，高卫群主编陈孝康责编·—455 千字 7.00 元

初中物理探究（八年级上册）/《初中物理探究》编写组主编马德芳

责编·—270千字　4.50元

(高效课堂＊钻石学案)高中英语模块九/《高效课堂＊钻石学案》编写组主编汤定军责编·—470千字　6.50元

新编大学体育教程(第二版)/徐勤儿,张笋主编陈孝康责编·—505千字　8.00元

(高效课堂＊钻石学案)高中英语模块五/《高效课堂＊钻石学案》编写组主编汤定军责编·—400千字　6.00元

(高效课堂＊钻石学案)高中英语模块一/《高效课堂＊钻石学案》编写组主编金莉莉责编·—415千字　6.00元

(高效课堂＊钻石学案)高中数学必修一/《高效课堂＊钻石学案》编写组主编征慧责编·—249千字　4.00元

(高效课堂＊钻石学案)高中数学必修四/《高效课堂＊钻石学案》编写组主编马德芳责编·—272千字　4.00元

(高效课堂＊钻石学案)高中语文必修五/《高效课堂＊钻石学案》编写组主编史创新责编·—387千字　6.00元

审计认识与技术/彭才根主编薛华强责编·—460千字　9.70元

计算机应用基础实验教程(第二版)/李会芳,李金祥主编征慧责编·—400千字　6.50元

军队放射源卫生防护与安全/杨龙,王忠灿,闵锐主编倪浩文责编·—229千字　10.25元

中国行政法学专题研究述评(2000—2010)/黄学贤主编许周鹣责编·—888千字　20.00元

《哲学基础》学习指导/本书编写组主编施放责编·—221千字　4.00元

养老机构社会工作服务手册/张陆等主编史创新责编·—206千字　6.00元

(高效课堂＊钻石学案)高中数学必修二/《高效课堂＊钻石学案》编写组主编肖荣责编·—228千字　4.00元

(高效课堂＊钻石学案)高中语文必修一/《高效课堂＊钻石学案》编写组主编杨婷责编·—423千字　6.50元

保安员资格考试培训教材(初级、中级)/房余龙,李晓明主编杨婷等责编·—375千字　8.00元

大学计算机基础(21世纪高职高专教材)/李黎主编苏秦责编·—545千字　9.00元

陈三立年谱/马卫中等著金振华责编·—640千字　19.00元

(高效课堂＊钻石学案)高中数学必修五/《高效课堂＊钻石学案》编写组主编肖荣责编·—210千字　3.20元

(高效课堂＊钻石学案)高中数学选修1—1、1—2/《高效课堂＊钻石学案》编写组主编谢金海责编·—308千字　4.50元

(高效课堂＊钻石学案)高中数学选修理科分册/《高效课堂＊钻石学案》编写组主编肖荣责编·—198千字　3.20元

会计英语/沈勤,张建明主编金莉莉责编·—300千字　10.50元

财务会计实务/焦建平主编薛华强责编·—545千字　10.00元

2009年苏州市知识产权发展与

保护状况/苏州市人民政府知识产权联席会议办公室主编汤定军责编·—51千字 2.50元

技师学院入学教育读本/曹国平,张玉春主编·—董炎责编·—253千字 6.00元

中外美术欣赏/黄平,何牛主编·—薛华强责编·—310千字 6.50元

且行且思:朱琳教育实践录/本书编写组编·—金振华责编·—313千字 6.50元

(高效课堂＊钻石学案)高中语文必修二 /《高效课堂＊钻石学案》编写组主编·—李兵责编·—400千字 6.50元

风水宝地淀山湖:中国二十一世纪示范镇/方世南主编·—许周鹅责编·—210千字 12.25元

(高效课堂＊钻石学案)高考语文第一轮总复习(小题60练)/《高效课堂＊钻石学案》编写组编·—王晓丹责编·—384千字 4.50元

信息化保密知识读本/本书编写组主编·—史创新责编·—197千字 6.00元

人际交往与沟通/熊文华,周静主编·—张希责编·—410千字 8.00元

细胞生物学与分子生物学实验指导/白艳艳,缪竞诚主编·—廖桂芝责编·—335千字 4.50元

大学英语综合训练教程(第1－4册)/于兴亭主编·—杨华等责编·—811千字 25.00元

新编商务英汉翻译实务/姜增红主编·—汤定军责编·—342千字 10.25元

革命英烈传(上下)/丁启清等编著·—刘一霖责编·—414千字 8.00元

年鉴、方志与档案/叶万忠主编·—许周鹅责编·—113千字 4.00元

男性实用保健手册/周晓辉编著·—陈鑫责编·—270千字 8.00元

生活与哲学/陈先浩编著·—金振华责编·—185千字 6.50元

生物学综合实验指导/许维岸主编·—陈林华责编·—362千字 9.70元

大学生素质育化指导(第四册)/周东华等主编·—张希责编·—255千字 6.00元

水彩画教程/顾森毅主编·—方圆责编·—227千字 11.25元

职务犯罪心理与预防/付毅敏,刘必权,石起才编著·—康敬奎责编·—376千字 12.25元

原形阅读理论与语文教学/徐忠宪著·—张凝责编·—168千字 6.00元

审计认知与技术职业能力训练/彭才根主编·—施放责编·—312千字 6.00元

走进常熟/何振球著·—朱磊责编·—277千字 12.50元

银行呼叫中心座席员岗位胜任力读本/王英姿等主编·—盛莉责编·—128千字 6.00元

读书论:"营造书香校园"的理论与实践研究/丁林兴主编·—王晓丹责编·—416千字 11.25元

行政诉讼原告诉讼地位研究/高新华主编·—董岗彪责编·—218千字 5.50元

江苏凤凰电子音像出版社数字网络出版物

互动电视/江苏凤凰电子音像出版社有限公司制作·—黄晓洁责编　12300分钟

凤凰数字书局/江苏凤凰电子音像出版社有限公司制作·—徐伟东责编

忍者村/奇矩互动(北京)科技公司·—杨航航责编　200MB

升职记/北京昆仑在线网络科技有限公司·—杨航航责编　200MB

幸福厨房/奇矩互动(北京)科技公司·—杨航航责编　200MB

叱咤九州/浙江宣逸网络科技有限公司·—杨航航责编　200MB

捉迷藏/杭州弥谷网络科技有限公司·—杨航航责编　200MB

瓦利/上海雅科帝广告设计有限公司·—杨航航责编　200MB

战神不败/深圳新飞扬数码技术有限公司　·—杨航航责编　200MB

七彩鱼/北京北城奇迹网络科技有限公司　·—杨航航责编　200MB

远洋传说/成都锦天科技发展有限责任公司　·—杨航航责编　200MB

前线/广州海岩网络科技有限公司·—杨航航责编　200MB

南帝北丐/北京新娱兄弟网络科技有限公司　·—杨航航责编　200MB

梦幻摩天轮/奇矩互动(北京)科技公司·—杨航航责编　200MB

墨攻/广州九娱网络科技有限公司·—杨航航责编　200MB

植物大战僵尸OL/四川天上友嘉网络科技有限公司·—杨航航责编200MB

界王/上海风之云网络科技有限公司·—杨航航责编　200MB

一球成名/青岛美天网络科技有限公司·—杨航航责编　200MB

宝贝大战/上海毅睿网络科技有限责任公司·—杨航航200MB

大决战/北京涂鸦软件有限公司·—杨航航责编　200MB

原始人也疯狂/奇矩互动(北京)科技公司　·—杨航航责编　200MB

天途/无锡天腾互动科技有限公司·—杨航航责编　300MB

楚河汉界/北京译码联盟传媒广告有限公司　·—杨航航责编　200MB

影歌/苏州晟丰软件有限公司·—杨航航责编　1200MB

十虎/深圳市泰傲互动科技有限公司·—杨航航责编　200MB

守卫家园/广州九娱网络科技有限公司·—杨航航责编　200MB

魔钥/苏州晟丰软件有限公司·—杨航航责编　4000MB

女王计划/上海雷厉信息有限公司·—杨航航责编　200MB

天魔录/上海易遥网络科技有限公司·—杨航航责编　200MB

异世邪君传/上海玄霆娱乐信息科技有限公司　·—杨航航责编　200MB

小兵三国/深圳市凡趣科技有限公司·—杨航航责编　200MB

仙元天下/南京安讯网络服务有限公司·—杨航航责编　1500MB

石器时代/广东胜思网络科技有限公司·—杨航航责编　2000MB

潘多拉/上海烈风网络科技有限公司·—杨航航责编　2000MB

龙之契约/北京漫游时创网络技术有限公司·—杨航航责编　200MB

梦幻赛马/上海星翼网络信息有限公司·—杨航航责编　200MB

勇者之塔/广州九娱网络科技有限公司·—杨航航责编　200MB

山海创世录/上海华启网络有限公司·—杨航航责编　200MB

斗法天地/无锡天腾互动科技有限公司·—杨航航责编　200MB

钢达战记/杭州瑞臻网络科技股份有限公司·—杨航航责编　200MB

快乐功夫/福建省天之行网络科技有限公司·—杨航航责编　200MB

大西游/北京光辉互动网络科技有限公司·—杨航航责编　200MB

冒险王/北京奇克创想信息技术有限公司·—杨航航责编　200MB

海狼游戏软件 V1.0/成都欢娱互动科技有限公司·—杨航航责编　200MB

城防三国志/广州要玩娱乐网络技术公司·—杨航航责编　200MB

魔幻王国/珠海乐趣科技有限公司·—杨航航责编　200MB

泰坦之怒/上海双盟网络科技有限公司·—杨航航责编　200MB

盛世三国/上海隐志网络科技有限公司·—杨航航责编　200MB

伏魔记/广州要玩娱乐网络技术公司·—杨航航责编　200MB

赏金猎人/广州要玩娱乐网络技术公司·—杨航航责编　200MB

全民足球/上海碧汉网络科技公司·—杨航航责编　200MB

幻世战国/上海多网网络科技有限公司·—杨航航责编　200MB

三国闪/苏州晟丰软件有限公司·—杨航航责编　200MB

天地诸神/广州要玩娱乐网络技术公司·—杨航航责编　200MB

富豪传奇/广州要玩娱乐网络技术公司·—杨航航责编　200MB

大汉龙腾/无锡坤博长红科技有限公司·—杨航航责编　200MB

魔神决/上海星翼网络信息有限公司·—杨航航责编　200MB

邪风曲/成都欢娱互动科技有限公司·—杨航航责编　200MB

果宝特工果果堂/上海游贝信息科技有限公司·—杨航航责编　200MB

三国五虎将/厦门东南融通在线科技有限公司·—杨航航责编　200MB

演义/游龙清风(北京)科技有限公司·—杨航航责编　200MB

斗卡勇士游戏软件/上海游贝信息科技有限公司·—杨航航责编　200MB

燃烧吧！火焰/北京真城时代科技发展有限公司·—杨航航责编　200MB

露娜 2/福州八爪鱼网络技术有限公司·—杨航航责编　4000MB

获奖出版物

一、第二届中国出版政府奖

（一）图书正式奖

中国近代通史（共10卷） 中国社会科学院近代史研究所编；张海鹏主编 江苏人民出版社

古希腊悲剧喜剧全集（共8卷） 〔古希腊〕埃斯库罗斯等著；张竹明、王焕生译 译林出版社

杨荫浏全集（共13卷） 中国艺术研究院音乐研究所编 江苏文艺出版社

（二）图书提名奖

资本主义理解史（共6卷） 张一兵主编 江苏人民出版社

母语教材研究（共10卷） 洪宗礼、柳士镇、倪文锦主编 江苏教育出版社

地下空间科学开发与利用 钱七虎、陈志龙、王玉北、刘宏编著 江苏科学技术出版社

中国洁净煤 陈清如、刘炯天主编 中国矿业大学出版社

中国临床皮肤病学（上、下） 赵辨主编 江苏科学技术出版社

西班牙文学——黄金世纪研究　陈众议著　译林出版社

靳尚谊全记录　《靳尚谊全记录》编委会编　江苏美术出版社

你是我的宝贝　黄蓓佳著　江苏少年儿童出版社

赵翼全集(共6卷)　(清)赵翼撰;曹光甫校点　凤凰出版社

(三)音像制品、电子出版物和网络出版物奖提名奖

数字中医　江苏凤凰电子音像出版社有限公司、南京中医药大学、南京江北人民医院、江苏省第二中医院　江苏凤凰电子音像出版社有限公司

中国南京云锦　江苏凤凰电子音像出版社有限公司

(四)先进出版单位奖

译林出版社

(五)装帧设计正式奖(1.5个,全国共10个)

中国桥梁建设新进展(1991—　)(中英文双解)　东南大学出版社　瀚清堂·赵清、周伟伟

私想者　(华东师范大学出版社)朱赢椿

(六)装帧设计提名奖

中华五色　江苏美术出版社　卢浩、陆鸿雁

中国墓葬史　广陵书社　姜嵩

李味青花鸟画　荣宝斋出版社　速泰熙

二、2011年度中国最美的书(4种)

这季节　江苏文艺出版社

阳澄笔记　教育出版社

新闻纷争处置方略　人民出版社

我们　译林出版社

三、入选第三届"三个一百"原创工程的图书

(一)文艺少儿类

漫随流水　江苏文艺出版社

阿拉伯文学通史(上下卷)　译林出版社

荷马史诗研究　译林出版社

中国近现代通俗文学史(上下卷)　江苏教育出版社

中国工艺美术大师(10册)　江苏美术出版社

艾晚的水仙球　江苏少年儿童出版社

（二）科学技术类

煤矿瓦斯防治理论与工程应用 中国矿业大学出版社

现代预应力结构体系与设计方法 江苏科学技术出版社

临床 CT 鉴别诊断学 江苏科学技术出版社

灾难医学 江苏大学出版社

（三）人文社科类

台湾简史 凤凰出版社

世界现代化历程(6 册) 江苏人民出版社

中国古籍版刻辞典(增订本) 苏州大学出版社

中国城市设计文化思想 东南大学出版社

中国佛教通史(15 卷) 江苏人民出版社

获国家大奖图书选介

《煤矿瓦斯防治理论与工程应用》

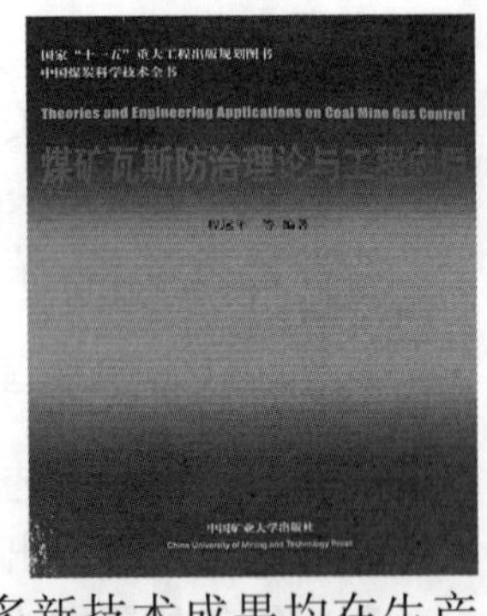

该书由中国矿业大学教授、博士生导师、煤矿瓦斯治理国家工程研究中心主任、国家安全生产专家组成员程远平教授及其学术团队所编著，是国家“十一五”重大工程出版规划图书、中国煤炭科学技术全书丛书之一。

该书依据最新版《煤矿安全规程》、《防突规定》等技术规范编写，创新性地提出了全新的瓦斯治理理念，书中介绍的许多新技术成果均在生产实际中得到了积极应用，促进了煤炭行业科技进步，取得了十分显著的社会效益和经济效益。该书书稿得到了全国著名瓦斯防治专家俞启香教授审稿，中国工程院院士钱鸣高教授、周世宁教授、袁亮教授等亲自作序予以肯定。

煤矿瓦斯防治理论与工程应用 程远平等编著；马跃龙等责编；中国矿业大学出版社出版；获新闻出版总署第三届“三个一百”原创出版工程。

新闻出版总署2011年(第八次)向全国青少年推荐百种优秀图书:

科学少年丛书

《留住绿色》

《人体的身份证》

《凯米斯琦的化学DIY》

《柯东的数学之旅》

科学少年丛书　是教育者的倾心之作,是大师级的科普原创。这套与众不同的科普书涵盖地理、化学、生物、物理等科学性素材,让读者体验问题的困惑,发掘思考的力量,领略科学的魅力。本套书是对科学课业学习的有益补充与提升,更是培育青少年科学素养的最"给力"的好书。粗看《留住绿色》,地理知识很庞杂,但该书紧紧地抓住了绿色环保。而《凯米斯琦的化学DIY》通过一系列有趣的故事,解决生活中众多百思不得其解的化学趣题。《人体的身份证》一书以故事为主题,主人公"小江"对身边的世界有着强烈的好奇心,遇到问题时总爱打破沙锅问到底。最后,《柯东的数学之旅》以柯东回老家探亲为背景,不仅刻画了新农村新的面貌,而且把数学知识融入到故事中去,让人于潜移默化中学到数学知识,并会用数学知识去解决生活中遇到的实际问题。

《漫随流水》　小说以史诗的笔法,从容而有力地勾画出了女主人公沈萧所走过的七十多年的人生历程。将人物命运的演化,置放于中国现当代历史进程的宏大背景下,展示了时代对个体生命的深刻影响。同时,作家又能够以艺术的慧眼,发现个体命运演化过程中的各种细微的因素。沈萧是一个优雅而坚强的女子,从青年、中年到老年，七十多年的时光，经历过新中国成立后的历次运动以及改革开放的新时期。主人公从亲情、友情、爱情各方面一直在探索着自己的真理，虽然时代的变迁让她的价值观与梦想不断被调整，而主人公自己的命运，也在时代变迁的轨迹中一路颠簸，但她对真善美的追求却从未停止。《漫随流水》是近年来国内少有的一部在如此广阔的背景下展现女性命运历程的长篇小说。通过对个人在历史进程中的表现、作为的真实描绘，折射出女主人公人性中的坚韧、坚持与高贵，丰富了当代文学的人物画廊。

《灾难医学》 是一部系统介绍现代灾难医学救援理论、组织管理和专门技术的大型专业工具书。该书作者阵容强大，汇集了国内外50余位权威专家，包括WHO现任官员及世界人道救援医学会主席等国际顶尖专家。该书提出了灾难医学、急诊医学和人道救援医学三种学科之间相互渗透和交叉融合的新理念，紧密跟踪近年来国际灾难医学领域的最新进展，详尽阐述了灾难医学的理论体系，具体介绍了灾难救援的组织管理方法和专业技术，特别结合汶川大地震救援的经验教训，对各种常见灾害的医疗救援进行了详细的阐述。本书为国家“十一五”重点出版物规划项目，江苏省重点出版规划资助项目，荣获第三届“三个一百”原创出版工程奖(科技类)。

《台湾简史》 是中国社会科学院台湾史研究中心编撰的《台湾史研究丛书》之一。《台湾简史》从台湾岛发现的三处旧石器时代文化写起，止笔于2009年12月，全面记述了台湾古代、近代、现代的历史，概括了台湾历史发展的全貌，特别是对近百年的台湾历史作了详细的叙述。论证了台湾与祖国大陆发展的密切联系，探讨了台湾社会的发展轨迹，剖析了台湾未来的发展走向。深入分析了“台独”的成因及发展路向，探讨了台湾经济起飞的成因，研究了西方列强侵略与台湾发展的关系。史料丰富，观点正确，行文流畅。既是一部关于台湾历史的权威性著作，又是一部台湾通史的通俗普及读本，便于一般读者正确、全面地了解台湾的历史。该书入选新闻出版总署第三届“三个一百”原创出版工程。

《靳尚谊全纪录》 第二届中国出版政府奖图书奖提名奖

靳尚谊先生是我国当代著名油画艺术家、美术教育家，也是中国美术界为中国艺术与文化的时代发展做出卓越贡献的代表人物。20世纪后半叶以来中国美术发展史上，他的思想认识紧扣着中国社会的发展和文化的任务，突显出时代的特质，以思想性和艺

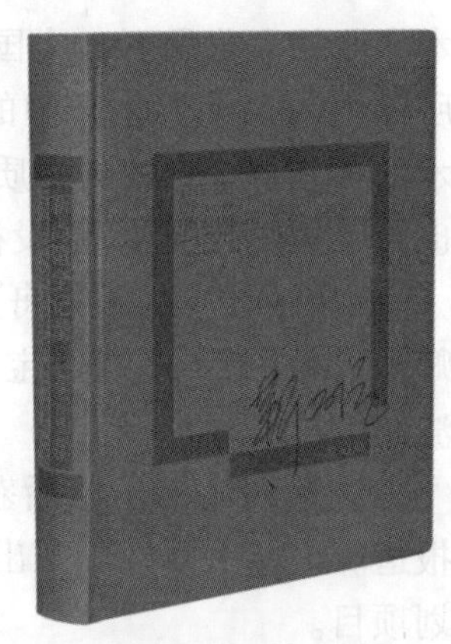

术性的内在统一体现了中国油画的学术精进。本书以图文并茂的形式让读者统览他的艺术成果，进入他的艺术创造世界。

该画册是迄今为止介绍靳尚谊从艺历程和艺术成果最为全面的画集，在体例上具有创新的特色。本书由靳尚谊自选、自述、自评，展示其重要的代表作品，披露作品创作的背景与故事，并对重要作品进行艺术点评。书中还收录未曾发表过的素描、速写和创作草图 361 幅，汇集多篇关于靳尚谊艺术的评论文章，成为研究靳尚谊与 20 世纪后半叶以来中国油画发展史的重要文献。

《中华五色》 第二届中国出版政府奖装帧奖提名奖

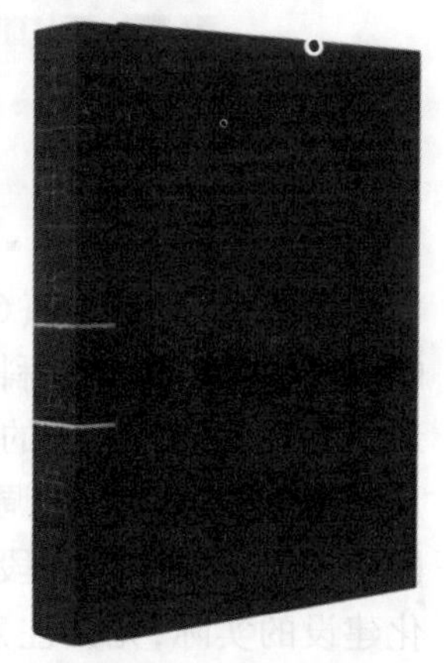

该书介绍了中国传统的色彩观念，其中描述的一则则生动的古代故事，深入浅出，配以相应的文物和艺术品的图片，色彩鲜明，展示了色彩观念随着历史发展不断变化的有趣现象。本书的装帧形式深刻的表达出中国古代色彩观，运用现代的色彩造型与中国文化元素巧妙的结合。封面以大块藏青颜色为底并微泛珠光，颜色沉着稳重。书脊为纹路明显的皮质材料，既柔软又有韧性，读者翻动书籍时手感舒适，嵌了五种颜色的纸质线条，夹在书名间，和烫金的书名形成的框架结构，既得古典线装书形式的精髓，又有现代设计的新颖创新。

内文版面处理大气有度，简体的正文和繁体的注释分别安置在左右两面，既有联系，又互相独立。既方便流畅的阅读正文，又方便查阅注释资料，图片在其中穿插有度、疏密得当，图文关系的节奏丰富、变化多端，充满了绘画般的美感，让读者享受到传统色彩美学带来的视觉盛宴。

本书曾获得“2008 中国最美的书”。

《中国工艺美术大师》 第三届“三个一百”原创图书出版工程

今天，工艺美术仍然是文化交流和社会活动的重要媒介和载体。在国家大力保护发展非物质文化遗产，大力发展传统工艺美术事业的大背景下,《中国工艺美术大师》系列丛书,精挑建国以来所评出的594名大师中的典型代表进行全面介绍,对传承工艺美术的传统技艺,对非物质文化遗产的保护均有不可替代的作用。也是弘扬民族文化、建设社会主义精神文明的实际举措。

本系列包括《顾景舟》、《金世权》、《李娥瑛》、《李博生》、《孔相卿》、《刘泽棉》、《刘红宝》、《林如奎》、《张永寿》、《王南仙、喻湘涟》等共10卷。

该系列丛书出版后获得大师本人的高度评价,并被媒体广泛报道。该丛书入选国家出版基金项目和国家"十二五"重点出版规划项目。

世界现代化历程(6册) 这套书以丰富的中外文资料、独特的研究视角以及跨学科的研究方法,深入探讨了世界不同国家和地区在现代化过程中的不同发展模式、主要特点和基本规律,在立足学术性的基础上强调创新性和开拓性,力图对改革开放以来中国的现代化研究做阶段性的总结;立足于中国特色社会主义现代化建设的实际,尤其注意对世界主要国家和地区的现代化模式进行研究、归纳和总结,分析各自在现代化进程中的得失,为我国的现代化建设提供学术资源;在现代化研究的基本问题上有所建树或突破,从而确立了中国学者对现代化问题的总体看法和研究思路。分为"总论卷"、"西欧卷"、"北美卷"、"拉美卷"、"东亚卷"、"中东卷"。

中国佛教通史(学术版) 这套书共15卷,这是目前国内第一部大型的中国佛教通史之作,也是国际上规模最大的中国佛教通史之作。作者运用马克思主义的历史唯物主义方法,以严肃的学术态度,在充分吸收数十年来佛学研究的成果、利用大量新近文献的基础上,全面叙述了从两汉佛教的传入到当代中国佛教的情况。全书所记以时间为经,以事件、宗派为纬,在对中国佛教历程作全面考虑的同时，兼及各宗派的教义、经籍、人物、僧制、僧职，以及佛教的节日、礼俗、典故、圣地、遗迹、建筑、文学、艺术等等。另外，书中还对佛教与政治、社会、经济、文化的关系，作了深刻的分析，对不少重大理论问题和史事考证也提出了全新的见解。

《荷马史诗研究》 一本以世界眼光研究荷马史诗的学术专著。中国社科院外文所陈中梅研究员穷十年之功，站在与西方荷马学者的学术等高线上，以独特的章节设计和独到的研究视角，阐述和讨论了对国内外荷马学热门问题的原创性见解。全书十七章，洋洋百万字，详尽的注释上千条，参阅的多语种典籍数百种，发掘出荷马史诗所丰富蕴藏的横贯文史哲以及科学和神学的智性能量，展现了作者广阔的学术视野和孜孜不倦的学术追求。

《阿拉伯文学通史》 分为上、下两卷，上卷介绍古代文学，下卷介绍现代文学，内容涉及现当代 18 个阿拉伯国家的作家和作品。从诗歌到小说、从散文到戏剧，并对阿拉伯文学的渊源、流变、现状、重要的文学流派、作家、诗人及其代表作都作了详略有致的分析、介绍，其全面程度，在世界范围内是第一本。阿拉伯文化在世界文化史上具有重要意义，起了承前启后、融贯东西的作用。阿拉伯文学是阿拉伯－伊斯兰文化的重要体现；是东方文学及世界文学的重要组成部分。本书的出版对中国的阿拉伯文学研究是一大贡献，为后辈学人奠定了坚实的学术基础。

四、其他获奖情况

译林出版社

荷马史诗研究　陈中梅著；施梓云责编；译林出版社出版；入选第三届“三个一百”原创图书出版工程

阿拉伯文学通史　仲跻昆著；王理行、陆元昶责编；译林出版

社出版;入选第三届“三个一百”原创图书出版工程

布鲁克林有棵树 （美国）贝蒂·史密斯著;方柏林译;韩继坤责编;译林出版社出版;获新闻出版总署2011(第八次)向全国青少年推荐的百种优秀图书

经营博物馆 （英国）帕特里克·博伊兰著;黄静雅、韦清琦译;张遇、费明燕责编;译林出版社出版;获第二届“紫禁城杯”(2010年度)全国文化遗产十佳图书评选最佳译著

希拉克回忆录:步步为赢,1932—1995 （法国）雅克·希拉克著;李旦译;江蕾责编;译林出版社出版;获2010年度引进版社科类优秀图书奖

送菜升降机(品特戏剧) （英国）哈罗德·品特著;华明译;陈叶责编;译林出版社出版;获2010年度引进版社科类优秀图书奖

归于尘土(品特戏剧) （英国）哈罗德·品特著;华明译;陈叶责编;译林出版社出版;获2010年度引进版社科类优秀图书奖

当我们谈论爱情时我们在谈论什么 （美国）雷蒙德·卡佛著;汤伟译;袁楠责编;译林出版社出版;获2010年度引进版社科类优秀图书奖

我们 周庆荣著;蕙兰译;刘锋责编,译林出版社出版;获2011年度“中国最美的书”

苏联的心灵 （英国）以赛亚·伯林著;潘永强、刘北成译;李瑞华责编;译林出版社出版;获2011年上海书展最有影响力的新书

奇风岁月 （美国）罗伯特·麦卡蒙著;陈宗琛译;姚燚、王维责编;译林出版社出版;获评《中国图书商报》2011年度十大好书

奇风岁月 （美国）罗伯特·麦卡蒙著;陈宗琛译;姚燚、王维责编;译林出版社出版;入选《中华读书报》2011年百佳图书

这些人,那些事 吴念真著;袁楠责编;译林出版社出版;获评《新周刊》2011年度十大好书

神奇的一氧化氮 （美国）斐里德·穆拉德、陈振兴著;陆元昶责编;译林出版社出版;获评《中国新闻出版报》2011年度十大好书

江苏教育出版社

中国近现代通俗文学 史范伯群主编;章俊弟、李丰园责编;江苏凤凰教育出版社出版;获第三届“三个一百”原创图书出版工程入选奖

为什么学生不喜欢上学？　丹尼尔 T. 威林厄姆著；陈爱芳责编；江苏凤凰教育出版社出版；获 2011 年向全省青少年推荐百种优秀图书入围奖

让优秀者更优秀　王占宝著；朱永贞责编；江苏凤凰教育出版社出版；获 2011 年向全省青少年推荐百种优秀图书入围奖

中学生常识书系（第一辑　10 册）　编写组编著；金玲等责编；江苏凤凰教育出版社出版；获 2011 年向全省青少年推荐百种优秀图书入围奖

阳澄笔记　编写组编著；周晨责编；江苏凤凰教育出版社出版；获 2011 年度"中国最美的书"

学前教育专业大学教材丛书（一套共 7 本）　编写组编著；赵明等责编；江苏凤凰教育出版社出版；获 2011 年江苏省高等学校精品教材奖一等奖

母语教材研究　洪宗礼、柳士镇、倪文锦主编；章俊弟等责编；江苏凤凰教育出版社出版；获第四届全国教育科学研究优秀成果奖一等奖

江苏凤凰出版社

凌濛初全集（全 10 册）　魏同贤、安平秋主编；樊昕、李相东卞岐责编；凤凰出版社出版；获 2010 年度全国优秀古籍图书奖一等奖

陆士龙文集校注（上下）　（晋）陆云著；刘运好校注整理；倪培翔责编；凤凰出版社出版；获 2010 年度全国优秀古籍图书奖二等奖

宋代文学编年史（全 4 册）　曾枣庄、吴洪泽著；李相东责编；凤凰出版社出版；获 2010 年度全国优秀古籍图书奖二等奖

越缦堂日记说诗全编　（清）李慈铭著；张寅彭、周容编校；汪允普责编；凤凰出版社出版；2010 年度全国优秀古籍图书奖二等奖

名家批评本四大名著　陆林、沙文、大江、茂山校注；倪培翔、卞岐、常宁文、王剑责编；凤凰出版社出版；2010 年度全国优秀古籍图书奖普及读物奖

凌濛初全集（全 10 册）　魏同贤、安平秋主编；樊昕、李相东、卞岐责编；凤凰出版社出版；第十四届（2010 年度）华东地区古籍优秀图书奖特等奖

宋代文学编年史（全 4 册）　曾枣庄、吴洪泽著；李相东责编；

凤凰出版社出版;第十四届(2010 年度)华东地区古籍优秀图书奖一等奖

陆士龙文集校注(上下)　(晋)陆云著;刘运好校注整理;倪培翔责编;凤凰出版社出版;第十四届(2010 年度)华东地区古籍优秀图书奖一等奖

清代闺秀诗话丛刊　王英志等编;郭馨馨责编;凤凰出版社出版;第十四届(2010 年度)华东地区古籍优秀图书奖二等奖

越缦堂日记说诗全编　(清)李慈铭著;张寅彭、周容编校;汪允普责编;凤凰出版社出版;第十四届(2010 年度)华东地区古籍优秀图书奖二等奖

卞孝萱文集　卞孝萱著;卞岐责编;凤凰出版社出版;第十四届(2010 年度)华东地区古籍优秀图书奖二等奖

南京图书馆藏朱希祖文稿　南京图书馆编;樊昕责编;凤凰出版社出版;第十四届(2010 年度)华东地区古籍优秀图书奖二等奖

虞集年谱　罗鹭著;汪允普责编;凤凰出版社出版;第十四届(2010 年度)华东地区古籍优秀图书奖二等奖

清代文学世家姻亲谱系　徐雁平编著;林日波责编;凤凰出版社出版;第十四届(2010 年度)华东地区古籍优秀图书奖二等奖

名家批评本四大名著　陆林、沙文、大江、茂山校注;倪培翔、卞岐、常宁文、王剑责编;凤凰出版社出版;第十四届(2010 年度)华东地区古籍优秀图书奖古籍优秀通俗读物奖

台湾简史　张海鹏、陶文钊主编;陈晓清责编;凤凰出版社出版;第三届"三个一百"原创出版工程

广陵书社

清宫扬州御档　中国第一历史档案馆、扬州市档案馆编;刘栋、王志娟、邱数文责编;广陵书社出版;获得 2011 年全国优秀古籍图书一等奖

扬州弹词:审刁案　张慧侬原著,韦明铧整理;严岚责编;广陵书社出版;获得 2011 年全国优秀古籍图书二等奖

说吴　庄若江著;殷伟责编;广陵书社出版;获得 2011 年全国优秀古籍图书普及读物奖

诗情画意写镇江　镇江市委、镇江人民政府编;曾学文责编;广陵书社出版;获得第十四届华东地区古籍优秀图书一等奖

扬州画舫录　清・李斗著,陈文和点校;严岚责编;广陵书社

出版;获得第十四届华东地区古籍优秀图书二等奖

常熟文学史　曹培根、翟振业主编;徐大军责编;广陵书社出版;获得第十四届华东地区古籍优秀图书二等奖

五百罗汉　刘方明主编,李宗义绘;曾学文责编;广陵书社出版;获得第十四届华东地区古籍优秀图书二等奖

古吴轩出版社

中国民舞　马盛德金娟著;倪浩文责编;古吴轩出版社;入选首届向全国推荐百种优秀民族图书

倾城记　雪小禅著;张颖责编;古吴轩出版社;获首届华文出版物艺术设计大赛铜奖

三生花草梦苏州　九玉淇著;陆月星责编;古吴轩出版社;获首届华文出版物艺术设计大赛优秀奖

“情调苏州”全国创意设计与摄影大赛作品选集　黄漪沦 汤生主编;唐伟明责编;古吴轩出版社;获首届华文出版物艺术设计大赛优秀奖

南京大学电子音像出版社

地球历史　南京大学多媒体科教制作中心制作;贾舒责编;获2011年江苏省高等学校优秀教学课件遴选二等奖

汉字工具箱　姚鸿滨研发;贾舒责编;获首届香港国际软件大奖赛金奖

书评目录

江苏凤凰科学技术出版社

进化论不是进步论/吴松峰//科学时报/2011.5.5

皮肤病患者的福音/傅永红//科学时报 2011.4.21

土地与艺术：浮云，或能回到原点？/杜辛 邓海云//科学时报/2011.5.12

土地与艺术：浮云，或能回到原点？/杜辛 邓海云//中华读书报/2011.5.18

江苏教育出版社

潜能改变孩子未来/刘国颖//出版人,2011.05

在研究创新中腾飞/刘国颖//编辑之友,2011.07

培养读写习惯是为一生打底子/温儒敏//中国教育报,2011.08.11

江苏美术出版社

专题教育书策划 4 招鲜/宋兴杰//出版商务周报,2011.08.07

评"老城市"系列丛书/王东//中国图书商报,2011.01.07

从"书画同源"的角度看韩美林的书法/陈履生//中国图书商报,2011.07.22

让读者快乐是件幸福的事/章红雨//中国新闻出版报,2011.04.25

流动的将军馆——喜读江苏美术社《红色将军系列连环画》/徐延平//中国图书商报,2011.06.28

第一套学生"幸福书"面世/蔡震//扬子晚报,2011.12.14

墨白世界 独来独往/出版商务

周报//王道云,2011.08.14

记录与保护技艺 呈现与传承绝活/朱婧等//中国图书商报,2011.06.21

假如地球上的动物造了反/施铮//中国图书商报,2011.07.12

《靳尚谊》《中华五色》喜获第二届中国出版政府奖/姜锐刚//中国图书商报,2011.03.18

江苏文艺出版社

《十四家》中国农民生存断面图/姜妍陈贺兰//中国图书商报,2011.08.20

碧血共和范鸿仙/雷雨//中国图书商报,2011.05.10

江苏少年儿童出版社

像水仙一样成长/仲秋荣//中华读书报,2011.01.12

孩子,快跑!/庄眉舒//中华读书报,2011.02.16

我们是这样长大的/赵菱//中国图书商报,2011.02.22

成人世界里也需要孩子气的微笑/张亮//出版参考,2011.03.05

朴素,轻盈并充满力量/萧苹//出版参考,2011.03.05

黄蓓佳 不变的是长大的滋味/郁敬湘//出版商务周报,2011.03.06

每个女生都有一个公主梦/王娟//中国图书商报,2011.05.27

爱丽丝奶奶开讲西方文化/仲秋荣//出版人,2011.06.01

单瑛琪:以欣赏者的身份进入孩子们的欢乐世界/郑杨//中国图书商报,2011.06.14

成长需要"爱丽丝"/庄眉舒//中华读书报,2011.07.20

日记里的孩子/齐树友//中国图书商报,2011.07.22

福尔摩斯的成长之痛/邹抒阳//中国图书商报,2011.08.16

金波:诗性文字,诗样人生/安武林//中华读书报,2011.09.28

假如世界是一只兔子/王胜蓝//中国图书商报,2011.10.18

江苏凤凰出版社

《中国地方志集成·云南府县志辑》出版/王剑//古籍新书报,2010.1.28

胸中有誓深于海 肯使宝岛竟陆沉——读《台湾简史》/陈晓清//文汇读书周报,2011.1.7

学术与艺术 相得而益彰——写在《高二适批校刘禹锡集》出版之际/王华宝//古籍新书报,2011.1.28

子学研究未刊稿 彰四老学术全貌/林日波//古籍新书报,2011.8.28

择优且取善 附录添光彩——简评点校整理十二卷本《周易本义》/林日波//古籍新书报,2011.8.28

南京临时政府遗存珍档/陈晓清//文汇读书周报,2011.8.12

兼收并蓄 旧貌新颜——简评张涛教授注评本《周易》/姜嵩//古籍新书报,2011.9.28

小说奇人 出版大家——《凌濛初全集》评介/韩凤冉//古籍新书报,2011.10.28

《京剧历史文献汇编》(清代卷)出版/韩凤冉、李相东汪允普//

古籍整理出版情况简报，2011年第10期

无锡历史上最大的乡邦文献集成/卞惠兴//古籍新书报，2011.11.28

碑传结集的余韵绝响——《辛亥人物碑传集》《民国人物碑传集》出版/李艳丽//古籍新书报，2011.11.28

流芳百代千龄后 定识人间有此人——读《洋务先知——郭嵩焘》/卞惠兴//文汇读书周报，2011.12.16

译林出版社

怀旧：永不抵达的未来/思郁//法制日报周末版，2011.01.10

怀旧：从"思乡病"到"世纪病"/顾文豪//南风窗，2011.01.10

怀旧与遗忘/严博非//时代周报，2011.01.13

布鲁姆，作为精湛的读者/黄灿然//时代周报，2011.01.13

大作家式的批评家——评哈罗德布鲁姆/黄灿然//文艺报，2011.01.21

阅读：宽广的生命感/思郁//法制日报，2011.02.24

"美国三部曲"细说"背叛情结"/思郁//中华读书报，2011.03.30

不是每条狗都叫可鲁/赛非//中华读书报，2011.04.06

文学在思考什么/吴岳添//文艺报，2011.04.08

黑暗的乌托邦/维舟//第一财经日报，2011.04.08

荒诞时代的疯狂剧/默音//时代周报，2011.06.16

风景的诞生与政治地理学/张闳//时代周报，2011.06.16

乔治·奥威尔的文学、文化评论——读《政治与文学》/徐贲//文艺报，2011.06.24

自言自语，哪怕是一个人的天书/月白釉//文汇报，2011.07.09

《奇风岁月》：穿越黑暗的成长故事/蓝蓝//中华读书报，2011.7.26

下一个世纪的朋友——再说麦克卢汉百年诞辰/何道宽//科学时报，2011.07.28

吴念真：掌握世俗秘密的人/赵瑜//中华读书报，2011.10.12

《妈妈的银行账户》//中国图书商报，2011.11.23

纯粹心灵的永恒星光/方尚芩//新华书摘，2011.12.14

斑驳色块拼贴的科马拉图景/逄存磊//文汇读书周报，2011.12.16

江苏凤凰电子音像出版社

用足数字手法 做足传统文章/王熙俊 杜韵凡//中国新闻出版报，2011.08.01

全方位呈现90年辉煌历程——《建党大业——光辉的历程》编辑手记/徐伟东 岳乾//中国新闻出版报，2011.6.27

南京大学出版社

《读诗的艺术》和它的翻译/徐钺//中华读书报，2011.03.02

步入红妆的桃源/孟晖//中华读书报，2011.03.02

从三江师范学堂到国立中央大学/叶兆言//中国文化报2011.04.22

澳洲的"梦幻小径"——《歌之

版图》/沈漫(沈卫娟)//科学时报,2011. 04. 27

以科学之瞳注视战争艺术/范典//中国图书商报,2011. 10. 18

现代性视野下的文学史建构/管雪莲//中华读书报,2011. 11. 16

伍尔芙的温度/熊阿姨//中国图书商报,2011. 11. 22

邮寄历史/叶兆言/中国新闻出版报,2011. 12. 30

江苏苏州大学出版社

淀湖古镇 昆东新秀/许周鹣//社会科学报,2011. 01. 20

让锦绣中华更锦绣/吴培华,李寿春//中国图书商报,2011. 05. 03

启发理性思考——评《解读苏南》/周铁农//中国新闻出版报,2011. 06. 06

STS:从理论走向实践——评"当代科学技术译丛"/康敬奎//中华读书报,2011. 06. 15

《解读苏南》策划手记/沈海牧//中国新闻出版报,2011. 09. 26

人生最重要的是选择——评《国运十字路口的知识分子们》/朱绍昌//中国新闻出版报,2011. 11. 25

南京师范大学出版社

传统母语在当代的多元阐释——读伍国栋编著《中国民族音乐》/周凯模//《中国音乐教育》,2011 年 01 期

智慧化是城市发展必然趋势/姜爱萍//中国新闻出版报,2011. 6. 10

"重要的,是聆听生命"——读赵翼如的《有一种毒药叫"成功"》/丁亚芳//文学报,2011. 7. 28

2011 年报刊变更情况

报纸创办 1 种

《大学生村官报》CN32 - 0132
新华报业传媒集团主办
江苏省委组织部主管

期刊更名 3 种

1.《中华核医学与分子影像杂志》CN32 - 1828/R
由《中华核医学杂志》更名
中华医学会主办
中国科学技术协会主管

2.《幸福老年》CN32 - 1829/C
由《车秀》更名
新华报业传媒集团主办
新华报业传媒集团主管

3.《矿业科学技术学报》(英文)CN32 - 1827/TD
由《矿业科学技术》更名
中国矿业大学主办
教育部主管

干部名录

江苏省新闻出版（版权）局领导班子名录

局长、党组书记：徐毅英（女）
副局长、党组成员：沈建国　傅杰三　蒋国星　黄海宁
纪检组长、党组成员：陆湘琳（女）
副巡视员：韦顺和　王庆国

干部变动：钟效雯　任省新闻出版局副巡视员
退休：贺宁芳（调研员）
陈国斌（人事教育处处长）
王金国（江苏省出版物审读中心主任）

市级新闻出版行政部门领导班子名录

南京市文化广电新闻出版局

局长、党委副书记：陈光亚
党委书记：何亦农
党委委员、副局长：徐开利　李俊才　吴秀亮　彭年龙　顾小荣
纪委书记：马献庭
党委委员、综合执法总队政委：尤荣喜
巡视员：陈　军　孙晓兵
副巡视员：施坚

无锡市文化广电新闻出版局

党组书记、局长：叶建兴
党组副书记、副局长：刘基平
副局长：贺　军　张振华　高　燕
调研员：王建华
副调研员：杨建民

徐州市文化广电新闻出版局

党委书记、局长：单兴强

党委副书记、副局长：汪诚谊　张仰枢

党委委员、副局长：张海波　艾新建　张　柯　朱世平　韩如海　韩　峰

党委委员：姚建中　安亚如　刘继刚

常州市文化广电新闻出版局

党委书记：黄　欣

局长：赵唯强

党委副书记：鱼国平

副局长：张　献　梅文岩　徐　进　蒋雅芬　石小东　张戬炜　荣凯元

纪委书记：薛建强

苏州市文化广电新闻出版局

局长：陈　嵘(女)

副局长：谢　芳(女)　陆　菁(女)　尹占群

纪委书记：李振林

南通市文化广电新闻出版局

党组书记、局长：陈　亮

党组副书记、副局长、版权局局长：范　平

党组成员、副局长：王帜华　金星华　王倚海

副局长：王栋云　邱国明

总工程师：季利民

党组成员、纪检组长：余家成

党组成员、政治处主任：黄洪平

党组成员、电台台长：张辉

党组成员、局长助理：褚跃华　徐庆满　张金香

连云港市文化广电新闻出版局

局长：田　明

副局长：尚玉金　王亚平　苏中保　赵　鸣　王咏梅

党委副书记：许小荒

纪检组长：胡向鲁

副调研员：张洪星

淮安市文化广电新闻出版局

局长、党委书记：杨　斌

副局长：刘华庭　张益民　李　倩　陈　静　王立华

纪委书记：张亚刚

党委委员：于革

盐城市文化广电新闻出版局

局长：许新建

书记：陈晓莲(3月免)　史学健(11月任)

副局长：王桂东　顾云峰　刘剑峰(3月免)　赵劲松　邵仁贵(3月免)

徐寿芹　薛万昌

纪检组长：程霖霞

副局长：吴春杏

副调研员：胡友祥　王东成

扬州市文化广电新闻出版局

局长：陆苏华

副局长：颜志林　刘　俊　仲玉龙　周启云　张亚华

纪委书记：徐朝平

局长助理：王　涛

调研员：卜纹宗

副调研员：吴宝根　栾　虹　祁淑惠

镇江市文化广电新闻出版局

党委书记、局长： 戈矛

党委副书记、副局长： 邬建国(3月免)　赵　峰(3月任)

党委委员、副局长： 马建中　余爱国　董有成　孙小梅

党委委员、纪委书记： 殷国平

党委委员、副调研员： 顾雄林

副调研员： 王玉国　刘晓鸣　王建一　程亚平

泰州市文化广电新闻出版局

局长、党委书记： 陈士宏

副局长： 陈　兵　曹学赋　杨延慧(女)　张　莹(女)

纪委书记： 曹家为

宿迁市文广电新闻出版局

党组书记： 仲向阳(10月免)　马坚强(10月任)

局长： 仲向阳(10月免)　武　倩(12月任)

党组成员、副局长： 吴长喜　洪　声　周建平

副局长： 胡　宏

党组成员、纪检组长： 高　超(8月免)　王卫国(8月任)

副调研员； 朱红兵(12月任)

江苏省出版物质量监督检测中心江苏省新闻出版局信息中心

所长： 李学刚

副所长： 郑高潮

信息中心副主任(副处级)： 姚润琪

所长助理(副处级)： 朱　洁(女)

2011年出版专业技术职称晋升名录

一、编审

许尔兵　花　蕾　游建华　张　平
丁　鹏　汤知慧　王　剑　傅永红
顾金亮　丁亚芳　陈兴昌　许周鹣
张　凝　赵　鸥　李　玲　谢光前
赵龙祥　丁昌桂　严　燕　沈　波
孙显军　李　政

二、副编审

曹　斌　戴宁宁　金　玲　孙兴春
林　明　叶　榕　陈　锐　田　俊
庄眉舒　仲秋荣　姜　嵩　俞慧洵
李卫东　汪立亮　陈瑞昌　肖地生
朱从卫　于国宁　黎欣昕　颜　莹
张　静　陈晓润　蒋　滔　尹　农
古　东　韩焕金　王子斌　史成娣
蒋　华　崔　洁　刘　红　施建平
卢　蕊　张　楠　杜志波　赵　霞
王慧梅　周　敏　陈伟龄

江苏省新闻出版(版权)局2011年记事

1月4日,副省长曹卫星在省政府副秘书长肖泉、省政府办公厅副主任何国平以及省政府办公厅有关处室同志陪同下,到省新闻出版局调研指导新闻出版(版权)工作。省新闻出版局领导班子全体成员参加调研座谈。

1月7日,省新闻出版局召开2010年度机关处室主要负责同志述职述廉大会。党组书记、局长徐毅英出席会议并讲话。

1月10日,省"扫黄打非"工作领导小组在南京举行全省集中销毁侵权盗版出版物现场会。省委常委、宣传部长、省"扫黄打非"工作领导小组组长杨新力出席现场会,省政府副秘书长、省"扫黄打非"工作领导小组副组长肖泉和南京市委常委、副市长郑泽光分别代表省和南京市"扫黄打非"工作领导小组讲话,省新闻出版(版权)局局长、省"扫黄打非"工作领导小组副组长徐毅英主持现场会。

1月14日,全省"扫黄打非"工作电视电话会议在南京召开。省委常委、宣传部长、省"扫黄打非"工作领导小组组长杨新力出席并讲话,省政府副秘书长、省"扫黄打非"工作领导小组副组长肖泉主持会议,省新闻出版局局长、省"扫黄打非"工作领导小组副组长徐毅英对2011年全省"扫黄打非"重点工作和专项行动进行了部署。

1月18日,省新闻出版局党组书记、局长徐毅英,副巡视员韦顺和一行,赴灌云县调研指导对口帮扶项目和农家书屋工程建设。

1月26日,省委宣传部、省新闻出版局和南京市委宣传部、市文广新局在高铁南京南站工地举行“江苏文化拜年进工地”活动。省委宣传部部务委员刘德海,省新闻出版局局长徐毅英、副局长黄海宁以及南京市委宣传部、市文广新局有关领导同志参加活动。

1月29日,全省新闻出版工作会议在南京举行。省委副书记、代省长李学勇,省委常委、宣传部长杨新力,副省长曹卫星作出重要批示。曹卫星出席会议并讲话。省政府副秘书长肖泉、省政府办公厅副主任何国平出席会议。省新闻出版(版权)局党组书记、局长徐毅英代表党组作工作报告。

2月16日,省新闻出版局机关党员干部、直属单位领导班子成员共70多人,在党组书记、局长徐毅英的带领下,来到南京国展中心,参观“法治与责任”——全国检察机关惩治和预防渎职侵权犯罪展览。

2月17日,由省全面推进依法行政工作领导小组办公室组织,省政府法制办、省人社厅、省民防局等单位组成的第七核查组,对省新闻出版局依法行政工作进行考核评查。党组书记、局长徐毅英和副巡视员韦顺和出席核查汇报会,并分别作2010年度依法行政工作情况汇报。

2月24日—26日,江苏省印刷行业协会年会暨印刷业发展报告会于在南京召开,新闻出版总署印刷发行管理司司长王岩镔、江苏省新闻出版局副局长蒋国星等领导出席会议并讲话,省印刷行业协会会员单位代表以及特邀代表310人参加会议。

3月15日,全省“扫黄打非”示范区(点)建设工作座谈会在江都市召开,深入分析当前“扫黄打非”工作面临的形势、任务和特点,研究探讨开展好示范区(点)建设的方法和举措。省新闻出版局副局长、省“扫黄打非”办公室主任傅杰三出席会议并讲话。

3月10日,全省出版管理工作会议在南京举行。会议总结我省“十一五”和2010年出版管理、改革和发展的经验,规划“十二五”的目标任务,部署2011年出版管理的重点工作。省新闻出版局副局长黄海宁出席会议并讲话。

3月30日,省新闻出版(版权)局在宁举办全省新闻出版(版权)系统领导干部培训班。新闻出版总署副署长、国家版权局副局长阎晓宏出席开班典礼并作首场报告,副省长曹卫星作开班动员讲话,省新闻出版(版权)局局长徐毅英在结业典礼上讲话,副局长沈建国作培训总结。

3月31日,全省农家书屋工作会议在宁召开。省新闻出版局局长徐毅英出席会议并讲话,副局长蒋国星作工作报告,副局长黄海宁主持会议,新闻出版总署印刷发行管理司副司长谭汶、省新闻出版局副局长沈建国、驻局纪检组长陆湘琳、副巡视员王庆国出席会议。

4月1日,全省新闻出版(版权)系统先进表彰大会在南京举行。省委常委、宣传部长杨新力出席表彰会并讲话,为受表彰的先进集体和先进个人颁奖。会议由省新闻出版(版权)局局长徐毅英主持,省人力资源和社会保障厅副厅长、省公务员局局长周广侠宣读表彰决定。省委副秘书长姚晓东,省委宣传部常务副部长徐一平,省新闻出版局副局长沈建国、蒋国星、黄海宁,驻局纪检组长陆湘琳,副巡视员韦顺和、王庆国,共同为受表彰的先进集体和先进个人颁奖。

4月2日,省新闻出版局在扬州举行新闻出版产业政策调研座谈会。副巡视员韦顺和出席会议并讲话,江苏人民出版社、东南大学出版社、广陵书社等9家出版社负责人参加调研座谈会。

4月22日,第七届江苏读书节暨首届江苏书展在南京开幕。新闻出版总署副署长邬书林,副省长、省全民阅读活动领导小组副组长曹卫星,省政府副秘书长肖泉,省委宣传部常务副部长徐一平,省委宣传部部务委员刘德海,省文明办副主任韩松林,省新闻出版局局长徐毅英,凤凰出版传媒集团董事长谭跃,省全民阅读活动领导小组成员、省新闻出版局领导班子成员出席开幕式。邬书林在开幕式上讲话,曹卫星主持开幕式并宣布开幕,徐一平宣读关于表彰第六届江苏读书节先进单位、先进个人、优秀活动项目和优秀组织奖的决定。

4月22日,省"扫黄打非"工作领导小组在无锡举行全省销毁侵权盗版及非法出版物现场会。省"扫黄打非"工作领导小组和无锡市、苏州市、南通市、泰州市等有关方面负责同志以及社会各界代表共500余人参加活动。

4月23日,省委书记罗志军、省长李学勇分别来到南京规划建设展览馆,参观首届江苏书展,并与读者、作家交流。省委常委、宣传部长杨新力,省委副秘书长姚晓东,省政府副秘书长肖泉,省委宣传部常务副部长徐一平,省文明办副主任韩松林,省新闻出版局局长徐毅英,副局长蒋国星、黄海宁,凤凰出版传媒集团董事长谭跃等陪同参观。

4 月 27 日,全省新闻出版(版权)基层行政执法调研座谈会在盐城举行。省局副巡视员韦顺和出席座谈会并讲话,江阴市、射阳县、兴化市文化广电新闻出版局等 9 个单位负责人参加调研座谈。

4 月 28 日,长三角区域新闻出版(版权)第三次联席会议在南京举行。江浙沪两省一市新闻出版(版权)局分别交流各地新闻出版(版权)有关工作和“十二五”规划情况,围绕打造新闻出版业科学发展的先导示范区进行了深入探讨。江苏省委宣传部常务副部长徐一平出席会议并讲话,江苏省新闻出版(版权)局局长徐毅英主持会议,上海市新闻出版(版权)局局长焦扬、浙江省新闻出版(版权)局副局长陈克韶以及两省一市新闻出版(版权)局有关领导和处室负责同志出席会议。

5 月 3 日,省新闻出版局召开全省报刊管理工作会议暨报刊审读工作经验交流会。省新闻出版局党组书记、局长徐毅英出席会议并讲话,党组成员、副局长沈建国主持会议并传达全国文化体制改革工作会议精神。

5 月 9 日,省新闻出版局召开机关党建工作会议。局党组书记、局长徐毅英出席会议并讲话,党组成员、驻局纪检组组长、机关党委书记陆湘琳主持会议,党组成员、副局长沈建国、傅杰三、蒋国星、黄海宁,副巡视员韦顺和、王庆国出席会议。

5 月 17 日,中国新闻出版研究院、凤凰出版传媒集团在南京联合举办第五期新媒体技术人才暨网络编辑国家职业资格鉴定培训班。新闻出版总署人事司司长余昌祥出席开班仪式并讲话,省新闻出版局局长徐毅英、中国新闻出版研究院副院长魏玉山、江苏凤凰出版传媒股份有限公司副总经理佘江涛分别致辞。

5 月 27 日至 30 日,第二十一届全国图书交易博览会在黑龙江省哈尔滨市举办。江苏展团携近 6000 种精品出版物参展,参展展位 67 个,展会期间共实现订货码洋 4600 万元。

6 月 8 日,江苏省版协第二届理事会第五次全体会议在南京召开。省新闻出版局局长、省版协主席徐毅英出席会议并讲话。

6 月 9 日,全省“法治城市与新闻出版”入选论文交流会在连云港市举行。省新闻出版局党组书记、局长徐毅英,省依法治省领导小组办公室副主任沈国新出席会议并讲话。

6 月 15 日,全省新闻出版(版权)行政执法培训班在徐州举行。

省新闻出版局副巡视员韦顺和出席并作开班动员。108名来自徐州市、连云港市、淮安市、盐城市和宿迁市文广新局的相关人员参加培训。

6月16日,江苏省出版工作者协会、省编辑学会在徐州召开2011年编辑策划研讨会。

6月17日,新闻出版(版权)局党组中心组举行2011年第六次专题学习会,邀请省委宣传部副部长、省文化厅厅长章剑华作专题辅导报告,省新闻出版局党组书记、局长徐毅英主持报告会。

7月8日,江苏省级机关软件正版化实施工作大会在南京召开。省使用正版软件工作领导小组副组长、省政府副秘书长肖泉受省政府副省长曹卫星委托出席会议并讲话。

7月14日,省局举行年度第二次行政法制报告会,邀请省委政法委副书记朱华仁同志作法治价值追求专题报告,报告会由副巡视员韦顺和同志主持,省局领导、机关全体干部、直属单位中层以上干部和南京市局部分行政执法人员70余人与会。

7月20日,被誉为亚太地区最大销售型书展的第22届香港书展在香港会展中心隆重举行,江苏应邀以主题省身份参加。省委宣传部副部长、省文化厅厅长章剑华,省委宣传部副部长、省委外宣办主任司锦泉,新闻出版总署港澳台办负责同志等先后到书展江苏展区指导参观,并对江苏代表团的工作给予充分肯定。香港书展中国内地代表团团长、省新闻出版局局长徐毅英,省新闻出版局副局长蒋国星,江苏凤凰出版传媒股份有限公司副总经理佘江涛等参加主题省相关活动。

7月28日至29日,省新闻出版局、省出版工作者协会在南京大学联合举办出版社青年编辑、校对人员培训班。全省图书、电子、音像出版社共有402名年龄在35周岁(含)以下的编辑校对人员参加集训。

7月30日,新闻出版总署和省政府在南京举行《关于共同推进江苏新闻出版强省建设战略合作框架协议》签字暨国家数字出版基地揭牌仪式。省委书记罗志军会见新闻出版总署署长、国家版权局局长柳斌杰一行。省委副书记、省长李学勇与柳斌杰在仪式上分别代表合作双方签署协议,并为"江苏国家数字出版基地"揭牌。省委常委、宣传部部长杨新力参加会见,副省长曹卫星主持签字揭牌仪式,省政府秘书长樊金龙出席仪式。

8月5日,全省新闻出版(版权)工作座谈会在南京召开。省新闻出版(版权)局党组书记、局长徐毅英出席会议并讲话。局党组成员、副局长沈建国主持会议并作会议总结,局党组成员、副局长傅杰三部署政府机关软件正版化工作,局党组成员、副局长黄海宁部署行政审批工作,局副巡视员韦顺和部署行政法制有关工作,局党组成员、副局长蒋国星,党组成员、驻局纪检组组长陆湘琳,局副巡视员王庆国出席会议。

8 月 9 日至 14 日,省新闻出版(版权)局党组书记、局长徐毅英到淮安市淮阴区袁集乡桂塘村驻点调研。

9 月 7 日,省新闻出版(版权)局党组书记、局长徐毅英带队到苏州调研苏州刺绣产业版权管理和保护工作,听取了镇湖刺绣产业发展情况和版权管理工作情况的汇报,实地考察了大师刺绣艺术馆。

9 月 9 日,全省新闻出版(版权)人才人事工作座谈会在南京召开。省新闻出版(版权)局党组书记、局长徐毅英出席会议并讲话。各市文化广电新闻出版局(版权局)组织人事部门负责人,新华日报报业集团、凤凰出版传媒集团人力资源部负责人参加会议。

9 月 16 日,由江苏省新闻出版局、江苏省报业协会、江苏省期刊协会共同主办,南京市文化广电新闻出版局、南京市玄武区人民政府协办的江苏名优报刊广场推介活动在南京市规划展览馆广场隆重举行。江苏省新闻出版局局长徐毅英,江苏省报业协会主席刘文平,江苏省新闻出版局副局长、江苏省期刊协会会长沈建国,江苏省期刊协会常务副会长沈季姚等领导出席活动。

9 月 22 日,全省新闻出版(版权)依法行政暨法制工作会议在宁举行。局党组书记、局长徐毅英作工作报告,新闻出版总署法规司司长王自强、省政府法制办副主任马太建应邀参会并分别讲话。局党组成员、副局长沈建国宣读表彰决定,副巡视员韦顺和主持会议,局领导傅杰三、黄海宁、陆湘琳、王庆国出席会议。

9 月 22 日,全省出版管理工作座谈会在南京举行。省新闻出版局副局长黄海宁出席会议并讲话。

10 月 12 日,江苏省新闻出版局召开国家精品项目出版工作推进会。省新闻出版局副局长黄海宁到会并讲话。

10 月 14 日,江苏省新闻出版局与南京市人民政府“共同推进南京新闻出版业发展战略合作框架协议”签约暨江苏国家数字出版基地(南京园区)挂牌仪式在宁举行。省委常委、南京市委书记杨卫泽出席并讲话。副省长曹卫星与南京市市长季建业为江苏国家数字出版基地(南京园区)挂牌。季建业与省新闻出版局局长徐毅英签署《共同推进南京新闻出版业发展战略合作框架协议》。省政府副秘书长肖泉、省委宣传部部务委员刘德海、省新闻出版局副局长沈建国,南京市领导许慧玲、刘以安、李侃桢、王建华等出席。南京市委常委、副市长郑泽光主持仪式。

10月28日至31日,第七届海峡两岸图书交易会在福建省厦门市举办。江苏作为主宾省组织20多家出版单位携近7000种图书参展。展会期间,新闻出版总署副署长邬书林,福建省政协副主席、省新闻出版局局长郭振家,江苏省委宣传部副部长周琪出席江苏主宾馆开馆仪式并为江苏主宾馆开馆,江苏省新闻出版局局长徐毅英在开馆仪式上致辞,新闻出版总署对外交流与合作司司长张福海、科技与数字出版司副司长宋建新,中国出版协会副理事长李宝中,厦门市政府副市长臧杰斌,福建省新闻出版局党组书记李闽榕,凤凰出版传媒集团副总经理佘江涛以及台湾出版发行界嘉宾出席开馆仪式,江苏省新闻出版局副局长蒋国星主持仪式。

10月31日,省新闻出版局召开实施绩效管理模拟运行动员大会。局党组书记、局长徐毅英出席会议并作动员讲话。副局长沈建国主持会议并作会议总结。局领导傅杰三、陆湘琳、韦顺和、王庆国、钟效雯出席。局机关干部职工参加会议。

11月2日至4日,全省新闻出版(版权)行政执法培训班暨《行政强制法》法律知识竞赛在宁举行。省新闻出版(版权)局党组书记、局长徐毅英看望《行政强制法》法律知识竞赛各代表队,并对加强法律知识学习提出要求。局副巡视员韦顺和作培训班开班动员讲话。

11月10日至12日,全省出版管理制度建设工作交流会在无锡举行,省新闻出版局副局长黄海宁出席会议并讲话,凤凰出版传媒集团股份有限公司分管领导和部门负责同志,全省出版社分管领导和总编办主任共60人参加了交流会。

11月12日,在2011中国版权年会上,“南通家纺市场成为WIPO全球首个版权保护优秀案例示范点”事件当选为全国20个知识产权保护重大事件,江苏省版权局荣获优秀推荐奖,苏州浩辰软件股份有限公司荣获2011年中国版权产业最具影响力企业,中国电信江苏分公司荣获2011年中国版权产业新锐企业,江苏省版权协会荣获2011年版权年会优秀组织奖。

11月14日,省新闻出版局召开局机关干部职工和直属单位领导班子成员大会,传达贯彻省第十二次党代会精神。省党代会代表、局党组书记、局长徐毅英传达会议精神,并结合新闻出版工作实际,就如何学习贯彻省第十二次党代会精神提出具体要求。局党组成员、副局长蒋国星、黄海宁,副巡视员韦顺和、王庆国出席。

11 月 16 日,省委常委、宣传部长杨新力在省委宣传部常务副部长徐一平、部务委员刘德海陪同下,来到省新闻出版局,就贯彻落实省第十二次党代会和省委十一届十二次全会精神进行调研。

11 月 21 日,全省"扫黄打非"办公室主任培训暨示范建设经验交流会在南京召开。省委常委、宣传部长、省"扫黄打非"工作领导小组组长杨新力,省"扫黄打非"工作领导小组副组长、省新闻出版(版权)局局长徐毅英到会并讲话,省"扫黄打非"工作领导小组办公室主任、省新闻出版局副局长傅杰三作会议总结。

11 月 22 日,全省农家书屋工作座谈会在南京召开。省新闻出版局党组书记、局长徐毅英出席会议并讲话,局党组成员、副局长蒋国星主持会议。

11 月 30 日,全省新闻出版行政审批工作座谈会在南京召开。省新闻出版局党组成员、副局长黄海宁,副巡视员王庆国出席会议并讲话。

12 月 2 日,省新闻出版局、省依法治省领导小组办公室、省政府法制办、省司法厅在宁联合召开全省农家书屋法治文化建设经验交流会,总结交流推进农家书屋法治文化建设的成果和经验,表彰在农家书屋法治文化建设中取得优异成绩的先进地区和先进单位,研究探索如何进一步拓展农家书屋服务功能,整合农村普法教育资源,推动农村法治文化建设,更好地为建设社会主义新农村服务。省新闻出版局局长徐毅英、副巡视员韦顺和,省依法治省领导小组办公室副主任沈国新,省政府法制办副主任马太建,省司法厅副厅长周红养出席会议,有关领导作会议讲话。

12 月 9 日,省新闻出版(版权)局在宁召开全省新闻出版(版权)系统依法行政监督点监督员座谈会,来自全省政府机关、基层相关单位及新闻出版(版权)行业系统的 22 名监督点监督员出席了会议。局副巡视员韦顺和参加了座谈会并讲话。

12 月 9 日至 14 日,省新闻出版局领导分别主持召开精品生产、数字出版等工作一系列调研会,广泛听取各方面意见,特别是服务对象意见,认真总结 2011 年全省新闻出版工作,科学谋划 2012 年工作思路。

12 月 16 日,局党组中心组举行专题学习会,围绕"贯彻党的十七届六中全会、省委十一届十二次全会、省第十二次党代会精神,科学谋划明年工作"主题,进行认真学习讨论。党组书记、局长徐毅英讲话,党组副书记、副局长沈建国主持学习会并发言,局领导傅杰三、蒋国星、黄海宁、韦顺和、王庆国、钟效雯和各处室、直属单位负责人分别在会上发言。

出版统计

2011 年全省新闻出版业主要统计数据

一、综合

2011 年全省新闻出版业总产出 1289.55 亿元，营业收入 1266.19 亿元，资产总额 1026.11 亿元，净资产 472.26 亿元，利润总额 126.59 亿元，增加值 304.53 亿元，全行业产业活动经济单位 26677 个，直接就业人员 33.07 万人。

说明：

（一）因缺乏相关全面数据，数字出版未能全面纳入统计，以上仅包括传统出版单位的数字出版。

（二）部分指标解释

1. 总产出 = 营业收入 + 应交增值税。

2. 资产是指过去的交易、事项形成并由企业拥有或控制的资源，该资源预期会给企业带来经济利益。资产 = 负债 + 所有者权益。

3. 营业收入是指企业在销售商品和提供劳务及让渡资产使用权等日常活动中所形成的经济利益的总流入，包括主营业务收入和其他业务收入。

4. 增加值是企业在生产产品或提供服务过程中创造的新增价值和固定资产转移价值。按收入法计算,增加值 = 固定资产折旧 + 劳动者报酬 + 生产税净额 + 营业盈余。

二、图书出版

2011 年全省共有图书出版单位 19 个,出版图书 17763 种,其中新版图书 9681 种,重版、重印图书 8082 种,总印数 5.48 亿册(张),总印张 37.45 亿印张,折合用纸量 8.80 万吨,定价总金额 59.63 亿元。

全省图书出版单位从业人员 2177 人,资产总额 96.59 亿元,营业收入 24.54 亿元,增加值 5.29 亿元。(注:以上 4 项指标中含出版社所办报纸、期刊)

表 1　图书出版情况

项　目		2011 年	2010 年	比上年增长(%)
1	图书出版单位(个)	19	19	0
2	图书出版总品种(种)	17763	14400	23.35
	其中 1:新出图书品种(种)	9681	7988	21.19
	其中 2:重版、重印品种(种)	8082	6412	26.04
3	图书总印数(亿册)	5.48	5.53	-0.90
4	总印张(亿印张)	37.45	33.20	12.80
5	定价总金额(亿元)	59.63	49.95	19.38
6	资产总额(亿元)	96.59	99.19	-2.62
7	营业收入(亿元)	24.54	27.76	-11.60
8	增加值(亿元)	5.29	6.39	-17.21
9	从业人数(人)	2177	1853	17.49

注:1. 出版单位指标中含“江苏省出版总社”。图书品种数不含国部标准和小件印品。

2. 资产总额、营业收入、增加值都较上年下降的原因是由于“江苏省出版总社”的财务数据下降(实际并没有下降,而是由于今年出版与发行集团合并一大集团,原“江苏省出版总社”的整个资产、销售等数据进行剥离重组的原因导致)。

三、报纸出版

2011 年全省共有报纸出版单位 142 个,出版报纸 142 种(含高校校报 51 种),平均期印数 1229.05 万份,总印数 28.46 亿份,总印张 142.27 亿印张,定价总金额 24.20 亿元,年用纸量 33.43 万吨。

全省报纸出版单位计有从业人员 9970 人,资产总额 67.10 亿元,营业收入 54.05 亿元,增加值 21.74 亿元。

表2 报纸出版情况

	项 目	2011年	2010年	比上年增长(%)
1	出版单位(个)	142	142	0
2	出版总品种(种)	142	142	0
3	平均期印数(万册)	1229.05	1215.97	1.08
4	总印数(亿份)	28.46	27.12	4.94
5	总印张(亿印张)	142.27	133.99	6.18
6	定价总金额(亿元)	24.20	21.42	12.98
7	资产总额(亿元)	67.10	52.09	28.82
8	营业收入(亿元)	54.05	49.22	9.81
9	增加值(亿元)	21.74	21.18	2.64
10	从业人数(人)	9970	8755	13.87

注：以上财务指标中不含出版社的社办报纸；其中：江苏教育报刊总社的报纸财务数据含所办期刊的数据。

四、期刊出版

2011年全省共有期刊出版单位441个，出版期刊438种(全年休刊3种)，平均期印数508.19万册，总印数1.1601亿册，总印张4.4768亿印张，定价总金额6.5775亿元，折合用纸量1.05万吨。

全省期刊出版单位计有从业人员3036人，资产总额3.3055亿元，营业收入3.0222亿元，增加值2.0866亿元。

表3 期刊出版情况

	项 目	2011年	2010年	比上年增长(%)
1	出版单位(个)	441	440	0.23
2	出版总品种(种)	438	440	-0.45
3	平均期印数(万册)	508.19	468.84	8.39
4	总印数(亿册)	1.1601	1.0475	10.75
5	总印张(亿印张)	4.4768	4.2321	5.78
6	定价总金额(亿元)	6.5775	5.7512	14.37
7	资产总额(亿元)	3.3055	2.7057	22.17
8	营业收入(亿元)	3.0222	2.4119	25.30
9	增加值(亿元)	2.0866	1.6061	29.92
10	从业人数(人)	3273	3200	2.28

注：以上财务指标中不含出版社、江苏教育报刊总社的期刊。

五、电子和音像出版物出版

2011年全省共有电子和音像出版物出版单位10个，出版音像制品及电子出版物1090种，2599.0448万盒(张)。

全省电子和音像出版物出版单位计有从业人员 177 人，资产总额 0.7479 亿元，营业收入 0.4849 亿元，增加值 0.1194 亿元。

表 4　电子和音像出版物出版情况

	项　目	2011 年	2010 年	比上年增长(%)
1	出版单位(个)	10	8	25
2	出版总品种合计(种)	1090	902	20.84
	其中:1. 录音制品	416	295	41.02
	其中:2. 录像制品	335	304	10.20
	其中:3. 电子出版物	339	303	11.88
3	出版总数量合计(万盒、万张)	2599.0448	1706.8463	52.27
	其中:1. 录音制品	965.7630	915.1847	5.53
	其中:2. 录像制品	318.7212	311.4640	2.33
	其中:3. 电子出版物	1314.5606	480.1976	173.75
4	资产总额(亿元)	0.7479	0.4520	65.46
5	营业收入(亿元)	0.4849	0.3743	29.55
6	增加值(亿元)	0.1194	0.0861	38.68
7	从业人数(人)	177	149	18.79

六、音像电子制品复制

2011 年全省共有音像电子复制单位 9 个，复制音像电子制品 18.5541 亿盒(张)，复制加工设备生产线 171 条。

全省音像电子复制单位计有从业人员 2959 人，资产总额 28.3951 亿元，营业收入 19.4532 亿元，增加值 3.87 亿元。

表 5　音像电子制品复制情况

	项　目	2011 年	2010 年	比上年增长(%)
1	复制出版单位(个)	9	9	0
2	复制音像电子制品(亿张、盒)	18.5541	18.1457	2.25
	其中:1. 音像制品(亿张、盒)	1.0037	1.0172	-1.33
	其中:2. 电子出版物制品(亿张、盒)	17.5504	17.1285	2.46
3	复制加工生产线(条、台)	171	171	0
	其中:1. 只读光盘生产线(条、台)	33	33	0
	其中:2. 可记录光盘复制生产线(条、台)	131	131	0
	其中:3. 只读光盘母盘刻录生产线(条、台)	2	2	0
	其中:4. 可记录光盘母盘刻录生产线(条、台)	0	0	0
	其中:5. 盒式音带高速复制系统(条、台)	5	5	0
4	资产总额(亿元)	28.3951	28.5370	-0.50
5	营业收入(亿元)	19.4532	17.1710	13.29
6	增加值(亿元)	3.8654	3.7389	3.38
7	从业人数(人)	2959	3024	-2.15

七、印刷业

全省印刷单位合计14011个,其中:出版物印刷企业282个,包装装潢印刷企业5303个,其他印刷品印刷企业3858个,专项印刷企业137个,三印企业4430个,数字印刷1家。全省外商投资印刷企业投资总额311716万美元,注册资金总额175444万美元。全省印刷行业资产总额672.01亿元,工业总产值1001.27亿元,利税总额80.72亿元,对外加工贸易额80.70亿元,从业人员26.20万人。

八、出版物发行

(一)发行网点情况

2011年共有出版物发行网点12045家,较上年增加111家,增长0.93%。全省外商独资企业、合资发行企业4家,总发行企业4家,出版物全国连锁经营企业4家,出版物批发市场2处。

表6　出版物发行网点情况

项　　目		2011年	2010年	比上年增长(%)
总网点数(个)		12045	11934	0.93
1. 按网点性质分:	国有(个)	1453	1762	-17.54
	民营(个)	10592	10172	4.13
2. 按经营方式分:	批发(个)	336	309	8.74
	零售(个)	11637	11627	0.09

附:音像制品发行单位情况:

2011年共有音像制品发行单位3426家,较上年减少1190家,减少25.20%。全省音像制品批发单位106家,中外合作零售单位20家,省内连锁经营单位5家,零售、出租单位3295家。

(二)江苏省新华书店系统、出版社自办发行流转情况

表7-1　江苏省新华书店系统、出版社自办发行出版物发行流转情况

项　　目		2011年	2010年	比上年增长(%)
一、出版物购进	数量(亿册)	20.18	16.55	21.93
	金额(亿元)	170.72	146.91	16.21
其中:新华书店系统购进	数量(亿册)	14.26	10.34	37.91
	金额(亿元)	112.76	99.08	13.81
二、出版物销售码洋	数量(亿册)	18.16	16.22	11.96
	金额(亿元)	153.92	145.26	5.97
其中:新华书店系统销售码洋	数量(亿册)	12.18	10.05	21.19
	金额(亿元)	100.51	96.63	4.02
三、出版物库存	数量(亿册)	6.96	4.98	39.76
	金额(亿元)	66.37	49.07	35.26

注:本表的购进、销售、库存金额均为码洋数。其中,新华书店系统汇总数据不含非图书商品、江苏海南凤凰新华书店相关数据。

表7－2　江苏省新华书店系统、出版社自办发行单位销售渠道情况

项　　目		2011年	2010年	比上年增长(%)
出版物销售码洋	金额(亿元)	153.92	145.26	5.96
一、批发	金额(亿元)	102.65	96.96	5.87
二、零售	金额(亿元)	51.22	48.29	6.07
三、出口	金额(亿元)	0.05	0.01	400

九、版权管理及版权贸易

2011年受理、查处案件291件，收缴盗版品235.25万件，版权合同登记4937份，作品自愿登记13629份。

表8　版权管理及版权贸易情况

项　　目		2011年	2010年	比上年增长(%)
版权管理	1．受理、查处案件(件)	291	163	78.52
	2．收缴盗版品(万件)	235.25	311.42	－24.46
	3．版权合同登记(份)	4937	852	479.46
	4．作品自愿登记(份)	13629	7591	79.54
版权贸易情况	1．版权引进	718	568	26.41
	2．版权输出	175	130	34.62

十、出版物进出口

表9　出版物进口情况(图书)

项　　目	2011年	2010年	比上年增长(%)
一、品种(种)	7482	17066	－56.16
二、数量(万套、册)	4.70	1.72	173.26
三、金额(万美元)	15.95	8.81	81.04

表10　出版物出口情况(图书)

项　　目	2011年	2010年	比上年增长(%)
一、品种(种)	20133	26144	－22.99
二、数量(万套、册)	4.56	5.28	－13.64
三、金额(万美元)	25.32	19.55	29.51

表 11　2011 年出版物进口国家和地区情况(图书)

项　　目	品种(种)	数量(万套、册)	金额(万美元)
出版物进口合计	7482	4.70	15.95
其中:日本	69	0.01	0.29
新加坡	2	0.01	0.17
韩国	1714	3.70	4.09
香港	3	0.02	0.14
台湾	3428	0.62	9.56
美国	1	0.02	0.62
澳大利亚	1	0.00	0.01
英国	1993	0.23	0.32
法国	265	0.04	0.54
德国	2	0.01	0.13
其他国家	4	0.04	0.08

表 12　2011 年出版物出口国家和地区情况(图书)

项　　目	品种(种)	数量(万套、册)	金额(万美元)
出版物出口合计	20133	4.56	25.32
其中:日本	5260	1.06	5.80
新加坡	1	0.05	0.29
香港	1	0.10	0.48
台湾	914	0.36	2.48
美国	13555	2.95	15.63
德国	402	0.04	0.64

十一、“扫黄打非”情况

2011 年共出动检查人员 89388 人次,检查出版物市场、店档摊点 55982 个次、印刷复制企业 20768 家次,取缔关闭出版物市场、店档摊点 3004 个、印刷复制企业 39 家;收缴非法出版物 2265093 件,其中,违禁出版物 6289 件,淫秽色情出版物 23934 件,盗版出版物 2108994 件,非法报纸期刊 125876 份,删除、屏蔽网络有害信息 32707 条。

全年,查办“扫黄打非”案件 203 起,其中行政处罚案件 176 起,刑事处理案件 27 起。

图书在版编目（CIP）数据

江苏出版年鉴. 2011/江苏省新闻出版局编著. —南京：江苏人民出版社，2013. 7

ISBN 978-7-214-10305-5

Ⅰ. ①江… Ⅱ. ①江… Ⅲ. ①出版工作-江苏省-2011-年鉴 Ⅳ. ①G239.275.3-54

中国版本图书馆 CIP 数据核字（2013）第 179994 号

书　　名　江苏出版年鉴
主　　编　徐毅英
责任编辑　李贞强　钱兴奇
执行编辑　张卫军
出版发行　江苏人民出版社（南京市湖南路 1 号 A 楼　邮编：210009）
网　　址　http://www.book-wind.com
集团地址　凤凰出版传媒集团（南京市湖南路 1 号 A 楼　邮编：210009）
集团网址　凤凰出版传媒网 http://www.ppm.cn
经　　销　凤凰出版传媒股份有限公司
照　　排　江苏省地质测绘院
印 刷 者　江苏省地质测绘院
开　　本　787×1092 毫米　1/16
印　　张　39.5　插页 8
印　　数　1-850 册
版　　次　2013 年 7 月第 1 版　2013 年 7 月第 1 次印刷
标准书号　ISBN 978-7-214-10305-5
定　　价　288.00 元